La Légende du Roi Arthur

LA LÉGENDE DU ROI ARTHUR

ET

DES CHEVALIERS DE LA TABLE RONDE

JACQUES BOULENGER

PRÉFACE DE JOSEPH BÉDIER

LE ROMAN DE MERLIN
LES ENFANCES DE LANCELOT
LES AMOURS DE LANCELOT
LE ROMAN DE GALEHAUT
LE CHEVALIER À LA CHARRETTE
LE CHÂTEAU AVENTUREUX
LE SAINT GRAAL
LA MORT D'ARTHUR

TERRE DE BRUME

2008

Retrouvez notre catalogue général sur :
www.terredebrume.com

Illustration de couverture :
The Accolade (oil on canvas), 1901
Edmund Blair Leighton (1853-1922)

Frontispice :
Illustration de Gustave Doré pour *Idylls of the King* (1867) de Lord Alfred Tennyson.

ISBN 978-2-84362-307-3

PRÉFACE

Dès son apparition aux alentours de l'an 1225, le roman en prose de Lancelot du Lac *fut regardé comme le Miroir de toute la chevalerie, comme la Somme de toute la courtoisie, comme le Roman des romans. Les plus belles fictions du cycle de la* Table Ronde, *déjà contées au douzième siècle par tant de poètes dispersés, s'y trouvaient rassemblées en un seul corps d'ouvrage, et la légende souveraine du saint Graal, entrelacée à ces innombrables légendes de féerie et d'amour, les dominait, les enveloppait toutes de sa splendeur. Aussi ce grand livre, continûment admiré, ne cessa-t-il, durant des siècles, d'enchanter les cœurs. Pour le maintenir en vogue, des remanieurs, de temps à autre, le réécrivaient : il en circulait au quinzième siècle plusieurs versions rajeunies.*

Vint la Renaissance. On le lisait encore, à telles enseignes que les presses parisiennes s'empressèrent, dès 1488, d'en publier, en trois tomes in-folio, un renouvellement que, dans les cinquante années qui suivirent, il fallut jusqu'à cinq fois réimprimer. Or, au milieu du siècle, aux jours où se formait la Pléiade, il put sembler un instant que ce vieux Doctrinal de prouesse et d'honneur, si fortuné jusqu'alors, allait connaître une fortune nouvelle, plus haute encore.

Car, aux pages de la Défense et illustration de la langue française, *où Joachim Du Bellay appelle de ses vœux le Poète futur et lui trace son programme, il lui recommande par-dessus tout de se faire l'émule de l'Arioste et lui dit : "Comme Arioste donc, qui a bien voulu emprunter de notre langue les noms et l'histoire de son poème, choisy moy quelqu'un de ces beaux vieulx romans françoys, comme un* Lancelot, *un* Tristan, *ou autres, et en fay renaître au monde une admirable* Iliade *et laborieuse* Énéide*."*

Ainsi Du Bellay et Ronsard, qu'on se représente à tort tout Grecs et tout Latins, ont commencé par recevoir des vieux romanciers de France des inspirations et des leçons. Ainsi Lancelot et la reine Guenièvre, Viviane, Perceval, Galaad ont hanté les bords du petit Liré et du Loir gaulois. Ainsi, à l'âge des longs espoirs et des vastes pensers, l'Angevin et le Vendômois, ces artistes ardents et lucides, si pleinement conscients de leur mission de rénovateurs, ne concevaient pas de tâche plus noble que d'animer d'une vie nouvelle nos antiques légendes : "Choisy moi quelqu'un de ces beaux vieulx romans françoys, comme un Lancelot..."

Hélas ! on ne le sait que trop, le conseil ne fut pas suivi. Pour des raisons multiples, les unes accidentelles et les autres profondes, la Pléiade se fraya d'autres voies. "On vit renaître Hector, Andromaque, Ilion," mais non pas les chevaliers d'Arthur, et la forêt de Brocéliande se dessécha. Vers la fin du siècle, en 1591, le soin de renouveler une fois encore le Lancelot *fut abandonné à quelque commis de librairie, qui le résuma outrageusement en un seul tome, de 166 pages in-octavo. Alors ce fut la fin : ce roman tomba du décri dans l'oubli. De nos jours, hors du cercle étroit des érudits, quel lettré l'a jamais lu ? Les noms mêmes des héros qu'il met en scène ne sont plus que des grelots vides. Nous ne connaissons plus que par un vers de Dante Galehaut, seigneur des Iles Lointaines, — et Perceval, en français d'aujourd'hui, se prononce Parsifal.*

C'est que le temps a fait son œuvre, dira-t-on, et c'est la loi commune. Sans doute. Encore convient-il de remarquer que ce livre français oublié en France, a survécu en Angleterre, en Allemagne, en Italie. Il serait long de suivre en ces divers pays l'histoire de ses destinées. Mais regardons un instant en Angleterre.

En Angleterre vivait, à la veille de la Renaissance, un certain sir Thomas Malory, qui aimait les romans français. On ne sait rien de lui, sinon qu'il n'était pas un auteur de métier, mais un gentilhomme du comté de Warwick, qui prit part comme combattant à la guerre des Deux Roses : valent miles, *dit son épitaphe, récemment retrouvée. Or ce bon chevalier, épris de notre roman de* Lancelot, *s'avisa, vers l'an 1470, de le traduire en sa langue, à la libre manière du temps, c'est-à-dire qu'il inséra dans son ouvrage des épisodes empruntés à d'autres modèles français. Le hasard voulut qu'il fût bon écrivain, si bon que sa prose n'a presque pas vieilli. Aussi cette ample composition,* la Morte d'Arthur, *comme il l'avait intitulée, imprimée d'abord en 1485 par les presses vénérables de Caxton, maintes fois réimprimée au temps d'Elisabeth et jusqu'en plein dix-septième siècle, et tout au long du dix-neuvième en des éditions sans nombre, demeure-t-elle un livre classique, l'un des joyaux du trésor qui forme en Angleterre le patrimoine spirituel de la nation. Par ce livre, tout Anglais cultivé sait d'enfance les légendes du roi Arthur, de Sir Gawain, de Sir Galaad. C'est de ce livre que Tennyson a tiré les plus belles de ses* Idylles du roi, *de lui que procèdent les plus précieuses idées poétiques d'un Matthew Arnold et d'un Swinburne, et, dans le domaine de l'art d'un Burne-Jones. Mystérieux pouvoir du goût, d'une langue saine, d'un bon style ! Ce Malory ne fut qu'un traducteur, un adaptateur : sans lui pourtant, dans l'Angleterre d'aujourd'hui, ni la poésie, ni la pensée, ni l'art ne seraient tout à fait ce qu'ils sont.*

Ne se peut-il pas que le vieil auteur du Lancelot *ait trouvé enfin, chez nous aussi, un renouveau digne de lui et qui représente en quelque mesure à nos yeux cet Arioste français dont rêvait la Pléiade, ce Malory que nous envions aux lettres anglaises ? Voici que M. Jacques Boulenger s'efforce de le remettre en lumière et en honneur. L'entreprise que le comte de Tressan en 1775, puis Paulin Paris en 1868, ont essayé d'accomplir, il la tente à nouveau, mieux armé que ses devanciers. Il dispose de la magnifique édition du* Lancelot, *en sept forts volumes in-quarto, qu'a publiée à Washington, de 1909 à 1913, aux frais de la* Carnegie Institution, *M. H. Oskar Sommer. Il dispose aussi des commentaires multipliés par de récents érudits, de la très ingénieuse et très profonde* Étude *de Ferdinand Lot sur le roman de* Lancelot *(1918), du livre pénétrant d'Albert Pauphilet sur la* Queste del saint Graal *(1921). À lire son premier volume, celui-ci, on voit d'emblée, à divers indices, que M. Jacques Boulenger n'a négligé aucune de ses sources d'information, et, en outre, que s'inspirant surtout de la Vulgate, telle que la présente l'édition Sommer, il a connu par surcroît et exploité à l'occasion d'autres versions des mêmes légendes, le* Merlin *du manuscrit Huth, le* Joseph d'Arimathie *de Robert de Borron, les poèmes de Chrétien de Troyes, etc.*

Tantôt il transcrit sans plus, tantôt, et plus souvent, il adapte. Ainsi a fait avant lui son maître Jean Moréas, en ses Contes de l'ancienne France. *Ainsi ont fait plus récemment, chacun selon son tempérament et selon des formules très diverses, tant d'autres renouveleurs, romanciers ou poètes. Voyez le drame de* Guillaume d'Orange *de Lionel des Rieux, et, sous forme narrative, la* Légende de Guillaume d'Orange *de Paul Tuffrau ; — et les* Contes de la Vierge, *de Jérome et Jean Tharaud ; — les* Amours de Frêne et Galeran *et la* Pucelle à la rose *d'André Mary ; — et le* Huon de Bordeaux *d'Alexandre Arnoux :* multa renascuntur, *au prix de quels efforts ingénieux ! Il faut observer patiemment la manière des vieux maîtres, s'imprégner de leurs couleurs, de leur esprit, puis, procédant comme ils procédaient eux-mêmes à l'égard des conteurs plus anciens, modeler à nouveau la matière épique ou romanesque, élaguer, transposer, combiner, développer ou réduire ; et parfois renouveler, c'est créer.*

*Mais j'en appelle à ces récents écrivains, de qui M. Jacques Boulenger se fait l'émule : tous s'accorderont à l'admirer pour l'ampleur et le hardiesse de sa tentative. Songeons que ce volume qu'il nous offre, le premier d'une longue série, ne donne encore que le prologue du drame, rien que l'*allegro *de la symphonie ; — que la* Vulgate, *dans l'édition Sommer, compte 2 800 pages grand in-quarto ; — qu'il s'agit d'abréger cette immense histoire sans l'appauvrir, et surtout d'obtenir du lecteur qu'il se plaise aux méandres des aventures, à leur fourmillement et à leur enchevêtrement. Puis, telle est la singulière et inéluctable condition de l'entreprise que les difficultés croissent pour le narrateur à mesure que progresse la narration. Au début, en effet, ce n'est guère que la féerie légère des contes de Bretagne, "si vrais et si plaisants", ce ne sont que des thèmes aimables et brillants de chevalerie et de courtoisie, ceux-là mêmes où se complaisait l'Arioste :*

Le donne, i Cavalieri, l'arme, gli amori,
Le cortesie…

Mais peu à peu se multiplient les épisodes qui sont les présages et des préfigurations de la Quête du saint Graal, et mystérieusement toutes les aventures s'acheminent et convergent vers la légende sainte, chargée de symboles et de mystère. Peu à peu les "chevaleries terriennes" s'orientent vers les "chevaleries célestes". Il faudra que paraisse dans l'action le héros qu'ont annoncé les prophéties, le chevalier aux armes couleurs de feu, le Promis, le Désiré, Galaad, celui que tous à son approche salueront de la même parole d'accueil : "Sire, bien soiez vos venuz, que molt vos avons desiré a veoir" ; car il vient pour rompre les enchantements, pour mettre fin aux temps aventureux, pour animer les chevaliers d'Arthur à la recherche du saint Graal, qui n'est autre que la recherche de Dieu. Il faudra, en un mot, qu'après les livres courtois et féeriques du début, Merlin *et* Lancelot, *se déroule le livre ascétique et mystique du* Graal, *puis encore le livre tragique de la* Mort d'Arthur, *où sera dépeint le Crépuscule des héros.*

Quelle diversité des thèmes et des tons, et que d'obstacles rencontrera le narrateur au Pays de la Merveille, sur la route qu'il se fraye à travers la forêt âpre et dure !

Ces difficultés, bien faites pour tenter un esprit "rompu à toutes les métamorphoses", M. Jacques Boulenger, n'en doutons pas, les a mesurées : il aura aimé sa tâche pour ses risques mêmes. La haute aventure qu'il ose tenter, il saura la mener à bien, s'il est muni d'un talisman. Lequel ? J'ai lu quelque part, dans un de ses livres, ceci :

"La race se marque dans le style par un certain tour vif, naturel, aisé, attique ou

extrêmement français (c'est tout de même), qu'on y a de naissance et qu'on n'acquiert jamais ; par une façon inimitable de couper, d'agencer ses phrases, de choisir ses tournures, ses expressions, ses mots mêmes, de manière que tout ait d'abord un air de "chez nous", populaire ensemble et royal à force d'aisance, un je-ne-sais-quoi de fort mais de léger, de traditionnel et de neuf, de vieux comme notre patrie et de jeune comme elle." (Jacques Boulenger, ...Mais l'art est difficile !, *2e série, p.12).*

Ces lignes, M. Jacques Boulenger les a écrites visiblement sans retour sur lui-même et à une heure où il ne pensait pas à nos vieux romanciers. Elles leur conviennent pourtant, et j'ose les appliquer à lui comme à eux.

"Sire, bien soiez vos venuz,
que molt vos avons desiré a veoir."

Joseph Bédier

LE ROMAN DE MERLIN

À Gérard d'Houville et à Marinette qui ont rencontré l'Enchanteur...

I

Très grande fut la colère de l'Ennemi quand Jésus Notre Sire fut venu en enfer et en eut fait sortir Ève et Adam, et tous ceux qu'il lui plut.

– Quel est Celui-ci, qui nous surpasse tant que notre force ne peut rien contre lui ? se demandaient les démons, étonnés.

– Rappelez-vous, dit l'un d'eux, que les prophètes avaient annoncé depuis longtemps que le Fils de Dieu descendrait sur la terre pour sauver les enfants d'Ève et d'Adam. Et maintenant Il est venu et nous a arraché ce que nous avions conquis. Désormais il suffit que les hommes se lavent en une eau au nom du Père, du Fils et du Saint-Esprit pour que nous n'ayons plus aucun droit sur eux, à moins que leurs œuvres ne nous les ramènent. Encore le Fils de Dieu a-t-il laissé des ministres qui ont pouvoir de les sauver de nous, quels que soient leurs péchés, pourvu qu'ils s'en repentent. De la sorte, tout est perdu.

Alors un des Ennemis reprit :

– S'il y avait sur terre un homme qui fût dévoué à nos intérêts autant que s'il était des nôtres, et qu'il fût doué de notre science des choses faites, dites et passées, il nous aiderait beaucoup à tromper les fils d'Ève et d'Adam, car il gagnerait sur eux une grande autorité. Or, n'est-il pas l'un de nous qui peut prendre semblance d'homme et féconder une femme ? Qu'il le fasse, et l'être engendré de lui, participant de notre nature, nous secondera puissamment.

Ainsi parlait l'Ennemi. Mais il était bien fol quand il croyait que Notre Sire lui permettrait d'engeigner à ce point l'homme de Jésus-Christ.

II

Or, dit le conte, il était en ce monde une pucelle qui n'avait plus ni père ni mère ; mais elle avait un confesseur et elle croyait tous les conseils que lui donnait ce prud'homme : aussi allait-elle dans la droite voie. C'est elle pourtant que l'Ennemi choisit.

Il lui envoya une vieille femme qui obéissait toujours à ses ordres.

– Qu'il est triste de penser que votre beau corps engendré n'aura jamais de joie ! dit-elle à la pucelle. Ah ! si vous saviez le plaisir que nous avons quand nous sommes en compagnie de nos amis ! N'eussions-nous que du pain à manger, nous serions plus aises que vous avec tout l'or du monde. Elle est à plaindre, la femme qui n'a commerce d'homme !

Quand la nuit fut venue et qu'elle fut se coucher, la pucelle regarda son beau corps et elle pensa que la vieille avait peut-être raison. Mais le lendemain elle conta tout au prud'homme, qui lui montra que l'Ennemi était autour d'elle. "Garde-toi surtout de te mettre en colère et de te désespérer, lui dit-il ; fais le signe de la croix en te levant et en te couchant, et prends garde d'avoir toujours de la lumière, la nuit, dans la chambre où tu dors, car le diable ne vient pas volontiers où il y a de la clarté." Et quand l'Ennemi sut les avis que le prud'homme donnait à la pucelle, il eut grand'-peur de la perdre et il songea comment il pourrait la gagner.

Elle avait une sœur cadette qui vivait mal et s'abandonnait à tous les hommes. Un samedi soir, la pucelle vit entrer cette fille dans son logis avec une troupe de garçons ; elle se mit en colère et la voulut jeter à la porte, mais la cadette lui répondit qu'on voyait bien que son prud'homme l'aimait de fol amour, et qu'au reste la maison était à la plus jeune autant qu'à l'aînée, et qu'elle n'en sortirait pas. Ce qu'entendant, la pucelle prit sa sœur par les épaules pour la pousser dehors, mais les garçons la battirent cruellement. Quand elle put leur échapper, elle se réfugia dans sa chambre et se mit à pleurer de tout son cœur dans l'obscurité. Alors l'Ennemi lui remémora la mort de son père et de sa mère, si bien qu'elle désespéra tout à fait, et finit par s'endormir de chagrin sur son lit, sans lumière. Le diable vit ainsi qu'elle avait oublié tous les avis du prud'homme, et il fut bien content. Il revêtit sa forme humaine, et, tandis qu'elle sommeillait, il s'approcha d'elle et la posséda charnellement.

Lorsqu'elle se réveilla, elle connut bien ce qu'il lui était arrivé et elle se signa en disant : "Sainte Marie Notre Dame, que m'est-il advenu !" Puis elle se leva et chercha qui lui avait fait ce qu'elle pensait, mais elle ne vit personne, et elle trouva sa porte fermée comme elle l'avait fermée : ainsi sut-elle que le diable l'avait engeignée. Alors elle alla conter au prud'homme comment elle s'était trouvée honnie. Il ne la voulut tout d'abord pas croire, disant que c'était merveille et que jamais femme ne fut dépucelée sans savoir par qui. Mais, frappé par ses protestations, il lui prescrivit pour pénitence de ne manger jusqu'à sa mort qu'une seule fois le vendredi et de s'abstenir à toujours de luxure, hors celle qui vient en dormant, dont nul ne se peut garder. Et elle lui promit. Si bien que le diable comprit qu'il l'avait perdue et il en fut très courroucé.

III

Cependant, le temps vint où sa grossesse ne se put plus cacher. Et les autres femmes, en regardant ses flancs, lui demandaient qui l'avait ainsi engrossée.

– Que Dieu me refuse une heureuse délivrance, si je le sais !

– Avez-vous donc connu tant d'hommes ?

– Que Dieu ne m'accorde jamais d'être délivrée, si un homme, à ma connaissance, m'a approchée !

– Belle amie, disaient les femmes en se signant, sans doute vous aimez mieux que vous-même celui qui vous a fait cela, puisque vous ne le voulez accuser. Mais c'est un grand dommage pour vous, car, lorsque les juges le sauront, il vous faudra mourir.

En ce temps-là, en effet, quand une femme était convaincue de débauche, si elle ne consentait à ne devenir fille commune, on en faisait justice. Aussi fut-elle bientôt appelée devant les juges. Mais, comme ils pensèrent que l'enfant n'avait commis nulle faute et qu'il ne devait pas être puni pour le péché de sa mère, ils résolurent qu'elle ne serait pas jugée avant qu'il fût né.

Ils l'enfermèrent dans une forte tour en compagnie de deux femmes, les plus sages qu'on put trouver, pour l'aider le moment venu, et toutes les ouvertures furent murées, sauf une petite fenêtre au sommet, par où elles tiraient au moyen d'une corde ce dont il était besoin. Et c'est là que la demoiselle eut son enfant quand il plut à Dieu.

En le recevant, les commères eurent grand'peur parce qu'il était plus velu que jamais nouveau-né n'a été. Et lorsqu'elle le vit ainsi, la mère se signa et leur commanda de le descendre sur-le-champ pour qu'il fut baptisé.

– Et quel nom voulez-vous lui donner ?

– Celui de son aïeul maternel.

C'est ainsi qu'il fut appelé Merlin. Après quoi on le rendit à sa mère pour qu'elle le nourrît, car nulle autre femme n'eût osé allaiter un enfant si poilu et qui, à neuf mois, semblait déjà âgé de deux ans.

Or, quand il fut sevré, les deux femmes déclarèrent à sa mère qu'elles ne pouvaient demeurer dans la tour davantage.

– Hélas ! sitôt que vous serez sorties, on fera justice de moi !

– Nous n'en pouvons mais, répondirent-elles.

Sur quoi la mère se mit à pleurer amèrement et à se lamenter.

– Beau fils, disait-elle en prenant son enfant dans ses bras, je recevrai la mort à cause de vous, et pourtant je ne l'ai pas méritée, mais qui voudrait croire la vérité ?

À ces mots, le poupon la regarda en riant et lui répondit :

– Tu ne mourras pas de mon fait.

En entendant parler son enfant au maillot, la mère fut si ébahie qu'elle ouvrit les mains et le laissa choir. Il se mit à vagir et à hurler, et les commères accoururent, croyant qu'elle avait voulu le tuer. Mais elle les détrompa en leur expliquant la merveille. Alors elles prirent le poupon : elles n'en tirèrent mot. À la fin, sur le conseil de la mère, elles feignirent de la rudoyer et elles lui dirent durement :

– Quel malheur que votre beau corps doive être brûlé pour cette créature ! Il vaudrait bien mieux que cet enfant ne fût jamais né !

– Vous mentez, cria tout à coup le nourrisson, et dites ce que ma mère vous a fait dire. Laissez-la en paix ; vous êtes plus folles et plus pécheresses qu'elle. Nul ne sera assez hardi, tant que je vivrai, pour faire justice d'elle, hors Dieu.

Voilà les commères, émerveillées à leur tour, qui s'empressent de courir à la fenêtre et d'annoncer aux gens du dehors la nouvelle du poupon qui parlait. Le bruit en vint tôt aux oreilles du juge qui fit amener la mère pour la juger. Naturellement, elle eut beau lui répéter que nul homme ne l'avait approchée, il n'en voulut rien croire et il allait la condamner, lorsqu'on entendit le petit Merlin, qu'elle tenait dans ses bras, s'écrier :

– Ce n'est pas de si tôt qu'elle sera brûlée ! Car si on condamnait au feu tous ceux et toutes celles qui se sont abandonnés à d'autres que leurs femmes et leurs maris, il ne serait guère de gens ici qui n'y dussent aller ! Je le ferais bien voir, si je voulais. Et je connais mieux mon père que vous le vôtre, et votre mère sait mieux de qui elle vous a conçu, que la mienne ne sait qui m'a engendré.

À ces mots, le juge fut tout ébahi, mais en même temps fort courroucé, et il envoya quérir sa propre mère sur-le-champ, déclarant que, si Merlin ne prouvait ce qu'il osait avancer, il serait brûlé avec la sienne.

– Si vous m'en croyiez, dit l'enfant, vous laisseriez aller ma mère et ne feriez aucune enquête sur la vôtre.

– Tu ne te sauveras pas si facilement ! répliqua le juge. Mère, demanda-t-il quand la dame fut arrivée, ne suis-je pas le fils de votre loyal époux ?

– Par Dieu, beau fils, de qui seriez-vous donc né, sinon de mon seigneur qui est mort ?

– Dame, dame, reprit l'enfant, il faut confesser la vérité.

– Diable ! Satan ! fit la dame en se signant, est-ce que je ne la dis pas ?

– Non, car vous savez bien que votre fils est né d'un prêtre, à telles enseignes que la première fois que vous vous unîtes à celui-ci, vous lui dîtes que vous craigniez beaucoup d'être engrossée, parce que votre mari était loin de vous à cette époque. Est-ce vrai ?

– Beau fils, dit la dame, vas-tu croire ce que raconte ce diable ?

– Si cela ne suffit pas, reprit l'enfant, je vous dirai encore ceci. Lorsque vous vous sentîtes grosse, le prêtre courut tout le pays à la recherche de votre époux et fit tant et si bien qu'il le décida à coucher avec vous. Grâce à quoi votre seigneur ne douta point que l'enfant ne fût de son sang.

En entendant cela, la dame fut si troublée qu'elle dut s'asseoir. Son fils alors la regarda :

– Quel que soit mon père, lui dit-il, je suis votre fils et vous traiterai comme tel. Avouez donc la vérité.

– Pour Dieu, beau fils, grâce ! Je ne le puis celer : il en est comme cet enfant dit.

– Il avait donc raison de prétendre qu'il savait mieux que moi quel était son père que moi quel était le mien, et il ne serait pas juste que je condamnasse sa mère quand je ne condamne pas la mienne. Mais, dit le juge à Merlin, au nom de Dieu et pour ton honneur, et afin que je puisse disculper devant le peuple celle dont tu es né, déclare-moi qui t'a engendré.

– Et bien, je suis le fils d'un Ennemi qui trompa ma mère. Et sache que ces Ennemis ont noms incubes et habitent dans les airs. Dieu a permis que j'eusse leur science infuse et leur mémoire, et je sais comme eux les choses faites, dites et passées ; mais, de plus, à cause de la bonté de ma mère, de son repentir et de sa pénitence, Notre Sire a permis que je connusse également les choses à venir. Ainsi puis-je te révéler que ta mère, en s'en allant contera au prêtre qui t'engendra ce que je t'ai dit. Et, en apprenant que tu sais tout, il aura si grande peur qu'il s'enfuira, et le diable le conduira à un étang où il se noiera.

Ainsi en advint-il. Cependant la mère de Merlin se retira dans un monastère éloigné où elle vécut très saintement, et l'enfant grandit tranquillement auprès d'elle jusqu'à l'âge de sept ans.

IV

En ce temps-là, il y avait en Bretagne un roi du nom de Constant, qui avait deux jeunes enfants, appelés Moine et Uter Pendragon. Lorsqu'il mourut, son sénéchal fit traîtreusement mettre à mort le petit Moine et se fit couronner roi à sa place. Mais il gouvernait si méchamment que son peuple le haïssait, et, comme il n'avait pu s'emparer du plus jeune fils du roi Constant, qu'un prud'homme avait emmené en une ville étrangère, nommée Bourges en Berry, il avait grand'peur que l'enfant ne revînt un jour le détrôner. Aussi résolut-il de faire bâtir une tour si haute et si forte qu'elle ne pût jamais être prise. On se mit à l'œuvre, mais, à peine la tour commençait-elle de s'élever à trois ou quatre toises au-dessus du sol, elle s'écroula. Vortiger manda ses maîtres maçons et leur recommanda d'employer la meilleure chaux et le meilleur ciment qu'ils pourraient trouver. Ainsi firent-ils, mais une seconde fois la tour tomba ; puis une troisième et une quatrième : si bien que tout le monde était ébahi et le roi très irrité.

Il appela les plus sages clercs et astronomes de sa terre, et il leur proposa le cas. Après en avoir délibéré durant onze jours, ils prétendirent que la tour ne tiendrait jamais si l'on ne mélangeait au mortier le sang d'un enfant de sept ans né sans père. Aussitôt le roi envoya douze messagers par le monde qu'il chargea de ramener cet enfant.

Un jour, deux d'entre eux passèrent en un grand champ à l'entrée d'une ville, où une foule de jeunes garçons jouaient à la crosse. Or, parmi ceux-ci était le petit Merlin qui, sachant toutes choses, connut bien ce que venaient chercher les messagers. Dès qu'il les vit, il s'approcha du fils de l'un des plus riches hommes de la ville et le frappa rudement de sa crosse à la jambe. L'enfant se mit à pleurer et à injurier Merlin en l'appelant : né sans père.

Aussitôt les messagers s'approchèrent pour l'interroger. Mais, sans leur en laisser le temps, Merlin vint à eux en riant et leur dit :

– Je suis celui que vous quérez et dont vous devez rapporter le sang au roi Vortiger.

– Qui t'a dit cela ? demandèrent les messagers stupéfaits.

– Si vous me jurez que vous ne me ferez aucun mal, j'irai avec vous et je vous dirai pourquoi la tour ne tient pas. Mais d'abord, je vais vous prouver que je sais bien d'autres choses.

Et il leur conta sans manquer d'un mot comment le roi Vortiger avait voulu bâtir une tour, et comment elle s'écroulait toujours, et ce qu'avaient dit les astronomes, puis comment eux-mêmes avaient été envoyés, et tout le reste, si bien que les messagers pensaient : "Cet enfant nous dit merveilles, et nous aimerions mieux être parjures tous les jours de nos vies et de risquer de perdre nos biens, que de le tuer." Aussi Merlin, qui lisait leur pensée, put prendre congé de sa mère, et partit de bonne grâce avec eux.

Ils chevauchèrent de compagnie jusqu'à ce qu'ils arrivassent en une ville et, comme ils en sortaient, ils virent un vilain qui portait de gros souliers et une pièce de cuir à la main. En passant près de lui, Merlin se mit à rire, et comme ses compagnons lui demandaient pourquoi, il leur dit :

– Parce que ce vilain, qui pense avoir à réparer ses chaussures en faisant pèlerinage, sera mort avant que d'arriver à sa maison.

Les messagers interrogèrent l'homme qui leur répondit qu'il venait d'acheter ses souliers au marché, et le cuir pour les raccommoder quand ils seraient usés, car il voulait aller en Terre sainte. Étonnés, les messagers le suivirent, et ils n'avaient pas fait une lieue qu'ils le virent tomber mort. Alors ils songèrent, chacun à part soi : "Il nous faudrait mieux souffrir mille supplices que d'occire un si sage enfant." Et Merlin qui sut leur pensée dans le même instant, les remercia de leurs bonnes résolutions.

V

Cependant ils approchaient de la cour du roi Vortiger. Quand ils n'en furent plus qu'à une heure de route, ils demandèrent à Merlin ce qu'ils diraient au roi.

– Contez-lui ce que vous avez vu, leur conseilla-t-il, et assurez-lui que je lui enseignerai pourquoi sa tour s'écroule toujours.

Ce qu'ils firent ; et le roi émerveillé commanda qu'on lui amenât Merlin. Celui-ci le salua le plus poliment du monde :

– Roi Vortiger, tu veux savoir pourquoi ta tour ne peut tenir ? C'est qu'il y a dessous la terre, à l'endroit où elle s'appuie, deux dragons qui ne voient goutte, l'un rouge et l'autre blanc, qui dorment sous deux grandes pierres. Quand ils sentent le poids de la tour, ils se tournent, et elle croule. Si ce que je dis est faux, condamne-moi au feu ; si c'est vrai, accuse tes clercs et tes astronomes qui prétendent connaître tout et ne savent rien.

Aussitôt le roi fit rassembler les ouvriers du pays pour creuser la terre, lesquels travaillèrent si bien qu'on mit à jour les deux grandes pierres qu'avait annoncées Merlin. Et dès qu'on en eut soulevé la première, un dragon blanc apparut, si grand, si fier et si hideux, que tout le monde se hâta de reculer. Puis, sous la seconde, on découvrit un dragon rouge, qui sembla encore plus grand et plus sauvage. Et tous deux ne tardèrent pas à s'éveiller et à se jeter l'un contre l'autre, en se déchirant horriblement des dents et des griffes. La bataille dura tout le jour, toute la nuit et le lendemain jusqu'à l'heure de midi. Longtemps le blanc eut le dessous ; mais à la fin, il lui sortit une flamme de la bouche et des narines qui consuma le rouge ; après quoi le vainqueur se coucha et mourut à son tour. Et Merlin dit au roi que maintenant il pouvait faire bâtir sa tour.

– Mais, demanda celui-ci, il faut que tu nous apprennes ce que signifie la lutte des deux dragons.

– Promets-moi donc, sur ta foi, qu'il ne me sera fait aucun mal.

Le roi promit.

– Je te dirai que le dragon rouge signifie toi, et le blanc le fils du roi Constant, auquel tu as volé son héritage. Et si les deux dragons luttèrent longtemps, c'est que tu tiens depuis longtemps le royaume que tu as pris. Et si le blanc a brûlé le rouge, c'est qu'Uter Pendragon, le fils du roi, te fera brûler toi-même. Dans trois jours il débarquera au port de Winchester.

À ces mots le roi fut très effrayé. Il s'empressa d'envoyer une armée à Winchester. Mais lorsque ses gens virent les gonfanons d'Uter Pendragon sur la nef qui l'amenait, ils s'empressèrent de le reconnaître pour leur droit seigneur, de sorte que Vortiger n'eut que le temps de gagner un de ses châteaux avec un petit nombre de serviteurs. Il résista là quelque temps ; mais, en donnant l'assaut, Uter Pendragon mit le feu à la forteresse, et Vortiger périt dans les flammes. Ainsi en soit-il de tous les déloyaux.

VI

Le conte dit ici que Merlin s'était retiré dans la forêt de Northumberland. Or, le roi Uter Pendragon, à qui l'on narra les merveilles qu'il avait faites, eut naturellement grand désir de le voir : aussi envoya-t-il des messagers par toute la terre à la recherche du devin.

Un jour qu'ils se reposaient dans une ville du Northumberland, ils virent venir à eux un bûcheron portant une grande cognée sur l'épaule, les cheveux hirsutes, la barbe longue, vêtu d'une courte blouse déchirée, bref assez semblable à un homme sauvage, qui leur dit :

– Vous ne faîtes guère la besogne de votre seigneur.

– De quoi se mêle ce vilain !

– Si j'étais chargé de chercher Merlin, reprit le bûcheron, je l'aurais plus tôt trouvé que vous. Sachez qu'il m'a commandé de vous dire que jamais personne ne l'amènera, à moins que votre roi ne vienne lui-même le quérir dans la forêt.

Là-dessus, l'homme leur tourna le dos et disparut, bien avant que les messagers fussent revenus de leur surprise.

Ils retournèrent en grande hâte à la cour et contèrent au roi ce que le vilain leur avait dit. "J'irai donc chercher le devin", décida Uter Pendragon. Ainsi vint-il avec eux dans la forêt de Northumberland. Elle était grande, haute et délicieuse à y errer. Le roi et ses gens chevauchèrent longtemps à travers feuilles et buissons. Enfin ils parvinrent à une clairière où un pauvre berger contrefait gardait un troupeau de moutons.

– Qui es-tu ? lui demandèrent-ils.

– Je suis à un homme qui m'a dit qu'un roi le viendrait aujourd'hui chercher au bois. Et, si le roi venait, je saurais bien le mener à celui qu'il va quérant.

– Et ne nous pourrais-tu conduire à lui ?

– Nenni, répondit le berger, ni pour or ni pour argent, car on ne le trouve que lorsque lui-même y consent.

– Je suis le roi, dit Uter Pendragon.

– Et moi, je suis Merlin, dit le berger.

Le roi demanda à ses compagnons s'ils reconnaissaient Merlin, bien qu'ils ne l'eussent pas vu depuis longtemps. Pour toute réponse, ils se mirent à rire ; mais, dans le même instant, ils trouvèrent devant eux le jeune enfant qui avait expliqué au roi Vortiger la signification du combat des dragons. Et ainsi l'on connut que Merlin avait le pouvoir de prendre telle semblance qui lui plût.

Le roi lui fit de grandes amitiés et voulut l'emmener à sa cour ; mais il refusa pour ce qu'il savait bien que les barons seraient tôt jaloux de son crédit, car il était très sage. Pourtant il assura au roi qu'il l'aimait tendrement et qu'il veillerait toujours sur son bonheur et ses intérêts. En effet, grâce à lui, Uter vainquit les Saines, païens très méchants qui ne croyaient pas à La Trinité ni à Jésus-Christ qui pour nous souffrit. Après la bataille, on enterra les corps des chrétiens, et Merlin fit venir d'Irlande, par son art, certaines longues et grosses pierres que nul homme n'aurait pu soulever par force ni par engin, et qu'il dressa parce qu'elles étaient plus belles droites que gisant. Ainsi fut fait le cimetière de Salisbury que l'on voit encore et que l'on verra tant que le monde durera.

VII

Après sa victoire, le roi fit annoncer dans son royaume qu'il tiendrait régulièrement sa cour à Carduel en Galles, tous les ans, à la Noël, à la Pentecôte et à la

Toussaint, et que les barons étaient invités à s'y rendre sans autre avertissement.

Il y vint ainsi une grande quantité de dames, de chevaliers, et de demoiselles, et le roi y remarqua Ygerne, la femme du duc Hoël de Tintagel. Il n'en fit d'abord nul semblant, si ce n'est qu'il la regarda plus longtemps que les autres ; mais elle s'en aperçut bien. Comme elle était aussi fidèle que belle, elle se garda du mieux qu'elle put de paraître devant lui. Mais le roi envoya des joyaux en présent à toutes les dames afin d'avoir prétexte à lui en donner, de manière qu'elle ne pût les refuser. Enfin, quand la cour se sépara, il accompagna le duc de Tintagel et trouva moyen de murmurer à Ygerne qu'elle emportait son cœur ; elle feignit de n'avoir pas entendu.

Aux cours suivantes, le roi ne fut pas plus heureux. Durant un an, il souffrit : quand il était loin de la duchesse, il était triste à mourir ; quand il la voyait, sa douleur s'allégeait un peu ; mais il lui semblait qu'il ne pourrait vivre s'il n'avait réconfort d'amour.

– Sire, lui dit enfin Ulfin, un de ses familiers, vous êtes bien naïf quand vous pensez mourir pour le désir d'une femme. Moi qui suis un pauvre homme au prix de vous, si j'aimais comme vous faites, je ne songerais pas à trépasser : qui entendit jamais parler d'une femme qui se pût défendre si elle était bien priée et honorée de beaux joyaux ? Laissez-moi faire.

Et il commença de porter à la duchesse maints présents magnifiques de par le roi. Mais elle se défendait d'en rien prendre, si bien qu'un jour il lui dit :

– Dame, ces joyaux que vous refusez sont peu de chose, quand tous les biens du royaume de Logres sont à votre volonté et tous les corps de ses habitants à votre plaisir.

– Comment ? fit-elle.

– Parce que vous avez le cœur de celui à qui tous les autres obéissent.

Ygerne leva la main et se signa.

– Dieu ! que le roi est traître de faire semblant d'aimer mon seigneur le duc et moi, et cependant de me vouloir honnir ! Garde-toi de me redire de telles paroles ou j'avertirai le duc et il te fera mourir.

– Ce serait mon honneur que de mourir pour mon roi, répondit Ulfin. Dame, pour Dieu, ayez merci du roi et de vous-même, sinon il adviendra grand mal de cela : ni vous ni le duc ne vous pourriez défendre contre sa volonté.

– S'il plaît à Dieu, répliqua Ygerne en pleurant, je n'irai plus jamais en lieu où il me puisse voir.

Ainsi fit-elle, tant qu'elle le put. Mais, le onzième jour après la Pentecôte, le roi prit le duc par la main et le fit asseoir à table auprès de lui ; puis il lui dit, en lui montrant une coupe d'or :

– Beau sire, mandez à Ygerne votre femme qu'elle accepte cette coupe que je lui envoie pleine de bon vin, et qu'elle la vide pour l'amour de moi.

– Sire, grand merci ! répondit le duc qui ne pensait pas à mal.

Et l'un de ses chevaliers, nommé Bretel, se rendit par son ordre en la chambre où Ygerne mangeait avec les autres dames et, s'agenouillant devant la duchesse, il lui fit le message de son seigneur. Elle rougit ; pourtant, n'osant refuser, elle but et voulut renvoyer la coupe.

– Madame, lui dit Bretel, messire a commandé que vous la gardiez : le roi l'en a prié.

Puis il revint au roi et lui rendit grâce de la part de la duchesse, qui pourtant n'avait sonné mot de remerciement.

Le soir, lorsque le duc rentra à son hôtel, il trouva Ygerne qui pleurait. Étonné, il la prit dans ses bras.

– Ha ! dit-elle, je voudrais être morte !

– Dame, pourquoi ?

– Je ne vous le cèlerai point, car il n'est rien que je chérisse comme vous. Le roi dit qu'il m'aime et toutes ces fêtes, il ne les donne que pour l'amour de moi. Pourtant, des présents qu'il m'a envoyés, je n'en ai accepté aucun, hormis cette coupe que vous m'avez fait prendre. Je vous prie et requiers comme mon seigneur de me ramener à Tintagel.

En entendant cela, le duc irrité manda sur-le-champ à ses chevaliers de se préparer sans bruit et de quitter la ville dans la nuit même, quitte à laisser tout leur bagage, qui les suivrait le lendemain.

VIII

Au matin, le roi apprit le départ d'Ygerne à grand chagrin. Il réunit ses barons en conseil et se plaignit amèrement de l'insulte que lui faisait son vassal. Il fut décidé qu'on enverrait au duc deux prud'hommes chargés de lui remontrer son insolence et de l'inviter à revenir à la cour. Mais le duc s'y refusa, disant seulement que le roi lui avait fait forfait. Aussitôt Uter Pendragon requit ses barons de l'aider à venger son honneur et à punir la folie de son homme lige. De son côté, le duc avait révélé aux siens la honte que le roi voulait lui infliger, et ils étaient venus s'enfermer avec leur seigneur dans le plus fort de ses châteaux. La place était si bien défendue, qu'Uter Pendragon ne put s'en emparer d'assaut. D'ailleurs, il apprit qu'Ygerne ne s'y trouvait pas : car elle était demeurée à Tintagel sous la garde de quelques chevaliers dévoués. Que faire ? Lever le siège, il n'y fallait pas songer : ses barons n'eussent pas compris qu'il renonçât à saisir le rebelle. Un jour que le roi se lamentait sous sa tente, Ulfin lui dit :

– Sire, que ne mandez-vous Merlin ?

– Hélas ! répondit le roi, il sait bien que j'ai perdu le manger et le boire, et le dormir, et le repos, et qu'il me faudra mourir d'amour. Pourtant il ne vient pas. Sans doute ne me pardonne-t-il point de vouloir prendre la femme de mon homme lige ; est-ce ma faute, pourtant, si mon cœur ne peut s'arracher d'Ygerne ?

Comme il disait ces mots, Merlin lui-même entra dans la tente. Le roi, plus content qu'on ne saurait dire, le prit dans ses bras et l'accola très doucement.

– Doux ami, lui dit-il, jamais je ne souhaitai la venue de nul homme autant que la vôtre. Vous savez bien ce que mon cœur désire, puisque je ne vous pourrais mentir que vous ne le connussiez aussitôt.

– Je le sais, dit Merlin, et si vous m'osiez promettre un don, je vous ferais avoir l'amour de la duchesse et coucher avec elle en son lit.

– Ha ! vous pouvez tout me demander !

Alors Merlin lui fit faire un serment sur les meilleures reliques qu'on put trouver ; puis, ils montèrent à cheval avec Ulfin et partirent secrètement pour Tintagel.

Peu avant d'arriver au château, Merlin s'arrêta et descendit de son palefroi. Après avoir un peu cherché, il cueillit une herbe et dit à Ulfin de s'en frotter le visage et les mains. Tout aussitôt celui-ci prit la semblance de Jourdain, l'un des plus fidèles serviteurs du duc. Le roi s'émerveilla fort ; mais, s'étant oint de cette herbe à son tour, il devint tout pareil au duc lui-même, tandis que Merlin prenait la figure de Bretel. Ainsi faits, ils se présentèrent devant la porte du château, où le guetteur, qui les reconnut bien tous les trois, les fit entrer. Il était nuit : le faux duc se rendit à la chambre d'Ygerne qui était déjà couchée. Là, ses deux compagnons le dévêtirent, et la duchesse lui fit bel accueil, croyant que ce fut son mari qu'elle aimait fort : et ainsi fut engendré le bon seigneur qu'on appela Arthur.

Au matin, tous trois s'en partirent comme ils étaient venus, et Merlin les fit laver et se lava lui-même dans une rivière où ils reprirent leurs apparences naturelles. Ensuite, il dit au roi :

– Sire, je vous ai fait avoir ce que je vous avais promis ; à vous maintenant d'exécuter votre serment. Sachez que vous avez engendré un fils en Ygerne ; je veux que vous me le donniez.

– Je ferai tout, dit le roi, ainsi que je m'y suis engagé.

En revenant au camp, on apprit que le duc avait tenté une sortie et que, son cheval ayant été abattu, il avait été tué par les gens de pied qui ne l'avait pas reconnu.

Tous les barons en étaient chagrinés, car ils estimaient que la mort était un châtiment trop grave pour la faute du duc. Aussi le roi les assembla-t-il et leur demanda comment il pourrait réparer ce méchef. Ils furent d'avis qu'il convenait de convoquer tout d'abord les parents du duc de Tintagel afin de chercher un accommodement.

Ainsi fut fait ; et quand la dame de Tintagel fut venue avec les siens, une nouvelle assemblée se fit des barons des royaume. Et tous prièrent Ulfin, qui était très sage, de donner son avis.

– Le duc est mort par la force du roi, dit-il ; mais, quels que fussent ses torts, il n'avait pas commis de forfait tel qu'il dût en être puni de mort. Sachez cependant que sa femme demeure chargée d'enfants. Le roi a détruit et gâté sa terre, la lésant ainsi, de même que les héritiers et parents du duc : il est juste qu'il répare une partie de ces dommages. Il doit prendre la duchesse pour femme, et marier la fille aînée du duc au roi Lot d'Orcanie, si celui-ci y consent.

Les paroles d'Ulfin furent fort louées ; tous les barons se rangèrent à son avis. Et le roi d'Orcanie dit qu'il épouserait volontiers la fille du duc de Tintagel. Et tous se tournèrent vers la duchesse, à qui l'eau de son cœur montait aux yeux et qui ne répondait rien ; mais tous ses parents dirent que jamais seigneur n'avait fait à son homme lige une paix plus équitable. Et trente jours plus tard eurent lieu les noces du roi Uter Pendragon et d'Ygerne.

Or, quand la grossesse de celle-ci apparut, elle confessa en pleurant à son seigneur comment un homme l'était venu visiter après la mort du duc, qui ressemblait si fort à celui-ci qu'elle l'avait pris pour lui.

– Belle amie, dit le roi, gardez que personne à qui vous la pouvez celer ne connaisse votre grossesse, car ce serait grande honte à moi et à vous si l'on savait que vous avez eu un enfant si tôt. Nous le confierons à quelqu'un qui l'élèvera bien.

Et quand l'enfant fut né, il le donna à Merlin, qui le remit secrètement à l'un des plus honnêtes chevaliers du royaume nommé Antor, dont la femme avait accouché six mois auparavant. Elle confia son propre fils à une nourrice et allaita celui qu'on lui amenait. Puis, le moment venu, Antor fit baptiser l'enfant sous le nom d'Arthur et l'éleva en tout honneur et bien, en compagnie de son propre fils qu'on appelait Keu.

IX

Uter Pendragon mourut seize ans plus tard, à la Saint-Martin, deux ans après Ygerne. Comme il ne laissait point d'enfant connu, les barons s'assemblèrent et prièrent Merlin de leur désigner l'homme qu'ils devaient élire afin qu'il gouvernât le royaume pour le bien de la sainte Église et la sûreté du peuple. Mais il se contenta de leur dire qu'ils attendissent le jour de la naissance de Notre Seigneur, et jusque-là d'implorer Dieu pour qu'il les éclairât.

La veille de Noël, donc, tous les barons du royaume de Logres vinrent à Londres, et parmi eux Antor, avec Keu et Arthur, ses deux enfants dont il ne savait lequel il préférait. Chacun assista à la messe de minuit en grande piété, puis à la messe du jour. Et comme la foule sortait de l'église, des cris d'étonnement retentirent : une grande pierre taillée gisait au milieu de la place naguère vide, portant une enclume de fer, où une épée se trouvait fichée jusqu'à la garde.

On avertit aussitôt l'archevêque qui vint avec de l'eau bénite. Et en se baissant pour asperger la pierre, il déchiffra à haute voix cette phrase qui s'y trouvait gravée en lettres d'or :

Celui qui ôtera cette épée sera le roi élu par Jésus-Christ.

Déjà les plus hauts et riches hommes commençaient de contester entre eux à qui tenterait l'épreuve le premier. Mais l'archevêque leur dit :

– Seigneurs, vous n'êtes point aussi sages qu'il faudrait. Ne savez-vous point que Notre Sire n'a souci ni de richesse, ni de noblesse, ni de fierté ? Seul, celui qu'il a désigné réussira, et, s'il était encore à naître, l'épée ne serait jamais ôtée devant qu'il vînt.

Alors il choisit lui-même deux-cent-cinquante prud'hommes pour tenter l'aventure tout d'abord. Mais aucun ne parvint à mouvoir l'épée. Après eux, et dans la semaine qui suivit, tous ceux qui voulurent s'y efforcèrent, mais vainement. Et l'on atteignit ainsi le jour des étrennes.

Ce jour-là, on donnait chaque année un grand tournoi aux portes de la cité. Quand les chevaliers eurent assez joûté, ils firent une telle mêlée, que toute la ville en courut voir le spectacle. Keu, le fils d'Antor, qui venait d'être fait chevalier à la Toussaint précédente, appela son jeune frère, et lui dit :

– Va chercher mon épée à notre hôtel.

Arthur était un bel et grand adolescent de seize ans, fort aimable et serviable : il piqua des deux aussitôt vers leur logis, mais il ne put trouver l'épée de son frère ni aucune autre, car la dame de la maison les avait toutes rangées dans une chambre, et elle était allée voir la mêlée. Il revenait, lorsqu'en passant devant l'église, il pensa qu'il n'avait pas encore fait l'essai : aussitôt il s'approche du perron et, sans même descendre de son cheval, il prend le glaive merveilleux par la poignée, le tire sans la moindre peine, et l'apporte sous un pan de manteau à son frère, à qui il dit :

– Je n'ai pas pu trouver ton épée, mais je t'apporte celle de l'enclume.

Keu la saisit sans sonner mot, et se mit à la recherche de son père.

– Sire, lui dit-il en le joignant, je serai roi : voici l'épée du perron.

Mais Antor, qui était vieil et sage, ne le crut guère et n'eut pas beaucoup de peine à lui faire confesser la vérité. Alors il appela Arthur et lui commanda d'aller remettre le glaive où il l'avait pris : l'enfant replongea la lame dans l'enclume aussi aisément qu'il eût fait dans la glaise. Ce que voyant, le prud'homme l'embrassa :

– Beau fils, si je vous faisais élire roi, quel bien m'en reviendrait ?

– Sire, répondit Arthur, je ne saurai avoir rien dont vous ne soyez maître, étant mon père.

– Cher sire, je suis votre père adoptif, mais non celui qui vous a engendré. J'ai confié mon propre fils à une nourrice pour que sa mère vous nourrît de son lait. Et je vous ai élevé aussi doucement que j'ai pu.

– Je vous supplie, dit Arthur, de ne pas me renier comme votre fils, car je ne saurais où aller. Et si Dieu veut que j'aie cet honneur d'être roi, vous ne saurez me demander chose que vous n'ayez.

– Eh bien, je vous demande qu'en récompense de ce que j'ai fait pour vous, Keu soit votre sénéchal tant que vous vivrez, et que, quoi qu'il fasse, il ne puisse perdre sa charge. S'il est fol, s'il est félon, vous vous direz que peut-être il ne l'eût point été s'il avait été allaité par sa propre mère et non par une étrangère, et que c'est peut-être à cause de vous qu'il est ainsi.

– Je vous le promets, dit Arthur.

Et Antor lui fit faire le serment sur l'autel.

Il attendit vêpres, et, quand tous les barons furent assemblés dans l'église, il alla trouver l'archevêque et lui demanda de permettre que son plus jeune fils, qui n'était pas encore chevalier, fît l'essai. Et Arthur s'avança, ôta l'épée sans peine et la bailla à l'archevêque qui entonna à pleine voix le *Te Deum laudamus*.

Cependant les barons murmuraient, disant qu'il ne se pouvait qu'un garçon de si bas lignage devînt leur seigneur. Dont l'archevêque se courrouça et leur dit que Dieu savait mieux qu'eux-mêmes ce que valait chacun ; pourtant il commanda à Arthur de replacer l'épée dans l'enclume, puis il dit aux mécontents de recommencer l'épreuve. Et tous essayèrent une fois de plus, mais nul ne réussit.

– Ils sont bien fous ceux qui vont contre la volonté de Dieu ! s'écria le prélat.

– Sire, dirent les barons, nous n'allons point contre sa volonté, mais il nous est trop grande merveille qu'un homme de si basse condition devienne ainsi notre seigneur. Nous vous demandons que vous laissiez l'épée au perron jusqu'à la Chandeleur.

L'archevêque y consentit ; mais ce jour-là encore, nul d'entre eux ne put l'arracher.

– Allez, beau fils Arthur, dit alors l'archevêque : si Notre Sire veut que vous gouverniez ce peuple, baillez-moi ce glaive.

Aussitôt Arthur se leva et tira l'épée sans plus d'efforts que si elle eût été enfoncée dans une motte de beurre. Le peuple pleurait de joie et de pitié ; mais les barons réclamèrent qu'on recommençât l'épreuve à Pâques. Quand Pâques furent venues, il en alla tout de même. Alors ils se résignèrent à reconnaître le fils d'Antor pour élu de Dieu ; pourtant ils exigèrent encore que son sacre fut reculé jusqu'à la Pentecôte. Ce jour-là, Arthur s'agenouilla une dernière fois devant le perron, puis il prit l'épée dans ses mains jointes et la leva très facilement.

Alors il la porta toute droite à l'autel et la posa dessus. Puis il fut oint et sacré. Et quand la messe fut chantée, on vit, en sortant de l'église, que le perron merveilleux avait disparu.

X

Quelque temps après son sacre, le roi Arthur tint une grande cour à Kerléon. Onze des plus hauts barons de la couronne de Logres y vinrent avec leurs chevaliers : Lot, roi d'Orcanie ; Urien, roi de Gorre ; Ydier, roi de Cornouaille ; Nantre, roi de Garlot ; Carados Biébras ; Belinant, roi de Sorgalles, et son frère Tradelinan, roi de Norgalles ; Clarion, roi de Northumberland ; Brangore, roi d'Estrangore ; Agustan, roi d'Écosse, et le duc Escan de Cambenic. Et Arthur leur fit aussi bel accueil qu'il put et les combla de présents.

Mais, quand ils virent qu'il leur donnait de si riches joyaux, ils le prirent à grand dédain. Bientôt ils lui signifièrent qu'ils ne pouvaient tenir pour leur seigneur un homme d'aussi bas lignage que lui. Arthur était sur ses gardes : il s'enferma aussitôt dans la forteresse de Kerléon et les rois et lui demeurèrent quinze jours à s'entre-surveiller.

Au bout de ce temps on vit arriver Merlin, qui se montra à tout le peuple comme celui qui veut être reconnu ; après quoi il se présenta devant les rebelles, ouvert et joyeux à son ordinaire.

Ils lui firent grand accueil et lui demandèrent ce que c'était que ce nouveau roi que l'archevêque prétendait leur imposer.

– Beaux seigneurs, répondit-il, l'archevêque a bien fait. Et sachez qu'il n'est pas fils d'Antor et frère de Keu, mais de plus haute naissance qu'aucun de vous.

– Comment ? Que nous dites-vous ?

– Mandez-le devant vous, ainsi qu'Ulfin et Antor, et vous saurez la vérité.

Étonnés, les barons envoyèrent Bretel muni d'un sauf-conduit, et Arthur consentit à venir en compagnie de l'archevêque et d'Antor, non sans avoir passé sous sa cotte un court et léger haubergeon, par précaution.

Quand il entra, les barons se levèrent devant lui parce qu'il était roi sacré, et devant l'archevêque parce qu'il était saint et de bonne vie. Mais, à peine furent-ils assis, l'homme de Dieu commença de les supplier au nom de Notre Seigneur de prendre en pitié la chrétienté et de leur rappeler que, riches ou pauvres, ils n'étaient que des hommes soumis à la mort.

– Sire, firent-ils sans le laisser achever, souffrez un peu que nous écoutions Merlin ; ensuite vous retrouverez bien votre sermon.

Merlin se mit donc debout et leur conta tout au long l'histoire d'Uter Pendragon et d'Ygerne ; puis il invoqua le témoignage d'Ulfin et d'Antor ; enfin il exhiba les lettres scellées que le défunt roi avait fait faire de tout cela.

En l'écoutant, le menu peuple qui était dans la salle commença de pleurer d'attendrissement et de maudire ceux qui voulaient nuire au fils d'Uter Pendragon. Mais les barons, après avoir un peu hésité, déclarèrent qu'ils ne consentiraient jamais à tenir leurs fiefs d'un bâtard, et, comme Merlin leur représentait qu'ils se trouvaient mal d'aller contre la volonté de Notre Seigneur qui avait lui-même élu Arthur, ils se moquèrent de lui, disant :

– Il a bien parlé, l'enchanteur !

Enfin, ils furent assembler leurs bannières pour donner sans tarder l'assaut au château. Arthur, qui était revenu s'y enfermer, avait avec lui une grande multitude de menu peuple, mais seulement une poignée de chevaliers. En entrant, il prit Merlin par la main et, le tirant à part avec l'archevêque, Ulfin, Antor, Keu et Bretel, il lui demanda son avis.

– Beau sire, dit Merlin, faites armer vos gens et attendez derrière la porte, et quand je crierai : "Maintenant, à eux !" sortez hardiment et laissez courre les chevaux.

Alors l'archevêque monta sur le mur et excommunia tous ceux qui voulaient méfaire au roi. Puis Merlin, du sommet de la tour, jeta un enchantement tel que toutes les tentes et pavillons des barons rebelles se mirent à flamber. Quand il les vit ainsi en feu, il donna son signal : la porte s'ouvrit brusquement et le roi Arthur et les siens chargèrent aussi vite que leurs chevaux purent galoper, la lance basse et l'écu devant la poitrine. Si bien qu'ils mirent d'abord le désordre dans les rangs de l'ennemi surpris.

Cependant le roi Nantre, qui était grand, fort et membru à merveille, se dit que, s'il tuait Arthur, la guerre serait tôt faite. Il prend une lance peinte, courte, roide et grosse, à fer tranchant, et charge à toute allure le roi. Le voyant venir, Arthur broche à son tour et s'assure sur ses étriers : de sa lance de frêne il heurte le roi Nantre avec tant de force qu'il lui perce son écu et le porte à terre par-dessus la croupe de son destrier, si durement que toute la terre en résonne. Mais les gens du roi Nantre se précipitent à son secours et le remettent à cheval ; ceux du roi Arthur viennent aider à leur seigneur ; il se fait une mêlée furieuse.

Sa lance brisée, Arthur tire son épée, celle qu'il avait arrachée du perron merveilleux. Elle s'appelait Excalibur, qui signifie en hébreu *tranche fer et acier*, et elle jetait autant de clarté que deux cierges allumés. Le roi la brandit et commence de frapper à dextre et senestre, si vivement qu'il semble entouré d'éclairs, et à faire de si grandes prouesses que nul ose l'attendre et que tous l'évitent. Voyant cela, six autres rois s'accordent pour le charger ensemble, et ils le renversent avec son cheval. Mais Keu, Bretel, Antor, Ulfin et leur lignage accourent à la rescousse ; Keu se jette sur le roi Lot, lui décharge un tel coup sur son heaume qu'il l'abat sur l'arçon, le frappe, le refrappe, s'acharne et le fait tomber à bas de son destrier, tout étourdi.

À ce moment, la foule du menu peuple se précipitait à son tour dans la mêlée, armée de haches, de masses, de bâtons, si bien que l'ennemi commença de plier sous le nombre et de fuir. Fort échauffé, Arthur, remonté par les siens, se jette à leur poursuite, et fait merveille d'Excalibur au point que sur ses armes rouges de sang on ne voit plus couleur ni vernis. Semblable à une statue vermeille, il atteint le roi Ydier ; déjà il hausse l'épée pour le férir sur son heaume mais le cheval l'emporte plus loin qu'il n'aurait fallu, si bien que le coup, frôlant l'homme, tombe sur le destrier et lui tranche le cou. Ydier tombe à terre ; ses gens le dégagent, le remontent à grand-peine… Enfin les onze rois s'échappent, rudement pourchassés, laissant sur le terrain tout leur bagage et leur vaisselle d'or et d'argent.

XI

Quand le roi Arthur eut ainsi déconfit ses grands vassaux rebelles, il tint une cour à Londres sur le conseil de Merlin, où il fit de beaux dons de robes, d'argent, de chevaux, et arma nombre de nouveaux chevaliers. Par quoi il se gagna beaucoup de cœurs.

– Beau doux sire, lui dit Merlin, maintenant contentez-vous de garnir vos forteresses et de les munir de vivres et d'artillerie. Cependant vous irez vous engager comme un simple chevalier au service du roi Léodagan de Carmélide, et grand bien vous adviendra. C'est un vieil homme et il a rude guerre de ses voisins : car le roi

Claudas de la Terre Déserte a rendu hommage à l'empereur de Rome, Julius César, et tous deux ont fait alliance avec Frolle, duc d'Allemagne, qui est un haut et puissant baron, et une grande armée s'avance sous leurs bannières pour conquérir le royaume de Carmélide. Ne craignez rien cependant des rois rebelles pour votre terre, car Notre Sire y aura garde. À votre cour, les uns sont venus pour bien et les autres pour mal ; mais je veux que vous fassiez grand accueil à Ban de Benoïc et à Bohor de Gannes, qui sont en route à cette heure et qui se rendent ici par débonnaireté. Tous deux sont frères et rois en la Petite Bretagne, et ils vous feront hommage volontiers. Quand vous partirez pour Carohaise en Carmélide, emmenez-les avec vous, car ils sont prud'hommes et très bons chevaliers.

Dès qu'il apprit que le roi Ban et le roi Bohor approchaient, Arthur fit tendre de soieries et de tapisseries et joncher d'herbes et de fleurs les rues de Londres où ils devaient passer, et il ordonna que les demoiselles et les pucelles de la ville allassent en chantant à leur rencontre, tandis que lui-même s'y rendait à grande chevalerie. Puis il donna en leur honneur un beau tournoi, des fêtes ; bref il les reçut aussi magnifiquement qu'il put. Si bien que les rois Ban et Bohor, et leur frère Guinebaut, qui était un très sage et savant clerc, furent contents. Quand il les vit ainsi, Merlin leur demanda d'accompagner Arthur en Carmélide, pour le grand bien de la couronne de Logres.

– Mais, beau doux ami, lui répondit le roi Ban, si nous laissons nos royaumes, qu'arrivera-t-il ? Nous avons des voisins félons, et il est bien périlleux de quitter ainsi sa propre terre pour aller défendre celle d'autrui.

– Ha, sire, dit Merlin, il est bon de reculer pour sauter loin ! Sachez que pour un denier que vous perdrez ici, vous en gagnerez cent là-bas. Quelques coureurs qui pourront venir sur vos terres ne vous prendront ni un château ni une ville, et le royaume de Carmélide défendra ensuite celui de Logres et les vôtres à toujours.

– Je ferai ce que vous me conseillez, dit le roi Ban, car vous êtes plus sage que nous tous.

Mais, maintenant, le conte se tait du roi Arthur et des rois Ban et Bohor, et en vient à parler de l'empereur de Rome et du jeu de Merlin, quand il quitta la Bretagne bleue et s'en fut dans les forêts de Romanie. C'est une chose digne d'être racontée à vous, seigneurs et dames.

XII

L'empereur Julius César avait une femme qui était de grand lignage et d'une merveilleuse beauté, mais plus luxurieuse que toutes celles de la terre de Rome. Et elle gardait avec elle douze damoiseaux qu'elle attifait en demoiselles pour qu'on n'eût point soupçon de ce qu'elle faisait avec eux toutes les nuits que l'empereur la laissait. Comme elle tremblait que la barbe ne leur vînt, elle leur oignait le menton de chaux et d'un opiat bouilli dans l'urine. Ils portaient des robes traînantes et des voiles, et leurs cheveux étaient longs et arrangés comme ceux des femmes, de manière que personne ne soupçonnait la vérité.

En ce temps-là vient à la cour une pucelle, fille d'un duc d'Allemagne, qui prit du service en guise d'écuyer et sous un habit d'homme. Comme elle était grande, droite et membrue, et qu'elle avait accompli maintes prouesses, l'empereur l'arma chevalier, à la Saint-Jean, en même temps que plusieurs damoiseaux ; puis elle devint son sénéchal. Et elle avait nom Avenable, mais elle se faisait appelée Grisandole ; et tout le monde la prenait pour un homme.

Une nuit que l'empereur était couché auprès de l'emperière, sa femme, il rêva qu'il voyait une grande truie dont les soies traînaient jusqu'à terre. La bête portait sur la tête un cercle d'or et il lui semblait qu'il la connaissait, mais il n'eût pu dire qu'elle lui appartenait. Douze louveteaux vinrent, qui la saillirent ; puis elle s'éloigna avec eux. Il rêva encore qu'il demandait conseil sur ce qu'il devait faire de la truie, et qu'on lui répondait qu'elle devait être jetée au feu avec les louveteaux.

L'empereur s'éveilla tout effrayé de cette vision ; mais il n'en sonna mot à sa femme, car il était sage. Seulement, au retour de la messe, quand il s'assit à son haut manger, il demeura pensif, et si longtemps que ses barons s'en étonnèrent.

À ce moment, on entendit une rumeur. C'était un cerf à dix cors, d'une hauteur merveilleuse, qui se faisait chasser dans les rues de Rome. Tout le peuple le poursuivait à grands cris et huées. Ayant assez couru, le cerf franchit la maîtresse porte du palais suivi des chasseurs, entra dans la salle renversant les tables, les vins, les viandes, les pots et la vaisselle, s'agenouilla devant l'empereur et dit :

– Julius César, laisse tes pensées, qui ne te valent rien : car tu ne trouveras personne qui t'explique ta vision, hors l'homme sauvage.

Là-dessus, les portes qu'on avait pourtant fermées derrière lui s'ouvrent toutes seules, et le cerf s'enfuit à nouveau, court par les rues, toujours chassé, gagne les champs, et s'évanouit comme par enchantement.

L'empereur fut bien courroucé quand il apprit que l'animal avait échappé. Il fit crier par la ville que celui qui lui ramènerait soit l'homme sauvage ou le cerf, aurait sa fille et la moitié de ses terres, pourvu qu'il fut gentilhomme. Aussitôt maints riches damoiseaux de monter à cheval et de courir les bois de Romanie ; mais nul ne trouva rien et il leur fallut revenir. Seul demeura Grisandole le sénéchal, qui était parti avec eux. Huit jours, il erra dans la haute forêt. Une fois qu'il était descendu de son cheval pour prier Notre Seigneur de le guider dans sa quête, le cerf lui apparut soudain et lui dit :

– Avenable, tu chasses la folie, car tu ne trouveras point ce que tu cherches si tu n'apportes chair de porc, purée au poivre, lait, miel et pain chaud. Amène avec toi quatre compagnons et un garçon qui fera cuire la viande devant le feu. Puis tu dresseras le repas sur une table dans l'endroit le plus retiré de la forêt. Vous vous cacherez tout auprès, et vous verrez l'homme sauvage.

Là-dessus, le cerf s'enfuit et Grisandole de remonter à cheval et d'aller chercher ce qu'on lui avait dit. La viande grilla sous un beau chêne, et le fumet qui s'en répandit dans toute la forêt attira bientôt l'homme sauvage. Quand ils le virent, Grisandole et ses compagnons faillirent, de frayeur, perdre le sens. En effet, il avait la tête grosse comme celle d'un veau, les yeux ronds et saillants, la bouche fendue jusqu'aux oreilles, des lèvres épaisses, toujours entrouvertes, qui laissaient passer ses dents, les pieds retournés et les mains à l'envers, les cheveux noirs, durs et si longs qu'ils tombaient sur sa ceinture ; il était grand, courbé, velu et vieux à merveille, vêtu d'une peau de loup ; et ses oreilles, larges comme vans, pendaient jusqu'à ses genoux, de manière qu'il pouvait s'en envelopper quand il pleuvait ; enfin il était si laid à regarder qu'il n'était homme vivant qui n'en dût avoir grand'peur. Il avançait en frappant les chênes à grands coups de sa massue, et il menait avec lui, comme un berger son troupeau, une harde de cerfs, de biches, de daims et de toutes manières de bêtes rousses.

Ainsi fait, l'homme sauvage s'arrête devant le feu et commence à se chauffer en regardant la nourriture et en baillant comme un affamé. La viande cuite à son gré, il l'arrache de la broche, la dévore sans en rien laisser, avale le pain chaud au miel, boit le lait, et, le ventre plein, s'endort devant le bûcher. Alors Grisandole et ses compagnons s'approchent tout doucement, se jettent sur lui après avoir pris soin d'écarter sa massue, et, l'ayant attaché d'une chaîne de fer, ils le mettent sur un cheval et l'emmènent.

Or, lorsqu'ils eurent cheminé quelque temps, l'homme sauvage regarda Grisandole le sénéchal, se mit à rire, et comme celui-ci l'interrogeait, il lui cria :

– Créature dénaturée, forme muée, trompeuse en toutes choses, poignante comme taon venimeux, empoisonnante comme venin de serpent, tais-toi, car je ne te dirai rien devant que nous soyons en présence de l'empereur.

À quelque temps de là, ils passèrent près d'une abbaye, où une foule de gens attendaient l'aumône. L'homme sauvage, en les voyant, se reprit à rire. Mais quand Grisandole le requit doucement, au nom de Dieu, de lui enseigner pourquoi, il le regarda de travers et lui cria :

– Image fausse, décevante créature, piquante comme alène, par quoi les hommes sont tués et affolés, rasoir plus tranchant et affilé que nulle arme, fontaine que rien n'épuise, tais-toi : je ne parlerai qu'en présence de l'empereur.

Enfin le sénéchal et l'homme sauvage comparurent devant Julius César, et celui-ci se préoccupa des moyens de faire bien et sûrement garder son prisonnier.

– Il n'est besoin de m'enchaîner, dit l'homme sauvage ; je jure que je ne m'en irai point sans congé. Mandez vos barons en conseil : devant eux j'expliquerai tout ce que vous voudrez.

Quatre jours plus tard, les barons assemblés, l'empereur fit asseoir l'homme sauvage à côté de lui. Mais celui-ci déclara qu'il ne dirait rien qu'en présence de l'emperière et de ses douze pucelles. À la vue de celles-ci, pourtant, il se mit à rire, puis il se tourna vers Grisandole et rit encore, puis vers l'empereur, puis vers sa femme, puis vers ses barons, en riant toujours, aux éclats, et de plus en plus fort. À la fin, Julius César lui demanda s'il était fol.

– Sire, sire, répondit-il, si vous me jurez devant tous qu'il ne me sera fait aucun mal et que je serai libre de me retirer quand j'aurai parlé, je vous dirai tout.

L'empereur le lui ayant promis sur sa foi, il reprit :

– Sire, la grande truie que vous vîtes en rêve, c'est votre femme, et les douze louveteaux qui la couvraient, ce sont ses douze pucelles. Faîtes-les dévêtir : vous verrez si elles sont bâties pour la servir.

L'empereur ébahi ordonna qu'on déshabillât sur-le-champ les demoiselles, et l'on remarqua qu'elles étaient garçons, à qui rien ne manquait. Alors Julius César fut si irrité qu'il demeura un moment sans pouvoir parler. Puis il demanda à ses barons quelle justice devait être faite, et les barons jugèrent que la femme devait être brûlée et les ribauds pendus ; ce qui fut exécuté sur-le-champ.

– Mais dites-moi, fit l'empereur à l'homme sauvage, pourquoi vous avez ri en regardant mon sénéchal, et devant l'abbaye, et quand la reine entra ici ce matin.

– Sire empereur, dit l'homme sauvage, la première fois j'ai ri parce qu'une femme m'avait pris par sa puissance et son adresse quand nul homme ne l'aurait su faire : car Grisandole est la plus belle et la meilleure femme et la plus pucelle de votre terre. La seconde, devant l'abbaye, c'est parce qu'un trésor se trouvait enfoui justement sous les pieds de ceux qui demandaient l'aumône. La troisième, c'était par dépit : car l'emperière qui avait le plus prud'homme de votre royaume se donnait chaque jour à douze ribauds. Mais n'en tenez point rancune aux autres femmes ; elle sont clair-semées, celles qui n'ont jamais trompé leur seigneur. C'est que la femme, eût-elle le meilleur des époux, pense toujours en avoir le pire. Voilà pourquoi j'ai ri, et maintenant je m'en irais si j'ai votre congé.

– Mais, dit l'empereur, comment tenir mon serment à l'égard de Grisandole si mon sénéchal est femme et pucelle ? J'ai juré d'octroyer ma fille et la moitié de mon royaume à qui vous amènerait à moi.

– Eh bien, beau sire, épousez votre sénéchal. Vous ne seriez mieux faire.

Sur ce, l'homme sauvage prit congé. Toutefois, avant de partir, il écrivit en caractères hébreux sur le haut de la porte :

Sachent tous ceux qui ces lettres liront, que le grand cerf branchu qui fut chassé dans Rome, et que l'homme sauvage qui expliqua à l'empereur son rêve, ce fut Merlin, le premier conseiller du roi Arthur de Bretagne.

Quelque temps plus tard vint un messager de l'empereur, Adrian de Constantinople. Comme il se retirait, il jeta les yeux sur les lettres qu'avait tracées Merlin et les lut aisément à l'empereur. Mais, aussitôt que Julius César les connut, elles disparurent et l'on n'a jamais su ce qu'elles étaient devenues. Et c'est depuis ce temps que l'empereur de Rome fut jaloux du roi Arthur.

XIII

Le conte dit maintenant que les rois Lot d'Orcanie, Agustan d'Écosse, Urien de Gorre, Ydier de Cornouaille, Nantre de Garlot, Carados Biébras, Tradelinan de Norgalles, Clarion de Northumberland, Brangore d'Estrangore, Belinan de Sorgalles, et le duc Escan de Cambenic, les princes défaits par Arthur à Kerléon, avaient marché toute la nuit avec leurs gens en désordre, souffrant du froid et de la faim, les uns à cheval, les autres en litière parce qu'ils étaient trop blessés pour chevaucher.

Le lendemain, ils parvinrent en la ville de Sorhaut qui était au roi Urien de Gorre, et ils y demeurèrent quelque temps à se refaire et à soigner leurs malades et leurs blessés.

Ils n'y étaient encore que depuis peu, lorsqu'arrivèrent des messagers de Cornouaille et d'Orcanie qui leur contèrent que les Saines mécréants profitant de leur absence, avaient envahi leurs terres, où ils ravageaient les campagnes, détruisaient les bourgs, les villes et les forts châteaux, mettaient tout à feu et à sang, et faisaient tant de dommages à tout le pays, que le cœur le plus dur et le plus félon ne pouvait se tenir d'avoir grand'pitié des dames et des pucelles qu'ils violaient et des enfants qu'ils leur tuaient entre les bras ; et quand le menu peuple se réfugiait en quelque cave ou souterrain, les Saines y boutaient le feu et les brûlaient. À cette nouvelle, il n'y eut aucun des rois, jusqu'au plus hardi, à qui la chair ne tremblât, car ils avaient perdu beaucoup de monde et ils ne pouvaient attendre aucun secours d'Arthur. Tout ce que leurs forces leur permettaient, c'était de garnir les forteresses et les villes de manière à empêcher le ravitaillement des païens. Ils se résolurent à défendre de la sorte les marches de Garlot, de Gorre, de Cornouaille et d'Orcanie, qui étaient les premières menacées.

XIV

C'est ainsi que le roi Nantre vint avec trois cents fer-vêtus garnir sa cité de Huidesant. Il y fut reçu à grande joie, car déjà les Saines battaient la campagne alentour et l'on était fort inquiet. Sa femme, Blasine, était la fille du duc de Tintagel et d'Ygerne. Il en avait un fils de seize ans qui était d'une grande beauté et qu'on nommait Galessin.

Un jour, le jouvenceau vint trouver sa mère et lui dit :

– Dame, n'êtes-vous pas la sœur de ce roi Arthur qui est tant preux et bon chevalier, et qui a déconfit onze rois avec si peu de gens ?

La mère répondit :

– Beau doux fils, sachez qu'en effet il est mon frère et votre oncle, et parent de bien près à votre père par Uter Pendragon. Mais les barons de ce pays ne le voulaient point pour roi, encore que Notre Sire l'eût élu. Et elle lui conta l'aventure du perron comme elle s'était passée.

– Eh bien, reprit Galessin, Dieu veuille que je ne meure avant que le roi Arthur m'ait fait chevalier ! Car je ne le serai jamais que de sa main, et si je puis tant faire qu'il me ceigne l'épée, je ne me séparerai plus jamais de lui.

À l'insu de son père, il envoya un messager à son cousin Gauvain, pour lui faire part de son projet et lui donner rendez-vous à la Neuve Ferté de Brocéliande, le troisième jour après Pâques.

XV

Comme le roi Nantre, le roi Lot s'en était allé en sa cité, qui avait nom Orcanie, et où on lui avait fait grande fête, à lui ainsi qu'à ses barons, parce que les coureurs saines se montraient aux environs. De la fille aînée du duc de Tintagel, il avait quatre fils nommés Gauvain, Agravain, Guerrehès et Gaheriet ; Mordret, le cinquième, qu'il croyait de lui, avait été engendré par Arthur, voici comment.

Au temps, dit le conte, que les barons du royaume de Logres étaient assemblés à Carduel pour élire le successeur d'Uter Pendragon, Antor et ses deux fils, Keu et Arthur, logeaient dans la même maison que le roi Lot. Celui-ci, apprenant qu'Antor et Keu étaient chevaliers, les pria à sa table, et les fit coucher tous deux dans la salle, tandis qu'Arthur les servait et avait son lit dans un coin, comme il convient à qui n'est encore qu'écuyer.

Or, il était joli valet et bien enjoué. Il s'éprit de la femme du roi Lot, qui était belle et grasse, mais qui ne semblait pas faire attention à lui. Une nuit pourtant que le roi était sorti secrètement, sans éveiller la reine, pour quelque affaire, Arthur se coula hardiment dans la chambre de la reine, puis dans son lit ; mais là, il n'osa rien faire de plus. Comme il se tournait et retournait, la reine, à la façon d'une femme à demi endormie, le prit dans ses bras, croyant que c'était son seigneur ou peut-être feignant de le croire. Ainsi il eut d'elle son plaisir et il lui en donna beaucoup. Puis, dès qu'elle se fut rendormie, il se glissa doucement dehors.

Le lendemain, au manger, comme en la servant, il restait à genoux un peu longuement, elle lui dit :

– Levez-vous, sire damoisel, c'est assez demeurer agenouillé.

– Ha ! dame, comment vous pourrais-je rendre grâce des bontés que vous avez eues !

– Et lesquelles ?

– Jurez sur votre foi que vous ne le direz à personne et qu'il ne m'adviendra par vous nul mal ni blâme.

Et quand elle eut juré, il lui conta comment il avait couché avec elle. La dame en eut grand honte et rougit beaucoup ; mais personne n'apprit jamais d'elle leur aventure. Et ainsi Arthur eut Mordret de sa sœur sans savoir qu'elle l'était.

Un jour donc, peu après le retour du roi Lot, son père, à Orcanie, Gauvain revenait de la chasse, vêtu d'une robe de bureau fourrée d'hermine, tenant les laisses de trois lévriers et tirant deux chiens couchant après lui. C'était un beau jouvenceau. Et il faut dire ici qu'il avait reçu un don singulier : car en se levant, il avait la force d'un bon chevalier ; à tierce, sa valeur doublait ; à midi, elle quadruplait ; puis elle redevenait ce qu'elle était au lever ; et à none elle recommençait de croître jusqu'à minuit. Il entra dans la salle où sa mère était assise auprès d'un clair et grand feu qui flambait dans la cheminée. Et, en le voyant, elle se mit à soupirer.

– Dame, qu'avez-vous ? demanda le valet.

– Las ! beau doux fils, je vous vois, vous et vos frères, user le temps en folie, quand vous pourriez déjà être chevaliers à la cour du roi Arthur, votre oncle. Les barons, qui devraient le servir et l'aimer, ne veulent par orgueil le reconnaître pour leur seigneur, et il paraît bien que cela ne plaît pas à Dieu, car ils y ont jusqu'ici plus perdu que gagné, et voilà maintenant les Saines en ce pays. Je vous le dit : vous êtes bien à blâmer de rester ici à faire courre des lévriers au lieu de chercher à mettre en paix votre père et votre oncle !

Ainsi parlait la dame parce qu'elle gardait en son cœur un tendre souvenir du valet devenu roi.

– Dame, dit Gauvain, par la foi que je vous dois, je n'aurai d'épée ceinte au côté ni de heaume lacé en tête, devant que le roi Arthur m'ait fait chevalier !

À ce moment entraient ses trois frères, et quand ils surent pourquoi leur mère pleurait :

– Certes, Gauvinet, dit Agravain, vous êtes plus à blâmer que tout autre, car vous êtes notre aîné, et vous auriez dû nous mener déjà au roi Arthur. Ici, nous ne faisons que nous amuser, et peut-être serons-nous pris comme oiseaux au piège, car les Saines ne sont pas loin.

Les quatre frères convinrent donc qu'ils partiraient dans la quinzaine et leur mère leur fit secrètement préparer des armes et des chevaux et appareiller tout leur harnais. Sur ce, arriva le messager de Galessin : joyeux de trouver que leur cousin avait eu la même idée qu'eux, ils furent le prendre au rendez-vous qu'il leur avait fixé dans la forêt de Brocéliande ; et tous les cinq, sans le congé de leur père, se mirent en route de compagnie pour Londres en Bretagne, la maîtresse ville du royaume de Logres, bien armés, bien montés et bien accompagnés comme il convient à des fils de roi.

XVI

C'était au début de mai, au temps nouvel, quand les oiseaux chantent clair et en paix, et que toute chose flambe de joie ; quand les bois et les vergers sont fleuris et que les prés reverdissent d'une herbe neuve et menue, tout entremêlée de fleurs qui ont suaves odeurs, et que les douces eaux, reviennent en leurs lits, et que l'amour réjouit les pucelles et les valets, qui ont le cœur joli et gai pour la douceur du temps nouveau. Gauvain, Agravain, Guerrehès, Gaheriet, Galessin chevauchaient de bon matin sur leurs palefrois, comme damoiseaux jeunes et tendres qui veulent éviter la lourde chaleur de midi, chapeaux de fer en tête, toutefois, et l'épée à l'arçon, car le pays n'était point sûr ; ils étaient suivis d'une troupe d'écuyers, tous jouvenceaux de première barbe, et de garçons à pied, menant leurs destriers couverts de fer et les sommiers chargés du bagage.

Galessin, qui était très amoureux, se mit tout à coup à chanter merveilleusement un air nouveau, et sa voix faisait retentir au loin les bois et les prés très plaisamment. Puis il pria Gaheriet de chanter avec lui. Et, quand ils furent las, il demanda à ses compagnons :

– Ores me dites, si vous teniez une belle pucelle, ce que vous en feriez.

– Qu'Agravain réponde d'abord, répliqua Guerrehès : il est mon aîné.

– Par Dieu, fit Agravain, si le cœur disait, je lui ferais l'amour malgré qu'elle en eût.

– Par Dieu, fit Gaheriet, je n'agirai pas ainsi : je la mènerais en sûreté. Et vous, Guerrehès, qu'en feriez-vous ?

– J'en ferais mamie, s'il lui plaisait, mais je ne la forcerais point, car le jeu ne serait pas beau, s'il ne lui agréait aussi bien qu'à moi.

– Gaheriet a dit le mieux et Agravain le pis, s'écria Gauvain, car celui qui la verrait attaquer, ne la devrait-il pas défendre à son pouvoir ? Et Guerrehès a parlé en prud'homme, quand il a déclaré qu'il n'attendrait rien que l'amour et courtoisie ; ainsi ferai-je pour ma part.

– Dieu m'aide ! dit Agravain, il m'en coûterait pourtant à la demoiselle ni un membre, ni la vie.

– Non, mais l'honneur, dit Gauvain.

– Je ne donnerais pas un bouton d'un homme qui respecte une femme, dès qu'il la tient seule à seule : s'il la laisse aller, il n'en sera jamais aimé, et l'on ne fera que se moquer de lui, sans qu'il en soit plus prisé.

Comme ils devisaient ainsi, ils aperçurent au loin des fumées et un grand nuage de poussière, et bientôt ils rencontrèrent des paysans qui s'enfuyaient effrayés.

– C'est un parti de Saines, dirent les vilains. Ils emmènent des chevaliers prisonniers, les pieds liés sous le ventre de leurs propres chevaux, en les battant cruellement à coups de bâtons, et ils escortent un convoi de sommiers et de charrettes qui portent des vivres et du butin. Ils boutent le feu aux villages et tuent tout ce qu'ils rencontrent.

– Mais où est le roi Arthur ? demandèrent les enfants.

– Il est parti pour le royaume de Carmélide depuis la mi-carême, après avoir garni les marches et les forteresses de sa terre.

– Aux armes, francs écuyers ! crièrent les damoiseaux sans en demander plus. Qui preux sera, on le verra !

Et pendant qu'ils descendaient de leurs palefrois et resanglaient leurs destriers, Gaheriet dit à son frère :

– Agravain, souvenez-vous d'être aussi terrible aux Saines que vous le fûtes aux pucelles ce matin.

– Et vous, Gaheriet, leur donneriez-vous trêve comme aux dames ?

– Sire, vous êtes mon aîné : quand nous en serons aux mains, faites du mieux que vous pourrez.

– Je serais bien couard si je ne faisais mieux que vous ! Et je compte aller en lieu où vous ne me suivriez qu'au prix de vos membres.

Alors Gaheriet se mit à rire et lui dit sans se fâcher :

– Et bien, allez devant !

Et après s'être fait connaître des paysans, les cinq damoiseaux se dirigèrent vers le convoi, suivis de leurs gens et d'un bon nombre de vilains armés.

Il était midi et il faisait grand chaud, si bien que la poussière du charroi empêchait les Saines de voir à un jet de pierre devant eux. Aussi plièrent-ils d'abord, surpris par la charge furieuse des enfants. Agravain, de son premier coup de lance, perce un païen et le jette mort. Gaheriet fait de même. Mais rien n'égale Gauvain qui brise et rompt tout comme carreau d'arbalète : de la hache qu'il tient en main, il pourfend ses adversaires jusqu'au séant. Et Guerrehès et Galessin l'aident de telle sorte que les Saines s'enfuient bientôt, criant que ce ne sont hommes, mais diables qui les attaquent, et maudissant le jour et l'heure où ils sont nés.

Et tandis que les enfants et leurs gens délivraient les captifs et rassemblaient le convoi, Gaheriet dit encore à Galessin :

– Demandez maintenant à mon frère Agravain s'il désire toujours rencontrer une pucelle.

– Gaheriet, répondit Agravain en le regardant de travers, vous aviez moins envie de plaisanter tout à l'heure dans la mêlée.

– Mais vous-même, si la plus belle femme de la terre vous eût alors prié d'amour, vous ne lui eussiez dit mot pour rien au monde, il me semble.

Là-dessus Agravain furieux s'empare d'un tronçon de lance et frappe Gaheriet sur le heaume jusqu'à ce que le bois vole en pièces ; en vain s'efforce-t-on de le retenir. Et son cadet ne lui rend pas les coups !

– Si vous le touchez encore, malheur à vous ! s'écrie Gauvain.

Agravain de dégainer aussitôt : il décharge un tel revers sur le heaume de son frère que des étincelles en jaillissent. Mais Gaheriet, encore, ne riposte pas à son aîné.

– Vous êtes trop orgueilleux, ribaud ! crie Gauvain.

Et, du pommeau de son épée, il frappe Agravain sur l'oreille si rudement qu'il le fait tomber de son cheval tout étourdi. Puis, tandis que Galessin s'empresse auprès de la victime et l'aide à se remettre en selle :

– Maintenant, rassemblez les sommiers, commande-t-il aux valets.

XVII

Ainsi s'en vont les cinq damoiseaux avec leurs gens, menant le convoi pris aux Saines ; et leur humeur n'est plus à chanter et à deviser. Comme ils chevauchaient silencieusement à travers bois, ils aperçurent un écuyer qui paraissait fuir, monter sur un grand et fort cheval, et portant en travers de sa selle un berceau :

– Seigneurs, leur cria l'homme, en nom de Dieu, sauvez cet enfant !

Et il leur expliqua qu'il était à leur père, le roi Lot. Inquiet de voir menacée par les Saines sa maîtresse cité dont les murs croulaient en maints endroits, celui-ci s'était résolu à mettre en sûreté sa femme et son dernier fils, le petit Mordret, dans la forteresse de Glocedon. Il était sorti de la ville avec eux, dans la nuit, par une poterne, escorté de quelques chevaliers. Mais ils venaient de rencontrer un gros parti de Saines qui les avaient déconfits.

– Demeure dans ce bois avec ces sommiers et nos garçons, dit Gauvain à l'écuyer, et n'en sors point avant que d'avoir de nos nouvelles.

En débouchant du bois, ils virent au loin le roi Lot qui s'enfuyait avec ce qu'il lui restait de gens, rudement poursuivi par les païens. Et, plus près, une belle dame, toute échevelée, que deux Saines tiraient par ses tresses derrière leurs chevaux quand sa longue robe la faisait trébucher et l'empêchait de marcher au pas de leurs montures.

– Dame Sainte Marie, mère de Dieu, secourez-moi ! criait-elle.

Et chaque fois qu'elle disait "Sainte Marie", l'un des païens la frappait si brutalement de son gant de fer sur la face, qu'il la jetait à terre. Parfois elle demeurait comme pâmée sur le sol ; alors le mécréant la prenait et la plaçait en travers de sa selle ; mais aussitôt elle se laissait couler à bas du cheval, criant comme femme qu'on blesse :

– Que ne suis-je morte ! Jamais je ne vous céderai !

Ce que voyant, le Saine recommençait de la traîner par les cheveux. Et elle était tellement enrouée qu'à peine pouvait-elle encore appeler au secours.

Reconnaisant sa mère, Gauvain sentit son cœur se serrer au point que pour un peu plus il en eût perdu le sens.

– Mécréant ! cria-t-il en brochant des éperons tant rudement que le sang jaillit des flancs de son destrier, ah ! traître ! Saine ! laissez cette dame ! Jamais, en nul jour de votre vie, vous n'avez commis folie qui vous doive coûter si cher !

Déjà, suivi des siens, il était sur les païens, qui tous deux furent tués avant d'avoir pu se reconnaître. Et les quatre frères sautaient de leurs chevaux sur le cadavre du ravisseur de la reine, et l'un lui coupait la tête, l'autre lui tranchait les deux bras, l'autre lui fichait son épée dans le corps, l'autre le frappait à coups d'estoc. Puis ils coururent à leur mère, pleurant à chaudes larmes et tordant leurs poings, si bien qu'en ouvrant les yeux elle se vit entre les bras de Gauvain, entourée de ses enfants. Alors, ayant rendu grâce à Notre Seigneur :

– Beaux fils, Gauvain, dit-elle, ne pleurez pas, car je ne suis que blessée. Hélas ! si je n'avais perdu mon fils Mordret et votre père, mon seigneur, qui a combattu presque seul contre cinquante païens, durant plus de temps qu'il n'en faudrait pour faire une demi-lieue à pieds ! Longtemps je l'ai supplié de s'enfuir. Les couteaux et les javelots semblaient pleuvoir du ciel sur lui.

– Dame, dit Gauvain, du roi notre père nous n'avons nouvelles, mais Mordret est sauvé.

À ces mots, la reine jeta un soupir et de nouveau pâma. Quand ses couleurs reparurent, Gauvain lui lava doucement le visage qu'elle avait tout souillé de sang. Puis on lui fit une litière entre deux palefrois, qu'on garnit d'herbe fraîche et où on l'étendit. Après quoi, en compagnie de leurs gens et de l'écuyer qui portait l'enfant Mordret, les cinq damoiseaux menèrent la reine et le butin pris aux Saines dans la ville de Logres, en Bretagne, qui était à quatre lieues de là. Et ils furent reçus à grande joie et ne tardèrent pas de s'y faire aimer pour leur grande prud'hommie.

Mais maintenant le conte laisse ce propos et devise du roi Arthur et de ses quarante compagnons.

XVIII

Lorsqu'ils arrivèrent à Carohaise en Carmélide, le roi Léodagan était en conseil dans son palais avec ses barons. Ils se présentèrent en se tenant tous par la main, et saluèrent le roi l'un après l'autre. Puis le roi Ban, qui savait très bien discourir, déclara qu'ils venaient offrir leurs services à condition qu'on ne leur demandât point leurs noms ; et Léodagan les ayant acceptés, ils allèrent, conduits par Merlin, se loger chez un vavasseur appelé Blaire, riche et prud'homme, dont la femme bonne à Dieu et au siècle, se nommait Lionelle.

Ils n'était pas arrivés depuis une semaine que l'armée ennemie parut devant Carohaise. Le conseiller de Rome, Ponce Antoine, qui était un très bon et preux chevalier, menait les Romains, le duc Frolle les Allemands, et le roi Claudas les gens de la Terre Déserte.

C'était un mardi soir, 30 avril. Dès que les guetteurs aperçurent au loin les premiers coureurs ennemis et la fumée des incendies, on ferma les portes et tout le monde courut aux armes. Les chevaliers de Léodagan se formèrent sous l'enseigne du roi, d'azur à trois bandes d'or, que portait le sénéchal Cléodalis. Arthur et ses bons compagnons se rassemblèrent autour de la bannière de Merlin ; on y voyait un petit dragon à queue longue et tordue, qui semblait lancer des flammes et dont on eût cru que la langue bougeait sans cesse dans la gueule béante.

Cependant les premiers coureurs ennemis arrivaient au bord du fossé. Ils lancèrent insolemment leurs javelots contre la porte ; puis ils firent tourner leurs chevaux et s'occupèrent à rassembler les bestiaux abandonnés dans les champs par les paysans.

Lorsqu'il vit cela, Merlin, suivi de ses compagnons, se fraya un passage jusqu'à la porte.

– Ouvre, et laisse-nous sortir, commanda-t-il au portier.

– Pas avant d'avoir reçu l'ordre du roi.

– Ouvre, ou malheur à toi !

Et il pose la main sur le fléau, le soulève, écarte ainsi les battants aussi aisément que s'ils n'eussent été clos par une bonne serrure, fait tomber le pont en le poussant rudement, et sort avec les siens ; après quoi le pont se relève de lui-même, la porte se referme toute seule, le pène tourne sans aide et le fléau retombe de son propre mouvement.

Cependant, les quarante et un compagnons se jetaient sur une troupe d'Allemands qui emmenaient du bétail et la dispersaient ; puis ils s'occupaient à grouper les bêtes pour les ramener vers la cité. Mais, à la sonnerie des timbres, des cors, des buccines et des tambours, les Allemands se rassemblèrent rapidement, et bientôt toute l'armée du duc Frolle galopa sur Arthur et les siens.

– Sainte Marie Notre Dame, priez votre cher Fils qu'il nous aide et soutienne ! Poignez, francs chevaliers ! Ores on verra qui preux sera !

Ayant dit, Merlin donne un coup de sifflet : aussitôt une rafale de vent soulève un immense tourbillon de poussière, à l'abri duquel, lâchant le frein et piquant des deux, les compagnons se précipitent sur les ennemis aveuglés et en font un terrible carnage. À cette vue, Léodagan fait à son tour sortir en rase campagne ses chevaliers en deux corps, l'un sous ses ordres, l'autre sous ceux du sénéchal Cléodalis. Mais il est rudement reçu par les gens du roi Claudas de la Déserte et de Ponce Antoine ; les lances se heurtent, les épées frappent les heaumes et les écus, et le bruit du combat devient tel qu'on n'eût point entendu Dieu tonner : les habitants de la ville en étaient tout assourdis.

Or, il arriva que les gens de Léodagan furent enfoncés par ceux de la Déserte, et que le roi fut renversé de son cheval et pris. Merlin le sut dans le même instant, à l'autre bout du champ de bataille.

– À moi, francs chevaliers ! cria-t-il en levant son enseigne flamboyante.

Et les quarante compagnons se rassemblent derrière lui au grand galop. Ils fondent comme une tempête sur les chevaliers qui emmenaient le roi, les tuent ou les dispersent et délivrent Léodagan ; puis, après lui avoir donné de nouvelles armes et un destrier, ils repartent à toute allure derrière leur porte-enseigne, sur leurs chevaux dégouttants de sueur ; s'élancent à la rescousse de Cléodalis qui avait fort à faire contre les Romains ; abattent de leur premier choc ce qu'ils trouvent devant eux, et se mettent à frapper comme charpentiers sur poutres.

Ponce Antoine, qui était un des plus preux chevaliers du monde, ne put souffrir de les voir ainsi travailler : il rassembla ses meilleurs hommes et chargea avec eux au milieu de la mêlée.

À nouveau les chevaliers de Cléodalis plièrent et déjà plusieurs des compagnons de Merlin étaient renversés. Mais le roi Arthur jura de s'essayer au Romain qui bataillait de la sorte. Il fut prendre de ses écuyers une nouvelle lance, roide, à fer tranchant, et revint au galop.

– Sire, lui cria le roi Ban, que voulez-vous faire ? Vous êtes trop jeune et trop petit pour jouter contre un si grand diable. Laissez-moi aller, qui suis votre aîné, et plus fort, et plus haut.

– Je ne saurais jamais ce que je vaux, repartit le roi, si je ne m'essayais contre un chacun.

Et il pique des deux si rudement que le sang sort des flancs de son destrier ; sous les fers du cheval le sol résonne et les pierres volent comme grêle. Le Romain s'adresse à sa rencontre ; mais Arthur lui transperce l'écu, le haubert et le corps, de manière que le fer et une brasse au moins du bois de sa lance passent outre l'échine : et Ponce Antoine tombe mort. Ainsi le roi tire sa bonne épée Excalibur dont il fait merveilles, coupant bras, poings et têtes. Ah ! le beau damoisel ! À le voir, la fille du roi Léodagan, les dames, les pucelles, qui regardaient le combat sur le mur de la ville, tendent leurs mains vers le ciel en priant Notre Seigneur en pleurant de pitié pour le rude travail d'armes qu'il souffre, si jeune encore et si petit.

Cependant, le roi Ban de Benoïc, qui était très grand et large d'épaules, cherchait partout son ennemi mortel le roi Claudas de la Déserte. Midi était déjà passé lorsqu'il l'aperçut au milieu de sa gent : aussitôt il se précipite droit sur lui, renversant tout au passage ; déjà il lève à deux mains son épée : le roi Claudas jette son écu à la parade, mais le coup s'abat si rudement qu'il tranche l'écu, l'arçon et le cheval entre les deux épaules. Et le roi Ban allait faire passer son destrier sur son adversaire gisant et le fouler rudement, lorsqu'il vit à quelque distance Bretel, la cuisse prise sous son cheval abattu et qu'Ulfin défendait de son mieux : il s'élance à leur secours, mais la presse se referme sur eux ; bientôt sa monture et celle d'Ulfin sont tuées : les trois chevaliers se placent dos à dos et se défendent durement. Hélas ! ils sont bien aventurés, au milieu des ennemis, et peu s'en faut qu'il n'advienne un dommage qui ne sera jamais réparé !

À ce moment, Merlin, qui savait toutes choses, appela le roi Arthur et le roi Bohor, et leur apprit ce qui se passait.

– Ah ! sire, s'écria Bohor, si mon frère était tué, de ma vie je ne connaîtrais plus la joie !

– Suivez-moi, dit Merlin.

Et le dragon qu'il tenait à la main se mit à jeter par la gueule des brandons de feu, si bien que tout l'air en devint vermeil et que les banières des ennemis s'enflammèrent. Derrière lui, à travers la mêlée, les Bretons avançaient comme une vaste nef, laissant dans son sillage une double rangées de chevaliers tombés et de destriers fuyants, les rênes traînant entre leurs pieds. Enfin ils parvinrent au roi Ban et aux siens qui, à pied, leurs heaumes décerclés leur tombant sur les yeux, leurs écus brisés, leurs hauberts rompus et démaillés, se défendaient encore derrière un monceau de chevaux tués, et, tenant à deux poings leurs épées, frappaient furieusement ceux qui tentaient de les approcher. Quand il voit son frère en cet état, le roi Bohor s'appuie sur ses deux étriers si rudement que le fer en plie, il broche des éperons, il vole sur les gens de Claudas, bruissant comme un alérion, il les heurte d'un tel élan que leurs rangs en tremblent ; de son épée toute mouillée de sang et de cervelle, il tranche au premier qu'il rencontre la tête près de l'oreille, l'épaule gauche, tout le corps jusqu'à la ceinture ; au second il découvre le foie et le poumon. Et Arthur et ses compagnons l'imitent, si bien que Ban, Bretel et Ulfin dégagés, rajustent leurs heaumes, s'arment de nouveaux écus, et, montant sur des chevaux pris au passage, ils se rejettent dans la mêlée.

En selle sur un haut destrier très fort et très allant, le duc Frolle avait fait tout le jour un grand massacre des gens de Léodagan. Quand il vit que les Romains et les hommes du roi Claudas lâchaient pied et que sa gent commençait de plier, il prit à deux mains sa masse de cuivre, qu'un homme ordinaire aurait eu peine à soulever, et il se mit, grand et puissant comme il était, à asséner de tels coups qu'autour de lui le sang coulait en ruisseau. Pourtant, lorsque son enseigne eut été abattue, à ce coup, ceux qui l'entouraient, eux-mêmes, se mirent à fuir et il comprit qu'il lui fallait battre en retraitre, s'il ne voulait pas être pris. Bien dolent, il tourna bride et s'éloigna solitaire, au galop de son grand destrier.

Les compagnons de Merlin et les chevaliers de Carmélide étaient si occupés à pourchasser les ennemis débandés qu'ils ne l'aperçurent pas. Seul, le roi Arthur se mit à sa poursuite.

Il l'atteignit dans une obscure vallée, creusée entre deux bois. Le soleil déclinait à cette heure et toute sa clarté était éteinte par les montagnes qui s'élevaient de chaque côté de ce val profond.

– Géant félon, cria Arthur, retournez-vous ou vous êtes mort ! Voyez qu'un seul homme vous poursuit !

Le duc d'Allemagne eut grand dépit quand il connut que le chevalier qui le menaçait ainsi n'était qu'un enfant au prix de lui. Il fit tourner son cheval et s'élança, sa masse à la main, couvert de son bouclier fait d'un dos d'olifant. Au premier choc, Arthur de sa lance lui traverse l'épaule ; pourtant le géant ne bouge pas plus qu'un rocher et lève sa masse pour riposter ; mais Arthur esquive le coup en portant son cheval en avant, si roidement que les deux montures se heurtent et tombent. Frolle, qui était beaucoup plus fort et puissant, mais plus lourd, ayant quarante-deux ans, était encore à terre, que déjà son jeune adversaire lui courait sus. Excalibur fulgurait au-dessus de son heaume ; pour parer le coup, Frolle oppose sa masse : elle est tranchée. Alors il dégaîne son épée. C'était une des bonnes lames du monde, celle-là même dont Hercule se servit quand il mena Jason en l'île de Colchide pour conquérir la Toison d'or ; et elle avait nom Marmiadoise. Dès qu'elle fut hors du fourreau, elle répandit une si grande clarté que tout le pays en fut illuminé : et Arthur, en la voyant flamboyer ainsi, recula d'un pas pour mieux la considérer.

– Sire chevalier, dit le géant, je ne sais qui vous êtes, mais vous avez de la hardiesse, puisque vous avez osé me poursuivre tout seul. Pour cela, je vous ferai grâce : baillez-moi vos armes, et je vous laisserai aller.

– Vous-même, répondit le roi Arthur rougissant de dépit, mettez bas cette épée et rendez-vous à merci ; et sachez que le fils du roi Uter Pendragon ne vous assure que de la mort.

– Es-tu le roi Arthur ? Apprends donc que je me nomme Frolle et que je suis le duc d'Allemagne. Je tiens tout le pays jusqu'à la terre des Pâtures ; et plus loin elle m'appartiendrait encore, si l'on pouvait y passer, mais on ne saurait à cause d'une statue que Judas mit là en guise de borne et pour marquer jusqu'où s'étendaient ses conquêtes. On la nomme la *Laide Semblance* : les anciens disent que, sitôt ôtée, les aventures du royaume de Logres cesseront ; mais celui qui la voit en prend aussitôt la monstrueuse figure. Et maintenant, fils d'Uter Pendragon, sache que je fais serment de ne plus connaître le goût du pain et du vin tant que je te saurai vivant.

Il dit, et se jette sur Arthur ; mais celui-ci l'évite et riposte à l'œil droit ; si son épée ne lui eût tourné dans la main, le géant eût été tué. Frolle sent son sang couler sur sa joue : furieux, il court droit sur Arthur pour le saisir, mais celui-ci recule en se défendant à grands coups d'Excalibur. Et voici que six chevaliers romains apparaissent sur la pente de la montagne, galopant en tempête, poursuivis par Ban, Bohor et Nascien. À la vue des Bretons, le duc Frolle revient à son destrier ; déjà il l'enfourche, lorsque le roi Arthur l'atteint et lui décharge un si grand coup sur le bras que le géant laisse choir son épée et, tout étourdi, s'incline sur l'arçon. Mais le cheval, qui était le plus grand et le meilleur du monde, saute, tout effrayé du choc, et emporte à travers la sombre forêt le duc mugissant comme un taureau.

La nuit était venue. Ban et Bohor demandèrent au roi Arthur s'il n'avait point de mal.

– Au contraire, répondit le roi, car j'ai fait aujourd'hui une conquête que je ne changerai pas pour la plus riche cité du monde.

Et après avoir nettoyé soigneusement Excalibur du sang dont elle était souillée, il la remit au fourreau et ramassa l'épée du géant qui étincelait comme un diamant dans l'ombre. Puis les trois rois, en compagnie de Nascien, reprirent le chemin de Carohaise.

XIX

Quand ils y arrivèrent, ils trouvèrent la ville en fête à cause de la déconfiture des ennemis. Et le roi Léodagan leur fit, à eux et à leurs compagnons, le plus bel accueil qu'il put.

Par son ordre, quand ils furent désarmés, sa fille Guenièvre vint elle-même, vêtue des plus riches habits qu'elle eut, présenter aux trois rois l'eau chaude dans un bassin d'argent. Elle leur lava de sa main le visage et le cou et les essuya très doucement d'une serviette blanche et bien ouvrée ; puis elle leur mit chacun un manteau au col et, quand elle vit ainsi le roi Arthur, elle pensa que la dame qu'un si beau et si bon chevalier requerrait d'amour serait heureuse. Et lui, de son côté, il la regardait très tendrement, car elle était la plus belle femme qui fût alors en Bretagne bleue : sous sa couronne d'or et de pierreries, son visage était frais et justement coloré de blanc et de vermeil : quant à son corps, il n'était ni trop gras, ni trop maigre, les épaules droites et polies, les flancs étroits, les hanches basses, les pieds blancs et voûtés, les bras longs et gros, les mains blanches et grassettes : c'était une joie. Mais, si en elle était la beauté, davantage encore s'y trouvaient bonté, largesse, courtoisie, sens, valeur, douceur et débonnaireté.

Quand le manger fut prêt, on mit les tables et les chevaliers prirent place. Le roi Bohor et le roi Ban firent asseoir le roi Arthur entre eux, par honneur, et Léodagan remarqua. “Ce doit être leur seigneur, pensa-t-il. Plût à Dieu qu'il épousât ma fille ! Car tant de chevalerie ne saurait se trouver qu'en un haut homme.”

Cependant Guenièvre offrait le vin à Arthur dans la coupe du roi, et tandis qu'elle la lui tendait, agenouillée devant lui, il regardait ses seins durs comme pommelettes et sa chair plus blanche que neige nouvelle, et il la convoitait si fort qu'il oubliait le boire et le manger. Il tourna légèrement son siège pour que ses voisins n'en vissent rien, mais Guenièvre s'en aperçut très bien.

– Sire damoisel, buvez, dit-elle, et ne m'en veuillez point si je ne vous appelle par votre nom, car je l'ignore. Ne soyez point distrait à table car vous ne l'êtes point aux armes, comme il y parut assez aujourd'hui.

Alors il prit la coupe et but. Puis il la pria de s'asseoir en disant qu'elle avait été trop longtemps à genoux. Mais Léodagan ne le voulut souffrir.

Lorsque les nappes furent ôtées, le bon roi vint se placer à côté de Ban, qui lui dit :

– Sire, je m'étonne que vous n'ayez pas encore marié votre fille à quelque haut homme, car elle est très gente pucelle et sage, et vous n'avez d'autre enfant à qui votre terre puisse échoir après votre mort ; vous devriez déjà vous être pourvu.

– Voire, sire, répondit Léodagan ; mais la guerre m'a empêché ; il y a sept ans que le roi Claudas de la Déserte ne cesse de me guerroyer. Certes, si Dieu voulait que je trouvasse quelque prud'homme qui pût me défendre, je lui donnerais ma fille et toute ma terre après moi, et je ne regarderais ni au lignage, ni au rang.

En l'entendant, Merlin sourit et fit un signe au roi Bohor. Mais ils se mirent à parler d'autre chose, et Léodagan ne put retourner leurs paroles et ramener ce sujet de conversation.

XX

Les tables levées, Merlin prit à part les trois rois, ses compagnons, et leur demanda s'ils voulaient savoir ce qui se passait en Bretagne.

– Certes, répondit le roi Arthur, s'il vous plaisait de nous le dire.

Alors Merlin leur conta comment Gauvain, Agravain, Guerrehès, Gaheriet et leur cousin Galessin avaient quitté leurs pères, les rois Lot et Nantre, sans en avoir congé ; et comment, après avoir défait les Saines, ils se tenaient présentement à Logres et gardaient vaillament le royaume contre les païens. Puis comment Yvain le Grand, fils du roi Urien de Gorre et d'une sœur d'Arthur, et Yvain, son frère, qu'on appelait l'avoutre car il était le bâtard du roi Urien et de la femme de son sénéchal, avaient juré comme leurs cousins qu'ils ne seraient jamais chevaliers que de la main d'Arthur, et s'étaient mis en route secrètement pour les rejoindre à Logres. Puis comment Dodinel le Sauvage avait suivi l'exemple des deux Yvain ; et ce Dodinel, qui avait quatorze ans, était le fils du roi Belinant de Sorgalles et le cousin de Galessin par sa mère, Eglante, fille du roi de l'Ile Perdue et sœur du roi Nantre ; et on l'avait surnommé le sauvage parce qu'il chassait avec plus d'ardeur et de passion que nul autre homme les sangliers, les cerfs et les daims dans les forêts. Puis comment Keu d'Estraux et son neveu Keheddin le Beau, qui étaient vassaux du roi Brangore d'Estrangore, et plusieurs autres preux et hardis damoiseaux, fils de rois, de comtes et de ducs, s'étaient rendus auprès de Gauvain, souhaitant comme lui de recevoir leurs armes d'Arthur.

Sachez que l'histoire du perron merveilleux et de la défaite des onze rois à Kerléon, avait tant couru par toute terre et pays qu'elle était venue jusqu'en la cité de Constantinople. Là vivait Sagremor, petit neveu de l'empereur et fils du premier lit de la femme du roi Brangore d'Estrangore, laquelle avait épousé en premières noces le roi de Blasque et de Hongrie. C'était le plus bel enfant du monde, le plus fort et le mieux taillé, et il n'avait guère plus de quinze ans. Quand il eut ouï parler des prouesses du roi Arthur de Bretagne, Sagremor jura qu'il ne serait armé chevalier que par lui. Si bien que l'empereur Adrian de Constantinople fit appareiller une nef qui le conduisit à Douvres, et de là Sagremor gagna Logres, passant à travers l'armée des Saines grâce au secours que lui donnèrent les enfants du roi Lot, du roi Urien, du roi Belinant et les autres damoiseaux. Et comment il le fit, Merlin le conta à Arthur, à Ban et à Bohor.

– Sachez maintenant que vous aurez encore assez de besogne, ajouta-t-il, car les Saines mécréants font rude guerre au royaume de Logres. Le roi Rion les mène, qui défit vingt-cinq rois couronnés. De leurs barbes, il a fourré son manteau, et il a juré d'avoir les vôtres. Les païens sont si nombreux qu'à peine les saurait-on compter. Ils ravagent les terres des onze princes rebelles, qui tiennent péniblement contre eux dans leurs châteaux.

– Bel ami, dit Ban de Benoïc, prenez pitié de leurs fiefs, car je sais bien que, si vous leur manquez, ils perdront tout, et ce sera au grand dommage du royaume de Logres.

– Ils ne seront pas détruits, dit Merlin.

Là-dessus, il disparut.

XXI

Il s'en fut en la forêt de Brocéliande, qui était la plus agréable du monde, haute, sonore, belle à chasser et pleine de biches, de cerfs et de daims.

Là vivait un vavasseur, nommé Dyonas, qui était filleul de Diane, la déesse des bois. Avant de mourir, elle lui avait accordé pour don, au nom du dieu de la lune et des étoiles, que sa première fille serait tant désirée par le plus sage des hommes, que celui-ci serait soumis dès qu'il l'aurait vue et lui apprendrait sa science par force de nigromancie. Dyonas engendra une fille qu'il appela Viviane en chaldéen, ce qui signifie en français : *Rien n'en ferai.* Et Viviane, qui avait alors douze ans d'âge, venait souvent jouer et se divertir dans la forêt.

Un jour qu'elle était assise au bord d'une fontaine claire dont les graviers luisaient comme de l'argent fin, Merlin vint à passer sous la semblance d'un très beau jouvenceau. Dès qu'il la vit, il l'admira si fort qu'il ne put que la saluer sans mot dire. "Je serais bien fol, pensait-il cependant (car il savait toutes choses), si je m'endormais dans le péché et si je perdais toute liberté pour avoir le déduit d'une pucelle et la honnir en offensant Dieu." Mais elle lui dit comme une fille sage et bien apprise :

– Que Celui qui connaît toutes nos pensées vous envoie telle volonté et tel courage, que bien vous fasse !

Et, à l'instant qu'il entendit sa voix, Merlin s'assit au bord de la fontaine :

– Ha ! demoiselle, qui êtes-vous ?

– Je suis de ce pays et fille du vavasseur qui demeure en ce manoir. Et vous, beau sire ?

– Je suis un valet errant, qui vais quérant le maître qui m'apprenait son métier.

– Et quel métier ?

– Par exemple, à soulever un château, fût-il entouré de gens qui lui donnassent l'assaut et plein de gens qui le défendissent ; ou bien à marcher sur cet étang sans y mouiller mon pied ; à faire courir une rivière où jamais on n'en aurait vu ; et beaucoup d'autres choses, car on ne saurait proposer rien que je ne fisse.

– C'est un très beau métier, dit la pucelle, et je voudrais bien voir quelque chose de tout cela ; vous suffirait-il, pour la peine, que je fusse à toujours votre amie, sans mal ni vilenie ?

– Ha ! demoiselle, vous me semblez si douce que je vous montrerai une partie de mes jeux, à condition que j'aie votre amour sans vous demander plus.

Et, quand elle le lui eut juré sur sa foi, il prit une baguette et en traça un cercle, puis se rassit auprès de la fontaine. Et, au bout d'un instant, Viviane vit sortir de la forêt une foule de dames et de chevaliers, de pucelles et d'écuyers, qui tous se tenaient par la main et chantaient si doucement et agréablement que c'était merveille de les entendre. Ils vinrent se placer autour du cercle que Merlin avait dessiné, puis les danseurs et les danseuses commencèrent à danser des caroles non pareilles, au son des tambours et instruments. Cependant un fort château se dressait tout auprès, avec un verger dont les fleurs et les fruits répandaient toutes les bonnes odeurs de l'univers. Viviane était émerveillée et si aise de regarder ces choses qu'elle ne trouvait pas un mot à dire ; ce qui seulement l'ennuyait un peu, c'était de ne comprendre que le refrain de la chanson, qui était :

Voirement sont amor
À joie commencées
Et finent à dolor.

La fête se prolongea de none jusqu'à vêpres et quand les caroles eurent assez duré, les dames et les demoiselles s'assirent dans leurs beaux habits sur l'herbe fraîche, tandis que les écuyers et les jeunes chevaliers allaient jouer à la quintaine dans le verger.

– Que vous en semble, demoiselle, dit Merlin. Me tiendrez-vous votre serment ?

– Beau doux ami, de cœur je suis toute vôtre ; mais vous ne m'avez encore rien enseigné.

– Je vous dirai de mes jeux, répondit Merlin, et vous les mettrez en écrit, car vous savez de lettres.

– Mais qui vous a dit cela ?

– Mon maître m'a si bien appris !

Tandis qu'ils causaient ainsi, les dames et les pucelles s'en allaient en dansant vers la forêt avec leurs chevaliers et leurs écuyers, et à mesure que les couples arrivaient sous les arbres, ils s'évanouissaient ; à son tour, le château disparut ; mais le verger demeura à la prière de Viviane, et fut appelé *Repaire de joie et liesse.*

– Belle, dit Merlin, hélas ! je dois partir !

– Comment ? Ne m'apprendrez-vous aucun de vos jeux ?

– Il faut loisir et séjour. Et je veux que vous promettiez en échange que vous vous donnerez vous-même à mon plaisir.

La pucelle réfléchit un peu et dit :

– Sire, je le ferai après que vous m'aurez enseigné tout ce que je voudrai savoir.

Il lui apprit sur-le-champ à faire couler une rivière où il lui plairait, et quelques autres jeux légers, dont elle écrivit les mots sur un parchemin, ce qu'elle savait très bien faire. Puis il prit congé en lui promettant de revenir la veille de la Saint- Jean. Et il retourna en Carmélide où les trois rois furent bien joyeux de le revoir.

XXII

– Beaux seigneurs, leur dit un jour le roi Léodagan, sachez que je vous aime de plus grand amour que vous ne le pensez, et ainsi dois-je faire puisque vous m'avez donné mon royaume et ma vie. Ne me direz-vous pas qui vous êtes ? Il n'est chose au monde que je désire autant.

Les trois rois regardèrent Merlin. En les voyant ainsi hésiter, Léodagan fut si troublé que les larmes lui montèrent du cœur aux yeux et lui couvrirent le visage. Aussi en eurent-ils grande pitié ; ils le firent asseoir sur un lit à côté d'eux, et Merlin lui dit en lui montrant Arthur :

– Sire, voici notre damoisel, et sachez que, tout roi couronné que vous êtes, il est plus haut homme que vous. Nous allons par le monde cherchant aventure et espérant de lui trouver une femme.

– Ah ! pourquoi chercher ? répondit Léodagan. J'ai la fille la plus belle, la plus sage, la mieux apprise qui soit !

– Elle ne sera pas réfusée, s'il plaît à Dieu, dit Merlin.

Grande fut la joie de Léodagan en l'entendant parler ainsi. Sur-le-champ, il fut quérir Guenièvre et l'amena par la main dans la chambre ; puis il y fit entrer tous les chevaliers qui étaient au château et prononça à haute voix :

– Gentil damoisel que je ne sais encore nommer, recevez ma fille pour femme, avec tout ce qu'elle aura d'honneur et de biens après ma mort. Je ne la pourrais donner à un plus prud'homme.

– Grand merci ! dit Arthur.

Léodagan lui mit la main de Guenièvre dans la main, et l'evêque de Carohaise bénit leurs fiançailles.

– Sire, dit alors Merlin, sachez, vous et tous ceux qui sont ici, que vous avez donné votre fille au roi Arthur de Bretagne, fils d'Uter Pendragon. Vous, ainsi que tous les vôtres, lui devez hommage. Et ces deux prud'hommes sont frères germains et rois couronnés : l'un est Ban de Bénoïc, l'autre Bohor de Gannes. Et tous ces autres compagnons sont fils de rois et de reines, ou de comtes, ou de châtelains.

À ces mots, la joie de Léodagan et des assistants fut telle qu'il n'y en eut jamais de pareille. Tous firent hommage au roi Arthur. Après quoi on s'assit au manger et le roi Léodagan songea que maintenant Notre Sire pouvait faire de lui sa volonté, puisque sa terre et sa fille étaient assignées au plus prud'homme de l'univers.

XXIII

Deux jours passèrent de la sorte, après quoi Léodagan demanda quand aurait lieu le mariage.

– Sire, dit Merlin, auparavant nous faut-il achever une autre besogne au royaume de Logres.

Et il lui expliqua comment les Saines ravageaient les terres du roi Arthur et assiégeaient les vassaux rebelles.

– Faites donc votre devoir, dit Léodagan.

Et il fut résolu qu'Arthur et ses compagnons partiraient dès le lendemain, avec une petite armée.

Au matin, Guenièvre vint aider son fiancé à s'armer : elle lui ceignit elle-même l'épée au côté, puis elle s'agenouilla pour lui chausser ses éperons. En la voyant si bien occupée à servir le roi, Merlin se mit à rire.

– Sire, dit-il, vous voilà nouveau chevalier et il ne vous fait plus qu'une chose pour que vous puissiez dire, en partant d'ici, que c'est une fille de roi qui vous a adoubé.

– Et qu'est-ce, sire, qu'il me faut ?

– C'est, dit Merlin, le baiser.

– En nom Dieu, dit Guenièvre, je ne m'en ferai pas prier.

À ces mots, le roi courut à la pucelle, et ils s'embrassèrent et s'accolèrent comme jeunes gens qui s'aiment. Puis, s'étant couvert le chef d'un heaume que Guenièvre lui avait donné, Arthur monta à cheval, et sa troupe se mit en marche au petit pas, lances basses et gonfanons ployés.

XXIV

Ils arrivèrent au *Val Périlleux*, que l'on appela plus tard *Val Sans Retour*, quand Morgane l'eut enchanté de telle façon que nul chevalier n'y pût entrer sans s'y trouver retenu à danser, chanter et festoyer dans la plus agréable compagnie du monde ; et cela jusqu'à ce que vînt un fils de roi, qui n'eût jamais faussé ses amours et qui fût le meilleur chevalier de son temps. Là, Merlin conduisit Arthur à un trésor que le roi fit déterrer et qu'il envoya à Logres par tonneaux dans des charrettes. Et, dessous un chêne très vieux, on découvrit aussi, dans un coffre, quinze épées précieuses, admirablement trempées.

Arthur et ses chevaliers, suivis des garçons qui menaient les sommiers portant le bagage, chevauchaient en armes tout le jour, car le pays était infesté de Saines.

Un soir, comme il avait fait très chaud, ils se reposaient au frais sur l'herbe verte, à l'ombre des arbres, lorsqu'ils virent venir à eux une troupe de damoiseaux, tous beaux et bien vêtus, qui se tenaient par la main, et qui demandèrent aux premiers chevaliers qu'ils rencontrèrent où était le roi Arthur.

– Voyez-le ci, mes enfants, entouré de ses prud'hommes, sous ce chêne, répondit Nascien. C'est le plus jeune d'eux tous.

Aussitôt les jouvenceaux furent devant le roi s'agenouiller.

– Sire, dit le plus grand, je viens à vous, avec mes frères et nos cousins et parents, comme à notre seigneur lige. Nous souhaitons tous de recevoir de vous l'ordre de chevalerie, et si cela vous agrée, nous vous servirons à toujours loyalement et fidèlement. Durant votre absence, ceux-ci ont défendu votre terre contre vos ennemis, comme si elle était leur, et ils ont souffert pour cela d'assez grandes peines ; si je veux que vous le sachiez, c'est qu'on peut dire à un prud'homme ce qu'on a fait pour lui, tandis qu'à un mauvais, c'est inutile : il n'en a point de gré.

Quand le roi Arthur entendit le damoisel parler si sagement, il le prit par la main et le fit lever ainsi que les autres ; puis il lui demanda qui ils étaient.

– Sire, on m'appelle Gauvain et je suis fils du roi d'Orcanie, et ceux-ci sont mes frères Agravain, Guerrehès et Gaheriet. Ce petit gros est notre cousin Galessin, fils du roi Nantre de Garlot. Voici les deux Yvain, fils du roi Urien de Gorre. Ce grand et vigoureux damoisel est Dodinel, fils du roi Bélinant de Norgalles. Et les autres sont gentilshommes, car voici Keu d'Estraux et Keheddin le Petit qui sont au roi d'Estrangore, et Yvain aux Blanches Mains, Yvain le Clain, Yvain de Rinel, Yvain de Lionel qui appartiennent au roi Lot, mon père, et qui sont fils de comtes. Celui-là, au visage souriant, qui est si bien bâti, c'est Sagremor, neveu de l'empereur de Constantinople ; il est venu de sa terre lointaine pour recevoir ses armes de vous et, s'il veut, nous serons compagnons, lui et moi, tant qu'il lui plaira de rester en ce pays.

Le roi Arthur fit grand accueil aux enfants et embrassa Gauvain.

– Beau neveu, lui dit-il, je vous octroie la charge de connétable de mon hôtel.

Et il l'investit par son gant gauche.

XXV

Quelques jours après ils arrivèrent à Logres de compagnie. Le soir même, Arthur commanda aux enfants d'aller veiller à l'église. Et le roi Ban et le roi Bohor voulurent veiller avec eux.

Au sortir de la messe, le roi prit Marmiadoise, la bonne épée, et la pendit au flanc gauche de Gauvain ; puis il lui chaussa l'éperon droit, tandis que le roi Ban lui bouclait le gauche ; enfin il lui donna la colée. Il abouba de même les autres damoiseaux, et il leur distribua les épées qu'on avait trouvées sous le chêne, dans le Val Périlleux. Seul, Sagremor ne voulut d'autres armes que celles de son pays, et garda une bonne épée que son aïeul Adrian lui avait donnée. Puis chacun des nouveaux chevaliers adouba à son tour les gens de sa maison. Enfin tout le monde entendit la messe chantée par l'archevêque de Brice, et s'assit au festin qui suivit. Mais le roi ne voulut point permettre la moindre joute pour ce que, dit-il, la chrétienté et le royaume avaient trop grand besoin de tous.

XXVI

Le lendemain, Merlin vint au roi Arthur.

– Sire, lui dit-il, vous savez que, de par l'Ennemi qui m'engendra, je connais les choses allées, faites et dites. Notre Sire Dieu, qui est tant doux et débonnaire, m'a octroyé de savoir également les choses à venir, et par là j'ai échappé aux diables qui me voulaient tenir. Je vous révélerai donc ce que Dieu veut que vous fassiez.

“Au temps que Notre Sire était de ce monde, ceux de Rome avaient mis au pays de Judée un bailli du nom de Pilate. Ce Pilate avait à son service un chevalier appelé Joseph d'Arimathie, qui était connétable de sa maison et qui, ayant rencontré Jésus-Christ en plusieurs lieux, l'aima de tout son cœur, mais sans oser l'avouer à cause des autres Juifs. Car Notre Sire avait beaucoup d'ennemis et peu de disciples ; encore, parmi ceux-ci, s'en trouvait-il un, Judas, qui était moins bon qu'il eût fallu ; et les autres ne l'aimaient guère, car il n'était pas bien gracieux ; ni lui ne les aimait davantage.

“Judas était sénéchal de la maison de Jésus-Christ, et, à ce titre, il avait droit certains jours à la dîme du revenu de Notre Seigneur. Or, un de ces jours-là justement, Madame Sainte Marie se mit à oindre de parfum les cheveux de son Fils. Judas en fut très courroucé, car il calcula que cet onguent valait bien trois cents deniers et que par conséquent Madame Sainte Marie lui faisait tort de trente. Pour les recouvrer, il résolut de l'aboucher aux ennemis de Dieu.

“Sept jours avant la Pâque, ceux-ci s'assemblèrent chez un homme qui s'appelait Caïphas pour examiner comment ils pourraient se saisir de Jésus-Christ. À ce conseil Judas se rendit. En le voyant, ceux qui étaient là se turent ou changèrent de propos, car ils le croyaient très bon disciple ; mais il leur dit que, s'ils voulaient, il leur vendrait Notre Seigneur, pour trente deniers. Ils répondirent qu'ils l'achèteraient volontiers et, comme l'un d'eux avait les trente deniers, il paya. Alors Judas leur expliqua comment ils pourraient prendre son Maître, et il leur commanda de ne pas le confondre avec Jacques qui lui ressemblait beaucoup, pour ce qu'il était son cousin germain.

"– Mais, sire, comment reconnaîtrons-nous Jésus-Christ ? dirent-ils.

"Il répondit :

"– Celui que je baiserai, saisissez-le

"Or Joseph d'Arimathie était à ce conseil, si bien qu'il entendit ces paroles et toute l'affaire et il s'en chagrina très fort.

"Le jeudi suivant, Notre Sire Jésus-Christ vint chez Simon le lépreux avec Monseigneur Saint Jean Évangéliste, et, quand ils y furent, Judas le fit savoir aux ennemis de Dieu qui se précipitèrent à grande force dans la maison. Alors le félon baisa Jésus-Christ et, tandis que les méchants le saisissaient, il s'écria :

"– Tenez-le bien, car il est très fort !

"Ainsi fut pris Notre Sire. Le lendemain, les Juifs le menèrent devant le bailli ; mais ils ne purent trouver nulle bonne raison, pour établir qu'il devait recevoir la mort.

"– Que répondrai-je, leur dit Pilate, si messire Tibérius, l'empereur de Rome, me demande de justifier la mort de Jésus ?

"– Sur nous et nos enfants soit répandu son sang ! s'écrièrent les Juifs.

"Alors Pilate demanda de l'eau pour se laver les mains et, comme il n'y avait pas de vase, un Juif lui donna une écuelle qu'il avait prise dans la maison de Simon le lépreux et qui était celle justement où notre Sire avait mangé et fait son sacrement le jour de la Cène.

"Quand Joseph d'Arimathie eut appris la mort de Jésus-Christ, il fut très triste. Il vint à Pilate et lui dit :

"– Sire, je t'ai servi longuement, moi et mes chevaliers, et jamais tu ne m'as rien donné pour ma solde.

"– Joseph, demandez et je vous donnerai ce que vous voudrez.

"– Grand merci, sire. Je demande le corps du prophète qu'ils ont supplicié à tort.

"– Je pensais que vous me demanderiez davantage, dit Pilate. Je vous donnerai ce corps bien volontiers.

"– Sire, cent mille mercis !

"Joseph voulut donc prendre le corps sur la croix ; mais les Juifs qui le gardaient refusèrent de le livrer, disant :

"– Vous ne l aurez point, car ses disciples ont assuré qu'ils ressusciterait, et autant de fois ressuscitera-t-il, autant le tuerons-nous.

"Joseph revint conter à Pilate ce que les Juifs lui avaient répondu. Le bailli en fut très courroucé il appela un homme à lui, nommé Nichodemus, et lui commanda d'aller avec Joseph ; puis, se ressouvenant du vase que le Juif lui avait donné, il dit à son chevalier :

"– Joseph, vous aimiez beaucoup ce prophète ? J'ai un vase qu'un Juif, qui l'avait pris dans la maison de Simon, m'a remis. Je vous en fais don en souvenir de Jésus.

"Joseph fut content et remercia fort. Il alla avec Nicodème emprunter à un artisan des tenailles et un marteau ; puis tous deux déclouèrent le corps de Notre Sauveur malgré les Juifs. Joseph le prit entre ses bras, le descendit à terre, le lava et, voyant les plaies qui saignaient, il recueillit dans le vase que Pilate lui avait donné le sang qui coulait du côté, des pieds et des mains. Enfin il enveloppa le corps dans un riche drap qu'il avait acheté et l'ensevelit sous une pierre qu'il avait fait appareiller pour sa propre tombe.

"Cependant les Juifs étaient en grand courroux contre Joseph et Nicodème ; et lorsqu'ils apprirent que Jésus-Christ était ressuscité, ils tinrent conseil et décidèrent de s'emparer d'eux, la nuit, pour les mettre en un lieu tel qu'on n'en entendît plus jamais parler. Nicodème avait des amis qui l'avertirent, de sorte qu'il put s'enfuir ; mais Joseph fut pris, et ils le murèrent dans un pilier de la maison de Caïphas, qui semblait massif, mais qui était creux. Et quand Pilate vit qu'il avait disparu, il fut dolent, car il n'avait pas d'aussi bon ami, ni de plus loyal chevalier, et qui l'aimât davantage.

"Mais Celui pour qui Joseph souffrait ainsi ne l'oublia pas ; il vient à lui à travers le pilier.

"Quand Joseph vit la Clarté, il s'émerveilla et demanda :

"– Qui êtes-vous ? Vous êtes si clair que je ne puis vous voir.

"– Or, entends bien ce que je te dirai, répondit la Clarté. Je suis Jésus-Christ, fils de Dieu, qui ai voulu naître de la vierge Marie, parce qu'il fallait que le monde qui avait été perdu par une femme fût par une femme sauvé. Et voici le précieux vase qui contient mon sang.

"Ce disant, Notre Sire montra à Joseph l'écuelle que celui-ci, pourtant, croyait avoir cachée en un lieu que personne ne connaissait.

"– Tu dois conserver ce vaisseau au nom du Père, du Fils et du Saint-Esprit, dit Notre Sire, et après toi ceux à qui tu l'auras confié. Et ta solde et récompense seront que jamais on n'offrira le sacrifice sans que ton œuvre soit rappelée : car le calice signifiera le vase où tu recueillis mon sang ; la patène posée sur lui, la pierre dont tu couvris mon corps ; le corporal, le suaire dont tu m'enveloppas. Et je ne te ferai pas maintenant sortir d'ici ; mais ne crains rien, car tu ne mourras pas dans cette prison et tu en seras délivré sans mal ni douleur ; et jusque-là tu verras toujours cette clarté et tu seras toujours en ma compagnie.

“Les apôtres et ceux qui firent les Écritures ne disent rien de ces paroles ni de la prison de Joseph d’Arimathie parce qu’ils en avaient seulement entendu parler et qu’ils ne voulurent rien mettre en écrit qu’ils n’eussent vu et ouï.

“Mais tout cela est écrit au grand livre du Graal.

XXVII

“Or, dans le temps que Jésus-Christ fut crucifié, Tiberius César tenait l’empire de Rome, et il le tint bien encore dix ans après. Ensuite vint Gaius, son fils, qui vécut sept ans. Puis Claudius, qui régna quatorze ans ; puis Titus. À la troisième année du règne de Titus, son fils Vespasianus tomba malade d’une lèpre si puante que ceux mêmes qui l’aimaient le plus n’en pouvaient supporter l’odeur, et qu’on le mit en une chambre de pierre où on lui donnait à manger par une petite fenêtre, au bout d’une pelle. Son père en avait grand deuil et promit qu’il accorderait à celui qui guérirait Vespasianus tout ce qu’il souhaiterait.

“Ainsi vint à lui un chevalier de Capharnaüm qui avait été en Judée au temps où Notre Sire était encore de ce monde. Et il dit à l’empereur :

“– Sire, moi aussi j’ai été malade en ma jeunesse, mais il y avait alors, outre-mer, en la terre de Judée, un homme que l’on appelait le bon prophète, et qui faisait marcher les infirmes et allumait les yeux des aveugles.

“Quand l’empereur entendit cela, il envoya des lettres scellées au bailli de Judée, qui était alors Félix, et celui-ci fit crier par tout le pays que, si quelqu’un avait un objet que Jésus eût touché, il l’apportât. Une vieille femme, nommée Vérone, se présenta devant lui :

“– Sire, dit-elle, le jour que l’on menait le saint prophète au supplice, comme je passais près de lui portant une pièce de toile, il me pria d’essuyer son visage qui dégouttait de sueur, et je lui enveloppai le chef de ma toile et le lui séchai. Et quand, je la regardai, je vis que sa face y était restée portraite.

“Ce disant, elle lui remit le linge, et Félix aperçut que le visage de Jésus-Christ s’y voyait aussi nettement que s’il eût été nouvellement peint.

“– Grand merci, douce dame, dit-il à la vieille.

“Et il l’envoya à Rome sans tarder où l’empereur la reçut très bien. Lorsque Titus eut la toile entre les mains, il s’inclina trois fois, malgré lui, dont ceux qui étaient là s’émerveillèrent ; puis il porta le linge dans la chambre où son fils était emmuré. Et, sitôt qu’il eut vu la semblance de Notre Seigneur, que l’on appela plus tard la *Véronique*, Vespasianus se trouva aussi sain de corps que s’il n’eût jamais été souffrant.

“Alors il partit pour la Judée où il fit occire tant de Juifs que je n’en sais le compte. Quand elle apprit cela, la femme de Joseph d’Arimathie vint lui conter comment son mari avait disparu. Mais Vespasianus avait beau brûler les Juifs, ceux-ci ne voulaient rien en dire. À la fin pourtant, il y en eut un qui confessa la vérité et qui le mena devant le pilier. Le fils de l’empereur s’y fit descendre lui-même, par une corde, et il y trouva Joseph au milieu de la plus grande clarté du monde, qui lui dit tranquillement :

“– Bien venu sois-tu Vespasianus !

“– Qui es-tu qui me nommes ?

“– Je suis Joseph d’Arimathie.

“– Et qui t’apprit mon nom ?

“– Celui qui sait toutes choses. Celui qui t’a guéri. Si tu voulais, je t’enseignerais à Le connaître et à croire en Lui.

“Vespasianus consentit, et Joseph lui conta comment, au temps de l’empereur Augustin César, il advint que Dieu envoya son ange à une pucelle qui avait nom Marie, à qui il annonça qu’elle serait enceinte sans péché du Fils de Dieu, et comment elle répondit :

“Notre Sire fasse de moi sa volonté comme de sa chambrière !” et comment, étant venue à terme, elle enfanta un beau valet qui eut nom Jésus-Christ ; et comment il fut mis en croix et ressuscita. Si bien que Vespasianus fut converti. Aussi, en sortant du pilier avec Joseph, il se mit à vendre à tous ceux qui en voulurent des Juifs à raison de trente pour un denier.

“En voyant Joseph vivant, et plus jeune de corps qu’au jour de sa réclusion, trente ans plus tôt, tout le monde s’émerveilla ; et lui, il s’étonnait de leur étonnement, car il lui semblait que sa prison n’avait duré que du vendredi au dimanche. Sa femme accourut pour le baiser : il la regarda curieusement, parce qu’il la trouvait fort changée. La nuit, il entendit une voix qui lui commandait de partir avec sa femme, ses fils et ses parents, sans prendre ni or, ni argent, ni chaussure, ni rien d’autre que sa sainte écuelle. Et, en effet, dès le lendemain, il manda les siens et les convertit ; puis il s’en fut avec eux, emportant le vase très précieux dans une arche qu’il leur avait ordonné de construire, vers de lointaines terres qu’il convertit à Jésus-Christ.

XXVIII

“Un soir, il arriva dans une cité que l’on appelait Sarras ; de là sont sortis les Sarrasins : car il ne faut pas croire ceux qui prétendent qu’ils sont issus de Sarah, la femme d'Abraham. En cette ville régnait un roi nommé Evalac le Méconnu. Joseph fut arrêté et conduit devant lui ; mais, ayant demandé de lui parler en particulier, il lui dit :

"– Le Dieu des Chrétiens te mande de te rappeler qui tu es et d'où tu es parti pour arriver à cette hautesse où tu te trouves. Tu penses que nul ne connaît ton lignage, mais je sais que tu es né à Meaux en France et que ton père était un pauvre savetier. Et je sais aussi, par la grâce du Haut Maître à qui rien n'est celé, que tu gardes à côté de ta chambre, dans une cachette dont nul homme mortel ne pourrait trouver l'entrée, une statue de bois en forme de la plus belle femme qu'on ait jamais vue ; et chaque nuit tu la couches auprès de toi, et tu honnis la reine ta femme au moyen de cette vaine image."

"À ces mots, le roi Evalac fut si émerveillé qu'il voulut connaître la vraie Vérité de Dieu, et Joseph l'instruisit ; puis, après avoir fait brûler l'idole dont le roi était épris, il baptisa Evalac sous le nom de Mordrain ; et de même le duc Séraphe, beau-frère du roi sous le nom de Nascien. Et, la nuit de ce jour, il vit Notre Sire lui-même sacrer évêque son fils aîné, Josephé.

"Le lendemain, l'évêque Josephé, fils de Joseph, entra dans le temple de Sarras. Il s'approcha d'une idole païenne qui était sur l'autel et lui fit le signe de la vraie croix sur la face, puis il la conjura tant, que le diable qui s'y trouvait commença de crier qu'il s'en irait volontiers, mais qu'il ne le pouvait par la bouche à cause du signe de croix.

"– Va-t-en par le bas ! ordonna Josephé.

"Et, au moment que l'Ennemi sortait par là, il lui jeta sa ceinture autour du cou ; puis il le traîna de force par la ville.

"Le diable hurla si haut que tous les bourgeois et les artisans accoururent. Josephé, alors, défit sa ceinture et, prenant le démon par les cheveux, il lui ordonna d'avouer qui il était : l'autre confessa qu'il avait nom Aselaphas, et qu'il avait pour mission de capter les gens en leur donnant des nouvelles fausses. Aussitôt ceux de la ville qui entendirent ces paroles coururent au baptême, et le roi Mordrain fit crier un ban ordonnant que tous ceux qui ne voudraient se faire chrétiens eussent à déguerpir de sa terre. Et ainsi fut converti le royaume de Sarras au service de Jésus-Christ.

"Le jour suivant Joseph d'Arimathie, avec son fils Josephé et les siens, se remit en route, emportant sa sainte écuelle. Une nuit d'hiver qu'il était couché avec sa femme, qui était bonne à Dieu et au siècle, et louée de tout le monde, il entendit une voix lui ordonner de la connaître charnellement.

"– Je suis prêt à exécuter le commandement de Dieu, dit Joseph, mais je suis si vieux et si faible que je ne sais comment je le pourrai.

"– Ne te trouble pas, reprit la voix, car il le faut.

"Alors Joseph connut sa femme, et ainsi engendra-t-il Alain le gros, qui fut gardien du Graal.

"Le lendemain, il reprit sa route avec les siens sous la conduite de Notre Seigneur, et il alla tant qu'un samedi soir il parvint au bord de la mer. La nuit était claire et la lune luisait sur les flots cois et paisibles. L'évêque Josephé se mit en prières ; puis il commanda tout d'abord à ceux qui portaient l'arche contenant la sainte écuelle d'avancer hardiment, et ils se mirent à marcher sur la mer avec autant d'aisance que s'ils eussent été sur terre. Ensuite Josephé retira sa chemise qu'il étendit sur l'eau où elle n'enfonça point ; il dit à son père de poser le pied dessus, puis il appela l'un après l'autre tous ces parents, au nombre de cent cinquante, en les invitant à faire de même : et la toile s'agrandit de façon à les porter tous. Alors Josephé et son père Joseph prirent chacun une manche et la chemise se mit à voguer sur la mer derrière les porteurs de l'arche, jusqu'à ce qu'ils parvinssent en Bretagne la bleue. Or, bien loin d'éprouver aucune crainte durant ce long voyage, ils sentirent une béatitude singulière qui leur venait de l'écuelle contenant le précieux sang de Jésus-Christ. Aussi, l'on nomma désormais ce vase *Graal* ou *Gréal*, à cause de la grâce qu'il répandait, et pour ce qu'il ne fut jamais personne qui l'eût approché d'un cœur pur sans le prendre à gré.

XXIX

"Cependant, une nuit que Nascien reposait en son lit dans la cité de Sarras, une grande main vermeille l'enleva dans les airs et, bientôt après, le déposa tout pâmé dans l'Ile Tournoyante. Et je vous dirai pourquoi cette île était ainsi nommée, car il y a des gens qui commencent une chose et qui n'en savent venir à fin, mais je ne veux rien avancer que je n'explique.

"Au commencement de toutes choses, les quatre éléments étaient confondus. Le Créateur les divisa : aussitôt le feu et l'air, qui sont tout clarté et légèreté, montèrent au ciel, tandis que l'eau et surtout la terre, qui n'est qu'un pesant amoncellement d'ordures, tombaient en bas. Mais, d'avoir été si longtemps amalgamés, il ne se pouvait que les quatre éléments ne se fussent réciproquement passé un peu de leurs propriétés contraires. De façon que, lorsque le Souverain Père, qui est fontaine de netteté et de sagesse, eut nettoyé l'air pur et le feu clair, luisant et chaleureux de toute chose terrienne, et la froide eau et la lourde terre de toute chose céleste, les résidus formèrent une sorte de masse ou de fumée, trop pesante pour s'élever avec l'air, trop légère pour rester à terre, trop humide pour se confondre avec l'eau ; et cette masse se mit à flotter par l'univers, jusqu'à ce qu'elle arrivât au-dessus de la mer d'Occident, entre l'île Onagrine et le port aux Tigres. Il y a là, dedans la terre, une immense quantité d'aimant dont la force en attira et retint les parties ferrugineuses, mais sans être assez puissante pour en empêcher les parties de feu et d'air d'entraîner la masse vers le ciel : de façon qu'elle demeura à la surface de l'eau. D'autre part elle se mit à pivoter sur elle-même selon le mouvement du firmament auquel elle appartenait par ses parties ignées. Si bien que les gens du pays l'appelèrent *île* parce qu'elle était milieu de la mer, et *Tournoyante* parce qu'elle virait ainsi. C'est là que fut déposé Nascien évanoui.

“Quand il reprit son droit sens, il ne vit autour de lui que le ciel et l'eau, car ni herbe ni arbre ne pouvait croître, ni bête durer sur cette matière. Alors il se mit à genoux, tourné vers l'Orient, et pria Notre Seigneur ; et, quand il releva, il vit approcher sur la mer une nef très haute et riche, qui bientôt accosta l'île. Après avoir levé la main et fait le signe de la vraie croix, il y entra : nul homme mortel ne s'y trouvait ; il n'y vit qu'un lit magnifique, sur le chevet duquel gisait, à demi dégainée, l'épée la plus belle et précieuse qui n'ait jamais été, à cela près que les renges ou attaches par lesquelles on devait en accrocher le fourreau au ceinturon semblaient d'une vile et pauvre matière comme est l'étoupe de chanvre, si faibles d'ailleurs qu'elles n'auraient pu supporter une heure le poids de l'arme ; en outre des lettres gravées sur la lame avertissaient que, seul, pourrait la tirer sans danger le meilleur chevalier de tous les temps, et que les renges seraient changées un jour par une femme vierge.

“Autour de lit étaient plantés trois fuseaux de bois, dont l'un était blanc comme neige neigée, le second vermeil comme sang naturel et le troisième vert comme émeraude ; or, c'étaient là leur couleur propre, sans nulle peinture artificielle. Et pour ce que vous pourriez douter de cette merveille, je vous dirai la vérité sur ces trois fuseaux, cette épée et cette nef.

XXX

“Quand Ève la pécheresse écouta le conseil de l'Ennemi et cueillit le fruit défendu, elle arracha de l'arbre, en même temps que lui, le rameau auquel il tenait. Son époux, Adam prit la pomme et il laissa le rameau aux mains de sa femme qui le garda sans y penser. Or, sitôt qu'ils eurent mangé du fruit mortel à leur grand détriment et au nôtre, l'homme et la femme connurent qu'ils étaient nus, et Adam se couvrit de ses mains et Ève du rameau.

“Alors Celui qui devine toutes les pensées les appela. Il parla en premier lieu à Adam, parce que l’homme était plus coupable, sa femme étant de faible complexion et faite de sa côte, et il lui dit la parole douloureuse : *Tu mangeras ton pain en sueur* ; mais il ne voulut pas que la femme fût quitte puisqu’elle avait pris part au méfait, et il lui dit : *En tristesse et douleur tu enfanteras.* Puis il les bouta tous deux hors de son paradis.

“Ève tenait toujours le rameau feuillu : elle résolut de le garder en souvenir de l’arbre d’où son malheur était venu, et, comme il n’y avait en ce temps ni huche ni coffre où elle le pût mettre, elle le piqua en terre. Mais, là, ce rameau s’enracina et, par la volonté du Créateur, il crût si dru qu’en peu de temps il devint un grand et bel arbre blanc comme neige de tige, de branches, de feuilles et d’écorce. Et ainsi était-il pour signifier qu’Ève était chaste lorsqu’elle le planta. Et il semblait leur dire : “Ne désespérez point parce que vous avez perdu votre héritage, car vous ne l’avez pas perdu pour toujours.”

“Adam et Ève furent réconfortés par la vue de ce bel arbre couleur de neige et ils le firent multiplier, car ils en détachèrent des rameaux qu’ils plantèrent et qui poussèrent tout blancs comme le premier. Et ainsi se forma un bois sous lequel ils allaient volontiers pour se reposer.

“Un vendredi qu’ils y étaient assis, une voix leur commanda de s’unir charnellement. Mais, en l’entendant, l’homme et la femme furent pleins de honte, car ils ne purent souffrir la pensée de se voir l’un l’autre en une œuvre si vilaine. Or la volonté de Dieu était d’établir la lignée humaine et de reformer ainsi la dixième légion des anges qui avaient trébuché du ciel par orgueil, et elle ne pouvait être détournée ; mais Notre Sire eut pitié d’Adam et d’Ève qui se regardaient, pleins de vergogne et de confusion : il les couvrit de ténèbres, et ainsi Abel le juste fut engendré.

“Aussitôt que la chose fut faite, l’obscurité se dissipa, et l’homme et la femme remarquèrent que le premier arbre, blanc naguère, était devenu vert comme l’herbe des prés ; et de ce jour il commença de fleurir et fructifier, ce qu’il n’avait pas encore fait ; et ainsi devint-il en souvenir de la semence semée dessous lui en bonne pensée et amour du Créateur. Tous ceux qui naquirent de lui désormais furent semblables à lui. Mais ceux qui en étaient nés auparavant demeurèrent blancs, et sans fleurs ni fruits.

“Il s’en alla de la sorte jusqu’au temps qu’Abel le débonnaire fut devenu grand et que son frère Caïn commença de l’envier et de le haïr. Un jour qu’Abel avait conduit ses brebis près de l’arbre de vie, il fut s’abriter du soleil ardent à l’ombre des branches vertes, et s’y endormit. Il entendit pourtant venir son frère et se leva en lui souhaitant la bienvenue, car il l’aimait de grand amour. Caïn lui rendit son salut et lui dit de se rasseoir, mais, comme Abel se penchait, il le frappa d'une mâchoire d'âne si rudement qu'il le décervela. Ainsi Abel reçut la mort au lieu même où il avait été conçu, et ce fut également un vendredi. Et il arriva une grande merveille, car, du moment qu'il eut été tué l'arbre de vie devint vermeil en souvenir du sang qui avait été répandu sous ses branches. Et désormais il n'y eut pas d'arbre plus bel et délicieux à regarder ; mais il ne porta plus ni fleur ni fruit, et ses rameaux moururent quand on les planta en terre.

XXXI

"Il passa le déluge sans dommage, ainsi que tous les arbres blancs et verts qui étaient nés de lui ; ils étaient encore tous en grande beauté au temps où Salomon régna après le roi David son père. Dieu avait donné à ce Salomon tous sens et discrétion : il connaissait les vertus des pierres précieuses, les forces des herbes, le cours du firmament et des étoiles, et tout ce qu'un homme mortel peut savoir ; néanmoins il fut séduit par la beauté d'une femme au point de faire une foule de choses contre Dieu. Pourtant cette femme le trompait et le honnissait de son mieux, et jamais il ne put s'en garder : dont il ne faut pas s'émerveiller, car lorsqu'une femme veut employer son cœur et sa tête à ruser, nul homme ne saurait lui résister et c'est pourquoi Salomon a écrit en son livre qu'on appelle *Paraboles* :

"J'ai fait le tour du monde et j'ai cherché de mon mieux : je n'ai pas trouvé une bonne femme."

"Le soir même qu'il eut écrit cela, il entendit une voix qui lui disait :

"– Salomon, n'aie pas ainsi les femmes en mépris. C'est notre première mère qui apporta le chagrin à l'homme ; mais c'est une autre mère qui lui procurera une joie plus grande que n'a été son chagrin : ainsi une femme amendera ce qu'une femme a fait. Et c'est de ton lignage qu'elle sortira."

"Salomon se mit à réfléchir et à scruter les divins secrets et les Écritures, de façon qu'il devina la venue de la glorieuse Vierge qui enfanta le Fils de Dieu. Mais, une nuit, la Voix se remit à parler et elle lui dit :

"– Cette débonnaire et bienheureuse Vierge ne sera pas la fin de ton lignage. Le dernier qui en naîtra sera un chevalier qui passera en bonté et valeur tous ceux qui l'auront précédé et qui le suivront, autant que le soleil passe la lune et que la prouesse du chevalier Josué passe à cette heure celle de tous les gens d'armes."

"Salomon fut très joyeux de cette nouvelle ; néanmoins il regretta fort qu'il ne pût lui être donné de voir ce chevalier si preux qui devait sortir de sa lignée. Au moins, il eût aimé de lui faire connaître qu'il avait deviné sa venue, mais il eut beau chercher il ne trouva aucun moyen pour cela. Alors il songea que la femme qu'il aimait était beaucoup plus subtile et rusée qu'aucun homme et il se dit que, si quelqu'un pouvait le conseiller, c'était elle : si bien qu'il lui découvrit toute sa pensée. Elle réfléchit quelque temps, puis elle dit :

"– Sire, j'ai trouvé comment le dernier chevalier de votre lignage pourra apprendre que vous avez prévu sa venue. Mandez tous les charpentiers de votre royaume et ordonnez-leur de construire une nef d'un bois qui ne puisse pourrir avant quatre mille ans. Puis vous prendrez dans le temple que vous avez fait élever en honneur de Jésus Christ l'épée de votre père, le roi David. Vous en séparez la lame qui est la plus tranchante et la mieux forgée qui ait jamais été, et, grâce à votre science de la force des herbes et de la vertu des gemmes, vous munirez cette lame d'un fourreau sans pair, d'une poignée non pareille et d'un pommeau fait de pierreries diverses, mais si subtilement composé qu'il paraisse d'une seule gemme. Je mettrai à cette épée des renges de chanvres, si faibles qu'elles ne pourront que rompre sous son poids. Mais, s'il plaît à Dieu, une demoiselle les remplacera par d'autres qui seront belles et riches au point que ce sera merveille de les voir. De la sorte, cette pucelle réparera ce que j'aurai mal atourné en cette épée, comme la Vierge qui est à venir amendera le méfait de notre première mère."

"Ainsi fut fait, et, six mois plus tard, le navire était construit. L'épée y fut posée sur un lit magnifique ; mais la dame déclara qu'il manquait encore quelque chose. Elle commanda aux charpentiers d'aller couper dans l'arbre de vie et dans ceux qui en étaient issus un fuseau rouge, un fuseau blanc et un fuseau vert. Et aux premiers coups de cognée qu'ils donnèrent, ils virent les arbres saigner, dont ils furent très épouvantés ; mais la dame exigea qu'ils achevassent leur besogne ; et les fuseaux furent plantés sur les côtés du lit ; puis Salomon grava sur la lame et le fourreau les lettres qui interdisaient de dégainer l'épée à tout chevalier qui ne serait pas le meilleur des meilleurs ; enfin il glissa sous le chevet un bref où il expliquait la signifiance de la nef et de tout, et qui commençait ainsi :

"O chevalier, qui seras le dernier de mon lignage, si tu veux être en paix, garde-toi des femmes sur toute chose. Si tu les crois, ni sens, ni prouesse, ni chevalerie ne te garantiront d'être honni.

"Quand tout fut achevé de la sorte, on mit la nef à l'eau. Et bientôt la brise en frappa les voiles, et en peu d'heures l'éloigna de la rive et l'emporta vers la haute mer. Et personne ne la vit plus avant Nascien.

XXXII

"Or, tandis qu'il s'émerveillait à regarder sur la nef de Salomon le lit, les fuseaux et l'épée, un grand vent s'était levé, qui devint tôt une tempête félonne et cruelle, si bien que la nef se trouva emportée à toute vitesse au milieu de la mer furieuse. La tourmente dura huit jours, durant lesquels Nascien ne vit terre de près ni de loin et pensa que le navire allait chavirer sans dessus dessous ; pourtant il ne cessa d'adorer Dieu, de manière qu'il ne sentit ni la faim ni la soif. Le neuvième, la mer redevint coite et paisible, et Nascien s'endormit. Il crut voir en songe un homme vêtu du rouge, qui l'appelait ;

"– Nascien, sache que jamais tu ne reviendras plus en ton pays et que tu resteras, et tes enfants après toi, dans la terre d'Occident où tu vas. Quand trois cents ans se seront écoulés, le dernier homme de ton lignage remontera dans la nef de ton ancêtre Salomon pour rapporter à Sarras le saint vase qu'on appelle le Graal. Et ce sera le neuvième de tes descendants après ton fils Galaad. Le premier sera roi, bon chevalier et prud'homme, et aura nom Narpus ; le second sera appelé Nascien, comme toi ; le tiers, Hélain le Gros ; le quart, Isaïe ; le cinquième, Jonan : il exaltera fort sainte Église, et donnera à son frère toute sa terre, puis il épousera la fille du roi de Gaule ; le sixième, son fils Lancelot, sera couronné au ciel comme sur la terre, car en lui hébergeront la pitié et la charité : et sache qu'il aimera de pur amour une dame, la plus belle qui soit en Bretagne, et la meilleure, et la plus sainte, dont le mari le tuera par surprise durant qu'il boira dans une fontaine ; et le septième de ton lignage après Celidoine sera le roi Ban ; et le huitième aura nom Lancelot encore ; ce sera lui qui endurera le plus de peines et de travaux, mais il sera chaud et luxurieux comme chien jusqu'à l'approche de sa mort, qu'il s'amendera ; quant au neuvième, trouble en son origine, mais si clair et si net ensuite que Jésus-Christ en lui se baignera tout nu, et si doux et délicieux à boire qu'à peine s'en pourrait-on s'en rassasier, il aura nom Galaad, et il passera en chevalerie terrienne et céleste tous ceux qui l'auront précédé, et mettra fin aux temps aventureux."

"Ainsi songeait Nascien en dormant. Quand le jour fut beau et clair, il se réveilla. Longtemps il erra sur la nef, où maintes aventures lui arrivèrent. Un soir, enfin, il aborda un port : c'était celui où Joseph d'Arimathie et ses compagnons avaient atterri, en Grande Bretagne, non loin de la cité d'Oxford.

XXXIII

"Ils l'accueillirent à grande joie, et le cinquième jour, faute de vivres, ils partirent tous ensemble, emportant l'arche du Saint Graal, et arrivèrent sur l'heure de tierce à la ville de Galafort.

"Quand le duc de ce pays, qui avait nom Ganor, les vit ainsi venir nu-pieds, vêtus de pauvres habits, il fut tout ébahi, et bien plus encore quand il apprit qu'ils étaient riches hommes en leur pays et qu'ils avaient tout laissé pour l'amour de Jésus-Christ. Il manda ses clercs et maîtres ès-lois sarrasinoises et dit à l'évêque Josephé qu'il voulait entendre défendre sa foi contre eux. Alors Josephé pria la Glorieuse Vierge Marie de ne pas laisser parler ceux qui oseraient s'élever contre elle : en sorte que les païens ne purent que crier et braire, prendre leur langue à deux mains, la dépecer et l'arracher. Le duc, à cette vue, fut si touché de la grâce de Dieu qu'il requit chrétienté sur-le-champ et avec lui tous ceux qui étaient dans la salle. Josephé les baptisa, tant hommes que femmes, dans une grande cuve pleine d'eau qu'il bénit de sa main, et il n'y eut bientôt plus personne dans la ville qui n'eût reçu la foi de Notre Seigneur.

"À cette nouvelle, le roi de Northumberland, qui était le seigneur lige de Ganor, fut très courroucé. Il assembla ses barons et fut assiéger Galafort. Mais le duc fit une sortie, où, avec l'aide du chevalier Jésus, Nascien trancha la tête au roi de Northumberland dont les hommes s'enfuirent. Et en mémoire de leur première victoire en Bretagne, les Chrétiens bâtirent une église à Notre Dame. Le dernier fils de Joseph d'Arimathie, qui naquit durant qu'on la parfaisait, y fut baptisé, et on l'appela Alain.

"Alors, l'évêque Josephé partit avec son père et ses cent cinquante compagnons, emportant le Saint Graal, et ils furent prêcher ça et là, tant qu'ils convertirent les gens de Northumberland : après quoi ils entrèrent au royaume de Norgalles. Mais le roi Crudel, qui fut le plus félon et déloyal païen de tout l'univers, les fit prendre et enfermer dans une chartre, sous terre, où il défendit de leur donner rien à boire ni à manger.

"Or, la même nuit, le roi Mordrain, qui était demeuré à Sarras, eut un songe : il lui fut avis qu'il voyait Notre-Seigneur tout dolent et souffrant, qui lui commandait de s'embarquer avec sa famille, la femme de Nascien et tous ses hommes, et d'aller en Bretagne la Grande pour le venger du roi Crudel. Ainsi fit-il, et, quand il aborda près de Galafort avec son armée, il rencontra Nascien qui venait au-devant de lui, ayant été averti de sa venue. Tous deux marchèrent avec les chevaliers de Sarras, de Galafort et de Northumberland contre le roi Crudel qui fut défait et tué. Et ils trouvèrent Josephé et son père Joseph avec leur compagnie en fort bon point dans leur chartre : car Dieu avait voulu qu'ils vécussent de la grâce du Graal durant les quarante jours de leur prison, en toute aise et confort.

"Mais, peu après, il arriva une grande merveille. Une nuit qu'il ne pouvait dormir, le roi Mordrain fut pris d'une curiosité si vive de voir le Graal, qu'il n'y put résister. Il se rendit dans la chambre où le saint vase était conservé, et il lui sembla entendre autour de lui mille voix qui rendaient grâce à Notre Seigneur et un bruit d'ailes aussi fort que si tous les oiseaux du monde eussent volé là. Il avança vers le Graal et souleva la patène pour regarder le précieux sang. Mais, dans le même moment, il aperçut devant lui un ange au visage ardent comme la foudre, qui lui perça les deux cuisses d'un coup de lance.

"– Roi Mordrain, tu es trop hardi. Jamais les merveilles du Saint Graal ne seront vues par aucun homme mortel, hors un seul, qui sera le vrai chevalier de Jésus-Christ et par qui la chevalerie terrienne deviendra céleste. Et sache que lui seul te pourra guérir en t'oignant du sang qui coulera de cette lance, lorsqu'il sera entré ici."

"Désormais Mordrain fut nommé le roi méhaigné.

XXXIV

"Joseph repartit pour prêcher avec Josephé et sa parenté, et longtemps tout alla bien pour eux. Mais il advint que Dieu leur envoya toutes sortes de maux à cause d'un mauvais péché que faisaient beaucoup de leurs compagnons, et qui était luxure sans raison. Un jour, Joseph s'agenouilla devant le Graal et se mit à prier en pleurant. Lors, il entendit la voix du Saint-Esprit qui lui dit :

"– Joseph, souviens-toi que, chez Simon, quand je dis qu'avec moi mangeait et buvait celui qui me trahirait, Judas se retira un peu en arrière, et plus jamais il ne s'assit en compagnie de mes disciples. En souvenir de la Cène, tu dresseras une table et, les nappes mises, tu y placeras, au centre, le vase qui contient mon sang que tu couvriras d'un linge. Tu t'asseoiras à la table et tu inviteras Josephé à s'asseoir à ta droite ; mais tu verras qu'il s'éloignera de toi de manière à laisser une place vide qui signifiera celle que Jésus-Christ occupa le jour de la Cène ; et elle demeurera vide jusqu'à ce que le Sauveur revienne la prendre, lui-même ou bien celui qu'Il enverra. Convie ta parenté. Tu leur diras que s'ils ont bien cru au Père, au Fils et au Saint-Esprit et observé les commandements, ils peuvent avoir part au repas. Sinon, ils ne pourront pas même s'approcher."

"Ainsi fut fait et tout se passa comme la Voix l'avait dit : la table fut pleine, hors l'espace entre Joseph et Josephé. Et désormais ceux qui y purent avoir place chaque jour sentirent une douceur délicieuse et l'accomplissement de leur cœur ; mais les autres, qui étaient forcés de rester debout, n'éprouvaient rien que la faim : à quoi l'on connut qu'ils étaient les pécheurs.

"Or, parmi eux, il en était un, du nom de Moïse, faux, déloyal, décevant et luxurieux à merveille. Et il pleurait piteusement, jurant qu'il était sage et consciencieux, suppliant Joseph d'avoir pitié de lui et de permettre qu'il eût sa part à la grâce du Graal en s'asseyant à la table. Alors Joseph se prosterna devant le saint vase et pria Jésus-Christ Notre Sauveur. Après quoi il dit :

"– Si Moïse est tel qu'il paraît, qu'il vienne ; nul ne peut lui ôter la grâce. S'il est autrement, qu'il garde d'approcher. Car, lorsqu'un trompeur veut duper autrui, n'est-il pas réjouissant que le trompé dupe le trompeur ?"

"Mais Moïse répondit qu'il ne redoutait rien, et, quand tous furent autour de la table, comme toutes les places étaient prises, il vint hardiment s'asseoir au Siège périlleux. Aussitôt la terre s'ouvrit et l'engloutit comme traître ; puis elle se referma si étroitement qu'il ne parut plus qu'elle se fût écartée.

"Ainsi ceux qui étaient de bonne vie vécurent du Saint Graal, mais les autres se nourrissaient comme il pouvaient. Un jour, la compagnie entra dans une contrée déserte et gâtée où ils ne purent rien découvrir à manger. Josephé dit à son plus jeune frère, Alain le Gros, d'aller pêcher dans un étang proche. L'enfant jeta le filet et ne prit qu'un seul poisson. Pourtant Josephé ne voulut pas qu'il recommençât : il s'agenouilla devant le Graal et y demeura longtemps en prières et oraisons. Alors Notre Sire fit un grand miracle, car le poisson foisonna de manière que tous ceux qui avaient faim purent se rassasier aussi bien que s'ils avaient eu devant eux les meilleurs viandes du monde. Et, en mémoire de cela, Alain fut surnommé le Riche Pêcheur.

XXXV

"Joseph, Josephé et leurs compagnons errèrent tant qu'ils parvinrent dans le royaume des Écossais. Et là, un soir, à souper, tous prirent place à la table du Graal, sauf Siméon et Chanaan qui n'en purent approcher. Alors ces deux-là désespérèrent et l'Ennemi leur entra au cœur et au corps. Quand tout le monde fut endormi, ils prirent des épées très tranchantes, puis Chanaan vint couper le cou à tous ses douze frères, tandis que Siméon frappait son cousin Pierron, mais sans le tuer, car son arme lui tourna dans la main. Et sachez qu'ainsi le voulut Notre Sire parce que c'est Pierron qui plus tard devait convertir le roi Orcan et en épouser la fille ; de lui descendent le roi Lot d'Orcanie et messire Gauvain.

"Siméon et Chanaan furent jugés et condamnés à être enterrés vifs. Mais, durant qu'on creusait leur fosse, voici venir deux hommes vermeils comme la flamme, qui volaient par les airs aussi légèrement que les oiseaux et qui enlevèrent Siméon. Pour Chanaan, il fut enseveli vivant selon le jugement, et autour de lui on enterra ses frères, chacun d'eux avec son épée comme il sied à de bons chevaliers. Or, le lendemain, on vit que la tombe de Chanaan flambait comme un buisson ardent, tandis que les douze épées de ses douze frères étaient dressées vers le ciel.

"Ensuite Josephé parcourut l'Écosse et l'Irlande, annonçant toujours la vérité des Évangiles et envoyant ses compagnons prêcher en tous lieux la sainte loi de Jésus-Christ. Enfin l'évêque retourna avec son père à Galafort où il retrouva Galaad, le fils de Nascien, qui avait quinze ans et qui venait de recevoir l'ordre de chevalerie. Et comme ceux du royaume de Hocelide, qui étaient alors sans seigneur, lui demandaient de leur donner un roi, il le leur désigna.

"Une fois qu'il avait chassé tout le jour, le roi Galaad le fort se trouva seul, ses chiens perdus, à la nuit tombante, dans une lande déserte où flamboyait, au loin, un grand feu solitaire. Quand il en fut proche, il entendit la flamme l'appeler par son nom.

"– Galaad, disait-elle, je suis Siméon, ton parent. C'est moi qui blessai Pierron et, à cause de ce forfait, je brûlerai jusqu'à ce que le neuvième de tes descendants me vienne délivrer : parce qu'en lui ne flambera pas le feu de la luxure, sa présence éteindra ce bûcher. Mais, en nom Dieu et pour alléger ma peine, je te prie de faire bâtir ici une maison de religion."

"Le roi promit, et, dès le lendemain, il manda maçons et charpentiers et fonda autour de la tombe de Siméon une abbaye de La Trinité, qu'il protégea toute sa vie. Après sa mort, il y fut enseveli avec son heaume, son épée et sa couronne, dans un cercueil d'or, sous une tombe que personne ne lèvera avant celui qui doit mener à bien cette aventure. Et sachez qu'il était tant aimé des hommes de sa terre, qu'à sa mort ils changèrent le nom de Hocelice pour celui de Galles, en souvenir de lui.

"Cependant, après avoir sacré et couronné Galaad, Josephé était repartit pour Galefort. Son père y trépassa du siècle au moment qu'il y arriva et il en fut tout dolent et déconforté. Lui-même était très faible à force de veiller et de jeûner, de sorte qu'il fut averti que sa mort était prochaine. Avant d'expirer il voulut revoir le roi Mordrain.

"– Sire, lui dit le roi méhaigné, quand vous aurez quitté le siècle, il me faudra demeurer tout seul d'amis jusqu'à ma délivrance : je vous prie, pour Dieu, de me laisser quelque souvenir de vous.

" Alors l'évêque fit de son propre sang une grand croix sur l'écu de Mordrain et lui annonça qu'elle demeurerait toujours fraîche et vermeille à travers les temps. Et le roi aveugle se fit mettre sur les lèvres l'écu qu'il ne pouvait voir et qu'il baisa en pleurant.

XXXVI

"Le lendemain Josephé connut que son dernier jour était arrivé. Il fit appeler son plus jeune frère, Alain le Riche Pêcheur, qui lui promit de servir le Graal aussi longtemps que l'âme lui battrait le corps.

"– Beau doux ami, vous serez donc gardien du saint vase après ma mort, lui dit Josephé : je vous en investis et revêts ; et, quand vous aurez laissé le monde terrestre, vos descendants en seront seigneurs après vous ; et, en souvenir de vous, ils seront surnommés les Riches Pêcheurs."

Après la mort de Josephé, Alain quitta le pays avec le Graal. Il parvint dans un royaume peuplé de sottes gens païennes qui ne savaient rien, hors cultiver les champs ; on l'appelait la Terre Foraine. Là régnait un roi lépreux nommé Kalaphe. Alain vint à lui et lui promit qu'il le guérirait pourvu qu'il fît ce qu'il lui dirait.

"– Si vous me jurez de me rendre la santé, répondit le roi, vous ne m'ordonnerez rien que je n'accomplisse.

"– Roi, abandonne donc la loi sarrasinoise, et fais-moi couper la tête si ensuite tu n'es guéri.

"Kalaphe commanda d'abattre et brûler ses idoles, et Alain lui donna le saint baptême en le nommant Alphasem ; puis il fit apporter le Graal, et, dès qu'il l'eut vu, le roi se sentit tout à fait sain. Même, il devint si prud'homme qu'il fit occire tous ceux qui ne voulurent pas devenir chrétiens comme lui, de manière que tout le pays fut converti en moins d'un mois.

"Ensuite Alphasem donna sa fille à Alain. Puis, pour conserver le Graal, il construisit un fort château, qui fut nommé Corbenic, c'est-à-dire *Très Saint Vase* en chaldéen, dont il le fit roi et seigneur. Et Alain engendra Aminadap, et Aminadap Cathelois, et Cathelois Manaal, et Manaal Lambor, et Lambor Pellehan, et Pellehan Pellès, qui tous furent surnommés les riches rois Pêcheurs.

"Du roi Pellès naîtra une pucelle qui passera en beauté toutes les femmes et elle mettra au monde celui qui connaîtra la vérité du Saint Graal et achèvera les temps aventureux."

Merlin se tut un petit moment ; puis il dit encore au roi Arthur :

– Roi, le chevalier qui occupera le Siège périlleux à la table du Graal aura place sur un autre siège vide à une autre table qui sera établie en mémoire de celle de la

Cène. Et il t'appartient de dresser cette table, qui sera la troisième, en mémoire de la sainte Trinité. Tu en auras grand honneur, car il en adviendra de ton vivant maintes merveilles dont il sera mémoire à travers les siècles.

Arthur répondit qu'il en serait fait selon la volonté de Jésus-Christ.

– Mais où vous plaira-t-il de fonder cette table ? demanda Merlin.

– Où vous saurez, beau doux ami, que le souhaite Notre Sire.

– Ce sera donc à Carduel en Galles. Là, à la Noël, j'élirai les chevaliers qui y doivent siéger.

XXXVII

Ayant ainsi parlé au roi Arthur, Merlin alla en petite Bretagne et il apparut à Léonce de Payerne, qui était régent du royaume de Bénoïc, et à la reine. Il leur montra un anneau que le roi Ban lui avait confié pour qu'il pût se faire reconnaître d'eux, et, après leur avoir conté tout ce qui s'était passé en Carmélide et les prouesses des trois rois, il dit à Léonce de Payerne qu'il lui fallait passer la mer avec autant de troupes qu'il lui serait possible d'en amener, afin d'aider le roi Arthur à chasser les Saines du royaume de Logres, et que tel était l'ordre du roi Ban.

– Sire, demanda Léonce, en quel lieu devons-nous aller ?

– À la Roche Flodemer, répondit Merlin, et de là aux plaines de Salibery où vous trouverez des princes et des chevaliers de tous pays qui seront venus pour le même dessein. Vous aurez une bannière blanche à la croix vermeille, et ils en auront pareillement : à cela vous vous reconnaîtrez tous, car beaucoup parleront des langues étrangères.

Léonce dit qu'il ferait ainsi. Et Merlin resta quatre jours entiers auprès de lui et de la reine qui le festoyèrent très bien ; puis il partit pour le royaume de Gannes. Il y apparut à Pharien, qui en était régent pour le roi Bohor, et à la reine ; et il leur fit le même récit et leur donna les mêmes instructions qu'à Léonce de Payerne. Puis il vint au royaume de Carmélide dont les barons résolurent de se rendre également aux plaines de Salibery. Enfin il obtint l'aide du roi de Lambale et de divers autres rois étrangers. Et, ayant ainsi travaillé, il se rendit à la forêt de Brocéliande auprès de Viviane, sa mie.

Quand elle le vit, elle fit paraître une grande joie et lui, il l'aimait si durement que pour un peu plus il serait devenu fou.

– Beau doux ami, lui dit-elle, ne m'enseignerez-vous pas quelques nouveaux jeux, et comment, par exemple, je pourrais faire dormir un homme aussi longtemps que je voudrais sans qu'il s'éveillât ?

Il lui demanda pourquoi elle voulait avoir cette science ; mais hélas, il connaissait bien toute sa pensée.

– Parce que, toutes les fois que vous viendrez, je pourrais endormir mon père Dyonas et ma mère, car ils me tueraient s'ils s'apercevaient jamais de nos affaires. Et, de la sorte, je vous ferais entrer dans ma chambre.

Bien souvent, durant les sept jours qu'il passa avec elle, la pucelle lui renouvela cette demande. Une fois qu'ils se trouvaient tous deux dans le verger nommé *Repaire de liesse* auprès de la fontaine, elle lui prit la tête en son giron et, quand elle le vit plus amoureux que jamais :

– Au moins, dit-elle, apprenez-moi à endormir une dame.

Il savait bien son arrière-pensée ; pourtant il lui enseigna ce qu'elle désirait, car ainsi le voulait Notre Sire. Et beaucoup d'autres choses encore : trois mots, par exemple, qu'elle prit en écrit, et qui avaient cette vertu que nul homme ne la pouvait posséder charnellement lorsqu'elle les portait sur elle ; par là se munissait-elle contre Merlin, car la femme est plus rusée que diable. Et il ne pouvait s'empêcher de lui céder toujours.

Enfin, après une semaine, il la quitta tristement pour aller où il devait être, et ce fut dans la forêt de l'Épinaie aux environs de Logres.

Là, il prit l'apparence d'un vieillard tout croulant d'âge, monté sur un palefroi blanc, vêtu d'une robe noire et coiffé d'une couronne de fleurs, dont la barbe était si longue qu'elle faisait trois fois le tour de sa ceinture ; et ainsi fait, il se porta au-devant de Gauvain qui chassait dans la forêt.

– Gauvain, Gauvain, lui dit-il, si tu m'en croyais, tu ferais trêve aux cerfs et aux daims, car il vaudrait mieux pour ton honneur faire guerre aux hommes dans la forêt de Sarpenie.

Là-dessus, il s'éloigna si rapidement qu'on n'aurait pu avoir seulement l'idée de le suivre. Mais à présent le conte se tait de lui et en vient à parler du roi Lot d'Orcanie.

XXXVIII

Il ne pouvait se consoler du départ de ses fils et d'avoir perdu la reine sa femme, avec l'enfant Mordret. Il en avait une grande rancune contre le roi Arthur ; et en même temps, voyant que les Saines continuaient de ravager sa terre et d'assiéger ses châteaux sans qu'il pût les en empêcher, il regrettait de ne pas être en paix avec celui qui l'aurait aidé à les repousser. Quand il sut les fiançailles de Guenièvre de Carmélide, il pensa que, s'il pouvait s'emparer d'elle, il déciderait peut-être Arthur à lui faire une bonne paix moyennant qu'il rendît sa prisonnière. Il vint donc, avec quelques chevaliers, s'embusquer secrètement dans les bois proches de la cité de Carohaise, tout prêt à profiter de la première occasion. Et c'est là que ses espions l'avertirent un jour que Guenièvre se proposait d'aller en pèlerinage à une abbaye qui se trouvait justement de ce côté.

La pucelle chevauchait en compagnie de ses demoiselles et de monseigneur Amustant, qui était le chapelain de roi Léodagan, son père, et qui le fut plus tard du roi Arthur. Guyomarc'h, son cousin, l'escortait avec quelques gens d'armes, car le pays n'était pas sûr.

C'était en juillet, la douce saison où les prés sont bien herbus et où les oisillons font retentir suavement les vergers et les bocages feuillus. La pucelle, qui avait le cœur gai et léger à cause du soleil, s'entretenait avec monseigneur Amustant et avec les chevaliers et les dames qui l'accompagnaient, lorsqu'une troupe de fer-vêtus parut au loin. Aussitôt qu'ils les aperçurent, Guyomarc'h et ses compagnons lacèrent leurs heaumes et montèrent sur les destriers que leurs écuyers menaient ; puis ils brochèrent des éperons et s'élancèrent aussi vite que leurs chevaux purent les porter à la rencontre des étrangers qui leur couraient sus d'autre part, la lance sur le feutre et l'écu devant la poitrine.

Les combattants s'entre-choquèrent à grand fracas, et toute la forêt retentit du froissement des lances, puis du heurt des chevaux et des corps, et les coups des épées sur les heaumes. Le roi Lot et Guyomarc'h firent merveilles ; mais les chevaliers de Carmélide étaient beaucoup moins nombreux que leurs adversaires, si bien qu'ils ne tardèrent pas à se trouver en grand danger.

Guenièvre et les demoiselles, qui assistaient de loin au combat, avec le chapelain et les garçons qui conduisaient les sommiers, se désolaient et se pensaient déjà captives, lorsqu'elles virent sortir de la forêt un chevalier tout armé, qui s'arrêta devant Guenièvre et, après l'avoir saluée, lui demanda qui elle était.

– Beau sire, répondit-elle, je suis la fille du roi Léodagan, et ce prud'homme et moi, nous sommes en grand danger.

Mais au seul nom de la pucelle, le chevalier avait croisé sa lance sans mot dire, et déjà il se précipitait au secours de Guyomarc'h et de ses gens. D'abord il renverse deux chevaliers ; mais son destrier était fatigué par une longue course qu'il venait de fournir : aussi, quand le roi Lot vint l'attaquer, le cheval plia sur les jarrets et chut en entraînant son cavalier. L'étranger se relève vivement et tire son épée, qui était plus étincelante qu'une escarboucle. Lot, ayant épuisé son élan, fait tourner sa monture et revint sur lui au galop ; mais le chevalier l'évite et au passage, d'un coup, il fend le ventre du cheval, qui s'abat lourdement : le roi tombe si malheureusement qu'il demeure étendu sans plus savoir s'il fait nuit ou jour. D'un bond l'inconnu saute sur lui, il lui arrache son heaume avec tant de rudesse qu'il le blesse au nez et aux sourcils, puis il lui abaisse la coiffe du haubert sur les épaules, et lui crie qu'il est mort s'il ne s'avoue pas prisonnier.

– Ah ! gentilhomme, ne me tue pas, s'écrie le roi, car certes, je ne t'ai jamais rien fait qui mérite la mort. Je m'appelle le roi Lot d'Orcanie, à qui il n'arrive plus que des malheurs depuis longtemps.

– Et moi, je suis Gauvain, le neveu du roi Arthur.

En entendant le nom de son fils, le roi Lot se remit sur ses pieds et s'avança pour l'embrasser :

– Beau fils, je suis le dolent, le captif, votre père que vous avez abattu.

– Reculez ! répondit Gauvain. Vous ne serez mon père et mon bon ami qu'après avoir crié grâce à notre seigneur le roi Arthur et lui avoir rendu hommage.

À ces mots, le roi Lot tomba en pâmoison, et quand il revint à lui :

– Beau fils, dit-il tristement, je ferai ce qu'il vous plaira. Prenez mon épée ; je vous la rends.

Gauvain la prit, non sans verser des larmes sous son heaume, car il avait pitié de son père et se repentait de l'avoir blessé, mais il gardait de le laisser voir. Et, après avoir demandé congé à Guenièvre, il se remit en route vers Logres, suivi de son prisonnier et des autres chevaliers qui s'étaient rendus à lui en même temps que leur seigneur.

XXXIX

Le roi Arthur était à la fenêtre de son palais en compagnie des rois Ban et Bohor.

– Sire, ne reconnaissez-vous pas ce chevalier sur un destrier noir, qui porte une lance de frêne et un écu d'or et d'azur au lion rampant sommé de couronnes d'argent ?

– De vrai, c'est mon neveu Gauvain !

C'était lui, en effet, qui amenait ses captifs tous à pied, sauf le roi Lot, sans heaumes et les coiffes de leurs hauberts abattues sur les épaules.

– Sire, dit Gauvain, en approchant, voici mon père qui, grâce à Dieu, vous vient comme à son seigneur crier merci. Acceptez son hommage, car il est prêt à vous le faire.

Le roi Arthur descendit, et le roi Lot s'agenouilla devant lui et lui tendit son épée nue, en disant :

– Sire, je me rends à vous. Faites de moi et de ma terre à votre plaisir.

Mais Arthur le prit par la main droite.

– Beau sire, levez-vous : vous avez été trop longtemps à genoux. Vous êtes si prud'homme qu'il vous faudrait pardonner de bien plus grands méfaits que celui que vous avez commis ; et si même, ce qu'à Dieu ne plaise, je vous haïssais à mort, vous avez des enfants qui m'ont rendu de tels services que je ne pourrais avoir la volonté de vous nuire.

Ainsi fut dite la paix du roi Lot et du roi Arthur. Le lendemain, les maréchaux convoquèrent tous les barons présents à Logres et, devant eux, en présence du peuple, dans l'église, Lot fit son serment, moyennant quoi Arthur l'investit de son fief et jura de le secourir à son pouvoir contre quiconque lui voudrait faire tort. Puis, à la mi-août, il tint une grande cour plénière où il porta couronne. Et il y distribua à tous des armes, des palefrois, des joyaux, et or, et argent, et deniers, si bien que sa bonne renommée s'en accrut.

Quand huit jours se furent écoulés en fêtes et en caroles, le roi Lot partit avec ses quatre fils, sans s'embarrasser de sommiers ni de bagages, tous cinq montés sur de bons palefrois et faisant mener leurs destriers couverts de fer par des valets à pied. Ils passèrent par le château de Sapine, les plaines de Roestoc, la forêt de l'Épinaie sous Carange, la rivière de Saverbe, les prairies de Cambenic et, après plusieurs rencontres avec les Saines qui couraient le pays, ils parvinrent à Arestuel, en Écosse, qui est la terre la plus ombragée de bocages qui soit. Là, le jour de Notre Dame, en septembre, ils eurent un parlement avec les princes rebelles, auxquels s'étaient joints le roi des Cent Chevaliers, le sire de l'Étroite Marche et plusieurs autres barons ; et à tous le roi Lot demanda de faire trêve avec le roi Arthur et de marcher avec lui contre les Saines.

– Comment ? fit le roi Nantre, lui avez-vous rendu hommage ? Ce ne serait point loyauté, car nous nous étions tous juré de ne pas nous désunir.

– Sire, répondit Lot, je lui fis hommage contre mon gré, et le jour même que je comptais lui nuire davantage.

Et il leur conta comment son fils Gauvain l'avait abattu et ne lui avait accordé merci qu'à ce prix.

– S'il en est ainsi, vous n'êtes point à blâmer, dirent-ils. Plût à Dieu qu'il nous en fût autant advenu !

Et ils promirent de se rendre avec toutes leurs forces aux plaines de Salibery pour marcher contre les païens. En même temps qu'eux y vinrent nombre de gens d'armes étrangers : ceux du roi Clamadieu, du roi Hélain, du duc de Roches, du roi Mark d'Irlande, qui eut pour femme Iseult la blonde, ceux de Galehaut le fils de la géante, seigneur des Iles Lointaines, et beaucoup d'autres. Ils y rencontrèrent les gens du roi

Ban, Bohor, Léodagan et des princes de la Petite Bretagne. Et tous venaient défendre Sainte Église. Ils avaient pour enseigne la bannière blanche à croix rouge ; mais sur celle d'Arthur, que portait Keu le sénéchal, on voyait, au-dessous de la croix, un dragon. C'est ainsi qu'une grande armée chrétienne se mit en marche vers la cité de Clarence qu'assiégeaient les Saines mécréants, plus nombreux que les flots de la mer. Hérissée de ses lances, elle était semblable à un bois où les frênes auraient eu pour fleurs des pointes d'acier.

XL

La première bataille eut lieu à Garlot. Ceux de Bretagne, qui avaient chevauché toute la nuit, arrivèrent près du camp des Saines un peu avant le jour. Il faisait une brume épaisse et bientôt une pluie menue et foisonnante commença de tomber, dont les païens furent mieux endormis encore. Ils furent réveillés par la buée des chevaliers qui chargeaient à travers le camp, rompant les cordes des tentes, en abattant les mâts, renversant les pavillons et faisant un tel massacre qu'en peu de temps, les chevaux baignèrent dans le sang jusqu'aux paturons. Les enseignes étaient si mouillées que les partis ne se reconnaissaient plus qu'à leurs cris.

Mais les Saines se rassemblèrent au son de leurs cornes et de leurs buccines. C'est alors que Gauvain tua le roi Ysore et lui prit son cheval, le Gringalet, ainsi nommé pour sa grande bonté : car il pouvait parcourir dix lieues sans que son flanc battît ou qu'il eût un seul poil mouillé à la croupe ou à l'épaule. Mais le roi Ban, le roi Bohor, le roi Nantre, le roi des Cent Chevaliers, le duc Escan de Cambenic, et Arthur en l'honneur du baiser de Guenièvre, et tous les princes firent merveilles.

L'armée chrétienne victorieuse s'occupa de relever ses morts et ses blessés qui gisaient parmi le champ comme brebis égorgées ; puis, à la nuit, bien restaurée, elle se remit en marche. Lorsqu'elle fut toute proche de Clarence, Merlin réunit en parlement les princes rebelles.

– Beaux seigneurs, leur dit-il, le jour est venu de tout perdre ou de tout gagner. Il vous est grand besoin de prier Dieu qu'il défende le royaume de Logres de honte et méchéance, car, si Notre Sire n'y met conseil, la terre de Bretagne sera aujourd'hui détruite. Et je vous fais savoir que la défaite ne pourra être évitée, si vous ne faites votre paix avec le roi Arthur.

Il y eut beaucoup de barons à qui ces paroles ne plurent guère et il ne pouvait en être autrement ; néanmoins tous vinrent rendre hommage au roi, l'un après l'autre, et reçurent de lui leurs fiefs.

Le jour se levait, radieux. Dans l'herbe non fauchée, les chevaux entraient jusqu'au ventre ; les oiseaux chantaient matines dans les arbrisseaux et réjouissaient le cœur des amoureux. Les enseignes d'or, d'argent et de soie voletaient à la brise légère et le soleil faisait flamboyer l'acier des heaumes et des lances, et luire les peintures des écus. Merlin allait en tête de l'armée sur un grand cheval de chasse. Lorsqu'il aperçut les Saines qui s'avançaient à la rencontre des Chrétiens, il cria de toutes ses forces :

– Ores paraîtra qui preux sera ! Seigneurs chevaliers, l'heure est venue que l'on verra vos prouesses !

Aussitôt les barons lâchèrent le frein et brochèrent des éperons ; et ainsi commença la fière et merveilleuse bataille.

Le froissement des lances, le heurt des écus, le martèlement des masses et des épées s'entendirent jusqu'à la mer. Bientôt l'air fut rouge et troublé par la poussière, au point que les cieux noircirent et que le soleil perdit sa clarté.

Quand les chevaliers et les bourgeois qui défendaient la cité de Clarence aperçurent les enseignes blanches à croix vermeille, ils pensèrent que c'était un secours que Notre Sire leur envoyait : aussitôt ils sortirent et commencèrent de faire merveilles d'armes.

Sur l'autre front des Saines, à mesure que l'heure de midi approchait, la force de Gauvain augmentait. Il traversait les rangs ennemis, bruyant et fracassant comme le tonnerre, et, quand son épée s'abaissait pour frapper, il semblait que ce fût la foudre. Ses frères l'imitaient ; mais Galessin surtout faisait merveilles : autour de lui les mécréants tombaient comme les blés mûrs sous la faucille ; vers le soir, il était sanglant comme s'il fût sorti d'une rivière de sang. Les Saines étaient plus hauts et mieux armés, mais les chrétiens plus agiles, si bien qu'à la fin les païens cédèrent. Tous leurs rois étaient tués, sauf Rion, Oriens, Sorbare, Cornican, Murgalan de Trebeham et l'amiral Napin. Poursuivis de près, ils s'enfuirent de toute la vitesse de leurs chevaux vers la mer prochaine ; et, non sans que plus de la moitié d'entre eux fussent noyés ou occis, ils s'embarquèrent sur leurs nefs, coupèrent les cordes des ancres, hissèrent les voiles en hâte, et s'en furent où le vent les mena.

XLI

Or, en revenant de la mêlée, où il avait pris grand chaud, Sagremor ôta son heaume : aussitôt il commença de se refroidir, d'où lui vint au cœur une si grande douleur que son visage noircit. Sentant qu'il s'affaiblissait, il pria tout bas monseigneur Yvain de le soutenir.

– Sire, murmura-t-il, faites-moi étendre sur le lit : sitôt que j'aurai mangé et bu, cela passera.

Messire Gauvain l'avait entendu : aidé de monseigneur Yvain, il le porta sur une couche ; et là, Merlin lui fit prendre du vin chaud, de manière qu'il se remit bientôt et s'endormit. Car telle était la nature de Sagremor : lorsqu'il était à jeun, s'il s'échauffait trop, il tombait en faiblesse dès qu'il se refroidissait ; mais cela ne lui arrivait pas souvent.

Cependant les chevaliers s'étaient mis à table, et ils causaient de l'accident. Keu le sénéchal, qui avait toujours la langue aiguisée à plaisanter et à mal dire, s'écria qu'on pouvait le surnommer *Sagremor mort de jeûne*. Messire Gauvain le regarda.

– Taisez-vous, Keu, s'écria-t-il, et ne dites point de folies d'un si prud'homme et bon chevalier. Il a sa maladie quand il plaît à Dieu et l'on ne doit pas l'en railler. S'il était venu servir monseigneur le roi, ce n'est point par pauvreté, car il est né d'un empereur, mais hautesse de cœur. Le roi ne doit point souffrir qu'en son hôtel on se moque de Sagremor. Et quiconque le ferait, je le prendrais pour moi.

– Sire, dit Keu, on en raille souvent de plus vaillants que lui, et même on en dit d'assez grosses paroles. S'il s'en fâche, je n'en suis mais. Et qui qu'en grogne, je ne m'en soucie !

Là-dessus, messire Gauvain voulut se jeter sur le sénéchal Keu. Yvain, qui était assis à son côté, le retint ; mais Gaheriet, courroucé d'entendre traiter ainsi son frère, s'avança et donna un tel soufflet à Keu que toute la salle en résonna et qu'il l'abattit aux pieds de monseigneur Gauvain.

– Orgueilleux truand, parlerez-vous encore ? Si le roi mon oncle et ces autres prud'hommes n'étaient céans, je vous jetterais par cette fenêtre !

Keu voulait se précipiter sur Gaheriet, mais messire Yvain et Merlin les séparèrent. Le roi, en colère, s'était levé et la chambre emplie de chevaliers. Alors messire Gauvain conseilla à son frère de quitter la salle, ce que Gaheriet fit aussitôt. Là-dessus, Sagremor arriva, s'informant de ce qu'il y avait. Merlin le prit par la main et le fit asseoir près de lui pour détourner son attention ; mais le roi dit d'une parole maladroite :

– Je veux, déclara-t-il, que Keu rende à Gaheriet le soufflet qu'il a reçu devant moi !

– Sire, répondit sagement messire Gauvain, laissez passer ce jourd'hui. Demain nous ferons leur paix. Cependant défendez à votre sénéchal de donner des surnoms à de meilleurs que lui, et qui vous aident à défendre votre terre !

– Qu'y a-t-il donc ? demanda Sagremor.

Merlin dut lui conter l'histoire d'un bout à l'autre et il ne fit qu'en rire. Mais le roi, irrité contre son neveu, lui répondit que Gaheriet avait frappé son sénéchal devant lui par dédain, et qu'il ne saurait y avoir de bonne paix tant que Keu n'aurait pas rendu ce qu'il avait reçu.

Alors messire Gauvain cria avec colère :

– Votre barbe passera du blond gris et du gris au blanc avant que vous n'ayez de moi et de mes frères ce que vous désirez ! Comment, diable d'enfer, nous croyez-vous tels que vous puissiez nous humilier devant ce garçon ? Désormais nous reprenons l'hommage que nous vous avons fait, et vous rendons ce que nous tenons de vous et renonçons à votre service, et tous ceux qui nous aiment feront comme nous. Et si vous avez désir de jouter, en compagnie de votre sénéchal, contre moi et Gaheriet, venez dans la plaine !

En l'entendant, Sagremor sauta sur ses pieds.

– Attendez-moi, beau sire, dit-il à monseigneur Gauvain. Mais avant de partir, je veux dire à Keu devant le roi que je lui trancherai la tête si je puis l'atteindre, et non tant pour ce qu'il a dit, que pour ce qu'il nous force à laisser la meilleure compagnie qui soit.

Messire Gauvain, ses trois frères et Sagremor quittèrent ainsi la salle et tous les chevaliers devinrent sombres et soucieux. Yvain et Galessin furent se concerter et décidèrent de suivre leurs cousins. Cependant Merlin venait au roi qui s'était assis à côté du roi Brangore, et il le blâma durement.

– Comment, diable damné, roi rassoté, voulez-vous perdre vos amis à cause du serment que vous avez fait à Antor de ne jamais manquer à Keu ? Et voulez-vous permettre au fils d'un petit vavasseur de dire des folies à vos barons ? Commandez-lui d'aller s'excuser auprès de vos neveux et de Sagremor, et vous-même, avec les rois Ban, Bohor et Brangore, qui sont présents, allez les prier de pardonner.

Ainsi fut fait. Keu s'agenouilla devant monseigneur Gauvain et lui tendit son gage. Mais ce fut seulement quand le roi Arthur lui-même fut venu demander à son neveu de rester, que celui-ci courut embrasser son seigneur, et que tout fut pardonné et oublié.

Alors le roi partagea entre les chevaliers de son armée le butin d'or, d'argent et de pierreries qui avait été fait sur les Saines, les riches draps, les tentes, les destriers, les bonnes armures. Puis il fit Galessin duc de Clarence. Et, après cinq jours de fêtes et de joie, ses hauts barons et les princes étrangers le quittèrent à grand amour.

XLII

Le sixième jour, il se mit en route pour la Carmélide en compagnie des rois Ban et Bohor et de toute sa maison. Il trouva Léodagan qui venait à sa rencontre, et les quatre rois firent ensemble leur entrée à Carohaise, dont les rues étaient tout tendues de riches étoffes et jonchées d'herbe menue. Puis ils allèrent dans la salle du palais où Guenièvre les attendait, qui courut au-devant du roi Arthur, les bras tendus, et le baisa sur la bouche devant tous, en lui souhaitant la bienvenue. Après quoi l'on alla souper et le mariage fut fixé à une semaine de là.

Le jour venu, toute la cour se réunit dans la salle semée de joncs, d'herbe verte et de fleurs qui avaient une très douce odeur. Le soleil rayonnait à travers les verrières quand Guenièvre fit son entrée, conduite par les roi Ban et Bohor. Et le conte dit qu'elle était la plus belle femme et la mieux aimée qui fût jamais, hors Hélène sans pair, la femme de Persidès le roux du château de Gaswilte, et la fille du roi Pellès le riche Pêcheur, qui garda le Graal jusqu'au temps où Galaad fut engendré. Elle avait le visage découvert, sur la tête un cercle d'or dont les pierreries valaient un bon royaume, et une robe d'or battu, si longue qu'elle traînait à plus d'une demi-toise. Marchant deux à deux et se tenant par la main, les fiancés, les rois et leurs maisons, accompagnés des barons du royaume de Carmélide, des nobles dames du pays et des bourgeois, se rendirent à l'église où le mariage fut béni par le chapelain Amustant, et où l'évêque de Brice chanta la messe. On revint au palais, et là, après avoir entendu force ménétriers, on s'assit au manger qui fut digne des noces d'un roi. Après le repas, les chevaliers allèrent s'escrimer à la quintaine et tournoyer dans la prairie. Ensuite on remit les tables ; puis les convives se divertirent et enjouèrent ainsi que droit était ; enfin on fut au vêpres ; et le lit du roi béni, chacun retourna en son hôtel pour dormir.

Guenièvre fut couchée par trois demoiselles qui aidèrent Arthur à se dévêtir à son tour. Après quoi elles sortirent ; et il ne demeura plus dans la chambre que le roi et la reine qui s'entr'aimaient fort et ne finirent de se le prouver qu'au matin, qu'ils s'endormirent bouche à bouche et bras à bras.

XLIII

Durant huit jours, le roi Arthur mena bonne vie avec sa femme à Carohaise ; le neuvième, il dit à ses barons de se préparer au départ. Alors, les rois Ban et Bohor lui demandèrent congé de retourner dans leurs terres.

– Beaux doux amis, dit le roi, vous ferez votre volonté, mais jamais je ne retrouverai de si prud'homme que vous êtes. Pourtant, si vous voulez me quitter, je le dois souffrir.

– Beau sire, dirent-ils, il nous faut regagner nos royaumes.

Et les deux rois s'en furent, bien dolents de le laisser. Merlin, qui les aimait chèrement, voulut leur faire conduite, et c'est ainsi qu'au soir de leur premier jour de voyage, ils arrivèrent de compagnie devant un château, le plus fort et le mieux fait qu'il eussent encore vu. Il était tout entouré de larges marais et muni de deux paires de murs bien crénelés : le donjon en était si haut qu'à peine d'un trait d'arc en eût-on pu atteindre la cime, et il n'avait qu'une seule entrée où l'on parvenait en suivant une longue et étroite chaussée. Celle-ci aboutissait, du côté de la terre ferme, à un petit pré où se dressait un immense pin, lequel portait, pendu par une chaîne d'argent à l'une de ses basses branches, un cor d'ivoire plus blanc que neige nouvelle.

– C'est le château des Mares, dit Merlin, qui appartient à un chevalier preux et de grand renom : Agravadain.

– Par ma foi, dit le roi Bohor, voilà un homme bien logé ! Je coucherais volontiers chez lui.

Et saisissant le cor, il y souffla comme un homme de bonne haleine, si fort que malgré la distance le son courut sur l'eau, et d'écho en écho rentra dans la salle du château, où Agravadain l'entendit.

– Mes armes ! cria-t-il.

Mais, durant qu'on l'en revêtait en hâte et qu'il enfourchait son haut destrier pommelé, trois fois encore le son parvint à ses oreilles : car le roi Bohor sonnait coup sur coup, craignant tant le marais était large, qu'on ne l'ouït point au château. Le sire des Mares, impatienté, parut sur la chaussée, l'écu au col et la lance au poing.

– Quelles gens êtes-vous ? cria-t-il.

– Sire, nous sommes des chevaliers qui vous demandons l'hospitalité pour cette nuit.

– À qui êtes-vous ?

– Nous tenons nos terres du roi Arthur.

– Et nom Dieu, vous avez un bon seigneur ! C'est le mien. Suivez-moi et soyez les bienvenus.

– Grand merci !

Ils s'en furent derrière le seigneur des Mares l'un après l'autre, car la chaussée était si étroite qu'on n'y eût pu chevaucher à deux de front. Leur hôte les conduisit à travers les cours jusqu'au logis, où des valets et des écuyers les vinrent aider à descendre : puis, prenant Ban et Bohor par la main, il les fit entrer dans une chambre basse, et là, après qu'on les eut désarmés, vinrent trois pucelles qui leur mirent au col des manteaux d'écarlate fourrés d'hermine noire, toutes trois belles et gracieuses à regarder, mais surtout la fille d'Agravadain.

"Heureux, pensa Merlin, qui avec une telle pucelle pourrait dormir ! Si je ne sentais un si grand amour pour Viviane ma mie, je la tiendrais cette nuit dans mes bras. Je dois la faire avoir au roi Ban : l'enfant qui naîtra d'eux aura de grands destins."

Alors il jeta un enchantement et, sur-le-champ, le roi et la pucelle s'aimèrent éperdument.

Au souper, Agravadain plaça Ban et Bohor entre lui et sa femme, qui était belle et de bon âge, car elle n'avait pas trente ans ; les chevaliers de la suite à d'autres tables. Quant à Merlin, sous l'apparence d'un jouvenceau de quinze ans aux cheveux blonds et aux yeux verts, vêtu d'une cotte mi partie de blanc et de vermeil, ceint d'une cordelière de soie où pendait une aumonière d'or battu, il tranchait à genoux devant le roi Ban.

Les gens du château le prenant pour un valet de leurs hôtes, et ceux-ci pensaient qu'il appartenait au château ; mais il était si beau que les pucelles ne pouvaient s'empêcher de le regarder, hormis la fille d'Agravadain, toutefois, qui ne quittait pas des yeux le roi Ban et changeait de couleur à chaque instant, car tantôt elle souhaitait d'être toute nue dans ses bras et tantôt elle se demandait comment une telle pensée pouvait lui venir. Et Ban, de son côté, la désirait éperdument ; mais en même temps il songeait à sa belle et jeune femme, qu'il ne voulait pas trahir, non plus que son hôte, en sorte qu'il n'était pas moins angoissé qu'elle.

Les nappes ôtées et quand les convives eurent lavé leurs mains, ils furent s'appuyer aux fenêtres et s'oublièrent à admirer le château et le pays environnant qui étaient beaux à merveille, jusqu'à ce que le temps fût venu d'aller reposer. Les pucelles avaient préparé pour les deux rois, dans une chambre voisine de la salle, des lits tels qu'il convenait aux princes qu'ils semblaient être. Et, dès que tout le monde fut couché, Merlin fit un nouvel enchantement, grâce à quoi un sommeil si pesant s'empara de tous les gens du château, qu'ils ne fussent pas réveillés quand même le plafond eut croulé sur leurs têtes.

Seuls, Ban et la fille d'Agravadain veillaient et soupiraient chacun à part soi.

Alors Merlin alla dans la chambre de la pucelle et lui dit :

– Venez, belle, à celui qui tant vous désire.

Enchantée comme elle était, elle se leva sans sonner mot, vêtue seulement de sa chemise et de son pellisson, et il la mena droit au lit du roi Ban qui lui tendit les bras en dépit de lui-même, car il craignait Dieu. Mais elle ôta ses vêtements et se coucha près de lui. Et le conte dit qu'ils se firent aussi belle chère et beau semblant que s'ils eussent vécu depuis vingt ans ensemble, et qu'ils n'eurent aucune honte ni émoi : ainsi Merlin l'avait ordonné. Ils furent de la sorte jusqu'au jour ; et, quand le matin parut, le roi Ban ôta de son doigt un bel anneau d'or, orné d'un saphir où étaient gravés deux serpenteaux :

– Belle, dit-il, vous garderez cet anneau et mon amour.

Mais elle prit la bague sans répondre.

Lorsque Merlin sut qu'elle était revenue à son lit, il défit l'enchantement et chacun s'éveilla.

Les sergents et les écuyers préparèrent les armes, sellèrent les chevaux, troussèrent les coffres et les malles. Puis les deux rois prirent congé. Comme la fille d'Agravadain baissait tristement la tête :

– Demoiselle, lui dit le roi Ban en lui serrant la main, il m'en coûte de partir, mais où que je sois je demeurerai votre chevalier et votre ami.

Elle murmura en soupirant :

– Sire, si je suis grosse, Dieu m'en donne plus grande joie que je n'en eus de vous, car jamais si tôt amours ne s'éloignèrent. Mais puisqu'il vous faut partir, je me réconforterai du mieux que je pourrai, et, si je vois mon enfant, il me sera miroir et souvenance de vous.

Là-dessus, elle remonta dans sa chambre avec ses pucelles. Et les deux rois recommandèrent leurs hôtes à Dieu.

Ils passèrent la mer avec Merlin et chevauchèrent tant qu'ils arrivèrent en la cité de Benoïc où chacun leur fit fête et où leurs femmes leur montrèrent grand amour. Si bien que, dans la nuit même, la reine Hélène conçut du roi Ban un enfant qui plus tard eut nom Lancelot.

Quant à Merlin, ils le festoyèrent durant huit jours entiers. Mais au neuvième, il prit congé et fut voir Viviane, sa mie, en la forêt de Brocéliande.

XLIV

Elle lui fit si bel accueil que l'amour crût en lui, et qu'il lui enseigna encore, malgré qu'il en eût, une grande part de ses secrets.

Déjà elle en savait presqu'autant que lui, et elle l'aimait tendrement, mais, pour ce qu'elle voulait demeurer pucelle, elle avait fait un charme sur l'oreiller qu'il mettait sous sa tête quand il couchait avec elle, de sorte qu'il croyait la posséder, mais ce n'était que songe.

Un jour qu'ils se promenaient tous deux en Brocéliande, il lui demanda si elle voulait voir le lac de Diane.

– Certes, fit-elle. Rien ne peut être de Diane qui ne me plaise, car elle aima toute sa vie les bois autant ou plus que moi.

Il la conduisit à un lac qui était grand et agréable, et il lui fit voir sur la rive une tombe de marbre, où l'on lisait en lettres d'or :

Ci gît Faunus, l'ami de Diane.
Elle l'aima de grand amour
et le fit mourir vilainement.
Telle fut la récompense qu'il eut
de l'avoir royalement servie.

– Bel ami, dit Viviane, contez-moi l'histoire.

– Volontiers, dit-il.

"Diane régnait au temps de Virgile, longtemps avant que Jésus-Christ descendit sur cette terre pour sauver les pécheurs, et elle aima sur toutes choses de vivre aux bois. Elle chassa par toutes les forêts de Gaule et de Bretagne, mais n'en trouva aucune qui lui plût autant que celle-ci : aussi y fit-elle bâtir, au bord de ce lac, un manoir où elle venait coucher la nuit après avoir forcé les cerfs et les daims tout le jour.

"Une fois, le fils du roi qui gouvernait ce pays la vit, et, la trouvant si preuse, si vite et si légère, il l'aima. Il était encore damoisel, et beau et grand au point qu'elle lui promit de se donner à lui pourvu qu'il jurât sur les saints de renoncer à son père et à tout au monde pour elle. Faunus fit le serment et ainsi fut-il, durant deux ans, l'ami de Diane. Mais, après ce temps, elle s'éprit d'un autre chevalier, qu'elle trouva comme Faunus, en courant les bois, et qui avait nom Félix. Et celui-ci était pauvre et de bas lignage, et il savait bien que, si Faunus apprenait ses amours, il le ferait tuer avec toute sa parenté. Aussi vint-il un jour trouver sa mie, et lui dit :

"– Par ma foi, demoiselle, ou vous vous délivrerez de Faunus, ou je ne reparaîtrai plus auprès de vous.

"– Hélas ! dit-elle, comment le pourrais-je ? Il m'aime de si grand amour qu'il ne me laisserait pour chose du monde.

"– À votre guise, répondit Félix.

"Or Diane le chérissait si fort, qu'elle eût mieux aimé de mourir que de renoncer à lui, en sorte qu'elle se résolut à faire périr Faunus.

“Cette tombe que vous voyez était alors pleine d’une eau enchantée qui guérissait toutes les plaies. Un jour que Faunus revenait de la chasse, navré d’une blessure qu’une bête sauvage lui avait faite, elle fit ôter secrètement l’eau guérissante.

“– Que ferai-je ? demanda Faunus quand il s’aperçut que l’eau n’y était plus. Je suis blessé durement.

“– Ne vous troublez pas pour si peu, répondit Diane ; je vous soignerai bien. Couchez-vous là-dedans et nous vous couvrirons d’herbes de grande vertu, par quoi vous serez tôt rétabli.

“Faunus s’étendit ; mais Diane fit retomber la pierre qui fermait le tombeau et par un pertuis elle versa du plomb fondu en telle quantité que le corps de son ami fut consumé en peu de temps.

“Alors elle vint à Félix à qui elle conta comment elle s’était délivrée de celui qu’il craignait.

“– Mauvaise, qui vous pourrait aimer quand chacun vous devrait haïr ? s’écria-t-il.

“Et la prenant par ses tresses, il lui coupa la tête.

“C’est depuis ce temps qu’on nomme ce lac : le lac de Diane.”

– Mais demanda Viviane, qu’est devenu le manoir qu’elle y avait fait bâtir ?

– Le père de Faunus le détruisit sitôt qu’il connut la mort de son fils.

– Il fit mal, car jamais l’on ne vit plus beaux lieux. Merlin, doux ami, pour l’amour de moi, je vous prie de m’en faire bâtir un qui soit aussi bel et riche qu’il y en eut jamais.

Elle n’avait pas achevé que déjà maçons et charpentiers travaillaient, et au bout d’un instant un château s’élevait à la place du lac, tellement magnifique qu’il n’en est point de pareil en toute la Petite Bretagne.

– Damoiselle, dit Merlin, voici votre manoir. Jamais personne ne le verra qui ne soit de votre maison, car il est invisible pour tout autre ; et aux yeux de tous, il n’y a là que de l’eau. Et si, par envie ou traîtrise, quelqu’un de vos gens révélait le secret, aussitôt le château disparaîtrait pour lui et il se noierait en y croyant entrer.

– Par Dieu, bel ami, dit Viviane, jamais on n’entendit parler d’une demeure, plus secrète et plus belle !

Merlin fut si content de la voir contente qu’il ne se put tenir de lui apprendre encore plusieurs de ses enchantements ; bref il lui enseigna tant qu’il en fut tenu pour fol, et l’est encore. Car elle mettait tout en écrit, étant bonne clergesse dans les sept arts, et elle ne songeait qu’à l’engeigner.

– Sire, lui demanda-t-elle un jour, il y a encore une chose que je voudrais bien savoir ; c’est comment je pourrais enserrer un homme sans tour, sans murs et sans fers, de manière qu’il ne pût jamais s’échapper sans mon consentement.

Merlin baissa la tête en soupirant.

– Qu'avez-vous ? fit-elle.

– Ha, je sais bien ce que vous pensez, et que vous me voulez détenir à jamais, et voici que je vous aime si fort qu'il me faudra faire votre volonté !

Alors elle lui mit les bras au col :

– Eh bien, ne devez-vous pas être mien quand je suis vôtre et que j'ai quitté père et mère pour vous ? Je n'ai sans vous ni joie ni bien ; en vous est toute mon espérance ; je n'attends le bonheur que de vous. Puisque je vous aime ainsi, et que vous m'aimez, n'est-il droit que vous fassiez mes volontés, et que je fasse les vôtres ?

– Madame, dit Merlin, à ma prochaine venue, je vous enseignerai ce que vous voulez.

Mais le conte maintenant se tait de lui et de Viviane et retourne au roi Arthur et à ses compagnons.

XLV

Dès qu'il fut arrivé à Logres avec la reine Guenièvre, il fit crier qu'à la Noël il tiendrait une cour renforcée à Carduel, et que chacun y amenât ses vassaux et sa femme, ou son amie.

Au jour dit vinrent les chevaliers et les dames vêtus de leurs plus riches robes, et pour la première fois la reine, comme le roi, porta couronne. Quand les cloches sonnèrent à la grand'messe, on fut entendre l'office chanté par l'archevêque de Brice. Puis la cour revint en la salle du palais où, les nappes mises, les barons prirent place, chacun selon son rang. Messire Gauvain, Keu le sénéchal, Lucan le bouteiller, messire Yvain le grand, Dodinel le sauvage, Sagremor, Yvain l'avoutre, Giflet servirent les rois et les reines, et quarante jeunes valets les hauts hommes et les dames.

Comme Keu le sénéchal présentait le premier mets au roi Arthur, le plus bel homme que ne fût jamais entra dans la salle : sur ses cheveux blonds et ondulés, il avait une couronne d'or, comme un roi ; il était vêtu de chaussures de paile brun et d'une cotte de samit ; sa ceinture de soie était rehaussée d'or et de pierreries qui jetaient de tels feux que toute la salle en était illuminée, et ses souliers de cuir blanc étaient fermés par des bouclettes d'or ; enfin une harpe d'argent à cordes d'or, toute décorée de pierres précieuses, lui pendait au col. Malheureusement, il était aveugle, bien qu'il eût les yeux clairs et beaux ; mais un petit chien blanc comme la neige, attaché par une chaînette d'or à la ceinture, le conduisit devant le roi Arthur. Là, il se prit à chanter un lai breton, en s'accompagnant de sa harpe, si mélodieusement, que le sénéchal qui portait les mets, oublia tout et s'assit pour écouter.

Une aventure vous dirai
Dont les Bretons firent un lai.

À Saint-Malo, deux hauts barons
Avaient tout proches leurs maisons.
L'un d'eux avait femme épousée,
Sage, courtoise et bien sensée ;
L'autre était jeune chevalier,
Naguère encore bachelier.
La femme à son voisin aima :
Tant la requit, tant la pria,
Qu'elle lui voulut très grand bien
Et le chérit sur toute rien.
Des chambres où la dame vit
Elle regarda son ami ;
Mais un haut mur de pierre bise
Entre eux s'élève et les divise.
Ils ont des présents échangé,
Ou par jeter ou par lancer ;
Mais ils ne peuvent en venir
Du tout ensemble à leur plaisir,
Car la dame est bien trop gardée
Et par son baron surveillée.
Tous deux, longtemps, se sont aimés
Tant que revint le bel été.
Quand bois et prés sont reverdis
Et les vergers sont refleuris,
Celui qui aime tant et tant,
Ce n'est merveille s'il entend
Les oiselets, avec douceur,
Mener joie dessus les fleurs.
Les nuits où la lune luisait,
Lorsque son mari reposait,
La dame du lit évadée
Et d'un grand mantel affublée

À la fenêtre s'en venait
Pour son ami qu'elle y savait,
Et tant prenait liesse à le voir
Que plus n'en aurait pu avoir.
Si souvent elle se leva,
Que son baron s'en courrouça.
"Sire, ce m'est plaisir d'aller
Ouïr le rossignol chanter :
Tant m'en délecte le déduit,
Que je n'en puis dormir la nuit."
En entendant cela, le sire
De colère se mit à rire :
Dans la maison tous les valets
Fabriquent rets, lacs et filets ;
Il n'est pas dans tout le verger,
De coudrier, de châtaignier,
Qui ne porte piège ou glu :
Tant qu'ils ont l'oiseau retenu.
Quand, tout vif, le baron le tint,
Aux chambres de la dame il vint.
"Dame, fait-il, où êtes-vous ?
Venez ici ! Parlez à nous !
J'ai le rossignol attrapé
Pour qui vous avez tant veillé :
Vous pourrez bien dormir en paix,
Il ne vous gênera jamais."
Ah ! quand elle l'eut entendu,
Bien dolente la dame fut !
Aux pieds du sire elle tomba
Et le rossignol demanda.
Mais lui, méchamment, il l'occit
De ses deux mains le cou tordit,
À sa femme le corps jeta,
Si que la robe ensanglanta.
La dame prend le corps petit,
Pleure tendrement, et maudit
Ceux qui les pièges ont fait

Et pipé le rossignolet.
Elle appelle un sien valet ;
Elle enveloppe l'oiselet
Dans une pièce de soie,
Puis à son bel ami l'envoie.
Ce chevalier ne fut vilain,
Mais courtois et de grâce plein :
Il fit un beau coffret forger,
Non pas de fer ni d'acier,
Mais d'or fin et de bonnes pierres
Très précieuses et très chères.
Dedans, le rossignol coucha ;
Le couvercle très bien ferma ;
Puis il fit sceller le coffret...
Sur son cœur le porte à jamais.
Ici se termine le lai
Que Marie de France a fait.
Le Laüstic *l'appelle-t-on :*
Ainsi le nomment les Bretons ;
On dit Rossignol *en français*
Et Nightingale *en anglais.*

Comme le bel aveugle finissait son chant, un chevalier étranger entra dans la salle.

En voyant les rois couronnés, assis au maître dais, et le harpeur coiffé d'or, il s'arrêta tout interdit. Mais il se remit bientôt et, s'étant fait montrer le roi Arthur, il s'avança vers lui et dit à haute voix :

– Roi Arthur, je ne te salue pas ; celui qui m'envoie à toi ne me l'a pas commandé.

"Je te dirai seulement ce qu'il te mande. Si tu t'y soumets, tu en auras honneur ; sinon, il te faudra fuir de ton royaume, pauvre et exilé.

– Ami, répondit le roi en souriant, fais-nous ton message ; tu n'auras nul mal de moi ni d'autrui.

– Roi Arthur, à toi m'envoie le seigneur de tous les Chrétiens, le roi Rion des Iles, dominateur de l'Occident et de toute la terre. Vingt-cinq rois déjà sont ses hommes liges ; il les a soumis par l'épée et leur a levé la barbe avec le cuir. Il te mande de te présenter devant lui et de lui rendre hommage. Fais lire ces lettres qu'il t'adresse, et tu entendras sa volonté".

Le roi prit les lettres et les passa à l'archevêque de Brice, qui les déploya et en donna lecture comme il suit :

"Je, le roi Rion, seigneur de toute la terre d'Occident, fais savoir à tous ceux qui ces lettres verront et entendront que je suis à cette heure en ma cour, en compagnie de vingt-cinq rois, mes hommes, qui m'ont rendu leurs épées et à qui j'ai pris leurs barbes avec le cuir. Et en témoignage de ma victoire, j'ai fait fourrer de leurs barbes un manteau de samit vermeil, auquel ne manquent plus que les franges. Pour ce que j'ai eu nouvelles de la grande prouesse et vaillance du roi Arthur, je veux qu'il soit plus honoré qu'aucun des autres rois : en conséquence je lui mande de m'envoyer sa barbe avec le cuir, et j'en ferai la frange de mon manteau pour l'amour de lui. Car mon manteau ne me pendra au col qu'il n'ait sa frange, et je n'en veux d'autre que de sa barbe. Je lui commande donc qu'il me l'envoie par un ou deux de ses meilleurs amis, et qu'il se présente à moi pour devenir mon homme et me rendre hommage. S'il ne le veut faire, qu'il abandonne sa terre et parte pour l'exil, ou bien je viendrai avec mon armée et je lui ferai arracher sa barbe du menton, et à rebours, qu'il le sache bien."

Quand il eut entendu ces lettres, le roi Arthur répondit en riant que Rion n'aurait jamais sa barbe tant qu'il la pourrait garantir. Sur quoi le messager sortit, et le roi se remit à souper.

Le harpeur allait chanter de rang en rang, et chacun s'écriait qu'on n'avait jamais entendu harper d'une façon aussi exquise : le roi en était émerveillé. À la fin le musicien lui dit :

– Sire, je vous demande le prix de mon chant.

– Vous l'aurez ami, si c'est chose que je puisse donner, sauf mon honneur et mon royaume.

– Sire, je vous demande de porter votre enseigne à la première bataille où vous serez.

– Beau doux ami, Notre Sire vous a mis en sa prison : vous êtes aveugle ; comment pourriez-vous nous mener à la bataille ?

– Ha, sire, le chevalier Jésus, qui est le vrai guide et qui m'a tiré de maints périls, saura bien me conduire !

En l'entendant si bien répliquer, le roi pensa que c'était Merlin, et il allait répondre qu'il octroyait sa demande, lorsqu'il s'aperçut que le beau harpeur avait disparu. Et l'on vit à sa place un petit enfant de huit ans, les chevaux tout ébouriffés, et les jambes nues, portant une massue sur l'épaule, qui dit au roi qu'il réclamait de porter son enseigne à la guerre contre le roi Rion. Sur quoi, tout le monde se prit à rire, et Merlin revint à sa forme naturelle. Il aimait de se déguiser ainsi pour divertir et réjouir les chevaliers.

XLVI

Quand les tables furent levées, il se mit debout et, après en avoir demander congé au roi, il dit à si haute voix que tous l'entendirent dans la salle :

– Seigneur, sachez que le très Saint Graal, en quoi Notre Sire offrit pour la première fois son saint corps et où Joseph d'Arimathie recueillit le précieux sang qui coulait des plaies de Jésus-Christ, a été transporté dans la Bretagne bleue. Mais il ne sera trouvé et ses merveilles découvertes que par le meilleur chevalier du monde. Et il est dit qu'au nom de la très Sainte Trinité, le roi Arthur doit établir la table qui sera la troisième après celle de la Cène et celle du Graal, et qu'il en adviendra de grands biens et de grandes merveilles à ce royaume. Cette table sera ronde pour signifier que tous ceux qui s'y devront asseoir n'y auront nulle préséance, et à la droite de monseigneur le roi demeurera toujours un siège vide en mémoire de Notre Seigneur Jésus-Christ : personne ne s'y pourra placer sans risquer le sort de Moïse qui fut englouti en terre, hormis le meilleur chevalier du monde qui conquerra le Saint Graal et en connaîtra le sens et la vérité.

– Je veux, dit le roi Arthur, que Notre Sire ne perde rien par ma faute.

Il n'avait pas achevé ces mots que parut tout soudain au milieu de la salle une table ronde autour de laquelle se trouvaient cent cinquante sièges en bois. Et sur beaucoup d'entre eux on lisait, en lettres d'or : *Ici doit seoir Un Tel* ; pourtant sur celui qui se trouvait en face du fauteuil du roi, nul nom n'était inscrit.

– Seigneurs, dit Merlin, voyez-ci les noms de ceux que Dieu a choisis pour siéger à la Table ronde et pour se mettre en quête du Graal quand le temps sera venu.

Alors le roi et les chevaliers désignés de la sorte vinrent prendre place, en veillant à laisser libre le Siège périlleux : et c'étaient messire Gauvain avec les damoiseaux qui avaient défendu le royaume durant l'absence du roi, et les trente-neuf compagnons qui étaient allés en Carmélide. Aussitôt assis, ils se sentirent pleins de douceur et d'amitié.

– Beaux seigneurs, reprit Merlin, lorsque vous entendrez parler d'un bon chevalier, vous ferez tant que vous l'amènerez à cette cour où, s'il témoigne qu'il est preux et bien éprouvé, vous le recevrez parmi vous : car il est dit que le nombre de compagnons de la Table ronde s'élèvera à cent cinquante devant que la quête du Saint Graal soit entreprise. Mais il vous faudra le bien choisir : un seul mauvais homme honnirait toute la compagnie. Et gardez que nul de vous ne s'asseye au Siège périlleux, car il lui en adviendrait grand mal.

Messire Gauvain, après avoir consulté ses compagnons, parla ainsi :

– De par les chevaliers de la Table ronde, dit-il, je fait vœu que jamais pucelle ou dame ne viendra en cette cour pour chercher secours qui puisse être donné par un seul chevalier, sans le trouver. Et jamais un homme ne viendra nous demander aide contre un chevalier sans l'obtenir. Et s'il arrivait que l'un de nous disparût, tour à tour ses compagnons se mettraient à sa recherche ; et chaque quête durerait un an et un jour.

Le roi fit apporter les meilleurs reliques qu'on put trouver et tous les compagnons de la Table ronde jurèrent sur les saints de tenir le serment qu'avait fait en leur nom messire Gauvain. Et la reine dit à celui-ci :

– Beau neveu, je veux, avec la permission de mon seigneur le roi, que quatre clercs demeurent céant, qui n'auront autre chose à faire que de mettre en écrit toutes les aventures de vous et de vos compagnons, afin qu'après notre mort il soit mémoire de vos prouesses.

– Je vous l'octroie, dit le roi. Et je fais vœu que, toutes les fois que je porterai couronne, je ne m'asseoirai point à manger devant qu'une aventure soit advenue à ma cour.

Lorsqu'ils ouïrent faire tous ces beaux vœux, les chevaliers et les dames qui étaient dans la salle furent très joyeux et satisfaits, jugeant que grand bien et honneur en adviendraient au royaume de Logres. Et c'est en ce temps que l'on commença de voir gravé ça et là sur les chemins, en lettres que personne ne pouvait effacer :

C'est le commencement des aventures
par lesquelles le lion merveilleux sera pris.
Un fils de roi les achèvera,
chaste et le meilleur chevalier du monde.

XLVII

Le soir de ce beau jour, quand les chevaliers et les dames furent retournés en leurs logis, Guyomarc'h, le cousin de la reine, demeura à causer avec Morgane dans une pièce basse du palais.

C'était la sœur du roi Arthur. Elle était fort gaie et enjouée, et chantait très plaisamment ; d'ailleurs brune de visage, mais bien en chair, ni trop grasse, ni trop maigre, de belles mains, des épaules parfaites, la peau plus douce que la soie, avenante de manières, longue et droite de corps, bref charmante à miracle ; avec cela, la femme la plus chaude et la plus luxurieuse de toute la Grande Bretagne. Merlin lui avait enseigné l'astronomie et beaucoup d'autres choses, et elle s'y était appliquée de son mieux de façon qu'elle était devenue bonne clergesse et qu'on l'appela plus tard Morgane la Fée à cause des merveilles qu'elle fit. Elle s'exprimait avec une douceur, une suavité délicieuses, et elle était plus débonnaire et attrayante que personne au monde, lorsqu'elle était de sang-froid. Mais, quand elle en voulait à quelqu'un, il était difficile de l'apaiser, et on le vit bien par la suite, car celle qu'elle aurait dû le plus aimer, elle lui fit tant de peine et de honte que tout le monde en causa ; et ce fut la reine Guenièvre.

Le conte ne parle pas de cela en cet endroit, car il sera devisé plus loin ; et ce serait dommage de démembrer un si bon conte ; il faut le laisser aller son train.

Quand Guyomarc'h entra dans la chambre où Morgane était, il la salua bien doucement en lui disant que Dieu lui donnât bon jour, et elle lui rendit son salut débonnairement et comme celle qui a la langue bien pendue. Alors il s'assis auprès d'elle. Elle dévidait du fil d'or dont elle voulait faire une coiffe pour sa sœur, la femme du roi Lot d'Orcanie : il se mit à l'aider en lui demandant à quel ouvrage elle travaillait, et à la mettre en paroles sur diverses choses.

Il était beau chevalier, gracieux et bien fait, riant, blond de cheveux et agréable de toutes façons, comme un homme de vingt-huit ans environ, de manière qu'elle le regarda très volontiers. De même elle lui plut fort, si bien qu'il la pria d'amour ; et, quand il s'aperçut qu'elle souffrirait de bon cœur ce dont il la voulait requérir, il commença de la prendre dans ses bras et de la baiser très doucement ; puis, s'étant échauffés de la sorte comme nature le voulait, ils s'étendirent tous deux sur une couche grande et belle et firent le jeu commun, comme gens qui tous deux le désiraient : car, s'il le souhaitait, autant le souhaitait-elle.

Ainsi ils s'entr'accueillirent de grand amour, et ce soir-là ils demeurèrent longtemps ensemble, puis ils s'aimèrent longtemps sans que nul le sût. Mais un jour la reine Guenièvre l'apprit et les sépara ; dont Morgane la haït et lui fit les pire ennuis.

Mais le conte à présent laisse ce propos et devise du roi Arthur.

XLVIII

Quelque temps après qu'il eut établi la Table ronde, il rassembla ses barons et s'en fut attaquer Rion, le roi mécréant. Et, lorsque les deux armées furent en présence, il y eut encore maintes merveilles d'armes et de grands massacres ; mais, grâce aux chevaliers de la Table ronde et à Merlin qui portait le dragon flamboyant au milieu de la mêlée, on vit plus de païens tués que de Chrétiens.

Alors le roi Rion cueillit un rameau de sycomore et, le tenant à bout de bras, galopa entre les deux armées pour les séparer ; puis il cria si haut que tout le monde l'entendit :

– Roi Arthur, pourquoi souffrons-nous que ta gent et la mienne se détruisent ? Faisons reculer nos deux armées et combattons-nous : le vaincu se proclamera le vassal du vainqueur, et lui donnera sa barbe avec le cuir.

Arthur ayant accepté, les deux rois prirent du champ, et se jetèrent l'un sur l'autre comme tempêtes. Leurs lances rompues, ils saisirent leurs épées, dont il se déchargèrent de tels coups que bientôt ils eurent rompu les cercles de leurs heaumes et éparpillés les fleurons qui les ornaient, ainsi que les gemmes dont certains pourtant avaient de grandes vertus. Le roi Rion était bon chevalier ; mais Arthur lui tua son destrier, de façon qu'il chut à terre, et il reçut au moment qu'il se relevait un grand coup sur la tête, qui le fit chanceler et retomber de tout de son long en mugissant comme un taureau. Aussitôt Arthur sauta de son cheval, courut à lui, lui arracha son heaume d'une seule main, si rudement qu'il en rompît les lacets, et lui coupa le cou. Ainsi périt le roi Rion.

XLIX

Alors le roi Arthur donna congé à ses barons après leur avoir fait de grandes largesses. Puis il revint à Logres où il mena bonne vie durant quelque temps.

Un jour qu'il était à son haut manger avec ses prud'hommes, une demoiselle d'une grande beauté entra dans la salle, qui tenait dans ses bras le nain le plus contrefait qu'on eût jamais vu : car il était maigre et camus, les sourcils roux et recoquillés, les cheveux gros, noirs et emmêlés, la barbe rouge et si longue qu'elle lui tombait jusqu'aux pieds, les épaules hautes et courbes, une grosse bosse par devant, une autre par derrière, les jambes brèves, l'échine longue et pointue, les mains épaisses et les doigts courts.

– Sire, dit au roi la demoiselle, je viens de bien loin pour réclamer un don.

– Demoiselle, demandez ce qu'il vous plaira : je vous l'octroierai, si ce n'est chose qui aille contre mon honneur et celui de mon royaume.

– Sire, je vous prie et requiers d'armer chevalier ce franc damoisel, mon ami, que je tiens dans mes bras. Il est preux, hardi et de gentil lignage, et, s'il l'eût voulu, il eût été adoubé par le roi Pellès de Listenois ; mais il a fait serment de ne l'être que par vous.

À ces mots, tout le monde se mit à rire et Keu le sénéchal, qui était moqueur et piquant en paroles, s'écria :

– Gardez-le bien, demoiselle, et tenez-le près de vous de peur qu'il ne vous soit enlevé par les pucelles de madame la reine !

Mais à ce moment on vit entrer dans la cour du palais deux écuyers, montés sur de bons roussins ; l'un portait une épée et un écu noir à trois léopards d'or couronnés d'azur, et l'autre menait en laisse un petit destrier fort bien taillé, dont le frein était d'or et les rênes de soie ; un sommier les suivait, chargé de deux beaux et riches coffres.

Ils attachèrent leurs chevaux à un pin, ouvrirent les malles et en tirèrent un minuscule haubert et des chausses à doubles mailles d'argent fin, puis un heaume d'argent doré, qu'ils apportèrent à la demoiselle. Elle-même sortit de son aumonière deux petits éperons d'or, enveloppés dans une pièce de soie. Keu le sénéchal les prit et feignit de vouloir en chausser le nain, déclarant qu'il le ferait chevalier de sa main.

– S'il plaît à Dieu, nul ne le touchera sinon le roi Arthur, dit la demoiselle. Seul, un roi peut mettre la main sur un si haut homme que mon ami.

Arthur chaussa donc l'un des éperons au pied droit du nain, tandis que la demoiselle lui bouclait l'autre puis il le vêtit du haubert, lui ceignit l'épée et lui donna la colée en lui disant selon la coutume :

– Dieu vous fasse prud'homme !

– Sire, demanda encore la demoiselle, priez-le d'être mon chevalier.

À quoi le roi consentit encore.

– Je vous l'octroie, demoiselle, dit le nain, puisque le roi le veut.

Là-dessus il fut enfourcher son petit destrier qui était toute beauté et bien armé de fer ; la demoiselle l'y aida, puis elle lui pendit l'écu au col, monta elle-même sur sa mule, et tous deux, suivis de leurs écuyers, s'en furent par la forêt aventureuse.

L

Et vers ce temps, comme le roi Arthur était venu à Camaaloth, il eut nouvelles d'un géant qui ravageait le pays de la Petite Bretagne. Le monstre avait son repaire, disait-on, sur une montagne qui était entourée de mer et qu'on appelle maintenant le Mont Saint-Michel au Péril-de-la-mer ; et il ruinait tout le pays alentour, d'où les hommes et les femmes s'étaient enfuis : ils vivaient dans les bois comme des bêtes sauvages.

Un soir, le roi dit à Keu le sénéchal et à un chevalier qui avait nom Bédoyer de se préparer, et tous trois, s'étant mis en mer, arrivèrent sous un rocher, à quelque distance du mont, qu'ils gravirent hardiment. Ils n'y trouvèrent qu'une vieille femme, toute flétrie, qui pleurait et lamentait, assise sur une tombe fraîchement creusée, à côté d'un grand feu, dans la nuit.

– Ha, gentils chevaliers, dit-elle en les voyant, que venez-vous faire ici ? Si le géant vous découvre, il vous faudra mourir. Fuyez !

– Bonne femme, répondit le roi, laisse tes pleurs et dis-nous qui tu es et quelle est cette tombe.

– C'est celle d'une gente pucelle, Élaine, la fille de Lionel de Nantoël ; je l'allaitai de mes mamelles. Le géant nous a prises et il a emporté ma chère fille dans son repaire pour la violer ; mais elle était si jeune et si tendre qu'elle n'a pu supporter sa vue et qu'elle est morte d'horreur entre ses bras. Quand elle eut ainsi expiré, ce diable me garda pour éteindre sa luxure sur moi, et il m'a tant corrompue qu'il me faut souffrir sa volonté en dépit de moi-même ; mais Notre Sire m'est garant que c'est contre mon gré. Fuyez ! à cette heure le géant est sur le mont, là-bas, où vous voyez flamboyer un bûcher. S'il vient ici, vous êtes morts !

Mais le roi Arthur et ses compagnons reprirent leur bateau et allèrent aborder le mont.

Sur le sommet, ils découvrirent en effet le géant assis devant la flamme, qui faisait rôtir de la viande embrochée à un grand épieu et la dévorait à peine cuite. Il les aperçut bien, quoiqu'il n'en eût pas fait semblant tout d'abord, tant il était déloyal et malicieux ; et soudain il sauta sur un tronc de chêne qui lui servait de massue, courut sus au roi Arthur et voulut lui en assener un coup qui l'eût réduit en fumée. Heureusement le roi était merveilleusement vite et léger : il évita le choc par un saut de côté et dans le même temps frappa si adroitement le géant entre les sourcils de sa bonne épée Excalibur, qu'il l'aveugla. Alors le monstre, jetant sa massue à terre, commença d'avancer en tâtonnant et en essayant de saisir son adversaire qu'il apercevait comme une ombre quand il passait sa main sur ses yeux pour en essuyer le sang. Vainement Arthur se défendait à coups d'épée : le géant avait une cuirasse faite des peaux de certains serpents qui vivent dans l'Inde, et rien ne l'entamait. Il finit par saisir le roi et le serra de telle force qu'il s'en fallut de peu qu'il ne lui broyât l'échine ; en même temps il coulait la main le long de son bras pour lui prendre son épée. Mais

Arthur laissa choir Excalibur qui sonna en tombant et, au moment que le géant se baissait pour la ramasser, il lui donna un si rude coup de genou dans les parties sensibles que le méchant se pâma. Aussitôt le roi se dégage, ramasse son arme et, soulevant la cuirasse, perce le cœur du monstre et coupe l'horrible tête.

En revenant à Camaaloth, avec ses compagnons, il trouva ses barons tout effrayés de son absence, qui se signèrent et s'étonnèrent beaucoup quand ils virent la tête pendue par les cheveux à l'arçon de la selle de Bédoyer, car jamais il n'en a été de si grande. Et c'est depuis ce temps que le rocher voisin du mont, où la fille de Lionel de Nantoël est enterrée, fut nommé la Tombe Élaine.

LI

Peu après Merlin vint dire au roi et à la reine qu'il lui fallait les quitter. Ils le prièrent doucement de revenir bientôt, car ils l'aimaient tendrement.

– Bel ami Merlin, lui dit le roi, vous vous en irez, je ne vous veux retenir contre votre désir ; mais je serai dolent jusqu'à temps que je vous revoie. Pour Dieu, hâtez-vous !

– Sire, répondit-il en pleurant, hélas ! c'est la dernière fois, et je vous recommande à Dieu.

En entendant : "C'est la dernière fois", le roi fut surpris, mais il crut qu'il avait mal compris. Pourtant, quand il vit que sept semaines avaient passé et que Merlin ne revenait pas, il se ressouvint de ces mots et il fut longtemps tout pensif et morne. À la fin messire Gauvain lui demanda ce qu'il avait.

– Beau neveu, répondit le roi, je pense que j'ai perdu Merlin et j'aimerai mieux avoir perdu la cité de Logres.

– Sire, je vous jure par le serment que je vous fis le jour où vous m'armâtes chevalier que je le chercherai de tout mon pouvoir durant un an et un jour.

Et, en même temps que messire Gauvain, jurèrent ses frères et Yvain le grand, Sagremor, Giflet le fils Do, Gaulas le roux, Placide le gai, Laudalis de la Plaigne, Aiglin des Vaux, Clealis l'orphelin, Guiret de Lamballe, Keheddin le bel, Clarot de la Broche, Yvain aux blanches mains, Gosenain d'Estrangore, Segurade de la Forêt Périlleuse, Ladinel et Ladinas de Norgalles, Satran de l'Étroite Marche, Purades de Carmélide, Carmaduc le noir et quelques autres.

Et tous s'éloignèrent de Camaaloth le même jour ; mais ils se séparèrent à une croix d'où partaient divers chemins et, après qu'ils se furent recommandés à Dieu, chacun s'en fut à son aventure.

Maintenant le conte laisse ce propos et revient au chevalier nain et à la demoiselle sa mie, qui chevauchent par monts et par vaux.

LII

Un jour qu'ils traversaient une grande lande, ils virent venir à eux un chevalier monté sur un destrier pie, qui, du plus loin qu'il les aperçut, s'écria :

– Ha ! soyez la bienvenue, mademoiselle, ma mie ! Enfin j'ai trouvé ce que je cherche depuis toujours !

– Sire, répondit le nain tout doucement, ne soyez pas si pressé ; vous n'avez pas encore cette demoiselle en votre pouvoir.

– Je l'aime comme si je la tenais déjà, et je la tiendrai sous peu.

En voyant le chevalier approcher, le nain met lance sur feutre, disparaît derrière son écu de telle façon qu'on ne voyait plus que son œil, pique des éperons par deux trous qu'on avait faits dans sa selle, car ses courtes jambes n'en dépassaient pas les quartiers, et, criant à son adversaire de se garder, vole sur lui de toute la vitesse de son cheval.

– À Dieu ne plaise que je joute contre un tel néant ! s'écrie l'orgueilleux chevalier.

Et sans même croiser sa lance, il oppose dédaigneusement son écu au choc. Mal lui en prit car le nain le heurta si rudement qu'il le jeta à bas de son cheval en lui démettant l'épaule ; après quoi il fit passer et repasser son destrier sur lui, de façon que le chevalier, tout froissé, se pâma de douleur. Enfin le minuscule champion pria la demoiselle de le mettre à terre, ce qu'elle fit en le prenant dans ses beaux bras comme un enfant, et il courut au blessé, dont il délaça le heaume en le menaçant de lui couper le cou s'il ne s'avouait vaincu.

– Merci ! cria le blessé.

– Iras-tu te rendre prisonnier au roi Arthur et lui dire de par moi que le petit chevalier qu'il adouba t'envoie à lui.

Le chevalier le jura. Lors le nain requit la demoiselle de le hisser sur son destrier, ce qu'elle fit à grand-peine en se penchant sur le cou de sa mule ; puis tous deux furent avertir les écuyers du blessé, et ils continuèrent leur route vers Estrangore.

C'est ainsi que le roi Arthur et la reine Guenièvre virent arriver quelques jours plus tard à Carduel en Galles, couché sur une belle litière que portaient deux palefrois amblants, un chevalier navré.

– Sire, dit celui-ci, je viens me mettre en ta merci, plein de honte et de vergogne, pour acquitter ma foi que j'ai engagée à la plus ridicule créature du monde, qui m'a vaincu par ses armes.

– Dites-moi donc, répondit le roi, de par qui vous vous rendez prisonnier et comment vous avez été conquis.

– Sire, j'aime la belle Bianne, fille du roi Clamadieu. Je l'eusse volontiers prise pour femme, car je suis fils de roi et de reine ; mais, ni par prière, ni par amour, ni par prouesse, je ne puis gagner son cœur. L'autre soir, je la rencontrai en compagnie du nain contrefait dont elle est l'amie, et je n'ai pas daigné croiser la lance contre lui ; mais il m'a renversé et démis l'épaule, et il ne m'a fait grâce de la vie qu'à la condition de me rendre prisonnier à vous.

– Bel ami, dit le roi, il vous a mis en bonne et douce prison. Mais dites-moi quel est ce chevalier nain ; je vous libérerai à ce prix.

– Sire, c'est le fils du roi Brandagore d'Estrangore, qui est haut homme, puissant en terres et en amis, et loyal envers Dieu.

– Certes, il est prud'homme, dit Arthur, et je m'étonne que Notre Sire lui ait donné un tel héritier.

– Il y a deux ans, cet avorton était la plus belle créature du monde ; le roi Evadeau, mon père me l'a souvent dit. Une demoiselle qu'il ne voulait aimer l'enchanta ; je n'en sais pas plus. Et maintenant, sire, si vous me donnez congé, je m'en irai avec ma honte.

– Allez, beau doux ami, fit le roi, et que Dieu vous conduise !

À présent le conte retourne à monseigneur Gauvain

LIII

S'étant séparé de ses compagnons, il erra longtemps par la terre de Logres. Un jour qu'il chevauchait dans une forêt, pensif et songeant tristement qu'il n'avait nouvelles de Merlin, il croisa une demoiselle montée sur le plus beau palefroi du monde, noir, harnaché d'une selle d'ivoire aux étriers dorés, dont la housse écarlate battait à terre, et dont le frein était d'or et les rênes d'orfroi. Elle-même était vêtue de samit blanc et, pour éviter le hâle, elle avait la tête voilée de lin et de soie. Gauvain, perdu dans sa rêverie, ne la vit pas. Alors, après l'avoir dépassé, elle fit tourner son palefroi et lui dit :

– Gauvain, on assure que tu es le meilleur chevalier du monde, et c'est vrai ; mais on ajoute que tu en es le plus courtois, et ici cloche la renommée, car tu en es le plus vilain. Tu me rencontres seule en cette forêt, loin de tous, et tu n'as pas même la douceur et l'humilité de me saluer et me parler !

– Demoiselle, dit Gauvain tout confus, je vous supplie de me pardonner.

– S'il plaît à Dieu, tu le payeras cher ! Et une autre fois, tu te souviendras de saluer les dames quand tu les rencontreras. Je te souhaite de ressembler au premier homme que tu verras.

Or, messire Gauvain n'avait pas chevauché une lieue galloise qu'il croisa le nain et sa mie. Dès qu'il aperçut la demoiselle, il se rappela la leçon qu'il venait de s'attirer et s'empressa de la saluer :

– Que Dieu vous donne la joie, et à votre compagnie !

– Que Dieu vous donne bonne aventure ! répliquèrent courtoisement le nain et la demoiselle.

À peine l'avaient-ils dépassé que le nain sentit qu'il reprenait sa première forme, et il devint un jeune homme de vingt-deux ans, droit, haut et large d'épaules, si bien qu'il lui fallut ôter ses armes qui n'étaient plus à sa taille. Quand elle vit son ami retrouver ainsi sa beauté, la demoiselle lui jeta ses bras au col et le baisa plus de cent fois de suite ; et tous deux remercièrent Notre Seigneur et s'en furent à grande joie, bénissant le chevalier qui leur avait ainsi porté bonheur.

Cependant messire Gauvain n'avait pas chevauché trois traits d'arc qu'il sentit les manches de son haubert lui descendre au delà des mains et les pans lui en couvrir les chevilles ; ses deux pieds n'atteignaient plus les étriers et son écu s'élevait maintenant au-dessus de sa tête : en sorte qu'il comprit qu'il était devenu nain. Il en fut si peiné qu'il s'en fallut de peu qu'il ne s'occît ! À la lisière de la forêt, il s'approcha d'un rocher sur lequel il descendit, et là il raccourcit ses étrivières, releva les manches et les pans de son haubert et aussi ses chausses de fer qu'il fixa par des courroies, bref il s'accommoda du mieux qu'il put ; après quoi il reprit sa route, bien angoissé, pour accomplir son serment. Mais vainement il demandait à tous des nouvelles de Merlin : il ne recueillait que moqueries et brocarts, et personne au reste n'en savait. Quand il eut parcouru tout le royaume de Logres et qu'il vit que le terme de son retour approchait, il se désola plus que jamais.

– Ha ! pensait-il, que ferai-je ? J'ai juré à monseigneur mon oncle de revenir après un an et un jour, et pourtant comment oserai-je me montrer à sa cour, ridicule et défiguré comme je suis ? Mais je ne me parjurai point.

LIV

Rêvant ainsi, il était entré dans la forêt de Brocéliande. Tout à coup il s'entendit appeler par une voix lointaine et il aperçut devant lui une sorte de vapeur qui, pour aérienne et translucide qu'elle fût, empêchait son cheval de passer.

– Comment ! disait-elle, ne me reconnaissez-vous plus ? Bien vrai est le proverbe du sage : qui laisse la cour, la cour l'oublie !

– Ha, Merlin, est-ce vous ? s'écria messire Gauvain. Je vous supplie de m'apparaître, et que je vous puisse voir.

– Las ! Gauvain, reprit la voix, vous ne verrez plus jamais ; et après vous je ne parlerai qu'à ma mie. Le monde n'a pas de tour si forte que la prison d'air où elle m'a enserré.

– Quoi ! beau doux ami, êtes-vous si bien retenu que vous ne puissiez vous montrer à moi ? Vous, le plus sage des hommes !

– Non pas, mais le plus fol, repartit Merlin, car je savais bien ce qui m'adviendrait. Un jour que j'errais avec ma mie par la forêt, je m'endormais au pied d'un buisson d'épines, la tête dans son giron ; lors elle se leva bellement et fit un cercle de son voile autour du buisson ; et quand je m'éveillai, je me trouvai sur un lit magnifique, dans la plus belle et la plus close chambre qui ait jamais été. "Ha, dame, lui dis-je, vous m'avez trompé ! Maintenant que deviendrai-je si vous ne restez céans avec moi ?

"– Beau doux ami, j'y serai souvent et vous me tiendrez dans vos bras, car vous m'aurez désormais prête à votre plaisir."

"Et il n'est guère de jour ni de nuit que je n'aie sa compagnie, en effet. Et je suis plus fol que jamais, car je l'aime plus que ma liberté.

– Beau sire, j'en ai grand chagrin, et le roi mon oncle, qu'en pensera-t-il quand il le saura, lui qui vous fait chercher par toutes terres et pays ?

– Il lui faudra souffrir, car il ne me verra jamais plus, ni moi lui, et nul après vous ne me parlera. Or retournez-vous-en. Saluez pour moi le roi et madame la reine et tous les barons, et contez-leur mon aventure. Vous les trouverez à Carduel en Galles. Et ne vous désespérez pas de ce qui vous est advenu. Vous retrouverez la demoiselle qui vous a enchanté ; cette fois n'oubliez pas de la saluer, car ce serait folie. Allez à Dieu, et que Notre Sire garde le roi Arthur et le royaume de Logres, et que vous, et tous les barons, comme la meilleure gent qui oncques fut !

Telles furent les dernières paroles de l'enchanteur. Et le nain Gauvain se remit en route vers Carduel, heureux ensemble et dolent, heureux de ce que Merlin lui prédisait le fin de son aventure, dolent de ce que son ami fût ainsi perdu à toujours.

LV

Quand il traversa la forêt où il avait croisé la demoiselle qui lui avait jeté ce mauvais sort, il craignit si fort de la rencontrer et de ne pas la saluer, qu'il ôta son heaume pour mieux voir. Il aperçut ainsi à travers les buissons deux chevaliers à pieds qui avaient attaché les rênes de leurs chevaux à leurs lances fichées en terre ; ils tenaient sur le sol par les jambes et les mains une demoiselle qui se tordait pour leur échapper, et faisant semblant de la vouloir forcer. Aussitôt, il avança, lance sur feutre, et leur cria :

– Vous méritez la mort de faire ainsi violence à une demoiselle sur la terre du roi Arthur ! Ne savez-vous qu'elles y sont assurées contre tous ?

– Ha ! Gauvain, s'écria la pucelle, maintenant je verrai s'il y a assez de prouesse en vous pour que vous me délivriez de cette honte !

À ces mots, les chevaliers lacèrent leurs heaumes.

– Par Dieu, fol nain contrefait, vous êtes mort !

– Si ridicule que je sois, montez, car il me semblerait vil d'attaquer à cheval des hommes à pieds.

– Vous fiez-vous donc tant à votre force ?

– Je me fie tant en Dieu, que je m'assure que vous n'outragerez plus jamais ni dame ni demoiselle en la terre du roi Arthur.

En ce disant, il se jette sur eux et les combat si adroitement que bientôt l'un d'eux gît à terre ; déjà il courait sus à l'autre, lorsque la demoiselle lui cria :

– Messire Gauvain, n'en faites pas plus !

– Pour l'amour de vous, je m'arrêterai donc, répondit-il, et que Dieu vous donne bonne aventure, à vous et à toutes les demoiselles du monde ! Mais, si n'était votre prière, je les tuerais, car ils vous ont fait trop de honte et à moi trop de vilenie en m'appelant nain contrefait.

À ces mots, la demoiselle et les deux chevaliers se mirent à rire, et elle lui dit :

– Qui vous guérirait, que lui donneriez-vous ?

– Ha ! si c'était possible, moi-même premièrement et ensuite tout ce que je peux avoir au monde.

– Je ne vous en demande pas tant, mais seulement que vous fassiez serment de toujours aider et secourir les dames, et de les saluer quand vous les rencontrerez.

– Je le jure sur ma foi, de bon cœur.

– Eh bien, je prends votre serment ; mais sachez que si vous y manquez jamais vous reviendrez en l'état où vous êtes présentement.

Et comme elle disait ces mots, messire Gauvain sentit ses membres s'allonger, les courroies dont il avait lié son haubert et ses chausses se rompirent, et il reprit sa forme première. Aussitôt, il descendit de son destrier et s'agenouilla devant la demoiselle en lui disant qu'il serait son chevalier désormais. Dont elle le remercia en le relevant par la main.

Après quoi tous se séparèrent en se recommandant à Dieu.

LVI

Messire Gauvain arriva à Carduel en même temps que les chevaliers qui étaient partis en sa compagnie pour quêter Merlin, et qui revenaient comme lui après un an et un jour. Le roi les reçut à grande joie, et tous dirent leurs aventures dont les barons s'émerveillèrent beaucoup. Quand vint le tour de monseigneur Gauvain, le roi fut très dolent d'apprendre l'enserrement de Merlin, mais joyeux de savoir comment son neveu avait échappé à l'enchantement de la demoiselle. Et il ordonna que les clercs couchassent tous ces récits par écrit. Grâce à quoi nous les connaissons aujourd'hui.

Cependant, en la Petite Bretagne, la fille d'Agravadain avait accouché d'un fils qui fut appelé Hector des Mares, et elle refusa de se marier pour se consacrer à lui. Peu après la reine Hélène, femme du roi Ban de Bénoïc, avait eu un enfant, la plus belle créature du monde, lequel fut baptisé Galaad, mais qui eut nom Lancelot toute sa vie. Puis la femme du roi Bohor avait mis au monde un valet si bel et si gent que c'était merveille : et, sitôt qu'il fut né, l'on vit qu'il portait sur sa poitrine l'image d'un lion couronné de couleur sang, à cause de quoi il fut appelé Lionel. Et sa mère ne tarda guère à lui donner un frère qu'on nomma Bohor comme son père et qui fut plus tard de haute prouesse. Et tous trois furent compagnons de la Table ronde et allèrent à la quête du Saint Graal, et ils firent une grande renommée au royaume de Logres et sur toute la terre par leur chevalerie.

Mais ici finit l'histoire de Merlin et ensuite commence celle de Lancelot.

Que dieu nous mène tous à bonne fin !

Amen.

LES ENFANCES DE LANCELOT

À Madame Jacques Bousquet

I

En la marche de Gaule et de Petite Bretagne, il y avait anciennement deux rois qui étaient frères germains et qui avaient épousé les deux sœurs germaines. L'un avait nom Ban de Bénoïc et l'autre Bohor de Gannes. Le roi Ban était alors un assez vieil homme ; mais la reine Hélène, sa femme, était encore jeune et vaillante dame, bien aimée des bonnes gens. Ils n'avaient eu qu'un seul enfant, nommé Galaad en baptême, mais qu'on appela toujours Lancelot : le conte dira plus loin pourquoi, car ce n'en est encore le lieu ni le moment.

Le roi Ban avait pour ennemi mortel son voisin Claudas, roi de la Terre Déserte, qui était bon chevalier et sage, mais traître, et qui lui faisait rude guerre. Or le roi Arthur se trouvait empêché de secourir Ban de Bénoïc, parce qu'il était alors occupé à combattre ses barons en Bretagne la grande. Au contraire Claudas avait rendu hommage à l'empereur de Rome, lequel lui avait envoyé des troupes : et par ce moyen il s'était emparé de toutes les villes et de toute la terre du roi Ban, hormis le château de Trèbe, où il le tenait assiégé. Si bien que le roi Ban se voyait en grand péril d'être pris par famine ou autrement.

Quand la mi-août fut venue, il dit à la reine sa femme :

– Dame, savez-vous à quoi j'ai songé ? C'est d'aller moi-même demander aide au roi Arthur et lui remontrer comment je suis déshérité : il aura plus grande pitié si je me présente à la cour en personne que si je lui envoie un messager. Préparez-vous donc, car vous viendrez avec moi, et nous n'emmènerons que mon fils et un écuyer. Prenez tout ce que j'ai céans d'or, de joyaux et de vaisselle. Ce château est si fort que je ne crains guère qu'avant mon retour il ne soit emporté d'assaut, mais nul ne se peut garder de trahison.

La reine approuva le projet de son seigneur. Et, tandis qu'elle préparait le bagage, le roi fut trouver son sénéchal auquel il confia sa forteresse en le priant de la garder comme le cœur de sa poitrine. Puis il choisit pour lui servir d'écuyer celui de ses valets auquel il se fiait le plus ; et, quand le moment fut venu, trois heures avant l'aube, il sortit secrètement par un ponceau de bois, après avoir recommandé à Dieu son sénéchal et ses gens. Car sachez que le château n'était assiégé que d'un côté, étant de l'autre défendu par des marais tellement vastes et profonds que Claudas n'avait pu l'entourer. Le roi Ban s'en fut donc par une très étroite chaussée qui courait à travers les eaux et qui était longue de deux bonnes lieues pour le moins. Sa femme était montée sur un grand palefroi amblant, très doux. L'écuyer, qui était preux et de grand service, portait l'enfant dans un berceau, sur un coussin, et l'écu du roi. Un garçon à pied menait en main le destrier et tenait la lance. Un autre garçon conduisait un sommier chargé de bagage. Enfin le roi lui-même coiffé de son heaume, vêtu de son haubert et de ses chausses de fer, ceint de son épée, couvert de son manteau de pluie, chevauchait sur un bon palefroi bien éprouvé.

En cet équipage, la petite troupe traversa le marais et entra dans la forêt voisine qui était la plus grande de toutes celles de la Gaule et de la Petite Bretagne, car elle avait bien dix lieues galloises de long et six ou sept de large. Au centre était un lac qu'on nommait le lac de Diane. Cette Diane, qui fut reine de Sicile et qui régna au temps de Virgile, le bon auteur, était la dame du monde qui aimait le plus à courir les bois, et elle chassait tout le jour : aussi les païens qui vivaient en ce temps-là l'appelaient la déesse des bois, tant ils étaient fols et mécréants. Le roi, qui connaissait bien le lac de Diane, résolut de faire reposer là la reine et ses gens jusqu'au jour. Cependant, il entreprit de gravir une colline voisine pour apercevoir encore une fois, au lever de l'aube, son château qu'il aimait plus que chose au monde. Mais le conte laisse un peu de parler de lui et revient à Aleaume, son sénéchal.

II

À peine le roi Ban s'était-il éloigné, le sénéchal fit demander un sauf-conduit à Claudas. Celui-ci lui accorda volontiers, car il voyait bien qu'il ne prendrait jamais le château que par ruse ou accord. Et quand Aleaume fut devant Claudas, il lui dit qu'il l'aiderait à s'emparer de la place s'il voulait bien lui promettre de le récompenser.

– Ah ! sénéchal, dit Claudas, quel malheur que vous soyez à un seigneur tel que le vôtre, de qui nul bien ne vous peut venir ! J'ai tant ouï parler de vous, qu'il n'est chose que je ne fisse si vous vouliez venir avec moi. Je vous donnerais ce royaume et vous le tiendriez sous ma souveraineté. Tandis que, si je vous prends de force, il me faudra vous faire souffrir, car j'ai juré sur les saints que je ne ferai de captif en cette guerre qui ne soit tué ou emprisonné pour le reste de ses jours.

Il parla ainsi quelque temps et le sénéchal finit par lui promettre de l'aider de tout son pouvoir pourvu qu'en retour Claudas le fît roi de Bénoïc. Et quand Claudas eut juré sur les reliques, le sénéchal lui apprit le départ du roi Ban :

– Sire, ajouta-t-il, je laisserai en rentrant les portes décloses et je dirai que nous avons bonne trêve ; nos gens l'apprendront volontiers et ils iront se dévêtir et se reposer, car ils souffrent assez de fatigues et de peines en ces derniers temps.

Ce qu'il fit ; mais un chevalier nommé Banin, qui était filleul du roi Ban et qui faisait le guet, demanda d'où il venait et pour quelle besogne il était sorti à pareille heure.

– Je viens, dit le traître, de voir Claudas pour recevoir de lui la trêve qu'il octroie au roi mon seigneur et le vôtre.

En entendant cela, Banin frémit de tout le corps.

– Sénéchal, fit-il, qui veut loyalement agir ne va pas à pareille heure demander trêve à l'ennemi mortel de son seigneur.

– Comment ? Me tenez-vous pour déloyal ?

Banin n'osa répliquer : le sénéchal était le plus fort et pouvait le faire tuer. Mais il se hâta de monter dans une tournelle pour guetter et il ne tarda pas à voir vingt chevaliers ennemis, bientôt suivis de vingt autres, et ainsi de suite, qui gravissaient silencieusement la butte du château. Aussitôt il descendit les degrés en criant de toutes ses forces :

– Trahison ! Trahison !

À ce cri, les gens de la garnison sortirent de leurs logis et coururent aux armes en toute hâte, mais avant même qu'ils eussent pu prendre leurs hauberts, déjà les chevaliers de Claudas passaient la première porte. Le sénéchal sortit à son tour, faisant semblant d'être tout surpris de l'aventure et regrettant hautement son seigneur. Mais il n'eut guère le temps de lamenter, car Banin qui passait lui courut sus en criant :

– Ah ! félon, meurtrier ! vous avez trahi votre seigneur lige qui du néant vous avait élevé à ce rang et vous lui avez ôté l'espoir de recouvrer sa terre ! Mais vous irez où est Judas qui vendit Celui qui était venu en ce monde pour le sauver !

En ce disant, d'un seul coup il lui fit voler la tête ; puis, voyant que les chevaliers de Claudas arrivaient dans le petit château, il courut de toutes ses forces au donjon dont il leva le pont en grande hâte ; et là, avec les trois sergents qui gardaient la tour, et dont l'un lui avait ouvert la porte, il se prépara à faire bonne défense.

Maintenant toute la forteresse était aux mains de Claudas, hors la tour, et des bâtiments commençaient de flamber, au grand courroux du roi qui ne sait lequel de ses hommes y avait mis le feu. Banin et les trois sergents repoussèrent les assauts pendant quatre jours. Le cinquième, le roi fit dresser une perrière, mais elle eut beau battre le donjon à coups de pierres, les murs résistèrent et jamais les assiégés n'eussent été pris s'ils avaient eu de quoi boire et manger. Malheureusement, ils ne tardèrent pas à manquer de vivres. Une nuit, ils capturèrent une hulotte dans un trou, et ils s'en réjouirent fort, car les coups de la perrière sur les murs en avaient chassé tous les oiseaux. Mais enfin le moment vint où il fallut penser à se rendre. Chaque jour, le roi Claudas, qu'émerveillait la prouesse de Banin, lui criait :

– Rends-toi, Banin ! Tu ne peux plus tenir ! Je te donnerai château, armes et les moyens d'aller où tu voudras, s'il ne te plaît de rester avec moi, car, pour la grande prouesse et la loyauté qui sont en toi, je t'aime plus que chevalier que j'aie connu.

– Sire, répondit enfin Banin, j'ai pris conseil de mes compagnons, et nous avons décidé de vous livrer la tour. Mais vous nous donnerez quatre bons chevaux et nous laisserez aller à notre guise.

Sur-le-champ, Claudas fit apporter les reliques et jura ce que voulait Banin. Ainsi entra-t-il dans le donjon et se trouva maître de toute la terre de Bénoïc.

Mais le conte retourne maintenant au roi Ban dont il s'est tu depuis quelque temps.

III

Quand celui-ci, monté sur son palefroi, parvint au sommet de la colline, le jour était tout à fait clair. Le roi considéra au loin les murs blancs de sa forteresse, et le donjon, et les fossés. Et tout à coup il vit une fumée monter, puis des étincelles jaillir, puis les bâtiments flamber, et le feu voler d'un lieu à l'autre, et une flamme hideuse s'élever vers le ciel rougeoyant et faire luire les marais et les champs alentour.

Ainsi le roi Ban regardait brûler le château qui était tout son réconfort, où il avait mis tout son espoir de recouvrer un jour sa terre. À cette vue, il lui parut que nulle chose dans le siècle ne lui était plus de rien, et il se sentit tout vain et tout brisé. Son fils, petit, ne lui pouvait encore aider. Et sa femme, jeune dame comme elle était, élevée à grand luxe, de si haute lignée, descendant tout droit du roi David ! Il fallait maintenant que l'enfant et la reine sortissent de France et qu'ils souffrissent douleur et pauvreté, et que lui-même, vieux, besoigneux, usât le reste de son âge dans la peine, lui qui avait tant aimé la gaîté et les joyeuses compagnies dans sa jeunesse !

Le roi Ban réfléchissait ainsi. Il mit ses mains devant ses yeux, et un si grand chagrin le poignit et l'oppressa, que, ne pouvant verser des larmes, son cœur l'étouffa et qu'il se pâma. Il chut de son palefroi si durement que pour un peu il se fût brisé le col. Le sang vermeil lui sortit de la bouche, du nez et des deux oreilles. Et quand il revint à lui après un long temps, il regarda le ciel et prononça comme il put :

– Ha, sire Dieu, merci ! Je vous rends grâce, doux Père, de ce qu'il vous plaît que je finisse indigent et besoigneux, car vous aussi, vous avez souffert de la pauvreté. Sire, vous qui de votre sang me vîntes racheter, ne perdez pas en moi l'âme que vous y mîtes, mais secourez-moi, car je vois et sais que ma fin est arrivée. Beau sire, prenez pitié de ma femme Hélène, conseillez la déconseillée qui descend du haut lignage que vous avez établi au royaume aventureux ! Et qu'il vous souvienne de mon chétif fils, Sire, qui est si jeune orphelin, car c'est vous seul qui pouvez soutenir ceux qui n'ont plus de père !

Ayant dit ces paroles, le roi Ban battit sa coulpe et pleura ses péchés. Puis il arracha trois brins d'herbe au nom de la Sainte Trinité. Et son âme se serra si fort en songeant à sa femme et à son fils, que ses yeux se troublèrent, ses veines rompirent, et son cœur creva dans sa poitrine. Il tomba mort, les mains en croix, le visage tourné vers le ciel et la tête dirigée vers l'Orient.

IV

Cependant la reine attendait son seigneur au pied de la colline. Elle avait pris son enfant dans ses bras et disait, en le baisant plus de cent fois :

– Certes, si tu peux vivre assez longtemps pour atteindre l'âge de vingt ans, tu seras le non-pareil, le plus beau des beaux. Que béni soit Dieu qui m'a donné une créature si belle !

À ce moment, elle vit le palefroi de son seigneur qui descendait la colline au trot, car la chute du roi l'avait effrayé. Surprise, elle commanda à l'écuyer de le prendre et de se hâter de gravir la colline. Et bientôt elle entendit le grand cri que poussa le valet quand il trouva le roi gisant, tout froid mort. Troublée, elle posa son fils sur l'herbe et se mit à courir vers le sommet du coteau.

D'abord qu'elle vit le valet à genoux auprès du corps de son seigneur, elle tomba pâmée, puis elle commença de gémir, regrettant les grandes prouesses et la débonnaireté du roi, appelant la mort trop tardive à son gré ; et cependant elle tirait ses beaux et blonds cheveux, tordait ses bras, égratignait son tendre visage si cruellement que le sang vermeil lui coulait sur les joues, et poussait de tels cris que la colline et le val alentour en retentissaient, tant qu'à la fin la voix lui manqua. Et comme elle lamentait ainsi, il lui ressouvint tout à coup de son fils, qu'elle avait imprudemment abandonné au bord du lac, et elle se reprit soudain à courir comme femme affolée vers le lieu où elle l'avait laissé. La peur l'étreignit si fort que le pied lui manqua et qu'elle tomba rudement plus d'une fois, au point d'en rester étourdie. Mais, lorsqu'elle arriva au bas de la colline, tout échevelée et déchirée, elle vit son fils hors du berceau, qu'une demoiselle tenait en son giron et serrait tendrement contre ses seins, tout nu et démailloté, quoique la matinée fût froide et le soleil haut. Et l'étrangère donnait des baisers menus sur les yeux et la bouche du petit, en quoi elle n'avait point tort, car c'était le plus bel enfant du monde.

– Douce amie, s'écria la reine du plus loin qu'elle la vit, pour Dieu laissez l'enfant ! Désormais il n'aura plus que peine et deuil, car il est orphelin. Son père est mort, et il a perdu sa terre qui n'eût été petite si Notre Sire la lui eût gardée.

Mais la demoiselle ne répondit mot. Et quand elle vit la reine approcher, elle se leva, l'enfant dans les bras, s'avança au bord du lac, et, les pieds joints, s'élança sous les eaux.

À cette vue, la mère tomba pâmée, et quand elle reprit ses sens et qu'elle ne trouva plus son fils ni la demoiselle, peu s'en fallut qu'elle ne désespérât : elle voulut se jeter dans le lac, et assurément, elle l'eût fait si les valets ne l'eussent retenue. Une abbesse qui passait non loin de là avec deux de ses nonnes, son chapelain, un frère convers et deux écuyers, entendit le grand deuil que menait la reine, et tout émue de pitié, elle accourut vers le lieu d'où partaient les déchirantes plaintes.

– Ha, dame, dit-elle, Dieu vous donne joie ! Mais, ajouta-t-elle en s'approchant, n'êtes-vous pas madame la reine ?

– Je suis la reine aux grandes douleurs ! répondit la mère.

Et elle conte ses malheurs : comment son seigneur était mort sur la colline en voyant l'incendie de Trèbe, et comment son fils, qui était la rose de tous les enfants du monde, avait été emporté par un diable sous la semblance d'une demoiselle.

– Par Dieu et sur votre âme, dit-elle en terminant, je vous requiers de me recevoir pour nonne, car je n'ai plus rien à faire dans le siècle ; et si vous refusez, je m'en irai, comme chétive et égarée, en cette forêt sauvage où je perdrai mon âme avec mon corps.

L'abbesse dut consentir. Les belles tresses de la reine furent tranchées, et elle reçut le voile. Voyant cela, les valets furent si touchés qu'ils déclarèrent qu'ils ne voulaient quitter leur dame et ils devinrent frères convers. Avec l'or, les joyaux et la vaisselle que portait le sommier, elle fit bâtir une abbaye au lieu même où le roi était mort et où il fut enterré. Elle vint y loger avec deux nonnains, deux chapelains et deux convers ; et tous les matins, après avoir ouï la messe qu'on chantait pour son seigneur, elle se rendait au bord du lac, à l'endroit même où elle avait perdu son fils, et disait trois fois son psautier et les prières qu'elle savait, en pleurant de tout son cœur.

V

Cependant, deux jours après la mort du roi Ban, son frère le roi Bohor expira à son tour de chagrin autant que de maladie. Il laissait deux beaux enfants, mais de bien petit âge : Lionel qui n'avait que vingt et un mois, et l'autre, nommé Bohor comme son père, qui n'en avait que neuf. Aussi Claudas n'eut-il pas de peine à conquérir le royaume de Gannes.

La reine, femme du roi Bohor, dut fuir. Un chevalier nommé Pharien eut grand'-pitié d'elle ; il vint lui offrir de garder ses enfants et de les élever secrètement. Quand elle comprit que le seul moyen de les sauver était de se séparer d'eux ainsi, elle mena un deuil comme jamais on n'en vit de pareil ; mais il lui fallut se résigner. Elle se retira dans l'abbaye de la reine Hélène, où, ayant pris le voile, elle se vit à l'abri des entreprises de Claudas. Et toutes deux eurent leur peine un peu allégée de se trouver ensemble à plaindre leurs grandes douleurs et à en offrir le sacrifice à Notre-Seigneur.

Pharien garda les enfants dans sa maison et les nourrit durant quelques années sans dire à personne qui ils étaient, hormis à sa femme qui était très belle et bien disante. Or, à cause de la grande beauté qu'elle avait, Claudas s'éprit de la dame, et, pour l'amour d'elle, il fit Pharien sénéchal du royaume de Gannes et lui donna beaucoup de bonnes terres et de rentes. Mais à la fin celui-ci découvrit tout.

S'il en fut chagrin, il ne faut pas le demander : il n'aimait rien tant que sa femme épousée. Un jour, après avoir fait semblant de s'éloigner pour quelque affaire, il revint de nuit et trouva Claudas avec elle ; mais le roi sauta par une fenêtre et s'échappa.

Le lendemain, Pharien eut peur que Claudas ne le fit tuer ; aussi vint-il le trouver, et lui dit :

– Sire, je suis votre homme lige et vous me devez justice. Un de vos chevalier me trahit avec ma femme, et je l'ai surpris une fois.

– Quel est ce chevalier ?

– Sire, je ne sais pas, car ma femme ne le veut nommer ; mais elle m'a dit qu'il est des vôtres. Donnez-moi conseil comme mon seigneur.

– Certes, fit Claudas pour l'éprouver, à votre place je tuerais ce traître.

Pharien ne dit mot et le roi crut qu'il ne savait rien, dont il fut rassuré. Mais le sénéchal revint à son château, et là, il enferma sa femme dans une tour, sans autre compagnie que d'une vieille qui lui apportait à boire et à manger.

Un soir, la dame trouva moyen de parler par une fenêtre à un valet qui était de ses cousins et le chargea d'aller avertir le roi de ce qu'elle souffrait. Claudas envoya aussitôt un écuyer dire à Pharien qu'il viendrait dîner chez lui. Il fallut bien que le sénéchal fit sortir sa femme de la tour pour recevoir son seigneur. Il lui commanda de s'habiller richement, puis il alla au-devant du roi et lui fit fête.

Mais, après le dîner, la dame révéla au roi, pour se venger, que son mari gardait depuis plus de trois ans, dans un de ses châteaux, les fils du roi Bohor de Gannes. À sa grande surprise, Claudas ne s'en courrouça nullement.

– Rendez-moi les enfants, dit-il seulement au sénéchal, je vous jurerai sur les reliques que je les garderai sains et saufs, et que je leur restituerai leur héritage, quand ils seront en âge d'être chevaliers, et aussi le royaume de Bénoïc qui doit être leur, puisque j'ai ouï dire que le fils du roi Ban est mort. Il est grand temps que je pense à sauver mon âme. Aussi bien je n'ai dépouillé leur père que parce qu'il ne voulait me rendre hommage : ses enfants seront mes hommes liges.

Et il fit apporter les saints et jura devant tous ses barons que jamais les fils de Bohor n'auraient nul mal de par lui, mais qu'il leur conserverait leur terre jusqu'à ce qu'ils fussent capables de la tenir. Après quoi il les remit en garde à Pharien et à un neveu de celui-ci, nommé Lambègue. Seulement, peu après, il les fit enfermer tous quatre en la tour de Gannes.

VI

Tel était le roi Claudas. C'était le plus inquiet, le plus secret et le plus retors prince du monde, le moins généreux aussi : jamais il ne fit un cadeau que lorsqu'il n'y avait pas moyen d'agir autrement. Ses façons étaient fières ; il était de haute taille, le visage large et foncé, les sourcils velus, les yeux noirs et écartés, le nez court, retroussé, la barbe et les cheveux mi-noirs, mi-roux, le cou gros, la bouche grande, les dents blanches et coupantes, d'ailleurs aussi bien fait des épaules, des pieds et de tout le corps qu'on pouvait le souhaiter. Il se levait et mangeait de grand matin, ne jouait guère aux échecs, aux tables et autres jeux de prud'hommes, mais il aimait d'aller à la chasse et de voler en rivière, au faucon plutôt qu'à l'autour. Il partait ainsi pour chasser deux ou trois jours, toujours à l'improviste. Il ne chevauchait guère que sur de grands chevaux de bataille, même en voyage, ou tout au moins faisait-il mener un destrier auprès de lui, aussi bien en paix qu'en guerre. Son caractère était ensemble bon et mauvais. Ce qu'il préférait, c'était un prud'homme qui fût pauvre : jamais il ne crut qu'un riche pût être prud'homme. Il détestait ceux qui avait plus de puissance que lui et n'aimait guère ses inférieurs. Il allait volontiers à l'église, mais ne faisait aux indigents que de petites aumônes. Et il ne fut jamais amoureux qu'une fois dans sa vie :

– C'est disait-il, que le cœur d'un chevalier qui aime désire sans cesse surpasser tout le monde, mais nul corps, pour valeureux qu'il soit, ne pourrait accomplir sans mourir les rêves de cœur. Certes, si la force du corps était capable de réaliser ce que souhaite le cœur, j'aimerais d'amour toute ma vie, et je passerais en prouesse tous les prud'hommes. Car je sais bien que nul ne peut être tout à fait preux s'il n'aime très loyalement, et je me connais assez pour savoir que j'aimerais plus loyalement que tous les amoureux.

Ainsi parlait Claudas dans le privé, et il disait vrai car, au temps de ses amours, il avait été loué en maintes terres pour sa chevalerie. Mais le conte laisse ici de parler de lui et récite ce qui advint du petit Lancelot.

VII

La demoiselle qui l'avait emporté était fée. En ce temps-là, on appelait fée toutes les femmes qui s'entendaient aux enchantements, et il y en avait plus en Bretagne qu'en toute autre terre. Elles savaient la vertu des paroles, des pierres et des herbes, et par là elles se maintenaient en jeunesse, beauté et richesse à leur volonté. Et tout fut établi au temps de Merlin le prophète, qui eut toute science, et qui fut tant honoré et redouté des Bretons qui l'appelaient leur saint prophète, et la menue gente disait même dieu.

Merlin fut engendré en femme par un diable incube, et pour cela il fut appelé l'enfant sans père. Ces diables sont très chauds et luxurieux. Quand ils étaient anges, ils étaient beaux et plaisants au point qu'à se regarder seulement ils parvenaient au suprême bonheur des sens. Après qu'ils eurent chu avec leur maître, ils continuèrent de s'adonner à la luxure qu'ils connaissaient déjà dans les hautes demeures.

À l'âge de douze ans, Merlin fut amené à Uter Pendragon ; puis il aida au roi Arthur, à qui il fit établir la Table ronde, comme il est conté dans son histoire. Et la demoiselle qui emporta Lancelot dans le lac fut justement cette Viviane qu'il aima si fort, à laquelle il apprit ses enchantements, et qui l'endormit et l'enserra par nigromance dans la prison d'or.

Si la Dame du Lac fut tendre pour Lancelot, il ne le faut pas le demander : l'eût-elle porté dans son ventre, elle ne l'aurait pu garder plus doucement. Et le lac où elle avait semblé se jeter avec lui n'était qu'un enchantement que Merlin naguère avait fait pour elle : à l'endroit où l'eau paraissait justement la plus profonde, il y avait de belles et riches maisons, à côté desquelles courait une rivière très poissonneuse ; mais la semblance d'un lac recouvrait tout cela.

La Dame n'était pas seule en ces lieux : elle y avait avec elle des chevaliers, dames et demoiselles, et elle donna à Lancelot une bonne nourrice. Mais nul ne savait le nom de l'enfant ; les uns l'appelaient *Beau Trouvé*, les autres *Fils de Roi* : lui, il croyait que la Dame du Lac était sa mère. Et il grandit et devint si beau valet qu'à trois ans il en paraissait cinq.

À cet âge, il eût un maître qui l'enseigna et lui montra à se comporter en gentilhomme. Dès qu'il fut possible, on lui donna un petit arc et des flèches, qu'il décochait sur les menus oiseaux, puis, quand il fut plus grand, on lui renforça ses armes, et il visa les lièvres et les perdrix. Il eut un cheval aussitôt qu'il put chevaucher, sur lequel il se promenait aux environs du lac, toujours bien accompagné de valets et de gentilshommes, et il semblait le plus noble d'eux tous : aussi l'était-il. Enfin, il apprit les échecs, les tables et tous les jeux avec une facilité remarquable, tant il était doué d'esprit : adolescent, nul n'aurait su lui remontrer là-dessus. Et voici son portrait pour ceux qui aiment à entendre parler de beauté d'enfant.

Son teint était clair-brun : sur son visage, la couleur vermeille se mariait agréablement à la blanche et à la brune, et toutes trois se tempéraient l'une par l'autre. Il avait la bouche petite, les lèvres rouges et bien faites, les dents blanches et serrées. Son menton était bien formé, creusé d'une petite fossette ; son nez un peu aquilin ; ses yeux bleus, mais changeants ; riants et pleins de joie quand il était content, mais, quand il était irrité, semblables à des charbons ardents ; en ce cas, ses pommettes se tachetaient de gouttes de sang, il fronçait le nez, serrait les dents tant qu'elles grinçaient et l'on eût cru que son haleine fut vermeille, puis sa voix sonnait comme l'appel d'une trompette, enfin il dépeçait tout ce qu'il avait aux mains ou aux dents ; aussi bien il oubliait tout, sauf le motif de sa colère, et il y parut assez en mainte affaire.

Il avait le front haut, les sourcils fins et serrés et ses cheveux souples demeurèrent blonds et luisants tant qu'il fut enfant : plus tard, ils foncèrent et devinrent cendrés, mais ils restèrent ondulés et lustrés. Pour son cou, ni trop grêle ni trop long, ni trop court, il n'eût pas déparé la plus belle dame. Et de ses épaules, larges et hautes comme il convient, pendaient des bras longs, droits, bien fournis d'os, de nerfs et de muscles. Si les doigts eussent été un peu plus menus, ses mains eussent convenu à une femme. Quant aux reins et aux hanches, quel chevalier les eut mieux faits ? Ses cuisses et ses jambes étaient droites, et ses pieds cambrés, en sorte que personne jamais n'eut de meilleurs aplombs. Seule, sa poitrine était peut-être un peu trop profonde et ample, et beaucoup jugeaient que, si elle l'eût moins été, on n'en aurait pris que plus de plaisir à le regarder ; mais la reine Guenièvre plus tard, accoutumait de dire que Notre Sire la lui avait faite telle pour qu'elle fût en mesure de son cœur qui eût étouffé en toute autre, et qu'au reste, eût-elle été Dieu, elle n'aurait mis en Lancelot rien de plus et rien de moins que ce qui s'y trouvait.

Lorsqu'il voulait, il chantait à merveille, mais ce n'était pas souvent, car nul ne montra jamais moins que lui de joie sans cause. D'ailleurs, s'il avait quelque raison de liesse, on ne pouvait être plus joli et enjoué ; et il disait parfois que, quand il était dans ses grandes gaîtés, il n'était rien de ce que son cœur osait rêver que son corps ne pût mener à bien, tant il se fiait en la joie pour lui faire surmonter les pires travaux. En l'entendant parler si fièrement, beaucoup de gens l'auraient accusé d'outrecuidance et de vantardise ; mais non : ce qu'il en disait, c'était pour la grande assurance qu'il tirait de celle dont tout bonheur, justement, lui venait.

Tel fut Lancelot, et si son corps était bien fait, son cœur ne l'était pas moins. Car il était l'enfant le plus doux et le plus débonnaire ; mais un félon, il savait au besoin le passer en félonie. Sa largesse était non pareille. Il ordonnait aussi volontiers qu'il acceptait. Il honorait les gentilshommes, pourtant il ne fit jamais mauvais visage à personne sans bonne raison. D'ailleurs, quand il se courrouçait, ce n'était chose facile que de l'apaiser. Et il était de sens, si clair et droit, qu'après qu'il eut passé dix ans, son maître même n'eût su le détourner de faire une chose qu'il jugeait bonne et raisonnable.

VIII

Un jour, chassant un chevreuil, son maître et lui distancèrent leurs compagnons moins bien montés. Puis le cheval du maître broncha et tomba avec son cavalier sans que l'enfant, emporté à poursuivre la proie, s'en aperçut seulement. Enfin, il tua la bête d'une flèche.

Il descend, attache le chevreuil en trousse, prend son chien en travers de sa selle : et, comme il retournait vers ses compagnons inquiets de lui, il rencontra un homme à pied, un beau valet de première barbe, qui menait en main son cheval las et recru, vêtu d'une modeste cotte, ses éperons tout rougis de sang de son roussin épuisé. Voyant l'enfant, le valet baissa la tête, comme honteux ; mais Lancelot lui demanda qui il était et où il allait.

– Beau sire, dit le valet, que Dieu vous donne honneur ! Je suis assez pauvre et le serai plus encore, si Notre Sire ne me protège autrement qu'il a fait jusqu'à présent. Je suis gentilhomme de père et de mère, et je n'en souffre que davantage, car, si j'étais vilain, je serais habitué aux tourments et mon cœur endurerait plus aisément ses ennuis.

– Comment, fit Lancelot, vous êtes gentilhomme et vous pleurez pour une mauvaise fortune ! Sauf perte d'ami ou honte ineffaçable, nul cœur haut ne doit s'émouvoir, car toute chose se peut réparer.

Émerveillé d'entendre un si jeune enfant prononcer ces hautes paroles, le valet répondit :

– Je ne pleure, beau sire, pour perte d'ami ni de terre. Mais je suis ajourné à la cour du roi Claudas par un traître qui a occis un mien parent en son lit pour sa femme. Hier soir, il m'a fait assaillir dans la forêt : mon cheval fut blessé à mort sous moi ; il m'a toutefois porté assez pour que je puisse m'échapper. Mais comment ne serais-je pas dolent puisqu'il me sera impossible de me présenter au jour fixé en la maison du roi Claudas pour soutenir mon droit, et qu'il faudra donc que je m'en revienne honni ?

– Dites-moi : si vous aviez un bon cheval, arriveriez-vous encore à temps ?

– Oui, sire, très bien, et me fallut-il même faire à pied le tiers du chemin.

– En nom Dieu, vous ne serez honni faute d'un cheval tant que j'en posséderais un, ni vous ni aucun gentilhomme !

Ce disant, Lancelot descend, baille sa monture au valet, met son chien en laisse et, plaçant sa venaison sur le roussin blessé, s'éloigne en le chassant devant lui.

IX

Il n'avait guère marché lorsqu'il croisa un vavasseur monté sur un palefroi, une verge à la main, qui tenait en laisse un braque et deux lévriers. L'homme était d'âge : sitôt qu'il le vit, l'enfant le salua.

– Que Dieu vous donne amendement, mon enfant ! D'où êtes-vous ? demanda le vavasseur.

– Sire, de l'autre pays.

– Qui que vous soyez, vous êtes beau et bien enseigné. Et d'où venez-vous ?

– Sire, de chasser, comme vous voyez. Si vous daignez prendre de ma venaison, elle sera bien employée.

– Grand merci, beau doux ami, je ne refuse point, car vous avez fait votre offre de bon cœur et j'ai grand besoin de gibier. J'ai aujourd'hui marié ma fille et j'étais allé chasser pour avoir de quoi réjouir ceux qui sont venus aux noces. Mais je n'ai rien tué.

Le vavasseur descendit et demanda à Lancelot quelle part du chevreuil, il pouvait emporter.

– Sire, fit l'enfant, êtes-vous chevalier ?

– Oui.

– Alors prenez tout. Ma venaison ne saurait être mieux employée qu'aux noces de la fille d'un chevalier.

Le vavasseur troussa le chevreuil en croupe et invita l'enfant à venir souper et s'héberger chez lui. Mais Lancelot répondit que ses compagnons n'étaient pas loin. Et le vavasseur le quitta après l'avoir recommandé à Dieu.

Tout en s'éloignant, il ne pouvait s'empêcher de se demander quel était ce beau damoisel dont la ressemblance avec le roi de Bénoïc l'avait frappé. N'y tenant plus, il revint sur ses pas à grande allure de son palefroi, et n'eut point de peine à rejoindre Lancelot qui allait à pied.

– Beau doux enfant, ne me pouvez-vous dire qui vous êtes ? Vous ressemblez bien fort à un mien seigneur, le plus prud'homme qui fût.

– Et quel était ce prud'homme à qui je ressemble ?

– Le roi Ban de Bénoïc. Tout ce pays était à lui, et il en fut déshérité à tort par le roi Claudas de la Terre Déserte. Son fils a disparu. Si c'est vous, pour Dieu, faites-le moi savoir ! Je vous garderai et défendrai mieux que moi-même.

– Fils de roi, je ne crois pas l'être, fit Lancelot, bien qu'on m'appelle parfois ainsi.

– Ami, qui que vous soyez, vous sortez d'un beau lignage. Voici deux des meilleurs lévriers qui soient au monde : prenez-en un, et que Dieu vous donne croissance et amendement.

L'enfant, ravi, accepta l'offre de bonne grâce.

– Donnez-moi le meilleur ! demanda-t-il.

Et tirant le chien par la chaîne, il s'en fût de son côté.

X

Peu après, il trouva son maître et trois de ses compagnons qui le cherchaient et qui s'étonnèrent fort de le voir revenir à pied, chassant devant lui un maigre roussin, tenant deux chiens en laisse, son arc au col, son carquois à la ceinture.

– Qu'avez-vous fait de votre cheval ? demanda le maître.

– Je l'ai perdu.

– Et celui-ci, où le prîtes-vous ?

– On me l'a donné.

– Par la foi que vous devez à madame, dites la vérité !

L'enfant, qui ne se fût pas parjuré légèrement, conta ce qui lui était arrivé.

– Comment ! s'écria le maître, vous avez donné votre cheval sans mon congé, et la venaison de madame ?

– Maître, dit Lancelot, ne vous fâchez pas. Ce lévrier vaut deux roussins comme celui que j'avais.

– Par la Sainte Croix, il vous en souviendra !

Et en disant ces mots, la maître frappe l'enfant d'un tel soufflet qu'il le jette à terre. Lancelot ne pleure ni ne crie, mais répète qu'il prise plus le lévrier que deux roussins. Le maître en colère cingle rudement le chien de sa verge et l'animal, qui était jeune, se met à hurler.

Furieux, Lancelot lâche les deux laisses et, arrachant son arc de son col, court sus à son maître. Celui-ci, qui le voit venir, tente de la saisir. Mais l'enfant, vite et léger comme il était, évite la prise et le frappe du tranchant de l'arc sur la tête si durement qu'il lui fend la peau et l'abat tout étourdi. Puis, fou de colère à la vue de son arc brisé, il se jette sur lui et le frappe à nouveau, jusqu'à ce qu'il ne reste plus de l'arc de quoi donner un coup. Les trois compagnons s'efforcent de s'emparer de lui ; mais il tire ses flèches et se met à les leur lancer, cherchant à les tuer, si bien qu'ils s'enfuient comme ils peuvent à travers bois.

Alors l'enfant monte sur un de leurs chevaux, et, emportant ses deux chiens, l'un devant, l'autre en croupe, s'en va par la forêt. Et tout à coup, comme il traversait une vallée, il vit passer une harde de biches. D'instinct, il cherche son arc à son col, et, se rappelant soudain comment il l'a brisé et perdu il se remet en rage : "Celui qui m'empêche d'avoir une de ces biches, il me le paiera cher ! songe-t-il. Avec le meilleur lévrier et le meilleur limier, je ne pouvais manquer mon coup !" Il revient au Lac, entre dans la cour, et se rend chez sa Dame pour lui montrer son beau lévrier. Mais le maître, tout sanglant, avait déjà fait sa plainte.

– Fils de Roi, dit-elle en feignant d'être très irritée, comment m'avez-vous fait un tel outrage que de frapper et de blesser celui que je vous avais baillé pour vous enseigner ?

– Dame, il n'était pas bon maître quand il m'a battu parce que j'avais bien agi. Peu m'importaient ses coups. Mais il a frappé mon lévrier, qui est un des meilleurs du monde, et si durement que pour un peu il le tuait sous mes yeux, et cela parce qu'il savait que je l'aimais. Encore m'a-t-il causé un autre ennui, car il m'a privé de tuer une belle biche. Et sachez bien que partout où je le rencontrerai j'essaierai de l'occire, sauf ici.

La Dame fut bien heureuse de l'entendre si fièrement parler ; mais, feignant toujours d'être courroucée, elle reprit :

– Comment avez-vous osé donner ce qui m'appartient ?

– Dame, tant que je serai sous vos ordres et gouverné par un garçon, il me faudra garder de bien de choses. Quand je n'y voudrai plus être, je partirai. Mais, devant que je m'en aille, je veux vous dire qu'un cœur d'homme ne peut venir à honneur s'il est trop longtemps en tutelle, car il lui faut trop souvent trembler.

"Je ne veux plus de maître ; je dis maître, non pas seigneur ou dame. Malheureux le fils de roi qui ne peut donner de son bien hardiment.

– Pensez-vous être fils de roi, parce que je vous appelle parfois ainsi ? Vous ne l'êtes point.

– Dame, fit l'enfant en soupirant, cela me peine, car mon cœur l'oserait bien être.

Alors la Dame le prit par la main, et l'emmenant un peu à l'écart, elle le baisa sur la bouche et les yeux si tendrement qu'à la voir, nul n'eût pu croire qu'il ne fût son enfant.

– Beau fils, ne soyez point triste, lui dit-elle : je veux qu'à l'avenir vous donniez tout ce qu'il vous plaira. Et désormais vous serez sire et maître de vous-même. Quel que soit votre père, vous avez montré que vous avez le cœur d'un roi.

XI

Quelque temps après, elle appela une de ses pucelles, nommée Saraide, qui était belle, sage et courtoise, et l'envoya, après lui avoir dit ce qu'elle y aurait à faire, en la cité de Gannes.

Le roi Claudas y tenait sa cour le jour de la Madeleine, comme il avait accoutumé chaque année. Il était assis à son haut manger avec toute sa baronnie et son fils Dorin, un beau et fier valet qu'il venait d'armer chevalier, lorsque Saraide entre dans la salle, tenant deux lévriers par leurs chaînes qui étaient d'argent ; et elle dit si haut qu'elle fut bien entendue de tous :

– Roi Claudas, Dieu te sauve ! Je te salue de par la meilleure dame qui soit. Et jusqu'à ce jour elle t'a prisé plus qu'homme au monde ; mais elle a entendu dire de toi certaines choses qui lui font craindre que tu n'aies pas seulement la moitié du bon sens et de la courtoisie que l'on croyait.

– Demoiselle, soyez la bienvenue, répondit le roi en souriant, et que votre dame ait bonne aventure ! Mais peut-être lui avait-on dit plus de bien de moi qu'il y en a. Apprenez-moi pourtant ce que je fais mal, selon vous.

– Je vous le dirai, reprit la demoiselle. N'est-il pas vrai que vous tenez en prison les deux fils du roi Bohor de Gannes ? Ils ne sont pourtant coupables de nulle félonie, et rien n'a si grand besoin qu'un enfant de douceur et de pitié : ha ! il n'a guère de bonté celui qui se montre envieux ou mauvais envers des enfants ! Et sachez qu'il n'est pas homme sous le ciel qui, apprenant que vous traitez ainsi les fils du roi Bohor, ne soit persuadé que vous comptez quelque jour les faire mourir, et qui pour cela ne vous haïsse de cœur. Si vous étiez courtois, ils seraient ici auprès de vous, atournés en fils de roi, et vous en auriez grand honneur, car chacun dirait que vous êtes un gentil prince, qui traite les orphelins honorablement et leur garde leur terre.

– Par Dieu, vous dites vrai, mademoiselle, répondit Claudas.

Et il donna l'ordre à son sénéchal d'aller quérir sur-le-champ les enfants et leurs maîtres, et de mener avec lui, par honneur, un cortège de chevaliers, de sergents, et d'écuyers, tel qu'en doit avoir qui va chercher des fils de roi.

XII

Le veille au soir justement, dans la tour, les enfants étaient assis au souper ensemble, car ils mangeaient toujours à la même écuelle, et Lionel, à son ordinaire, faisait paraître un si bel appétit que l'on s'en émerveillait. Pourtant, à le voir ainsi, Pharien, son maître, se prit tout à coup à pleurer si fort que des larmes tombaient sur sa robe et à terre, sous la table où ils soupaient.

– Qu'est-ce, beau maître ? s'écria Lionel qui était sur l'œil et fort bien disant. Pourquoi pleurez-vous ?

- Laissez, beau sire doux, répondit Pharien, car vous ne gagneriez rien à le savoir, sinon d'être dolent et irrité.

– Par la foi que je dois à l'âme du roi Bohor, mon père, je ne mangerai plus devant que je ne sache pourquoi vous avez pleuré, et par la foi que vous me devez, je vous conjure de me le dire !

– Sire, je pleure parce qu'il me souvient de la hautesse où votre lignage a été durant longtemps. Comment ne serais-je triste, moi qui vous vois en prison quand un autre tient sa cour où vous devriez avoir la vôtre et porte couronne en cette ville qui devrait être votre principale cité ?

Lionel avait reçu son nom parce qu'il portait sur sa poitrine une tache vermeille en forme de lion. C'était le cœur d'enfant le plus ouvert qu'on ait jamais connu ; plus tard, le jour même que le roi Arthur le fit chevalier, Galehaut, le fils de la belle géante, sire des Étranges Iles, l'appela “cœur sans frein”. Quand il entendit son maître parler ainsi, l'enfant poussa si rudement la table qu'il la renversa, et courut tout au haut de la maison où il s'assit dans l'embrasure d'une fenêtre pour réfléchir.

Pharien vint le rejoindre là au bout d'un moment.

– Sire, qu'y a-t-il ? Venez souper. Ou, au moins, faites-en semblant pour l'amour de mon seigneur votre frère, qui sans vous ne mangerait pas.

– Maître, ne suis-je votre sire, comme à Bohor mon frère, et à Lambègue ? Je vous commande à tous d'aller manger. Pour moi je ne toucherai plus ni pain ni vin avant d'avoir accompli un dessein que j'ai formé et que je ne puis dire.

– En nom Dieu, dit Pharien, je quitterai donc votre service, car puisque vous me cachez votre pensée, c'est que vous avez méfiance de moi.

Aussitôt il fit mine d'être courroucé. Mais Lionel qui l'aimait tendrement, se mit à pleurer.

– Ha, maître, dit-il, ne partez point ! J'ai dessein de mander demain au roi Claudas qu'il nous vienne voir : alors je me vengerai de lui.

– Mais, quand vous l'aurez occis, que ferez-vous ?

– Ceux de mon pays, qui sont tous mes hommes, me protégeront selon leur pouvoir ; d'ailleurs, Dieu qui conseille les déconseillés y pourvoira. Et si je meurs pour conquérir mon droit, la mort sera bienvenue, car mieux vaut périr avec honneur que vivre honni et déshérité en ce monde.

– Beau sire, dit Pharien, on ne peut entreprendre une telle chose à la légère. Attendez que Dieu vous ait donné plus de force que vous n'en avez encore : quand le moment de vous venger sera venu, alors je vous aiderai de tout mon pouvoir, car sachez que je n'aimerais pas mon propre enfant plus que vous.

Il l'exhorta longuement de la sorte, et Lionel finit par promettre d'attendre encore, mais pourvu qu'il ne vît point Claudas. Ainsi passèrent-ils la nuit. Et ni ce soir-là, ni le jour suivant l'enfant ne voulut rompre le jeûne. Il s'étendit sur un lit, disant qu'il était souffrant, et Pharien en pleurait de pitié. Bohor n'eût jamais consenti à manger si son frère ne le lui eût commandé, mais son maître Lambègue, le neveu de Pharien, ne lui faisait rien prendre qu'à grand-peine. Et c'est à ce moment que le sénéchal de Claudas vint à grand honneur chercher les deux enfants.

S'agenouillant devant Lionel, il dit son message, et l'enfant feignit d'en être joyeux ; puis, priant le sénéchal d'attendre un moment, il passa dans la chambre voisine où il commanda à son chambellan de lui apporter un grand couteau qu'on lui avait donné. Mais, au moment qu'il le cachait sous sa robe, Pharien entra pour voir ce qu'il faisait et le lui arracha des mains.

– Puisqu'il en est ainsi, je ne mettrai pas les pieds dehors, dit l'enfant, et je vois bien que vous me détestez, car vous m'ôtez ce qui faisait mon bonheur.

– Mais tout le monde s'apercevra que vous portez ce couteau ! Laissez-le moi prendre ; je le cacherai mieux que vous.

– Jurez donc que vous me le baillerez à l'instant où je vous le demanderai.

– Voire, si vous me jurez que vous n'en ferez rien qui me chagrine.

– Je ne ferai nul chose dont je puisse être blâmé.

– Ce n'est pas ce que je dis.

– Beau maître, gardez donc le couteau pour vous-même, car vous pourriez en avoir besoin.

XIII

Les deux enfants montés sur leurs palefrois, leurs maîtres en croupe, s'en furent au palais en grand cortège. Le menu peuple sortait à leur passage pour les voir et priait pour le salut de ses droits seigneurs. Au palais, il ne manqua point de gens pour les aider à descendre. Et quand ils entrèrent dans la salle, tous deux beaux et tels que doivent être des gentilshommes de haut parage, la tête haute, le regard fier et la main dans la main, beaucoup de chevaliers du royaume de Gannes, qui avaient appartenu à leur père, ne purent s'empêcher de pleurer de pitié.

Le roi était assis à son haut manger, sur un riche fauteuil, dans la robe de son sacre ; devant lui, sur un support d'argent, à hauteur d'homme, sa couronne et son sceptre d'or et de pierreries ; sur un autre, une épée, droite, tranchante et claire. assurément il eût paru prud'homme et fier à merveille, s'il n'eût eu le visage cruel et félon.

Il fit bel accueil aux fils du roi Bohor et, appelant Lionel dont il admirait fort les manières et la contenance, il lui tendit sa coupe en l'invitant à boire. Mais l'enfant ne le voyait même pas : il n'avait d'yeux que pour l'épée luisante. Alors la pucelle Saraide s'avança et, lui posant les mains sur les joues, elle lui tourna doucement la tête vers la coupe ; puis après l'avoir couronné, ainsi que son frère, d'un chapel de fleurs nouvelles et odorantes, elle leur passa au cou, à chacun, un petit fermail d'or et de pierreries.

– Buvez maintenant, beau fils de roi, dit-elle à Lionel.

– Demoiselle, je boirai, répondit-il, mais un autre paiera le vin !

Sur ce, il prend la coupe.

– Brise-la ! Jette-la à terre ! lui crie son frère.

Mais il la hausse à deux mains et en frappe Claudas de toute sa force en plein visage, si rudement qu'il lui ouvre le front ; puis, renversant le sceptre et l'épée, il saisit la couronne, la jette sur le pavé, l'écrase du talon, en fait voler les pierres.

Voilà tout le palais en rumeur, Dorin s'élance au secours de son père gisant, tout couvert de vin et de sang ; les barons se lèvent, les uns pour se jeter sur les enfants, les autres pour les défendre. Lionel a ramassé l'épée, Bohor le sceptre, et tous deux s'escriment à deux mains de toute leur force ; mais ils n'auraient pu durer contre tant de gens, si la vertu des fleurs que la demoiselle leur avait données n'eût empêché qu'aucune arme ne les pût blesser au sang, et celle des fermails, que nul coup ne leur pût rompre les membres. Tous deux gagnaient vers la porte sous la conduite de Saraide, lorsque Dorin, les voyant fuir, se précipite sur eux ; mais Lionel hausse l'épée, lui tranche le poing gauche qu'il a levé pour se protéger et lui coupe la joue et le col à moitié ; Bohor en même temps lui ouvre la tête d'un coup de sceptre ; et Dorin tombe mort.

À cette vue, le roi, qui avait grand courage, saisit l'épée d'un de ses chevaliers, et court sus aux enfants sans se soucier d'exposer sa propre vie entre tant de gens dont beaucoup le haïssaient.

À le voir venir, ainsi, terrible, Saraide demeure un instant étonnée, mais elle se ressaisit juste à temps pour jeter un enchantement qui donne aux enfants la semblance de deux lévriers et aux chiens la leur, et dans le même instant elle se jette au-devant du roi, dont l'épée la blesse au sourcil ; elle en porta la cicatrice toute sa vie.

– Ha, roi Claudas, crie-t-elle, j'ai chèrement payé ma venue en votre cour ! Vous m'avez blessée et vous voulez tuer mes lévriers, qui sont les plus beaux du monde !

Le roi regarde : il croit voir les deux enfants s'enfuir ; mais c'étaient les chiens qui se sauvaient, effrayés de ce tumulte. Il les poursuit, lève son arme pour les frapper au moment qu'ils vont passer la porte, mais ils la franchissent si lestement que l'épée s'abat vainement sur le linteau et vole en pièces.

– Dieu soit loué ! dit-il en regardant le tronçon qui lui restait aux mains. Si j'eusse tué de ma main les fils de Bohor, on me l'eût reproché éternellement, et j'en eusse été honni.

Lors il fit saisir ce qu'il croyait être les petits princes et les remit en garde à ceux de ses gens en qui il se fiait le plus. Et s'il pleura ensuite la mort de son fils, il ne faut pas le demander. Mais Pharien et Lambègue n'étaient pas moins dolents que lui, car ils ne se doutaient guère que leurs jeunes seigneurs, qu'ils croyaient pris, ne fussent sous peu livrés à la mort.

XIV

Cependant la demoiselle du Lac, menant en laisse ceux que chacun prenait pour des lévriers, gagnait un bois proche où elle avait laissé ses écuyers. Et quand ceux-ci la virent revenir blessée au visage, ils furent bien ébahis. Ils la pansèrent d'un simple linge, comme elle le leur commanda. Puis elle plaça le lévrier Lionel sur son palefroi, devant elle ; un de ses gens se chargea de Bohor ; et la petite troupe chevaucha à grande allure, par les plus droits chemins. Elle ne s'arrêta qu'à la nuit pour s'héberger. Alors Saraide défit son enchantement ; en voyant paraître deux beaux enfants à la place des chiens, ses gens n'en pouvaient croire leurs yeux.

– N'avons-nous pas pris un bon gibier ? leur demanda-t-elle.

– Certes la proie est bonne et belle ! Mais qui sont ces beaux enfants ?

Elle ne voulut point le leur apprendre. Et si Lionel et Bohor furent choyés cette nuit-là, on le laisse à penser.

– N'ayez crainte, mes enfants, leur disait Saraide : vos maîtres n'auront point de mal, et ils seront bientôt auprès de vous.

Mais, à la vérité, du moment qu'elle tenait les fils du roi, peu lui souciait du reste.

Au matin, elle se remit en route avec ses gens, et, après avoir longtemps chevauché, elle parvint enfin au Lac. Et lorsque la Dame vit les enfants de Bohor, elle fut plus joyeuse qu'on ne saurait le dire. Quand à Lancelot, il ne tarda pas à les préférer à tous ses compagnons, bien qu'il ignorât qu'ils fussent ses parents ; et, dès le premier jour, les trois cousins germains mangèrent à la même écuelle et reposèrent dans le même lit.

XV

En apprenant que Claudas avait emprisonné leurs droits seigneurs, beaucoup de chevaliers du pays de Gannes et des bourgeois de la ville avaient couru aux armes sous la conduite de Pharien et de Lambègue. Claudas cependant ne songeait qu'à plaindre la mort de son enfant.

– Beau très doux fils, disait-il en gémissant, beau chevalier preux sans mesure, si vous eussiez vécu, nul ne vous eût égalé, car vous aviez plus que personne les trois qualités par où un homme brille dans le siècle : débonnaireté, largesse et fierté. Et je ne vous aimais pas tant parce que vous étiez mon fils qu'en raison de la grande valeur qui était en vous.

"Pour l'amour de vous, j'avais amendé mes anciennes façons, et moi qui jamais ne fus généreux, je l'étais devenu. Ha ! certes, je n'attendais plus que ma propre prouesse me valût aucune nouvelle conquête ; mais par votre grand courage ne m'eussiez-vous mis au-dessus de tous, vous qui passiez tout le monde comme l'or les métaux et les rubis les pierres ? Nulle force n'existe en comparaison de celle de Dieu ; aussi convient-il de souffrir ce qu'Il nous envoie. Hélas ! je m'émerveille de sentir mon cœur battre encore !

Cependant que Claudas lamentait ainsi, il entendit le grand tumulte que faisaient devant son palais les chevaliers et les bourgeois de Gannes, auxquels s'étaient joints beaucoup des barons de Bénoïc, anciens sujets du roi Ban. Il n'avait avec lui que peu de gens de sa terre de la Déserte pour le défendre. mais il jeta un haubert sur son dos, laça son heaume, pendit son écu à son col, ceignit son épée et prit une hache au fer tranchant et au manche renforcé, car il était l'homme du monde qui savait le mieux s'en escrimer dans la mêlée, puis il se fit voir à une fenêtre de son palais.

– Pharien, cria-t-il que voulez-vous, vous et ces gens ?

– Sire, nous voulons que vous nous rendiez nos droits seigneurs, les fils du roi Bohor, à qui vous aviez juré de restituer ce royaume sous votre suzeraineté.

– Chacun fasse donc du mieux qu'il pourra, car ils ne seront rendus devant que force m'en soit faite.

Aussitôt les arcs, les arbalètes et les frondes de commencer leur jeu, et les flèches, les carreaux et les pierres de voler en pluie sur le palais. Quand Claudas s'aperçut que ceux du dehors se préparaient à mettre le feu à la porte, il se fit ouvrir et, accompagné des siens, il sortit à pied, la hache au poing, dont il commença de frapper à si grands coups que les assaillants reculèrent.

À le voir ainsi, mettre à mal ses compagnons, Lambègue sentait la colère le gagner. Tout à coup, il fit amener son destrier, l'enfourche, et armé de toutes ses armes, heaume en tête, lance sur feutre, il charge Claudas à bride abattue. Il le frappe si rudement de son fer qu'il lui traverse l'épaule ; mais son cheval emporté par son élan vient heurter le mur de la tête et tombe mort, tandis que lui-même, tout étourdi du choc, demeure étendu à côté de sa monture. Cependant Claudas, le tronçon de la lance dans l'épaule, perdant son sang, s'adosse à la muraille, sous une pluie de pierres et de flèches, et bientôt s'affaisse sur les genoux. Déjà Lambègue, relevé et ranimé, lui courait sus l'épée à la main pour l'achever, lorsque Pharien l'arrêta par le bras :

– Beau neveu, qu'allez-vous faire ? Voulez-vous tuer l'un des meilleurs chevaliers et des plus braves princes de ce temps ?

– Comment, traître que vous êtes, prétendez-vous sauver celui qui vous a jadis honni et qui veut occire les fils de notre seigneur le roi Bohor ? Certes vous n'avez qu'un vieux et mauvais cœur au ventre !

– Taisez-vous, beau neveu, reprit Pharien. Quelque méfait qu'il ait commis, on ne doit poursuivre la mort ou le déshonneur de son seigneur à moins de lui avoir loyalement repris sa foi. À celui-ci j'ai fait hommage, je suis son homme ; mon devoir est de le garantir de mort et de toute honte selon mes forces. Je ne cherche que le salut des enfants du roi Bohor, parce qu'ils sont les fils de mon ancien seigneur, et pour l'amour d'eux.

Claudas l'entendait : il se mit à crier, comme celui qui a grand'peur pour sa vie :

– Beau doux ami, merci ! Voici mon épée : je vous la rend comme au plus loyal chevalier qui soit. Et je vous livrerai les enfants. Sachez que, les eussé-je même tenus dans ma cité de Bourges, ils n'auraient eu aucun mal de moi.

Ce mot finit la mêlée. Pharien fit retirer les combattants des deux parts et entra dans la palais avec Claudas, qui s'évanouit. Mais ses gens se hâtèrent de lui ôter son heaume et de l'arroser d'eau froide, si bien qu'il reprit ses sens ; puis les médecins lui bandèrent et soignèrent ses plaies comme ils savent faire, et il souffrit tout de grand courage.

Cependant, la nuit était venue, et au moment même où Saraide désenchantait Lionel et Bohor bien loin de là, les deux lévriers qui en avaient la semblance reprenaient leur forme première dans le palais de Claudas, au grand ébahissement de tout le monde et du roi lui-même. Lorsqu'il vit tout à coup deux chiens à la place des princes qu'on venait d'amener, Pharien sentit une telle angoisse en son cœur que pour un peu il en fût mort.

– Ha ! sire Claudas, s'écria-t-il, vous aviez juré de me rendre les fils du roi Bohor, et vous me baillez ces lévriers !

– Hélas ! répondit le roi, ce sont les deux lévriers que la demoiselle amena devant moi tantôt, et je vois bien qu'elle a enlevé les enfants par enchantement ! Beau doux ami, ne m'accusez pas ; je suis prêt à me rendre votre prisonnier sur parole et à vous servir d'otage jusqu'à ce que vous ayez nouvelles croyables de Lionel et de Bohor. Mais jurez sur votre foi de me garantir jusque-là.

Pharien hésitait, car il craignait de ne pouvoir protéger le roi contre son neveu Lambègue qui le haïssait à mort, ni peut-être contre les gens de Gannes et de Bénoïc qui ne l'aimaient guère, et il pensait que, s'il arrivait malheur à Claudas après qu'il l'aurait pris sous sa garde, il en serait déshonoré à jamais. Aussi voulut-il consulter les barons avant de s'engager, et il fut sur la place leur soumettre le cas. Il faisait nuit, mais on avait allumé tant de torches et de lanternes qu'on y voyait comme en plein jour.

– Comment, bel oncle, s'écria Lambègue après que Pharien eut parlé, vous voulez prendre sous votre garde le traître qui a tué nos seigneurs liges et qui jadis vous a tant méfait à vous-même ? Si le peuple savait ce que je sais, vous ne seriez certes pas écouté !

– Beau neveu, que tu aies si peu de raison, je n'en suis pas surpris ; grand sens et grande prouesse ne font pas bon ménage, à l'âge que tu as. Toutefois, afin que tu voies un peu plus clair au miroir de la sagesse, je t'enseignerai ceci : à la bataille, n'attends personne et pique des éperons le premier pour accomplir, si tu peux, un beau coup ; mais au conseil, tant que tu seras jeune, garde de faire entendre tes avis avant que tes anciens aient parlé ; ces prud'hommes qui m'entourent savent mieux que toi où est raison. Je ne vois parmi eux nul baron qui n'ait rendu à Claudas, de bon gré ou de force, foi et hommage à mains jointes, et qui ne doive par conséquent garder le corps du roi et en défendre la vie comme la sienne propre. Car il n'est plus laide déloyauté que d'occire son seigneur. Si le suzerain a commis quelques méfaits envers son homme, celui-ci doit le citer devant les barons à quarante jours ; et au cas où il ne pourrait le rappeler au droit, alors, qu'il dénonce son hommage, mais publiquement, devant ses pairs, et non pas en secret. Encore n'a-t-il pas pour autant le droit de le tuer, car qui répand le sang de son seigneur est traître et parjure et meurtrier et foi mentie, à moins qu'il n'en ait eu meurtre ou félonie. Seigneurs, si vous voulez jurer que Claudas n'aura rien à redouter de vous, quoiqu'il ait forfait, je le prendrai en ma garde et baillie. Si non, chacun agisse de son mieux ! Pour moi, je sais ce que je ferai. Ores me dites ce que vous décidez.

Les chevaliers de Gannes, après s'être consultés, se rangèrent sur l'avis de Pharien et jurèrent sur les saints de respecter la vie de son prisonnier. Mais Lambègue s'était éloigné, afin de ne pas faire le serment. Et quand il vit entrer Claudas accompagné de son oncle dans la tour où logeaient naguère les enfants, il n'y put tenir et sautant sur un épieu, il en frappa le roi en pleine poitrine, d'une telle force qu'il lui faussa son haubert et que Claudas affaibli par ses blessures, tomba sur le sol. Aussitôt Pharien dégaine l'épée que son prisonnier lui avait rendue et qu'il tenait à la main : d'un seul coup il fend le heaume de son neveu et lui déchire la joue, en criant :

– Ha ! vous êtes mort, traître ! Certes vous m'avez déshonoré et me ferez tenir pour félon !

Il se préparait à redoubler sur Lambègue gisant, lorsque sa femme courut se jeter entre eux, en le suppliant d'épargner la jeunesse de son neveu.

– Tuez-moi plutôt, lui dit-elle, car il ne mourra pas sans moi devant mes yeux.

Alors Pharien songea que jamais par le passé, il n'avait rien eu à lui reprocher, et, prenant pitié de son parent, il lui pardonna l'insulte qu'il en avait reçue et il commanda à sa femme de le soigner. Mais ici le conte se tait de lui et de Lambègue, et parle des enfants qui sont en compagnie de Lancelot, leur cousin, auprès de la Dame du Lac.

XVI

Trois jours après leur arrivée au Lac, Lionel et Bohor étaient en fort mauvais point, et à leur trouver si piètre mine, les yeux rouges et enflés, les joues creuses, la Dame s'inquiéta. Mais elle les interrogeait en vain ; ils ne lui osaient rien dire. Au seul Lancelot, qu'elle pria de s'en enquérir, ils avouèrent la vérité : c'est qu'ils ne pouvaient s'habituer à vivre si loin de leurs maîtres.

– En nom Dieu, leur dit-elle quand elle sut ce qu'ils avaient, vous n'aurez point mal longtemps ; j'enverrai chercher Pharien et Lambègue cette nuit. Mangez donc, réconfortez-vous, afin que vos maîtres ne supposent pas, à vous voir si maigres, qu'on vous a laissé mourir de faim céans.

– Dame, dit Lionel, nous mangerons autant que vous voudrez si vous jurez sur votre foi que vous enverrez cette nuit même.

La dame le leur jura en riant, et sur-le-champ elle appela une de ses demoiselles, non pas Saraide, mais une autre, à qui elle commanda d'aller à Gannes, et d'en ramener Pharien et Lambègue, mais si secrètement et par des chemins si détournés que personne ne pût savoir où ils étaient allés. Et Lionel donna à la messagère sa ceinture et celle de son frère, afin qu'elle pût se faire reconnaître.

Accompagnée de deux valets, elle chevaucha en toute hâte vers la cité de Gannes, et grande fut la joie des deux maîtres quand ils surent que leurs seigneurs étaient sains et saufs et hors du pouvoir de Claudas. Ils s'empressèrent de rendre au roi sa parole et sa liberté ; puis ils se mirent en route sous la conduite de la demoiselle.

Le soir tombait quand ils arrivèrent à l'orée de la forêt de Brocéliande et il faisait déjà nuit lorsqu'ils parvinrent au Lac. En voyant la pucelle les mener droit à cette eau profonde et noire, ils s'émerveillèrent. Néanmoins, comme ils y croyaient entrer avec elle, le lac disparut et ils se trouvèrent devant la porte du château. Et il ne faut pas demander si les enfants eurent joie à revoir leurs maîtres ; ils les embrassèrent plus de cent fois.

Sur ces entrefaites, Lancelot arriva pour le manger, car il avait passé sa journée dans les bois. La Dame n'aurait jamais consenti à dîner ni à souper, s'il n'avait tranché du premier mets et versé à boire ; après quoi elle lui permettait de s'asseoir. Il entra dans la salle, coiffé d'une couronne de roses vermeilles. Et l'on était pourtant au mois d'août, qui n'est plus le temps des roses ; mais le conte affirme que, tant qu'il demeura au Lac, été comme hiver, il ne se réveilla pas une fois sans trouver un chapelet de roses fraîches à son chevet, hors les vendredis et veilles de grandes fêtes, et durant le carême. Jamais il ne put apercevoir qui lui apportait les fleurs, bien qu'il eût souvent fait le guet. Et chaque matin, depuis l'arrivée des deux enfants, il faisait trois couronnes de ses roses, pour eux et pour lui.

Le premier qui l'aperçut fut Bohor, qui était assis sur les genoux de son maître. L'enfant courut à lui et lui dit joyeusement :

– Sire, voyez-ci mon maître qui est venu !

Puis la Dame se leva devant lui, et tous ceux qui étaient là firent de même l'un après l'autre, car ils lui portaient très grand honneur.

Après quoi on vint aux tables pour manger, et quand Lancelot eut fait son service pour sa Dame, il s'assit et tout le monde ensuite, car nul n'eût été si hardi que de prendre place avant lui, non pas même les deux fils du roi.

XVII

Le lendemain, au matin, après avoir entendu la messe, tous s'en furent en promenade, dans les bois, bien escortés de chevaliers, d'écuyers et de sergents.

Lancelot chevauchait à côté de sa Dame, accompagné d'un valet qui portait son arc et ses flèches. Une petite épée, à sa mesure, était pendue à l'arçon de sa selle, et il avait toujours quelque javelot à la main, qu'il lançait aux bêtes et aux oiseaux plus adroitement que personne.

Alors Pharien dit à la Dame du Lac :

– Pour Dieu, Dame, gardez bien ces deux enfants, car ils sont les fils du plus prud'homme et loyal chevalier qui ait jamais été, hormis son frère germain le roi Ban. Et quoiqu'ils soient de haute naissance par leur père, ils sont encore de bien meilleure souche par leur mère. Elle descend du grand roi David, en effet, et c'est par un chevalier né de ce lignage que la Bretagne doit être délivrée des merveilleuses aventures qui y adviennent présentement. Si vous pensez ne les pouvoir mettre à l'abri de leurs ennemis, Dame, donnez-les nous : nous nous enfuirons, et, s'il plaît à Dieu, ils recouvreront leur héritage, car, si tôt qu'ils pourront porter les armes, il ne se trouvera pas un homme au royaume de Gannes qui ne risque pour eux son corps et ses biens.

Lionel, en entendant ces mots, sentit de grosses et chaudes larmes lui sortir des yeux.

– Qu'avez-vous, Lionel ? lui demanda Lancelot.

– Je pense à la terre de mon père, que je voudrais bien recouvrer.

– Fi ! beau cousin, ne pleurez point par crainte de manquer de terre. Vous en gagnerez si vous avez du cœur. Songez à être assez preux pour conquérir votre bien par la prouesse et par vigueur.

Tout le monde admira qu'un enfant pût tenir des discours si hauts ; mais la Dame s'étonna surtout de l'avoir entendu appeler Lionel : *beau cousin*. Elle assura à Pharien qu'elle saurait garder en sûreté les fils du roi Bohor et le pria de rester auprès d'eux, au Lac, avec Lambègue, mais de ne jamais tenter de savoir qui elle était. Puis, quand on fut sur le retour, prenant Lancelot à part :

– Beau Trouvé, lui dit-elle, comment eûtes-vous la hardiesse d'appeler Lionel : cousin ?

– Dame, répondit Lancelot tout honteux, le mot me vint à la bouche par hasard, et je l'ai prononcé sans y prêter attention.

– Mais dites-moi : qui donc croyez-vous qui soit meilleur gentilhomme, de vous ou de lui ?

– Je ne sais si je suis gentilhomme de naissance ; mais, par la foi que je vous dois, je ne daignerais pas m'émouvoir de ce dont je l'ai vu pleurer ! Si d'un homme et d'une femme est issue toute la race humaine, je ne vois qu'une noblesse ; c'est celle que l'on conquiert par prouesse. Et si le grand cœur faisait les gentilshommes, je croirais être l'un des mieux nés.

– Beau fils, on le verra. Mais croyez que ce n'est que le défaut de cœur qui pourrait vous faire perdre votre noblesse.

– Soyez bénie de Dieu, Dame, pour me l'avoir dit, car je ne souhaitais rien de plus que d'être gentilhomme.

Par de telles paroles, Lancelot ravissait le cœur de sa Dame, et, si n'eût été le grand désir qu'elle avait de son bien, rien ne l'eût peinée davantage que de le voir grandir et approcher du temps où il deviendrait chevalier et où il lui conviendrait de partir pour chercher des aventures aux pays lointains. Alors Lionel lui resterait ; mais il s'en irait à son tour. Et Bohor aussi la quitterait…

XVIII

Longtemps les enfants vécurent ainsi, ensemble, sous la garde de la Dame du Lac et des deux maîtres. Et il advint que le bon Pharien mourut. Sa femme expira à son tour. Et leurs fils Anguis et Taran, reçurent plus tard la chevalerie de Lionel lui-même et furent merveilleusement preux.

Quant aux deux sœurs, les reines de Bénoïc et de Gannes, elles menèrent la plus pieuse vie du monde dans l'abbaye où elles étaient nonnes.

La reine Hélène, mère de Lancelot, avait beau se livrer à toutes les pénitences, elle demeurait grasse et blanche et vermeille et en si bon point que les étrangers ne pouvaient croire qu'elle menât une vie dure.

En revanche, sa sœur, le reine Evaine, était si maigre, si pâle, si faible, que l'on craignait à toute heure du jour qu'elle ne perdît le souffle.

Elle priait sans cesse Dieu qu'il lui fût donné de revoir ses fils avant de mourir. Une nuit, elle eut un songe : elle se crut dans un jardin où deux beaux enfants en escortaient un troisième de plus grande apparence encore ; et quand elle se réveilla, elle trouva gravés dans sa main droite, les trois noms de Lionel, Bohor et Lancelot, alors elle comprit que Notre Sire l'avait exaucée et qu'elle allait mourir. Au matin, elle fit appeler sa sœur, lui conta comment elle avait vu Lancelot et ses deux fils, et expira. Telle fut sa fin.

XIX

Jusqu'à dix-huit ans, Lancelot demeura en la garde de la Dame du Lac. Et elle aurait bien voulu le retenir davantage, tant elle l'aimait. Mais elle savait qu'elle commettrait ainsi un péché mortel, aussi grave que celui de trahison, puisqu'il était en âge de recevoir la chevalerie.

Un jour, peu après la Pentecôte, il tua à la chasse le plus grand cerf qu'il eût jamais vu, et qui se trouva être aussi gras que si l'on eût été en août. Il l'envoya sur-le-champ à sa Dame par deux valets ; mais lui-même demeura tout le jour, tant il faisait chaud étendu sur l'herbe à l'ombre d'un chêne. Vers le soir, il monta sur son cheval de chasse pour s'en revenir. Il avait l'air d'un vrai homme des bois, vêtu qu'il était d'une courte cotte verte, couronné de feuillages et son carquois à sa ceinture, car il ne s'en séparait jamais, mais il faisait porter son arc par un de ses valets. À le voir si beau, la Dame sentit l'eau du cœur lui monter au yeux. Et quand il entra dans la salle, elle se cacha la figure dans ses mains, et, au lieu de l'accoler et de le baiser comme elle faisait toujours, elle s'enfuit dans la grande chambre. Lancelot la suivit : il la trouva étendue sur le lit, qui pleurait.

– Ha ! Dame, qu'avez-vous ? lui dit-il. Si l'on vous a fait quelque chagrin, contez-le moi, car je ne souffrirai point que nul vous peine, moi vivant.

Mais la Dame sanglotait si fort qu'elle ne pouvait parler.

– Fils de Roi, éloignez-vous, dit-elle pourtant, ou vous verrez mon cœur me quitter.

– Je pars donc, puisque ma présence vous chagrine si fort.

Sur ce, il sort, prend son arc, le pend à son cou, ceint son carquois, selle son cheval, et déjà il le tirait dans la cour, lorsque celle qui l'aimait plus que tout accourut, essuyant son visage et ses yeux rouges et gonflés, et saisit le cheval par la bride :

– Vassal, s'écria-t-elle, où voulez-vous aller ?

– Dame, en un lieu où je me puisse consoler.

– Où ? Dites-le par la foi que vous me devez.

– À la cour du roi Arthur, servir quelque prud'homme jusqu'à ce qu'il me fasse chevalier.

– Ha ! beau Fils de Roi, désirez-vous tant d'être chevalier ?

– Certes, Dame ! c'est la chose du monde à laquelle j'aspire le plus.

– Si vous saviez quels grands devoirs impose la chevalerie, vous ne l'oseriez souhaiter.

– Et pourquoi, Dame ? Surpassent-ils donc le cœur et la force d'un homme ?

– Oui, quelquefois : Notre Sire Dieu a fait les uns plus vaillants que les autres, plus preux et plus courtois.

– Dame, il serait bien timide celui qui n'oserait recevoir la chevalerie. Car chacun, s'il ne peut avoir les vertus du corps, peut du moins posséder celles du cœur. Les premières, comme la grandeur, la force, la beauté, l'homme les apporte en sortant du ventre de sa mère. Mais la courtoisie, la sagesse, la débonnaireté, la loyauté, la prouesse, la générosité, la hardiesse, c'est la paresse qui empêche qu'on ne les possède, car elles dépendent de la volonté. Et je vous ai souvent ouï dire que c'est le cœur qui fait un prud'homme.

Alors la Dame du Lac prit Lancelot par la main et l'emmena dans sa chambre ; et là, après l'avoir fait asseoir, elle lui dit :

– Les premiers chevaliers ne le furent point à cause de leur naissance, car tous nous descendons de même père et de même mère. Mais quand Envie et Convoitise commencèrent de grandir dans le monde, alors les faibles établirent au-dessus d'eux des défenseurs pour maintenir le droit et les protéger.

“À cet office, on choisit les grands, les forts, les beaux, les loyaux, les hardis, les preux. Et nul, en ce temps-là, n'eût été si osé que de monter à cheval avant d'avoir reçu la chevalerie. Mais elle n'était pas donnée pour le plaisir. On demandait aux chevaliers d'être débonnaires sauf envers les félons, pitoyables pour les souffreteux, prêts à secourir les besoigneux et à confondre les voleurs et les meurtriers, bons juges sans amour ni haine. Et ils devaient protéger Sainte Église et celui qui tend la joue gauche à qui lui a frappé à droite.

“Car leurs armes ne leur ont pas été données sans raison. L'écu qui pend au col du chevalier et le garantit par-devant signifie qu'il se doit mettre entre Sainte Église et ses assaillants, et recevoir les coups pour elle comme un fils pour sa mère. De même que son haubert le vêt et protège de toutes parts, ainsi doit-il couvrir et environner Sainte Église, de façon que les méchants ne la puissent atteindre. Son heaume est comme la guérite d'où l'on surveille les malfaiteurs et les larrons de Sainte Église. Sa lance, si longue qu'elle blesse avant qu'on atteigne celui qui la porte, signifie qu'il doit empêcher les malintentionnés d'approcher Sainte Église. Et si l'épée, la plus noble des armes, est à deux tranchants, c'est qu'elle frappe de l'un des ennemis de la foi, de l'autre les voleurs et les meurtriers ; mais la pointe signifie obéissance, car toutes gens doivent obéir au chevalier : et rien ne perce le cœur comme d'obéir en dépit de son cœur. Le cheval enfin est le peuple, qui doit porter le chevalier et fournir à ses besoins, et être au-dessous de lui, et qu'il doit mener à sa guise pour le bien.

"Il faut qu'il ait deux cœurs : l'un dur comme l'aimant pour les déloyaux et les félons, l'autre mol et flexible comme la cire chaude pour les bons et les débonnaires. Tels sont les devoirs auxquels on s'engage envers Notre Seigneur en recevant la chevalerie, et mieux vaudrait à un valet rester écuyer tout son âge, que de se voir honni sur terre et perdu pour Dieu.

– Dame, dit Lancelot, si je trouve quelqu'un qui consente à me faire chevalier, je ne craindrai pas de l'être, car Dieu voudra peut-être me donner les qualités qu'il y faut, et j'y mettrai tout mon cœur, et mon corps, et ma peine, et mon travail.

– En nom Dieu, dit la Dame en soupirant, votre vœu sera donc accompli sous peu. Et c'est parce que je le savais que je pleurais quand je vous vis. Vous serez adoubé par le plus prud'homme qui soit.

De longtemps, elle avait préparé toutes les armes qu'il fallait à l'enfant : un haubert blanc, léger et fort, un heaume argenté et un écu couleur de neige, à boucle d'argent. L'épée, essayée en maintes occasions était grande, tranchante et légère à merveille. Et la lance courte, grosse, roide, au fer bien aigu, le destrier haut, fort et vif, la robe de Lancelot, son manteau fourré d'hermine, tout était blanc, et jusqu'à son escorte, vêtue de blanc, montée sur des chevaux blancs. En cet équipage, accompagnés de Lionel, Bohor et Lambègue, Lancelot et la Dame du Lac se mirent en chemin, le mardi avant la Saint-Jean.

Mais le conte récitera plus loin ce qui advint à la cour du roi Arthur, et comment Lancelot y fut fait chevalier par la reine Guenièvre, et comment il se comporta.

Explicit

LES AMOURS DE LANCELOT

À Madame Marie-Louise Pailleron

I

Le conte dit qu'il y avait anciennement, parmi les forêts du royaume de Logres, une foule de grottes où les chevaliers errants trouvaient toujours le vivre et le couvert : car, lorsque l'un d'eux avait besoin de boire et de manger, il n'avait qu'à se rendre à la plus prochaine, et aussitôt une demoiselle de féerie en sortait, on ne peut plus belle, qui portait une coupe de fin or à la main, avec des pâtés très bien lardés, et du pain ; et elle était suivie d'une autre pucelle, qui tenait une blanche serviette merveilleusement ouvrée et une écuelle d'or et d'argent où se trouvait justement le mets que le chevalier désirait ; et encore, si le plat ne lui plaisait point, on lui en apportait d'autres à sa volonté.

Mais il advint qu'un chevalier mauvais et plein de vilenie força l'une de ces pucelles au bord de sa grotte, et ensuite lui prit la vaisselle d'or où elle l'avait servi. D'autres agirent comme lui : de façon qu'elles ne voulurent plus se montrer, pour prière qu'on leur en fit.

Lorsque le roi Arthur eut fondé la Table ronde par le conseil de Merlin, les chevaliers de sa maison convinrent qu'ils protégeraient toutes les demoiselles. Si une pucelle était conduite par un chevalier et que celui-ci fut outré et vaincu, alors elle appartiendrait au vainqueur. Mais celle qui était seule n'avait rien à redouter, sinon des félons, dont il n'y avait guère en ce temps, et elle pouvait aller aussi sûrement par le royaume que si elle eût été gardée. Néanmoins, on n'eut plus jamais aucune nouvelles des pucelles des grottes.

Ce fut le commencement des Temps Aventureux.

Alors la Bretagne bleue fut pleine de merveilles et les chevaliers se mirent à errer. Partout, il y avait des pas difficiles et des coutumes singulières qu'on ne pouvait franchir ou redresser qu'à grande prouesse : grâce à quoi les chevaliers, et surtout ceux de la Table ronde, faisaient tant d'armes que leur renom en est demeuré jusqu'à présent. Ils chevauchaient par monts et par vaux sur leurs grands destriers, abattant les mauvais usages, défiants les félons, ramenant les méchants à raison, détruisant les larrons qui volaient sur les routes ; et des demoiselles qu'on ne saurait demander plus avenantes cheminaient sur leurs palefrois ; et, pendant ce temps, la cour du roi Arthur resplendissait sur le pays de Logres, ornée de la reine Guenièvre et de ses dames, brillante d'or, d'argent, de riches draps de soie, de fêtes, de gerfauts, d'éperviers, de faucons, d'émerillons. Là vivaient les compagnons de la Table ronde, et jamais on ne vit si bons chevaliers, si preux, si fiers, si vigoureux et hardis ; mais on estimait alors la prouesse a beaucoup plus haut prix qu'aujourd'hui.

Cinq fois l'an, à Pâques, à l'Ascension, à la Pentecôte, à la Toussaint et à la Noël, le roi Arthur tenait cour renforcée et portait couronne. En ce temps-là, nul ne passait pour vraiment preux, qui n'eût demeuré quelque temps en sa maison : aussi les barons venaient-ils en foule à ces cours. Et celle de la Pentecôte était la plus enjouée et la plus gaie, parce que c'est ce jour-là que Notre Sire, monté au ciel, envoya le Saint-Esprit parmi ses fidèles, qui étaient aussi déconfortés que des brebis qui ont perdu leur pasteur. Mais celle de Pâques était la plus haute et la plus honorée, en mémoire du Sauveur qui ressuscita et nous racheta des éternelles douleurs. D'ailleurs, à maintes autres époques, comme la Chandeleur et la mi-août, ou bien le jour de la fête de la ville dans laquelle il se trouvait, et encore quand il voulait faire honneur à quelques gens, le roi tenait sa cour ; mais cela ne s'appelait point cour renforcée. Et, à toutes ces cours, il avait coutume de ne se mettre à son haut manger que lorsqu'une aventure s'était présentée à ses chevaliers.

II

Or, le vendredi avant la Saint-Jean, le roi chassa tout le jour dans la forêt de Camaaloth ; vers le soir, comme il regagnait la ville avec ses gens, il vit venir à lui une belle compagnie.

En tête, deux garçons à pied menaient deux sommiers blancs, dont l'un portait un léger pavillon de campement, le plus riche qu'on eût jamais fait, et l'autre deux beaux coffres pleins de robes de chevaliers. Puis avançaient, deux par deux, quatre écuyers montés sur des roussins et tenant qui un écu à boucle d'argent, qui un heaume argenté, qui une lance, qui une grande épée, claire, tranchante et légère à merveille ; et après eux d'autres écuyers et sergents ; puis trois pucelles ; enfin une dame accompagnée d'un damoisel beau comme le jour et de deux gentils valets avec lesquels elle causait. Et les robes, les armes, les écus, les chevaux, tout le cortège était couleur de neige.

Le roi s'arrêta, émerveillé. Cependant la dame, l'ayant aperçu, pressait son palefroi et, dépassant son escorte, s'avança vers lui en compagnie du beau damoisel. Et sachez encore qu'elle était vêtue d'une cotte et d'un manteau de samit blanc, fourré d'hermine, et qu'elle chevauchait un petit palefroi amblant, si bien taillé qu'on n'en vit jamais de plus beau, dont la housse de soie traînait jusqu'à terre ; son frein et son poitrail étaient subtilement gravés d'images où l'on voyait des dames et des chevaliers. Dès que la dame arriva devant le roi, elle écarta son voile et, après lui avoir rendu le salut qu'il se hâta de lui faire le premier, en gentilhomme courtois et bien appris qu'il était, elle lui dit :

– Sire, Dieu vous bénisse comme le meilleur des rois de ce monde ! Je viens de bien loin pour vous demander un don que vous ne me refuserez point, car il ne peut vous causer nul mal et ne coûtera rien.

– Demoiselle, répondit le roi, dût-il m'en coûter beaucoup, pourvu qu'il ne me soit honte et qu'il ne cause dommage à mes amis, je vous l'octroierai, quel qu'il soit.

– Sire, grand merci ! Je vous requiers donc de faire chevalier ce mien écuyer, lorsqu'il vous le demandera.

– Belle amie, grâces vous soient rendues de m'avoir amené ce beau jouvenceau. Je lui donnerai ce qui est de moi : ses armes et la colée ; Dieu ajoutera le surplus : c'est la prouesse.

La Dame remercia le roi et lui apprit qu'on l'appelait la Dame du Lac ; après quoi, quelque prière qu'il lui fit de demeurer, elle prit congé, le laissant fort étonné, car il n'avait jamais entendu prononcer ce nom.

III

Le damoisel, qui semblait au désespoir de la quitter, voulut la convoyer quelque temps. Quand ils eurent cheminé côte à côte, tristement, la distance d'un trait d'arc, elle rompit le silence et lui dit :

– Fils de Roi, il faut donc nous séparer. Mais, auparavant, je veux que vous sachiez, vous que j'ai élevé, que je ne suis pas votre mère et que vous n'êtes pas mon fils. Votre lignée est des meilleures du monde ; et vous apprendrez un jour le nom de vos parents. Songez à vous rendre aussi parfait de cœur que vous l'êtes de corps, car ce serait grand dommage si en vous la prouesse ne valait pas la beauté. Demain soir, vous prierez le roi Arthur de vous faire chevalier, et ce jour même, avant la nuit vous quitterez son hôtel et vous irez errant par tout le pays cherchant aventure : car c'est ainsi que vous gagnerez louanges et valeur. Ne vous arrêtez en aucun lieu, ou le moins possible ; mais gardez d'y laisser quelque exploit à faire à ceux qui viendront après vous. Et si l'on vous demande qui vous êtes, répondez que vous ignorez votre propre nom.

Elle tira de son doigt un anneau qu'elle passa à celui du damoisel. Puis elle le recommanda à Dieu, en le baisant bien doucement, et elle lui dit encore :

– Beau Fils de Roi, écoutez ceci : vous mènerez à bien les plus périlleuses aventures, et celui qui achèvera celles que vous aurez laissées, il n'est pas encore de ce monde… Je vous en dirais davantage, mais mon cœur se serre et la parole me faut… Allez, allez à Dieu, le bon, le beau, le noble, le gracieux, le désiré, le mieux aimé !

Elle lui baisa encore la bouche, le visage et les deux yeux tendrement ; puis elle partit si triste qu'elle n'eût su prononcer un mot de plus. Et le damoisel pleura en la voyant s'éloigner. Il courut accoler un à un les valets, les pucelles et les garçons ; après quoi il demeura avec les sommiers que la Dame du Lac lui avait laissés. Alors il se mit en devoir de rejoindre le roi.

IV

Dès le samedi matin, il vint trouver monseigneur Yvain le grand, qui l'avait hébergé en son logis, et il le pria de requérir le roi Arthur de l'armer le lendemain.

– Comment, beau doux ami, lui dit son hôte, ne vous convient-il pas d'attendre encore un peu et d'apprendre le métier des armes ? Il tombe à terre l'oiselet qui s'élance avant de savoir voler.

Mais le valet répliqua qu'il lui tardait de ne plus être écuyer, et messire Yvain s'en fut dire son désir au roi.

– Parlez-vous de damoisel à la blanche robe ? répondit celui-ci. Que dites-vous, Gauvain, de notre valet d'hier soir qui veut déjà être chevalier ?

– Je pense que la chevalerie lui siéra bien, car il est beau et semble de bonne race.

– Quel est ce valet ? fit la reine Guenièvre.

– Allez le quérir, Yvain, dit le roi, et faites qu'il s'habille du mieux qu'il pourra ; j'ai idée qu'il a assez de ce qu'il faut pour cela.

Dans la cité, la nouvelle s'était répandue du damoisel qui était venu en équipage de chevalier, de sorte que les rues se trouvèrent pleines de monde, lorsqu'il traversa la ville en croupe sur le cheval de monseigneur Yvain. Au palais même, les chevaliers, les dames et les demoiselles étaient descendus dans la cour pour le voir, et le roi et la reine se penchaient à la fenêtre.

Le blanc damoisel mit pied à terre, ainsi que messire Yvain, qui le prit par la main et le mena dans la salle où le roi et la reine firent asseoir entre eux leur parent, tandis que le jouvenceau se plaçait vis-à-vis, sur l'herbe verte dont le sol était jonché. Il était avenant de visage et fait à merveille ; ses bottes étaient si justes qu'on aurait cru qu'il était né chaussé, et ses éperons luisaient à s'y mirer. Déjà, la reine Guenièvre le regardait avec douceur et priait Dieu de faire prud'homme celui à qui il avait donné une si belle apparence. Et quant au valet à la blanche robe, toutes les fois qu'il pouvait jeter à la dérobée les yeux sur elle, il s'émerveillait de sa beauté, à laquelle celle de la Dame du Lac ni d'aucune autre ne lui semblait comparable ; en quoi certes il n'avait point tort, car la reine Guenièvre était la dame des dames et la fontaine de vaillance.

– Comment a nom ce beau valet ? demanda-t-elle.

– Dame, je ne sais, répondit Yvain. Je pense qu'il est du pays de Gaule, car il en a le parler.

Alors la reine prit le beau damoisel par la main et lui demanda où il était né. Mais lui, au toucher de cette douce main, il tressaille comme un homme qui s'éveille, et ne réplique mot.

– D'où êtes-vous ? reprend la reine.

Il la regarde et lui dit en soupirant qu'il ne sait d'où. Elle lui demande comme il a nom, et il répond qu'il ne sait comme. À cela, elle vit bien qu'il était tout ébahi et hors de lui-même ; et certes elle n'osait imaginer que ce fût à cause d'elle ; pourtant elle avait quelque soupçon. Alors, pour ne pas le troubler davantage, et de crainte aussi que nul n'en pensât mal, elle se leva.

– Ce valet ne semble pas de grand sens, dit-elle, et, sage ou fol, il a été assez mal enseigné.

– Qui sait, dame, dit messire Yvain, s'il ne lui est pas défendu de révéler son nom et son pays ?

– Cela peut bien être, répondit-elle, mais si bas que la damoisel ne l'entendit pas. Puis elle se retira dans ses chambres.

V

La nuit venue, messire Yvain conduisit le beau valet dans une église où il le fit veiller jusqu'à l'aube ; après quoi, il le ramena en son logis pour dormir un peu. Au matin, ceux qui devaient être adoubés le jour de la Saint-Jean reçurent du roi la colée ; puis tout le monde fut entendre la messe et, en revenant, le roi commença de ceindre l'épée aux nouveaux chevaliers.

Mais comme il ne lui restait plus à armer que le blanc damoisel, une pucelle entra dans la salle, la plus belle qui ait jamais été. Ses tresses semblaient des gemmes et elle était si bien proportionnée qu'on ne voyait rien en elle à reprendre ; que vous dirai-je de plus ? Elle avançait en soulevant légèrement sa robe par devant ; arrivée devant le roi, elle la laissa aller sur l'herbe puis elle salua. Les chevaliers et les dames qui étaient dans la salle s'étaient approchés pour mieux voir une telle beauté, et l'on aurait pu leur couper l'aumonière sans qu'ils s'en aperçussent, tant ils béaient à la considérer ; bref, tous la louaient, petits et grands. Mais elle dit sans s'ébahir, en riant un peu de ce qu'ils la regardaient ainsi :

– Roi Arthur, Dieu te sauve ! Je te salue, toi, ta compagnie et tous ceux que tu aimes de par la dame de Nohant et de par moi-même.

– Belle douce amie, répondit le roi qui était bien disert et savait se jouer en paroles, vous avez grande part en ce salut, puisque tous ceux que j'aime y sont compris.

– Sire, je m'aime donc mieux d'y être avec vous. La dame de Nohant vous demande secours comme à son seigneur lige, car le roi de Northumberland a envahi et gâté sa terre. Tous deux ont convenu que ma dame pourra faire défendre son droit par un chevalier contre un, ou par deux contre deux, ou par trois contre trois, ou par autant qu'elle en pourra avoir. Et elle vous requiert de lui envoyer tel champion qu'il vous plaira.

– Belle amie, répondit le roi, je la secourrai volontiers, car elle tient de moi sa terre. Mais, ne me fût-elle de rien, je ne lui aiderais pas moins, car elle est très vaillante dame, débonnaire et de haute lignée, et pour l'amour de vous.

Le damoisel entendit ces mots ; tandis qu'on menait la pucelle au corps gent dans les chambres de la reine, il vint s'agenouiller devant le roi et lui demanda d'être envoyé au secours de la dame de Nohant.

– Sire, ajouta-t-il en le voyant hésiter, vous ne devez pas me refuser le premier don que je requiers de vous après mon adoubement. Je serais peu prisé et, moi-même, je m'estimerais moins, si vous ne vouliez me donner à accomplir ce que peut faire un chevalier.

Là-dessus, messire Gauvain et messire Yvain intervinrent pour représenter au roi qu'il ne pouvait l'éconduire honorablement. Si bien qu'à la fin celui-ci octroya le don, quoiqu'il craignît qu'un tel jouvenceau ne fût pas encore d'âge à porter un si lourd faix de chevalerie.

– Sire, grand merci, dit le damoisel.

Et quand il eut pris congé du roi et des barons, il fut à son logis pour se faire armer.

VI

Or, messire Yvain, qui l'avait accompagné, le vit soudain pâlir et lui demanda ce qu'il avait.

– Ha ! sire, je n'ai pris congé de madame !

– Vous avez dit que sage.

Tous deux revinrent au palais et montèrent aux chambres de la reine. Là, le damoisel s'agenouilla sans mot dire, les yeux baissés.

– Dame, dit messire Yvain, voici le valet d'hier soir, que le roi a fait chevalier ce matin ; il vient prendre congé de vous.

– Quoi ! s'en va-t-il déjà ?

– Oui, dame. Il va de par monseigneur porter secours à la dame de Nohant. Il l'a demandé en don.

– Mais comment messire le roi le lui a-t-il octroyé ? Il est si jeune !... Levez-vous, beau doux sire. Je ne sais qui vous êtes, peut-être meilleur gentilhomme que l'on ne suppose, et je vous souffre à genoux devant moi ! Je ne suis guère courtoise !

– Ha ! dame, dit le damoisel en soupirant, pardonnez-moi la folie que j'ai faite !

– Et quelle folie ?

– J'ai pensé sortir de céans sans avoir congé de vous.

– Beau doux ami, vous êtes assez jeune homme pour qu'on vous pardonne un si grave méfait !

– Dame, merci.

Et, après avoir hésité un instant, il dit encore :

– Dame, si vous vouliez, je me tiendrais toujours pour votre chevalier.

– Je le veux bien. Adieu, beau doux ami.

Elle le fit lever en lui donnant la main ; certes il fut bien aise quand il sentit cette main toucher la sienne, toute nue. Il salua les dames et les demoiselles qui avaient ouï parler de sa bonne grâce et de son excellence beauté et qui avaient toutes l'œil sur lui, durant qu'il s'entretenait avec la reine, s'émerveillant que Nature l'eût si bien pourvu de ce qu'elles désiraient le plus ; puis il revint à son logis pour se faire armer. Et là, messire Yvain s'aperçut qu'il n'avait pas d'épée.

– Par mon chef, vous n'êtes point chevalier, puisque le roi ne vous a pas ceint l'épée !

– Sire, répondit le damoisel, je n'en voudrais pas d'autre que la mienne, que mes écuyers ont emportée. Je les rattraperai aisément et je reviendrai aussi vite que mon cheval pourra courir.

Là-dessus, il sauta sur son cheval et partit toute bride ; mais il ne revint pas, car il espérait bien qu'il serait chevalier d'une autre main que celle du roi. Et messire Yvain, après l'avoir vainement attendu, s'en fut conter au palais comment le valet l'avait trompé. Messire Gauvain dit que c'était peut-être un très haut homme et qui s'était dépité parce que le roi ne lui avait pas ceint l'épée avant les autres, ce que la reine et beaucoup de chevaliers crurent possible.

Mais le conte retourne maintenant au blanc damoisel qui chemine avec ses gens.

VII

Ses écuyers portaient sa lance et son heaume, et l'un menait en laisse son destrier, tandis que l'autre chassait devant lui les deux sommiers. Le damoisel chevauchait à leur suite, tout pensif, et ainsi allèrent-ils jusqu'à ce qu'ils parvinssent à la cité de Nohant.

Alentour le pays était ravagé et les maisons incendiées ; mais le roi de Northumberland et ses hommes étaient alors occupés à piller à quelque distance, si bien que le portier les laissa passer, quand il vit qu'ils n'étaient que trois. Les vilains des environs étaient venus se réfugier dans la ville, et elle était si pleine de gens que le blanc damoisel erra longtemps avant de trouver à se loger ; enfin, dans une petite rue, il aperçut un boucher qui lui sembla prud'homme, assis sur les marches de sa maison. L'un des écuyers vint requérir ce vilain de les héberger ; il répondit qu'il n'avait point de place. Pourtant, quand sa femme, qui était bonne à Dieu et au siècle, l'en eut prié, il consentit à recevoir les étrangers dans une grange qu'il avait. Là, les écuyers désarmèrent leur seigneur, puis ils firent nettoyer tout et joncher le sol de paille fraîche, dressèrent un riche lit, firent des sièges, allumèrent un beau feu de bûches sèches et de charbon, mirent les chevaux à l'écurie, les pansèrent, leur donnèrent d'avoine ; enfin ils tirèrent des coffres de belles robes de chevaliers et de valets, blanches comme fleur en avril, dont le damoisel et eux-mêmes se vêtirent ; et, après avoir pris soin d'enfermer les chevaux à l'étable et les malles dans une chambre dont ils ôtèrent la clef, ils s'en furent doucement tous les trois vers le château, non sans regarder curieusement dans la ville. Lorsqu'ils arrivèrent dans la salle, la dame de Nohant causait dans l'embrasure d'une fenêtre avec son sénéchal, et elle se demandait comment elle pourrait défendre sa terre, car beaucoup de ses chevaliers avaient été durement blessés dans les dernières rencontres. Le blanc damoisel vint à elle et, après avoir salué, il lui dit que le roi Arthur l'envoyait pour soutenir son droit.

– Beau sire, Dieu donne bonne aventure au roi Arthur, et soyez le bienvenu ! Mais dites-moi votre nom si cela vous agrée.

– Dame, je suis nouveau chevalier, qui n'a point encore combattu.

À ces mots, la dame baissa tristement la tête. Néanmoins, elle pria le blanc damoisel d'aller se reposer auprès de ses chevaliers, mais elle se retira dans ses chambres, toute dolente et déconfortée.

Or, lorsqu'il fut l'heure de souper et que l'eau fut cornée et les tables mises, les chevaliers de la dame de Nohant vinrent s'asseoir, chacun à sa place ordinaire, et se mirent à manger sans mot dire au blanc damoiselle ni s'occuper de lui le moins du monde. Il était resté dans l'embrasure d'une fenêtre, s'entretenant avec ses écuyers et disant que jamais il n'avait rencontré de gens si peu courtois.

– Allez à notre logis, commanda-t-il aux deux valets, préparez à manger en quantité et faites crier par la ville que tous les pauvres et les ménestrels et les faiseurs de tours sont invités à souper.

– Sire, volontiers, mais venez avec nous ; nous ne voulons vous laisser seul parmi cette canaille.

Ils sortirent de la salle tous trois sans prendre congé de personne, et, pendant que ses gens achetaient ce qui convenait, le damoisel s'étendit sur son lit. Comme son hôtesse était venue lui tenir compagnie dans ses plus beaux habits, il lui fit donner pour la remercier un surcot et un manteau d'écarlate, fourrés de vair et tout neufs, dont elle fut si ravie qu'elle s'en vêtit aussitôt et appela son mari pour qu'il la vit ainsi faite. Et, quand la nuit fut venue, on alluma tant de luminaires qu'on eût cru que la grange flambait ; puis le damoisel fit asseoir les jongleurs, les danseuses, les bouffons d'un côté de la table et la menue gent de l'autre ; et, vers la fin du repas, les ménestrels commencèrent de chanter, de jouer de leurs violes et les acrobates de faire des tours, en sorte que le bruit et la gaieté se répandirent par la ville. Tous les chevaliers du château vinrent regarder à la porte ; mais le blanc damoisel feignit de ne pas seulement les apercevoir.

La dame de Nohant eut nouvelles de cette fête et, quand elle sut que le champion envoyé par le roi Arthur soupait si joyeusement en son logis, elle s'informa et apprit qu'on ne lui avait offert chez elle ni à boire ni à manger et que nul ne l'avait seulement regardé. Alors elle se repentit de ne lui avoir pas fait plus belle chère.

– En nom Dieu, lui dit son sénéchal, ce n'est pas en pleurant qu'on retient les chevaliers étrangers, mais par de belles paroles, des joyaux, des cadeaux ! Fût-il le pire homme du monde, vous deviez l'accueillir à grande joie et le prier de manger à votre table, puisqu'il était envoyé par monseigneur le roi.

– Je vois bien que j'ai fait une folie. Mais je croyais qu'il avait mangé avec mes chevaliers.

– Vous croyiez ? Peut-être est-il de meilleur lignage que vous. Vous n'eussiez rien risqué de le faire asseoir à votre côté.

Alors la dame se mit à pleurer et à gémir comme font les femmes. Mais son sénéchal dit encore :

– Maintenant, rien ne sert de pleurer. Allons, et nous lui parlerons.

Sitôt qu'ils entrèrent au logis du chevalier, les jeux s'arrêtèrent, et la menue gent se leva devant eux. Le damoisel fit semblant de ne rien voir ni entendre, mais il regarda ses écuyers en souriant. Alors son hôte, le boucher, à qui il venait de donner une très belle coupe, le tira par sa robe : de manière qu'il se retourna et, feignant de reconnaître seulement la dame de Nohant, lui souhaita la bienvenue, puis la prit par la main et la fit asseoir à côté de lui, ainsi que le sénéchal. Son hôte, qui était serf, voulait se retirer, mais il l'en empêcha, disant que nul ne lui avait fait un aussi bon accueil depuis son arrivée à Nohant, et que, s'il était encore dans le pays de Logres, il eût demandé au roi Arthur de l'affranchir.

– Sire chevalier, dit la dame de Nohant, je l'affranchis pour l'amour de vous. Et je vous prie, en nom Dieu, de ne pas me tenir rancune et de me pardonner la mauvaise chère que je vous ai faite.

– Dame, je suis venu pour l'amour de monseigneur le roi et non pour aucune autre raison. Je ferai ce que je pourrai en son honneur, et je n'ai point de rancune, n'ayant rien à demander à personne, car nul ne me doit rien.

– Sire, dit le sénéchal, madame voudrait que vous vinssiez vous héberger en son hôtel, et elle vous en prie et requiert.

– Sire, merci à vous et à elle, mais je suis bien ici, répondit le blanc damoisel.

Ainsi causaient-ils tous les trois, en écoutant les ménestrels et regardant les danseuses ; puis la dame le recommanda à Dieu et revint avec le sénéchal à son palais, où le blanc damoisel consentit à s'héberger le lendemain, car il avait le cœur franc et ne gardait point aisément rancune aux dames et à ceux qui amendaient leurs offenses sans félonie.

VIII

Or, la dame de Nohant qui, d'abord, qu'elle l'avait vu, l'avait peu estimé, s'était prise pour lui d'amour lorsqu'il l'avait ainsi traitée ; et elle était très belle ; pourtant il n'en fut point touché, car il ne mettait pas toutes les beautés dans son cœur. Le lendemain, au matin, elle l'envoya chercher à grand honneur ; mais, comme il arrivait au palais, voici venir Keu le sénéchal.

– Dame, messire le roi m'a chargé de soutenir votre droit. Il l'eût fait dès le premier jour, si un nouveau chevalier ne l'eût prié de lui en accorder le don.

– Sire Keu, dit le damoisel, c'est à moi de combattre, puisque je suis arrivé ici le premier.

– Ce ne peut être, dit Keu, puisque je suis venu.

– Nous jouterons donc : le vainqueur fera la bataille.

La dame était embarrassée : elle désirait de confier son droit au blanc damoisel, mais elle savait que le sénéchal était fort aimé du roi, et elle avait grand besoin de son seigneur lige.

– En nom Dieu, s'écria-t-elle, puisque je puis avoir deux champions, vous combattrez tous les deux.

Après manger, le blanc damoisel se leva et vint au mur de la salle où se trouvaient appuyées une quantité de lances. Il en choisit une, la plus grosse et la plus forte qu'il put trouver, en éprouva le fer et le bois, et rogna la hampe de deux grands pieds en présence de tous ceux qui étaient là. Ensuite il alla examiner ses armes avec ses écuyers, regardant bien si rien n'y manquait : ni courroie, ni poignée à son écu, ni maille à son harnois, ni lacet à son heaume. Et tous l'en prisèrent davantage.

Le lendemain, dès que l'aube parut et que le guetteur corna sur le mur, il se leva et la dame le trouva à genoux devant le crucifix ; cela lui plut fort. Pourtant, quand les deux champions se furent mis en selle, à l'heure dite, dans la lande choisie pour la bataille, et qu'elle vit que le damoisel n'avait pris d'autres armes que l'écu et sa lance, elle en fut bien alarmée. Mais il lui déclara qu'il ne pourrait ceindre l'épée qu'après en avoir reçut le commandement de quelqu'un.

– Au moins, souffrez que j'en fasse pendre une à votre arçon, dit-elle. Vous avez à faire à un dangereux homme.

Ainsi fut fait ; puis les quatre champions prirent du champ et, quand le cor sonna, ils chargèrent deux contre deux, aussi vite que leurs chevaux purent aller

Keu et celui qui s'adressait à lui s'entre-choquèrent si rudement que la tête et le cœur leur tournèrent ; tous deux lâchèrent leurs rênes, et les poignées de leurs écus, perdirent leurs étriers et roulèrent à terre, où ils demeurèrent étourdis le temps de parcourir un arpent au galop. Cependant le damoisel frappait l'écu de l'autre, et d'une telle force qu'il le lui serra au bras et le bras au corps, et qu'il le fit voler par-dessus la croupe de son destrier, ses rênes rompues à la main. Et sitôt qu'il eut passé, il revint au sénéchal qui se relevait.

– Prenez mon homme, sire Keu, et me laissez le vôtre !

Mais le sénéchal ne daigna répondre.

Alors le damoisel descendit de son destrier, car jamais il n'eût consenti à charger à cheval un homme à pied ; jetant son écu sur sa tête, il envahit comme une tempête le chevalier qu'il avait démonté, et il le peina et le travailla si bien, qu'en peu de temps il le força de se rendre à merci : ainsi l'alouette ne peut durer devant l'émerillon.

– Venez çà, sire Keu ! cria-t-il à nouveau. Voyez où en est celui-ci ! Laissez-moi le vôtre. Je ne me soucie pas de demeurer dans ce champ tout le jour.

– Beau sire, ne vous occupez point de ma bataille ! répondit cette fois Keu courroucé.

Et, ce disant, il haussa son épée et assena à son adversaire un coup que la colère poussa de telle sorte que l'autre s'écroula, faisant du jour la nuit.

Alors le roi de Northumberland, qui voyait que ses hommes n'avaient plus de défense, s'empressa de demander la paix, et la dame vint séparer les combattants. Puis Keu le sénéchal repartit pour la cour, où il conta tout se qui s'était passé à Nohant, et lorsque la reine sut que le damoisel à la blanche robe avait voulut combattre sans épée, elle en choisit une, très bonne, claire et gravée de lettres, à pommeau d'or, qu'elle lui envoya par un valet. Et sachez qu'il la reçut avec tant de joie qu'il en pensa perdre le sens : il la baisa plus de cent fois, aussi pieusement qu'une relique, et la ceignit à grande dévotion. Et, quand il l'eut, vainement la dame de Nohant fit tout pour le retenir, jusqu'à s'offrir elle-même, avec sa terre : il partit sur-le-champ.

IX

Or, dit le conte, il était midi lorsqu'il parvint à une rivière qui marquait la limite de la terre de Nohant. Comme il faisait chaud, il mit pied à terre pour boire ; après quoi, il s'assit au bord de l'eau, à l'ombre d'un arbre, et se prit à rêver.

Tout à coup, un chevalier couvert d'armes noires parut sur l'autre rive, qui poussa son cheval dans le gué et fit jaillir l'eau jusque sur lui.

– Sire, dit le blanc chevalier en se levant, vous m'avez mouillé, et, pis encore, vous m'avez fait perdre le fil de ma songerie.

– Peu me chaut de vous et de votre penser !

Sans répondre, le blanc chevalier enfourcha son destrier et se mit en devoir de franchir le gué, qui était si bon que l'eau ne mouillait pas le ventre du cheval.

– Sire vassal, vous ne passerez pas, dit l'autre. Madame la reine m'a commandé de garder ce gué.

Aussitôt, le blanc chevalier de tourner bride et de regagner la rive. Mais le chevalier noir le joignit et saisit son destrier par le frein.

– Il faut me laisser votre cheval.

– Pourquoi ?

– Parce que vous êtes entré dans le gué.

Déjà le blanc chevalier avait déchaussé l'un de ses étriers, lorsqu'il hésita.

– Est-ce de par la reine, femme du roi Arthur, que vous me faites ce commandement ?

– Nenni, mais de par une autre reine dont je ne dois dire le nom.

– En ce cas, ce n'est pas aujourd'hui que vous aurez mon cheval ! Lâchez mon frein.

Ce disant, il le frappa de son poing, qu'il avait dur et carré, tant que l'autre recula. Alors tous deux prirent du champ ; puis il s'élancèrent l'un sur l'autre droit comme carreaux d'arbalète et se heurtèrent avec le fracas du tonnerre. Le blanc chevalier poussa d'une telle vigueur sa lance, qu'il renversa ensemble le cheval et l'homme, lequel demeura gisant, tout étourdi. Mais, comme il lui délaçait son heaume pour lui couper le cou ou lui faire crier merci, une voix se fit entendre sans qu'on aperçut d'où elle sortait, tellement douloureuse que le ciel en parut trembler.

– Hâte-toi, Urbain, disait-elle, hâte-toi, ou tu as perdu mon amour !

Quand il ouït ces mots, le chevalier du gué fit effort pour se remettre debout et, comme le blanc champion l'en empêchait, une nuée de grands oiseaux, plus noirs que suie, fondit du ciel sur lui et s'efforça de lui crever les yeux sous son heaume : grâce à quoi le vaincu se dégagea et de nouveau courut sus à son vainqueur. Celui-ci se défendit de son mieux ; haussant l'épée, il frappa l'un des oiseaux qui s'abattit sous la forme d'une demoiselle tout ensanglantée. Ce que voyant, les autres poussèrent de grands cris de douleur comme font les femmes ; ils prirent la blessée dans leurs serres et disparurent en un instant.

Et bientôt le chevalier du gué fut de nouveau outré et réduit à merci.

– Sire, dit-il, sachez que j'ai nom Urbain et que je suis chevalier errant. J'aime une reine, la dame la plus belle qui ait jamais été. Un soir que je la requérais d'amour, elle me dit qu'elle ferait ma volonté si je voulais lui promettre un don, et, quand je l'eus octroyé, elle me commanda de garder ce gué. Si je l'eusse défendu sept ans sans être vaincu, j'eusse été le meilleur chevalier du monde : hélas, il s'en faut de sept jours ! Celle que tu as navrée sous la semblance d'un oiseau était la sœur de ma mie ; ses compagnes l'ont emportée dans l'île d'Avalon. Maintenant je te prie, en nom Dieu de me donner congé.

Le champion aux blanches armes le lui accorda après lui avoir fait jurer qu'il irait se rendre prisonnier à la reine Guenièvre. Mais Urbain ne s'était pas éloigné d'un arpent, qu'on le vit soudain s'arrêter et regarder en l'air en donnant les signes de la plus grande joie du monde. Dont le blanc chevalier s'émerveilla. Pourtant il se remit en selle, traversa le gué et continua son chemin, suivi de ses écuyers.

X

Longtemps, ils chevauchèrent sans encombre, puis le ciel devint obscur, le vent se leva, des tourbillons de poussière s'élancèrent autour d'eux, les éclairs percèrent la nue, si pressés qu'on se fût cru au jour du Jugement ; enfin la pluie se mit à tomber, tandis qu'autour d'eux la foudre fracassait les arbres, bref une tempête fit rage, si terrible qu'il n'est aucun homme, pour hardi qu'il soit, qui ne s'en fût effrayé. Maintes fois, le vent les heurta rudement sur l'épaule gauche et les vit virer sur place, malgré qu'ils en eussent ; maintes fois ils furent balayés du chemin. Mais le chevalier aux blanches armes tourna son écu contre l'orage, et ils s'en allèrent ainsi jusqu'au soir, que le ciel s'apaisa. Alors ils gravirent un tertre d'où ils aperçurent un grand feu qui brûlait au loin, à une lieue et demie pour le moins. Et lorsqu'ils l'eurent atteint, après avoir traversé mille fourrés de ronces et d'épines, ils se trouvèrent à l'entrée d'un gros village ; c'était là que flambait le bûcher, qui avait bien dix pas de tour.

Ils eurent bel accueil dans la maison d'un bourgeois où ils s'adressèrent et qui était merveilleusement munie de ce qui convient aux chevaliers errants. Tandis que les valets mettaient les coffres dans la garde-robe et les chevaux à l'étable, l'hôte appelait sa fille, et la pucelle emmena le blanc chevalier dans une chambre, où, avec l'aide de sa mère, elle le désarma, lui lava le visage et le cou, et l'essuya avec une blanche serviette bien ouvrée. Puis, il revêtit une robe très riche, qu'un de ses écuyers lui apporta ; après quoi la pucelle le prit par la main et le mena dans la salle. Une demoiselle magnifiquement parée y était assise, et, à la lueur des cierges dont la salle était illuminée, le chevalier reconnut Saraide, l'une des pucelles de la Dame du Lac.

– Ha, belle douce demoiselle, soyez la bienvenue entre toutes ! Comment va ma bonne Dame ?

– Très bien, répondit-elle.

Et le tirant à part :

– C'est elle qui m'envoie vous dire que demain vous connaîtrez votre nom et celui de votre père et de votre mère. Au-dessus de ce bourg s'élève un fier et orgueilleux château qu'on appelle la Douloureuse Garde, parce que nul chevalier errant ne s'y est jamais présenté qui n'y ait été tué ou pris. Et ce feu brûle chaque nuit pour en attirer, car les gens d'ici espèrent qu'enfin viendra celui qui mettra l'aventure à fin et les délivrera. La forteresse a deux murailles, chacune percée d'une porte que défendent dix chevaliers, et, pour réussir, il vous faudra les vaincre tous, et non toujours un à un, car, dès que l'un d'eux se sent las, il en peut appeler quelque autre à la rescousse. Mais ces écus sont vôtres.

Ce disant, elle lui montra trois écus appuyés contre la muraille, tous peints d'argent, l'un à une bande vermeille, l'autre à deux bandes, le dernier à trois.

– Le premier, continua-t-elle, ajoute la force d'un homme à celle de qui le porte. Le second, la force de deux hommes. Le troisième, à triple bande, celle de trois hommes. Certes, vous en aurez besoin demain. Et souvenez-vous, en tout cas, que vous ne devez apprendre votre nom à personne avant que vos exploits vous aient fait connaître en plusieurs contrées.

Ainsi parla la demoiselle ; après quoi tout le monde s'assit au manger et fut bien servi de ce qui convient au corps. Et, tandis que le blanc chevalier dormait dans un très haut et riche lit, chacun, dans le bourg, pria pour son succès, tant on souhaitait de voir tomber les enchantements et les mauvaises coutumes du château.

XI

Au matin, quand Dieu fit lever le soleil, il se fit armer, et, monté sur un destrier fort et courant, il gravit la butte et parvint devant la porte de la forteresse. Le cor sonna ; un chevalier parut sur la muraille.

– Que demandez-vous ?

– L'ouverture du château.

– Ha, sire, je voudrais que vous fussiez assez preux pour mener cette aventure à bien, car cette douleur n'a que trop duré ! Mais il nous convient de garder notre loyauté et tenir notre serment.

Là-dessus, le pont-levis s'abaissa, et dix chevaliers sortirent un à un par le guichet, chacun suivi de son destrier qu'un écuyer tirait par la bride ; puis, montés à cheval, ils se vinrent en bel arroi, lance sur feutre, ranger au bas du tertre.

Quelle rude bataille pour le blanc chevalier ! Mais, comme dit le proverbe, celui que Dieu veut aider, nul ne lui peut nuire. Les uns, il les heurte si rudement de sa lance qu'ils n'ont besoin de médecin ; les autres, il fausse leurs heaumes, fend leurs écus, rompt leurs hauberts sur les bras et les épaules. Mais eux, ils l'atteignent et le blessent aussi, car, dès que l'un a le dessous, quelque autre se jette à la rescousse, et certes il lui fut utile de porter un haubergeon bien maillé dessous son blanc haubert. Pourtant, grâce aux deux premiers écus à bandes vermeilles, il se bat tant et si rudement qu'enfin ses adversaires ne sont plus que trois. Ce que voyant, l'un s'écrie que, puisque maints autres, et plus preux que lui, ont perdu la vie, il ne se fera pas tuer comme eux : il tend son épée et s'avoue prisonnier ; de même les deux derniers. Et la porte du château s'ouvre à grand fracas.

Il était alors près de la none. À grande joie, le chevalier aux blanches armes gravit le tertre. Mais, quand il eut passé le seuil, il découvrit une seconde muraille et une seconde porte devant laquelle dix nouveaux chevaliers se tenaient rangés.

À ce moment, il sentit que Saraide, aidée de ses écuyers, lui délaçait son heaume tout bosselé et fendu, et qu'elle lui en ajustait un autre ; puis qu'elle lui passait au cou la courroie de l'écu à trois bandes.

– Ha, demoiselle, vous me ferez honni ! lui dit-il. Le second écu était déjà de trop. Voulez-vous que je vainque sans que ma prouesse y soit pour rien ?

Cependant on le hissait sur un destrier frais ; en même temps, un valet lui glissa dans la main une lance grosse, courte et roide, dont le fer tranchait comme rasoir.

– Je veux maintenant vous voir jouter, beau doux ami, dit Saraide, car je sais assez comment vous vous aidez de l'épée. Mais regardez au-dessus de la seconde porte.

Il y avait là une statue de cuivre en forme d'un chevalier tout armé et monté qui tenait en main une hache. Et cette figure était enchantée de telle façon qu'elle devait choir sitôt que le futur conquérant du château jetterait un regard sur elle. Le blanc chevalier lève les yeux : dans le même moment elle tombe et rompt le col à l'un de ceux qui était alignés au-dessous d'elle. Sans s'étonner, il baisse sa lance, pique des deux, fond comme une tempête sur les autres et en tue deux coup sur coup. Pris de peur à voir cette prouesse qui leur semblait plus d'un diable que d'un homme, les chevaliers se laissent glisser à bas de leurs destriers et s'efforcent de gagner le guichet. Mais avant qu'ils y soient parvenus, le blanc champion qui s'est jeté sur eux, l'épée nue, en force trois à crier merci. Les cinq derniers s'enfuient. Et la porte s'ouvre devant le vainqueur.

XII

Il vit alors venir à sa rencontre une foule de dames, de demoiselles et de bourgeois, qui menaient la plus grande joie du monde et dont l'un lui annonça que Brandus des Iles, le mauvais seigneur de la Douloureuse Garde, venait de s'enfuir au galop de son cheval.

– Ai-je encore à faire quelque chose pour achever l'aventure ? demanda le blanc chevalier.

Sans répondre, ils le menèrent non loin de là, dans un cimetière. La crête du mur d'enceinte était parsemée d'un grand nombre de heaumes et sous chacun d'eux il y avait une tombe, sur laquelle des lettres disaient : *Ci-gît Un Tel, et voyez sa tête.* Mais il était aussi des tombes que ne surmontait aucun heaume ; on pouvait y lire : *Ci-gira Un Tel*, et c'était le nom de quelque bon chevalier encore vivant en la terre du roi Arthur ou ailleurs. Enfin, au milieu du cimetière s'étendait une grande lame de métal, merveilleusement ouvrée d'or, de pierreries et d'émaux, et dessus étaient gravés ces mots en lettres d'azur :

Cette tombe ne sera levée par main d'homme
sinon de celui qui conquerra la Douloureuse Garde.

Brandus des Iles avait souvent tenté par force ou par engin de desceller cette lame, mais il n'avait jamais pu y réussir. Le blanc chevalier déchiffra l'inscription sans peine, car il savait tant de lettres qu'il pouvait très bien comprendre une écriture ; puis il appuya ses deux mains sur un des côtés de la tombe, et la souleva facilement à un pied plus haut que sa tête. Alors il aperçut d'autres lettres qui disaient :

Ci-gira Lancelot du Lac, le fils du roi Ban de Benoïc.

Et aussitôt il laissa retomber la lame, non sans que Saraide, toutefois, qui était à son côté, eût lu en même temps que lui.

En sortant du cimetière, on le mena dans un palais, petit mais très riche, qui avait été celui de Brandus des Iles ; et là, il fut désarmé et ses blessures soignées par de bons mires. Cependant les gens du château soupiraient en songeant qu'il ne resterait peut-être pas quarante jours parmi eux, et qu'ainsi ne tomberaient pas les enchantements qui nuit et jour les tourmentaient, car ils étaient la proie de terreurs mystérieuses et nul d'entre eux ne vivait toute une heure en paix.

XIII

Un valet, frère de l'un des chevaliers de la Table ronde nommé Aiglain des Vaux, avait assisté à la prise de la Douloureuse Garde. Pensant que le roi Arthur serait bien aise d'en avoir plus tôt la nouvelle, il partit entre none et vêpres sur un bon cheval de chasse, et s'en fut battant à Kerléon.

Deux jours plus tard, il se présentait au palais.

– Roi Arthur, Dieu te sauve ! Je t'apporte les plus étranges nouvelles qui soient jamais entrées dans ta maison.

– Dites-les donc, bel ami.

– La Douloureuse Garde est conquise : j'ai vu un chevalier passer les deux portes par forces d'armes.

– Valet, ne dit point cela ; ce n'est pas vrai.

– Sire, pendez-moi, si je mens.

Là-dessus entra Aiglain qui, voyant son frère à genoux devant le roi lui dit.

– Beau frère, sois le bienvenu.

– Si c'est votre frère, Aiglain, il faut donc le croire : fin cœur ne peut mentir. Quelles armes portait ce chevalier ?

– Blanches, sire, comme son cheval. Il tue plus d'hommes à lui seul qu'on n'en pourrait enterrer en deux arpents de terre. Que Dieu ne m'aide si fer ou acier peuvent durer contre son épée !

– Ce doit être le nouveau chevalier que j'ai adoubé à la Saint-Jean. Je partirai pour la Douloureuse Garde demain. Dame, dit le roi à la reine, prenez celles de vos demoiselles que vous préférez, car vous viendrez avec moi.

XIV

Quatre jours plus tard, il arrivait au château avec sa compagnie.

– Sire prud'homme, cria-t-il au guetteur, ne nous laisserez-vous entrer ?

– Qui êtes-vous ?

– Je suis le roi Arthur.

– Et qui est cette dame-là ?

– C'est la reine.

– Sire, pour vous et pour la reine, je ferai selon mon pouvoir, dit le guetteur.

Et il envoya un valet prévenir le nouveau seigneur du château que le roi Arthur était devant la porte.

Le blanc chevalier se hâta de monter à cheval et d'aller à la rencontre du roi. Il se fait ouvrir la porte, il sort, voit la reine, et tout soudain tombe en extase : les yeux fixés sur elle, il fait reculer son cheval jusque sous la voûte sans même s'en apercevoir. Le guetteur, croyant bien faire, laisse aussitôt tomber la herse ; et le blanc chevalier demeure là, hors de sens, à contempler à travers les barreaux celle qui fut toujours la fleur de toutes les dames.

– Sire, s'écrie Keu courroucé, vous agissez comme un vilain !

Mais le blanc chevalier ne l'entend même point. Alors Saraide, la pucelle de la Dame du Lac, le secoue par le pan de son manteau, et tant qu'il revient en son droit sens.

– Sire, demande-t-il à Keu, que dites-vous ?

– Je dis que vous offensez mon seigneur et ma dame de leur fermer la porte au nez, et moi de ne pas seulement me répondre !

À ces mots, le blanc chevalier fut tellement dolent que pour un peu il fût devenu fou. Il tire son épée, crie au guetteur en jurant :

– Ne t'ai-je donc commandé de laisser entrer madame la reine ?

– Sire, jamais vous ne m'en avez parlé.

– Si tu n'étais si vieux, je te couperais la tête ! Ouvre, et ne t'avise plus de clore cette porte.

Ayant dit, il se sauve au galop vers le château.

Cependant le roi, la reine et leur compagnie passaient les deux enceintes et pénétraient dans les cours, où ils virent un étrange spectacle : car toutes les fenêtres étaient garnies de dames, de demoiselles, de chevaliers, et d'autres gens qui pleuraient à chaudes larmes, en silence.

– Maintenant que je suis dedans, dit le roi étonné, je n'en sais pas plus que lorsque j'étais dehors.

– Sire, dit la reine, il n'y a ici que des gens qui souffrent. Espérons que celui qui nous a tant montré, nous en montrera davantage.

À ce moment, le blanc chevalier traversait la cour sur son cheval, tout armé, le heaume en tête, la lance au poing et l'écu aux trois bandes sur le dos, résolu de s'éloigner à jamais du château. En le voyant partir, tous ceux qui silencieusement pleuraient aux fenêtres se mirent soudain à crier de toutes leurs forces :

– Roi, prenez-le ! Roi, prenez-le !

– Que voulez-vous ? demanda le roi, stupéfait, en s'approchant.

– C'est par lui seul que peuvent être défaits les enchantements du château !

Mais, quand le roi se retourna, le chevalier aux blanches armes était déjà sorti de la Douloureuse Garde et s'éloignait par la sombre forêt, aussi vite que son cheval pouvait galoper.

Cependant, Saraide s'était approchée de la reine.

– Dame, lui dit-elle tout bas, ce chevalier a nom Lancelot du Lac, fils du roi Ban de Benoïc. Souvenez-vous-en.

XV

Or, en voyant le blanc chevalier s'éloigner ainsi du château, Keu le sénéchal s'était fait armer en toute hâte ; enfin, monté sur son destrier, il s'élança sur ses traces. Mais il ne put le rejoindre. Tout le jour il chevaucha, et la nuit le surprit dans la forêt. La pluie s'était mise à tomber, épaisse et drue, et il fut heureux lorsqu'après avoir longuement erré, il arriva près d'une maison forte, bien close de fossés profonds et pleins d'eau, et environnée de gros chênes serrés, où il pensa qu'il pourrait s'héberger et sécher sa robe et ses armes, trempées malgré sa chape de pluie.

Il s'avança jusqu'au bord du fossé, à travers les ronces, et appela si fort, par trois fois, qu'une pucelle parut sur la muraille, qui lui demanda ce qu'il voulait.

– Demoiselle, je suis chevalier errant, mouillé d'eau comme vous pouvez voir. Je voudrais avoir gîte ici, et plus encore pour mon cheval que moi, car il a marché tout le jour, et par un très mauvais temps.

– Sire, tous les chevaliers errants qui veulent être accueillis en cette maison doivent auparavant combattre : telle est la coutume. Et, s'il sont outrés par le champion qui est céans, ils doivent se rendre en notre prison ; mais, s'ils sont vainqueurs, savez-vous ce qu'ils gagnent ? Non seulement d'être hébergés ici, mais d'avoir ma demoiselle à leur plaisir et d'en faire leur volonté comme de leur bonne amie jusqu'au matin.

– C'est là, fit Keu, une mauvaise coutume.

– Sire, je n'en puis mais. Combattrez-vous ?

Keu répondit qu'il acceptait, pour ce qu'il ne savait à cette heure où aller. Aussitôt le pont s'abaissa, la porte lui fut ouverte, et des valets vinrent l'aider à descendre ; puis la pucelle le prit par la main et le conduisit dans une vaste chambre où brillaient tant de torches, de chandelles et de cierges qu'il semblait vraiment que tous les étoiles errantes aux cieux y rendissent leur clarté. À peine entré là, un grand et fort chevalier lui courut sus, l'épée à la main ; mais le sénéchal fit tant d'armes qu'il força son adversaire à crier merci. Alors la pucelle vint le prendre par la main, et tandis que les valets emportaient le blessé, elle le désarma et lui passa au col un riche manteau ; enfin elle le mena dans la salle où un bon feu flambait dans la cheminée et où les tables étaient dressées.

Keu vint tout d'abord à la flamme, où il sécha sa robe et se chauffa ; puis il s'assit au souper.

À son côté était une demoiselle qui semblait belle, mais qui était si bien enveloppée dans un voile qu'on ne lui voyait guère d'autre peau que celle des paupières.

D'ailleurs il avait un grand besoin de manger et de boire, et il lui souvenait plus de sa rude journée que de son droit sur elle.

À la fin du souper, la pucelle qui l'avait accueilli se mit à chanter des chansons nouvelles, en s'accompagnant de la harpe, si doucement que c'était merveille de l'ouïr :

Hélas ! le mal d'aimer
M'occit !
Il me fait désirer...
Hélas ! le mal d'aimer
Par un doux regarder
Me prit !
Hélas ! le mal d'aimer
M'occit !

Mais Keu sentit qu'il se refroidissait pour ce que sa robe n'était pas sèche : alors, il s'assit près de la cheminée, sur la jonchée, le dos et l'épaule tournés au feu, et se chauffa si bien qu'il s'endormit comme celui qui avait souffert tout le jour de la pluie et du vent.

– Belle sœur Aélis, dit alors la pucelle à la harpe à la demoiselle voilée, ce chevalier ne paraît pas désirer beaucoup de prendre ce qu'il a gagné.

– Non, mais nul ne fait d'aussi grandes folies que le sage quand il s'y met. Je vais me coucher, mais n'oubliez pas ce dont nous avons convenu, car autrement vous me laisseriez honnir.

Ainsi parlèrent les deux sœurs et ce fut assez avant la nuit que le sénéchal se réveilla. La pucelle à la harpe lui donna à boire, puis elle lui fit traverser deux chambres toutes peintes de bêtes, d'oiseaux et de poissons nageant, et dans la troisième, elle lui montra un haut lit.

– Demoiselle, dit Keu en riant, le lit est l'un des plus riches que j'aie vus depuis longtemps, mais tenez-moi la promesse faite, car je ne veux point que l'aventure soit par moi diminuée pour les autres chevaliers errants.

– Sire chevalier, sachez que vous êtes le premier qui ait conquis le gîte et la demoiselle et l'aventure est désormais achevée. Ceux qui passeront pourront être hébergés ici, mais la dame de céans ne sera plus tenue à rien envers eux.

– J'ai donc fait un plus riche gain encore que je ne pensais !

Là-dessus la pucelle le conduisit dans une autre chambre très bien ornée, où il vit dans un lit la plus blanche et la plus avenante des pucelles qui paraissait dormir.

– Sire chevalier, que vous en semble ?

Elle le déchaussa, il se coucha, et, la pucelle à la harpe sortie, il prit Aélis dans ses bras, mais elle feignit de sommeiller, ce que voyant il se tint coi et, fatigué comme il était, ne tarda pas à s'endormir lui-même.

Un peu avant le matin, il se réveilla et se rapprocha de sa mie, et elle le laissa faire ; mais, quand il voulut jouer le jeu de maints chevaliers, elle tira secrètement un lien qui mettait en mouvement une sonnette au dehors, et aussitôt quelqu'un sonna du cor derrière la porte, si rudement que la voûte en trembla et que le sénéchal en sursauta et perdit toute la volonté qu'il avait. Un peu plus tard, il se remit à étreindre sa mie ; mais alors la sonnette à nouveau tinta, et la cor éclata deux fois plus fort, et la sénéchal, plus ébahi encore que devant, demanda à la demoiselle ce que cela signifiait :

– C'est un épouvante-mauvais, dit-elle.

– Épouvante-mauvais ! répète Keu.

Et il a si grand'honte qu'il en transpire et achève de perdre le reste de son vouloir. Là-dessus, la pucelle à la harpe entre dans la chambre :

– Maintenant, beau sire, levez-vous, car il fait jour, dit-elle en ouvrant le volet. Qui trop dort au matin maigre devient.

Et Keu, frappé par la clarté en plein visage, se lève tout dolent et courroucé. Il descend dans la salle où étaient restées ses armes et s'en revêt ; il monte sur son destrier qu'on lui amène ; il s'éloigne sans mot dire derrière la pucelle, car elle veut le remettre dans son chemin.

Elle allait un peu en avant de lui, sur sa mule, et elle devinait bien son penser. Au bout d'un moment, elle se mit, en riant un peu, à chanter la chanson :

Il n'est point jour, savoureuse au corps gent.
Ha, de par Dieu, l'alouette nous ment !

Puis elle se laissa rejoindre et lui dit pour le remettre en paroles :

– Dormez-vous, sire ? Peut-être votre mie vous aura fait veiller plus que vous n'en aviez besoin après une si rude journée ?

Keu vit bien qu'elle se moquait.

– Demoiselle, si je suis raillé, je n'en peux mais, et il en est bien d'autres dans la pays. Toutefois, il y a longtemps que j'ai ouï dire pour la première fois que mieux vaut être, à la fin, trompé que trompeur.

Ainsi devisaient-ils, tout en chevauchant ; enfin, ils approchèrent de la Douloureuse Garde. Quand on aperçut au loin la tour du château, qui était des plus hautes qui aient jamais été, la pucelle prit congé de lui, et il continua son chemin pour revenir auprès du roi.

Mais le conte cesse à cet endroit de parler de Keu le sénéchal pour dire ce qu'il advint à Lancelot du Lac lorsqu'il eut quitté la forteresse et qu'il se fut éloigné au galop à travers la forêt.

XVI

Il passa la nuit chez un ermite et, le lendemain, il en partit avec ses écuyers qui l'avaient rejoint, pensif et assiégé d'amour, et triste d'avoir offensé la dame qu'il aima plus que rien au monde du moment qu'il la vit ; et ainsi chevaucha-t-il tout le jour comme celui qui ne se soucie que d'une chose, à quoi il pense tant et tant qu'il ne voit ni n'entend.

On était à la mi-août, et il faisait grand chaud, en sorte que les mares étaient sèches et boueuses. Au soir, son palefroi fatigué, qui allait à sa guise, mit les pieds de devant dans un bourbier et tomba lourdement. Quand Lancelot eut été relevé par ses écuyers, ses arçons se trouvèrent brisés et lui-même si mal en point qu'il fallut le transporter sur son écu dans un prieuré voisin.

Il y fut reçu à grande pitié et il y demeura trois jours, durant lesquels il fut baigné et médiciné, car il était rudement moulu. Mais, le quatrième, il fit faire avec des branches une litière que ses écuyers couvrirent d'un riche drap de soie, et, le cinquième, il partit. Tant pour n'être pas reconnu qu'afin de ne rien devoir désormais, qu'à sa propre prouesse, il voulut laisser l'écu à trois bandes vermeilles que lui avait envoyé la Dame du Lac. Et il en prit un, de sinople et d'argent, qu'il avait envoyé acheter dans une ville voisine.

La litière allait doucement, portée par deux bons palefrois, et le malade dormait profondément, lorsqu'une dame vint à passer, qui chevauchait escortée de vingt fervêtus, dessous un dais que soutenaient quatre valets. Sa robe était de soie vermeille, son manteau fourré d'hermine, et, bien que voilée, elle semblait belle à merveille.

– Qu'a donc ce chevalier ? demanda-t-elle.

Ce disant, elle descendit de sa mule, vint à la litière, souleva la couverture et, dès qu'elle eut aperçu le visage du malade, elle se prit à lui baiser les yeux et la bouche en pleurant. Lancelot reconnut la Dame de Nohant et tenta aussitôt de cacher son visage.

– Ce n'est pas la peine ! fit-elle tristement.

Et elle le supplia de venir chez elle où il serait mieux soigné qu'en aucun lieu du monde. À quoi, de guerre lasse, il consentit. Ainsi cheminèrent-ils à petites journées, couchant dans deux pavillons très riches que la dame faisait transporter sur ses sommiers et qu'on dressait chaque nuit.

Le lendemain soir, ils passèrent devant la Douloureuse Garde, et la dame comptait de s'héberger jusqu'au matin dans le bourg. Mais, d'abord qu'il aperçut le fort château, Lancelot se mit à pleurer.

– Ha, porte, porte, gémissait-il, pourquoi ne fûtes-vous ouverte à temps !

Alors la dame pensa que ce devait être lui qui avait conquis la forteresse enchantée ; mais elle n'en osa trop rien dire et commanda de pousser plus outre. À la fin, ils arrivèrent à Nohant. Et la dame soigna là le chevalier malade et lui fit compagnie durant dix jours.

Au bout de ce temps, il se trouva mieux et le repos lui pesa si fort qu'il demanda à son médecin :

– Maître, ne suis-je assez guéri maintenant pour porter les armes ?

– Nenni, fit le mire.

Mais, malgré qu'il en eût, Lancelot commanda à ses gens de trousser ses coffres sur les sommiers et, après avoir pris congé de son hôtesse éplorée, il partit à l'aventure.

XVII

Il erra ainsi jusqu'à l'heure de none, qu'il rencontra un valet galopant à toute bride sur un grand cheval de chasse qui semblait exténué.

– Valet, d'où viens-tu si vite ?

– Madame la reine est en prison à la Douloureuse Garde ! Les gens du château jurent que, quoique que fasse le roi Arthur, ils ne la délivreront pas avant que le chevalier qui conquit le château ait défait les enchantements. Aussi madame a-t-elle envoyé des messagers par tous les chemins pour le chercher.

– Bel ami, va tôt dire à la reine que le chevalier qui conquit le château sera ce soir auprès d'elle.

– Mais sire, je n'oserais m'en retourner sans lui avoir parlé. Est-ce vous ?

– Voire ! mais tu me fais dire une vilenie !

Le valet repartit aussi vite que son cheval put aller. Et Lancelot pressa l'allure de ses gens, si bien qu'il atteignit le château à la nuit.

À peine eut-il franchi la porte avec sa compagnie, on la referma derrière eux. La cour était tout illuminée de cierges ardents et de torches : au plus beau jour d'été il ne fait pas plus clair dans les champs qu'il faisait dans cette cour ; grâce à quoi, Lancelot reconnut l'écuyer qu'il avait rencontré l'après-midi.

– Où est madame la reine ?

– Sire, suivez-moi.

Bientôt, ils se trouvèrent au pied de la roche sur laquelle se dressait le logis. Le valet ouvrit une épaisse grille, et, baillant plein poing de chandelles à celui qu'il conduisait :

– Sire, faites de la lumière, dit-il, durant que je referme l'huis.

Mais, comme Lancelot allumait les chandelles, il tira traîtreusement la porte et l'enferma.

Quand il se vit ainsi dans un cachot, le chevalier fut dolent, car il pensait bien qu'il n'en sortirait pas à sa guise. La nuit passa cependant. Au matin, une demoiselle d'un grand âge vint lui parler à travers les barreaux.

– Sire chevalier, vous voyez que vous êtes prisonnier ; vous ne serez point délivré avant d'avoir juré que vous ferez tomber les enchantements de ce château.

– Madame la reine est-elle en liberté ?

– Depuis longtemps elle est partie d'ici : ce que l'on vous a dit était pour vous attirer. Mais jurez-vous de mettre les gens de ce château en repos ?

Il en fit le serment sur les reliques qu'on apporta dernière la grille. Alors, on lui ouvrit la porte et on lui servit un repas fort bon, dont il usa d'un cœur hardi, car il n'avait rien mangé depuis la veille au matin. Après quoi, on lui dit qu'il devait, soit demeurer quarante jours dans le château, ou bien aller chercher les clés des enchantements.

– Je les irai quérir, dit-il ; mais hâtez-moi ma besogne, car j'ai affaire ailleurs.

Sur-le-champ, on lui donna ses blanches armes et on le mena dans le cimetière, à l'entrée d'un souterrain. Il se signa ; puis, l'épée nue à la main, l'écu devant la poitrine, il entra.

XVIII

Il marcha vers une grande lueur qu'il apercevait au loin. Tout à coup, il se fit une horrible rumeur ; mais il serra son épée et ne s'arrêta point. Il lui parut que la terre tremblait, que la voûte menaçait de crouler sur sa tête et que tout virait autour de lui ; il s'appuya au mur et continua comme il put d'avancer. Il parvint ainsi à une porte ; sur le seuil, deux hommes d'armes en cuivre, chacun tenant une épée qu'on aurait eu peine à soulever, faisaient des moulinets si serrés qu'une mouche n'eût su passer sans être atteinte. Lancelot mit son écu sur sa tête et s'élança entre eux. Le coup qu'il reçut rompit son bouclier, trancha son haubert à l'épaule, fit couler son sang rouge et le précipita sur les deux mains : mais il se remit debout, ramassa son épée tombée, se couvrit à nouveau des restes de son écu et, sans jeter un regard en arrière, il continua son chemin.

Bientôt, un puits lui apparut, d'où sortaient une affreuse puanteur et la rumeur hideuse qu'on entendait. Et devant le puits il y avait un homme noir, dont les yeux luisaient comme des charbons ardents et dont la bouche vomissait un torrent de flamme bleue. Il tenait une hache qu'il prit à deux mains et leva en voyant le chevalier approcher. Et celui-ci s'arrêta, car le puits seul eût suffi à lui promettre le trépas.

Il remit son épée au fourreau, fit passer son écu dans sa main droite et soudain couru d'une telle force sur l'homme noir, qu'il fût tombé dans le puits s'il l'eût manqué ; mais il le heurta en plein visage de son écu qui en acheva de s'écarteler, et dans le même temps il le prit à la gorge. Sous l'étreinte du poing dur, le noir à demi étouffé laissa choir sa hache. Alors Lancelot le traîna d'une seule main jusqu'au puits, où il le jeta. Puis à nouveau il dégaina.

Mais, à ce moment, il vit devant lui une demoiselle de cuivre richement émaillé, qui tenait dans sa dextre les clés des enchantements. Et auprès d'elle, sur un pilier d'airain, des lettres disaient :

La grosse clef me déferme,
La menue déferme le coffre périlleux.

Lancelot ouvrit le pilier, et découvrit un coffret. Trente affreuses et inégales voix en sortaient par trente tuyaux ; c'étaient elles qui causaient les douleurs du château. Après s'être signé au nom du Père, du Fils et du Saint-Esprit, le chevalier mit la clé à la serrure et souleva le couvercle : aussitôt un tourbillon s'échappa du coffre avec un si épouvantable bruit qu'il en tomba pâmé. Et sachez que c'était le braiment des diables qui fuyaient, battant les murs.

Quand Lancelot revint à lui, le puits, le pilier d'airain, la femme et les géants de cuivre avaient disparu ; et, en arrivant à l'issue du souterrain, il ne vit plus à la place du cimetière qu'un beau verger. Tous les habitants par lui délivrés venaient à sa rencontre, plus joyeux qu'on ne saurait dire ; s'ils lui firent fête, on le laisse à penser ; et désormais la Douloureuse Garde fut nommée la Joyeuse Garde.

Mais au matin, ayant changé son écu de sinople pour un vieux bouclier décoloré afin de n'être pas reconnu, Lancelot quitta le château, quoi qu'on fît pour le retenir.

XIX

Après avoir erré tout le jour sans trouver d'aventures, il s'hébergea pour la nuit chez une dame veuve qui demeurait au bord de la forêt.

De bon matin il se leva et vint à la fenêtre qui ouvrait sur la campagne. La matinée était belle et douce, les bois frémissaient, tout bruissants d'oisillons qui chantaient en leur langage : si bien qu'il eut tout d'abord grande joie, puis il se ressouvint de ses amours et il soupira du tréfonds de son cœur. Son hôtesse lui apprit que le roi et la reine Guenièvre habitaient pour le moment non loin de là, à Camaaloth. Alors il commanda à ses écuyers de l'attendre et, dès l'aube, il chevaucha vers la cité.

Sachez que le roi Arthur avait toujours ses châteaux au bord de quelque rivière. Et voici qu'en arrivant à la lisière de la ville, Lancelot vit une maison forte, tout entourée d'eau, et, à une fenêtre, une dame en chemise et surcot qui prenait le frais, en compagnie d'une demoiselle : la pucelle avait ses tresses sur les épaules, mais la dame était enveloppée dans son voile, et elle contemplait les prés et les bois. Il se prit à la considérer avec tant d'attention qu'il n'entendit pas un chevalier qui passait lui demander ce qu'il regardait. Celui-ci répéta sa question en le poussant rudement.

– Sire chevalier, je regarde ce qu'il me plaît, et vous n'êtes point courtois de me jeter ainsi hors de mes pensées.

– Ce sont les diables d'enfer qui vous font ainsi contempler les dames, et vous y semblez plus hardi qu'aux armes ! Suivez-moi, si vous l'osez !

Lancelot piquait des deux derrière lui, lorsque la reine, écartant son voile, révéla son visage : ainsi le soleil dissipe une nuée. Et, voyant soudain ce qu'il aima toujours plus que sa vie, il tomba en extase. Son destrier las, qui avait soif et ne se sentait plus mené, s'approche de l'eau pour s'abreuver ; la berge était haute : le cheval tend le cou, le pied lui manque, il choit dans la rivière profonde ; Lancelot demeure les yeux fixés sur la reine. Le cheval perd sa force, il coule et déjà l'eau monte aux épaules du chevalier fasciné ; mais toujours il contemple sa dame. "Sainte Marie ! Sainte Marie Dame !" criaient la reine et la pucelle. Messire Yvain, qui allait à la chasse chaussé de ses gros houseaux, les entendit et accourut au galop : il tira par la bride le destrier sur la rive.

– Beau sire, demanda-t-il, comment êtes-vous en cette rivière ?

– Sire, j'abreuvais mon cheval.

– Vous travailliez assez mal : un peu plus vous y étiez noyé ! Et où allez-vous ?

– Sire, je suivais un chevalier.

Lors, messire Yvain aperçut le vieil écu enfumé que portait celui qu'il venait de secourir : "C'est un pauvre vavasseur", pensa-t-il. Il se contenta de lui montrer le gué et le laissa partir sans plus s'occuper de lui.

Et Lancelot s'en fut où son destrier le menait.

Il allait, perdu dans sa rêverie, comme celui qui n'a force ni défense contre amour, qui s'oublie lui-même, qui ne sait plus s'il existe, ni comment il a nom, ni où il va, ni d'où il vient. Daguenet le fol le croisa. C'était un chevalier, mais la plus niaise et la plus couarde pièce de chair qu'on ait jamais vue ; tout le monde se jouait de lui et s'amusait de ses folies, quand il contait qu'il était sorti pour chercher aventures et qu'il avait occis deux ou trois champions.

– Où allez-vous ? demanda le fol.

Et comme le chevalier pensif ne répondait pas, Daguenet saisit son destrier par le frein et il le ramena au château : dont Lancelot rêvant ne s'aperçut point.

Lorsqu'elle sut que Daguenet le fol avait conquis un chevalier, la reine fut bien ébahie ; elle lui fit dire d'amener son prisonnier.

– Voici le champion que j'ai pris ! s'écria fièrement le couard en entrant dans la salle. Tels sont ceux que je sais prendre !

Et il se pavanait, disant à chacun :

– De tels, vous n'en prendrez jamais !

– Daguenet, demanda la reine, par la foi que vous devez à monseigneur le roi et à moi, comment l'avez-vous conquis ?

Or, à la voix de la reine, qui lui parut un chant, le chevalier pensif leva la tête. Sans qu'il s'en aperçût, ses doigts s'ouvrirent ; il lâcha sa lance qu'il tenait par le milieu et dont le fer vint déchirer le manteau de Guenièvre.

– Ce chevalier ne me semble pas bien sage, dit-elle tout bas à monseigneur Yvain ; demandez-lui qui il est.

Aux paroles de monseigneur Yvain, Lancelot frissonna comme un homme qui s'éveille.

– Sire, répondit-il, je suis un chevalier.

– Et que cherchez-vous ?

– Sire, je ne sais pas.

– Vous êtes prisonnier.

– Sire, c'est bien fait.

– N'en direz-vous pas plus ?

– Sire, je ne sais que dire.

– Daguenet, fit messire Yvain, le laisserez-vous aller, si je m'offre comme otage ?

Le fol ayant consenti, messire Yvain ramassa la lance de Lancelot et la lui rendit ; puis il lui fit donner un autre cheval ; enfin il le conduisit au gué, qu'il lui montra en lui disant que celui qu'il suivait était parti par là. Et le chevalier pensif s'éloigna.

XX

Cependant la reine, tout ébahie de ce qu'elle avait vu, causait avec ses dames et demoiselles et leur demandait si elles savaient quelle maladie pouvait avoir ce chevalier ; à vrai dire peut-être la soupçonnait-elle.

– Dame, dit une vieille, m'est avis que son cœur est à malaise, car il advient maintes fois que le cœur souffre d'une maladie où nulle médecine mortelle ne peut rien, et seule y convient la médecine de Notre Seigneur, comme aumônes, jeûnes, oraisons, larmes et conseils de religieuses gens. Et il est une autre maladie du cœur : c'est quand il est angoissé de quelque honte qui a été faite au corps ; on se guérit alors en tirant vengeance du forfait, en rendant honte pour honte. Le cœur est la plus franche et la plus nette partie de l'homme, et il prend sur lui toutes les hontes et tous les maux, car le corps n'est que la maison du cœur. Mais maintenant je vous dirai la troisième maladie par laquelle un franc cœur est à la torture : c'est le mal d'amour, quand on ne peut venir à bonne fin. Amour entre par les yeux et les oreilles, et si le cœur est percé par une de ces portes, toujours il lui convient souffrir : car, quand même il entend ce qu'il a tant désiré, il craint encore de le perdre. Telles sont les trois maladies du cœur : l'on guérit de la première et de la seconde comme j'ai dit ; mais la troisième est la plus dangereuse parce qu'il arrive que le cœur n'en veuille guérir ; et quand ainsi il préfère son mal à sa santé, on ne sait quel conseil donner.

– Dame, fit une des pucelles, tel fut le mal de monseigneur Tristan et de la reine Yseult. Vous plaît-il d'entendre le lai nouveau qu'on en a fait ?

Et, prenant sa harpe, elle chanta si doucement que toutes se turent pour l'écouter.

Le lai qu'on nomme Chèvrefeuille
Assez me plaît pour que je veuille
Vous en conter la vérité,
Comment fut fait, par qui chanté :
De Tristan et d'Yseult la reine,
De leur tendresse et de leur peine,
De leur douleur, de leur amour
Dont ils moururent en un jour.
Le roi Marc était courroucé,
Contre son neveu irrité :
De son royaume il l'exila
Pour la reine Yseult qu'il aima.

En Galles où il était né
Tristan demeure un an entier.
Le désir de la mort le point ;
Ne vous en émerveillez point :
Qui aime bien loyalement
Sans s'amie n'a que tourment.
En Cornouaille il s'en retourne,
Aux lieux où la reine séjourne.
Il ne voulait pas qu'on le vît :
Dedans la forêt il s'est mis.
À la vesprée il en sortait
Quand le temps d'héberger venait ;
Il couchait chez de pauvres gens,
Toujours pensif, toujours dolent...
Un soir, il les ouït parler :

"Tous les barons sont appelés ;
À Tintagel ils vont venir :
Le roi Marc veut sa cour tenir.
Joie et déduit moult y aura,
Et la reine Yseult y sera."
Le jour que doit passer le roi,
Tristan se hâte par le bois.
Il s'est caché près du chemin
Que suivra la reine, au matin.
D'un coudrier coupe une branche,
Il l'équarrit, l'écorce tranche,
puis, ayant paré ce bâton,
Il y marque au couteau son nom.
Quand la reine l'apercevra
Le signe elle reconnaîtra.
Il dit que Tristan est venu,
Qu'il a bien longtemps attendu
Pour épier et pour savoir
Comment il la pourrait revoir ;
Qu'il ne saurait vivre sans elle ;
Qu'il en serait de lui et d'elle

Tout ainsi que du Chèvrefeuille
Qui noue au coudrier sa feuille.
Lorsqu'autour du bois il s'est mis
Et qu'il s'y est lacé et pris,
Ensemble ils peuvent bien durer ;
Mais, si l'on veut les séparer,
Le coudrier meurt promptement,
Le chèvrefeuille mêmement.
"Belle amie, ainsi est de nous :
Ni vous sans moi, ni moi sans vous !"
Le reine s'en vint chevauchant
Avec une escorte de gens.
Le bâton vit, bien l'aperçut,
Toutes les lettres y connut.
"Je veux descendre et reposer",
Dit-elle à ses chevaliers.
Du chemin elle s'éloigna ;
Dedans le bois celui trouva
Qu'elle aimait plus que rien vivant.
Ah ! quelle joie il vont faisant !
Il lui parle tout à loisir ;
Elle lui dit tout son plaisir...
Mais quand il faut se séparer,
Lors, ils commencent de pleurer...
En Galles, Tristan s'en alla :
Son oncle enfin le rappela.
Pour le bonheur qu'il avait eu
Lorsqu'il avait Yseult revu
Et pour les mots remémorer,
Tristan, qui savait bien harper,
Fit un très doux et nouveau lai.
Goatleaf *l'appellent les Anglais.*
Les Français disent Chèvrefeuille.

Mais le conte, à présent, ne parle plus de la reine Guenièvre et de ses dames, et retourne au chevalier pensif qui chevauche aussi vite que son destrier peut aller.

XXI

Il ne tarda pas à rejoindre celui qui l'avait défié, et de son premier coup de lance il le tua. Dont il fut bien dolent ; mais qu'y faire ? Puis il reprit son chemin et bientôt approcha d'une cité qu'on nommait le Puy de Malehaut.

Or, comme il entrait dans la ville, il fut dépassé par deux écuyers, portant l'un le heaume, l'autre l'épée du chevalier qu'il avait occis. Et lorsqu'il voulut sortir par l'autre porte, il la trouva fermée, et tout à coup il fut assailli par plus de cent sergents. Il se défendit de son mieux, mais, son cheval tué, il dut se réfugier sur les degrés d'une maison. Là, il fut durement attaqué et déjà ses ennemis l'avaient fait tomber sur les genoux deux ou trois fois, lorsque la dame de la ville survint, qui le requit de se rendre à merci.

– Dame, demanda-t-il, en quoi ai-je méfait ?

– Vous avez tué le fils de mon sénéchal. Mais rendez-vous à moi.

Il lui tendit son épée. Et le conte se tait pour un temps de monseigneur Lancelot.

XXII

Or, un jour il vint nouvelles au roi Arthur de Galehaut, le fils de la belle géante, seigneur des Iles Lointaines, qui avait envahi les marches de Galore. Le roi demanda quel était ce Galehaut, et on lui dit que c'était un très grand et fort chevalier de la lignée des géants, mais qu'il n'avait pas accoutumé, comme ceux de sa nature et ses ancêtres, de boire à se saouler chaque nuit ; au contraire, il était le plus prud'homme et le plus modéré en toutes choses, courtois, preux, sage, bien disant, plein de largesse ; et il s'était promis de guerroyer jusqu'à ce qu'il eût conquis trente royaumes.

– Bel ami, dit le roi Arthur au messager, faites savoir à ceux des marches que je partirai cette nuit pour les défendre.

– Sire, dit messire Gauvain, vous ne devez point ainsi vous mettre en aventure : Galehaut a toute une armée, et vous êtes ici fort privément.

– À Dieu ne plaise, répondit le roi, qu'on envahisse ma terre et que je demeure en repos !

Il partit dès le lendemain et chevaucha tant qu'il parvint au château de Galore. Galehaut campait devant la forteresse avec son armée qu'il avait retranchée derrière des réseaux de fils de fer, et il avait amené, outre ses chevaliers, une grande quantité de gens de pied, armés d'arcs et de flèches venimeuses. Mais, quand il apprit que le roi Arthur était venu avec si peu de monde, il songea qu'il n'y aurait pas d'honneur à guerroyer contre un adversaire si faible et à conquérir une terre si pauvrement défendue. Aussi manda-t-il au roi qu'il lui ferait trêve pendant un an pour lui permettre de réunir toutes ses forces ; après quoi leurs chevaliers s'assembleraient en un grand tournoi. Le roi Arthur s'émerveilla d'une telle courtoisie, et il envoya des messagers dans toutes les parties du royaume de Logres.

Le lendemain soir, on vit arriver à Galore un homme grand et vigoureux, les épaules larges, les poings maigres et veineux, les cheveux rudes, les yeux gros et brillants, l'allure fière et le visage plein de cicatrices, comme le corps en maints lieux qui ne se voyaient point. C'était un ancien chevalier, nommé Nascien, cousin germain par sa mère de Perceval le Gallois dont le conte devisera tout à loisir plus avant, descendant du lignage de Joseph d'Arimathie dont les dix-sept fils illustrèrent la terre de Bretagne, et parent du roi Pellès le riche Pêcheur. Et il avait été l'un des meilleurs chevaliers du monde au temps du roi Uter Pendragon et de la jeunesse du roi Arthur. Puis, ayant laissé la chevalerie, il s'était fait ermite, et Notre Sire avait mis tant de grâce en lui qu'il devint prêtre chantant messe, et qu'il demeura vierge et chaste tant qu'il vécut.

Quand le roi apprit son arrivée, il en fut très réconforté, et ce lui fut avis que Dieu lui envoyait secours. Il vint à la rencontre de Nascien ; mais le prud'homme lui dit sans lui rendre son salut :

– Je n'ai cure de ton salut, et ne l'aime pas, car tu es le plus vieux pécheur de tous les pécheurs. Tu dois savoir que c'est de Notre Sauveur lui-même que tu tiens sa seigneurie, et il te la bailla pour que tu lui en susses bon gré. Pourtant, tu ne laisses pas venir à toi le pauvre et le faible, et le droit des veuves et des orphelins dépérit, tandis que tu honores les riches et les déloyaux.

– Beau doux maître, dit le roi, si j'ai méfait, conseillez-moi.

– Tu dédaignes les bas gentilshommes de ta terre, et pourtant le royaume ne peut être maintenu si les petites gens ne s'y accordent : aussi ceux-là, quand ils viennent à ton aide, c'est par force ; mais ils ne te sont pas plus utiles que s'ils étaient morts, car tu n'as pas leur cœur, et corps sans cœur n'a nul pouvoir.

– Ha ! maître, pour Dieu, apprenez-moi comment je pourrai être secouru, si c'est possible.

– Je t'apprendrai à guérir cœur malade et cœur désespéré, et c'est une très belle médecine, car le cœur d'un homme vaut tout l'or d'un pays. Et voici comment tu feras :

"Dès que tu le pourras, tu t'en iras visiter tes bonnes villes et rendre justice à chacun selon son droit. Et tu manderas à toi les plus humbles chevaliers comme les hauts hommes ; et quand on te montrera quelque prud'homme qui n'aura d'autre bien que sa prouesse et qui se dissimulera entre les autres pauvres, tu te lèveras et tu iras t'asseoir auprès de lui et tu t'enquerras de lui. Et chacun dira : "Avez-vous vu comment le roi a quitté tous les riches pour ce modeste chevalier ?" Ainsi tu gagneras le cœur des basses gens ; et si les fols te le reprochent, peu t'en chaille !

"Puis tu choisiras un de tes chevaux, sur lequel tu monteras ; tu iras vers ce pauvre chevalier, et, après avoir mis pied à terre, tu lui placeras la bride dans la main, en lui disant qu'il chevauche à l'avenir ce destrier pour l'amour de toi ; enfin tu lui feras largesse de tes deniers.

"Aux vavasseurs tu donneras aussi, mais autrement, car ils sont aisés dans leurs maisons. Tu leur donneras des rentes, des terres, des robes, des palefrois ; et prends garde d'avoir toujours monté auparavant les chevaux dont tu leur feras présent : car ainsi ils diront qu'ils ont le palefroi que tu chevauchas.

"Aux hauts hommes, aux rois, aux ducs, aux comtes et aux barons, tu donneras ensuite des vaisselles précieuses, des beaux joyaux, des draps de soie, de bons faucons, des destriers ; et tu t'appliqueras moins à leur faire de riches cadeaux que d'agréables, car on ne doit donner à personne des choses dont elle a déjà plus que sa suffisance.

"Ainsi feras-tu largesse à chacun selon son rang, et crois que ces présents te gagneront les cœurs et que tes terres seront bien gardées. Tu ne peux rien que par tes hommes, car tu n'es qu'un homme toi-même, et tu dois mieux aimer qu'ils tiennent en fief une partie de ta terre que de la perdre honteusement. Et ce que tu feras pour eux, il conviendra que la reine le fasse pour les dames et les demoiselles. Et prends garde de donner en montrant bon visage, car on n'a nul gré d'un présent fait en rechignant.

– Certes, beau maître, je ferai ce que vous m'avez commandé.

– Maintenant, mande les plus hauts et sages clercs qui soient ici, et confesse-leur tous les péchés que tu découvriras en toi ; et prends garde que la confession n'est valable que si le cœur se repent de ce que la langue avoue. Et ne manque pas de leur dire le grand péché que tu fis en ne secourant point ton homme lige, le roi Ban de Benoïc, qui est mort pour ton service, et qui a vu prendre son dernier château par le roi Claudas de la Terre Déserte sans avoir aucune aide de toi ; et je ne te parle pas du petit Lancelot, son fils, qui, encore au maillot, fut enlevé jadis par un diable sous la semblance d'une demoiselle, ni de sa femme qui s'est faite nonne voilée pour ce qu'elle fut trop déconfortée de perdre le même jour son seigneur et son enfant.

Alors le roi songea que d'avoir laissé mourir ainsi son vassal le roi Ban qui venait lui demander aide, c'était la plus grande honte qu'il eût connue depuis son couronnement. Aussi appela-t-il dans sa chapelle ses archevêques et ses évêques et il se présenta devant eux tout nu, en braies, tenant une poignée de menues verges qu'il jeta à leurs pieds en versant des chaudes larmes et en les priant de tirer sur lui la vengeance de Dieu. Ils l'écoutèrent à grande pitié, et ils lui donnèrent absolution et pénitence. Mais le conte laisse ce propos pour retourner à la dame de Malehaut et à Lancelot du Lac, son prisonnier.

XXIII

Elle était bonne dame, sage et fort prisée de tous ceux qui la connaissaient. Les gens de sa terre l'aimaient tant que, lorsqu'on leur demandait comment était leur dame, ils répondaient qu'elle était l'émeraude de toutes les autres. Et elle avait fait au chevalier qui s'était rendu à elle une assez douce prison, car elle l'avait enfermé dans une geôle dont les deux fenêtres closes de grille donnaient sur la salle de son logis, si bien qu'elle lui pouvait parler quand elle voulait, et lui à elle.

C'est ainsi qu'il vit et entendit un jour les envoyés du roi Arthur faire à la dame leur message. Et dès qu'ils furent sortis, il la pria de s'approcher de la geôle :

– Dame, j'ai ouï dire que le roi Arthur est en ce pays. Je suis un pauvre chevalier ; mais je connais des gens de sa maison qui pourrait m'aider à payer ma rançon.

– Beau sire, je ne vous tiens point par convoitise d'une rançon, mais par justice, car vous m'avez fait un très grand outrage.

– Dame, je ne puis le nier ; mais j'y ai été contraint pour défendre mon honneur. Et si vous vouliez me laisser sortir, vous feriez bien, car j'ai entendu qu'il y aura bataille entre le roi Arthur et Galehaut, le fils de la géante, et je vous promettrais sur ma foi de rentrer la nuit en votre prison, sauf mort ou blessure qui empêchât mon corps.

– Je le ferai, si vous me dites votre nom.

– Dame, je ne le puis ; mais je jurerai de vous l'apprendre dès que cela me sera permis.

Ainsi fut-il convenu. Et lorsque le moment fut venu, la dame de Malehaut donna à Lancelot un cheval, avec un écu et des armes vermeilles. En cet équipage il se rendit à l'armée du roi Arthur, qui n'était qu'à deux lieux galloises du Puy de Malehaut.

XXIV

Or, en arrivant, il vit les chevaliers des deux parts de la rivière, prêts à combattre, et il s'arrêta sur le bord du gué entre les deux armées. Il y avait là une loge que le roi Arthur avait fait dresser pour que la reine, les dames et les demoiselles pussent voir le tournoi, et où le roi s'assit lui-même, car il avait été convenu que ni lui, ni Galehaut ne prendraient part à la bataille. Lancelot s'appuya sur sa lance et demeura, immobile sur son cheval, à contempler cette loge, comme celui qui s'est oublié lui-même.

Cependant, le premier des rois conquis par Galehaut, celui qui lui avait rendu hommage le plus anciennement, s'était détaché de l'armée ennemie pour donner le premier coup de lance, et, l'écu devant la poitrine, il avançait vers le gué. À cette vue, les hérauts et les crieurs d'armes du roi Arthur commencèrent de clamer :

– Leurs chevaliers viennent !... Voyez-les !... Le roi Premier Conquis s'approche !

Et s'adressant à Lancelot qui rêvait toujours, les yeux sur la loge où était la reine :

– Sire chevalier, voyez un des leurs venir !... Qu'attendez-vous ?... Il vient !

Mais ils eurent beau lui répéter cela cent fois, il ne répondit mot, car il ne les entendit point, et à la fin l'un d'eux put s'approcher et lui enlever son écu sans qu'il s'en aperçut seulement. Alors un garçon ramassa au bord de l'eau une motte de terre humide et la lui lança de toutes ses forces sur le nasal du heaume, en criant :

– Mauvais failli, à quoi songez-vous ?

L'eau boueuse lui piqua les yeux : alors Lancelot revint à lui. Il vit le roi Premier Conquis approcher ; aussitôt il brocha des éperons, baissa sa lance, et, sans écu comme il était, lui courut sus. Le roi le frappa en pleine poitrine, mais son haubert, qui était fort, ne céda point, et il renversa à la fois l'homme et le cheval. Aussitôt le héraut qui lui avait pris l'écu courut le lui repasser au col. Mais Lancelot, sans daigner seulement le regarder, s'apprêta à faire front aux gens du Premier Conquis qui s'élançaient à la rescousse de leur seigneur. Les hommes du roi Arthur accouraient à leur tour : ils les accueillirent sur le fer de leurs lances ; et ainsi commença la dure mêlée.

Messire Gauvain fit là mille exploits, mais il reçut tant de coups que le sang lui sortait par la bouche et le nez, et qu'à la fin, étant tombé de son cheval, il fallut l'emporter tout pâmé. Des deux parts la prouesse fut merveilleuse ; mais par-dessus tous se distingua le chevalier aux armes vermeilles, car il abattit tous ceux qu'il rencontra. Pourtant, quand la nuit tomba, il disparut, et personne ne put apprendre ce qu'il était devenu.

XXV

Il était retourné à Malehaut tout droit. Là, s'étant fait désarmer, il rentra dans sa geôle où il se coucha, si dolent qu'il ne put rien manger. Peu après lui revinrent les chevaliers que la dame de Malehaut avait envoyés au combat. Ils contèrent les prouesses du champion aux armes vermeilles, et elle songea que ce pouvait bien être son prisonnier ; aussi, elle appela sa cousine germaine et lui dit tout bas :

– Si c'est lui ce grand vainqueur, nous le verrons bien à son corps et à ses armes.

– Dame, c'est facile.

– Certes, mais gardez, si vous tenez à vos membres, que personne ne sache ce que je vais faire, hors nous deux.

Elle de débarrassa de ses gens et de ses demoiselles le plus tôt qu'elle put ; puis, faisant prendre à la pucelle plein poing de chandelles, toutes deux furent à l'étable. Là, elles virent que le cheval du prisonnier était recouvert de plaies à la tête, au cou, à la poitrine, aux jambes ; il était en si mauvais point qu'il ne voulait pas seulement manger.

– Dieu m'aide ! s'écria la dame, vous semblez bien le cheval d'un prud'homme !

– Dame, dit la pucelle, m'est avis que ce destrier a eu plus de peine que de repos. Et pourtant ce n'est point celui qu'avait votre chevalier quand il partit.

– C'est qu'il en a usé plus d'un. Mais allons regarder ses armes.

Toutes deux furent à la chambre où on les avait rangées : et elles trouvèrent le haubert faussé et coupé sur les épaules et sur les bras, l'écu tout écartelé, le heaume fendu et décerclé. Enfin elles vinrent à la geôle et, par la porte qui était restée entr'ouverte, la dame de Malehaut passa la tête sans bruit.

Lancelot gisait sans son lit. Il avait tiré la couverture dessus sa poitrine, mais, à cause de la chaleur, ses bras étaient tout dehors, et il dormait profondément. La dame aperçut qu'il avait le visage enflé et tuméfié, le nez et les sourcils écorchés, le col meurtri par les mailles du haubert, les épaules tailladées, les bras tout bleus des coups qu'il avait reçus, les poings gros et pleins de sang.

Alors elle se tourna vers sa cousine en souriant, et prenant les chandelles :

– Regardez, fit-elle, et vous verrez merveilles !

Puis, tandis que la pucelle passait la tête et examinait curieusement le blessé, elle entra tout doucement dans la geôle et fit un pas vers le lit en murmurant :

– Je serais bien bien aise de lui donner un baiser !

– Ha, dame, qu'avez-vous dit ! s'écria la pucelle à voix basse. Ne le faites pas, car s'il s'éveillait, il en priserait moins et vous et toutes les femmes. Ne soyez pas si folle qu'ensuite vous ayez honte !

– Dieu m'aide ! Comment pourrait-on avoir honte de ce que l'on aurait fait pour un si prud'homme ?

– Et s'il refusait ? Le plus preux de corps n'a pas toujours toutes les bontés de cœur.

La pucelle en dit tant qu'elle détourna sa cousine de rien tenter, et toutes deux revinrent dans les chambres, où la dame commença de parler de son prisonnier, s'émerveillant qu'il eût fait tant d'armes :

– Ce doit être qu'il aime d'amour en très haut lieu, disait-elle.

La pucelle s'efforçait de changer de propos car elle devinait bien le cœur de sa cousine ; mais elle ne put y réussir. Et toutes deux passèrent la nuit à causer ainsi.

XXVI

Le lendemain, à l'aube, la dame de Malehaut se fit amener le prisonnier. Quand il fut devant elle, il se voulut asseoir à ses pieds ; mais elle lui fit prendre place à ses côtés, et elle lui dit :

– Sire chevalier, je vous ai tenu en très douce prison et vous devez m'en savoir gré. Je vous prie encore une fois de me dire qui vous êtes et ce que vous vous proposez ; et si vous désirez que cela reste secret, assurez-vous que personne n'en saura rien.

– Dame, me dussiez-vous couper la tête, je ne le dirais point.

– Eh bien, apprenez-moi quelle est la dame que vous aimez d'amour, ou vous ne sortirez jamais de ma prison, ni par rançon, ni par prières.

– Dame, vous ne le saurez point, car je ne vous répondrai pour rien au monde.

Elle feignit d'être fort courroucée (mais ce n'était qu'un faux semblant), et parlant comme une femme irritée :

– Dites-moi donc si vous pensez faire autant d'armes que vous en fîtes hier, ou bien je ne vous laisserai point aller.

– Dame, répondit-il en pleurant, je vois bien qu'il me faut acquitter une honteuse rançon si je veux sortir de cette geôle. Puisque vous l'exigez, je vous avouerai que, si cela m'est commandé, je pense faire aujourd'hui plus d'armes que je n'en fis jamais.

– C'est assez.

Elle fit préparer des armes noires, un destrier noir, une cotte d'armes noires, une armure noire pour le cheval. Et Lancelot partit, obscur comme la nuit.

XXVII

Quand il arriva, la bataille était déjà engagée et le pré tout couvert de champions qui joutaient deux à deux. Mais il demeura comme la veille sur le bord du gué appuyé sur sa lance, à contempler la loge de la reine.

Le roi était auprès d'elle, ainsi que messire Gauvain, qui s'était fait transporter là, trop blessé pour combattre. La dame de Malehaut ne tarda pas d'arriver à son tour et elle reconnut aussitôt son prisonnier.

– Dieu ! dit-elle à haute voix, quel peut être ce chevalier pensif que j'aperçois au bord de la rivière ? Il ne nuit ni n'aide à personne.

Tous et toutes se mirent à regarder l'inconnu.

– Hier, dit la reine, un chevalier rêvait ainsi au bord de l'eau, mais il portait des armes vermeilles.

– Dame, lui dit la dame de Malehaut, ne vous plairait-il pas de mander à celui-ci qu'il combatte pour l'amour de vous ?

– Belle dame, j'ai autre chose à penser, quand messire le roi est en aventure de perdre sa terre et son honneur, et que mon neveu Gauvain gît blessé comme vous pouvez voir. Mais mandez-lui, vous-même et ces autres dames, tout ce que vous voudrez.

Alors la dame de Malehaut appela une pucelle.

– Allez à ce chevalier qui rêve là-bas, et dites-lui que toutes les dames de la maison du roi Arthur, fors madame la reine, le prient de combattre pour l'amour d'elles.

– Et présentez-lui ces deux lances de ma part, ajouta messire Gauvain en s'adressant à l'un de ses écuyers.

Lancelot écouta le message et accepta les armes ; puis ayant ajusté ses étrivières, il piqua des deux vers la prairie.

Dédaignant les jeunes chevaliers qui galopaient ça et là, il plonge au milieu d'un groupe de gens d'armes, renverse du premier coup celui à qui il s'adresse, et, sa lance brisée, frappe des tronçons tant qu'ils durent ; puis il va prendre la seconde lance que lui apportait l'écuyer et joute avec toute l'adresse possible jusqu'à ce que son arme soit en morceaux ; et il use de même avec la troisième lance, la sienne. Mais, après cela, il retourne au bord de la rivière, s'arrête au lieu mêlée d'où il était parti, et, tournant son visage vers la tribune, il se reprend à rêver.

– Dame, dit à la reine messire Gauvain, vous avez mal fait quand vous ne voulûtes être nommée au message qui fut envoyé à ce chevalier pensif : peut-être en a-t-il été offensé ? Mandez-lui votre salut et que vous lui criez merci pour le royaume de

Logres et l'honneur de monseigneur le roi, et qu'il combatte pour l'amour de vous, et que si vous lui pouvez procurer honneur et joie, vous le ferez ensuite selon votre pouvoir. Je lui enverrai, pour ma part, dix bonnes lances et mes trois plus beaux chevaux couverts de mes armes. S'il veut, il emploiera bien tout cela.

– Beau neveu, mandez en mon nom ce qu'il vous plaira.

Messire Gauvain fit faire le message, et quand il l'eut reçu, Lancelot dit aux écuyers de le suivre, choisit la plus forte des lances et s'en fut à l'endroit où les gens du roi Ydier de Cornouailles combattaient ceux du roi Baudemagu de Gorre. Là, il laissa courre et commença de faire voler tout ce qu'il heurtait, abattant hommes et chevaux à la fois, arrachant les heaumes, trouant les écus et accomplissant tant d'exploits que Keu le sénéchal, Giflet fils de Dô, Yvain l'avoutre, Dodinel le Sauvage et Gaheriet, le frère de monseigneur Gauvain, tous de la Table ronde, qui arrivaient à la rescousse, heaumes lacés, lances sur feutre, prêts à bien faire, n'en pouvaient croire leurs yeux.

Lorsque son premier destrier eut été tué sous lui, Lancelot sauta sur celui qu'un des écuyers lui présentait, l'étreignit rudement et replongea dans la mêlée, aussi frais que s'il n'eût pas encore mis l'épée à la main. Or le cheval était couvert des armes de monseigneur Gauvain ; les compagnons de la Table ronde et tous les gens du roi Arthur en furent ébahis. Mais bien plus ceux de Galehaut, car aucun d'eux ne pouvaient endurer les coups de Lancelot, et il passait au travers de leurs rangs droit comme carreau d'arbalète.

Cependant Keu appelait l'écuyer qui avait amené le destrier.

– Va tôt à Hervé de Rinel, lui dit-il, que tu vois là-bas, auprès de cette bannière mi-partie d'or et de sinople. Tu lui diras qu'il y a bien raison de se plaindre de lui, qui laisse ainsi mourir sans recours le meilleur chevalier qui ait jamais porté écu au col, et avec lui la fleur des compagnons du roi Arthur. Certes, il en sera tenu pour mauvais jusqu'à sa mort.

– Dieu m'aide ! s'écria Hervé courroucé quand l'écuyer lui eut répété ces paroles, je suis trop vieux pour commencer de trahir à cette heure. Va devant et dis au sénéchal qu'il ne me tiendra pas pour traître.

Quand il sut la réponse de Hervé, Keu se prit à rire ; puis il demanda à l'écuyer quel était ce chevalier noir et pourquoi messire Gauvain lui envoyait ses destriers ; mais le valet répondit qu'il n'en savait rien, et le sénéchal, remettant son heaume qu'il avait ôté, retourna au combat.

Hervé fit ce jour-là plus d'armes qu'il ne convenait à son âge, car il avait quatre-vingts ans passés, et ses gens clamèrent si fort en courant à la rescousse, que le cri de "Hervé !" domina un moment tous les bruits de la bataille ; messire Gauvain ne put s'empêcher d'en rire tout malade qu'il fût. Galehaut étonné de voir ses hommes reculer, car ils étaient plus nombreux d'un quart que ceux du roi Arthur, se porta en personne de ce côté, et il aperçut le noir chevalier, dont le troisième destrier venait d'être tué, entouré d'une telle presse que les siens ne pouvaient l'approcher pour le remonter ; mais il frappait à droite et à gauche si rapidement que son épée sifflait autour de lui. Émerveillé d'une telle prouesse, Galehaut résolut de ne plus le perdre de vue, et il le suivit des yeux jusqu'à la fin du jour.

XXVIII

Quand le crépuscule tomba les combattants commencèrent de se séparer et, les uns après les autres, les chevaliers s'en furent vers leurs logis.

Lancelot partit à son tour, aussi secrètement qu'il put. Mais Galehaut, qui le guettait, le poursuivit et le joignit derrière la colline.

– Dieu vous bénisse, sire ! lui dit-il.

L'autre ne lui rendit son salut qu'à grand-peine.

– Sire, qui êtes-vous ?

– Je suis Galehaut, le fils de la géante, sire de tous ces gens contre lesquels vous avez défendu aujourd'hui le royaume de Logres, et je vous prie de venir loger cette nuit chez moi.

– Comment ! vous êtes l'ennemi du roi Arthur et vous osez me prier de cela !

– Ha, sire, je ferais tout pour héberger le meilleur chevalier du monde !

Lancelot s'arrêta, regarde Galehaut, et dit :

– Sire, vous passez pour un prud'homme, et il ne serait pas à votre honneur de promettre ce que vous ne pourriez tenir.

– Sire, je tiendrai la promesse comme un loyal chevalier.

– M'accorderez-vous le don que je vous demanderai, quel qu'il soit ?

Solennellement Galehaut en fit le serment. Alors Lancelot l'accompagna.

XXIX

Gauvain l'avait suivi des yeux, tandis qu'il s'éloignait vers la colline. Quelle ne fut pas sa douleur quand il le vit revenir, le bras droit de Galehaut passé au cou ! Il en eut un tel chagrin qu'il pâma par trois fois.

– Regardez quel trésor vous avez perdu, dit-il au roi Arthur. Celui-ci vous ôtera votre terre, qui aujourd'hui vous l'a garantie !

Cependant Galehaut menait Lancelot à sa tente, où, après l'avoir fait désarmer, il lui donna une robe très belle. Puis, quand ils eurent mangé, il fit faire dans sa propre chambre quatre lits dont un plus haut et plus large que les autres et orné de toutes les richesses qui peuvent être mises à un lit ; et c'est là que Lancelot dormit, tandis que trois sergents couchaient, pour l'honorer, dans les autres.

Au matin, il entendit la messe avec Galehaut, puis en revenant il lui rappela le don promis.

– Beau doux ami, dit le fils de la géante, vous ne me sauriez rien demander que je ne vous dusse octroyer.

– Sire, je vous requiers d'aller crier merci au roi Arthur et de vous remettre en ses mains.

Galehaut fut bien ébahi ; mais il répondit :

– Las ! j'ai tant couru qu'il n'est plus temps de retourner !

Vêtu de sa meilleure robe, il se rendit à cheval, suivi de ses rois, de ses ducs et de ses comtes, vers la tente dit roi Arthur ; et, du plus loin qu'il vit le roi, il descendit, mit le genou en terre et joignit les mains :

– Sire, dit-il, je viens vous faire droit. Je me repens de vous avoir fait méfait et me remets à votre merci.

En entendant cela, le roi tendit de joie les bras vers le ciel, et s'empressa de faire lever Galehaut et de l'accoler. Après quoi, il n'est amitié que tous deux ne s'entrefirent et, le soir, ils couchèrent dans la même tente.

Au matin, Galehaut revint à son pavillon pour avoir des nouvelles de son compagnon. Les sergents lui dirent que toute la nuit le noir chevalier avait pleuré à la dérobée, répétant :

– Hélas ! chétif que je suis, que faire ?

Et, en effet, Galehaut vit qu'il avait les yeux rouges et la voix enrouée, et que les draps de son lit étaient mouillés de larmes. Alors il le prit par la main et, l'emmenant à l'écart, il lui demanda très doucement :

– Beau compagnon, d'où vient ce deuil que vous avez mené toute la nuit ?

Mais Lancelot lui répondit que souvent il se plaignait en dormant. Et, tandis qu'ils se rendaient tous deux à la messe, Galehaut eut beau insister autant qu'il put, l'autre ne lui voulut rien dire de plus. Pourtant, au moment où le prêtre faisait trois parties du corps de Notre Seigneur Dieu, le fils de la géante prit à nouveau la main de son compagnon.

– Croyez-vous, dit-il, que ce soit là le corps du Sauveur ?

– Certes, je le crois bien.

– Beau doux ami, par ce corps que vous voyez en semblance de pain, je ne ferai de ma vie rien qui vous peine.

– Grand merci, sire. Vous n'avez déjà que trop fait pour moi. Je vous demande seulement de ne dire à personne où je suis.

– Soyez donc assuré que ce n'est point de moi qu'on le saura.

XXX

Après le dîner, Galehaut retourna chez le roi Arthur. Là, messire Gauvain, que ses blessures tenaient au lit, lui demanda qui avait fait la paix entre lui et le roi, et il répondit que c'était un chevalier.

– N'est-ce pas le chevalier aux armes noires ? demanda la reine.

– Oui.

– Et quel est son nom ?

– Dame, je ne sais.

– Comment ! fit le roi, vous ne le connaissez pas ? Il n'est point de ma terre, car il ne s'y trouve pas un preux dont je ne sache le nom. Et pour avoir la compagnie de celui-là, je donnerais la moitié de tout ce que je possède, hormis le corps de cette dame, dont je ne ferais part à personne.

– Moi, dit messire Gauvain, je voudrais être la plus belle demoiselle du monde pour que le chevalier aux armes noires m'aimât toute sa vie.

– Et vous, dame, demanda Galehaut à la reine, que donneriez-vous pour qu'un tel chevalier fût toujours à votre service ?

– Par Dieu, Gauvain a offert tout ce qu'une dame peut offrir !

En entendant cela, ils se mirent à rire, et la reine se leva pour se retirer. Elle pria Galehaut de la reconduire et, quand ils furent un peu à l'écart, elle lui dit vivement :

– Galehaut, je vous aime beaucoup et je ferais pour vous plus que vous ne pensez. Certainement, vous avez le chevalier noir chez vous ; et il se pourrait que je le connusse déjà. Si vous avez quelque amitié pour moi, faites que je le voie !

– Dame, il n'est point mon homme lige.

– C'est le chevalier que je voudrais le plus connaître… Et qui ne voudrait connaître un si prud'homme ? Il ne se peut que vous ne sachiez où il est. Ne me le voulez-vous dire ?

– Dame, je pense qu'il est en mon pays.

– Ha, beau doux ami, envoyez-le quérir ! Qu'on chevauche jour et nuit !

Là-dessus, Galehaut la quitta et vint conter à son compagnon tout ce qu'on avait dit de lui ; puis il lui demanda ce qu'il devait répondre à la reine.

– Que sais-je ! répliqua Lancelot en soupirant.

Mais Galehaut lui conseilla de la voir, et il y consentit.

XXXI

Noi leggevamo un giorno per diletto
Di Lancilotto, come amor lo strinse...
Quel giorno più non vi leggemmo avante.
DANTE

La reine Guenièvre était la plus belle femme qui fut jamais, hors Hélène sans pair et la fille du roi Pellès. Elle était grande, droite et bien faite, ni grosse ni maigre, mais entre les deux, et les seins bien placés, menus, blancs, serrés, soulevaient sa robe comme pommelles dures ; la taille étroite, les reins assez larges pour mieux souffrir le jeu du lit, les bras ronds, longs et pleins, les doigts longuets aussi et les mains petites, enfin si avenante de corps et de membres qu'on n'y trouvait rien à reprendre. Ses cheveux blonds et luisants comme une coupe d'or étaient un peu crêpelés, ce qui lui allait bien, et ses tresses, grosses à plein poing, lui tombaient jusqu'aux hanches. Elle avait les yeux verts et brillants comme un faucon de montagne, les sourcils bruns et déliés, la chair plus blanche que sirène ou fée, plus tendre que fleur en mai, plus fraîche que la neige qui tombe. Son front était aussi lisse que le cristal, ses lèvres vermeilles comme la rose et un peu charnues pour bien baiser, ses dents claires, riantes, faites au compas ; bref elle avait l'air d'un ange descendu de la nue. Mais autant elle était belle, autant elle était sage, bien parlante, courtoise, débonnaire et vaillante, de manière qu'on ne pouvait la voir sans l'aimer.

Quatre jours s'écoulèrent, durant lesquels elle ne cessa de prier Galehaut de hâter l'entrevue ; car elle soupçonnait bien que le noir chevalier n'était pas aussi loin qu'on disait. Enfin, le cinquième, comme elle lui demandait quelles étaient les nouvelles :

– Assez belles, dame, fit-il ; la fleur des chevaliers est arrivée.

– Ha ! comment faire pour le voir en secret ? C'est que je ne veux point que d'autres le voient avant moi.

– En nom Dieu, c'est aussi ce qu'il ne veut ! Mais voici ce que nous ferons.

Il lui montra un coin de la prairie tout couvert d'arbrisseaux, et il lui recommanda de venir là au crépuscule, aussi peu accompagnée que possible.

– Beau doux ami, comme vous parlez bien ! Plût au Sauveur du monde qu'il fit nuit sur-le-champ !

Toute la journée, elle devisa pour tromper le temps. Enfin, le soir venu, elle prit la main de Galehaut, manda pour la suivre la dame de Malehaut, Laure de Carduel et une autre de ses demoiselles, et elle s'en fut avec eux, par les prés, au rendez-vous.

Tout en cheminant, Galehaut, appela un écuyer qui passait, et lui commanda d'aller dire à son sénéchal qu'il vînt immédiatement au pré des arbrisseaux.

– Quoi ! fit la reine, étonnée, est-il votre sénéchal ?

– Nenni, dame ; mais mon sénéchal est averti de l'amener avec lui.

Sous les arbres, Galehaut et la reine s'assirent assez loin des demoiselles, un peu surprises de se voir ainsi écartées. Pendant ce temps, le sénéchal et son compagnon passaient le gué et s'en venaient à travers la prairie. Lancelot était si beau qu'on n'eût point trouvé son pareil en tout le pays : aussi, dès qu'elle aperçut son ancien prisonnier, la dame de Malehaut se le remit très bien ; mais, afin de n'en être pas reconnue, elle baissa la tête et s'approcha de Laure, lorsqu'il la salua en passant. Quand il arriva devant la reine, avec son compagnon, Lancelot tremblait si fort qu'à peine put-il mettre genou en terre ; il avait perdu toute couleur et baissait les yeux comme honteux. Et Galehaut, qui s'en aperçut, dit à son sénéchal :

– Allez faire compagnie à ces demoiselles qui sont là trop seules.

Et dès que le sénéchal se fut éloigné, la reine releva par la main le chevalier agenouillé et le fit asseoir devant elle.

– Sire, lui dit-elle en riant, nous vous avons beaucoup désiré ; enfin, par la grâce de Dieu et de Galehaut, nous vous voyons ! Encore ne suis-je point sûre que vous soyez bien celui que je demande ; Galehaut me l'a dit, mais, si tel était votre bon plaisir, j'aimerais de l'apprendre de votre bouche. Qui êtes-vous ?

Lancelot, qui n'osait pas encore la regarder au visage, murmura qu'il n'en savait rien. Alors, voyant son trouble durer, Galehaut pensa qu'il serait plus à l'aise seul à seule, et d'une voix assez haute pour que les demoiselles l'entendissent :

– Je suis bien vilain, s'écria-t-il, de laisser ces dames en compagnie d'un seul chevalier !

Et à son tour, il fut s'asseoir auprès d'elles et se mit à deviser de maintes choses.

– Beau doux sire, disait cependant la reine, pourquoi vous cachez-vous de moi ? Vous pouvez bien confesser si vous aviez des armes noires, et si vous êtes celui qui vainquit le premier jour et le second.

– Dame, ce n'est pas moi.

Mais elle comprit ce qu'il voulait dire : c'est qu'il n'avait pas vaincu ; et elle ne l'en prisa que davantage pour sa modestie.

– Qui donc vous a fait chevalier ?

– Dame, c'est vous.

– Moi ?

Alors il lui dit comment la Dame du Lac l'avait amené à la cour vêtu d'une robe blanche et comment, valet le vendredi, il avait été adoubé le dimanche ; mais le roi ne lui avait pas ceint l'épée, et c'était d'elle qu'il tenait la sienne : il était donc son chevalier. Puis il conta tout ce qu'il avait fait depuis lors, et quand elle sut que c'était lui qui avait conquis la Douloureuse Garde :

– Ha ! s'écria-t-elle, je sais bien qui vous êtes : vous êtes Lancelot du Lac, fils du roi Ban de Bénoïc !

Il se tut.

– Mais dites-moi, reprit-elle, pour qui avez-vous fait tout cela ? Je ne le répéterai à personne. C'est sûrement pour une dame. Par la foi que vous me devez, quelle est-elle ?

– Ha ! dame, je vois bien qu'il faut l'avouer : c'est vous.

– Pourtant ce n'est pas pour moi que vous rompîtes les deux lances que l'on vous apporta de la part des dames, le premier jour du tournoi, car je m'étais mise hors du message.

– Je fis pour elle ce que je dus ; pour vous, ce que je pus.

– M'aimez-vous donc tant ?

– Dame, je n'aime ni moi, ni autrui autant que vous.

– Et depuis quand m'aimez-vous ?

– Dès l'heure que je vous vis.

– Mais d'où vous vint cet amour ?

À ce moment, la dame de Malehaut toussa et écarta son voile. Lancelot reconnut sa voix, puis son visage, et soudain il éprouva tant d'inquiétude que ses yeux se mouillèrent d'angoisse. La reine, surprise, aperçut qu'il regardait ses demoiselles ; mais elle répéta sa question sans en faire semblant. Et, prenant sur lui pour parler, il répondit :

– Dame, c'est vous qui me fîtes votre ami, si votre bouche ne mentit. Le jour que je pris congé de vous, je vous dis que je serais votre chevalier où que je fusse, et vous me répondîtes que vous le vouliez bien. Et je vous dis encore : *Adieu, dame !* Et vous répliquâtes : *Adieu beau doux ami !* Et jamais plus ce mot ne m'est sorti du cœur. C'est lui qui me rendra prud'homme, si je le suis jamais. Il m'a garanti de tous les maux. Il m'a sauvé de tous les périls. Il m'a rassasié lorsque j'avais faim. Il m'a fait riche en ma pauvreté.

– Ma foi, Dieu soit béni de me l'avoir fait dire ! Mais je ne lui donnais pas tant d'importance et je l'ai dit à maint chevalier sans y songer. S'il vous fait prud'homme, c'est que vous n'avez point le cœur d'un vilain. Pourtant ils n'ont point accoutumé de penser si hautement, ces chevaliers qui font grand état auprès des dames de choses qui, au fond, leur tiennent très peu à cœur. Et j'ai bien vu, il y a un instant, que vous aimez l'une de mes demoiselles, car vous avez pleuré d'angoisse ; et maintenant encore, vous n'osez regarder franchement de leur côté. À cela je vois que votre pensée ne m'appartient pas autant que vous le dites... Laquelle est-ce ?

– Ha ! dame, en nom Dieu ! Dieu m'aide ! jamais aucune d'elles n'eut mon cœur en son pouvoir !

– J'ai vu ce que j'ai vu. Votre cœur est là-bas, quoique votre corps soit ici.

Elle disait cela pour le tourmenter, car elle sentait bien que c'était elle qu'il aimait d'amour. Mais lui, il fut si angoissé de l'entendre parler ainsi, qu'il se fût pâmé, si la peur d'être aperçu par les demoiselles ne l'eût retenu. En le voyant changer de couleur, la reine le prit par les épaules pour l'empêcher de tomber et elle appela Galehaut. Celui-ci vint tout courant, et quand elle lui eut conté ce qui s'était passé :

– Ha ! dame, fit-il, vous pourriez bien me l'enlever par de telles cruautés !

– Mais il prétend que c'est pour moi qu'il a fait tant d'armes : est-ce vrai ?

– Vous pouvez bien l'en croire : comme il a le cœur le plus preux, il a le cœur le plus vrai du monde. Pour Dieu, ayez merci de lui, qui vous aime plus que lui-même !

– Mais que puis-je ? Il ne me demande rien.

– Dame, c'est qu'il n'ose : on tremble quand on aime. Je vous prie donc en son nom de lui octroyer votre amour, de le prendre pour votre chevalier et de devenir sa dame à toujours ; ainsi vous le ferez plus riche que si vous lui donniez le monde. Et scellez votre promesse d'un baiser, devant moi, en témoignage d'amour vrai.

– Je le lui donnerais aussi volontiers qu'il le recevrait : mais ce n'est point l'heure ni le lieu. Mes demoiselles doivent s'étonner déjà que nous en ayons tant fait, et il ne se pourrait qu'elles ne nous vissent.

Lancelot était si heureux et si ému, qu'il ne put répondre que : "Ha, dame, grand merci !" Mais Galehaut reprit :

– Promenons-nous tous trois, comme si nous causions.

– Je ne m'en ferai pas prier, dit la reine.

Alors ils s'éloignèrent, ensemble, feignant de s'entretenir. Et la reine, voyant que Lancelot n'osait rien faire, le prit par le menton et, devant Galehaut, elle le baisa assez longuement. Si bien que la dame de Malehaut la vit.

– Beau doux ami, dit la reine, je suis vôtre et j'en ai grande joie. Mais gardez que la chose reste secrète, car je suis une des dames dont on a dit le plus de bien et, si ma réputation se perdait, notre amour en serait enlaidi. Et vous, Galehaut, rappelez-vous que, si quelque mal m'en advenait, ce serait votre faute, comme, si j'en ai bien et honneur, ce sera par vous.

– Dame, je voudrais vous faire une prière : c'est de me donner son amitié.

Alors la reine prit Lancelot par la main droite :

– Galehaut, dit-elle, je vous donne à toujours à Lancelot du Lac, fils du roi Ban de Bénoïc.

Et quand Galehaut connut le nom de son ami, il en eut grande joie, car il savait bien que le roi Ban avait été l'un des plus gentils hommes du monde.

XXXII

La nuit était tombée, mais le temps était clair et serein, et la lune belle luisait sur les prés. Lancelot et Galehaut accompagnèrent la reine jusqu'à son pavillon ; derrière eux venaient le sénéchal et les dames. Là, les chevaliers prirent congé, et les deux amis furent couchés dans le même lit, où toute la nuit ils causèrent de ce qui leur tenait à cœur.

Cependant la reine rêvait à une fenêtre. La dame de Malehaut, la voyant seule, s'approcha tout doucement :

– Ha ! murmura-t-elle, bonne est la compagnie de quatre !

Puis comme la reine faisait semblant de ne pas entendre, elle répéta :

– Comme est bonne la compagnie de quatre !

– Que voulez-vous dire ?

– Dame, j'ai peut-être parlé plus qu'il ne convenait. On ne doit pas prendre plus de liberté avec sa dame et son seigneur qu'ils n'en donnent, sous peine de s'en faire haïr.

– Par Dieu, je vous sais trop sage et trop courtoise pour rien dire qui soit propre à vous faire haïr. Parlez, je le veux et je vous en prie.

– Dame, j'ai vu comment vous vous êtes accointée au chevalier dans le verger. Vous ne pourriez mieux placer votre cœur, car vous êtes ce qu'il aime le plus au monde. Je l'ai tenu prisonnier longtemps ; ses armes vermeilles, ses armes noires, c'est moi qui les lui ai données. Avant-hier, quand je le vis pensif au bord de la rivière, je devinai bien qu'il vous aimait. Un instant, j'avais cru pouvoir obtenir son cœur… Las, il me détrompa bientôt.

Et elle conta comment elle avait gardé Lancelot en sa prison durant un an et demi, et tout ce qui s'était passé jusqu'à ce qu'il en sortît.

– Mais, reprit la reine, pourquoi dites-vous que mieux vaut la compagnie de quatre que de trois ? Une chose demeure plus celée quand on n'est que trois à la connaître.

– Dame, bientôt Galehaut et son ami partiront, mais où qu'ils soient, ils pourront parler de vous. Vous resterez, et si vous n'osez découvrir à personne votre penser, vous en porterez seule tout le faix. S'il vous plaisait que je fusse la quatrième en votre secret, vous pourriez m'entretenir de lui.

– Belle amie, vous y entrerez. Mais sachez que je ne pourrai plus jamais me passer de vous, car lorsque j'aime, personne n'aime plus que moi.

Alors elle apprit à la dame de Malehaut que le noir chevalier s'appelait Lancelot du Lac, et elle eut soin de lui conter comment il avait pleuré en la regardant. Puis elle voulut à toute force que sa nouvelle amie partageât son lit, et quand elle furent couchées, elle lui demanda qui elle aimait en aucun lieu. L'autre, songeant à Lancelot, répondit qu'elle n'avait jamais aimé qu'une fois, en pensée seulement. Alors la reine décida qu'elle la lierait à Galehaut.

XXIII

Le lendemain, de bonne heure, elles retournèrent à la prairie aux arbrisseaux, accompagnées de quelques pucelles, et la reine dit à la dame de Malehaut, qu'elle chérirait ce lieu à toujours. Puis elle se mit à louer Galehaut de son mieux, déclarant, qu'il était le plus sage et le plus noble des chevaliers, et qu'elle lui conterait la nouvelle amitié qui s'était nouée entre elles deux, et qu'il en aurait grande joie.

Plus tard, quand Galehaut fut venu voir le roi, elle le tira à part et lui demanda s'il aimait d'amour dame ou demoiselle.

– Dame, nenni.

– Savez-vous pourquoi je vous demande cela ? Puisque j'ai accordé mes amours à votre volonté je veux que vous placiez les vôtres à la mienne, et c'est en une dame belle, sage et courtoise, qui est haute femme et riche d'honneur : elle a nom la dame de Malehaut.

– Dame, répondit Galehaut, vous pouvez faire de moi ce qu'il vous plaira.

Alors la reine appela la dame de Malehaut et lui dit :

– En nom Dieu, je veux donner votre cœur et votre corps : êtes-vous prête à faire ma volonté ?

L'autre qui était sage lui répondit que oui. Et la reine, les prenant tous deux par la main, dit à Galehaut :

– Sire chevalier, je vous donne à cette dame comme vrai ami loyal de cœur et de corps.

Puis à la dame :

– Dame, je vous donne à ce chevalier comme vraie amie loyale de toutes vraies amours.

Tous deux l'accordèrent, et la reine voulut qu'ils échangeassent un baiser. Après quoi ils avisèrent aux moyens de se voir tous les quatre, et rendez-vous fut pris pour la même nuit dans le pré aux arbrisseaux.

Lorsqu'ils s'y trouvèrent, sachez qu'il y eut entre eux moins de paroles que de baisers ; et de même les nuits suivantes. Mais il advint que messire Gauvain se trouva guéri et que le roi voulut partir. Il pria Galehaut de venir avec lui ; mais celui-ci répondit qu'il ne pouvait, ayant fort à faire en ses îles lointaines. Et cette même nuit fut la dernière pour les quatre amants.

Ici finit le livre des amours de Lancelot du Lac.

Grâces à Dieu et à la Vierge Marie.

LE ROMAN DE GALAHAUT

À Madame Serge André

I

Le roi Arthur séjournait tour à tour dans ses bonnes villes, menant sage vie entre la reine et la dame de Malehaut, qui étaient toujours ensemble (car amour les tenait liées de court), honorant ses chevaliers, donnant tout ce qu'il pouvait et bien accompagné de barons, de valets, d'écuyers et de sergents qui conduisaient ses sommiers chargés de riches draps, de robes, d'armes, d'écuelles, de hanaps, de cuillers, de pots d'argent et de tout ce qui convient à des prud'hommes. Il faisait beau temps et l'été était bon et doux, car il avait plu longuement ; sur toute la terre le soleil resplendissait, et la rose fleurissait, le loriot chantait avec le merle et la pie, toute chose vivante avait recouvré beauté, force et vertu, si bien que chacun en avait le cœur gai. Au matin, les chevaliers et les dames se paraient de robes parfumées en satin, drap d'outremer ou soie brochée, puis ils allaient s'enjouer au bois ; alors on décousait les grandes manches flottantes que les pucelles savaient bien recoudre, pour le retour, avec le fil qu'elles emportaient dans leur aumônières ; on se baignait aux fontaines les mains, les yeux, le visage ; on chantait des chansons nouvelles :

Hier, je sortis d'Angers :
Ah ! que l'air était léger !
Je trouvai dame au cœur gai,
Au corps bien joli,
Belle et blonde, je le sais,
Qui chantait ainsi :

“Amour, amour, amour,
Me démène, démène,
Tout ainsi démène
Mon cœuret joli.

"Ah ! celui qui m'épousa
Soit de Dieu honni !
Jamais mon cœur n'aimera
Ce vilain failli !

Amour, amour, amour
Me démène, démène,
Tout ainsi démène
Mon cœuret joli.

"Dieu ! pourquoi demeure tant
Mon beau doux ami
Que j'aime si joliment ?
Mon cœur y ai mis.

Amour, amour, amour,
Me démène, démène,
Tout ainsi démène
Mon cœuret joli.
La dame cria plus haut :
"Certes aucun bien ne vaut
Celui d'aimer de cœur beau
Dame son ami.
Aussi ferai-je le saut
Et j'irai à lui.
Amour, amour, amour,
Me démène, démène,
Tout ainsi démène
Mon cœuret joli."

Ah ! que de plaisirs ! Au soir, en rentrant au logis, les dames et les chevaliers chantaient encore des sonnets.

Étoilette, je te vois,
Que la lune attire à soi ;
Nicolette est avec toi :
Notre Sire veut l'avoir
Pour la lumière du soir…

Que ne suis-je auprès de toi !
Ah ! si j'étais fils de roi,
Nicolette, Nicolette,
Je te baiserais étroit !

La reine Guenièvre, cependant, toujours songeait à monseigneur Lancelot.

II

Un jour, à Carduel, que le roi était assis à son haut manger entre ses barons, il tomba tout à coup dans une rêverie profonde, la main appuyée sur un couteau dont la lame pliait sans qu'il s'en aperçut, et bientôt des larmes lui coulèrent le long du visage, de sorte qu'il n'y avait personne dans la salle qui ne fût ébahi de le voir ainsi. Au bout d'un moment, messire Gauvain dit à Keu, le sénéchal :

– Que faire ? Je crains que, si nous le tirons de son penser, il ne nous en sache mauvais gré. Il me faut pourtant l'en ôter, doive-t-il m'en vouloir à jamais.

Il allait s'avancer lorsque Keu l'arrêta par le bras :

– Sire, attendez, dit-il.

Et avisant un cor qui était pendu à un massacre de cerf, il l'emboucha et en sonna à faire trembler toute la salle et jusqu'aux chambres de la reine. Le roi tressaillit légèrement.

– Qu'est-ce ?

– C'est, lui dit messire Gauvain, que vous êtes perdu en votre penser, quand vous devriez festoyer tout ce monde qui est venu à votre cour pour se réjouir. Les larmes vous couvrent la face : ce serait une triste chose si l'on vous comparait à un enfant, vous que l'on tient pour un des hommes les plus sages qui soient.

– Gauvain, Gauvain, répondit le roi, personne ne pourrait me blâmer de mon penser, car je songe au meilleur des chevaliers, celui qui fit ma paix avec Galehaut. J'ai connu un temps où les compagnons de la Table ronde s'efforçaient de s'adjoindre tous les plus preux du monde. Mais il n'en va plus de la sorte, et c'est à votre honte !

– Sire, sachez que je ne vous ferai plus honte !

Et messire Gauvain, s'approchant de la fenêtre, leva la main vers une église dont on apercevait le clocher et s'écria de manière à être entendu de tout la salle :

– Par Dieu et par tous les saints, je n'entrerai plus dans aucune des maisons de monseigneur le roi avant que d'avoir trouvé le chevalier aux armes noires de l'assemblée de Galore ! Seigneurs, que ceux qui veulent faire la plus haute quête qui puisse être après celle du Graal s'en viennent avec moi.

Là-dessus, il sortit de la salle, et les tables commencèrent de se vider, car presque tous les chevaliers se levèrent et le suivirent. Si bien que le roi, fort courroucé, fit rappeler son neveu qui n'était pas encore parti du palais.

– Voulez-vous emmener toute ma compagnie, lui dit-il ? Me voilà réduit à tenir ma cour tout seul ! Prenez-en vingt seulement : c'est assez pour la quête d'un seul homme.

À quoi messire Gauvain consentit : il choisit monseigneur Yvain le grand, Keu le sénéchal, Sagremor le desréé, Giflet fils de Do, Dodinel le sauvage et ceux qu'il aimait le plus. Et tandis qu'ils couraient s'armer, avant de quitter lui-même l'hôtel du roi, il fut prendre congé de la reine.

– Beau neveu, lui dit-elle en le tirant à part, je vous donnerai le moyen de trouver celui que vous cherchez, si vous jurez sur votre foi de ne le révéler à personne.

Et quand il en eut fait le serment :

– Sachez qu'il est en compagnie de Galehaut et qu'il se nomme Lancelot de Lac.

Ayant dit, elle détourna les yeux et passa dans une autre chambre.

III

Arrivés à une pierre nommée le perron de Merlin, messire Gauvain et ses vingt compagnons se séparèrent pour avoir plus de chances de trouver celui qu'ils cherchaient. Ils convinrent de porter leur écu à l'envers pour se reconnaître. Et chacun tira de son côté.

Un soir, messire Gauvain parvint à l'orée d'une forêt, où, à la clarté de la lune qui commençait de luire, il découvrit une pucelle assise sous un arbre, laquelle, en le voyant, se leva et lui dit :

– Ha, sire, il y a longtemps que je vous attends !

– Dieu vous donne bonne aventure ! répliqua-t-il.

Il mit pied à terre et attacha son cheval ; puis il ôta son heaume, s'allégea de ses armes et la pria d'amour. Mais elle lui répondit qu'elle était pauvre et peu belle, et qu'elle était envoyée pour le conduire à une dame beaucoup plus avenante qu'elle. Messire Gauvain se mit à rire et, la prenant dans ses bras, il la baisa le plus doucement qu'il put, puis voulut davantage ; mais elle résista, disant encore qu'elle devait le mener à la plus belle qui fût : si bien qu'il lui promit sur sa foi de ne faire que ce qu'elle voudrait.

Après avoir un peu marché, ils parvinrent à une maison si bien entourée de chênes serrés et de buissons de ronces et d'épines que nul passant n'eût pu le découvrir. La pucelle ouvrit sans bruit une fausse poterne et fit entrer monseigneur Gauvain, puis elle lui dit :

– Sire, maintenant il convient que je vous apprenne que votre amie est la fille du roi de Norgalles : elle a juré qu'elle ne serait jamais qu'à vous, parce qu'elle vous prise comme le meilleur chevalier du monde. Mais, par ma foi, elle est fort bien gardée !

Elle prit plein poing de chandelles et mena monseigneur Gauvain dans une étable où il vit jusqu'à vingt destriers aussi grands et forts qu'on les avait pu trouver, et vingt beaux palefrois tout noirs ; puis dans une volière où elle lui montra vingt faucons sur leurs perches ; et elle lui dit que tout cela appartenait à vingt chevaliers qui toutes les nuits gardaient la pucelle ; mais durant le jour, ils s'allaient divertir où ils voulaient.

– Voici, ajouta-t-elle, la chambre où ils se tiennent et dans celle qui suit dort la plus belle du monde. Faites maintenant ce que le cœur vous dira.

Là-dessus, elle s'en fut, et messire Gauvain tira son épée ; puis il vint prêter l'oreille à la porte : n'entendant rien que la respiration de vingt dormeurs, il traversa légèrement, au clair de la lune, la chambre aux chevaliers, et il entra dans celle de la pucelle dont il referma l'huis.

Dessus un des plus riches lits qu'il eût jamais vus, sous une couverture d'hermine, reposait une demoiselle de grande beauté. Messire Gauvain ôta son heaume, baissa sa ventaille et commença de la baiser tout doucement, si bien qu'elle s'éveilla en se plaignant un peu, comme femme qui sommeille.

– Sainte Marie Dame ! fit-elle en le voyant.

– Taisez-vous, douce amie, au nom de ce que vous aimez le plus au monde !

– Êtes-vous un des chevaliers de mon père ?

– Belle douce amie, je suis Gauvain, le neveu du roi Arthur.

– Ha, fit-elle en souriant, vous m'avez causé la plus belle peur que j'aie jamais eue. Pourtant vous n'êtes pas fait d'une sorte à effrayer les pucelles.

Là-dessus, elle le baisa en le serrant dans ses bras, tout armé comme il était.

– Ôtez ce haubert, dit-elle encore : c'est un habit trop froid.

Alors il se dévêtit et se coucha : et ils firent l'un de l'autre tout leur plaisir jusqu'à ce que le sommeil le vainquît ; et elle, à son tour, qui était jeune et grasse, s'endormit dans la douceur de son ami.

Cependant le roi de Norgalles, qui s'était levé pour quelque affaire, ouvrit en revenant une petite fenêtre qui donnait dans la chambre de sa fille, et il la vit qui reposait aux bras d'un chevalier. Il courut chercher son épée ; mais en refermant la lucarne, il fit quelque bruit, de façon que messire Gauvain et la demoiselle s'éveillèrent. Le chevalier saisit ses armes que son amie l'aida à revêtir, et, comme il n'avait point son écu, il prit un échiquier en guise de bouclier.

– Savez-vous ce que vous ferez ? lui dit-elle. Voyez cette fenêtre : durant que vous sauterez, la porte tiendra bien, car elle est épaisse.

Déjà les vingt chevaliers criaient à la demoiselle d'ouvrir, tandis qu'on entendait le roi les injurier. Mais messire Gauvain craignait d'abandonner la belle au courroux de son père.

– Je n'ai garde de ce que j'ai fait, lui dit-elle, car messire le roi et madame la reine m'aiment plus qu'eux-mêmes, pour ce qu'ils n'ont plus auprès d'eux d'autre enfant que moi.

Alors messire Gauvain lui baisa les yeux et la bouche tendrement, et il sauta par la fenêtre.

Dans la cour, un destrier l'attendait, que tenait la pucelle qui lui avait servi de guide.

– Sire, lui dit-elle, il faut que vous me meniez en sûreté, car tout l'or du monde ne me sauverait pas, si je restais ici.

Alors il lui dit de monter sur son palefroi et de chevaucher à ses côtés ; ce qu'elle fit. Et tous deux s'en furent, non sans que messire Gauvain occît quelques sergents qui voulaient l'arrêter.

IV

Ils chevauchèrent tout le reste de la nuit à travers la forêt, qui appartenait au roi de Norgalles et qu'on nommait la forêt Bleue. Au matin, ils débouchèrent dans une grande lande où ils aperçurent un chevalier en grand péril, car il était aux prises avec deux autres fer-vêtus et dix sergents, mais il défendait si roidement que ses assaillants n'en pouvaient venir à bout.

– Sire, dit la pucelle à monseigneur Gauvain, je crois bien que ceux-là sont de la maison du roi de Norgalles. Détournons-nous un peu afin qu'ils ne me reconnaissent pas.

– Par Dieu demoiselle, il me faut aider ce chevalier qui est seul et qu'ils ont fort malmené.

– Certes, vous n'avez jamais rien dit dont je vous sache si bon gré. Je ne sais quel est ce chevalier, mais il est si preux que je lui donnerais mon amour volontiers.

Là-dessus, messire Gauvain heurta son cheval des éperons et reconnut en approchant Sagremor le desréé. Il renversa du premier coup l'un des deux chevaliers de

Norgalles ; puis, comme un sergent haussait sa hache pour l'en frapper, il lui coupa le bras, fendit à un autre, d'un seul revers, la tête en deux morceaux, comme une pomme ; et heurta le troisième du poitrail de son destrier. Cependant Sagremor faisait voler le chef du deuxième cavalier. Ce que voyant le reste des sergents prit du champ.

Les deux compagnons s'embrassèrent sans daigner poursuivre ces gens de pied ; après quoi ils s'en revinrent vers la pucelle qui était demeurée sous le couvert du bois afin de n'être pas reconnue.

– Qui est-ce ? demanda Sagremor.

– En nom Dieu, répondit messire Gauvain, c'est une demoiselle, belle à merveille.

– Qu'elle soit donc la bienvenue ! reprit Sagremor.

Et il se hâta de saluer la pucelle.

– Demoiselle, dit messire Gauvain, ne disiez-vous pas que vous accorderiez votre amour à ce chevalier ?

– Certes, sire !

– Dévoilez-vous donc.

– Comment ? Ne m'a-t-il pas lui-même donné son cœur ?

– Il veut vous voir auparavant, car un chevalier ne saurait aimer sans connaître ce qu'il aime.

– Sire, dit la pucelle à Sagremor, c'est donc que j'ai de vous meilleure opinion que vous de moi, car je vous donnai mon amour d'abord que je vous aperçus. Je me dévoilerai, mais vous ôterez votre heaume. Si je vous plais, vous le direz ; mais si vous n'êtes à mon gré, quitte et quitte !

– Soit, dit Sagremor en riant.

Là-dessus, la pucelle de baisser son voile et de rire à son tour.

– Ha ! dame, s'écria Sagremor aussitôt, je veux être vôtre et me tiens pour assez payé !

– En nom Dieu, répondit la demoiselle en regardant monseigneur Gauvain, un chevalier aussi preux que vous me priait d'amour hier soir !

– Demoiselle, vous aller donc me trouver bien laid, bien noir et bien marqué des coups que j'ai reçus.

Ce disant il ôta son heaume, et elle vit qu'il avait le visage le plus bel et le plus avenant malgré les meurtrissures du combat.

– Demoiselle, que vous en semble ? demanda messire Gauvain.

– Sire, mieux encore que devant !

Là-dessus Sagremor lui donna un baiser, et elle lui rendit très volontiers.

– Dame, dit messire Gauvain, vous n'avez pas fait trop indigne ami : c'est Sagremor le desréé, neveu de l'empereur de Constantinople et compagnon de la Table ronde.

La demoiselle fut très contente, et Sagremor et elle se mirent à se regarder ; or, tant plus ils se regardaient, tant plus ils s'aimaient. Mais le desréé avait une maladie : c'est que, lorsqu'il s'était bien échauffé à combattre, il lui fallait trouver à manger ; sinon, en se refroidissant, il enrageait tout vif de faim et s'affaiblissait jusqu'à mourir. Et, à cause de cela, Keu le sénéchal l'avait un jour surnommé *Mort de Jeûne*. Messire Gauvain dut faire mener en laisse par la pucelle son propre destrier et monter en croupe derrière son compagnon pour le soutenir ; mais, de la sorte, ils parvinrent à la maison d'un vavasseur, où Sagremor eut à manger et reprit toute sa force. Et, le lendemain, les deux chevaliers se remirent en route, en compagnie de la pucelle.

V

Le ciel était nuageux et le temps sombre ; mais on était en juillet, et l'herbe était si haute que les chevaux y entraient jusqu'à mi-jambe. Comme la demoiselle et ses compagnons traversaient un vaste pré, ils virent passer au loin, à la corne d'un bois, trois chevaliers tout armés, les écus au col, les heaumes lavés, prêts à se défendre comme à assaillir, suivis de leurs écuyers. Ils s'arrêtèrent, se montrant monseigneur Gauvain et Sagremor, et l'un d'eux ne tarda pas à se détacher et s'approcher au grand galop. Aussitôt, le desréé de s'élancer, lance sur feutre ; mais, au moment qu'il allait heurter l'inconnu, il leva son arme et tira si rudement sur le frein qu'il pensa renverser son destrier : il avait reconnu monseigneur Yvain. Celui-ci arrêta son cheval à son tour, et tous deux se firent de grandes amitiés. Keu le sénéchal et Giflet accouraient, étonnés ; ils firent fête à monseigneur Gauvain et à Sagremor. Tous cinq résolurent de ne plus se séparer avant que d'avoir trouvé une aventure. Et ils continuèrent leur chemin, devisant et riant entre eux le plus gaiement du monde.

Le jour s'était peu à peu éclairci, le soleil rayonnait, chaud et vermeil, les oiselets gazouillaient doux et clair sous la feuillée, les rameaux des arbres heurtaient parfois les écus et les hauberts et les faisaient tinter à grande joie : si bien que Sagremor, qui chevauchait un peu en arrière, en causant avec sa mie qu'il tenait par le col, se prit à chanter une chanson de croisade qu'il avait apprise en son enfance. Et sachez qu'il chantait bien et plaisamment, en sorte que la pucelle l'écoutait sans mot dire et que ses compagnons, qui allaient devant, ralentirent leur allure.

Le temps nouveau, le mai, la violette,
Les rossignols m'invitent à chanter,
Et mon fin cœur me fait d'une amourette
Le doux présent que n'ose refuser.
Ah ! Dieu me laisse à tel honneur monter
Que celle où j'ai mon cœur et mon penser
Je tienne un jour entre mes bras, nuette,
Avant que j'aille outre-mer !

– Je ne sais pas un chevalier à la cour du roi mon oncle, qui soit aussi agréable que Sagremor, dit messire Gauvain.

– Non, fit messire Yvain, ni qui soit plus preux et entreprenant.

– Attendons-les, et nous chanterons avec eux.

– Ha ! ils ont bien plus de plaisir entre eux deux qu'en notre compagnie ! s'écria Giflet.

Comme il disait ces mots, la demoiselle se prit à chanter à son tour, et il n'y avait femme en tout le pays de Logres qui si bien le fit, de manière que les compagnons l'écoutèrent volontiers, oubliant leurs gais propos et leurs rires.

Lorsque je vois l'aube venir
Je ne sais rien si fort haïr :
Elle fait loin de moi partir
Mon ami que j'aime d'amour.
Je ne hais rien tant que le jour,
Ami, qui me départ de vous !
Quand je gis seulette en mon lit
Et regarde alentour de mi
Sans plus y trouver mon ami,
Que je regrette mes amours !
Je ne hais rien tant que le jour,
Ami, qui me départ de vous !

Doux ami, vous vous en irez…
À Dieu soyez recommandé !
Mais qui aura de moi pitié ?
Ha, mon cœur est étreint d'amour !
Je ne hais rien tant que le jour,

Ami, qui me départ de vous.

Je prie tous les vrais amants
D'aller cette chanson chantant
Quoi qu'en disent les médisants :
Tant pis pour les maris jaloux !
Je ne hais rien tant que le jour,
Ami, qui me départ de vous !

Quand elle eut fini, Sagremor reprit, et cette fois Giflet chanta avec lui, et messire Yvain leur bourdonna doucement par-dessus ; puis ils se mirent tous à rire et à causer : et tel fut ce beau matin envoyé par Dieu.

VI

Les compagnons parvinrent ainsi au bord d'un val semé de fleurs. Au milieu, l'on voyait sourdre une fontaine dont l'eau semblait fraîche comme glace et dont le mince ruisseau courait si clair sur du menu gravier qu'il brillait au soleil plus qu'une épée d'argent. Un grand pin ombrageait la source et, pour cette raison, on la nommait la fontaine du Pin. Comme les chevaliers et la pucelle allaient entrer dans la vallée, ils virent un écuyer sortir au grand galop de la forêt voisine, traverser la prairie, appuyer contre l'arbre une liasse de lances, suspendre rapidement à une branche un écu noir semé de gouttes d'argent, et regagner à toute bride le couvert des arbres. Intrigués, ils se dissimulèrent dans le bois. Ils n'attendaient pas depuis longtemps, lorsque surgit de la forêt un chevalier monté sur un fort destrier. Il approche de l'arbre, regarde les lances en riant, descend de son cheval, ôte son heaume et, penché sur la source, boit à longs traits. Comme il se relevait, il aperçoit l'écu, et tout soudain, fond en larmes. Mais bientôt, il arrête de pleurer, et se reprend à rire aux éclats et à mener la plus grande joie du monde. À nouveau, il repart à gémir ; puis à rire ; et ainsi de suite sept ou huit fois.

– En nom Dieu, s'écria Keu, si ce n'est là un fol, c'est qu'il n'en est plus en ce monde. Tantôt il pleure, tantôt il rit ! J'irai lui demander pourquoi.

Mais Sagremor courut à la tête de son cheval.

– Par mon chef, vous n'irez point ! Vous savez bien que les reconnaissances me reviennent de droit. C'est pour cela que madame m'a surnommé le *desréé.*

En effet, la reine l'avait un jour appelé ainsi parce qu'il était toujours le premier à se détacher, à quitter les rangs et à courir à l'ennemi. À lui toujours la première lance ; à lui de combattre à l'extrême pointe, en enfant perdu.

Donc, il piqua des deux vers le chevalier inconnu, mais il n'obtint d'autre réponse à sa question qu'un regard de travers et ses mots :

– Beau sire, laissez-moi en paix ; je n'ai cure de votre compagnie.

– Par Dieu, répliqua Sagremor, il vous faudra donc me répondre de force !

Là-dessus, l'inconnu de lacer son heaume et de changer son écu blanc au quartier de sable pour celui qui était suspendu à la branche, le tout en pleurant et lamentant à croire qu'il allait rendre l'âme ; puis il prend une des lances appuyées à l'arbre et, tout riant, laisse courre à Sagremor. Du premier coup, il le fait voler à terre ; après quoi il attrape son cheval, le débride, le chasse dans la forêt à coups de bois de lance, et se reprend à gémir de toutes ses forces.

À son tour, Keu s'adresse au chevalier qui pleure et rit, et se voit traité de même ; puis Giflet, puis messire Yvain ; et messire Gauvain allait jouter, lui cinquième, lorsqu'il vit sortir du bois un gros nain, tout bossu, monté sur un palefroi à selle dorée et portant sur l'épaule un bâton de chêne fraîchement coupé. L'affreux petit homme pique vers le pin, et arrive à côté du chevalier qui pleure et rit, il se dresse sur ses étriers et commence à le battre à grands coups de sa gaule ; enfin, las de le frapper, il saisit son destrier par le frein, et l'emmène sans que le battu ait fait seulement mine de résister.

À voir cela, messire Gauvain et les quatre compagnons démontés étaient stupéfaits au point qu'ils semblaient hors de sens.

– Par ma foi, dit enfin messire Gauvain, c'est là une des plus grandes merveilles que j'aie jamais connues ! À tout prix, il faut que je sache quel est ce chevalier, et pourquoi il a tant pleuré et tant ri, et pourquoi le nain l'a battu.

Là-dessus, il recommande ses compagnons à Dieu, en leur disant de le suivre quand leurs écuyers auraient rattrapé leurs chevaux, et il se mit sans tarder sur les traces du nain et de son prisonnier.

VII

Vers l'heure de tierce, il parvint à un pavillon dont la porte ouverte laissait voir une demoiselle d'une grande beauté, assise sur une riche couche : une pucelle à genoux peignait ses cheveux qui étaient blonds comme de l'or fin, tandis qu'une autre lui présentait un miroir et une couronne de fleurs.

Messire Gauvain lui souhaita le bonjour.

– Dieu vous bénisse, sire chevalier, répondit-elle, si vous n'êtes pas de ces mauvais mécréants qui virent battre et injurier le bon chevalier sans l'aider.

– Ha, demoiselle, pour Dieu, dites-moi quel est ce chevalier et pourquoi il menait ainsi deuil et joie !

Mais à ces mots, il sentit son destrier bondir sous lui et retomber mort, et comme il se remettait debout lui-même, tout irrité, il vit le nain tenant dans sa main une épée sanglante dont il venait d'occire le cheval. Alors il jeta sur lui et il l'empoignait déjà, prêt à l'écraser, lorsque le petit bossu, qui avait nom Groadain, se mit à crier :

– Ha ! ma mère me l'avait bien dit, que je mourrais de la main du pire homme du monde !

– Certes, vous êtes mort, répliqua messire Gauvain, si vous ne me dites pourquoi le chevalier riait et pleurait sur la fontaine, et pourquoi il a changé d'écu, et pourquoi vous l'avez battu et emmené sans qu'il se défendît.

– Je te le dirai pourvu que tu m'octroies un don ; c'est de combattre le chevalier que je te désignerai.

Messire Gauvain ayant juré, le nain parla à la pucelle au miroir, qui sortit et revint bientôt, accompagnée du chevalier de la fontaine, jeune, blond et beau, quoiqu'il eût le visage tout meurtri, tant les mailles de son haubert lui avaient gâté la peau sous les coups de bâton du nain.

– Sache que ce chevalier a nom Hector des Mares et que cette pucelle est ma nièce et pupille, et que tous deux s'aiment plus que leur vie. Or, Hector voudrait combattre Ségurade, qui est de si grande prouesse qu'on l'a surnommé le chevalier Fée, car si nul ne vainc Ségurade avant la fin de l'année, il pourra prendre pour femme la dame de Roestoc, qui le déteste ; mais elle a dû s'accorder à cela avec lui. Ma nièce, cependant, tant elle redoute le péril pour son ami, lui a fait jurer de ne défier nul chevalier sans qu'elle le lui ait permis, et de ne pas jouter sans avoir un écu noir à goutte d'argent qu'elle lui a fait faire. Hector souffre cruellement de se voir ainsi empêché ; il rêva, l'autre nuit, qu'il était provoqué par le chevalier Fée à la fontaine du Pin ; aussi, quoique ma nièce l'eût averti que songe n'est que mensonge, il est empressé d'y courir ce matin. Mais elle m'avait conté ce rêve, et j'ai fait porter à la fontaine ces lances qu'Hector croyait celles de Ségurade, et l'écu qui lui rappelait son serment afin qu'il crût le songe réalisé. Et il riait ou pleurait, selon qu'il regardait les unes qui signifiaient bataille et gloire, ou l'autre qui signifiait paix et obscurité. S'il s'est laissé corrigé comme il le méritait c'est qu'il me redoute pour ce que de mon vouloir dépend son mariage avec ma nièce. Maintenant, tu sais ce que tu voulais savoir. À toi de tenir ta promesse en combattant le chevalier Fée, car c'est contre lui que je compte t'employer. La dame de Roestoc, qui est ma dame lige, m'a mandé par lettre que le terme de son année approche et que j'aille à la cour du roi Arthur, à force de chevaux, pour en ramener monseigneur Gauvain, comme si c'était chose aisée que de le trouver, lui qui est toujours errant ! Maudits soient les femmes et ceux qui les aiment ! Je t'amènerai au lieu de monseigneur Gauvain, quoique tu ne vailles pas une chambrière. Je crains seulement que tu ne t'enfuies, car tu es le pire chevalier qui ait jamais porté écu.

VIII

Messire Gauvain ne répondit mot : il était trop dolent de la mort de son bon cheval. Et quand Hector vint lui dire, tout honteux, de ne point se blesser des propos du nain, il répliqua qu'il ne s'en souciait point. Au reste, il ne tarda pas à faire paraître ce qu'il valait : car, à quelques jours de là, il vainquit le chevalier Fée, il n'y a pas d'utilité à raconter comment.

Pour le faire court, le conte dit seulement que, lorsque Ségurade eut crié merci, le sénéchal de la dame de Roestoc et Hector se hâtèrent de le relever, blessé comme il était, et de l'emporter au château, et la dame courut à leur suite, ainsi qu'une grande partie du peuple qui voulait voir ce qu'on ferait du vaincu : de manière qu'il ne resta que très peu de gens sur le champ autour de monseigneur Gauvain. Un valet du pays qui tenait son cheval le lui amena et l'aida à monter. Et, se voyant oublié, il piqua des deux et fonça dans le bois.

Cependant la dame de Roestoc rejoignait le cortège qui emportait Ségurade. Hector lui demanda avec surprise ce qu'elle avait fait de son champion. Elle tourna la tête et, ne l'apercevant point, changea de couleur et revint en toute hâte sur ses pas. Mais les gens qui étaient restés sur le terrain lui apprirent que le chevalier vainqueur s'en était allé tout seul. Aussitôt elle commença de mener le plus grand deuil qu'on eût jamais vu, pleurant, frappant ses poings l'un contre l'autre et criant qu'elle était déshonorée. Et vainement, Hector, avec tous les chevaliers et les sergents, explora la forêt : on ne sut retrouver aucunes traces de monseigneur Gauvain. Là-dessus, la dame jura que jamais elle n'aurait repos avant de savoir le nom du chevalier qui l'avait délivrée, et elle partit avec Hector et son amie pour la cour du roi Arthur où elle espérait en avoir nouvelles. Et en punition des outrages que le nain Groadain avait faits au vainqueur du chevalier Fée, elle le condamna à traverser toutes les villes par où l'on passerait, attaché par un licou à la queue de son palefroi.

IX

Le roi Arthur et la reine la festoyèrent, car elle était haute femme, et elle leur conta ce qui était arrivé et comment elle avait oublié de remercier le bon chevalier qui lui avait rendu si grand service. Le roi lui demanda d'en décrire les contenances et l'aspect, et dès qu'elle l'eut fait, il lui dit :

– M'est avis que c'est mon neveu Gauvain.

– Dieu m'aide ! s'écria la dame. En ce cas, je suis honnie !

Et elle supplia la reine d'obtenir de la nièce de Groadain qu'elle permît à Hector de partir en quête de monseigneur Gauvain.

– Dame, ne craignez rien, fit la reine, je saurai bien la contraindre. Avertissez-la seulement que je vous ai fort priée de demeurer ici et ne m'accordez nul don qu'elle ne m'en ait octroyé un.

Ainsi fut fait. Le lendemain, devant toute la cour, la reine invita la dame de Roestoc à prolonger son séjour ; mais elle répondit que c'était impossible. Alors la reine prit à part la nièce de Groadain.

– Belle amie, savez-vous ce que je ferai ? Je demanderai à votre cousine de m'octroyer un don ; elle croira que c'est pour l'obliger à demeurer, mais je lui requerrai le pardon de votre oncle le nain.

– Ha ! dame, fit la pucelle, comme vous êtes avisée !

Là-dessus, toutes deux s'approchèrent de la dame de Roestoc, que la reine pria de lui accorder un don.

– Dame, je vous l'octroierai, si ma cousine vous en octroie un auparavant.

La reine reçut le serment de l'une et de l'autre ; après quoi elle dit :

– Savez-vous ce que vous m'avez donné ? Vous, la délivrance du nain Groadain. Et vous, demoiselle que vous priez Hector de partir en quête de mon neveu Gauvain et que vous ferez tant qu'il ira.

À ce coup, l'amie d'Hector fut si étonnée qu'elle demeura longtemps sans pouvoir parler. Enfin elle dit :

– Dame reine, certes il n'y a pas tant de bien en vous que l'on prétend ! On a peu de mérite à tromper une pucelle. Au reste, jamais je ne priai Hector de partir, dussé-je être démembrée.

– Certes, vous ne seriez pas la nièce de Groadain si vous n'étiez félonne. Sachez bien que vous n'aurez jamais terre en fief jusqu'à ce que vous ayez acquitté votre serment.

– Dame, je n'aurai donc jamais mon héritage !

Là-dessus, la pucelle se leva, pleurant amèrement, et fut se jeter sur son lit. Vainement le nain et Hector la supplièrent à genoux de ne point fausser sa promesse. À la fin, la reine qui en avait pitié la manda auprès d'elle, et fit tant que la pucelle dit en pleurant que ni par sa prière, ni par son commandement, Hector n'irait en péril de mort, mais que, s'il voulait partir, elle le lui permettrait. Et elle se remit à pleurer si fort que la dame de Malehaut l'emmena dans une chambre afin que le commun des gens ne la vît pas ainsi.

Cependant, Hector prenait congé, heaume en tête afin de cacher les larmes qui lui coulaient des yeux pour la douleur de sa mie. Toutefois, il sentait bien qu'il l'aimait moins à cause de la prison où elle voulait le tenir. D'ailleurs, la reine lui promit que, s'il accomplissait quelque prouesse durant cette quête, elle le ferait asseoir à la Table ronde, et aussi qu'elle saurait bien consoler la nièce du nain. Grâce à quoi il partit réconforté.

X

Comme il s'éloignait, on vit entrer dans le palais une belle demoiselle qui portait un écu sous une housse et qui demanda de parler à la reine.

– Dame, lui dit-elle, celle qui m'envoie vous prie de bien garder cet écu, car il vous guérira de votre plus grande douleur et marquera votre plus grande joie.

La reine prit l'écu et vit qu'il était fendu en deux parties que maintenait seule la boucle, de telle façon que l'on pouvait passer toute la main par la brisure. Sur l'une des moitiés était peint un chevalier tout armé fors la tête, et sur l'autre une belle dame, et tous deux se tenaient par le col et se fussent tendrement baisés, s'ils n'eussent été séparés par la fente.

– Dame, reprit la pucelle, ce chevalier, qui est le meilleur du monde, a tant fait que cette dame lui a donné son amour. Mais il n'y a encore eu entre eux que le baiser et l'accoler. Quand il y aura eu davantage, les deux parties de l'écu se joindront.

La reine demanda à la demoiselle par qui elle était envoyée, et l'autre lui dit que c'était par la Dame du Lac. À ce nom, la reine lui fit mille caresses, mais elle tenta vainement de la retenir : la pucelle voulut repartir sur-le-champ.

XI

Or le conte dit à cet endroit qu'Hector eut plusieurs aventures très belles en quêtant monseigneur Gauvain.

Un soir qu'il venait de sortir des terres de Norgalles, il aperçut devant lui une cité tout entourée d'eau courante ou de marais, et si bien fortifiée qu'elle ne pouvait craindre que la famine. Mais alentour, dans la campagne, on ne découvrait que ruines et maisons incendiées.

Il s'engagea sur une longue chaussée, très étroite, qui menait à travers les fossés jusqu'à la barbacane de la porte. Tout était ouvert : il passa. Mais, aussitôt qu'il parut dans la rue, de tous côtés les gens s'enfuirent et l'on entendit claquer les huis de leurs maisons. Il fut par la rue déserte jusqu'à la seconde porte et la trouva close. Alors il revint sur ses pas, maudissant le lieu et les habitants, et s'aperçut qu'on avait également fermé la porte par où il était entré.

Un vilain, qui revenait des champs tout chargé de ramée, entra à ce moment dans la rue, et, voyant Hector, il jeta son fardeau pour s'enfuir au plus vite dans une maison ; mais, avant qu'il eût pu en déclore l'huis, le chevalier l'atteignit et lui cria qu'il était mort s'il ne lui enseignait comment sortir. À quoi le vilain répliqua que, fût-il le roi Arthur, il lui faudrait demeurer dans la ville cette nuit.

– Comment ! s'écria Hector courroucé, prétend-on m'héberger ici malgré moi ?

Et s'étant emparé de la cognée que le bûcheron portait au cou, il saute à bas de son cheval qu'il attache au crochet d'une maison et court frapper à grands coups sur la porte de la ville.

Il l'avait déjà entamée, lorsqu'un valet se présenta.

– Sire, vous faites mal de tailler ainsi notre porte. Venez plutôt au château, car il faut vous héberger ici.

– Je n'y mettrai pas les pieds ! cria Hector.

– Au moins mènerai-je votre cheval à monseigneur, reprend le valet qui, aussi léger qu'un émerillon, saute sur le destrier et s'enfuit.

Il fallut bien aller au palais. Hector gravit les degrés et entra dans une salle bien jonchée de menthe, de glaïeuls et de roseaux, où brillaient tant de chandelles qu'on l'eût crue éclairée par la lumière même des étoiles errantes aux cieux. Un feu de bûches y brûlaient dans une cheminée, entre quatre colonnes, si grand que quarante hommes, dit le conte, s'y fussent chauffés à l'aise ; mais, assis devant la flamme, il n'y avait qu'un vieillard vêtu d'une robe d'écarlate fourrée de martres zibelines, au milieu de quelques chevaliers.

– Sire, dit le prud'homme à Hector sans lui rendre son salut, les preux de votre pays sont-ils donc charpentiers pour dépecer les portes ainsi ?

– Sire, je suis un chevalier errant, et sachez que j'ai de grandes affaires. Je vous requiers de me faire rendre mon cheval qu'un valet m'a pris.

– Je le ferai quand vous m'aurez donné satisfaction de la porte que vous m'avez taillée.

– Je l'eusse bien coupée si j'en eusse eu le loisir ! Il n'y a ici que de vrais excommuniés ! Certes, ils n'ont cure de conseiller un franc homme !

En le voyant si courroucé, le vieux chevalier se mit à rire et lui demanda qui il était.

– Hector des Mares, chevalier de la reine, femme du roi Arthur de Logres.

Aussitôt le vieillard se leva devant lui et lui souhaita la bienvenue, puis il le fit désarmer et couvrir d'un riche manteau.

– Hector, lui dit-il, vous avez vu que cette cité est forte : aussi maints barons l'ont-ils désirée. Le roi Belinan de Norgalles, le duc Escan de Cambenic et beaucoup d'autres ont tenté de la prendre, et à cette heure, Marganor, le sénéchal du roi des Cent Chevaliers, me fait rude guerre. Ainsi, du jour que j'ai été chevalier, il m'a fallu me défendre et je n'ai cessé de guerroyer toute ma vie. Las ! me voilà tout vieux et je n'ai d'autre enfant qu'une fille belle et sage ; aussi ne la veux-je donner qu'à un chevalier de grande richesse et de grande prouesse, qui soit capable de maintenir ma terre. Il y a trois ans, les bourgeois sont venus me dire que je tardais trop à la marier, et qu'ils déguerpiraient de ma cité, si je ne leur faisais serment de garder ici une nuit et une matinée tous les chevaliers errants qui passeraient : ils pensent que je pourrai de la sorte faire épouser ma fille par quelque prud'homme et en avoir un héritier. En outre, mes hôtes doivent jurer sur les reliques qu'ils combattront les ennemis de l'Étroite Marche : ainsi a nom ce château.

– Sire, c'est là une mauvaise coutume, dit Hector. Un étranger ne doit pas être forcé de guerroyer contre qui ne lui a méfait.

– Qu'y puis-je ? Il n'y a pas sept jours que deux chevaliers du roi Arthur ont été pris en combattant ici contre Marganor. Ils m'ont dit qu'ils s'appelaient Yvain et Sagremor, et qu'ils étaient en quête du meilleur homme qui ait jamais porté écu, bien qu'ils ne sussent où il est, ni ne le connussent. J'ai eu grand chagrin de leur prise, mais il faut obéir à la coutume.

En apprenant cette nouvelle, Hector poussa un grand soupir, car, bien qu'il n'eût jamais vu monseigneur Yvain ni Sagremor le desréé, il avait souvent ouï parler d'eux. Et la nuit il dormit peu, car il se demanda comment il les pourrait délivrer, tout seul comme il était. Il se leva dès qu'il vit le jour, et quand il eut entendu la messe, il réclama ses armes. Mais le vieux sire lui rappela qu'il devait jurer de combattre les ennemis de l'Étroite Marche avant que de les avoir. Les reliques furent apportées et très volontiers, il fit le serment, car il pensait aux deux prisonniers.

XII

Sachez que, la nuit, il y avait trêve. Mais chaque matin, l'armée de Marganor sortait de son camp et se présentait devant la cité ; et quelques fer-vêtus ne manquaient jamais de venir, l'un après l'autre, défier au pied de la muraille ceux de l'Étroite Marche ; pourtant le sire du château défendait à ses hommes de sortir parce qu'ils n'étaient plus que vingt-sept.

Hector se fit ouvrir à l'improviste la barbacane, et, comme la chaussée était si étroite que les chevaliers de Marganor ne pouvaient avancer qu'un à un, il en renversa d'abord trois coup sur coup. D'autres accoururent à la rescousse ; mais Hector était déjà rentré, et ils furent couverts de flèches et assommés de pierres par les archers de la ville, si bien que, ne pouvant faire plus, ils s'en retournèrent. Hector sortit de nouveau et abattit successivement tous ceux qui se risquèrent sur la chaussée pour jouter contre lui, et il se réfugiait dans la barbacane chaque fois que les ennemis venaient en trop grand nombre : tant qu'à la fin le sénéchal lui-même, émerveillé de sa prouesse, le défia à son tour.

Marganor était très bon chevalier et sûr ; pourtant il fut arraché des arçons au premier choc. Et vous eussiez vu Hector descendre sur-le-champ de son destrier, car il n'était pas homme à requérir à la lance un chevalier à pied. Or, le sénéchal connaissait l'escrime aussi bien que personne au monde ; toutefois Hector le fit tôt choir sur les genoux, et dans le même instant il le saisit par son heaume pour le coucher à terre, mais tira si rudement qu'il brisa les lacets et que le heaume lui resta dans la main ; et, tandis qu'il le jetait au loin dans le marais, le sénéchal se releva et se remit en défense.

– Sire, tenez-vous pour outré !

– Sire, répondit Marganor, jamais je ne me tiendrai pour outré par vous. Au reste, ce heaume ne me faisait que me gêner ; j'avais trop chaud à la tête.

Mais que peut le plus vaillant, le chef nu ? Certes, le sénéchal se défend hardiment ; mais bientôt il se voit poussé au bord de la chaussée.

– Marganor, lui crie Hector en reculant de quelques pas, tu vas tomber dans l'eau !

Et il l'invite encore une fois à se tenir pour outré ; et encore une fois le sénéchal refuse.

– Je ne t'en prierai donc plus aujourd'hui !

Pourtant, peu après, comme Marganor, en sautant en arrière pour éviter un coup à la tête, avait glissé dans le marais et s'enfonçait dans la vase jusqu'à la taille :

– S'il plaît à Dieu, un si bon chevalier ne mourra pas vilainement ! s'écrie Hector.

Et, le prenant par le poing, il le tire de l'eau à grand-peine :

– Sire, comment vous sentez-vous ?

– Assez bien, sire, grâce à Dieu et à vous, pour voir et reconnaître que vous êtes la fleur des chevaliers. Prenez mon épée ; je vous la rends et ferai ce que vous me commanderez.

Alors tous deux, de compagnie, gagnèrent la barbacane et entrèrent dans la cité, où toutes les pucelles vinrent à leur rencontre en se tenant par le doigt et chantant de beaux lais de joie. Le vieux sire, qui était très courtois, appela sa fille qui emmena Hector par la main ; et, aidée de sa mère, elle le désarma, puis le baigna et le lava dans une cuve d'eau chaude coulée deux fois, où macéraient des herbes très précieuses ; après quoi elles le couvrirent d'une robe vermeille d'écarlate, d'une cotte et d'un surcot fourrés de menu vair, car il faisait froid et il s'était beaucoup échauffé sous ses armes. Et vêtu de la sorte, tout jeune comme il était, avec ses cheveux blonds comme fin d'or, la pucelle, qui avait nom Florée, le regarda très volontiers.

Quand il revint dans la salle, le sire de l'Étroite Marche et ses chevaliers lui firent grande joie. Et, messire Yvain ne tarda point à regagner la ville avec Sagremor. Puis Hector fit la paix du sénéchal et du vieux seigneur. Après quoi, l'eau cornée et les nappes mises, tous s'assirent au souper. Et sachez qu'on leur présenta une hanche de cerf rôtie, accompagnée d'une sauce très bien épicée, puis d'autres mets et entremets, avec des vins exquis en abondance, bref tout ce qui convient à des corps d'homme. Et, devant les viandes, il y eut toujours deux écuyers qui faisaient honorablement leur service, tranchant sur un tailloir d'argent et offrant les morceaux sur des assiettes de pain ; et devant Hector un écuyer à genoux, et d'autres encore qui servaient à boire. Et, certes, le manger fut beau, car il dura bien quatre heures, mais l'on y tint tant de propos divertissants qu'il parut durer beaucoup moins de temps. Enfin, les tables levées, il y eut force danses et caroles, et les chevaliers et les dames s'éjouirent à entendre des fabliaux et des sonnets nouveaux, comme :

Quand je vois la rose mûre,
Le glaïeul s'épanouir,
Et sur la belle verdure
Les gouttes d'eau resplendir,
– Je soupire !

Mais que vous dirais-je de plus ?

XIII

Florée avait fait préparer pour Hector un haut lit où ne manquaient, certes, ni les draps blancs comme neige neigée, ni le mol oreiller, ni les coussins bien ouvrés, ne les riches couvertures, et, comme il était très las, il coucha tout seul dans une très belle chambre, sans la compagnie d'aucun chevalier.

Or, lorsque les dames furent endormies, la pucelle, en chemise et surcot, toute déceinte et les cheveux sur les épaules, vint s'agenouiller auprès de son lit sans qu'il s'en avisât tout d'abord, car il était à demi sommeillant ; enfin il l'aperçut. Elle lui souhaita le bonsoir et lui demanda s'il ne désirait point boire et s'il était bien couvert. Il lui rendit son salut et répondit que tout était bien. Alors elle se pencha vers lui et lui dit tout bas, en lui mettant la main sur l'épaule :

– Ha ! sire, je me viens plaindre à vous de vous-même, et vous seul pouvez me faire droit. Vous ne m'avez pas demandée à mon père. Pourquoi ?

– Par Dieu, ce n'est point que vous ne soyez assez belle et vaillante, et haute femme, et riche ! Mais je ne puis prendre femme avant que d'avoir achever ma quête.

– Sire, si vous vouliez, je vous attendrais.

Hector se mit à rire et il la prit dans ses bras puis il l'attira doucement et la baisa au visage ; et ce faisant il sentit qu'elle était froide pour ce qu'elle était demeurée longtemps à genoux.

– Demoiselle, lui dit-il, vous êtes toute morte de froid. Venez ici jusqu'à ce que vous soyez réchauffée et que le cœur vous soit revenu.

Ce disant, il la prit sous son drap tremblante comme la feuille sur l'arbre, et ils se jouèrent tant qu'elle s'endormit dans la douceur de son ami, et ils demeurèrent toute la nuit couchés, bouche à bouche et bras à bras, ce qui, m'est avis, ne les ennuya guère. Et quand il fut temps qu'elle le quittât, la pucelle pria Hector de rester un jour encore à l'Étroite Marche pour l'amour d'elle, ce qu'il lui promit. Alors elle regagna son lit où elle sommeilla jusqu'au matin.

Lorsqu'il plut à Dieu, que les ténèbres disparaissent, sa mère entra dans sa chambre, mais, la voyant dormir, la dame ne voulut la réveiller et s'en fut entendre la messe à la chapelle. En revenant, elle alla voir Hector qui était encore couché ; et il lui dit qu'il se sentait tout souffrant et qu'il ne pourrait sans doute chevaucher avant le lendemain.

– Demandez à ma fille ce dont vous aurez besoin, lui dit la dame, et elle fera votre volonté.

Puis elle lui prépara des gélines à la sauce blanche ; et il mangea et but très bien ; et tout le jour il eut compagnie de messire Yvain, de Sagremor, du seigneur de l'Étroite Marche et des dames, et la nuit de Florée.

Lorsque vint pour eux l'heure de se séparer, elle le pria en pleurant d'accepter son anneau.

– Vous emporterez avec lui tout mon cœur.

Mais le conte laisse maintenant ce propos et devise de Galehaut, le fils de la belle géante, et de Lancelot, dont il s'est tu depuis longtemps.

XIV

En quittant Galore, ils chevauchèrent tant qu'ils parvinrent dans le Sorelois dont Galehaut était sire, car il l'avait conquis sur Glohier, le neveu du roi de Northumberland. C'était le plus délicieux pays qui fût en toute la Bretagne bleue, le mieux muni de forêts, de rivières poissonneuses et de plantureuses terres ; il était assez proche du royaume de Logres et Galehaut en préférait le séjour à tout autre, parce qu'il y prenait plus aisément qu'ailleurs le plaisir des chiens et des oiseaux.

Un mois après qu'ils y furent arrivés, la Dame du Lac envoya à Lancelot un damoisel en lui mandant de le garder jusqu'à temps de le faire chevalier ; et c'était Lionel, le fils aîné du roi Bohor de Gannes. Il fit plus tard d'assez hautes prouesses, comme l'histoire le rapportera quand il en sera temps, et Lancelot, dont il était le cousin germain, l'aima tendrement toute sa vie.

Galehaut demeurait en Sorelois plus privément qu'il n'avait coutume afin que personne ne sût quel était son compagnon. Et en vain réconfortait-il Lancelot de son mieux : celui-ci était si triste qu'il ne pouvait dormir et qu'il ne buvait et ne mangeait qu'à peine, en sorte qu'il tomba malade.

– Beau doux compagnon, lui demanda un jour Galehaut, si vous pouviez voir madame, ne seriez-vous plus aise ?

– Sire, je crois que oui. Mais comment serait-ce possible ?

– Nous lui manderons qu'elle nous oublie trop, et qu'elle fasse que nous la voyions.

– Ha, sire, en nom Dieu, merci !

Galehaut appela Lionel.

– Lionel, lui dit-il, tu vas te rendre à la cour du roi Arthur, et sais-tu ce que tu feras ? Tout d'abord tu demanderas où est le roi, et puis tu t'enquerras de madame de Malehaut et tu la prieras de te faire parler en secret à la reine. Et quand tu seras devant la rose des dames, prends garde d'être preux, sage et bien disant. Si elle te demande ton nom, tu répondras que tu es le cousin de Lancelot et le fils du roi Bohor de Gannes. Et si elle te demande ensuite comment se porte Lancelot, tu diras qu'il ne peut aller bien quand il ne la voit pas, et qu'elle nous oublie, et que, si elle veut avoir pitié des plus malheureux chevaliers qui soient, elle trouvera quelque moyen pour que nous la voyions bientôt. Pars, et garde de dire à personne qui tu es ni où tu vas, ou bien tu nous feras morts et toi honni.

Lionel répondit qu'il se laisserait plutôt arracher les yeux, et il s'en fut sur son roussin, bien armé en écuyer, avec un corselet de mailles sous son hoqueton. Il menait en main un bon cheval de rechange bai-brun qui n'avait pas plus de sept ans, le poil plus luisant que soie, blanc des quatre pieds, maigre de tête, large de poitrail et de croupe, les oreilles menues, l'œil fier et profond, l'échine haute, la cuisse courte, la jambe plate, forte et droite, le sabot bien taillé, et qui aurait pu courir tout un jour sans avoir un poil mouillé et se trouver aussi frais le soir qu'au matin.

XV

Un jour qu'il traversait un bois épais, il rencontra deux chevaliers larrons et qui ne vivaient que de vol. Il les salua.

– Çà, baillez-nous ces deux chevaux et vos armes ! firent-ils.

– Quoi ! beaux seigneurs, vous êtes chevaliers et voulez dérober un écuyer ! Laissez-moi aller. Vous seriez bien réprouvés si vous me mettiez à pied.

Mais, sans répondre, ils s'avancent, et l'un d'eux saisit le bai-brun par le frein.

– Beaux seigneurs, attendez que je descende.

Il saute à bas de son roussin et s'approche du destrier, feignant de vouloir ôter ses armes ; mais soudain il pose le pied à l'étrier, s'envole en selle comme un émerillon, broche des éperons et part à bride abattue, en criant qu'ils peuvent garder l'autre cheval, mais qui celui-ci est trop bon pour eux.

Trop mal monté pour tenté d'atteindre le fuyard, l'un des deux chevaliers s'approche du roussin et veut le prendre par la bride. Mais l'animal lui tourne la croupe et rue si félonnement des deux pieds qu'il lui brise l'épaule de sa monture ; après quoi il s'élance au galop derrière son compagnon d'écurie qu'il aimait de grand amour, et qui pour l'appeler hennissait si haut et si clair que la campagne en retentissait à plus d'un quart de lieue.

Cependant, l'autre chevalier s'était jeté, la lance au poing, à la poursuite de Lionel, qui gardait de trop le distancer, comme il l'aurait pu aisément, car le bai-brun était vif comme cerf de lande.

À un moment, même, le chevalier, qui se jugeait à bonne portée, jeta sa lance, pensant férir le valet par le corps. Mais Lionel se baisse pour éviter le coup, s'empare au passage de l'arme fichée en terre, et, tournant de la tête de son destrier, il revient, bruyant comme la foudre, sur son assaillant, qui se couvrait de son écu, lui perce l'épaule d'outre en outre, et lui crie en riant :

– Beau sire, si vous pensez que je vous ai navré à tort, ajournez-moi en la cour du roi Arthur de Bretagne !

Là-dessus, comme le roussin arrivait, il le prend par la bride et s'éloigne à telle allure que les deux chevaliers démontés ne tardent pas à le perdre de vue.

XVI

Le lendemain, Lionel arrive sur la terre du duc Escan de Cambenic. En passant près du château de Loverzep, il rencontra des gens qui allaient assister à un combat de justice entre deux champions, et il y fut avec eux. Curieux de bien voir, il poussa ses chevaux au premier rang, non sans bousculer quelque peu les gens d'une demoiselle. L'un d'eux lui dit de reculer ; mais il était si attentif au spectacle qu'il n'entendit même pas. Alors un chevalier saisit son roussin par le frein et le tira en arrière si rudement qu'il pensa renverser l'animal.

– Beau sire, que voulez-vous ? demanda Lionel en le regardant.

– Pour un peu, je vous donnerais de ce bâton sur la tête ! Tu es un trop malfaisant gars !

Là-dessus, Lionel de tirer son épée. Mais la demoiselle lui crie qu'il s'adresse à un chevalier.

– Je ne le toucherai donc pas, dit le valet en rengainant son arme, puisque je ne suis qu'écuyer. Mais, par la sainte Croix, s'il l'était comme moi, il payerait cher ses propos ! Sire chevalier, ajouta-t-il, regardez donc la bataille à votre aise. Pour moi, je vois souvent un meilleur preux que ces deux-là.

– Beau frère, répliqua l'autre en riant, quel est donc ce preux que tu vois si souvent ?

– Ne vous en chaille ! Car il vaudrait moins si vous le connaissiez. Mais, s'il vous tenait en champ clos, croyez que pour en être hors vous donneriez toute la terre de Galehaut.

Sur ces mots, il s'éloigna.

Or, messire Gauvain, qui passait par là, s'était arrêté, lui aussi, à regarder la bataille ; et, quand il entendit Lionel parler de la terre de Galehaut, il lui vint à l'esprit que ce valet pouvait connaître Lancelot du Lac.

Aussi le suivit-il de loin durant quelque temps ; puis il le joignit et lui dit :

– Valet, je sais bien à qui tu appartiens ; c'est à Galehaut, que je connais aussi bien que toi.

– Sire, qui êtes-vous ?

– Je suis Gauvain, le neveu du roi Arthur

– Sire, je ne suis point à Galehaut.

– Peut-être ; mais n'en as-tu point des nouvelles ?

– Sire, si j'en sais, je n'en dois pas dire ; ne m'en demandez pas davantage.

– Certes, je ne voudrais te pousser à la déloyauté. Mais ne peux-tu m'apprendre, au moins, s'il est en Sorelois ?

– Sire, s'il en était, vous n'iriez pas aisément vous-même : on ne pénètre dans ce pays-là que par deux ponts, défendus chacun par un chevalier. Voilà tout ce que je puis vous dire.

Et le valet prit congé.

Peu après il parvint à Logres, où la reine lui fit grande fête quand elle sut qu'il était cousin germain de Lancelot et neveu du roi Ban du Benoïc. Et, en même temps que lui, la nouvelle arriva que les Saines et les Irois étaient entrés en Écosse où ils gâtaient tout le pays. Sur-le-champ, le roi Arthur envoya des messagers à ses barons afin qu'ils se rendissent dans la quinzaine aux plaines sous la Roche aux Saines. Alors la reine pria Lionel de dire à Lancelot qu'il s'y trouvât avec Galehaut, mais secrètement ; et, afin qu'elle pût reconnaître son ami, elle lui manda de porter à son heaume une manche de soie vermeille, qu'elle remit au valet pour lui, et de prendre un écu à bande blanche ; en outre, elle lui envoya en présent le fermail qu'elle avait au cou, sa ceinture, son aumônière et un riche peigne dont les dents étaient pleines de ses cheveux. Chargé de tout cela, Lionel se remit en route.

Mais le conte ne dit plus rien de lui à présent, et retourne à parler de monseigneur Gauvain.

XVII

Le soir de ce même jour, il fut coucher avec ses écuyers chez l'ermite de la Ronde Montagne ; et, le lendemain, il vainquit un chevalier, nommé Belinan des Iles, qui gardait le pont Norgallois, et pénétra dans le Sorelois. Seuls avant lui, le roi Arthur, le roi Ydier, Dodinel le Sauvage et Mélian du Lys avaient ainsi passé par force. On inscrivit son nom à la suite des leurs sur une table de pierre.

Le lendemain parut un chevalier qui semblait de grande défense et qui se mit en devoir de franchir le pont. Tout aussitôt, messire Gauvain s'adressa à lui. Les lances étaient fortes et les hauberts bien maillés, de manière que les arçons cassèrent, que les sangles rompirent et que les deux champions se portèrent à terre, sans que l'un eût l'occasion de railler l'autre ; mais ils n'y demeurèrent guère : ils firent briller leurs épées nues, et vous les eussiez alors regardés volontiers, tant leur prouesse était belle. En peu de temps, ils mirent en pièces leurs écus, leurs heaumes et les hauberts, et ruisselèrent de sang ; mais cela ne les rendait que plus orgueilleux l'un envers l'autre. Et la bataille dura jusqu'à none de la sorte : alors ils se trouvèrent au point que les épées leur tournaient dans la main et qu'il leur fallut se reposer.

Messire Gauvain s'écarta un peu et essuya sa bonne épée Marmiadoise, tandis que l'inconnu redressait son heaume, qui avait un peu tourné parce qu'un des lacets s'en était rompu ; puis tous deux se regardèrent.

– Sire, dit messire Gauvain, je vous prie par courtoisie de me dire votre nom, car je n'ai jamais trouvé un chevalier que je désire autant connaître que vous

– Sire, vous êtes si prud'homme que je vous l'apprendrai volontiers ; on m'appelle Hector des Mares. S'il vous plaît, je vous prie de me faire connaître le vôtre.

– À nul homme jamais il ne fut celé : je suis Gauvain, le neveu du roi Arthur.

À ces mots, Hector jette promptement son écu à terre et s'agenouille devant monseigneur Gauvain en le priant de lui pardonner. Mais l'autre le prit par la main et le mena à la tour du pont, et là il voulut à toute force que le nom d'Hector fût inscrit à la suite du sien sur la table de pierre. En vain le bon chevalier s'en défendit : messire Gauvain prétendit qu'il s'était avoué outré en s'arrêtant le premier.

Le lendemain, ils se mirent en chemin de compagnie pour l'Ile perdue, où ils apprirent que Galehaut séjournait auprès de Lancelot. Et s'ils y eurent bel accueil, il ne faut pas le demander. Mais, au bout d'une semaine, le sire des Iles lointaines et son ami dirent qu'il leur fallait se rendre secrètement à l'armée que le roi Arthur assemblait contre les Saines en Écosse.

– Que ferai-je ? demanda messire Gauvain. Car j'ai juré de n'entrer dans aucune des maisons de monseigneur le roi sans apporter des vraies nouvelles de Lancelot.

Galehaut lui répondit qu'il en serait quitte pour n'y point entrer devant que la guerre fût terminée : alors Lancelot se ferait reconnaître. À quoi messire Gauvain s'accorda volontiers, et les quatre chevaliers partirent sous des armes déguisées, avec Lionel.

XVIII

Sachez que le roi Arthur assiégeait alors la Roche aux Saines, proche Arestuel, qui était un château si fort qu'on n'y redoutait d'autre péril que la famine. Il avait été bâti au temps que le roi Vortiger épousa la fille de Hangist le Saine, et il était alors tenu par Camille, la sœur du roi Hardogabran, qui savait plus d'enchantements que demoiselle du pays : grâce à quoi elle avait tant fait que le roi s'était épris de fol amour pour elle.

Le jour même, que messire Gauvain arriva avec Hector, il n'eut pas de peine à découvrir ses dix-neuf compagnons de quête, qui étaient venus discrètement comme lui au secours de leur seigneur, car devant leurs tentes ils avaient placé leurs écus à l'envers, ainsi qu'il avait été convenu. Messire Gauvain leur dit comment il avait mené la quête à bien, et ils résolurent de combattre avec Lancelot, Galehaut et Hector sans se faire connaître. Et, dès ce jour-là, les vingt-trois chargèrent ensemble et accomplirent tant de prouesses que chacun s'en ébahit.

La reine et ses demoiselles logeaient à quelque distance, derrière l'armée du roi, dans un village. En revenant de la bataille, Lancelot et Galehaut allèrent passer avec leurs gens devant cette maison. Et sachez que Lancelot portait à son heaume la manche vermeille que lui avait envoyée sa dame, et que son écu était peint d'une bande blanche, ainsi qu'elle l'avait ordonné. Lionel chevauchait à ses côtés, portant ses lances, armé d'un chapeau de fer et d'un haubergeon, comme un sergent.

– Reconnaissez-vous ce chevalier ? demanda la reine à la dame de Malehaut en les voyant venir. Celle-ci se mit à rire. Et Lancelot leva les yeux, comme fit aussi Galehaut, et en apercevant sa dame à la fenêtre, peu s'en fallut qu'il ne tombât de son destrier.

La reine, cependant se hâtait de redescendre les degrés à leur rencontre. Le heaume de Lancelot était tout fendu et décerclé, ses bras rouges de sang jusqu'à l'épaule.

– Comment vous sentez-vous, beau doux ami ? demanda-t-elle. Et votre bras n'a-t-il point mal ? Je veux le voir.

Lancelot mit pied à terre et elle l'embrassa tout armé, tandis que la dame de Malehaut en faisant autant à Galehaut. Cependant, elle lui glissait dans l'oreille qu'elle le guérirait le soir même, s'il n'avait plaie mortelle ; et quand les deux compagnons partirent, elle garda Lionel pour lui donner ses instructions.

XIX

Pendant ce temps, Camille l'enchanteresse envoyait un messager au roi pour lui dire qu'elle était prête à se donner à lui, s'il se voulait rendre en un lieu qu'elle lui désigna, et elle lui mandait de n'emmener qu'un chevalier à cause des médisants. C'est ici qu'on voit comme amour affole les plus prud'hommes : car le roi fut au rendez-vous en compagnie du seul Gaheriet, son neveu, frère de Gauvain. Et sitôt qu'il fut couché avec sa maîtresse, quarante Saines l'enlevèrent, ainsi que son compagnon.

Dans le même temps, Lancelot et Galehaut prévenus par Lionel, sortaient tout doucement de leur tente et regagnaient le logis de la reine. À la porte du jardin, ils trouvèrent la dame de Malehaut qui les introduisit en grand secret ; et quand chacun d'eux fut dans une chambre avec son amie, il en fit ce qu'il lui plaisait et eut toutes les joies qu'un amant peut avoir. La reine se leva à la minuit et vint dans l'obscurité tâter l'écu que lui avait apporté la demoiselle du Lac ; elle n'y sentit plus de brisure : dont elle fut heureuse, car ainsi sut-elle qu'elle était la plus aimée des femmes.

Un peu avant le jour, les deux chevaliers revêtirent leurs armes dans la chambre de la reine. À son tour, la dame de Malehaut examina l'écu à la clarté des chandelles et lorsqu'elle vit que les deux parties en étaient rejointes, elle prit en riant Lancelot par le menton et lui dit :

– Sire chevalier, il ne vous manque plus que la couronne pour être roi !

De cela il eut grand'honte ; mais la reine vint à son secours.

– Dame, dit-elle, si je suis fille de roi, il en est fils aussi ; et si je suis gentille femme et belle, il est aussi noble et beau que moi, ou davantage.

Puis elle pria Lancelot de rester à la cour si le roi le lui demandait, pour ce qu'elle ne voyait plus maintenant comment elle se passerait de lui ; mais cela, elle le lui dit tout bas, de manière que Galehaut ne l'entendît, car il en eût été trop dolent. Enfin les quatre amants se séparèrent, après avoir pris rendez-vous pour la nuit suivante.

Or, au matin, toute l'armée put apercevoir les écus du roi Arthur et de Gaheriet pendus aux créneaux de la Roche aux Saines. On en vint annoncer la nouvelle à la reine, qui était encore couchée et qui ne la voulut croire tout d'abord ; mais quand elle eut de ses yeux vu les deux écus, quel grand deuil elle mena ! Certes, elle attendit la nuit avec impatience pour prendre conseil de son ami.

Las ! Lancelot ne vint pas, car il fut pris le matin même par sortilège ; et Galehaut le fut aussi, et messire Gauvain, et Hector des Mares ; et voici comment : messire Gauvain avait appelé ses trois compagnons en parlement, et il leur demandait s'il leur était avis qu'il se fît connaître afin de réconforter les barons, troublés par la perte du roi, leur seigneur ; tous quatre se promenaient en délibérant par le bois, lorsqu'ils crurent voir une troupe de Saines qui mangeaient à l'ombre d'un chêne, et d'autre part un chevalier attaché sur un sommier qui se plaignait amèrement.

– Seigneur, fit messire Gauvain, c'est Gaheriet !

– Je ne sais ce que vous ferez, dit Lancelot, mais je vais aller préparer les écuelles à ceux qui sont assis sous ce chêne.

– Moi, je leur verserai du vin dans leurs hanaps ! dit Galehaut.

– En nom Dieu, s'écria Hector, je leur étendrai leurs nappes sur l'herbe fraîche !

Aussitôt les quatre chevaliers de s'élancer. Mais Camille l'enchanteresse avait fait surgir là un lac en lui donnant la semblance d'une prairie : de manière qu'ils y tombèrent par surprise et, lorsqu'ils en sortirent à demi étouffés par l'eau qu'ils avaient bue, plus de cent païens que Camille avait fait cacher alentour leur coururent sus, de manière qu'ils furent pris comme oies sur un toit et jetés dans les cachots du château. Et la reine et la dame de Malehaut attendirent vainement leurs amis toute la nuit : il ne faut demander si elles furent dolentes !

Le lendemain, qui était jour de bataille, quand ils virent que messire Gauvain ne reparaissait point, ses dix-neuf compagnons se réunirent afin d'aviser à ce qu'ils avaient à faire et il leur sembla qu'il convenait avant tout de conseiller la reine. Messire Yvain se rendit de leur part à son logis : il la fit appeler au bas des degrés, car il ne pouvait entrer dans aucune des maisons du roi avant que d'avoir achevé sa quête, et, après s'être fait reconnaître, il la réconforta de son mieux. Mais elle se jeta à ses pieds en pleurant et en le priant de veiller sur l'honneur du roi et sur le sien, et à la voir ainsi, il se mit à pleurer lui-même, car nulle dame ne fut jamais autant aimée des hommes de son seigneur que la reine Guenièvre.

Ce jour donc, messire Yvain prit commandement au lieu du roi Arthur, et Keu le sénéchal porta la grande enseigne, comme c'était son droit. Et le roi Ydier parut sur un cheval bardé de fer, ce qui ne s'était encore jamais vu ; beaucoup de gens l'en jugèrent mal d'abord, qui plus tard agirent tout de même que lui. Il fit aussi porter à ses côtés une riche bannière à ses armes, de cordouan blanc à raies écarlates en drap d'Angleterre : jusqu'à alors on ne les avait faites que de cuir ou de drap parce qu'ainsi elles étaient plus solides. Enfin il accomplit de si grands exploits sur son bon cheval, tout le jour, qu'au soir il était tout vermeil de son sang et de celui d'autrui. Et les Saines furent repoussés dans le château. Toutefois ceux de Bretagne ne purent rester sous la Roche en raison des flèches et des carreaux dont les défenseurs les criblaient, et il leur fallut reculer à distance.

XX

Lancelot, cependant, menait si grand deuil dans sa prison qu'on ne pouvait le décider à boire ni à manger : alors sa tête se vida, puis s'emplit de rage et de frénésie, et il se mit à battre et blesser ses compagnons, de sorte qu'on dut l'enfermer seul dans un autre cachot. Vainement Galehaut implora le geôlier, disant qu'il aimait cent fois mieux d'être tué par son ami que d'en être séparé ; l'homme, qui était mauvais, ne voulut point les réunir. Toutefois, il fut apprendre à la dame de la Roche qu'un des prisonniers était devenu fou. Elle ne connaissait que monseigneur Gauvain.

– Quel est-il ? demanda-t-elle.

– Dame, c'est un pauvre homme, sans doute ; ses compagnons assurent qu'il ne possède pas seulement un pouce de terre.

– Ce serait donc péché mortel que de ne pas le relâcher.

Et, à l'aube, le forcené fut mené hors du château par une fausse poterne. C'est ainsi qu'il se rua soudain au milieu de l'armée où il se mit à faire un furieux dégât. Il n'avait point d'armes mais il renversait les tentes, attaquait les dormeurs à coups de poings, à coups de pierres, si bien que tout le monde fuyait devant lui ; et de la sorte il parvint auprès du logis de la reine. Ah ! quelle douleur elle sentit quand, de sa fenêtre, elle le vit en cet état ! Elle se pâma dans les bras de la dame de Malehaut.

– Dame, lui dit celle-ci quand elle fut revenue à elle, qui sait s'il ne fait pas le fol pour nous voir ?

La dame descend, s'approche de Lancelot et veut lui prendre la main, mais il ramasse une pierre et elle se sauve en criant. La reine, à son tour, s'écrie de frayeur, et au son de cette voix le forcené passa sa main sur ses yeux, comme interdit. Alors la reine sort, le saisit par le bras, l'emmène dans une chambre sans qu'il résiste. Elle avait envoyé chercher Lionel ; mais, dès qu'il aperçut le valet, Lancelot lui courut sus, car sa dame seule pouvait le calmer : sa frénésie le reprenait quand elle s'éloignait. Et ainsi durant neuf jours et neuf nuits !

La dixième, les Saines firent une sortie.

– Ha, la fleur des chevaliers, s'écria la reine en pleurant, que n'êtes-vous en votre bon sens ! Cette mortelle bataille serait menée à bien !

À ces mots, Lancelot saute sur une vieille lance qui était dans un coin et s'adresse à un pilier sur lequel il la brise ; puis il se met à courir dans la salle, heurtant les murs et les portes comme un furieux, avise enfin l'écu naguère fendu qu'avait envoyé la Dame du Lac, le passe à son cou, et, tout soudain, se pâme de faiblesse, tandis que la reine s'évanouit de douleur.

À ce moment, on vit entrer un dame belle et de haute taille, vêtue de soie blanche comme neige neigée, qui s'avançait vers le forcené et le prit par le poing.

– Beau Fils de Roi, commanda-t-elle, revenez à vous !

Sur-le-champ, il se lève, comme honteux, et peu à peu il retrouve son droit sens, et se met à pleurer en reconnaissant celle qui l'avait élevé. Elle le fait étendre sur un lit, lui oint les poignets et les tempes d'un onguent qui l'endort.

– Dame, dit-elle à la reine, qu'on le laisse sommeiller tout son saoul. À son réveil, vous lui ferez prendre un bain parfumé, de bonnes herbes, et quand il en sortira, il sera guéri. Mais gardez qu'il porte en bataille un autre écu que celui-ci, tant qu'il pourra durer.

– Dame, ne me direz-vous pas qui vous êtes ?

– Je suis la Dame du Lac.

Quand elle entendit ce nom, la reine sentit l'eau du cœur lui monter au yeux. Elle courut à la Dame, lui mit les bras au col.

– Soyez la bien venue, belle douce amie, vous que je chéris et que j'honore le plus au monde !

– Dame, dame, aimez sur toute chose celui pour qui rien ne vaut que vous ? C'est grande folie que de pécher, et certes il y a folie en vos amours, mais vous pouvez vous flatter que nulle autre jamais n'eut le pouvoir que vous avez : car vous êtes la compagne du plus prud'homme et la dame du meilleur chevalier du monde ; et en gagnant Lancelot, vous m'avez gagner aussi. Pourtant il me faut partir, car la plus grande force qui soit m'entraîne : et c'est la force d'amour. Mon ami ne sait à cette heure où je suis, et je ne veux lui faire peine : peut-on, quand on aime, avoir une autre joie que celle de ce qu'on aime ?

Quelque temps elles causèrent de la sorte, mais la reine pria vainement la Dame du Lac de demeurer ; quand vêpres approcha, celle-ci embrassa la reine et la recommanda à Dieu ; puis elle s'éloigna, montée sur son blanc palefroi.

XXI

Lancelot guéri, il n'est joie que l'amour puisse donner dont il n'eut sa part ; le conte n'en dit pas plus là-dessus. Et quand fut le neuvième jour, il était redevenu aussi beau que jamais. Souvent il demandait à la reine qu'elle lui permît d'aller jouter ; mais elle répondait qu'il n'était pas encore assez bien guéri. Enfin, un matin que l'on criait par toute l'armée : "Or tôt aux armes, seigneurs barons ! On verra qui preux sera !", elle le vit si dolent et si triste, qu'elle commanda en soupirant d'apporter les meilleures armes qu'on pourrait trouver. Et elle voulut lacer elle-même le heaume de son ami, mais auparavant elle le baisa tendrement en le recommandant à Celui qui fut mis en croix.

La mêlée était déjà commencée quand Lancelot parut. Lionel portait à côté de lui le pennon de la reine, qui était d'azur à trois couronnes d'or et une seule aigle.

– Seigneurs, cria messire Yvain en les voyant venir, voici le pennon de madame !

Tel un lion qui saute entre les biches, non pour grande faim qu'il ait, mais pour montrer sa force et sa vitesse : tel Lancelot entre les Saines ; il ne semblait pas un homme, mais la vengeance de Dieu. Messire Yvain et tous les autres éperonnaient derrière lui. "C'est folie que d'attendre un tel chevalier", pensèrent les païens lorsqu'ils virent les merveilles qu'il faisait ; et, en s'enfuyant vers le château, ils se pressèrent tant sur la chaussée qu'il s'en noya bien vingt dans les fossés. Lancelot, suivi des gens du roi Arthur, pénétra dans la forteresse mêlé aux fuyards, et tout d'abord il courut à la chambre de Camille. Elle était couchée auprès de son ami, Gadrasolain : il hausse l'épée, fend au valet la tête jusqu'à l'épaule ; puis il saisit la dame par les tresses :

– Rendez les prisonniers ou je vous trancherai le cou !

Alors elle le conduisit aux cachots. Quelle joie eut Galehaut lorsqu'il retrouva son ami !

– Sire, dit au roi messire Gauvain, voyez Lancelot du Lac que nous avons tant cherché !

Oyant cela, le roi tomba à genoux, disant qu'il mettait en la merci de Lancelot sa personne, son honneur et toute sa terre. Mais, quand le bon chevalier le vit s'humilier ainsi, il se mit à pleurer et se hâta de le relever. À ce moment, la reine entrait : elle alla droit à Lancelot, lui jeta les bras au cou et le baisa devant tous.

– Sire chevalier dit-elle, je ne sais qui vous êtes, à mon regret. Mais, pour l'honneur de monseigneur et le mien que vous avez sauvé aujourd'hui, je vous offre mon affection comme loyale dame la peut donner à loyal chevalier.

– Dame, dit le roi, sachez que ce chevalier est Lancelot du Lac, fils du roi Ban de Benoïc.

Et la reine feignit d'être fort étonnée et se signa plusieurs fois.

Pendant ce temps, Keu le sénéchal visitait le château. Dans un souterrain, il trouva une demoiselle enchaînée, qui lui apprit qu'elle était ainsi enfermée depuis trois ans parce que Gadrasolain l'avait jadis aimée.

– Camille s'est-elle échappée ? demanda-t-elle. Si elle emporte ses livres et ses boîtes, vous êtes perdus, car elle peut faire jaillir un lac où vous disparaîtrez tous avec le château.

– Et où sont-ils ? demanda Keu.

La demoiselle le mena à un coffre qu'il prit et jeta au feu. Et lorsque l'enchanteresse sut que ses livres étaient en cendres, elle en eut une telle douleur qu'elle se précipita du haut des murs. Dont le roi fut très chagrin, car il l'aimait encore.

Les tables mises, tous s'assirent. Et après qu'ils eurent mangé, le roi s'approcha de Galehaut et le pria de permettre que Lancelot fût désormais de sa maison et de la Table ronde.

– Ha, sire, s'écria Galehaut, je ne saurais vivre sans lui : voulez-vous ma mort ?

Mais la reine, sur l'ordre du roi, se mit à genoux pour le prier de consentir, et à la voir ainsi, le cœur de Lancelot se serra tant qu'il ne put se tenir de crier :

– Dame, je resterai auprès de monseigneur !

– Puisqu'il en est ainsi, je vous l'octroie, reprit tristement Galehaut.

Le roi le remercia, et il le pria de devenir lui-même non son chevalier, mais son compagnon et son ami. Puis il retint également Hector. Ainsi Lancelot du Lac, Galehaut et Hector s'assirent à la Table ronde. Et les grands clercs furent mandés pour mettre en écrit tout ce qui s'était fait d'armes depuis l'assemblée de Galore ; au reste, c'est par eux que nous connaissons le conte de Lancelot, qui est une branche du Graal.

XXII

Le conte dit maintenant que, peu après, Galehaut dut s'en aller pour régler les affaires de sa terre. "Bien folle est celle qui aime d'amour un si haut et riche homme, pensa la dame de Malehaut, car jamais elle ne fait de lui à sa volonté !" Lancelot eût préféré de rester auprès de la reine, mais il accompagna son ami qu'il aimait plus qu'homme au monde. Et Galehaut lui-même était dolent de quitter la dame de Malehaut ; mais il le cachait du mieux possible ; et d'ailleurs il se disait que, s'il plaisait à Dieu, il reviendrait sous peu.

Le soir, ils couchèrent dans une maison de religion où Galehaut eut un mauvais songe. Il le conta à son compagnon, tout en cheminant, le lendemain.

– Il me semblait voir deux lions, dont l'un portait couronne, qui se livraient la plus fière et orgueilleuse bataille qu'on puisse imaginer ; et, tandis qu'ils combattaient ainsi, un grand léopard survint, qui se mit à les regarder. Au bout d'un moment, le couronné eut le dessous, car l'autre était de trop grand pouvoir ; aussitôt le léopard alla le protéger et le sans-couronne n'osa plus l'attaquer. Et quand le couronné eut repris son souffle, le léopard se retira et la mêlée des deux lions recommença. Et à nouveau le couronné fut déconfit, le léopard intervint et le sans-couronne se tint coi. Puis, quand le léopard s'approcha de lui, il vint à sa rencontre à grande joie. Alors le léopard fit la paix des deux lions ; après quoi il s'en fut avec le sans-couronne ; mais enfin il le quitta : dont celui-ci demeura si triste qu'il en prit la mort. Si par clergie on peut connaître le sens de ce rêve, je m'en enquerrai.

– Beau doux ami, dit Lancelot, vous êtes trop sage homme pour croire aux songes.

À ce moment, les deux compagnons arrivaient en vue d'un fort château que Galehaut avait fait nouvellement construire et qu'il avait lui-même nommé l'Orgueilleuse Emprise, tant il était fier et beau. Et, tout autour de la roche sur laquelle il était assis, coulait une eau large et profonde, fréquentée par beaucoup d'oiseaux de marais et où l'on prenait autant de saumons qu'on voulait ; puis la forêt s'étendait non loin, abondante en bêtes rousses et commode pour la chasse : si bien que c'était là le plus agréable séjour.

– Beau compagnon, dit Galehaut, si vous saviez à quel dessein, j'entrepris de bâtir ce fort château, vous me croiriez fol. J'y fis faire trente créneaux à la maîtresse tour, parce que je comptais conquérir autant de royaumes. J'eusse fait venir les trente rois ici, et j'eusse tenu une cour grande et magnifique comme il appartenait à ma hautesse. Et, au sommet de chaque créneau, j'eusse fait placer, sur un candélabre d'argent de la taille d'un homme, la couronne du roi conquis ; et la mienne au-dessus de toutes, au faîte de la tour. Puis, la nuit, on eut planté sur les candélabres des cierges assez gros pour qu'aucun vent ne les pût éteindre, et le mien eût brillé sur tous les autres. Depuis que le château a été achevé, pour triste que j'y sois entré, jamais je n'en suis sorti que joyeux ; c'est pourquoi je m'y rends à présent, car j'ai grand besoin de réconfort.

“Sire Dieu, pensait Lancelot, en l'écoutant, comme il me devrait haïr, qui l'ai empêché de faire tout cela !” Et les larmes lui coulaient des yeux sous son heaume ; mais il prenait garde que Galehaut ne s'en aperçut.

Cependant, ils arrivaient à un trait d'arc des fossés. Alors il advint une merveilleuse aventure : car les murs soudain tremblèrent et ondulèrent comme une étoffe sous le vent ; puis ils s'écroulèrent et toute la forteresse s'effondra.

Galehaut demeura tout d'abord si étonné qu'il ne put que se signer sans sonner mot. Mais, comme Lancelot se peinait fort à le consoler, il sourit et lui dit :

– Comment, beau doux ami, croyez-vous que ce soit la chute de mon château qui m'angoisse de la sorte ? Jamais personne ne me verra navré d'aucune perte que j'aie faite de bien ou d'avoir. Ce qui m'émeut, c'est que mon cœur m'annonce de grands maux à venir, et lequel pourrait être plus grand que celui de vous perdre ? Je souhaite que Dieu ne me laisse pas vivre un seul jour après vous, et si madame la reine avait aussi bon vouloir envers moi que j'ai envers elle, elle ne vous arracherait pas à moi. Mais j'ai bien vu qu'elle ne s'en peut empêcher. Sachez pourtant que, lorsque je perdrai votre compagnie, le siècle perdra la mienne.

Tout en causant ainsi, ils parvinrent au bourg qui était sous la forteresse, où les écuyers de Galehaut, avaient fait apprêter son logis, et les habitants s'émerveillèrent de voir leur seigneur si peu escorté, car il avait accoutumé d'avoir toujours une grande suite de chevaliers. De là, il envoya des messagers convoquer ses barons à Sorehaut, qui était la maîtresse cité du Sorelois, quinze jours avant la Noël. Puis il fit écrire une lettre au roi Arthur, où il le priait comme son seigneur et son bon ami de lui envoyer les plus sages clercs qu'il pourrait trouver, car il en avait très grand besoin pour déchiffrer son rêve, et, appelant Lionel, il le chargea de la porter.

Le lendemain, les deux compagnons se remirent en chemin et ils allèrent tant que, le jour suivant, ils parvinrent à dix lieues d'Allentive. Et là Galehaut vit venir à sa rencontre son sénéchal, qui était loyal et preux et son parent éloigné. Il courut l'embrasser ; mais l'autre faisait bien triste mine.

– Ai-je donc perdu quelqu'un de mes compagnons ? demanda Galehaut.

– Nenni, sire, Dieu merci ! Mais dans le royaume de Sorelois il ne reste plus qu'une forteresse : toutes, elles se sont écroulées le même jour.

Alors Galehaut hoche la tête en souriant.

– Ami, jusqu'ici je vous avais tenu pour sage. Comment avez-vous pu pensé qu'aucune perte m'attristât, si ce n'est celle d'un ami ?

Mais le conte se tait maintenant de lui et de Lancelot, voulant reprendre le propos du roi Arthur qu'il a laissé depuis longtemps.

XXIII

Quand Lionel fut parti pour faire son message, il chevaucha tant sur son roussin qu'il parvint en la cité de Camaaloth, où le roi reçut ses lettres et lui fit très bonne chère, en le priant de séjourner jusqu'à l'arrivée des clercs que lui demandait Galehaut et qu'il avait envoyés quérir.

Or, un jour que le roi était assis à son haut manger, entouré de ses barons, une demoiselle descendit devant le palais, accompagnée d'un chevalier tout vieux et tout chenu. En entrant dans la salle, elle laissa tomber son voile, et l'on vit une pucelle d'une grande beauté, richement vêtue de drap de soie, dont les cheveux étaient réunis en une seule large tresse longue, épaisse, claire et luisante.

– Dieu sauve le roi et toute sa compagnie ! dit-elle.

– Demoiselle, répondit le roi, Dieu vous donne bonne aventure !

Là-dessus, le vieux chevalier, qui était entré avec la pucelle, remit à celle-ci une boîte d'or et de pierres précieuses, et elle en tira une lettre qu'elle offrit au roi.

– Sire, avant que de faire lire ces lettres, réunissez céans toute votre maison jusqu'aux dames et demoiselles, car sachez qu'il y est question d'une haute et grande affaire : il convient que tout le monde les entende.

Le roi envoya donc quérir la reine Guenièvre avec ses dames et tous les prêtres, chevaliers et sergents de sa maison ; puis, devant eux, il reçut la lettre et la bailla à celui de ses clercs qu'il savait le mieux disant et de meilleur sens. Mais, dès qu'il y eut jeté les yeux, le clerc regarda la reine qui était appuyée sur l'épaule de monseigneur Gauvain assis à ses pieds, et il se prit à pleurer si fort qu'il n'eût su prononcer un seul mot, lui eût-on dû couper la tête. Le roi, ébahi, appela un autre clerc qui prit la lettre à son tour ; mais il la rejeta bientôt dans le giron de son seigneur et s'en alla, faisant le plus grand deuil du monde. Alors, le roi envoya quérir son chapelain, et, tout troublé, le conjura sur la messe qu'il avait chantée de lui dire tout ce qui se trouvait écrit, sans en rien celer. Et le chapelain, après avoir parcouru la lettre, soupira et dit :

– Hélas ! sire, il me faudra prononcer des mots qui mettront toute cette cour en tristesse !

Puis il lut ce qui suit :

La reine Guenièvre, la fille du roi Léodagan de Carmélide, salue le roi Arthur ainsi qu'elle doit, et toute sa compagnie, barons et chevaliers.

Roi, je me plains de toi premièrement, car il ne convient pas à un roi de tenir une femme en concubinage comme tu fais. C'est vérité prouvée que je fus unie à toi par loyal mariage. Mais, soit par ta volonté ou par le conseil d'autrui, l'on mit en ma place celle qui était ma servante et ma serve. Cette traîtresse Guenièvre, que tu tiens pour ton épouse, m'a jetée hors de mon royaume et déshéritée. Mais Dieu qui jamais n'oublie ceux qui s'abandonne à sa merci m'a délivrée de ses mains. Je requiers que de cette déloyauté soit prise vengeance par le jugement de ta cour, et que tu amendes tes forfaits passés. Et parce que je ne puis écrire tout ce que je te veux mander, je t'envoie mon cœur et ma langue : c'est la pucelle qui t'apporte ces lettres. Je veux que tu croies ce qu'elle te dira de par moi. Quant à celui qui l'accompagne, c'est le plus loyal des chevaliers qui sont aux îles de la mer.

Le chapelain se tut et tout le monde demeura interdit. Le roi, après un long silence, regarda la pucelle :

– Demoiselle, dit-il, vous pouvez parler, puisque vous portez le cœur et la langue de votre dame. Et je voudrais savoir quel est ce chevalier, qui est le plus loyal de tous ceux des îles de la mer.

La demoiselle prit son vieux compagnon par la main et le mena devant le roi. Il était ridé et chenu, et semblait de très grand âge. Son visage était pâle et plein de cicatrices, et la peau de sa gorge pendante. Mais il avait les épaules larges et fournies, il était haut et puissant, et il se tenait comme un jeune homme.

– Sire, dit la demoiselle, quand vous vîntes en Carmélide servir comme soudoyer le roi Léodagan avec toute votre compagnie, messire le roi vous donna sa fille, la plus vaillante dame qui soit. Mais, au matin de votre nuit de noces, lorsque vous vous fûtes levé, madame fut trahie et déçue par celle en qui elle se fiait le plus, car elle fut ravie, et cette demoiselle-ci, qui se fait appeler Guenièvre, fut couchée dans le lit à la place de madame ; et vous ne vous aperçûtes de rien, tant était merveilleuse la ressemblance entre elles deux. On enferma madame dans une prison et cette demoiselle-ci croyait bien qu'elle avait été tuée. Mais madame fut sauvée par la volonté de Dieu et grâce à ce chevalier qui la délivra par ruse et engin. Maintenant elle est revenue au royaume de Carmélide, dont les barons l'ont reconnue et lui ont rendu sa terre. Et elle demande que vous lui teniez vos serments et que vous la repreniez comme votre royale épouse, faisant justice de celle qui la mit en péril de mort. Et si vous, ou tout autre, vouliez prétendre que madame n'a pas été trahie, je suis prête à prouver le contraire, en votre cour ou ailleurs, par un chevalier loyal et preux.

Quand la demoiselle eut ainsi parlé, toute la cour demeura assise de stupeur et le roi se signa plusieurs fois coup sur coup.

– Dame, dit-il à la reine, levez-vous et disculpez-vous de ces choses dont on vous accuse. Dieu m'aide ! si vous étiez telle que dit cette demoiselle, vous que l'on tenait pour la plus vaillante dame du monde, vous en seriez la plus déloyale et la plus fausse !

La reine se mit debout, et elle n'avait pas la mine d'une femme intimidée. En même temps qu'elle se levèrent ducs et comtes ; mais messire Gauvain l'accompagna jusque devant le roi et prit la parole pour elle.

– Demoiselle, dit-il à la pucelle, nous voulons savoir si c'est de madame la reine que vous avez parlé comme vous avez fait.

– Je n'ai point parlé d'une reine, mais de cette fausse Guenièvre que voici, qui commit la trahison.

– En nom Dieu, madame est bien pure de trahison ! Pour un peu, vous me feriez oublier la courtoisie à laquelle je n'ai jamais manqué envers une dame, et je vous dirais que vous avez énoncé les plus grande folies que femme ait inventées. Et quand même tous ceux de votre pays l'auraient juré, cela ne rendrait pas plus vrai ce que vous dites. Sire, ajouta-t-il, voyez-moi tout prêt à défendre madame la reine contre le corps de n'importe quel chevalier et à jurer qu'elle est votre compagne épousée en loyal mariage.

– Sire chevalier, répondit la pucelle, il serait bien raison que je connusse votre nom.

– Il n'a jamais été caché par crainte d'autrui : on m'appelle Gauvain.

La demoiselle sourit.

– Messire Gauvain, je suis plus aise maintenant qu'avant de savoir votre nom, car je vous connais si prud'homme et si loyal que vous n'attesteriez point par serment de telles paroles, fût-ce pour le royaume de Logres. Toutefois, si vous osez risquer la bataille, vous l'aurez. Bertolai, dit-elle au vieux chevalier, êtes-vous prêt à soutenir le droit contre monseigneur Gauvain ou tout autre ?

Le vieillard s'agenouilla devant le roi et offrit son gage. Mais, en le voyant si âgé, messire Gauvain se détourna dédaigneusement, et Dodinel le sauvage s'écria :

– Amenez de votre pays le meilleur champion que vous trouverez, demoiselle, et messire Gauvain le combattra ; ou même amenez trois chevaliers de votre terre, et, aidé de moi seul, qui suis le pire des compagnons de la Table ronde, il les combattra encore. Mais voulez-vous qu'il joute contre un homme de cet âge, qui a la mort entre les dents ? Honni soit qui le ferait !

– Sire chevalier, repartit la demoiselle, j'ai amené celui-ci parce qu'il est le meilleur de notre pays. Si vous avez si grande pitié de monseigneur Gauvain, vous entreprendrez vous-même la bataille.

– Sire Dieu ! autant combattre un mort !

Et Dodinel cracha à terre de mépris ; puis se tournant vers le roi :

– Sire, il faudrait l'opposer à Do de Carduel qui n'est pas trop jeune ; il était déjà renommé avant que votre père fût encore chevalier !

Tous se mirent à rire. Mais le roi releva Bertolai par la main.

– Demoiselle, dit-il, je ne veux pas décider d'une si haute chose sans conseil et sans assembler mon baronnage. Dites à votre dame que je l'ajourne à la Chandeleur et qu'elle vienne à Bedingran, dans la marche d'Irlande et de Carmélide, ce jour-là, car j'entends que la chose soit jugée par mes barons et ceux de Carmélide ensemble. Mais qu'elle garde d'avancer rien qu'elle ne puisse prouver, car, par ce Dieu de qui je tiens mon sceptre, celle des deux qui sera reconnue coupable, j'en tirerai une vengeance dont il sera parlé à toujours ! Et vous, dame, fit-il à la reine, soyez ce jour-là prête à vous défendre.

– Sire, j'attends le jugement de votre cour. Dieu m'y donne d'honneur pour autant que je suis innocente !

XXIV

Lionel partit le lendemain, accompagné des cinq plus sages clercs du royaume de Logres, et ils chevauchèrent tant qu'ils arrivèrent en Sorelois. Quand Galehaut apprit ce qui s'était passé à la cour du roi Arthur, il songea d'abord à la douleur qu'éprouverait Lancelot s'il le savait : aussi défendit-il à tous ceux qui étaient près de lui d'en rien dire. Néanmoins il ne fut guère que Lancelot ne s'en trouvât instruit. Ah ! quel chagrin quand il sut que sa dame était accusée !

– Beau doux ami, lui dit Galehaut, je ne vous en osais parler. Mais ce qui advient est peut-être ce qui peut arriver de mieux à deux amants, et, s'il vous plaît, je vous donnerai un conseil. Écoutez : si le roi Arthur la répudie (Dieu l'en garde !), je donnerai à madame la reine le meilleur royaume qui soit en toute la Bretagne bleue ; c'est celui où nous sommes. Qu'elle vienne et qu'elle en soit dame dorénavant ! Et vous pourrez l'aimer sans péché et sans vilenie après l'avoir épousée par loyal mariage. Si son cœur est aussi vrai qu'il semble, elle aimera mieux être la dame d'un petit royaume avec vous, que reine de tout l'univers sans votre compagnie.

– Ha, sire, c'est là que je souhaiterais le plus au monde ! Mais le roi a juré qu'il la ferait périr si elle était convaincue de ce crime. Non, elle ne mourra pas, s'il plaît à Dieu et à vous, en la garde de qui je me suis mis après celle de Notre Seigneur ! Je vous supplie de m'aider au nom de Dieu et du grand amour que vous avez pour moi, et qui vous a coûté déjà de perdre en un seul jour l'espoir de conquérir trente royaumes !

Là-dessus, Lancelot se prit à pleurer si fort que la parole lui manqua et, joignant les mains, il tomba aux genoux de son ami. Mais celui-ci l'embrassa et tous deux, menant grand deuil, s'assirent côte à côte. Et Galehaut, qui était plus sage et plus maître de lui, se reprit le premier et commença de réconforter Lancelot, disant :

– Beau doux ami, consolez-vous : il n'est rien que vous voudrez commander que je n'accomplisse par force ou par ruse, dussé-je perdre toute ma terre et tous mes amis. C'est vrai : j'ai fait pour vous maintes choses, qui me seront comptées plutôt à folie qu'à sagesse ; mais c'est qu'à tous les biens de ce monde, je préfère votre compagnie et votre amour : si je vous perdais, je serais mort sans retour. Quand vous serez auprès de madame la reine, faites qu'elle accepte ce que je viens de dire : ainsi nous pourrons vivre ensemble à toujours. Et sachez que, moi qui n'ai jamais commis félonie ni trahison, j'avais dessein d'aller, avec cent chevaliers armés sous leurs robes, surprendre le roi Arthur la première fois qu'il viendrait en cette marche et enlever madame la reine pour l'amener ici, près de vous. Mais c'eût été trahison trop laide. Et si madame se fût courroucée, vous en eussiez perdu le sens ou vous en seriez mort.

– Sire, dit Lancelot, vous m'eussiez tué : n'entreprenez rien de tel sans mon conseil, car si elle s'en irritait, jamais plus je ne connaîtrais la joie.

XXV

Les deux amis causèrent longtemps ainsi ; puis Galehaut manda les clercs que le roi Arthur lui avait envoyés et les réunit dans sa chapelle, en présence du seul Lancelot. Là, il leur fit jurer sur les saints de ne rien lui cacher de ce qu'ils pourraient découvrir par clergie de la signifiance de son rêve que ce fût pour sa douleur ou pour sa joie ; après quoi il leur conta sa vision, dont ils furent très ébahis.

– Sire, dit le plus sage, qu'on appelait maître Hélie de Toulouse, il faut grand loisir pour mener à bien une si haute chose, car il n'est philosophe dans le siècle qui n'y aurait beaucoup à étudier. Donnez-nous un répit de neuf jours.

Galehaut consentit. Mais quand le dixième jour fut venu, il les réunit à nouveau. Le premier d'entre eux, qui avait nom Boniface de Rome, dit qu'il avait fait une conjuration au moyen de quoi il avait découvert quel était le lion couronné.

– C'est le roi Arthur, et le lion sans couronne, c'est vous-même ; mais je n'ai pu apprendre ce que signifie le léopard ; j'ai vu seulement que vous l'emmeniez en votre compagnie.

Le second clerc, maître Hélias de Hardole en Hongrie, confirma ce que son compagnon avait découvert ; puis il pria Galehaut de permettre qu'il n'en dit pas davantage.

– Beau maître, ce ne peut être ; parlez, ou je vous tiendrai pour parjure et foimentie.

– Sire, sachez donc qu'un jour le léopard partira et que le lion sans couronne en demeurera si désespéré qu'il prendra la mort.

À ces mots, Galehaut demeura longtemps pensif et silencieux. Enfin il invita le troisième clerc à parler.

Celui-ci était né au royaume de Logres, dans un château nommé Ludevoit, qui était à six lieues du gué des Bois, où Merlin disait que toute sagesse un jour descendrait ; on l'appelait Pétroine, et c'est lui qui mit les prophéties de Merlin en écrit.

– Sire, le léopard signifie celui qui fit la paix de monseigneur le roi Arthur et de vous. Et c'est le fils du roi qui mourut de deuil et de la reine aux grandes douleurs.

Le quatrième clerc, qui était de Cologne la bonne cité, prononça à son tour :

– Sire, maître Pétroine a bien dit ; mais j'ai vu quelque chose de plus. J'ai trouvé qu'il vous faudra franchir une rivière grande et profonde sur un pont de quarante-cinq planches, et que vous tomberez à l'eau, et que vous irez au fond sans revenir. Quarante-cinq, c'est le terme de votre vie ; mais je ne puis vous dire si chaque planche signifie un an, un mois, une semaine ou un jour.

À entendre cela, Lancelot eut grand deuil et Galehaut sentit l'angoisse en son cœur. Alors maître Hélie de Toulouse le requit de faire sortir le chevalier son ami et les clercs.

– Sire, dit-il, vous êtes un des plus sages princes de ce monde : mais gardez toujours de rien prononcer devant celui ou celle que vous aimez, qui puisse mettre son cœur en malaise. Je vous dis cela pour ce chevalier qui d'ici s'en est allé, car je sais bien que vous l'aimez du plus haut amour qui se puisse entre deux compagnons loyaux. Et le léopard de votre songe, c'est lui.

– Mais, beau maître, le lion n'est-il pas une plus fière bête que le léopard, et de plus grande seigneurie ? Le meilleur des chevaliers devrait avoir semblance de lion.

– Sire, il y aura un jour chevalier meilleur que Lancelot : Merlin l'a prédit dans ses prophéties. Celui-là achèvera les aventures de Bretagne et s'assoira au Siège périlleux de la Table ronde, où nul ne prit place sans mourir. Et il sera vierge, car il le faut être pour accomplir l'aventure du Saint Graal : le fils du roi qui mourut de deuil et de la reine aux grandes douleurs ne l'est point. Et sachez que, si madame la reine est présentement accusée de vilenie, c'est en punition du péché qu'elle a commis avec lui, et de sa déloyauté envers le plus prud'homme du monde, qu'elle honnit. Mais, quant aux quarante-cinq planches, ne vous ne mettez pas en peine : il n'est point d'homme, en effet, qui eût la moindre joie au cœur s'il connaissait le terme de sa vie, car il n'a rien d'aussi épouvantable que la mort.

– Beau maître, il vous faut tenir votre serment. S'il plaît à Dieu, pour grande qu'en soit la douleur de mon corps, mon âme sera heureuse de savoir quand je dois mourir, car je tâcherai de bien faire, et je m'en hâterai davantage que si j'avais à vivre tout un grand âge. Il serait temps que je me repentisse de mes péchés.

– Sire, nous trouvons en un livre que l'on appelle la *Vie des Pères* qu'en la terre de Toscane, il y avait jadis une dame de très grande richesse qui avait longtemps mené folle vie. Non loin d'elle, au milieu d'une forêt, vivait un saint homme ermite. Elle fut le voir, et par ses bonnes paroles il l'amenda beaucoup. Une fois, pourtant, il lui révéla qu'elle n'avait plus que trente jours à vivre, et l'avertit de s'efforcer à bien faire jusque-là. Mais, à cette nouvelle, la dame sentit trembler sa chair et son cœur frémir, et elle désespéra, si bien que les diables se mirent en elle et qu'elle oublia le salut de son âme à cause de la peur de son corps. Pourtant, l'ermite cria merci à Notre Seigneur pour elle, et Dieu l'entendit : dans la chapelle une voix annonça au prud'-homme que le don qu'il demandait lui était accordé. Il vint au lieu où la dame était, et elle pleura, lorsqu'il entra, tant les diables la tourmentaient à ce moment. Mais, sitôt que le prud'homme eut fait de sa main le signe de la vraie croix sur elle, ils sortirent de son corps en criant, brayant et hurlant si fort que toute la terre en tremblait. Elle abandonna le siècle, coupa ses tresses, prit une robe de religion, et vécut jusqu'à sa mort sur un haut tertre, entre deux roches, en compagnie d'une seule pucelle. Et à cela vous pouvez voir que c'est un vil péché que de désespérer, car c'est du jour où elle le fit que le Saint-Esprit l'abandonna et que les diables entrèrent en elle. De même saint Pierre s'enfonça dans la mer, sitôt qu'il eut peur. Ainsi en advient-il des gens qui veulent savoir le jour de leur mort : de la terreur de la chair peut naître le désespoir. Mon conseil est que vous laissiez de cherchez cette folie et que vous vous peiniez de faire le bien comme si vous n'aviez à vivre que trente jours.

Mais Galehaut insista si fort que maître Hélie dut consentir, en pleurant, à tenir son serment.

Sur-le-champ, il fit apporter des charbons éteints et il traça sur le mur de la chapelle quarante-cinq roues pour signifier les années ; puis quarante-cinq roues plus petites : et c'était la signifiance des mois ; puis quarante-cinq roues plus menues encore : et c'était la signifiance des semaines ; puis quarante-cinq roues minimes : et c'était la signifiance des jours. Cela fait, il recommanda à Galehaut de ne s'ébahir de rien ; puis il fut prendre sur l'autel la croix d'or et de pierres précieuses qu'il garda entre ses mains, et la boîte contenant le *Corpus Dominici* qu'il bailla à Galehaut ; enfin il tira de sa poche un livret où il se mit à lire jusqu'à ce que son visage rougît et que la sueur lui coulât sur la face. Au bout d'un moment, il s'arrêta et gémit ; puis il reprit sa lecture en tremblant de tous ses membres. Alors une obscurité se répandit et une voix se fit entendre, si hideuse et si épouvantable qu'elle résonna dans toute la cité de Sorehaut et que Galehaut terrifié s'accroupit en se cachant les yeux de sa boîte, tandis que maître Hélie tombait sur le dos, la croix sur sa poitrine. Puis l'obscurité se dissipa, mais la terre se mit à trembler, et un bras long à merveille sortit du mur, vêtu jusqu'au coude d'une manche de samit jaune, et du coude jusqu'au poing de soie blanche. La main, vermeille comme charbon embrasé voulut férir maître Hélie qui lui opposa la croix, puis Galehaut mit la boîte à l'encontre : alors l'épée fit des moulinets autour d'eux ; enfin elle alla frapper le mur, trancha quarante-deux des grandes roues, et autant dans chaque rangée des autres ; après quoi elle disparut par où elle était entrée.

– Ha, maître, dit Galehaut, vous m'avez bien tenu votre promesse, et je sais maintenant que j'ai encore à vivre trois ans, trois mois, trois semaines et trois jours !

– Sire, vous pourrez bien dépasser ce terme avec l'aide de Lancelot : car vous ne mourrez que parce que ce que votre compagnon vous laissera. Toutefois vous ne devez découvrir à personne le secret du tout en tout.

Ils sortirent de la chapelle, et Galehaut se prit à songer que c'était plutôt de la reine que dépendait son sort, car sans doute c'était elle qui lui ferait perdre la compagnie de son ami. Toutefois, comme il trouva Lancelot les yeux rouges des larmes d'angoisse qu'il avait versées, il lui fit très joyeux visage.

– Beau compagnon, lui dit-il, n'ayez point de chagrin, car je suis tout aise de ce que j'ai appris : c'est que les quarante-cinq planches signifient les années que j'ai encore à vivre ; et maître Hélie m'a révélé que de vous ne me viendrait nul chagrin.

XXVI

Peu après, les barons que Galehaut avait mandés à Sorehaut commencèrent d'arriver, et quand le jour fixé fut venu, Galehaut prit Lancelot à part et lui offrit de partir avec lui pour reconquérir le royaume de Benoïc et venger sur le roi Claudas de la Terre déserte la mort de son père et la grande douleur de sa mère.

– Sire, répondit Lancelot, je ne puis rendre hommage à personne, non pas même au roi Arthur : madame la reine m'en a fait grande défense. Et, à cause de cela, je ne peinerai guère à conquérir mon héritage, car il me faudrait le tenir de lui.

– Ha, je connais bien votre cœur ! Vous aimeriez mieux renoncer à la seigneurie du monde que vivre loin de madame ! Mais jamais je ne porterai couronne de roi que vous n'en ayez une.

Là-dessus, ils allèrent dans la salle où on leur fit grande joie ; et il y avait là vingt-huit rois et cent dix princes qui tous, le soir venu, mangèrent avec Galehaut, leur seigneur lige. Le lendemain, après que la messe eut été chantée, le sire des Iles lointaines les réunit et leur dit qu'il les avait mandés parce qu'il comptait aller vivre à la cour du roi Arthur.

– Mes terres sont larges, grandes et dispersées : aussi me faut-il chercher un prud'homme ancien et loyal, haïssant le tort et aimant la droiture, pour lui en confier la baillie. Je vous demande conseil, n'étant pas sage assez et ne pouvant connaître ce que sait chacun de vous. Choisissez un homme net de convoitise. Cependant que vous parlerez ensemble, j'attendrai dehors.

Il sortit avec Lancelot, et les barons se mirent d'accord pour élire le roi Baudemagu de Gorre.

– Beau doux ami, lui dit Galehaut quand il en fut averti, je vous revêts de la baillie de ma terre. Et vous tous, seigneurs, qui êtes mes hommes liges, je vous commande par la foi que vous me devez de lui obéir et de l'aider contre tous, hors contre moi. Et, s'il m'advenait de trépasser, il laisserait ma terre à Galehaudin, mon neveu et mon filleul.

On apporta les saints ; le roi Baudemagu jura qu'il se conduirait loyalement envers Galehaut et son peuple, et tous les barons qu'ils se comporteraient de même envers lui et qu'ils ne réclameraient pas l'héritage de Galehaut, mais qu'ils l'assureraient à Galehaudin.

XXVII

Le roi Baudemagu était sire de la terre de Gorre, qui était la plus forte de toute la Grande Bretagne : car le pays était bas et entouré d'une rivière profonde, courante, large et noire, et de marais si fangeux et si mous que ce qui y était entré n'en pouvait plus jamais sortir, et dans cette terre on trouvait tant d'aventures qu'il n'est personne qui le pût croire. Et il y avait aussi une mauvaise coutume, qui y avait été mise lorsque les temps aventureux commencèrent.

À la mort du roi Urien de Gorre, messire Yvain le grand, son fils préféra de rester auprès du roi Arthur et céda sa terre à son cousin Baudemagu. Celui-ci, qui était sage et de grand sens, voulut la renforcer et la mieux peupler. Pour cela, il fit tout d'abord détruire les deux ponts par où l'on y entrait. Puis, en face de Gahion, qui était la maîtresse cité du royaume, on ficha en terre, de chaque côté de l'eau, deux gros troncs d'arbres renforcés de chaînes, et de l'un à l'autre on scella une planche d'acier, aiguisée et tranchante comme une épée, si claire, en outre, qu'on s'y fût miré : tel fut le premier pont, qu'on nomma pont Perdu ou pont de l'Épée. À un autre endroit, à cinq journées de là, le roi Baugemadu fit faire un autre pont d'une poutre étroite jetée entre deux eaux, de façon que celui qui y voudrait passer eût six pieds de rivière au-dessus de la tête : ce fut le pont Sous l'Eau. Et chacun de ces deux ponts était défendu par un chevalier, en sorte que, si l'on réussissait à les franchir, il fallait encore combattre le gardien à outrance. Les vaincus ou ceux qui n'osaient tenter jusqu'au bout l'aventure devaient jurer de ne point quitter la terre de Gorre avant qu'un chevalier les eût délivrés en forçant le passage : jusque-là, avec leurs amies, s'ils en menaient avec eux, et leurs écuyers, ils devaient vivre en labourant comme des serfs, aussi vils que sont les Juifs, entre les Chrétiens.

Or, le pont de l'Épée était gardé par le propre fils du roi Baudemagu, qui avait nom Méléagant. C'était un chevalier grand et bien taillé, roux, la peau couverte de taches de son, d'ailleurs si orgueilleux qu'il n'eût laissé chose entreprise à tort ou à raison pour remontrance qu'on lui eût faite. Le jour que Galehaut confia à Baudemagu sa terre en baillie, il était à la cour, où il était venu pour voir Lancelot dont il avait ouï dire merveilles ; mais il n'imaginait pas qu'il pût exister un champion meilleur que lui-même ; aussi déclara-t-il à son père que Lancelot n'avait pas le corps et les membres faits de sorte à être plus preux que lui.

– Beau fils, répondit le roi en hochant la tête, par la foi que je dois à Dieu, ce n'est pas la grandeur du corps, mais celle du cœur, qui fait le bon chevalier ! Et, si tu es plus fort que Lancelot, il est plus prisé que toi : en toute la terre du roi Arthur, il n'est personne qui puisse rivaliser avec lui.

– Je ne suis pas moins prisé d'armes en mon pays que lui dans le sien. Et, si ce n'était que de vous, on me connaîtrait depuis longtemps par le monde. Mais vous ne m'avez jamais laissé faire ce que je désirais, et par vous j'ai plus perdu de renommée que je n'en ai gagné.

– Si tu es prisé dans ton pays, c'est toute la gloire que tu as ; au dehors, tu n'en as point, tandis que la sienne court par le siècle.

– Puisqu'il est de si grand prix, que ne vient-il en votre terre délivrer les exilés bretons ?

– Il a de plus grandes choses à accomplir ; et celle-là pourrait bien advenir un jour.

– Dieu ne m'aide, s'il les délivre, moi vivant !

– Laissons cela. Quand vous aurez fait ce que j'ai fait, vous serez plus modeste que vous n'êtes à cette heure. Et j'imagine que vous avez tel projet en tête que nous ne pourrez achever sans honte.

XXVIII

Peu après Pâques, Galehaut partit pour Camaaloth avec Lancelot et tout son baronnage. Le roi Arthur leur fit très bel accueil : les hauts hommes furent logés dans la ville ; mais on dut dresser des tentes alentour, dans les prés, pour les chevaliers. Et c'était la veille de la Pentecôte. Le lendemain, après manger, les hommes d'Arthur et ceux de Galehaut commencèrent de jouter dans un pré dessous la ville, mais à la lance émoussée et à l'écu seulement, sans plus d'armure.

Lancelot montait un destrier de six ans qu'on nommait Queue d'Agache, taché comme une pie, plus blanc que neige et plus rouge que braise, si fort qu'il aurait porté un carré de fer, si courant qu'il eût dépassé le faucon ou la flèche, et qui tirait à la main de telle façon que le chevalier était souvent emporté outre sa volonté ; mais il abattait tous ceux qu'il rencontrait. Méléagant l'attaqua, et tous deux brisèrent leurs lances au ras du poing, mais leurs chevaux se heurtèrent et le fils du roi Baudemagu n'eut sangle, ni arçon, ni harnais de poitrail si forts qu'ils ne rompissent : il fut porté à terre, la selle entre les cuisses. Après quoi Lancelot continua de jouter.

Méléagant s'était remis debout, car il n'était pas blessé. Il demanda traîtreusement à ses écuyers une lance à fer aiguisé, monta sur un autre destrier et s'adressa de nouveau à Lancelot, visant bien où il le frapperait : ce fut à la cuisse, au-dessus de l'écu ; le fer traversa la jambe et se brisa sur l'arçon derrière. Et le sang coula jusque sur l'herbe.

Galehaut n'était pas à la joute. Mais, en voyant la blessure de Lancelot, ses gens se hâtèrent de jeter leurs lances et leurs écus tant ils redoutaient le courroux de leur seigneur. Et le roi de Baudemagu, qui craignait que Galehaut ne voulût prendre vengeance de la félonie de Méléagant, fit sur-le-champ partir son fils pour son pays. Déjà la nouvelle était parvenue au palais ; on dit à la reine que Lancelot avait été navré en plein corps : aussitôt elle tomba pâmée, et si rudement qu'elle se fit une plaie à la tête. Le roi, cependant, s'empressa d'aller au-devant du blessé.

– Sire, s'écria Lancelot, pour Dieu, n'en dites mot à Galehaut, car il se chagrinerait ! Je n'ai plaie qui me nuise.

Tous deux gagnèrent le palais et montèrent aux chambres de la reine, à qui le roi étonné demanda comme elle s'était ouvert le front.

– C'est en descendant d'une fenêtre où j'étais assise, mais ce n'est rien.

Et elle feignit d'être surprise et d'apprendre seulement que Lancelot venait d'être navré à la cuisse. Alors le roi la pria de le garder quelques jours et de le faire panser.

C'est ainsi que, durant deux semaines, les mires soignèrent le bon chevalier chez la reine, et certes il n'était pas pressé de se trouver guéri. Galehaut, qui avait renvoyé ses gens en leur pays aussitôt après le tournoi, croyait que Lancelot faisait courir le faux bruit d'une blessure afin de rester auprès de sa dame.

Mais le conte laisse maintenant ce propos, voulant dire ce qui advint de la demoiselle et de Bertolai le vieux.

XXIX

Revenus auprès de la fausse Guenièvre, leur dame, ils avisèrent comment ils pourraient mener à bien leur affaire.

– Dame, dit Bertolai, si vous attendiez le jugement du roi, vous y pourriez trouver dommage. Car la cour dira que, si la reine veut trouver son droit par un champion, elle le fasse, et tous les bons chevaliers du monde sont en la maison du roi Arthur. Il est bien préférable d'achever la chose par trahison, car ici plus vaut ruse que force.

La dame ayant consenti, Bertolai fit monter à cheval quelques-uns de ses hommes et il les mena au lieu le plus sauvage de la terre, au cœur de la forêt de Carduel. Puis il envoya un messager au roi Arthur qui s'hébergeait alors dans la ville. Et le valet entra dans la salle où le roi était, et, après l'avoir salué, il dit :

– Roi, il y a dans cette forêt le plus grand sanglier qu'on ait jamais vu. Il est si fier et si orgueilleux que nul n'ose l'attaquer dans sa bauge ; cependant il détruit tout. Ceux du pays m'envoient pour vous prier de les en délivrer. Si vous voulez, je vous mènerai au lieu où il gîte.

À cette nouvelle, le roi et ses chevaliers furent très contents. Ils montèrent à cheval aussitôt et se rendirent dans le forêt. Mais, quand ils approchèrent de l'embuscade, le valet dit au roi :

– Sire, le porc est près d'ici ; ces chevaliers sont trop nombreux pour ne point faire de bruit et je crains que nous ne le perdions.

Le roi fit arrêter ses gens et prenant, outre un épieu, son arc et ses flèches, il s'enfonça dans le bois derrière le valet sans emmener avec lui plus de deux veneurs. Tout à coup, il se vit environné d'hommes armés, et saisi par les bras et par le corps avant que d'avoir eu le temps de s'étonner. On le fit aussitôt monter sur un palefroi et on l'emmena à grande allure, ainsi que ses veneurs.

Cependant le valet s'était emparé de son cor. Il alla sonner non loin du lieu où attendaient les chevaliers.

– C'est messire le roi ! s'écria Gauvain. J'entends qu'il nous appelle.

Tous de partir au galop. Mais le valet était déjà loin, et d'un autre point du bois il se remit à corner. Et tout le jour il les mena ainsi à travers la forêt et les déçut. Enfin, à la nuit, comme ils n'entendaient plus le cor depuis longtemps, ils cessèrent leur poursuite vaine.

Et quand ils rentrèrent à Carduel, ils trouvèrent la reine et plusieurs barons, appuyés aux fenêtres de la salle, qui attendaient le roi avec angoisse.

– Ha ! dit la reine lorsqu'elle connut la nouvelle, j'ai grand-peur que messire ne soit occis ! Dieu veuille le protéger, où qu'il soit, et le mener en sûreté !

– Dame, dit Galehaut, nul ne serait assez hardi pour oser mal faire au roi. Et sans doute messire pourchasse-t-il encore le sanglier, il ne voulait nous attendre, afin de pouvoir se vanter de l'avoir tué tout seul. Nous l'avons souvent ouï corner, mais la forêt est grande et large. Nous la fouillerons demain et ce sera merveille si nous ne le retrouvons.

Mais, lorsque les barons eurent mangé et qu'ils furent retournés en leurs logis, la reine dit tristement :

– Beau doux ami, hélas ! je sens bien que tout le monde me croit déjà coupable, et sans doute, c'est la punition du péché que j'ai commis en honnissant le plus prud'-homme du monde ; mais la force de l'amour et la prière du chevalier qui surpasse les meilleurs me l'ont fait faire. Ha, je tremble que messire le roi ne me fasse mourir !

– Dame, répondit Galehaut, ne craignez point cela, car il faudrait tuer avec vous mille chevaliers prêts à vous défendre. S'il advenait que vous fussiez jugée à mort, je vous secourrais avec tous mes hommes, dussé-je y gagner la haine du roi à toujours et y perdre mon âme et mon corps. Et je vous donnerais ensuite le meilleur de mes royaumes. Ne soyez inquiète de rien, je vous prie.

Mais le conte revient maintenant au roi Arthur.

XXX

Il chevaucha tant, entre ceux qui le gardaient, qu'il parvint au château de l'Enchantement, en Carmélide. La fausse Guenièvre descendit à sa rencontre dans la cour, et il fut ébahi en l'apercevant, car il crut voir la reine elle-même.

Sachez, en effet, que le roi Léogadan était père de cette fausse Guenièvre qu'il avait eue de la femme de son sénéchal, comme il l'était de la vraie, et la ressemblance de ses deux filles était si merveilleuse que, lorsqu'elles avaient toutes deux la même parure, on ne les pouvait distinguer l'une de l'autre. Au temps du mariage de la vraie Guenièvre, sa demi-sœur avait tenté de lui faire justement la même trahison dont elle l'accusait, et ce par le conseil de Bertolai ; mais elle en fut empêchée par Merlin l'enchanteur, sans que personne s'en doutât.

– Sire, dit-elle au roi, maintenant je vous ai en ma prison et vous n'en sortirez jamais que vous ne m'ayez rendu mon droit.

Là-dessus, elle commanda qu'on servît à souper et il ne faut pas demander si le roi fut honoré. Mais il était si déconforté qu'il ne voulut presque pas manger, jusqu'à ce que la dame lui eût offert d'un breuvage qu'elle et Bertolai avaient préparé. Il en but, et aussitôt il devint enjoué autant qu'il avait été triste. Alors la fausse Guenièvre pensa qu'elle aurait beaucoup gagné si elle pouvait faire, par ce philtre et par elle-même, que le roi l'aimât d'amour.

Quand il fut temps de se coucher, on mena le roi dans une chambre où un lit était préparé, très riche, comme il convenait à un si haut seigneur, et la dame lui dit :

– Certes, si vous étiez prud'homme, je vous devrais plaire et vous auriez grande joie de ce que Dieu nous a remis ensemble. Mais, si Notre Sire le veut, celle qui nous a séparés aura sa récompense, et, si elle ne paye en ce monde, elle payera dans l'autre.

Là-dessus ils se mirent au lit et menèrent cette nuit-là très bonne vie. Ainsi en fut-il tout l'hiver et, par le poison que la dame lui donna chaque jour à boire, le roi commença de l'aimer. Pourtant, quand vinrent Pâques, il dit qu'il ne pouvait plus souffrir de n'avoir nouvelles de sa gent.

– Dieu m'aide ! dit la fausse Guenièvre, vous ne sortirez jamais de ma prison, car je ne sais que trop que je vous perdrais si vous retourniez en votre terre. Et j'aime mieux de vous avoir pauvre que de vous avoir seigneur du monde entier, loin de moi.

– Belle très douce amie, je vous aime plus que nulle autre, et pourtant je pensais qu'aucune femme ne peut valoir celle qui m'a trompé par sa déloyauté ; car il n'y a pas de dame de plus grand sens qu'elle, ni de si grande courtoisie, et si douce, si débonnaire, si généreuse. On disait dans toute la Bretagne qu'elle était l'émeraude des dames.

Ainsi le roi louait sa femme devant celle qui en voulait la ruine. Mais toujours la fausse Guenièvre lui faisait boire du philtre, si bien qu'il finit par lui promettre de la reconnaître pour reine, pourvu que les barons de Carmélide témoignassent devant ceux de Bretagne qu'elle était bien la fille du roi Léodagan. Ce qu'elle accepta sans crainte parce que, chaque jour, Bertolai travaillait à persuader ceux du pays qu'elle était leur vraie dame.

Par l'ordre du roi, les deux veneurs qui avaient été pris avec lui furent donc envoyés à monseigneur Gauvain, et d'autres messagers furent adressés aux chevaliers de Carmélide, pour convoquer les deux baronnages à Bedingran, le jour de l'Ascension.

En attendant, le roi s'en alla chevaucher par son royaume de Carmélide, où les barons lui firent grande joie et l'honorèrent de leur mieux, car il n'était jamais revenu en leur contrée depuis son mariage. Et la fausse Guenièvre, qu'il traitait comme sa femme épousée, fut bien honorée aussi : ils croyaient vraiment qu'elle était leur dame, et ce n'était pas merveille quand le roi lui-même s'y accordait.

XXXI

Lorsque les deux baronnages furent assemblés à Bedingran, le roi prit la parole :

– Seigneurs, dit-il, je vous ai mandés ici, car un roi ne doit entreprendre nulle chose sans le conseil de ses hauts hommes. Vous savez la plainte et la clameur qu'une demoiselle fit à Camaaloth, le jour de la Chandeleur. Je pensais alors qu'elle avait tort ; mais je sais bien maintenant qu'elle a droit, et que celle qui a vécu longtemps avec moi a commis une trahison : les gens de ce royaume de Carmélide témoigneront qu'elle est la fille au sénéchal du roi Léodagan. Je vous ai assemblés pour que vous me conseilliez comme vous le devez.

Galehaut s'avança devant tous.

– Sire, tout le monde vous tient pour le plus prud'homme qui vive. Mais comment sait-on que madame soit ce que vous dites ? Il m'est avis qu'elle est la bonne et loyale reine ; ceux de Bretagne l'ont toujours tenue pour telle.

– Je sais bien ce qu'il en est, répondit le roi. Les chevaliers de ce pays connaissent mieux que ceux de Bretagne laquelle est la fille du roi Léodagan et de sa femme épousée. Celle qu'ils s'accorderont pour désigner comme telle sera dame et reine.

Alors il fit apporter les meilleures reliques qu'on put trouver ; puis on appela la reine Guenièvre, d'une part, de l'autre celle qui voulait se faire passer pour elle ; et le roi invita les barons de Carmélide à jurer sur les saints qu'ils parleraient sans amour ni haine et diraient la vérité.

Bertolai le vieux s'agenouilla le premier, tendit la main sur les reliques et se parjura, puis il prit la fausse Guenièvre par le poing et la désigna pour la fille du roi Léodagan et de la reine sa femme. Tous les hauts hommes de Carmélide agirent comme lui, et c'est ainsi que la reine Guenièvre fut privée de son honneur.

De toutes choses que fit jamais le roi Arthur, c'est là celle dont il a été le plus blâmé.

– Seigneurs, dit-il, je vous commande donc comme à mes hommes liges de juger maintenant celle qui si longtemps m'a fait vivre en péché mortel.

Et il eût accepté que la reine fût livrée à la mort, tant la fausse Guenièvre lui avait fait prendre de médecines. Mais messire Gauvain déclara qu'il n'assisterait pas au jugement où la dame qu'il avait tant aimée serait sans doute condamnée à être brûlée et détruite, et tous ceux du royaume de Logres dirent comme lui.

– Si vous ne voulez faire le jugement, s'écria le roi en colère, je trouverai bien qui le rendra, et avant la nuit !

Là-dessus, il commanda aux barons de Carmélide de rendre la sentence. Et quand Bertolai le vieux lui eut remontré que, du moment qu'un si haut baronnage que celui de Bretagne refusait d'y prendre part, il était bien besoin qu'il assistât lui-même au parlement, il se leva et alla avec eux.

XXXII

Les Bretons, cependant, qui étaient restés dans la salle, se demandaient tristement ce qu'ils feraient si leur dame était condamnée à mort.

– Je quitterais pour toujours la maison du roi mon oncle, dit messire Gauvain, et je m'exilerais en pays étranger.

Messire Yvain et Keu le sénéchal s'écrièrent qu'ils feraient tout de même.

– Quant à moi, dit Galehaut, je perdrais mon corps et ma terre plutôt que de laisser mourir madame la reine. Toutefois, il convient de mener l'affaire bellement : priez donc monseigneur le roi, sitôt qu'il reviendra du jugement de lui accorder la vie ; et s'il ne veut, prenez congé et retirez-vous dans vos châteaux : vous verrez ensuite comment je travaillerai.

Il parlait ainsi parce qu'il avait eu nouvelles de l'arrivée du roi des Cent chevaliers, qu'il avait mandé avec une grande armée et qui n'était plus qu'à deux lieues de la ville.

Mais, à ce moment, le roi Arthur rentrait dans la salle, suivi des barons de Carmélide, et, par son ordre, Bertolai prit la parole.

– Ores, écoutez, seigneurs chevaliers de Bretagne, le jugement rendu du consentement du roi Arthur. Celle qui a vécu en sa compagnie contre Dieu et contre toute raison verra effacer en elle tout ce qui a été sacré : parce qu'elle porta couronne sans droit, ses cheveux seront tranchés ainsi que la peau : de même le cuir de ses mains, parce qu'elles ont été ointes : enfin les pommettes de ses joues afin qu'à toujours on la reconnaisse. Ensuite elle quittera la terre de monseigneur le roi Arthur pour n'y jamais revenir.

En entendant cette sentence, les seigneurs de Bretagne, indignés, crièrent qu'ils maudissaient tous ceux qui l'avaient rendue, hormis monseigneur le roi, et qu'ils ne demeureraient pas dans une cour où une telle vilenie aurait été faite. Keu le sénéchal surtout parla avec violence, disant que, sauf l'honneur du roi, ceux qui avaient ainsi jugé ne devaient pas être tenus pour loyaux.

Mais au moment qu'il s'offrait pour combattre au nom de la reine et prouver par son corps et ses armes, contre n'importe qui, que le jugement était faux, on vit derrière lui la foule s'écarter, et Lancelot, chaud et irrité, fendit la presse, parut devant le roi et laissa tomber son manteau.

Il demeura ainsi vêtu de son bliaut, et bien pris dans sa taille, comme il était, les cheveux blonds et crêpelés, le visage brun, les yeux verts, et tout enflammé de courroux, chacun fut frappé de sa grande beauté. Il écarta Keu si rudement que pour un peu il l'eût abattu aux pieds du roi, et comme le sénéchal irrité se dressait devant lui avec défi, il le repoussa du bras et lui dit :

– Sire Keu, ne vous offrez point à soutenir le droit de madame, car vous ne ferez point cette bataille, ni aucun chevalier céans.

– Et pourquoi, sire ?

– Parce qu'un meilleur que vous le fera.

Cette parole fut souvent reprochée à Lancelot, mais à ce moment peu lui souciait qu'il disait bien ou mal.

– Sire, reprit-il en s'adressant au roi, je vous demande en mon nom et au nom de tous les chevaliers de me dire qui a rendu ce jugement.

– Moi, répondit le roi, et tous ces prud'hommes avec moi.

– Sire, j'ai été par votre grâce compagnon de la Table ronde, mais je m'en dévêts, comme je me suis dévêtu de mon manteau : ainsi puis-je protester en votre cour contre vous-même. Le jugement de madame est faux, mauvais et déloyal : je suis prêt à le prouver par mon corps et mes armes. Et si ce n'est assez d'un chevalier, j'en combattrai deux, voire trois.

– C'est de la folie ! dit Keu. Lancelot aurait assez faire d'un chevalier. Il prétend être plus vaillant que tout le monde !

– Ne vous souciez de cela, sire Keu, reprit Lancelot. Quand j'aurai fait ma bataille, contre trois, vous ne voudrez être le quatrième pour toute la terre du roi Arthur.

– Lancelot, dit le roi, il est vrai que vos prouesses sont connues, mais vous avez entrepris une bien grande chose en prétendant fausser mon jugement ; jamais chevalier ne l'a osé. Et vous tentez follement. À Dieu ne plaise que je laisse faire en ma cour un combat si inégal !

– Sire, s'écria Galehaut, ce n'est pas droit, en effet ! Jamais au royaume de Logres bataille d'un contre trois n'a été acceptée.

Mais Lancelot lui-même jura qu'il combattrait ainsi. Les barons de Carmélide étaient cruellement offensés de le voir fausser leur jugement, comme de son dédain pour leurs meilleurs champions. Si bien que le roi dut recevoir les gages que les deux parties lui remirent à genoux.

XXXIII

Le lendemain, Lancelot eut assez de hauts hommes pour l'armer, car Galehaut et tous les barons y étaient, et messire Gauvain lui confia Marmiadoise, sa bonne épée, qui valait un comté, en le priant de la porter pour l'amour de lui.

Les gardes du champ furent Galehaut, Gauvain, le roi d'Estrangore, le roi d'Outre les Marches, le roi Agustan d'Écosse, le roi Ydier et trente autres rois ou princes. Et messire Gauvain chargea un chevalier de sonner du cor pour donner le signal quand il le commanderait. Le roi Arthur et la fausse Guenièvre étaient à une fenêtre et celle pour qui Lancelot combattait à une autre, sous la garde de Keu, accompagnée de Sagremor le desréé, de Giflet fils de Do et de beaucoup d'autres seigneurs. Et toutes les maisons de la place étaient garnies de chevaliers et de bourgeois.

Lancelot parut, sur un palefroi ; Lionel, son cousin, portait son écu et son heaume ; un autre écuyer tenait ses lances et menait en main son destrier couvert d'une cuirasse neuve de cuir matelassé. Quand il vit les trois chevaliers de Carmélide, il se hâta de se mettre en selle et de prendre ses armes, et cria aussitôt à monseigneur Gauvain :

– Beau sire, ne sonnera-t-il jamais, ce cor ?

Le signal fut donné et les champions laissèrent cour. Le chevalier de Carmélide perça l'écu, mais brisa sa lance sur le haubert, tandis que Lancelot poussait la sienne de telle force qu'elle traversa comme beurre les armes et le corps et parut au delà de l'échine : ainsi tomba le premier champion et ses armes sonnèrent, et jamais on ne le vit plus remuer ni main ni pied.

Les gardes du camps accoururent, et quand ils l'eurent vu tué, ils firent sonner du cor à nouveau, et le second chevalier s'élança. Mais, au premier choc, il vola par-dessus la croupe de son destrier. Durant qu'il se relevait, Lancelot fut poser sa lance contre un arbre ; puis il revint au galop, l'épée à la main. Et quand l'autre le vit accourir ainsi, il eut grand'peur. Mais Lancelot lui cria :

– N'ayez crainte, sire chevalier, car jamais on ne me reprochera d'avoir requis à cheval un homme à pied.

Ce disant, il descendit, attacha son destrier à un arbre, ôta de son cou la courroie de son écu, et, courant sus à son ennemi, il le chargea de tant de coups forts et pressés, que l'autre blessé en treize endroits, le front ouvert, aveuglé par le sang qui lui coulait dans les yeux, cria bientôt merci.

– Tu auras merci comme l'a eue ton compagnon ! cria Lancelot.

Ce disant, il lui fendit la tête. Puis, essuyant sa lame souillée de sang et de cervelle :

– Ha, bonne épée, dit-il, comme il doit avoir un cœur de prud'homme, celui qui vous porte !

Il revint à son cheval, le détacha, se remit en selle, reprit sa lance et attendit le troisième champion. Mais les barons de Carmélide crièrent à ce moment que la bataille n'était pas faite selon le droit, car Lancelot n'avait pas juré que la reine Guenièvre était innocente, ni ses adversaires qu'elle était coupable.

– Une bataille pour une si grande chose que de fausser un jugement ne doit pas être menée sans serment. Nous savons bien, pour notre part, que nous n'avons pas fait de faux jugement.

Le roi hésitait, mais Galehaut, qui n'était pas tout à fait sûr que la reine fût innocente et qui voulait éviter à Lancelot de jurer, fit sonner le cor. Et les deux chevaliers ne perdirent pas leur temps à se faire des menaces : ils mirent leurs écus peints et vernis devant leurs poitrines, baissèrent leurs grosses lances et rendirent la main en brochant des éperons.

Or le troisième champion de Carmélide, qui avait vu la prouesse de Lancelot, s'était dit que, s'il en tuait le cheval, il aurait grand avantage ensuite : il détourna donc sa lance et occit le destrier. Mais cela lui servit de peu, car, dans le même temps, Lancelot l'arrachait des arçons.

Tous deux se relevèrent et, comme ils étaient vites, forts et roides, bientôt les mailles de leurs hauberts jonchèrent la terre et leur sang rougit leurs armes. Lancelot toutefois frappait plus adroitement, si bien que l'autre faiblit peu à peu et finit par tomber sur les mains. Lancelot, aussitôt, de lui sauter dessus et de lui arracher son heaume : puis il se tourne vers la fenêtre où était la reine et cria à Keu le sénéchal :

– Sire Keu, sire Keu, voici le troisième ! Je pense que, pour toute la terre du roi Arthur, vous ne voudriez maintenant être le quatrième !

Cependant son adversaire s'était relevé et, se voyant chef désarmé, il se jeta sur Lancelot et le prit à bras-le-corps ; mais l'autre de défendit à coups de pommeau d'épée, si bien que le sang coulait à flot du visage meurtri.

Quand messire Gauvain et les autres gardes du camp virent le chevalier de Carmélide si vaillant, ils en eurent pitié. Et a cause de sa prouesse, le roi Arthur voulut le sauver.

– Dame, vint-il dire à la reine Guenièvre qui se leva devant lui, vous êtes maintenant quitte, et le chevalier qui se bat contre Lancelot est mort si vous n'en avez souci. Je vous prie de le faire délivrer.

Alors la reine descendit sur la place. Lancelot était assis sur la poitrine du vaincu et se préparait à lui couper le cou. Elle vint à lui et s'agenouilla.

– Beau doux ami, je vous prie de laisser la vie à ce chevalier, car messire le roi m'a accordé ma grâce.

– Ha, dame, pour Dieu, levez-vous ! Je confesserais qu'il m'a vaincu, si vous le vouliez.

Aussitôt on emporta le blessé, et les barons de Carmélide eurent grand'honte de se voir ainsi convaincu de faux jugement.

XXXIV

Or, la nuit même, Notre Sire prit une forte vengeance de la fausse Guenièvre, car tout son corps fut frappé de paralysie, hormis les yeux et la langue. Et bientôt son cœur commença de pourrir et sa poitrine de sentir si fort la pourriture, que nul n'eût pu durer dans sa chambre, n'eussent été les bonnes épices qu'on y mettait. Le roi Arthur, qui l'aimait toujours, envoya chercher les plus sages mires qu'on put découvrir ; mais aucun ne sut d'où venait cette maladie. Et en peu de temps la fausse Guenièvre empira tellement que le roi, qui menait grand deuil, fit mander un prêtre pour la confesser. Ce fut frère Amustant, qui avait été longtemps chapelain du roi Léodagan de Carmélide.

– Dame, lui dit-il, vous gisez en une douloureuse prison, comme celle qui a perdu tout le pouvoir de son corps. Mais il n'est nul péché, pour vil qu'il soit, qui ne puisse être pardonné quand on s'en repent.

Alors elle lui confessa toute sa trahison d'un bout à l'autre et sans en rien cacher.

– Dame, dit le prud'homme, je vous donnerai une pénitence très légère au corps et très profitable à l'âme. Vous répéterez devant le roi et tous les barons ce que vous venez de me dire, et comment vous avez fait boire un philtre à monseigneur pour qu'il s'éprît de vous. Et ce sera honte au diable et honneur à Dieu.

Ainsi fit-elle. Et lorsqu'il entendit tout cela, le roi se signa plusieurs fois ; puis il demanda à ses barons quelle justice il convenait de faire de la fausse Guenièvre et de Bertolai le vieil, qui avaient bâti cette trahison. Tel fut d'avis qu'il fallait les brûler ; tel, les traîner ; mais frère Amustant conseilla de les enfermer dans un vieil hôpital, proche Bedingran. Et ils moururent là peu après.

XXXV

Cependant la reine Guenièvre, après le combat, s'était retirée en Sorelois, où Galehaut, avec la permission du roi, lui avait offert asile. Quand elle apprit que la fausse reine avait tout avoué, elle fut très contente. Mais Lancelot ne le fut qu'à moitié, car il songea qu'il n'aurait plus désormais la compagnie de sa dame autant qu'il venait de l'avoir. Et Galehaut, fut dolent à merveille, en songeant que sans nul doute Lancelot le quitterait pour suivre son amour : car ainsi voyait-il sa fin approcher.

Peu après, le roi envoya chercher la reine par un grand nombre de ses barons, évêques, clercs et prélats. Mais elle leur dit qu'elle n'avait que faire de tant d'honneurs et qu'elle ne se remettrait jamais en la sujétion d'autrui, puisque Dieu l'en avait délivrée.

– Si je voulais me marier, ajouta-t-elle, je pourrais avoir un des plus hauts hommes du monde, et qui ne souhaiterait pas ma mort comme fit naguère messire le roi, mais qui me protégerait contre tous.

– Dame, vous ne pouvez faire cela, dirent les barons, car vous avez été unie à monseigneur par loyal mariage et par sainte Église.

– J'en suis délivrée de droit, répondit-elle, puisqu'il me condamna à tort : sainte Église n'exigera pas que je retourne auprès de lui.

Mais les clercs lui représentèrent que c'était au jour du Jugement que le roi aurait à répondre de sa déloyauté, et qu'à elle, il lui convenait seulement de reprendre son seigneur. De sorte qu'elle se mit en route avec sa compagnie pour regagner le royaume de Logres. Et le roi vint à sa rencontre et fut tout honteux quand il la vit. Il s'efforça de son mieux, désormais, à faire ce qu'il croyait qui pût lui être agréable, et elle avait le cœur si doux, si débonnaire et si franc, qu'il n'était nul forfait qu'elle ne pût pardonner.

Or, toutes les fois que le roi croyait la sentir mieux disposée envers lui, il la priait de s'employer auprès de Lancelot pour que celui-ci consentît à redevenir compagnon de la Table ronde. Mais elle répondait qu'elle n'osait lui demander rien, après tout ce qu'il avait fait pour elle qui ne lui avait jamais rendu qu'un seul service.

– Ha, dame, disait le roi, suppliez-l'en de tout votre pouvoir !

À la fin, elle feignit de se laisser fléchir.

– Sire, j'y consens, dit-elle. Mais auparavant vous prierez Lancelot vous-même, devant toute votre maison. S'il vous refuse, alors je me jetterai à ses pieds.

Ainsi en fut-il, et Lancelot ne répondit pas un seul mot au roi, mais il ne put souffrir de voir la reine à genoux devant lui : il courut la relever, disant qu'il ferait la volonté de sa dame. Et il vint après cela s'agenouiller devant le roi, qui l'accola à grande joie.

De la sorte, il reprit sa place à la Table ronde. Chacun en fut heureux, hormis Galehaut qui voyait ainsi avancer l'heure de sa propre mort. Et le roi décida qu'il tiendrait, le jour de la Pentecôte, la plus riche et la plus joyeuse cour de sa vie, et à Londres, afin que ceux de Gaule, de Petite Bretagne, d'Écosse, d'Irlande, de Cornouailles, et de maintes autres terres pussent s'y rendre.

XXXVI

Ce jour-là, après la messe, les tables furent mises dans les pavillons et les tentes que le roi avait fait dresser sur les bords de la Tamise, car il ne se fût pas trouvé de salles assez grandes pour abriter autant de monde qu'il en hébergea. Et après le manger, qui fut plus beau qu'on ne saurait dire, Galessin, duc de Clarence, fit grande joie à monseigneur Gauvain, son cousin, qu'il n'avait pas vu depuis longtemps. Il était fils du roi Nantre de Garlot, neveu du roi Arthur, et bien fourni de corps et de membres, quoique petit et épais. Messire Gauvain et Lancelot du Lac furent avec lui se promener dans la forêt voisine, et, quand ils eurent assez marché, ils s'assirent tout trois sur un tapis d'herbe verdoyante et menue, à l'ombre d'un haut chêne feuillu.

Tandis qu'ils causaient, un écuyer vint à passer, qui arrêta son cheval et les regarda avec attention, après quoi il tourna bride et s'éloigna au galop. Ils reprirent leur propos en haussant les épaules ; mais peu après ils entendirent un grand bruit dans les fourrés, et ils virent débucher le valet, suivi d'un chevalier d'une taille gigantesque, qui portait un écu d'or au lion de sinople.

– Voici Gauvain, le traître ! s'écrie l'écuyer.

Sans mot dire, le chevalier pousse son cheval droit sur monseigneur Gauvain ; et comme celui-ci en s'écartant, tentait de lui ravir l'épée qui lui pendait au côté, il se penche, le saisit à deux mains sous les aisselles, l'enlève et l'assied devant lui comme un petit enfant ; après quoi, il broche des éperons et part à toute bride, avant même que les deux autres, stupéfaits et d'ailleurs désarmés, aient eu le loisir de bouger.

Lancelot voulait le poursuivre sur-le-champ ; mais Galessin l'arrêta par le bras et lui représenta que mieux valait qu'ils fussent prendre leurs armes tout d'abord, après quoi ils se mettraient en quête de leur compagnon sans avertir le roi, la reine, ni personne. Et ainsi firent-ils ; mais, bientôt les traces du ravisseur les menèrent à un carrefour d'où partaient plusieurs routes ; alors ils résolurent de se séparer pour avoir plus de chances de le retrouver, et chacun s'en fut par la voie qu'il avait choisie.

XXXVII

Sur l'heure de tierce, Lancelot se trouva dans une belle petite lande où courait un ruisseau ; mais elle était toute semée de tronçons de lances, de pièces d'écus, de mailles de haubert et de chevaux tués. Et comme il s'était arrêté à regarder ce spectacle, il entendit des cris et il vit sortir du bois une demoiselle qui fuyait, tenant dans ses mains ses longues tresses coupées, pourchassée par un chevalier à pied. Apercevant Lancelot, elle courut se jeter à ses pieds.

– Ha ! gentil homme, protège-moi ! Ce traître veut me honnir et il m'a tranché mes belles tresses !

Lancelot laissa le chevalier lacer son heaume et monter à cheval ; puis il le heurta si rudement de sa lance qu'il l'abattit ; après quoi il sauta à terre, lui arracha son heaume et dit à la demoiselle en lui tendant son épée :

– Tenez ! Et coupez-lui la tête si vous voulez.

Mais elle répondit que son cœur ne le pourrait souffrir et pria Lancelot de le faire lui-même. À quoi il ne manqua point. Puis il interrogea la pucelle :

– Sire, lui dit-elle, la dame de Briestoc, à qui je suis, se rendait à la cour du roi Arthur, son cousin, lorsque nous vîmes des gens qui emmenaient monseigneur Gauvain tout sanglant, en chemise et en braies, attaché sur un roussin, et qu'on battait cruellement. Madame les fit attaquer par ses chevaliers : mais ceux-ci ont été défaits, car nul ne pouvait souffrir les coups d'un grand homme à l'écu d'or chargé d'un lion de sinople, et nous nous sommes sauvées dans les bois. J'étais partie à la découverte, lorsque j'ai rencontré ce truand qui a tenté de me faire violence et m'a coupé mes tresses pour me punir de lui résister.

Alors elle conduisit Lancelot au fourré où la dame de Briestoc et ses pucelles étaient cachées et il ne faut pas demander si le chevalier fut bien accueilli. Cependant le jour commençait de baisser et ils ne savaient où passer la nuit, lorsqu'ils entendirent sonner un cor sur leur droite, à quelque distance. Ils suivirent un sentier nouvellement frayé et parvinrent à un fort château dont les murs, couleur de craie, blanchoyaient dans le crépuscule : on le nommait le Blanc Castel. Là, ils eurent bon gîte et on apprit à Lancelot que le chevalier à l'écu d'or au lion de sinople ne pouvait être que Karadoc le grand, seigneur de la Tour Douloureuse.

– C'est le plus fort chevalier qu'on ait jamais connu, dit à Lancelot la dame du Blanc Castel. Cent champions tous aussi vaillants que le meilleur de la cour du roi Arthur ne l'outreraient pas. À suivre la quête que vous avez entreprise, vous ne pouvez que mourir.

Toutefois, le lendemain, dès qu'il eut entendu la messe en compagnie de la dame de Briestoc et de la dame du Blanc Castel, Lancelot prit congé d'elles, et il se mit en route vers la Tour Douloureuse dont il s'était fait indiquer le chemin.

Mais le conte se tait ici de lui et devise de Galessin, le duc de Clarence.

XXXVIII

Le duc chevaucha tant par la route qu'il avait choisie qu'il parvint à un verger clos de bons murs et attenant à une maison forte appelée Pintadol.

Il descendit de son cheval, frappa : un valet ouvrit le guichet.

– Sire chevalier, dit-il, si vous voulez être reçu céans, il vous faut accomplir une aventure assez périlleuse.

Galessin répondit qu'il s'y essaierait volontiers ; alors le valet mena son cheval à l'écurie et, après lui avoir fait poser sa lance, le conduisit dans le verger. Là, quatre sergents, tous grands et vites à merveille, faisaient assaut ensemble avec une habilité surprenante, armés de chapeaux de fer, de solides et légers boucliers, tout ronds en cuir bouilli, et de bâtons à bouts d'acier tranchant et aigu.

– Il vous faut vaincre ces quatre escrimeurs, dit l'écuyer, ou bien passer votre chemin.

– Ce ne sont là que des vilains : ils ne dureront pas contre moi, s'il plaît à Dieu.

Et, dégainant son épée, Galessin entra dans le verger.

À peine fut-il au milieu, les quatre escrimeurs, dont l'un était le père et les autres les trois fils, lui coururent sus et le frappèrent si bien qu'il sentit du premier coup les pointes d'acier à travers ses armes. S'étant adossé au mur pour n'être pas tourné, il commence de se défendre et de riposter aussi adroitement qu'il peut ; mais toujours à ses coups les habiles sergents opposent leurs écus. Pourtant il taille si fort que les boucliers finissent par tomber en pièces ; puis, d'un tranchant heureux, il coupe le bras gauche de l'un des ennemis. C'était le père ; à le voir ainsi, ses trois fils ont grand deuil et grande honte : ils redoublent de hardiesse, mais l'un d'eux a bientôt le tête fendue, l'autre l'épaule ouverte, en sorte que le troisième se jette à genoux et crie merci. Aussitôt une grosse cloche sonne, la porte du clos s'ouvre, et une chevalier richement vêtu entre dans le verger, accompagné d'une dame très belle et de tous ses gens.

– Beau sire, dit le chevalier, l'an passé je fus pris dans une guerre que je menais contre un mien voisin, et il advint que le vilain que vous avez occis me délivra par ruse. Mais il m'avait fait jurer sur les reliques que je lui donnerais ce qu'il demanderait. Il me requit de lui céder le tiers de ma terre et un enfant par maison. Et il choisissait des pucelles pour en faire son plaisir et des valets pour le servir, lui et ses fils. En revanche, ils devaient combattre tous les quatre chaque chevalier qui se présenterait. En les outrant, vous avez rompu la coutume.

Alors le sire de Pintadol, demanda à Galessin comment il avait nom, et quand il sut qu'il était de la Table ronde, il lui fit grande joie : puis il lui apprit que le ravisseur de monseigneur Gauvain ne pouvait être que Karadoc de la Tour Douloureuse. Et certes, le duc de Clarence fut bien hébergé cette nuit-là.

Mais le lendemain, aussitôt qu'il eut entendu l'alouette chanter et le cor du guetteur sonner le lever du jour, il demanda son cheval et ses armes, et, la messe ouïe, il partit accompagné d'un écuyer que son hôte lui donna pour le guider.

XXXIX

À midi passé, ils arrivèrent devant une cité toute close de murs noirs, et quand ils en eurent franchi la porte, qui était ouverte, ils entrèrent dans des ténèbres profondes, car tout était aussi obscur qu'à six lieues sous terre. Ils descendirent ; le valet prit dans sa main une chaîne qui s'allongeait à travers la nuit, et tous deux avancèrent, tirant leurs chevaux par la bride. Ils traversèrent un lieu vaguement éclairé d'où s'élevait une très douce odeur : c'était un cimetière, puis ils parvinrent à la porte d'une église d'où sortaient une froidure et une puanteur horribles.

– Sire duc, dit le valet, voyez-vous cette petite lueur là-bas, à l'autre bout ? Celui qui pourra l'atteindre ramènera le jour et mettra fin à l'aventure. Or, faites ce que le cœur vous dit.

Sur-le-champ, Galessin embrasse son écu, dégaine son épée et avance à grands pas. Mais soudain il se sent frappé si rudement par une multitude d'épées et de masses invisibles, et en même temps à ce point pénétré par le froid et suffoqué par la puanteur, qu'il choit pâmé sur les dalles : revenu à lui, il se traîne comme il peut vers l'entrée où il tombe à nouveau ; et peu s'en fallut, à ce moment, que son cœur ne crevât, tant il était empli d'angoisse. Le valet le tira dehors et se hâta de lui ôter son heaume pour lui donner vent ; et, quand il eut repris ses sens, il s'écria que, pour le royaume de Logres, il n'accepterait pas de recommencer l'épreuve.

– Sire, lui dit l'écuyer, puisque vous n'avez pu achever cette aventure, allons nous héberger.

Tous deux revinrent sur leurs pas le long de la chaîne, menant en mains leurs chevaux, sortirent de la cité ténébreuse et gagnèrent la maison d'un vavasseur que le valet connaissait aux environs. Là, Galessin s'enquit de la signifiance de tout cela.

– Sire, il y a eu dix-sept ans au carême, le sire de cette ville aimait une gentille femme et ne la put avoir à sa volonté, car elle était trop bien gardée. Un mercredi de la semaine sainte, tous deux assistèrent au service des Ténèbres, et, quand les cierges furent éteints, ils s'unirent charnellement ; mais le Saint-Esprit découvrit le crime qu'ils accomplissaient dans l'église et, depuis lors, les ténèbres ont envahi le bourg que l'on appelait Escalon l'Enjoué, et qui a nom maintenant Escalon le Ténébreux. Le cimetière toutefois a gardé sa clarté, parce que maints corps saints y gisent, dont nous pensons que les âmes sont devant Notre Seigneur Jésus-Christ. Et, si vous m'en croyez, vous demeurerez ici, car vos plaies ont grand besoin de médecin. Ne vous exposez pas au danger de la forêt voisine, ou vous y périrez.

Mais Galessin répondit qu'il ne renoncerait pas à sa quête, car mieux vaut mourir avec honneur que vivre avec honte. Et, le lendemain, il repartit en compagnie de l'écuyer.

XL

Ils chevauchèrent tant qu'ils arrivèrent à une chapelle appelée la chapelle Morgane, d'où partaient deux routes.

– Sire duc, dit le valet, m'est avis que nous prenions la voie de droite, car l'autre mène au Val d'où nul ne revient. Vous feriez comme fol si vous vous engagiez par là.

– Me veux-tu ôter ce que je vais quérant ? Celui-là n'est pas un chevalier, mais un marchand, qui laisse les voies dangereuses pour les sûres, et jamais les aventures ne seraient achevées si les chevaliers errants faisaient ce que tu souhaites que je fasse.

– Vous irez où vous voudrez, répliqua le valet, mais je ne vous suivrai point. Je vous attendrai ici jusqu'à demain, et si je n'ai alors de vos nouvelles, je pourrai bien m'en aller.

– Tu m'auras assez attendu, si tu m'attends durant ce temps.

Là-dessus, Galessin recommanda l'écuyer à Dieu et entra dans le Val qui était clos d'un mur d'air. Et le conte dit comment ; écoutez :

Le roi Arthur avait une sœur nommée Morgane qui avait appris de Merlin tant de tours et d'enchantements qu'une foule de gens, dont beaucoup de fous, l'appelaient Morgane la Fée, ou même la déesse. Elle aima un chevalier nommé Guyomarc'h, cousin de la reine Guenièvre ; et celle-ci leur faisait souvent des remontrances. Un jour, elle les prit sur le fait et bannit son cousin : de là vint la grande haine que Morgane eut toujours pour la reine. Elle s'enfuit à son tour et rejoignit Guyomarc'h : mais il s'était épris d'une demoiselle de grande beauté. Maintes fois, Morgane s'efforça de les surprendre, car elle savait la vérité comme on la peut savoir par ouï-dire. Elle les guetta tant, la nuit et le jour qu'à la fin elle les découvrit dans ce val qui était l'un des plus beaux du monde. Et à cause du grand chagrin qu'elle eut, elle les y enferma dans une muraille d'air et elle condamna la demoiselle à sentir toujours un froid de glace de la tête à la taille et une chaleur torride de la taille aux pieds ; puis elle fit un enchantement tel qu'aucun chevalier ne pût sortir du Val après y avoir pénétré, à moins qu'il n'eût jamais, même en pensée, faussé ses amours.

Depuis vingt ans, nul des chevaliers errants qui avaient franchi la muraille d'air n'avait pu la repasser, et il y en avait déjà deux cent cinquante-quatre ; aussi appelait-on ce lieu le Val Sans Retour. Les dames, les demoiselles, les écuyers y entraient et en sortaient à leur guise ; c'est ainsi que beaucoup des prisonniers avaient leurs amies par amour avec eux, et leurs valets qui les servaient et leur apportaient leurs rentes, leurs vêtements, leurs oiseaux ; et ils logeaient dans de riches maisons ; et l'on voyait là des chapelles où chaque jour la messe était chantée. Mais tous attendaient le cœur doux, humble et fidèle sans reproche, qui les pourrait délivrer.

Quand Galessin eut un peu cheminé dans le Val, il trouva une porte basse devant laquelle il mit pied à terre. Elle ouvrait sur un escalier qui le mena dans un souterrain tout blanc. Là, quatre dragons enchaînés par la gorge, mauvais et forts et féroces à miracle, qui léchaient leurs ongles sanglants, se levèrent en le voyant, s'étirèrent et dressèrent leurs crêtes terriblement ; telle était leur force qu'ils enfonçaient leurs griffes dans le sol, qui était de pierre de grès aussi aisément que dans du beurre. Mais Galessin embrasse son écu, dégaine son épée et s'avance entre eux : aussitôt ils l'assaillent ensemble. Vainement il en frappe un au milieu du front : l'épée rebondit comme sur une enclume. Alors, se couvrant de son écu du mieux qu'il peut, il se met à les heurter à coups de pommeau si rudement qu'il leur fait étinceler les yeux, et combat tant et si bien qu'enfin il passe outre.

L'allée qu'il suivait le ramena au jour, mais il se trouva devant un torrent furieux et profond, que traversait en guise de pont une planche d'un pied de large ; deux chevaliers en défendaient l'issue, l'un armé d'une lance, l'autre d'un écu et d'une épée nue. Galessin fait le signe de la croix et s'avance sur le pont périlleux, l'écu devant la poitrine. Mais le chevalier à la lance le frappe avec une telle violence que du premier coup il le précipite dans la rivière.

Quand Galessin reprit ses sens, il se sentit tirer de l'eau par quatre vilains et il lui fut avis qu'il avait beaucoup bu. On l'étend sur la rive : devant lui se dresse un chevalier armé ; vainement il tente de se défendre ; il n'en a pas la force. Et l'autre lui arrache son heaume et son épée ; après quoi on l'emmène dans un verger où une quantité de seigneurs captifs et de dames se promenaient en causant. Il retrouva là

Keheddin le beau, Hélain le blond et Aiglin des Vaux, tous trois compagnons de la Table ronde.

Mais le conte maintenant se tait de lui pour quelque temps, voulant dire ce qu'il advint à monseigneur Gauvain quand Karadoc de la Tour Douloureuse l'eut ravi et emporté.

XLI

Après avoir rejoint ses gens, le grand chevalier fit placer monseigneur Gauvain sur un roussin, les bras garrottés et les pieds liés sous le ventre du cheval, et durant tous la route il le fit battre de courroies, au point que le sang du prisonnier coulait de toutes parts.

Karadoc avait une femme vieille et hideuse, la plus félonnesse et déloyale vieillarde qui jamais naquit. Et quand elle vit monseigneur Gauvain, elle s'écria :

– Gauvain, Gauvain, enfin je vous ai en ma prison ! Et je prendrai vengeance de vos trahisons.

– Dame, répondit-il, jamais je ne commis de trahison, et il n'y a sous le ciel nul homme qui m'en accusât contre qui je ne m'en défendisse.

– Tu as occis mon fils, et il faut que ce soit par la grande félonie dont tu es plein, car aucun chevalier ne fut meilleur que lui. Et nul n'est plus déloyal et plus traître que toi !

– Vous dites, dame, ce que vous voulez. Mais vous mentez comme une vieille punaise, et parjure !

Lors, la vieille saisit une lance au râtelier et voulut l'en férir ; mais Karadoc, qui se faisait désarmer, courut l'en empêcher.

– Ha, dame, pour Dieu, arrêtez ! Si vous le tuer, vous m'empêcherez d'en faire ce que je veux ! Il souhaite la mort, et il a raison, car je le ferai tant souffrir, qu'il lui vaudrait mieux être mort que vif ; jamais il ne sortira de prison.

Ce disant, il prit monseigneur Gauvain, le dévêtit et l'étendit sur une table ; puis il lui fit plusieurs blessures, mais peu profondes, sur tout le corps ; et la vieille oignit les plaies d'un onguent empoisonné. Ensuite, ils le descendirent dans un cachot tout noir et à ce point grouillant de vermine, qu'il n'était au monde de mauvais vers et de bêtes ordes et venimeuses dont il n'y eût là quelque une, dit le conte. Au milieu de cette chartre ténébreuse et glacée s'élevait un pile de cinq pieds de haut, juste assez large et longue pour qu'un homme pût s'y étendre.

On laissa là monseigneur Gauvain, avec un peu de foin et une maigre couverture, en guise de lit, plus un petit bâton afin qu'il se défendît de la vermine. Et quand il se vit ainsi, il ne put s'empêcher de gémir.

– Ha ! bel oncle, gentil roi débonnaire, comme vous seriez chagrin si vous saviez la douleur où je suis et la peine que je souffre ! Ha, douce reine, comme pâlirait votre beau visage vermeil, si vous connaissiez l'angoisse que je sens ! Ha, seigneurs chevaliers, compagnons de la Table ronde, Dieu vous maintienne pour l'honneur du roi Arthur, et vous garde de venir où je suis présentement ! Ha, Galessin, beau cousin, certes vous eûtes grande douleur de me voir enlever ! et vous, doux ami Lancelot, si quelqu'un pouvait me secourir, ce serait vous ; mais Notre Sire, veuille vous laisser ignorer où l'on m'a jeté, car si la Bretagne vous perdait, elle ne pourrait vous remplacer ! Ha, Galehaut, haut prince, Celui qui souffrit la mort pour nos péchés vous protège ! À Dieu soient recommandés tous mes amis, car je crois bien qu'ils ne me reverront plus !

Ainsi le gentil chevalier plaignait moins son malheur que la douleur que causerait son absence. Or, Dieu voulut qu'une demoiselle qui se promenait dans le jardin l'entendit gémir. Karadoc l'avait enlevée à un chevalier qu'elle aimait, et, bien qu'il fût épris d'elle, elle le haïssait plus que tout. Elle vint à la lucarne par où l'on donnait à manger à monseigneur Gauvain, et demanda qui lamentait de la sorte.

– C'est Gauvain, le neveu du roi Arthur, qui ne sait qui lui demande son nom, ni si c'est pour son bien ou son mal.

– Messire Gauvain, je suis une demoiselle qui vous aidera de tout son pouvoir.

– Demoiselle, ces serpents et la vermine qui sont céans m'ôtent le boire et le manger, le dormir et le reposer. Ils m'attaquent sans cesse et je n'ai de quoi me défendre, car j'ai brisé le bâton qu'on m'a donné pour les tuer, et ils ont si fort envenimé mes plaies que j'en ai le corps tout enflé.

Ainsi parlait-il, parce qu'il ignorait que la vieille déloyale avait enduit de poison les blessures que Karadoc lui avait faites.

La demoiselle s'en fut dans la tour où elle logeait. Elle prit ce qu'il faut de farine de seigle pour le pain que pourraient manger dix chevaliers à un dîner ; elle la pétrit avec le suc de l'herbe serpentine et de cinq autres herbes de grande vertu ; puis elle mit ce gâteau à cuire, et enfin à tremper dans du lait de chèvre ; après quoi elle vint le jeter dans le cachot de monseigneur Gauvain. La vermine, qui sentit l'odeur du pain chaud et du lait, se précipita pour dévorer cette pâture. Mais sitôt qu'elle l'eut mangée, elle s'échauffa, puis refroidit, et creva toute. D'où vint une si horrible puanteur que messire Gauvain crut que le cœur lui allait sortir du ventre. Alors la demoiselle courut prendre une boîte d'un très bon onguent qu'elle lui tendit au bout d'une perche, et dès qu'il en eut oint ses plaies, la douce odeur de l'onguent lui fit oublier la puanteur. Et, dans la nuit qui suivit, la demoiselle prépara du soufre et de bonnes épices chaudes qu'elle jeta sur la vermine morte, à laquelle elle mit le feu et qui fut réduite en cendres. Enfin elle passa à monseigneur Gauvain des draps, des oreillers, une courtepointe, de bonnes viandes, et de bons vins : de façon que, par la vertu de l'onguent sur ses plaies, et du dormir, du boire et du manger, il se trouva tôt tout à fait bien.

Mais le conte laisse ici de parler de lui pour dire ce qu'il advint en son absence à la cour du roi Arthur.

XLII

Quand Lancelot et Galessin eurent quitté Londres, la chose ne put être tenue si secrète que Lionel ne l'apprit le jour même. Et il en fut dolent outre mesure, car il aimait fort son cousin et ne pouvait souffrir que Lancelot fût parti sans lui. Il courut à son logis prendre des armes de chevalier, vêtit par-dessus son haubert une chape brune dont il rabattit le capuchon, et il s'éloigna à grande allure de son destrier, suivi d'un écuyer qui portait une lance, un heaume et un écu.

Mais Galehaut le reconnut en le voyant passer. Il monta à cheval et fit force d'éperons à sa poursuite, si bien qu'il le rejoignit hors de la ville et saisit sa monture par le frein.

– Qu'y a-t-il, Lionel, lui dit-il, et où allez-vous ainsi ? Vous avez fait grand outrage en ceignant l'épée et en prenant les armes de chevalier quand vous ne l'êtes pas encore.

Et il commanda à l'écuyer du damoisel de rapporter au logis le heaume, l'écu et la lance.

– Allez ! dit Lionel au valet.

Galehaut crut qu'il lui ordonnait de rentrer. Mais le damoisel trancha soudain ses rênes par-dessous sa chape, de façons qu'elle restèrent aux mains de Galehaut ; puis il piqua des éperons et s'élança derrière son écuyer.

– Ha, cœur sans frein ! s'écria Galehaut, il faudrait ici votre cousin : lui seul pourrait vous modérer !

À son tour, le fils de la géante broche son cheval, rattrape Lionel qui ne pouvait diriger le sien, et, grand comme il était, il le prend aux flancs, l'enlève et le jette sur le cou de sa propre monture. Pourtant le damoisel, qui était roide et vigoureux, se débat de telle sorte que les voilà tous deux tombés.

– Pour Dieu, disait Lionel, laissez-moi aller !

– Cela ne peut être.

– J'ai grand'peur que messire n'ait besoin de moi, car il est trop attaché à achever ce qu'il entreprend !

Et le damoisel conta ce qu'il savait du départ de Lancelot.

Personne ne pouvait aussi bien que Galehaut dissimuler ses peines : il dit à Lionel un mensonge pour qu'il se tînt en paix.

– Retournez, fit-il. Je sais bien où Lancelot est allé.

Et le damoisel obéit.

XLIII

Le lendemain, comme le roi était à son haut manger, un messager du seigneur de Pintadol arriva, et, peu après, la dame de Briestoc, qui contèrent comment messire Gauvain avait été enlevé par Karadoc de la Tour Douloureuse, et comment Galessin et Lancelot du Lac étaient allés en quête de lui. Lorsqu'elle apprit ainsi que Lancelot était parti, la reine eut grand deuil, et songeant qu'il s'en était allé sans avoir son congé, elle eut si grand dépit, aussi, qu'elle ne lui pardonna de longtemps, comme le conte en devisera plus loin.

Et Lionel dit à Galehaut :

– Sire, vous m'avez trahi, car hier soir j'eusse rejoint mon seigneur et je fusse mort ou occis avec lui !

Galehaut n'était pas moins chagrin que Lionel : pourtant il le réconforta de son mieux ; après quoi il défendit son ami auprès de la reine, non qu'il trouvât lui-même que Lancelot eût bien fait de partir sans congé, mais parce qu'il voulait lui apaiser sa dame.

Cependant, le roi faisait crier par la ville que nul ne s'en allât, car il irait le lendemain délivrer monseigneur Gauvain. Au matin, en effet, il se mit en marche avec ses gens vers la Tour Douloureuse ; toutefois la reine, courroucée, refusa de l'accompagner et fit dire qu'elle était malade.

Or, peu après le départ du roi, elle vit entrer Lionel dans sa chambre, qui lui conta comment Galehaut l'avait arrêté, la veille, parce qu'il n'était pas encore chevalier.

– Dame, dit le damoisel, je vous requiers de me faire chevalier pour l'amour de monseigneur Lancelot.

La reine consentit. Sur-le-champ, elle lui passa son heaubert, lui laça son heaume, lui boucla ses éperons et lui ceignit l'épée au flanc ; après quoi elle dit :

– Bel ami, attendons quelque bon chevalier pour vous donner la colée, car il ne convient pas qu'une femme frappe un homme.

– Dame, frappez je vous prie. Pour l'amour de vous, je ferai mieux de mon épée d'acier.

Alors elle le heurta de sa main sur le cou aussi rudement qu'elle put en disant :

– Que Dieu t'envoie prouesse et hardiesse !... Et maintenant, si vous désirez un baiser, prenez-le, ajouta-t-elle.

– Grand merci, dame !

Et il la baisa trois fois d'un seul tenant. Puis il descendit dans la cour, sauta sur son cheval sans se servir de l'étrier, et le fit galoper et volter devant la reine qui s'était mise à la fenêtre. Enfin elle le recommanda à Dieu et il s'en fut.

Mais à présent le conte devise de ce qui advint à Lancelot après qu'il eut quitté le Blanc Castel.

XLIV

Il erra tout le jour et passa la nuit dans un ermitage. Puis le lendemain, il chevaucha jusqu'à l'heure de none, qu'il rencontra une pucelle montée sur un palefroi noir. Il la salua du plus loin qu'il la vit et lui demanda le chemin de la Tour Douloureuse.

– Dieu m'aide ! dit-elle, vous aurez sur la route bien des peines et des travaux !

– Demoiselle, assez fort sera celui qui les endurera.

Alors elle lui apprit qu'il lui faudrait tenter l'aventure d'Escalon le Ténébreux. Et quand il arriva à la porte de la cité obscure, il mit pied à terre comme avait fait Galessin, suivit la chaîne dans l'ombre et s'arrêta devant l'église. Et là, il se tourna vers Londres, et murmura :

– Dame, je me recommande à vous où que je sois !

Puis, s'étant signé, il attacha son épée nue à son poing pour ne pas la perdre, et il marcha à grands pas dans l'église vers la lueur lointaine.

Il n'avait pas avancé d'une longueur de lance qu'il sentit des fers d'épieux lui entrer dans la chair et des coups terribles de masses et d'épées lui tomber sur la tête ; et si grand était le bruit qu'il croyait que l'église croulait ; et si affreux le froid et la puanteur qu'il était aux trois quarts suffoqué. Sept fois il tomba sur les genoux et sur les mains ; mais il se remettait toujours debout.

Quand il ne fut plus qu'à une toise de la porte d'où sortait la lumière, il chut encore tout de son long ; mais il se mirait en son désir comme en un miroir, si bien que, n'ayant plus la force de se relever, il rampa, à grand-peine et angoisse, jusqu'à l'huis qu'il poussa. La porte, qui était de fer, claqua sur le mur et le bruit retentit dans toute la ville. Et une clarté entra, qui emplit l'église et s'épandit dans la cité, dissipant les miasmes, anéantissant les ténèbres.

Lancelot voulut aller baiser l'autel resplendissant, mais il ne put et s'évanouit.

Cependant de toutes parts, les habitants accouraient, aussi maigres et pâles que si on les eût tirés de la terre. Ils le transportèrent tout pâmé au cimetière et lui firent toucher une belle tombe qui était celle d'une saint homme : aussitôt il redevint aussi sain qu'il l'était en arrivant. Il voulut repartir sur-le-champ, mais ils le prièrent tant qu'il consentit à passer la nuit chez eux, où ils lui firent la plus grande joie qu'on ait jamais faite à un chevalier. Et, de ce jour, leur cité fut appelée Escalon l'Aisé.

XLV

Le lendemain, Lancelot ne tarda guère à parvenir à la chapelle Morgane. Le valet qui attendait Galessin s'y trouvait encore : il lui apprit ce qui était arrivé. Et Lancelot franchit aussitôt la muraille d'air.

Après avoir vaincu les quatre dragons, il arriva au pont étroit que défendaient les deux chevaliers. Il ôta de son cou la courroie de son écu qu'il tint seulement par les poignées, et fit mine de courir sur la planche. À cette vue, le chevalier à la lance le frappe de toutes ses forces, mais Lancelot cède au coup qu'il détourne en lâchant son écu, lequel tombe dans l'eau avec la lance qui s'y était engagée ; puis il court sus aux deux champions et les tue.

Devant lui, il aperçut alors un escalier défendu par un mur de feu qu'il traversa, puis par trois chevaliers armés de haches, dont il abattit deux ; ce que voyant, le troisième s'enfuit, poursuivi de chambre en chambre, et finit par sa cacher sous un lit où dormait une belle dame. Lancelot donna du pied au lit si lourdement qu'il le renverse et la dame dessous, puis il se jette sur le couard et lui coupe le cou ; après quoi il revient à la dame et lui dit en lui offrant la tête :

– Demoiselle, voici l'amende de l'outrage que ce chevalier me força de vous faire.

C'était Morgane. Elle poussa un grand cri.

– Maudite soit l'heure où vous naquîtes pour faire de telles diableries !

– Ha, demoiselle, qu'avez-vous dit ! Ce que j'ai fait, c'est pour abattre la mauvaise coutume de céans.

– Et qui êtes-vous donc ?

– J'ai nom Lancelot du Lac.

– Honni soyez-vous d'être venu en ce pays ! Et honnie soit la dame qui de vous est aimée si fidèlement.

Comme elle disait ces mots, un de ses sergents vint lui annoncer que toutes les issus étaient ouvertes et que cent chevaliers pour le moins étaient déjà partis. Et Galessin le suivait, avec les trois autres compagnons de la Table ronde, qui tous quatre firent grande joie à Lancelot.

– Sire chevalier, lui dit Morgane, vous avez fait mal et bien : mal aux dames et demoiselles que vous avez privées de leurs amours et de leur bonheur, car elles ne seront jamais si aises qu'elles l'étaient en ce val où leurs amis retenus ne les pouvaient laisser ; bien aux chevaliers qui ont repris par vous leur liberté. Cependant, je vous prie de rester ici jusqu'à demain, avec ces seigneurs, et au matin vous aurez vos armes et vos chevaux.

À quoi Lancelot consentit.

XLVI

Mais, la nuit, Morgane la déloyale le plongea par enchantement dans un sommeil profond ; puis elle le fit enlever dans une litière que deux bons palefrois portèrent à un réduit qu'elle avait au lieu le plus secret de la forêt. Et là, elle l'éveilla.

– Lancelot, lui dit-elle, je vous tiens en ma prison, et vous n'en sortirez jamais que vous ne m'ayez accordé l'anneau que vous portez au doigt.

C'était la bague que la reine lui avait donnée.

– Dame, dit-il, vous n'aurez jamais l'anneau sans le doigt.

Elle savait bien de qui il le tenait. Et elle en possédait un autre dont la reine lui avait fait présent jadis et qui était presque semblable : sur l'un et l'autre un couple d'amants s'entre-baisaient ; seulement sur celui de Lancelot, ils tenaient un cœur dans leurs mains, tandis que, sur l'anneau de Morgane, ils avaient les mains jointes.

– C'est donc, reprit-elle, que vous ne désirez guère être délivré, puisque vous ne voulez me donner pour rançon une chose qui vaut si peu ! Sachez pourtant qu'avant samedi la Tour Douloureuse sera assaillie et que, si vous n'y êtes, vous serez honni à toujours.

– Dame, vous n'aurez point l'anneau si vous ne me coupez le doigt. Et si messire Gauvain est délivré en mon absence, jamais plus je ne mangerai.

– Mais, au cas je vous laisserais aller, me jureriez-vous sur les saints de rentrer en ma prison après la conquête du château ?

Lancelot fit le serment. Alors Morgane l'honora et le festoya de son mieux, et le mercredi elle le fit partir avec une de ses demoiselles et deux écuyers pour le guider.

XLVII

Le lendemain, à tierce, ils parvinrent au bord d'un étang : au fond de l'eau transparente, on voyait un chevalier tout armé qu'une dame tenait embrassé. Lancelot mit pied à terre aussitôt.

– Prenez garde, sire chevalier, dit la demoiselle, jamais personne ne les a pu tirer de là.

– Assurément, si quelque autre l'eût fait, je n'aurais point à tenter cette aventure !

Là-dessus, Lancelot, saute dans l'eau et il reparaît bientôt, portant le chevalier qu'il allonge sur la rive ; puis la dame auprès de lui.

– Sire, dit la demoiselle, cette dame fut bonne et belle. Un chevalier l'aimait de grand amour, et elle l'aimait aussi, mais loyalement, et jamais il n'y eut entre eux de vilenie. Malheureusement, son mari était jaloux et, après avoir occis le chevalier, il le fit jeter secrètement dans cet étang. Quand elle le sut, elle se mit à genoux : "Sire Dieu, s'écria-t-elle, aussi vrai que jamais nous n'eûmes d'amours vilaines, faites que je vois le corps de mon chevalier !" Et son ami lui apparut comme vous l'avez aperçu aujourd'hui. Alors elle s'élança dans l'eau auprès de lui.

Mais le conte laisse maintenant ce propos et récite ce qui advint à Galessin, Aiglin des Vaux, Keheddin le beau et Hélain le blond lorsqu'ils s'éveillèrent au matin et s'aperçurent que Lancelot avait disparu.

XLVIII

Ils tinrent conseil et décidèrent qu'ils partiraient à sa recherche, dès que la quête de monseigneur Gauvain serait achevée. Keheddin les invita à s'héberger chez Keu d'Estraux, son oncle, qui avait son château près de là. Ils montèrent sur leurs chevaux, qu'ils trouvèrent tout sellés, et ils se mirent en marche, après que Keheddin eut envoyé un valet saluer son parent et l'avertir de leur venue.

Le valet trouva Keu d'Estraux, qui jouait aux échecs avec une belle dame, sa femme épousée. Or, sitôt qu'il eut fait son message, la dame chut pâmée ; puis, revenue à elle, elle demanda quel était le nom du chevalier qui avait délivré les captifs du Val Sans Retour.

– Dame, il a nom Lancelot du Lac. Mais, hélas ! Morgane la déloyale l'a fait prisonnier !

– O Lancelot, diable félon ! s'écria la dame, puisses-tu mourir de mauvaises armes empoisonnées, ou ne jamais sortir de prison !

– Dieu le garde de mal ! fit au contraire Keu d'Estraux qui semblait tout joyeux. C'est le meilleur des chevaliers et le plus loyal des amants.

Tandis que la dame gagnait se chambre pour y lamenter plus à l'aise, les quatre compagnons de la Table ronde entraient au château. Ils y eurent le plus bel accueil du monde ; mais Keheddin, quand il eut appris le deuil que menait sa tante, voulut la voir et lui demanda si elle n'était pas contente de sa délivrance.

– Quoi ! dame, dit-il, ne m'aimez-vous point ?

– Las ! le chagrin l'emporte sur la joie ! Maintes dames perdent aujourd'hui leur bonheur en même temps que leur avantage, et celui qui a ouvert le Val des Faux Amants a fait plus de mal que de bien, en délivrant ceux à qui leur déloyauté valait justement d'être en prison.

Néanmoins, Keheddin la pria tant qu'elle consentit à descendre au souper ; mais elle se retira aussitôt après, et Keu d'Estraux dit à ses hôtes surpris :

– Seigneurs, je l'ai aimée et l'aime plus que tout ; elle était encore enfant, que déjà je lui parlais d'amour. Il y a huit ans, elle me dit que, si je lui accordais un don, elle me prendrait pour mari et ami, et je le lui promis. Puis, quand je l'eus épousée, elle me requit de mon serment : hélas ! le don que je lui avais octroyé était de ne jamais passer la porte de ce château avant que le Val des Faux Amants fût ouvert. Elle sait bien maintenant qu'elle ne m'aura plus si souvent en sa compagnie ! Lancelot m'a délivré comme vous : aussi irai-je en quête de lui.

Il envoya des messagers par toute sa terre pour assembler ses chevaliers, et le lendemain à tierce, il en arriva plus de dix qui se mirent en chemin avec lui et les quatre compagnons pour joindre l'armée du roi Arthur.

Or, Lancelot y arriva le vendredi, et il est inutile de dire si on lui fit joie. Le lendemain, dès que le soleil abattit la rosée, le roi et les siens se mirent en marche pour attaquer Karadoc le grand, qui était sorti à leur rencontre avec toutes ses forces.

XLIX

La mêlée fut très belle. Karadoc faisait merveilles, monté sur un grand destrier, plus courant que cerf de lande, et il n'y avait pas de preux qu'il n'occît, tant il était haut et fort. Lancelot le reconnut à son écu et l'appela. Tous deux coururent l'un à l'autre, l'épée à la main : Karadoc frappa le premier et son fer entra bien dans le heaume de deux doigts, de manière qu'il ne put le retirer ; mais Lancelot riposta si rudement que le nasal fut tranché, et son ennemi ne fut point blessé, parce le coup ne vint pas droit, mais il demeura étourdi et son cheval l'emporta.

Lancelot piqua des deux derrière lui, l'épée toujours plantée dans son heaume, et l'appelant mauvais couard. Mais Karadoc revenu à lui continuait de fuir ; même, il avait jeté son écu sur son dos pour se protéger des grands coups que l'autre lui donnait quand il pouvait, et qui l'abattaient parfois sur le cou de son destrier. Néanmoins il gagnait vers son château : de sorte que Lancelot, craignant de le perdre à la fin, remit son épée au fourreau et brocha tant des éperons que le sang ruissela sur les flancs de son cheval ; grâce à quoi il accosta le fuyard, le saisit à deux mains par son écu qui tomba, puis par le col, et le tira tant à lui qu'il le coucha sur la croupe ; mais Karadoc, grand et vigoureux comme il l'était, banda toutes ses forces par peur de la mort, et il se redressa sur son séant si roidement qu'il entraîna Lancelot hors des arçons et le fit voler sur la croupe de son propre destrier. Et, enlacés de la sorte, tous deux entrèrent au galop par la porte du château, qui était ouverte afin de laisser passer les fuyards.

Les chevaliers qui la gardaient avaient lâché leurs lances pour arrêter le cheval ; mais ils ne purent : il se jeta avec les deux cavaliers par une poterne que la demoiselle qui avait tant aidé monseigneur Gauvain se hâta de refermer derrière lui, et il vint s'abattre devant la tour. Les deux chevaliers tombèrent, mais Karadoc se blessa pour ce qu'il était très pesant. Déjà Lancelot lui courait sus ; il n'avait plus d'écu ni d'épée : il s'enfuit.

Il sauta dans un des fossés de la tour, profond de deux toises ; là était une porte qui ouvrait sur le cachot où gisait messire Gauvain. Il venait de la défermer avec ses clés pour occire son prisonnier, lorsque Lancelot se laissa choir sur ses épaules, le renversa et, soulevant le pan de son haubert, lui donna de l'épée par le ventre, puis lui coupa la tête.

Ainsi se délivra-t-il de Karadoc, et il jeta son corps dans la cachot noir qu'il vit ouvert. Messire Gauvain, entendant le bruit, demanda qui était là, et Lancelot reconnut la voix.

– Ha, beau doux ami, beau doux compagnon, où êtes-vous ? Je suis Lancelot du Lac.

– Certes, nul homme mortel ne pouvait arriver à moi, hormis Lancelot !

Ce disant, messire Gauvain sortit. De quel cœur il accola son compagnon ! La demoiselle leur passa une échelle, et tous deux remontèrent dans la cour, où d'abord messire Gauvain tomba à ses pieds et la remercia. Cependant Lancelot montrait aux défenseurs du château la tête de Karadoc et ils ne firent pas de difficulté de se rendre.

Le soir tombait ; au dehors, les chevaliers du roi Arthur avaient dressé leurs tentes et leurs pavillons, car le roi avait remis l'assaut au lendemain ; d'ailleurs quelle armée aurait pu prendre un si fort château ?

Soudain, le pont-levis s'abaissa et l'on vit Lancelot sortir à la tête de la garnison, en compagnie de monseigneur Gauvain. Devant la tente du roi, il mit le genou en terre et lui présenta les clés avec la tête du géant. Galehaut et Lionel accoururent : il ne faut pas demander s'ils le baisèrent et accolèrent. Quant à monseigneur Gauvain, il conta ce qu'il devait à la demoiselle, à qui, pour la récompenser, le roi donna toute la terre de Karadoc ; sur-le-champ il l'en investit par les clés. Et désormais le château ne fut plus appelé que la Belle Prise.

Mais la nuit même, sitôt que le roi fut couché, Lancelot partit secrètement pour regagner la prison de Morgane.

L

La déloyale mit tout en œuvre pour obtenir la bague qu'il portait au doigt, mais ni par prières, ni par menaces, elle ne put l'avoir. Alors, une nuit, elle lui fit prendre un breuvage qui l'endormit, puis elle lui ôta son anneau et le remplaça par celui qu'elle avait et qui était semblable.

Ensuite, elle fit une des plus grandes déloyautés du monde ; écoutez :

Elle envoya une demoiselle à Londres où était le roi Arthur, et sachez que cette pucelle était laide de toutes façons. Elle avait le visage et le cou plus gris que fer, les yeux plus rouges que feu, les cheveux plus noirs qu'une plume de corneille, les dents couleur de jaune d'œuf, une seule tresse, qui ressemblait mieux à une queue de rate qu'à rien autre, le nez retroussé, des lèvres d'âne ou de bœuf, de grandes narines tout ouvertes, les jambes courtes et les pieds si crochus qu'elle ne pouvait se tenir aux étriers : aussi chevauchait-elle la cuisse sur le cou de son palefroi, orgueilleusement, tenant haute sa baguette. Ainsi faite et plus hideuse qu'un diable d'enfer, elle avait nom Rosette. Elle s'en vint devant le roi.

Elle le salua de par Lancelot et lui dit qu'elle avait à lui faire un message, mais qu'elle devait parler devant toute la cour. Aussitôt le roi, joyeux, envoya quérir Galehaut et les barons, la reine et les dames ; et, quand tout le monde fut assemblé, Keu le sénéchal ne put se tenir de dire à la reine, en riant :

– Dame, j'ai peur que le roi n'aime cette avenante pucelle plus que vous ! Pour moi, si je savais où l'on peut en avoir de semblables, j'en irais chercher !

Cependant, la laide demoiselle disait à très haute voix :

– Sire, avant de vous faire savoir ce que vous mande Lancelot, je veux que vous m'assuriez que je n'aurai rien à craindre de personne et que vous m'octroierez votre sauvegarde, car j'apporte des nouvelles qui pourront déplaire à quelqu'un de votre cour.

Et, le roi lui ayant donné sa parole, elle continua :

– Roi Arthur, Lancelot te mande comme à son droit seigneur, et il mande à ceux de la Table ronde, et à vous, seigneurs, qui avez été ses compagnons, que vous lui pardonniez, car vous ne le verrez plus jamais.

À ces mots, Lionel se pâma, Galehaut faillit perdre le sens, et la reine, incapable d'en entendre davantage, se leva pour se retirer dans ses chambres ; mais la demoiselle déclara que, si quelqu'un s'en allait, elle n'en dirait pas plus, et chacun se rassit.

– Sire, poursuivit-elle, quand Lancelot vous quitta à la Tour Douloureuse, il était blessé d'un coup de lance par le corps et craignait fort de mourir sans confession. Mais il rencontra un prêtre qui lui donna pour pénitence d'avouer ses péchés devant votre cour, soit de sa bouche soit par autrui, et il me requit au nom de Dieu de le faire pour lui. Et premièrement il vous prie de lui pardonner sa grande déloyauté envers vous, car il vous a trahi avec votre femme qu'il aimait de fol amour, et qui l'aimait.

Lionel au cœur sans frein, quand il entendit cela, voulut se jeter sur elle et il l'eût tuée s'il eût pu l'approcher, mais Galehaut se mit devant lui et lui rappela que le roi avait assuré la pucelle.

– Du moins, diable d'enfer, cria Lionel, sache que, si je puis jamais te tenir, ni roi ni reine ne te saura protéger !

Alors la laide demoiselle dit au roi :

– Sire, me serez-vous mauvais garant ?

– Demoiselle, répondit Galehaut, vous n'avez garde puisque le roi vous a assurée, et moi-même je vous protégerai contre tous. Mais qui voudra croire déloyauté vous croie.

– Lancelot vous mande ce que vous avez ouï, reprit la laide pucelle ; et vous tous, qui êtes de la Table ronde, il vous conjure de ne pas honnir votre seigneur lige comme il a fait. Or, pour qu'on sache que je dis vrai, j'apporte telles enseignes qui en témoigneront.

Et jetant l'anneau dans le giron de la reine :

– Dame, lui dit-elle, Lancelot vous renvoie cet anneau que vous lui avez donné avec votre cœur et votre amour.

Alors la reine se leva et dit en s'échauffant peu à peu :

– Certes, je reconnais bien l'anneau, car je lui en ai fait présent, comme loyale dame à loyal chevalier. Et sachez, sire, et vous tous et toutes qui êtes ici, que, si j'avais donné mon amour à Lancelot comme le dit cette demoiselle, je connais assez la hauteur de son cœur pour être certaine qu'il se fût laissé arracher la langue plutôt que de le confesser à personne ! Il est bien vrai que Lancelot a tant fait pour moi que je lui a accordé de mon cœur ce que j'en peux. Et peut-être, s'il était tel qu'il m'eût requise d'amour vilaine, je ne l'eusse pas éconduit. M'en blâme qui voudra ! Quelle est la dame qui eût repoussé un chevalier qui eût fait pour elle ce que Lancelot a fait pour moi ? Et vous, sire, souvenez-vous des services qu'il vous a rendus ! Vous lui devez votre honneur et votre terre. Il vous a soumis le plus prud'homme du siècle, Galehaut qui est ici. Il m'a sauvée du jugement déloyal. Vous-même, et Gauvain, et Gaheriet, et Hector, il vous a délivrés à la Roche aux Saines. Il vous a conquis la Tour Douloureuse. Il a tué l'un des plus forts chevaliers du monde pour jeter hors de prison votre neveu Gauvain. Lancelot a ramené la clarté au château ténébreux. Lancelot a détruit les enchantements du Val des Faux Amants. Qui l'a jamais vaincu ? Il est le chevalier sans pair, il n'est nulle qualité qui ne soit en lui parfaite ! Lancelot était beau et bon ; il eût passé en beauté et en bonté tous les chevaliers du monde, s'il eût vécu ! Mais je parlerais un jour entier sans pouvoir dire tous les mérites qui étaient en lui. Ha ! sachent tous ceux qui pensent mal de moi que, s'ils me disaient, à moi-même, que je l'aimais d'amour vilaine, je n'en rougirais pas ! Las ! il est mort ou perdu pour nous. Certes j'accepterais bien qu'il en eût été de moi et de lui comme dit cette demoiselle, si à ce prix je le voyais sain et sauf ici !

– Laissez, dame, dit le roi, je sais bien que ce message ne vient pas de Lancelot, et je ne le croirai jamais.

– Sire, murmura la laide demoiselle toute interdite, si tel était votre bon plaisir, je vous demanderais votre sauf-conduit.

Le roi la confia à monseigneur Yvain. Et, quand elle fut partie, Galehaut vint prendre congé de lui en disant qu'il ne s'arrêterait plus en aucune ville une nuit ou un jour avant que d'avoir appris sûrement si Lancelot était vif ou mort. Le roi le baisa en pleurant, et la reine et la dame de Malehaut firent de même, lorsqu'il fut monté dans leurs chambres pour les recommander à Dieu. Après quoi il partit en compagnie de Lionel.

Mais le conte se tait d'eux en cet endroit et revient à Lancelot du Lac.

LI

Morgane faisait tout pour qu'il oubliât la reine. Un soir, elle lui fit boire un philtre qui lui troubla le cerveau, de façon que, dans son sommeil, il crut apercevoir sa dame dans un pavillon, au milieu d'une riante prairie, couchée auprès d'un chevalier ; et, comme il courait sus à ce traître l'épée à la main, elle lui disait :

– Que voulez-vous faire, Lancelot ? Laissez en paix ce chevalier : il est à moi, je suis à lui.

Le philtre était si fort qu'il demeura vaguement assuré, le lendemain, qu'il avait réellement vu ce qu'il avait rêvé ; et quand Morgane entra chez lui :

– Vous m'avez dit, fit-il, que vous me laisseriez aller si je m'engageais à ne pas demeurer, d'ici à la Noël, en compagnie d'aucune dame de la maison du roi Arthur. J'ai toujours refusé mais maintenant je suis prêt à jurer.

Morgane reçut son serment, après quoi elle lui remit un cheval et des armes, et il s'éloigna tristement.

Longtemps il erra comme âme en peine, puis il résolut d'aller en Sorelois pour se réconforter auprès de Galehaut, mais il n'y trouva point son ami. Il y fut bien accueilli ; cependant il songeait sans cesse à cette vision cruelle qu'il avait eue, sans pouvoir s'assurer que ce fût un rêve, et, comme il ne voulait se confier à personne, à la longue sa tête se dérangea. On avait beau lui faire joie : tout lui déplaisait. Une nuit, enfin, il saigna tant du nez dans son lit, que sa cervelle s'amollit : il se leva dans un transport et se sauva par la campagne, vêtu seulement de sa chemise et de ses braies. Le lendemain, les gens de Galehaut trouvèrent ses draps ensanglantés et le cherchèrent vainement : ils crurent qu'il s'était occis. Cependant il errait par les bois, mangeant peu, dormant à peine et menant grand deuil : de sorte qu'il devint tout à fait forcené.

Mais le conte laisse maintenant ce propos pour deviser de Galehaut.

LII

Après s'être séparé de Lionel qui s'en fut de son côté, il chercha longuement Lancelot par tous pays et il trouva maintes aventures, mais il ne put avoir nouvelles de son ami. Enfin, il passa en Sorelois, où il apprit tout ce qui était arrivé : comment Lancelot l'avait attendu, puis comment son esprit s'était dérangé et comment on avait retrouvé son lit vide et plein de sang ; et il ne douta plus que son compagnon ne se fût occis.

Alors il commença de se chagriner et désespérer si fort qu'il ne voulait plus boire ni manger. Il avait fait placer devant ses yeux un vieil écu de Lancelot qu'il avait retrouvé et qui, seul, lui apportait un peu de réconfort. Onze jours et onze nuits, il jeûna. Les gens de religion qui venaient le voir le semoncèrent et lui dirent que, s'il mourait de cette manière, son âme serait perdue et damnée ; il consentit alors à reprendre quelque nourriture : mais il était trop tard. D'ailleurs, une mauvaise blessure se rouvrit et toute la chair pourrit alentour. Enfin le corps lui sécha. Il languit ainsi du jour de la Madeleine à la première quinzaine de septembre, faisant de grandes aumônes ; puis il trépassa comme le plus prud'homme qui fût.

Son neveu Galehaudin fut revêtu de sa terre et reçut les hommages de ses barons. Et le deuil de tous ses amis fut grand, mais en comparaison de celui que fit la dame de Malehaut, qui l'avait rejoint en Sorelois durant sa maladie, tous les autres ne furent que néant : aussi bien, elle n'avait pas tort, car il l'eût prise pour femme s'il eût vécu un an de plus.

Ainsi mourut Galehaut, le fils de la belle géante, sire des Lointaines Iles, mais le conte dira plus loin de ce qu'il advint de son corps mortel. Et il récitera tout à loisir la suite des non pareilles chevaleries du preux et vaillant seigneur Lancelot du Lac, avec plusieurs faits belliqueux de Bohor l'exilé, de monseigneur Gauvain, neveu du roi Arthur, de Perceval le Gallois et des compagnons de la Table ronde, qui sont tous contes merveilleusement doux à lire et écouter, et propres à induire les honorables seigneurs et dames à vivre en toute courtoisie, clémence et honneur, par lesquelles vertus on parvient au Royaume éternel.

Explicit.

LE CHEVALIER À LA CHARRETTE

À Madame Jérôme Tharaud

I

Comme de coutume, le jour de l'Ascension, le roi Arthur tint sa cour à Camaaloth, la plus aventureuse de ses villes et l'une des plus agréables ; mais ce fut une cour triste et non pas merveilleuse comme celles de naguère. Certes, le temps était beau et partout verdoyaient les prés et les bois ; les oisillons menaient leur joie sous la ramée ; mais nulle pucelle ne songeait à cueillir les roses : Galehaut était mort, Lancelot parti depuis un an… Ah ! maintes larmes furent pleurées devant que cette cour se séparât.

Comme le roi sortait de la messe, Lionel au cœur sans frein arriva. Vainement, durant un an et un jour, il avait parcouru tous les pays en quête de Lancelot : il n'en avait appris aucune nouvelle ; et la reine eut si grand deuil, en l'entendant, qu'elle put à peine le cacher.

Ce même jour, on apprit encore que la dame de Malehaut était morte d'amour pour Galehaut, sire des Iles lointaines. Et le roi dit que Lancelot devait être mort de deuil comme elle à cause de la perte qu'il avait faite de son ami.

– Certes, fit messire Gauvain, il eut raison, car avec Galehaut toute prud'homie et vaillance ont disparu du monde !

De ce mot, la reine fut très courroucée, car elle ne croyait pas que Lancelot fût mort : elle pensait qu'il était malade ou prisonnier ; son cœur le lui disait bien.

– Comment, Gauvain, dit-elle, il ne reste sur terre nul homme qui vaille ? Il y a au moins le roi votre oncle !

Tout le monde se tut et le roi se mit à songer tristement. Comme il rêvait ainsi, entra un chevalier tout armé et ceint de son épée, mais sans heaume, grand et fort de ses membres, les jambes longues et droites, bien fourni des reins, les flancs étroits, la poitrine épaisse et haute, les bras gros et longs, les os durs, les poings carrés, les épaules larges, la tête grosse et le visage semé de taches de son. Il traversa la salle à grands pas, tenant par contenance un bâton à la main, et, arrivé devant le roi, il dit fièrement et si haut qu'il fut entendu de tous :

– Roi Arthur, je te fais savoir, à toi et à tous ceux qui sont ici, que je suis Méléagant, fils du roi Baudemagu de Gorre. Et je viens me défendre contre Lancelot du Lac, car j'ai ouï dire qu'il se plaint que ce soit par trahison que je l'ai jadis blessé. Et s'il le prétend, qu'il s'avance, car je suis prêt à soutenir que je l'ai navré en droite joute et comme bon chevalier.

– Sire, fit le roi, vous êtes le fils de l'un des plus prud'hommes du monde, et l'on doit vous pardonner votre méprise pour l'amour de lui. Ignorez-vous que Lancelot n'est pas céans, et n'y est plus depuis longtemps ? S'il s'y trouvait, il saurait bien vous répondre !

Lionel, le cousin germain de Lancelot, se leva : il allait prier le roi de prendre son gage et relever le défi de Méléagant, lorsque la reine le tira vivement en arrière :

– Soyez sûr, lui dit-elle, que, quand Dieu aura ramené votre cousin, il ne se tiendra pour vengé que s'il ne l'est par lui-même.

Voyant Lionel se rasseoir, Méléagant sourit insolemment et, après avoir attendu un moment, il dit encore :

– Sire, j'étais venu chercher chevalerie en votre cour, mais je n'en trouve point. Toutefois, je ferai tant que j'aurai bataille, s'il est ici autant de preux qu'on dit. Il y a au royaume de mon père beaucoup de captifs de ce pays de Logres, que jamais vous n'avez pu délivrer. Si vous osez confier la reine à l'un de vos chevaliers qui la mène dans la forêt, je le combattrai. Et s'il défend la reine contre moi, les Bretons seront quittes et libres ; mais si je la conquiers, je l'emmènerai comme chose qui m'appartienne.

– Bel ami, fit le roi, que vous les ayez en prison, cela me chagrine : mais ils ne seront jamais délivrés par la reine, que je sache !

Alors Méléagant sortit de la salle et, remonté à cheval, il s'en fut vers la forêt, au petit pas et en regardant souvent en arrière pour voir si nul ne le suivait. Mais il n'y avait personne qui ne jugeât grande folie d'exposer la reine comme il l'avait proposé.

Toutefois Keu le sénéchal était allé s'armer dans sa maison ; il revint devant le roi, le heaume en tête et l'écu au col.

– Sire, dit-il, je vous ai servi de bon cœur, et plus par amour de vous que pour terres et trésors, mais je vois bien que vous ne m'aimez plus : aussi je quitte votre compagnie et votre maison.

Le roi aimait le sénéchal de grand cœur.

– À quoi, fit-il, vous êtes-vous aperçu que je vous aime moins ? Si l'on vous a fait aucune injure, dites-le-moi et je la réparerai si hautement que vous en tirerez honneur.

– Sénéchal, dit la reine à son tour, je vous prie de demeurer pour l'amour de moi ; et s'il est chose que vous désiriez, je vous la ferai avoir, quelle qu'elle soit. Messire le roi sera garant de ma promesse.

À quoi le roi s'engagea.

– Sire, reprit le sénéchal, je vous dirai donc quel est le don que vous venez de me faire : c'est que je conduirai madame la reine au chevalier qui sort d'ici pour le combattre et délivrer nos gens, car nous serions tous honnis, s'il partait de votre hôtel sans bataille.

À ces mots, le roi fut si irrité et chagrin qu'il parut au point d'en perdre le sens. Mais la reine fut plus dolente encore. Son cœur lui disait que Lancelot n'était pas mort, et, songeant que ce n'était pas lui qui allait la défendre, mais Keu, et qu'elle était en grand péril, il s'en fallut de peu qu'elle ne s'occît. Pourtant, quand son palefroi fut prêt, le roi l'envoya chercher dans sa chambre où elle pleurait de tout son cœur. En passant, elle regarda monseigneur Gauvain :

– Beau neveu, dit-elle, vous aviez raison : depuis la mort de Galehaut, toute prouesse a disparu.

– Montez, dame, et n'ayez crainte, fit Keu ; je vous ramènerai sauve, s'il plaît à Dieu.

Or, tandis que tous deux s'éloignaient, messire Gauvain disait au roi :

– Comment, sire, vous souffrez que madame la reine soit conduite dans la forêt par Keu le sénéchal, à qui sans doute elle sera ravie ! Et donc ce chevalier l'emmènera paisiblement !

– Oui, dit le roi, car je serais honni si aucun homme de ma maison intervenait. Certes, un roi ne doit se dédire de sa parole.

– Sire, reprit messire Gauvain, vous avez fait une grande enfance.

Et il résolut qu'il irait reconquérir la reine et défier Méléagant jusque dans le royaume de Gorre. Il se fit armer et partit sur-le-champ, suivi de deux écuyers qui menaient en main deux beaux destriers.

II

Dans la forêt, Méléagant attendait avec plus de cent chevaliers. En voyant arriver Keu, il les fit cacher et vint au-devant du sénéchal :

– Chevalier, dit-il, qui êtes-vous, et cette dame, qui est-elle ?

– C'est la reine.

– Dame, dévoilez-vous afin que je vous voie.

La reine leva son voile et il connut bien que c'était elle. Alors il proposa à Keu d'aller dans une lande voisine, la plus belle du monde pour jouter, car la forêt était trop épaisse pour que deux chevaliers y pussent combattre loyalement. Et là, il saisit le palefroi de la reine par le frein.

– Dame, vous êtes prise !

– Vous ne l'aurez pas si aisément ! répliqua Keu.

Et tous deux, ayant pris du champ, fondirent l'un sur l'autre, la lance sous l'aisselle, à telle allure qu'ils bruyaient comme alérions. Or Keu avait fait folie, car il n'avait pas vérifié ses sangles, qui étaient usées auprès des boucles : elles rompirent au premier choc, et de même le poitrinal du cheval, de manière qu'il vola à terre, la selle entre les cuisses, et se meurtrit fort en tombant. Alors Méléagant le foula aux pieds de son destrier. Ainsi conquit-il la reine Guenièvre, ce glorieux, cet abat-quatre ! Et il l'emmena, en même temps que le sénéchal, tout pâmé, que deux sergents avaient couché dans une litière.

Mais le conte laisse à présent de parler de lui et revient à monseigneur Gauvain.

III

Comme il approchait de la forêt, il en vit sortir le cheval de Keu, galopant au hasard, rênes rompues, sangles brisées. Et, peu après, il aperçut un chevalier, le heaume en tête, qui poussait son destrier fourbu et qui, l'ayant salué, lui cria du plus loin qu'il put :

– Sire, baillez-moi à prêt ou à don l'un de ces chevaux que mènent vos écuyers ! Je vous promets en échange tel service que vous voudrez.

– Beau sire, choisissez celui qui vous plaira.

Sans répondre, le chevalier sauta sur le destrier le plus proche, piqua des deux et disparut dans la forêt.

À l'allure dont il allait, il ne tarda guère à joindre Méléagant et ses gens. Et sachez que ceux-ci étaient plus de cent. Sans hésiter, le chevalier broche des éperons et fond sur eux comme un émerillon. Méléagant s'adresse à sa rencontre, et tous deux s'entrechoquent si rudement que leurs yeux étincellent ; du coup Méléagant est si ébranlé qu'il lui faut embrasser le cou de son destrier pour ne pas choir. Ce que voyant, ses chevaliers se jettent sur l'étranger ; mais celui-ci commence de frapper à dextre et à senestre, si durement que tous ceux qu'il atteint, le menton leur heurte la poitrine, et si vivement que huit hommes n'auraient pu faire plus, tranchant écus et heaumes et hauberts. Alors Méléagant lui court sus en criant : "Vous êtes mort !" Pourtant il se contente de frapper déloyalement le cheval de l'étranger, qui s'affaisse ; puis il s'éloigne avec sa troupe, comme gens qui n'ont pas de temps à perdre, emmenant la reine et Keu le sénéchal.

L'étranger les poursuivit en courant tant qu'il put et jusqu'à ce qu'enfin il se trouvât si las qu'il lui fallut prendre le pas. Après avoir longtemps marché, il aperçut une charrette qui cheminait devant lui. Il la joignit en toute hâte et vit qu'elle était conduite par un nain court, gros et renfrogné, assis sur le limon et qui tenait, comme font les charretiers une longue verge à la main.

– Nain, lui demanda-t-il après l'avoir salué, ne saurais-tu me donner nouvelles d'une dame qui va par ici ?

– Vous parlez de la reine ? Désirez-vous beaucoup d'avoir de ses nouvelles ?

– Oui, fit l'étranger.

– Je te la montrerai demain si tu fais ce que je t'enseignerai. Monte sur cette charrette et je te mènerai où tu pourras la voir.

Or, sachez qu'en ce temps-la, c'était une si ignoble chose qu'une charrette, que nul chevalier n'y pouvait entrer sans perdre tout honneur. Et quand on voulait punir un meurtrier larron, on le faisait monter en charrette comme aujourd'hui au pilori, et on le promenait par la ville. Et c'est à cette époque qu'on disait : “Quand charrette rencontreras, fais sur toi le signe de la croix afin que mal ne t'en advienne !” C'est pourquoi l'étranger répondit au nain qu'il irait bien plus volontiers derrière la charrette que dedans.

– Me jures-tu que tu me mèneras auprès de madame la reine si j'y monte ?

– Je te jure, dit le nain, que je te la ferai voir demain matin, à prime.

Alors l'étranger sauta dans la voiture sans plus hésiter.

Et là-dessus, voici venir monseigneur Gauvain suivi de ses deux valets, dont l'un portait son écu et l'autre tenait son heaume et menait un destrier en main. Et à son tour messire Gauvain demanda au nain s'il avait nouvelles de la reine ; et le nain lui répondit que, s'il voulait monter dans la charrette, il la lui montrerait demain au matin.

– S'il plaît à Dieu, jamais je ne serai charretier, dit messire Gauvain. Sire chevalier, afin qu'une plus grande honte ne vous advienne, prenez ce cheval qui est très bon, car je gage que vous vous saurez mieux aider d'un cheval que d'une charrette.

– Il ne le fera point, dit le nain, car il s'est engagé à demeurer ici tout le jour.

Messire Gauvain n'osa pas insister, mais il fit route avec eux. Et ils allèrent ainsi jusqu'au soir, qu'ils parvinrent devant une belle et forte cité, à l'orée d'une forêt.

IV

Quand les gens de la ville virent le chevalier que le nain amenait, ils lui demandèrent en quoi il avait forfait. Mais il ne daigna répondre ; alors petits et grands, vieillards et enfants, tous le huèrent et lui jetèrent de la boue comme à un vaincu en champ clos. Et cela peinait fort monseigneur Gauvain, qui maudissait l'heure où les charrettes furent inventées.

Au château, une demoiselle lui fit grand accueil, mais elle dit au chevalier de la charrette :

– Sire, comment osez-vous regarder personne, vous qui êtes mené dans une charrette comme un criminel ? Quand un chevalier s'est ainsi déshonoré, il quitte le siècle et s'enfuit en quelque lieu où il ne soit jamais connu !

À cela encore, l'étranger ne répliqua rien ; il demanda seulement au nain quand il verrait ce qui lui avait été promis.

– Demain, à prime. Mais, pour cela, il faut nous héberger ici.

– Je le ferai donc, fit l'étranger. Mais je serais allé ce soir plus loin, si tu l'eusses voulu.

Il descendit de la charrette, gravit les degrés du logis et entra dans une chambre où il commençait de se désarmer tout seul, quand deux valets vinrent l'aider. Avisant un manteau, il s'en affubla et prit soin de se bien couvrir la tête afin de n'être pas reconnu ; puis il se laissa choir sur un lit très riche qui se trouvait là.

À peine y était-il, la demoiselle entra en compagnie de monseigneur Gauvain, et se montra fort dépitée de le voir étendu sur une aussi belle couche.

– Demoiselle, répondit paisiblement le chevalier, si elle eût été encore plus belle, je m'y fusse couché plus volontiers.

– Venez manger, beau sire, dit seulement messire Gauvain, car l'eau est cornée.

L'étranger répondit à voix basse qu'il n'avait pas faim et qu'il se sentait un peu souffrant.

– Certes, il doit être bien malade, s'écria la demoiselle, et s'il savait ce que c'est que la honte, il aimerait mieux d'être mort que vif. Il est honni et je ne mangerai pas en sa compagnie. Vous pouvez le faire, dit-elle à monseigneur Gauvain, mais vous serez honni comme lui.

Alors messire Gauvain descendit avec elle dans la salle. Mais, quand le repas fut terminé, il demanda ce que le chevalier faisait, et quand on lui eut dit qu'il n'avait rien voulu manger, il revint près de lui :

– Beau sire, que ne vous nourrissez-vous ? Vous n'êtes point de bon sens, car un prud'homme qui aspire à de beaux faits d'armes ne doit pas laisser son corps et ses membres s'appesantir. Par ce que vous aimez le plus au monde, mangez !

Il en dit tant ainsi que l'étranger consentit à se nourrir de ce qu'on lui apporta. Et ensuite il se mit au lit et s'endormit jusqu'au matin.

Quand l'aube creva et que le soleil commença d'abattre la rosée, le nain entra dans sa chambre et se mit à crier :

– Chevalier de la charrette, je suis prêt à tenir mon serment !

Aussitôt l'étranger de sauter du lit en braies et en chemise comme il était : et le nain le mène à une fenêtre en lui disant de regarder. Et il croit voir passer la reine, et Méléagant qui la mène, et Keu le sénéchal qu'on porte dans une litière. Et il regarde la reine très tendrement tant qu'il la peut voir, et se penche à la fenêtre, rêvant à ce qu'il regarde, de plus en plus, au point que son corps est dehors jusqu'aux cuisses et qu'il ne s'en faut guère qu'il ne tombe.

Heureusement, messire Gauvain entrait à ce moment, et la demoiselle avec lui.

Voyant l'étranger en si grand péril, il le prit par le bras et le tira en arrière et, à son visage découvert, il le reconnut à l'instant.

– Ha ! beau doux sire, lui dit-il, pourquoi vous être ainsi caché de moi ?

– Pourquoi ? Parce que je devais avoir honte d'être reconnu. Car j'ai eu l'occasion d'acquérir tout honneur en délivrant madame, et, par ma faute, j'y ai failli.

– Certes, ce ne peut être par votre faute ! Car on sait bien qu'où vous échouez, il n'est personne qui pût réussir.

Quand la demoiselle vit que messire Gauvain honorait tant le chevalier de la charrette, elle lui demanda quel était cet inconnu. Il répondit qu'elle ne le saurait point par lui quant à présent, mais que c'était le meilleur parmi les bons.

Alors elle interrogea l'étranger.

– Demoiselle, fit-il, je suis un chevalier charretté.

– C'est grand dommage. Mais, bien que je vous aie fait des reproches, je ne dois pas vous manquer à la fin. Il y a ici de beaux et bons chevaux : choisissez le meilleur que vous pourrez trouver, et la lance que vous voudrez.

– Demoiselle, grand merci, dit messire Gauvain, mais il ne recevra son destrier de nul autre que moi, tant que j'en aurai, et j'en ai deux bons et beaux. Il en montera un, mais il prendra la lance que vous lui offrez, s'il ne préfère la mienne.

Sur ce, les chevaux amenés, l'étranger enfourcha l'un, messire Gauvain l'autre, et tous deux prirent congé après avoir recommandé la demoiselle à Dieu.

V

Or si vous demandez comment s'appelait le chevalier inconnu, je peux bien dire que c'était messire Lancelot du Lac. En sortant du Sorelois, il était si dolent de n'avoir pu trouver Galehaut et si chagrin de se croire oublié de la reine, bref, il mangea, dormit si peu, que sa tête se vida et qu'il devint insensé. Tout l'été et jusqu'à la Noël, il erra.

Enfin, la veille de la Chandeleur, la Dame du Lac le découvrit qui gisait dans un buisson au cœur de la forêt de Tintagel, en Cornouaille. Elle le tint auprès d'elle tout l'hiver et le carême ; et, en lui promettant qu'elle lui ferait avoir la plus grande des joies, elle le guérit si bien qu'il se trouva plus fort et plus beau que devant. Et elle s'était gardée de lui apprendre la mort de Galehaut.

Cinq jours avant l'Ascension, elle lui prépara un cheval et des armes.

– Bel ami, lui dit-elle, le temps approche où tu recouvreras ce que tu as perdu. Sache qu'il te convient d'être le jour de l'Ascension, à none, dans la forêt de Camaaloth. Certes, si tu ne t'y trouvais à cette heure, tu aimerais mieux ta mort que ta vie.

– Par tous les saints, dit Lancelot, j'y serai à pied ou à cheval !

Et il alla droit à la forêt, où il parvint pour voir de loin Méléagant combattre Keu et enlever la reine. Son destrier était si las qu'il ne put arriver à temps, et ce fut grâce à celui de monseigneur Gauvain qu'il attaqua les cent chevaliers pour sauver sa dame. Et à présent il lui fallait tenter de la conquérir encore.

Mais le conte retourne maintenant à la demoiselle du château.

VI

Elle brûlait de connaître le nom du chevalier à la charrette : l'ayant entendu louer si hautement par monseigneur Gauvain, elle pensait qu'il pouvait être Lancelot en personne, et elle s'en fût assurée si le bruit n'eût couru que le bon chevalier était mort. Mais elle se promit qu'elle le saurait si, en mettant un homme à l'essai, on le pouvait connaître. Elle appela sa sœur cadette, qui était très sage et courtoise, et elle lui enseigna ce qu'elle devait faire. C'est pourquoi celle-ci monta à cheval et gagna par des chemins de traverse le carrefour des Ponts. Dès qu'elle vit arriver les deux compagnons, elle prit les devants sans leur parler ; mais ils la joignirent, et, après l'avoir saluée, lui demandèrent si elle n'avait nouvelles de la reine Guenièvre.

– Ne savez-vous pas, dit-elle, que Méléagant, le fils du roi de Gorre, l'a emmenée au royaume de son père, d'où nul Breton ne peut sortir ?

– Et comment y aller ?

– Je vous le dirai bien, si vous voulez me promettre sur votre foi que chacun de vous m'accordera le premier don que je lui demanderai.

– En nom Dieu, demoiselle, s'écria Lancelot à qui l'affaire tenait plus au cœur qu'à nul autre, nous vous donnerons tout ce que vous voudrez !

– En ce cas, voici les deux routes, dont l'une va au pont Perdu, que l'on nomme aussi le pont Sous l'Eau, et l'autre au pont de l'Épée. Le premier est d'une seule poutre qui n'a qu'un pied et demi de large ; il coule autant d'eau dessus qu'il en coule dessous, et un chevalier le garde. L'autre est fait d'une planche d'acier, aussi tranchante qu'une épée. Seigneurs chevaliers, souvenez-vous qu'en quelque lieu et jour que ce soit, chacun de vous me doit un don.

Lancelot pria monseigneur Gauvain de choisir entre ces deux voies et celui-ci préféra la route du pont Perdu. Alors ils ôtèrent leurs heaumes et se baisèrent sur les lèvres tendrement ; puis ils se recommandèrent à Dieu, et chacun tira de son côté.

VII

Lancelot n'avait fait que peu de chemin quand il entendit qu'on le hélait, et il vit la demoiselle du carrefour qui sortait d'un sentier de traverse.

– Sire chevalier, lui dit-elle, je ne suis pas en sûreté dans ce pays, où l'on me hait fort. Je vous demande de m'accompagner et de vous héberger chez moi cette nuit.

– J'irai volontiers avec vous, mais il est trop tôt pour s'héberger.

– Le lieu n'est pas proche, et si vous passez, vous ne trouverez plus aujourd'hui ni ferme ni maison. D'ailleurs ne me protégerez-vous pas ? J'ai grand besoin de vous.

– Vous n'aurez nul mal, dit Lancelot, si je puis vous sauver.

Ils chevauchèrent de compagnie jusqu'à ce qu'ils arrivassent, à la nuit tombante, devant une maison entourée d'une palissade. Avant que Lancelot eût pu lui donner la main, la demoiselle avait déjà sauté à bas de son palefroi. Elle le mena dans une très belle chambre où il faisait clair comme en plein jour à cause de la grande quantité de cierges et de torches qui brûlaient, et là elle lui ôta son heaume et son écu, et il se désarma ; enfin elle lui passa un beau manteau d'écarlate fourré d'une grosse zibeline. Il y avait sur un banc deux bassins d'eau chaude avec une blanche serviette bien ouvrée. Quand ils furent lavés, ils s'assirent à une table couverte de viandes, de hanaps d'argent doré et de pots, pleins de moré et de fort vin blanc.

Après le manger, ils allèrent prendre l'air un moment à une fenêtre donnant sur le jardin ; puis la demoiselle mena Lancelot devant un riche lit, très bien garni de draps blancs et d'une couverture tissée d'or et fourrée de vair qui eût été bonne pour un roi. Là, elle prit le chevalier par la main et, s'asseyant à côté de lui, elle lui dit :

– Bel hôte, vous me devez un don. Je vous demande de coucher cette nuit avec moi dans ce lit.

Ah ! quand il entendit cela, certes Lancelot fut anxieux ! Il ne savait plus que faire.

– Demoiselle, murmura-t-il, demandez-moi telle autre chose que vous voudrez !

Mais il lui fallut tenir son serment. Les chandelles éteintes, ils se couchèrent l'un et l'autre, mais Lancelot n'ôta point sa chemise ni ses braies, et il n'osa tourner le dos à cause de la vilenie qu'il y aurait eu à cela, ni le visage à cause du péril ; mais il s'éloigna d'elle autant qu'il put et resta étendu sur les épaules sans bouger ni mot dire : car il n'aurait su faire beau semblant à la pucelle, n'ayant qu'un cœur, et qui n'était à lui.

– Quoi ! sire chevalier, ne ferez-vous autre chose ? dit-elle. Je pense que ma compagnie ne vous réjouit guère. Suis-je donc si laide et si hideuse ?

– Vous m'êtes laide maintenant, bien que vous m'ayez semblé belle autrefois.

– Si vous avez une amie, elle n'en saura rien.

– Mais mon cœur le saura.

– Dieu m'aide ! reprit-elle, vous m'en avez assez dit. Notre Sire vous donne bon repos et la joie de ce que vous aimez !

Elle se leva et alla se coucher dans un autre lit, songeant :

"Je n'ai connu nul chevalier que je prise autant que celui-ci. Son cœur est loyal, comme il y parut au val des Faux Amants."

Car elle devinait bien qui il était, mais elle voulait s'en assurer mieux encore.

VIII

À l'aube, elle revint dans la chambre de Lancelot. Il était déjà tout armé.

– Dieu vous donne bonjour ! fit-elle.

– À vous aussi, demoiselle.

– Sire, la coutume est qu'une pucelle qui va seule ne craigne rien ; en revanche, lorsqu'un chevalier la conduit, si un autre la conquiert sur lui, il en peut user à son désir comme si elle était sienne. Or il y a près d'ici un homme qui longuement m'a aimée et requise d'amour, mais il a perdu ses peines. Pourtant si vous voulez me protéger, je vous guiderai sans crainte.

– Demoiselle, je vous saurai bien défendre contre un chevalier, voire contre deux, dit Lancelot.

Alors elle fit seller les chevaux et ils allèrent longtemps à grande allure par chemins et sentiers, mais il ne répondait guère à ses propos ; penser lui plaisait, parler lui coûtait : amour le veut ainsi. À tierce, ils arrivèrent au bord d'une fontaine, au milieu d'un pré ; là, sur une grosse pierre, gisait un peigne d'ivoire doré, si beau que depuis le temps d'Isoré, personne, ni sage ni fou, n'en vit le pareil. Qui l'avait oublié là ? Je ne sais ; mais Lancelot s'arrêta, étonné, et sauta de son cheval pour le ramasser. Ah ! quand il le tint dans ses mains, comme il le regarda, comme il admira les cheveux plus clairs et luisants que de l'or fin qui y étaient restés ! La pucelle se mit à rire.

– Demoiselle, par ce que vous aimez le plus, dites-moi pourquoi vous riez !

– Ce peigne est celui de la reine, et les cheveux que vous voyez n'ont certes pas poussé sur un autre pré que sa tête !

– Mais il y a bien des reines et des rois : de laquelle parlez-vous ? reprend Lancelot tout tremblant.

– Par ma foi, de la femme du roi Arthur !

À ces mots, Lancelot plie jusqu'à toucher terre, et il serait tombé si la demoiselle ne se fût hâtée de descendre de son palefroi pour le secourir. Quand il revint à lui et qu'il se vit soutenu par elle, il l'interrogea, tout honteux :

– Qu'y a-t-il ?

– Sire, je voulais vous demander ce peigne, dit-elle pour ne pas l'humilier.

Il le lui donne, mais après en avoir retiré les cheveux. Et il les adore ! À la dérobée, il les porte à sa bouche, à ses yeux, à son front ; il en est heureux, il en est riche, il les cache sur son cœur, entre sa chemise et son corps ; et il eût bien voulu que la demoiselle fût plus loin.

Mais il lui fallut se remettre en chemin avec elle, et ils chevauchèrent jusqu'au soir, qu'ils s'hébergèrent dans une maison de religion où on leur fit très belle chère.

IX

Le matin, au sortir de la messe du Saint-Esprit, un moine s'approcha de Lancelot, qui était déjà tout armé, hors la tête et les mains.

– Sire, vous allez au pays de Gorre pour y délivrer les Bretons. Mais sachez que celui qui accomplira cette aventure doit être soumis à un essai ici-même.

– Allons, dit Lancelot.

Le rendu le mena au cimetière où gisaient dans de riches tombeaux les corps de trente-quatre chevaliers qui tous avaient été prud'hommes à Dieu et au siècle. Mais l'une des tombes, la plus belle que l'on pût voir de Dombes à Pampelune, était fermée par une lame de marbre, large de trois pieds, longue de quatre, épaisse de plus d'un et scellée à plomb et à ciment.

– Celui qui lèvera cette dalle mènera à bien l'aventure que vous suivez, dit le moine.

Aussitôt Lancelot mit la main sur la pierre, et vous eussiez vu que d'un seul coup il la souleva au-dessus de sa tête. Il découvrit ainsi le corps d'un chevalier tout armé, couché sous son écu, qui était d'or à la croix vermeille ; une épée gisait à côté, claire et brillante comme si elle venait d'être fourbie ; les chausses et le haubert étaient blancs comme neige neigée, et dessus le heaume il y avait une couronne d'or. Et dans la tombe des lettres gravées disaient :

Ci-gît Galaad le fort, qui fut roi de Galles
au temps que le Graal fut porté en Bretagne,
et par lui cette terre eut nom Galles,
car auparavant elle était appelée Hocelice.

Longtemps, Lancelot tint la pierre levée. Quand il voulut la remettre comme il l'avait trouvée, il ne le put, et jamais plus elle ne retomba : ce que chacun tint pour une merveille. Puis il alla avec le moine rendre grâce à Notre Seigneur. Mais, en sortant de l'église, il aperçut un grand feu qui flamboyait dans une caverne creusée en terre. Il demanda ce que c'était.

– Nous savons, répondit le moine, que celui qui éteindra ce feu s'assoira au Siège périlleux de la Table ronde et connaîtra la vérité du Saint Graal. Mais ne vous y essayez pas, beau sire, car le même homme ne mènera pas à bien cette aventure et celle que vous venez d'achever. Celle-là n'est point vôtre.

– Toutefois, je la tenterai, dit Lancelot, quoi qu'il m'en advienne.

Et le voilà qui descend les degrés de la caverne. Au fond, il y avait une tombe autour de laquelle les flammes s'élevaient comme des lances. Longtemps il les regarda, mais elles ne s'éteignirent pas, si bien qu'il commença de se tenir pour fol d'être venu là, et de maudire l'heure de sa naissance.

– Ha, Dieu, quel deuil et quelle honte ! s'écria-t-il.

Alors une voix sortit du tombeau.

– Qui es-tu ? demanda-t-elle, et pourquoi dis-tu : "Dieu, quel deuil et quelle honte !"

– Parce que, répondit Lancelot, ce feu ne s'est pas éteint quand je suis entré : c'est donc que je ne suis pas le meilleur chevalier du monde ; et je ne suis même pas un bon chevalier, puisqu'un bon chevalier n'a pas peur.

– Tu n'es pas le meilleur chevalier du monde, mais tu dis mal quand tu dis : "Dieu, quelle honte !", car celui qui sera le meilleur chevalier du monde aura une si haute tâche que nul autre ne la pourrait accomplir. Sitôt qu'il entrera ici, parce qu'il sera vierge et chaste, et que jamais n'aura brûlé en lui le feu de luxure, ces flammes auprès desquelles toutes les autres ne sont rien s'éteindront.

"Toi, pourtant, je ne te déprise pas, car tu es si hautement doué de prouesse et de chevalerie terrienne que nul à cette heure ne te pourrait surpasser. Je te connais bien : nous sommes du même lignage.

"Et sache que celui qui me délivrera sera de mes cousins, et qu'il tiendra à toi d'on ne peut plus près, et qu'il sera la fleur de tous les vrais chevaliers. Tu eusses mené à bien les aventures qu'il achèvera ; mais tu en as perdu l'honneur par l'ardeur de ta luxure et la faiblesse de tes reins, qui empêchent que tu sois digne de connaître la vérité du Saint Graal. Et tu n'as pas eu nom Lancelot à ton baptême, mais Galaad ; ainsi te fit appeler ton père. Va-t'en, beau cousin, car cette aventure n'est pas tienne.

Lancelot demanda à celui qui parlait quel était son nom, et pourquoi il était enfermé là, et s'il était mort ou vif.

– Je fus le neveu de Joseph d'Arimathie qui descendit Jésus-Christ de la croix et apporta le Saint Graal en cette terre, mais pour un crime que je fis, j'endure cette angoisse. J'ai nom Siméon. Et, sans les prières de Joseph, j'eusse été damné ; mais, grâce à lui, Dieu m'a octroyé le salut de mon âme au prix de la douleur de mon corps : car je souffrirai dans cette tombe jusqu'à la venue du chevalier vierge. Or va-t-en, beau cousin.

Lancelot remonta les degrés et trouva les moines qui l'attendaient en grande peur. Et pendant qu'il leur contait ce qui lui était advenu dans la caverne, une grande compagnie de rendus, escortant une litière, entra dans l'abbaye ; ils dirent que, neuf nuits auparavant, un homme de Galles avait eu une vision et qu'il avait annoncé que le corps de Galaad le Fort serait délivré le surlendemain de l'Ascension.

Lancelot mit le roi mort dans leur litière.

Et quand il l'eut fait, la demoiselle vint à lui.

– Beau sire, donnez-moi congé, car maintenant je connais votre nom : j'ai entendu la voix vous appeler.

– Par la chose au monde que vous aimez le mieux, je vous prie de ne le dire à personne avant que vous sachiez comment j'aurai achevé cette quête : jusqu'ici j'y ai eu trop de honte et de mécomptes !

– Sire, je ne le prononcerai qu'en un lieu où l'on a autant de souci de votre honneur que vous en avez vous-même.

Elle lui apprit qui elle était et comment elle l'avait suivi à la prière de sa sœur ; et Lancelot reprit sa route, guidé par un valet. Tous deux gagnèrent la chaussée de Gahion. C'était la maîtresse cité du royaume de Gorre, et là se trouvait la tour où la reine Guenièvre était enfermée ; mais, pour y entrer, il fallait passer le pont de l'Épée.

X

Quand il aperçut le pont tranchant, le valet se mit à pleurer de pitié. Lancelot regarda l'épée fourbie, blanche et coupante comme un rasoir sur laquelle il fallait passer ; puis l'eau en amont et en aval, qui était roide, froide et noire. Mais ensuite, levant la tête, il considéra quelque temps la tour où était la reine, et dit :

– N'ayez point souci de moi, bel ami, car je ne redoute guère ce passage ; il n'est pas si périlleux que je pensais. Et voilà une belle tour en face. Si l'on veut m'y héberger, on m'y aura pour hôte cette nuit.

Il fit enduire de bonne poix chaude ses gants, ses chausses de fer et les pans de son haubert, afin d'avoir meilleure prise sur l'acier. Puis il vint droit au pont, regarda encore la tour où la reine était en prison, la salua de la tête, plaça son écu derrière son dos pour n'en être pas empêché et, s'étant signé au nom du Père et du Fils et du Saint-Esprit, il se mit à cheval sur le pont acéré et commença de ramper au-dessus du tranchant de l'épée à la force des bras et des genoux ; et vous auriez vu le sang jaillir de ses mains, de ses pieds et de ses jambes ; mais il avançait, les yeux fixés sur la tour, sans regarder la lame coupante ni l'eau bruissante et félonne, songeant qu'à celui qu'amour mène, souffrir lui est doux. Enfin il parvint à l'autre bord et s'y assit pour se reposer un moment, après avoir tiré son épée et ramené son écu devant lui.

Tous les habitants de la tour s'étaient mis aux fenêtres pour voir le champion qui traversait le pont périlleux, et comme eux la reine Guenièvre et le roi Baudemagu. Dans le moment que le chevalier parvint à la rive, elle songea que ce ne pouvait être que Lancelot et aussitôt, elle qui avait été jusque-là très dolente, elle se mit à rire, à plaisanter, à faire beau visage, si bien que le roi Baudemagu en fut surpris.

– Dame, lui dit-il, si vous permettiez, je vous poserais une question qui ne saurait vous désobliger. Savez-vous quel est ce chevalier, là-bas ? Est-ce Lancelot ? Le croyez-vous ?

– Sire, il y a plus d'un an que je n'ai point vu Lancelot, et beaucoup de gens pensent qu'il est mort. À cause de cela, je ne suis pas certaine que ce soit lui, mais je pense que c'est lui plutôt qu'un autre, et je le voudrais, car je me fierais à son bras plus volontiers qu'à celui de personne : vous savez qu'il est bon chevalier ! Et quel que soit celui-là, pour Dieu et pour votre honneur, protégez-le comme c'est votre devoir.

– Dame, je le ferai, dit le roi.

XI

Il enfourcha un palefroi et se rendit auprès du chevalier, escorté de trois sergents qui menaient un cheval en main. Lancelot étanchait le sang de ses plaies ; il reconnut le roi et se leva devant lui malgré ses blessures.

– Sire chevalier, montez sur ce destrier et soyez le bienvenu, dit le roi Baudemagu ; il est temps de vous reposer aujourd'hui. Jamais nul ne fut plus hardi que vous.

– Sire, répondit Lancelot, je suis ici pour suivre mon aventure et non pour me reposer à pareille heure. On m'a dit qu'il me faudrait combattre : si le champion est ici, qu'il vienne.

– Ami, je vois votre sang couler : avez-vous tant de hâte de batailler quand vous êtes blessé ? Attendez que vos plaies soient guéries ! Je vous donnerai de l'onguent des Trois Maries, ou d'un meilleur, s'il en est. Il n'y a chevalier au monde pour qui je fisse volontiers plus que pour vous.

– Sire, je ne sais pourquoi vous feriez tant pour moi, car je ne suis pas de vos proches, ni jamais ne vous rencontrai, à ce que je crois. Qui que je sois, faites-moi donc avoir bataille, car je ne suis point venu ici, de si loin, pour trouver pitié.

Le roi entendit bien que le chevalier craignait d'être reconnu.

– J'ignore qui vous êtes, dit-il, et dans ma maison on ne vous le demandera point. Je vous prends sous ma sauvegarde désormais, et je vous serai garant contre tous, hormis celui que vous devez combattre. Montez sur ce cheval ; s'il n'est assez bon, je vous en donnerai un meilleur. Et si j'ai dit que je vous aime, c'est pour la grande prouesse que vous faites paraître.

Ainsi parlait-il, si courtoisement que Lancelot consentit à se laisser emmener. Le roi le fit conduire à la chambre la plus retirée de la tour, où il ne lui envoya d'autres serviteurs qu'un écuyer et garda d'entrer lui-même afin de ne pas le désobliger.

Cependant, il fut trouver Méléagant :

– Beau fils, si tu m'en croyais, tu ferais une chose qui te vaudrait louange éternelle.

– Et quoi donc ?

– Tu rendrais au chevalier qui vient de passer le pont la reine Guenièvre que tu fais mal de retenir, et je délivrerais les autres captifs, car leur prison a assez duré. Et tout le monde dirait que tu as rendu par franchise ce que tu as conquis par prouesse ; cela te serait à grand honneur.

– Je ne vois pas là d'honneur, mais fine couardise seulement ! dit Méléagant. Il faut que le cœur vous manque pour que vous me donniez un tel conseil. Soit-il Lancelot lui-même, celui-là ne me fait pas peur ! Et vous pouvez l'héberger à votre guise : j'aurai d'autant plus d'honneur à défendre mon droit, que vous l'aiderez davantage contre moi.

– Qui t'a dit que c'est Lancelot ? Par ma foi, je n'en sais rien, car je ne l'ai encore vu que tout armé et couvert de son heaume. Si c'était lui, tu aurais tort de vouloir l'affronter : cela ne te vaudrait rien.

– Jamais je n'ai trouvé personne qui m'estimât moins que vous ! s'écria Méléagant. Mais plus vous me déprisez, plus je me prise. Et vous aurez demain assez de joie ou de deuil, car, moi ou lui, l'un de nous quittera ce monde.

– Puisqu'il en est ainsi, je n'en dirai pas plus, mais si je pouvais te détourner de cette bataille sans forfaire, certes je ne te pendrais point l'écu au col. En tout cas, ce chevalier n'aura à se défendre contre nul autre que toi, car jamais je ne fus traître et je ne le serai jamais.

XII

Le lendemain, au lever du jour, il y avait si grande presse pour voir le combat qu'on n'y eût pu tourner son pied.

Lancelot fut entendre la messe tout armé, hors la tête et les mains. Puis il laça son bon heaume de Poitiers et vint réclamer au roi sa bataille.

– Sire chevalier, vous l'aurez, dit celui-ci, et je vous promets que nul ne vous forcera de vous faire connaître. Pourtant je vous prie, par tout ce que vous aimez, d'ôter votre heaume.

Lancelot se découvrit et, sitôt que le roi le vit, il le reconnut à grande joie. Il l'embrassa et lui souhaita la bienvenue, heureux de s'assurer qu'il n'était pas mort, comme le bruit en avait couru ; mais il ne lui souffla mot de la fin de Galehaut pour ne point le peiner.

Il le conduisit sur la place devant le château, qui était grande et large, et là il exhorta encore son fils à céder la reine Guenièvre et les prisonniers ; mais Méléagant ne voulut rien entendre. Alors le roi recommanda aux deux champions de ne pas attaquer avant le signal ; puis il monta dans la tour, où il trouva la reine entourée d'une grande compagnie de chevaliers âgés et de dames. Et après avoir pris place à une fenêtre de la salle, la reine à sa droite, il ordonna de crier le ban et de sonner le cor.

Sur-le-champ, les deux adversaires baissent leurs lances peintes, s'élancent l'un contre l'autre de toute la vitesse de leurs chevaux bien couverts de fer, et se heurtent avec le fracas du tonnerre. À cette heure, dans tout le pays de Gorre, les prisonniers et les captifs priaient de tout leur cœur pour le chevalier qui combattait afin de les délivrer. Et sachez que Méléagant toucha l'écu de Lancelot d'une si grande force qu'il en disjoignit les ais ; mais sa lance s'arrêta sur le haubert et vola en pièces comme une branche morte. Au contraire le coup de Lancelot fit basculer le bouclier de telle façon que Méléagant se sentit rudement frappé à la tempe par son propre écu, en même temps que le fer ennemi perçait les mailles de son haubert et glissait le long de sa poitrine. Il fut porté à terre, où ses armes sonnèrent.

Mais aussitôt il se remit debout, tandis que Lancelot descendait de son destrier comme celui qui jamais n'attaquerait à cheval un homme à pied, et lui courait sus, l'épée tirée, disant :

– Méléagant, Méléagant, maintenant je vous ai rendu la blessure que vous me fîtes naguère, et ce n'est pas en trahison !

À ces mots, ils se jettent l'un sur l'autre comme deux sangliers. L'un est vite, et l'autre plus vite encore : ils se frappent de tant de coups pressés et pesants, qu'ils dépècent leurs écus, que des étincelles jaillissent de leurs heaumes jusques aux nues, que les mailles de leurs hauberts tombent et qu'à chaque coup saute le sang vermeil. Que de rudes, fiers, longs coups d'épée ! Chacun eût voulu arracher à l'autre le cœur sous la mamelle. Bientôt le sang de Méléagant rougit son haubert blanc, mais Lancelot souffre de ses mains blessées. À la fenêtre, la reine s'aperçoit qu'il faiblit.

– Lancelot, Lancelot, est-ce bien toi ? murmure-t-elle.

Une pucelle, qui était auprès d'elle, entendit cela : elle se pencha et cria si haut que tout le peuple l'ouit :

– Lancelot, retourne-toi, regarde qui s'émeut ici pour toi !

À cause de la chaleur et de son grand émoi, la reine venait d'écarter son voile et Lancelot, levant les yeux, aperçut tout à coup ce qu'il désirait le plus voir au monde. Il en fut tellement troublé qu'il s'en fallut de peu que son épée ne chût ! Et maintenant il ne fait plus que contempler la reine ! Il se laisse tourner et frapper par derrière ; il se garde si mal que Méléagant le blesse en maint endroit !

Mais derechef la pucelle lui cria :

– Lancelot, qu'est devenue ta grande prouesse ? Défends-toi ! que cette tour voie ce que tu sais faire !

Lancelot entendit cela et il se ressaisit. À nouveau vous eussiez pu le voir courir sus à Méléagant : il le frappe de si grande force que l'autre chancelle deux fois, et bientôt il le harasse, et le chasse çà et là comme un aveugle ou un échassier. Alors le roi eut grande pitié de son fils.

– Dame, dit-il à la reine, je vous ai honorée de mon mieux et je n'ai pas souffert qu'on vous manquât en rien. En retour, accordez-moi un don. Je vois bien que mon fils n'en peut mais. Dame, votre merci ! Faites qu'il ne soit occis par Lancelot.

– Beau sire, allez et séparez-les, je le veux bien.

Le roi descendit et répéta les paroles de la reine. Aussitôt Lancelot de remettre son épée au fourreau : tel est celui qui aime, qu'il fait volontiers ce qui doit plaire à son amie. Mais Méléagant le frappa de toute sa force, car son cœur était de bois, sans douceur ni pitié.

– Comment ! dit le roi, il arrête, et tu le frappes !

Et il fit saisir son fils par ses barons. Mais Méléagant criait qu'il avait le dessus et qu'on lui arrachait la victoire, et que Lancelot s'avouerait vaincu en quittant le champ.

– À l'heure que tu voudras appeler Lancelot à la cour du roi Arthur, il combattra de nouveau contre toi, dit le roi, et, si tu es vainqueur, la reine te suivra.

Cela fut juré sur les saints.

XIII

Quand Lancelot fut désarmé et qu'il eut lavé son visage et son cou, le roi Baudemagu le prit par le doigt et, suivi de tous les barons, il le mena dans les chambres de la reine. Et, du plus loin qu'il aperçut sa dame, Lancelot se mit à genoux.

– Dame, dit le roi, voici le chevalier qui vous a si chèrement achetée.

– Certes, sire, répondit-elle, s'il a fait quelque chose pour moi, il a perdu sa peine.

– Dame, murmura Lancelot, en quoi vous ai-je forfait ?

Mais, sans daigner répondre, elle se leva et passa dans une autre chambre, si bien que le roi Baudemagu ne put se tenir de lui dire :

– Dame, dame, le dernier service qu'il vous a rendu devrait vous faire oublier ses torts, s'il en a.

Lancelot accompagna sa dame de ses yeux et de son cœur, mais seul, hélas ! le cœur put franchir la porte.

Pour le réconforter, le roi le mena dans la chambre où gisait Keu, toujours blessé ; puis il s'éloigna pour les laisser causer en liberté.

– Bienvenu soit le sire des chevaliers, s'écria le sénéchal, qui a achevé ce que j'avais follement entrepris !

Lancelot lui raconta comment la reine l'avait maltraité en présence du roi et de tous les barons.

– Tels sont guerredons de femme, dit Keu. Et pourtant quelles larmes elle a versées quand Méléagant l'a emmenée ! Dès la première nuit, il voulait coucher auprès d'elle, mais elle lui dit qu'elle n'y consentirait jamais tant qu'il ne l'aurait pas épousée. Et quand le roi vint à notre rencontre, elle se jeta aux pieds de son palefroi en pleurant et criant ; mais il la releva et lui promit bonne et douce prison, et jamais, depuis lors, il n'a permis que son fils eût madame sous sa garde. Méléagant la réclamait toutefois à cor et à cris, si bien que je n'ai pu m'empêcher de lui dire, un jour, que ce serait trop grand dommage, si elle passait du plus prud'homme du monde à un mauvais garçon. Pour se venger, il a fait mettre traîtreusement sur mes plaies, au lieu des emplâtres propres à les guérir, des onguents qui les ont envenimées.

Quand ils eurent assez causé, Lancelot déclara qu'il était résolu de partir le lendemain en quête de monseigneur Gauvain. Dès l'aube, il se mit en route ; mais, comme il approchait du pont Sous l'Eau, les gens du pays s'emparèrent de lui par surprise, croyant bien faire. Et tandis qu'ils le ramenaient à la cour, les pieds liés sous le ventre de son cheval, la nouvelle y arriva qu'il avait été tué. Lorsqu'elle apprit cela, la reine tomba pâmée : "C'est moi qui lui ai donné le coup mortel, pensait-elle, lorsque j'ai refusé de lui parler, ne lui ai-je pas ôté le cœur et la vie ensemble ? Ha ! que ne l'ai-je tenu dans mes bras encore une fois !"

Elle se mit au lit, et le conte dit qu'elle demeura trois jours et trois nuits sans boire ni manger : le bruit courut qu'elle était morte.

La nouvelle en vint à Lancelot, de sorte qu'il prit sa propre vie en dépit : peu s'en fallut qu'il ne s'occît. Heureusement le roi s'était hâté de chevaucher à sa rencontre pour le faire délivrer : il lui conta la grande douleur que la reine avait soufferte lorsqu'elle l'avait cru tué ; en apprenant cela Lancelot eût volé, tant le bonheur le faisait léger. Et, lorsqu'elle sut qu'il était sain et sauf, la reine à son tour fut heureuse au point qu'elle se trouva guérie sur-le-champ.

Dès qu'il fut arrivé au château, le roi Baudemagu conduisit Lancelot dans sa chambre et, cette fois, elle n'eut garde de lui refuser ses yeux !

Le roi s'assit avec eux un moment, puis, comme il était sage, il annonça bientôt qu'il allait voir comment se portait Keu le sénéchal.

Alors ils causèrent bien tendrement ; amour ne les laissa point manquer de sujets. Et quand Lancelot vit qu'il ne disait rien qui ne plût :

– Dame, murmura-t-il, pourquoi l'autre jour refusâtes-vous de me parler ?

– N'êtes-vous point parti de la grande cour de Logres sans mon congé quand vous vous mîtes en quête de mon neveu Gauvain enlevé par Karadoc de la Tour Douloureuse ? Mais il y a pis : montrez-moi votre anneau.

– Dame, dit il, le voici.

– Vous en avez menti, ce n'est pas le mien !

Et elle lui fit voir celui qu'elle avait au doigt ; puis elle lui conta comment la laide demoiselle le lui avait rapporté, et il connut que Morgane la déloyale l'avait déçu. Aussitôt il jeta la bague par la fenêtre le plus loin qu'il put, et à son tour il narra l'aventure de son rêve et de sa rançon, de façon que la reine lui pardonna tout.

– Ah ! dame, dit-il, si c'était possible, ne voudriez-vous pas que je vinsse vous parler cette nuit ? Il y a si longtemps que cela ne m'est arrivé !

Elle lui montra la fenêtre, mais de l'œil, non pas du doigt.

– Beau doux ami, venez là quand tout sera endormi. Jusqu'à demain, si cela vous plaît, j'y serai pour l'amour de vous. Gardez que nul ne vous voie !

XIV

Ce soir-là, Lancelot se mit au lit plus tôt que de coutume, disant qu'il était souffrant, et les heures lui parurent longues comme des années ; vous tous, qui en avez fait autant, vous pouvez bien comprendre cela ! Enfin, quand il vit que dans la maison il n'y avait plus une chandelle, une lampe ni une lanterne qui ne fût éteinte, il se leva et franchit le mur du verger qui était vieil et décrépit. Au ciel, ni lune ni étoile : il ne s'en chagrina point.

La reine l'attendait à la fenêtre ; elle n'avait point de cotte ni de bliaut, mais seulement un manteau d'écarlate sur sa blanche chemise. Et tous deux, allongeant le bras de leur mieux, se prirent par la main.

– Dame, si je pouvais entrer !

– Entrer, beau doux ami ? Mais ne savez-vous pas que le sénéchal couche ici même ? Et ne voyez-vous pas que ces barreaux sont roides et forts ? Jamais vous ne pourriez les écarter.

– Dame, rien, hors vous, ne me saurait retenir.

Et déjà Lancelot, que jamais nul fer n'arrêta, tirait sur les barreaux tranchants si rudement qu'il les déchaussa ; pourtant, ce ne fut pas sans se blesser aux doigts.

– Eh bien, dit la reine, attendez que je sois couchée et ne faites aucun bruit à cause de Keu.

Il n'y avait ni chandelle ni cierge, pour ce que le sénéchal se plaignait de la clarté, disant qu'elle l'empêchait de dormir. Lancelot traversa la chambre tout doucement, entra dans la pièce voisine et, quand il fut devant le lit de la reine, il la salua profondément. Elle lui rendit son salut, puis elle lui tendit les bras et l'attira auprès d'elle. Il avait les mains humides de sang et certes elle le sentit bien, mais elle crut que c'était la sueur causée par la verdeur de son âge. Et grande fut la joie qu'ils s'entrefirent, car ils avaient beaucoup souffert l'un par l'autre ; quand ils s'embrassèrent, il leur en vint un tel plaisir que jamais le pareil ne fut éprouvé par personne. Mais on ne saurait dire en un conte quels déduits Lancelot eut toute cette nuit ! Aussi, lorsque le jour parut et qu'il lui fallut quitter celle qu'il aimait autant qu'un cœur mortel peut aimer, ce fut un grand martyre pour lui : son corps partait, son âme demeura. Il s'agenouilla devant sa dame pour prendre congé, tandis qu'elle le recommandait à Dieu tendrement. Puis il s'en fut, après avoir remis soigneusement les barreaux en place ; et la reine s'endormit en pensant à lui.

XV

Au matin, elle sommeillait encore dans sa chambre encourtinée, lorsque Méléagant vint lui rendre visite, comme il avait coutume. D'abord qu'il entra, il aperçut les traces de sang frais sur les draps. Il alla au lit de Keu dans la pièce voisine et le vit pareillement taché : car les blessures du sénéchal s'étaient rouvertes durant la nuit.

– Dame, voici du nouveau ! s'écria-t-il. Mon père vous a très bien gardée de moi, mais très mal de Keu le sénéchal. Et c'est grande déloyauté à vous que d'avoir honni l'un des plus prud'hommes du monde pour en choisir le plus mauvais !

À ces mots, Keu, pour souffrant qu'il fût, ne put se tenir de crier qu'il était prêt à se défendre d'une telle injure ou par épreuves ou par bataille. Mais Méléagant, sans lui répondre, envoya quérir son père. Et lorsque le roi Baudemagu eut vu les draps sanglants :

– Dame, dit-il, vous avez mal agi !

– Sire, répondit la reine, je ne mets pas mon corps au marché ! Bien souvent, la nuit, le nez me saigne. Que Dieu ne me pardonne jamais, si c'est Keu qui porta ce sang dans mon lit ! Voyez, fit-elle à Lancelot qui était venu avec le roi, pour quelle femme on me tient et de quoi l'on m'accuse !

– Dame, dit celui-ci, il n'y a au monde chevalier contre qui je ne vous en défende.

– Si vous l'osez nier, je suis tout prêt à le prouver contre vous ! s'écria Méléagant.

– Comment ? Etes-vous donc déjà guéri des plaies que je vous fis hier ?

– Je n'ai plaie, dit Méléagant, qui puisse m'empêcher de soutenir le droit.

– Dieu m'aide ! dit Lancelot, puisqu'il vous en faut encore, allez vous faire armer !

Bientôt les deux chevaliers se trouvèrent sur la place, et le roi avec eux.

– Sire, dit Lancelot, une bataille pour une si haute chose ne saurait être faite sans serment.

Le roi fit apporter les meilleures reliques qu'on put trouver, et tous deux se mirent à genoux.

– Par Dieu et par tous les saints, dit Méléagant, c'est le sang de Keu le sénéchal que je vis au lit de la reine !

– Par Dieu et par tous les saints, dit Lancelot, vous en êtes parjure !

Alors ils enfourchèrent leurs destriers et laissèrent courre : leurs lances se brisèrent, et ils se heurtèrent de leurs chevaux, de leurs écus, de leurs corps, si rudement qu'ils touchèrent de l'échine l'arçon d'arrière ; mais Méléagant vola par-dessus la croupe de son destrier. Aussitôt Lancelot saute à terre, dégaine, jette l'écu sur sa tête et court à celui qu'il hait à mort. Méléagant se défend en bon chevalier, car il était preux, s'il était traître et félon ; mais sa blessure s'était remise à saigner et Lancelot le pressait plus vivement qu'il n'avait fait la première fois.

Quand le roi vit qu'à nouveau la bataille tournait mal pour son fils, il ne put le souffrir : il fut encore implorer la reine au nom de Dieu et des services qu'il lui avait rendus.

– Sire, dit-elle, allez les départir.

Et le roi s'empressa de mander à Lancelot que la reine voulait qu'il laissât maintenant la bataille.

– Dame, le voulez-vous ? cria Lancelot.

– Oui, fit-elle.

– Et vous ? demanda Lancelot à Méléagant.

– Oui, car je vous retrouverai quand il me plaira.

Lancelot mit à regret son épée au fourreau, disant à son adversaire qu'il sût bien que c'était par force. Puis il passa la journée avec sa dame, et le lendemain il repartit, comme il devait, vers le pont Sous l'Eau, en quête de monseigneur Gauvain, accompagné de quarante chevaliers.

XVI

Or, quelques jours plus tard, messire Gauvain lui-même arrivait à la cour du roi Baudemagu, ramenant les gens de Lancelot. Quand la reine vit son neveu, sa joie fut bien grande, mais plus grand encore son deuil quand elle apprit que son ami était perdu. Gauvain conta comment il avait franchi le pont Sous l'Eau en grand péril de se noyer vilainement, et comment, pour ce que le cœur lui tournait de l'eau qu'il avait bue, il avait défait à grand-peine le chevalier qui gardait le passage ; puis comment il avait rencontré les compagnons de Lancelot, qui les avait quittés la veille, conduit par un nain, en leur commandant de l'attendre ; et comment il l'avait cherché vainement avec eux. La reine s'efforçait de faire bon visage, mais le plus fol eût pu voir qu'à peine avait-elle le cœur de l'écouter. Quant au roi, qui était très preux, il promit de se mettre lui-même en quête de Lancelot, et dès le lendemain. Messire Gauvain et Keu le sénéchal dirent qu'ils l'accompagneraient.

Mais, après le manger, un valet entra dans la salle et il remit une lettre à la reine, qui pria le roi de la faire lire par un de ses clercs. Et la lettre était du roi Arthur, qui la saluait et lui mandait qu'elle revînt avec monseigneur Gauvain et toute sa compagnie, et qu'elle n'attendît pas Lancelot, car il était arrivé sain et sauf à Camaaloth. Grande fut la joie de tout le monde en entendant ces nouvelles, et le visage de la reine, de très pâle qu'il était, devint couleur de rose. Dès l'aube, elle se mit en route avec ceux du royaume de Logres que Lancelot avait délivrés en même temps qu'elle. Le roi Baudemagu les escorta jusqu'aux limites de sa terre ; et là, il les recommanda à Dieu, tandis que messire Gauvain et Keu le sénéchal lui promettaient de le servir comme leur seigneur, et que la reine lui jetait ses deux bras au cou.

Lorsque le roi Arthur apprit qu'elle approchait de Camaaloth, il vint au-devant d'elle avec toute sa maison. Et d'abord il lui donna un baiser, puis courut à monseigneur Gauvain et à Keu le sénéchal et demanda des nouvelles de Lancelot.

– Sire, vous en avez de meilleures que nous.

– Par ma foi, je ne l'ai pas vu depuis le jour qu'il occit Karadoc le Grand, seigneur de la Tour Douloureuse !

La reine comprit qu'elle avait été trompée par de fausses lettres : elle frémit de tout son corps, son cœur devint lourd comme une pierre, et elle se pâma entre les bras de monseigneur Gauvain qui se hâta de la soutenir. Puis elle se mit à pleurer sans prendre souci de cacher sa peine, disant qu'elle ne connaîtrait plus jamais la joie, puisque le meilleur chevalier du monde était mort à son service.

Le roi Arthur résolut de demeurer quelque temps à Camaaloth, parce que cette cité était proche du royaume de Gorre où Lancelot était resté, selon toute apparence. La reine aimait cette ville où jadis son ami avait été armé chevalier.

XVII

De la Pentecôte jusqu'à la mi-août, elle pleura jour et nuit, jusqu'à en perdre sa beauté, et sans cesse elle implorait le secours de la Dame du Lac. Enfin, le jour de l'Assomption, il fallut bien que le roi tînt sa cour et portât couronne, comme il avait accoutumé aux grandes fêtes.

Ce jour-là, comme le soleil venait de se lever beau, clair, luisant, et que le monde entier en était déjà éclairé, le roi Arthur se mit à la fenêtre pour écouter le chant des oiseaux qui avaient déjà commencé la matinée. Or, en regardant la campagne, il vit venir une charrette attelée d'un cheval dont on avait coupé la queue et les oreilles, conduite par un nain à grande barbe et à grosse tête, et où était un chevalier en chemise sale et déchirée, qui avait les mains liées derrière le dos et les pieds enchaînés aux brancards ; son écu sans armoiries était suspendu sur le devant, son haubert et son heaume derrière ; et son cheval blanc comme la neige, tout brodé et sellé, était attaché à la voiture. La charrette entra dans la cour et le chevalier s'écria :

– Ha, Dieu ! qui me délivrera ?

Par deux fois, le roi Arthur demanda au nain quel forfait ce chevalier avait commis ; par deux fois, le nain lui répondit :

– Le même que les autres.

Alors le roi demanda au chevalier charretté comment il pourrait être délivré.

– Par celui qui montera où je suis.

– Vous ne trouverez pas cela aujourd'hui, beau sire !

– Tant mieux ! fit le nain.

Et la charrette continua son chemin par les rues de la ville, où chacun hua le chevalier à qui mieux mieux et lui jeta de vieilles savates et de la boue.

Cependant, le roi s'était mis à son haut manger. Messire Gauvain descendit des chambres de la reine : on lui apprit ce qui venait de se passer, et cela lui rappela l'aventure de Lancelot : "Maudits soient les charrettes et celui qui les inventa !" s'écria-t-il. Comme il prononçait ces mots, la voiture entra dans la cour, et le charretté en descendit et vint demander place à table ; mais nul ne voulut de lui pour voisin : on lui dit qu'il ne lui convenait pas de s'asseoir avec des chevaliers, ni même avec des écuyers, et il lui fallut s'accroupir sur le seuil de la porte pour manger. Toutefois, messire Gauvain vint à lui et déclara qu'il lui ferait compagnie, puisque, tout charretté qu'il fût, il n'en était pas moins chevalier. Ce que voyant, le roi manda à son neveu qu'il se honnissait, d'agir ainsi, et qu'il déméritait de son siège à la Table ronde.

– Si l'on est honni pour être allé en charrette, c'est donc que Lancelot l'est, fit simplement répondre monseigneur Gauvain.

Et le roi fut très étonné.

Quand il eut mangé, le chevalier remercia monseigneur Gauvain et sortit sans que personne prît garde à lui. Il alla s'armer dans un petit bois voisin où un écuyer l'attendait ; après quoi il fut s'emparer dans l'étable du roi d'un très bon cheval, tout sellé, et, ainsi monté, il revint dans la cour, devant la porte de la salle, qui était ouverte, et cria :

– Roi Arthur, si quelqu'un trouve mauvais que messire Gauvain ait mangé avec moi, qu'il se présente : je l'attends. Et sachez que vous êtes le plus failli roi et le plus recréant qu'on ait jamais vu. J'emmène ce cheval ; je vous en prendrai d'autres, et nul de vos chevaliers ne sera capable de les regagner.

Puis s'adressant à monseigneur Gauvain

– Sire, grand merci d'avoir daigné manger avec moi.

– Allez à Dieu, répliqua celui-ci ; de moi vous n'avez à vous garder.

D'abord, le roi était demeuré tout ébahi ; puis il entra dans une telle colère qu'il en pensa perdre le sens, criant qu'il n'avait jamais connu une pareille honte que de voir un larron lui enlever un de ses chevaux sous ses yeux. Déjà Sagremor le desréé avait couru s'armer en son logis et galopait à la poursuite du chevalier, bientôt suivi par Lucan le bouteillier, puis par Bédoyer le connétable, par Giflet fils de Do et par Keu le sénéchal.

Les compagnons filèrent à toute allure le long de la rivière, derrière celui qu'ils pourchassaient. Au gré de la forêt, une dizaine de fer-vêtus semblaient attendre l'étranger. Il s'arrêta devant le gué, et, voyant arriver Sagremor, il le chargea si rudement qu'au premier choc, il lui fit vider les arçons. Alors il prit le destrier par la bride et le mena de l'autre côté de l'eau où il le remit à ses gens.

– Sire, cria-t-il à Sagremor, dites au roi que j'ai maintenant un destrier de plus.

– Comment ? Vous ne voulez pas continuer ?

– Nenni. Et si j'en faisais davantage, je ne pense pas que vous y gagneriez rien, car je suis à cheval et vous à pied.

Sagremor s'en retourna, tout honteux, et Lucan le bouteillier s'élança ; mais il fut abattu de même, et l'étranger s'empara de son destrier en le priant de dire au roi qu'il avait, grâce à lui, un nouveau cheval. Et sachez qu'il en fut pareillement de Bédoyer le connétable, de Giflet fils de Do et de Keu le sénéchal, sauf que celui-ci culbuta au beau milieu du gué, où il but un bon coup d'eau. Tous revinrent à pied vers le roi, qui, humilié, s'en prit du tout à son neveu. Mais messire Gauvain se contenta de lui répondre :

– Bel oncle, il n'y en a ainsi que plus de honnis.

Là-dessus, le nain reparut avec sa charrette ; mais elle portait cette fois une demoiselle voilée qui parla comme il suit :

– Roi Arthur, on m'avait dit que tous les déconseillés trouvaient ici bonne aide ; mais il paraît que ce n'était pas vrai : un chevalier s'en est retourné sans que personne des tiens eût consenti à monter en charrette pour lui. Vous en avez plus de honte que d'honneur, puisqu'il emmène six chevaux malgré vous. Pour moi, je ne sais s'il se verra quelqu'un qui me délivre en prenant ma place...

– En nom Dieu, s'écria messire Gauvain, je le ferai par amour du bon chevalier qui, un jour, fut promené en pareil équipage !

Et il sauta dans la voiture, tandis que la demoiselle montait sur un beau palefroi amblant, blanc comme la fleur au printemps, qu'un écuyer lui amenait.

– Toi et les tiens, continua-t-elle en s'adressant au roi, vous n'auriez pas dû manquer au chevalier charretté, car il n'était là que pour l'amour de Lancelot, qui un jour s'y laissa voir aussi afin de reconquérir la reine Guenièvre. Et maintenant, sais-tu quel il est, celui qui a abattu tes compagnons ? Un jouvenceau, chevalier depuis Pâques tout au plus. Il a nom Bohor l'exilé, et il est cousin de Lancelot et frère de Lionel qui s'est mis en quête de Lancelot, et follement car il ne le trouvera point.

Là-dessus, elle s'éloigna et l'on vit arriver Bohor, suivi de ses gens, menant les chevaux qu'il avait gagnés. Il ôta son heaume et dit au roi :

– Sire, voici vos destriers, que je vous rends.

Aussitôt la reine se leva devant lui, et il n'est fête qu'elle ne lui fit pour l'amour de Lancelot. Et le roi voulut accueillir Bohor parmi les chevaliers de la Table ronde, quoiqu'il protestât qu'il n'en était pas digne.

– Beau sire, lui demanda la reine, quelle est donc la demoiselle qui était sur la charrette ?

– C'est la Dame du Lac, qui a élevé Lancelot, Lionel et moi.

Ah ! en entendant cela, la reine fut si dolente de n'avoir pas reconnu celle qu'elle avait tant appelée, que nulle femme jamais ne le fut davantage ! Elle fit amener son palefroi et courut à la recherche de la charrette qu'elle rejoignit dans la ville, ou le nain promenait encore monseigneur Gauvain : aussitôt, elle mit pied à terre et s'élança dans la voiture ; le roi, qui l'avait suivie, fit de même ; et tous les chevaliers qui étaient avec eux, l'un après l'autre. Et, désormais, personne ne fut plus honni pour être allé en charrette : les criminels furent menés sur un vieux cheval à queue et oreilles coupées.

Cependant le roi songea que, s'il donnait un tournoi, il contenterait ensemble les anciens captifs de Gorre, qui depuis bien longtemps n'avaient point vu de prouesses d'armes, et les demoiselles à marier. Aussi fit-il crier dans toute sa terre qu'à vingt jours de là, une assemblée se ferait à Pomeglay. La reine s'en réjouit, car son cœur lui disait qu'elle reverrait là son ami.

Mais le conte laisse ici de parler du roi Arthur et de sa cour, et devise de ce qui advint à Lancelot quand il eut quitté Gahion, la cité maîtresse du roi Baudemagu, en compagnie de quarante chevaliers, pour se mettre en quête de monseigneur Gauvain.

XVIII

Comme il approchait du pont Sous l'Eau, il rencontra un nain qui, le tirant à part, lui dit que messire Gauvain le priait de venir le joindre sans délai. Il partit aussitôt après avoir commandé à ses gens de l'attendre, et le nain le mena à un petit château très fort, entouré de fossés. Et là, il fut introduit dans une salle de plain-pied, où il n'avait pas fait trois pas qu'il chut dans une fosse profonde de plus de deux toises, mais sans se faire aucun mal parce que le fond en était jonché d'herbes fraîches. Il ne douta guère que cette traîtrise ne fût l'œuvre de Méléagant, mais que faire ? Il se laissa donc désarmer, et il fut mis en prison dans une tour, d'ailleurs très passablement traité par le sénéchal de Gorre, son gardien, qui lui laissait toute liberté, hors celle de sortir, si bien qu'il ne manqua pas d'apprendre la nouvelle du tournoi que le roi Arthur devait donner à Pomeglay.

Or, le sénéchal avait une femme belle et courtoise. Chaque jour, on faisait sortir le prisonnier de sa tour, et, comme le sénéchal n'était pas souvent à la maison, Lancelot mangeait en compagnie de cette femme, qui ne tarda pas à s'éprendre d'amour pour lui. Quand le jour fixé pour le tournoi approcha, elle remarqua qu'il perdait son appétit et qu'il était de plus en plus pensif, ce qui, au reste, lui seyait fort bien et empirait encore la dame. En vain, elle lui demandait ce qu'il avait ; il ne voulait rien dire. Enfin, il avoua qu'il mourait d'envie d'aller au tournoi.

– Lancelot, dit la dame, ne devriez-vous pas avoir beaucoup de reconnaissance à qui ferait tant que vous y fussiez ? Si vous m'accordez un don, je vous baillerai des armes et un cheval et je vous laisserai sortir sur parole.

– Ha ! dame, je vous l'octroie volontiers !

– Eh bien, savez-vous ce que vous m'avez donné ? C'est votre amour.

– Dame, répondit-il avec embarras, je vous donnerai d'amour tout ce que j'en peux accorder.

Elle pensa qu'il était un peu intimidé, mais qu'à son retour, il ne saurait manquer d'être tout à elle. Aussi, au jour dit, après qu'il eut fait le serment de revenir sans faute à la fin du tournoi, elle l'arma de ses mains, et il partit.

XIX

Tant de seigneurs étaient venus à Pomeglay, dit le conte, qu'il n'était point de maison où ne pendît l'écu d'un chevalier. Ceux qui n'avaient pas envoyé leurs fourriers à temps n'avaient pu s'héberger dans la ville et, tout alentour des murailles, s'élevaient leurs tentes et leurs pavillons. Aux fenêtres flottaient les bannières, les murs étaient tout tendus d'étoffes, et les rues si bien jonchées de menthe, de glaïeuls et de joncs qu'on se fût cru dans la salle du plus riche palais. Elles étaient pleines de destriers, de chevaliers, de valets qui portaient des présents aux dames et aux pucelles, de damoiseaux faisant gorge aux faucons. Mais c'est le marché qu'il fallait voir, tant il était bien fourni de volaille, de poisson, de cire et d'épices ! Les changeurs criaient : "C'est vrai !" ou "C'est mensonge !" et ils n'avaient pas seulement de la monnaie : jamais on ne vit autant de pierreries étalées, ni tant d'images et de vaisselle d'or et d'argent. Cependant les cloches, les cors, les buccines sonnaient ; les couteaux cliquetaient dans les cuisines qui rougeoyaient ; à tous les carrefours paradaient les acrobates, les jongleurs, les joueurs de vielle et de harpe, les montreurs de lions, d'ours, de léopards et de sangliers.

L'histoire dit que jamais il n'y eut une plus belle fête.

Lancelot se logea comme il put, dans une maison si pauvre que nul n'en avait voulu. Il suspendit son écu à la porte, et, comme il était fort las, il s'étendit, tout désarmé, sur un méchant lit couvert d'un gros drap de chanvre et d'une mauvaise couette. Un garnement, un héraut d'armes qui avait mis en gage à la taverne sa cotte et ses chaussures, vint à passer et, voulant savoir à qui appartenait l'écu accroché au dehors, il poussa l'huis tout doucement et approcha sans bruit, sur ses pieds nus, du chevalier endormi. Or, dès qu'il le vit, il reconnut Lancelot et se signa ; mais celui-ci s'éveilla sur ces entrefaites.

– Si tu dis mon nom à quiconque, s'écria-t-il irrité, je te tords le cou !

– Sire, je ne ferai rien dont vous puissiez me savoir mauvais gré ! répondit l'autre.

Mais, à peine hors de la maison, voilà le drôle qui va criant de toute sa voix :

– Ores est venu qui l'aunera ! Ores est venu qui l'aunera !

Les bonnes gens ébahis, sur le pas des portes, se demandaient ce qu'il disait et quel était ce chevalier qui était venu et qui l'emporterait sur tous, car on ne connaissait pas encore ce cri-là ; c'est depuis ce temps qu'on l'entend dans les tournois.

Presque toute la nuit, il y eut caroles dans les maisons qui étaient si bien illuminées qu'on eût pensé qu'elles flambaient ; et pourtant, dès l'aube, les hérauts commencèrent de mener grand bruit par les rues et de crier : "Ores, sus, chevaliers, il est jour !" Lancelot fut entendre la messe et déjeuna de pain et de vin. Déjà les cortèges défilaient bellement par la cité, et, sitôt arrivés sur le terrain, il fallait voir les valets ficher les lances en terre, vider les coffres sur les manteaux, étaler les hauberts et les chausses, préparer les sangles, les sursangles, les lacets à heaumes et le fil à coudre les manches. Il y avait bien là plus de cent, plus de deux cents chevaliers et les lances étaient si nombreuses qu'on pouvait se croire dans un bois. Les demoiselles de la ville étaient aux fenêtres ou sur les murs ; mais pour la reine on avait dressé un échafaud bel et long à merveille : elle s'y assit avec ses dames et ses pucelles ; monseigneur Gauvain qui ne combattait pas était auprès d'elle, causant avec d'autres barons qui ne pouvaient porter les armes, soit qu'ils fussent prisonniers sur parole ou croisés.

– Voyez-vous, cet écu où sont un dragon et une aigle ?

– Par ma foi, c'est Ignauré le désiré, qui est bien amoureux et bien plaisant.

– Celui qui porte les faisans peints bec à bec, c'est Coquillon de Mantirec.

– Sémiramis et son ami ont les mêmes armes d'or au lion passant et les mêmes chevaux pommelés.

– L'écu où l'on voit un cerf qui semble sortir d'une porte, c'est celui du roi Ydier.

– Sire, cet écu fut fait à Limoges ; cet autre vient de Toulouse ; ceux-ci de Lyon sur le Rhône : il n'en est point de meilleurs au monde. Voyez ces deux hirondelles qui paraissent voler ; elles recevront mille coups des aciers poitevins. C'est un écu ouvré à Londres.

– À vos heaumes ! crièrent enfin les hérauts.

Et les joutes commencèrent. À ce moment, Lancelot arrivait, suivi d'un seul écuyer portant une liasse de lances. Il s'arrêta un instant sous la loge des dames et regarda la reine bien doucement ; mais il avait son heaume, de manière qu'elle ne le reconnut pas. Alors il se mit sur les rangs, et quand le héraut qui lui avait parlé la veille aperçut son écu de sinople à trois bandes d'argent, il recommença de crier à tue-tête :

– Voici qui l'aunera ! Voici qui l'aunera !

Héliois, frère du roi de Northumberland, dont le destrier était plus allant que cerf de lande, avait mieux fait que nul autre jusque-là : Lancelot fondit sur lui comme la foudre descend du ciel, et il le renversa avec son cheval et lui brisa le bras en deux endroits ; puis, il culbuta du même élan Cador d'Outre la Marche, qui portait au bras la manche brodée de sa dame. Ce que voyant, ceux du parti opposé voulurent tous jouter avec lui, et il continua de la sorte, brisant les lances, abattant tout et donnant aux hérauts ou à qui en voulait les chevaux qu'il gagnait : car il n'était pas de ceux qui font du cuir d'autrui large courroie ; tant enfin que chacun s'ébahissait de le voir et que les demoiselles se promettaient de ne pas refuser un champion si preux, si par hasard il les voulait aimer.

Il advint une fois qu'il frappa un chevalier en pleine gorge, de façon que la terre fut en peu de temps rouge de sang. "Il est mort, il est mort !" criait-on. Ce qu'entendant, Lancelot laissa choir son arme et annonça qu'il allait quitter le champ. Mais, quand il eut appris par son écuyer que le navré était le sénéchal du roi Claudas de la Déserte :

– Puisqu'il appartient à Claudas, peu me chaut de sa mort ! dit-il. C'est le chevalier Jésus qui me venge de mes ennemis.

Et là-dessus, tirant son épée, il commence la mêlée, frappe à dextre, à senestre, arrache les écus, fait sauter les heaumes, et boute, et enfonce, et frappe, et cogne des membres et du corps.

Or, à voir tant de prouesse, messire Gauvain eut soupçon que c'était là Lancelot et fut le dire à la reine. Mais il y avait longtemps qu'elle l'avait deviné. Et pour tromper tout le monde, elle appela l'une de ses pucelles :

– Allez, lui dit-elle tout bas, au chevalier qui jusqu'à présent a si bien fait et commandez-lui de par moi qu'il fasse désormais au pis qu'il pourra.

– Oui, dame.

Et, montée sur sa mule, la pucelle traversa le champ et prit si bien son temps qu'elle fit le message à Lancelot au moment qu'il prenait une nouvelle lance de son écuyer. Aussitôt il s'adresse à un chevalier et manque exprès son coup ; puis il feint d'avoir peur, s'accroche au cou de son cheval, s'enfuit devant tous ceux qui l'approchent : de manière qu'à la fin valets, sergents, écuyers se mirent de toutes parts à huer le couard.

– Ami, criait-on au héraut qui avait prédit qu'il emporterait tout, il a tant auné, ton champion, qu'à présent son aune est brisée ! Où est-il allé ? Où s'est-il tapi ?

Toute la nuit, dans leurs logis, ceux qu'il avait vaincus s'étranglèrent de médisance sur lui. Mais tel qui dit du mal d'autrui est souvent pire que celui qu'il blâme, et on le vit bien le lendemain. Pour le faire bref, le conte dit seulement qu'il en fut tout de même que le premier jour du tournoi : Lancelot fit d'abord au mieux, puis au pis sur l'ordre de sa dame. Pourtant, elle voulut qu'il terminât par des prouesses, et il en accomplit de telles que toutes les demoiselles s'accordèrent à lui décerner le prix.

Mais quand on voulut lui remettre le mouton doré, on ne trouva que son écu, qu'il avait laissé, avec sa lance et l'armure de son cheval, car il était parti avant la fin du tournoi pour regagner sa prison, où le sénéchal l'attendait en grande inquiétude.

XX

Lorsque sa femme épousée lui avoua qu'elle avait laissé partir Lancelot, pour un peu il l'eût tuée ! Il s'empressa d'avertir Méléagant, par prudence. Et celui-ci, ce traître que le mauvais feu arde ! il jura qu'il saurait enfermer Lancelot en un lieu d'où il ne sortirait point sauf congé. En effet, il le fit transporter dans une tour très haute et très forte, au milieu d'un grand marais, dans la marche de Galles. On mura les portes et les fenêtres, sauf une petite ouverture, au sommet : par là, on faisait passer chaque jour au prisonnier un peu d'un dur pain d'orge et de l'eau trouble, qu'on lui portait en barque et qu'il tirait lui-même par une corde.

Cela fait, Méléagant se rendit à la cour du roi Arthur, qui était alors à Londres, pour réclamer la bataille contre Lancelot et, si son adversaire était défaillant, demander que la reine le suivît comme elle l'avait juré.

– Méléagant, dit le roi, Lancelot n'est point ici, et je ne l'ai pas vu depuis un an avant le temps qu'il délivra la reine. Et vous savez bien ce que vous devez faire.

– Et quoi ?

– Attendre céans quarante jours, par ma foi ! et si Lancelot ne se présente pas, ou quelque autre à sa place, vous emmènerez la reine.

– Ainsi ferai-je, répondit Méléagant.

Or, le conte dit en cette partie qu'il avait une sœur d'un premier lit. Et cette pucelle le haïssait fort parce qu'il s'était emparé de la terre qu'elle devait hériter de sa mère, après l'avoir si bien calomniée que le roi Baudemagu, leur père, l'avait exilée au bout de son royaume : et c'était justement dans la marche de Galles. Quand elle sut qu'on avait enfermé un prisonnier dans la tour, elle résolut de s'en enquérir.

Sachez que le sergent qui gardait la tour logeait au bord du marais, près du chemin, et que sa femme devait tout à la sœur de Méléagant, qui l'avait élevée et mariée. Celle-ci vint voir sa protégée et coucher chez elle. Puis, la nuit, quand tout fut endormi, elle monta dans la barque avec deux de ses pucelles et vogua jusqu'au pied de la tour, où elle découvrit le panneret par lequel on envoyait les vivres. Et elle entendit une voix qui se plaignait et disait :

– Ah ! Fortune, comme ta roue a mal tourné pour moi ! Les vilains disent bien vrai quand ils assurent qu'on a peine à trouver un ami. Ha ! messire Gauvain, si vous étiez en prison comme je suis depuis un an, il n'y aurait tour ni forteresse au monde que je ne conquisse, jusqu'à ce que je vous eusse trouvé ! Et vous, madame la reine, dont tout bien m'est venu, ce n'est pas tant pour moi que pour vous, que je regrette de mourir ici, car je sais bien que vous aurez grand-peine quand vous apprendrez ma mort !

Ainsi gémissait le prisonnier, et la demoiselle devina que c'était Lancelot. Elle heurta le panneret et lui, qui s'en aperçut, il vint à la fenêtre et tendit le cou.

– Je suis une amie, dit-elle, triste de votre chagrin. Et je me suis mise en aventure de mort pour vous délivrer.

Elle retourna doucement à la maison, d'où elle rapporta un pic et une grosse corde, qu'elle lia à celle où pendait le panneret. Lancelot eut tôt fait de tirer la corde, d'agrandir l'ouverture et de se laisser glisser dans la barque le plus silencieusement qu'il put, et de là dans le logis du sergent.

La demoiselle le fit coucher dans la chambre voisine de la sienne. Et le lendemain, au jour, elle l'habilla de l'une de ses robes ; après quoi elle l'emmena sur un de ses palefrois au milieu de ses pucelles, à la vue des gardiens qui ne le reconnurent pas. Et sachez bien qu'une fois sorti de la tour, pour tout l'or du monde, Lancelot n'y fût pas rentré !

Mais le conte retourne maintenant à Méléagant.

XXI

À neuf jours de là finissait le délai des quarante jours. Le félon se présenta tout armé devant le roi Arthur, et déclara que, puisque Lancelot ne venait pas, il emmènerait la reine au royaume de Gorre.

– Certes, dit messire Gauvain, si Lancelot était là, vous ne seriez pas si pressé d'avoir cette bataille ! Mais vous l'aurez, si vous la désirez si fort que vous en faites semblant, car je combattrai pour l'amour de madame et de lui.

Là-dessus, il alla se faire armer par ses écuyers.

Or, au moment qu'il montait sur son destrier d'Espagne, un chevalier entra au château : c'était Lancelot. Ah ! quelle joie lui fit messire Gauvain ! Sur-le-champ, il se défit de son écu, de son heaume, de son haubert, et son ami s'arma de ses armes. Le roi, cependant, accourait embrasser Lancelot, et la reine après lui, et les compagnons ; et déjà toute peine était oubliée, car le bonheur défait et efface la douleur à l'instant. Mais Lancelot, lui, n'oubliait pas Méléagant et il se hâta d'aller à lui :

– Méléagant, dit-il à son ennemi tout ébahi de le voir, vous avez assez crié et brait pour avoir votre bataille ! Mais, grâce à Dieu, je suis hors de la tour où vous m'aviez enfermé par trahison. Il est trop tard pour clore l'étable, comme dit le vilain, quand les chevaux n'y sont plus.

Tous deux se rendirent dans un vallon, entre deux bois, tout semé d'herbe fraîche et menue ; à l'abri d'un sycomore planté au temps d'Abel pour le moins, courait une fontaine vive sur des graviers clairs comme de l'argent : le roi s'assit là avec la reine, après avoir posé des gardes, et, quand le cor eut donné le signal, les deux champions laissèrent courre leurs chevaux.

Au premier choc, la lance de Méléagant vola en éclats : car ce n'était pas sur la mousse qu'il frappait, mais sur des ais durs et secs ! Celle de Lancelot perça l'écu et le serra au bras, et le bras au corps, et fit plier le corps sur l'arçon, et culbuta le cheval en même temps que l'homme. Aussitôt Lancelot mit pied à terre, et courut sus à Méléagant, l'épée à la main, en se couvrant de son écu. Et tous deux commencèrent de s'assommer à grands coups sur les heaumes, de se rompre leurs boucliers, de se tailler leurs hauberts sur les bras, les épaules et les hanches.

Et ainsi jusqu'à midi.

À ce moment, Méléagant parut se lasser. Il était touché en plus de trente endroits, car Lancelot était beaucoup meilleur escrimeur que lui ; il avait reçu de si forts coups sur le chef, que le sang lui coulait du nez et de la bouche, et au point qu'il en avait les épaules couvertes, bref il ne faisait plus rien qu'endurer et se défendre. Soudain, comme il avançait d'un pas pour éviter un très lourd horion, Lancelot le heurta si rudement qu'il le fit choir, épuisé, et aussitôt lui sauta dessus et le saisit par son heaume ; mais les courroies étaient fortes : il eut beau traîner Méléagant, elles ne rompirent pas. Alors il le frappa du pommeau de son épée à lui faire entrer les mailles de sa coiffe dans la tête, et tant que l'autre se pâma : puis il coupa les lacs et arracha le heaume ; mais il attendit que Méléagant fût revenu à lui, et, au lieu de lui trancher le cou, il lui demanda s'il s'avouait outré.

– Merci ! cria le félon. Par tous les saints qu'on prie au Paradis, ayez merci de moi !

Et, tout en disant ces mots, il soulevait bellement le haubert de son vainqueur pour lui bouter son épée par le ventre. Ce que voyant, Lancelot haussa la sienne et d'un seul coup lui fit voler la tête.

Comme il essuyait sa lame toute souillée de sang et de cervelle, Keu le sénéchal courut lui ôter l'écu du col.

– Ha ! sire, dit-il, vous avez bien montré, ici ou ailleurs, que vous êtes la fleur de la chevalerie terrienne.

Ensuite vint le roi Arthur, qui accola Lancelot tout armé comme il était et voulut délacer lui-même son heaume. Puis messire Gauvain arriva, avec la reine plus heureuse que femme ne le fut jamais, et tous les autres barons.

Le roi commanda de dresser les tables, et sachez qu'il octroya à Lancelot un honneur qu'il n'avait jamais accordé à nul chevalier, pour haut homme qu'il fût : car il le fit asseoir tout à côté de lui, sur son estrade. Et certes il était arrivé qu'il y fît siéger quelque chevalier vainqueur au tournoi ou à la quintaine, mais non pas si près de sa personne. Telle fut la place de Lancelot, ce jour-là, par la prière du roi Arthur et le commandement de la reine sa dame, et il en était tout confus.

Lorsqu'ils eurent mangé leur content, les chevaliers s'en retournèrent à leurs logis ; mais le roi retint Lancelot et le fit asseoir à une fenêtre de la salle, ainsi que la reine, monseigneur Gauvain et Bohor l'exilé. Et là il lui demanda le récit des aventures qui lui était advenues depuis son départ de la cour, et les entendit avec plaisir ; puis il manda ses grands clercs et les fit coucher par écrit.

C'est ainsi qu'elles nous ont été conservées au livre de Lancelot du Lac.

LE CHÂTEAU AVENTUREUX

À Madame Lucie Delarue-Mardrus

I

Le conte dit que, lorsqu'il eut fait justice de Méléagant, Lancelot demeura quelque temps à la cour, où il n'est joie et plaisir qu'il n'obtint de la reine sa mie. On lui apprit comment Bohor était arrivé et les prouesses qu'il avait faites contre cinq des meilleurs de la Table ronde ; puis comment le roi, la reine et tous les chevaliers étaient montés dans la charrette. Il en sourit de plaisir.

– Beau cousin, dit-il à Bohor, n'ayez pas si bien commencé pour laisser désormais toute chevalerie ; mais gardez, pour l'amour de moi, qu'aucune dame ou demoiselle requière jamais votre aide sans l'obtenir.

Personne n'avait osé lui annoncer la mort de Galehaut : aussi pensait-il que son ami était retourné dans sa terre.

– Dame, dit-il un jour à la reine, il me faut aller aux Iles lointaines : quand je saurai des nouvelles de mon compagnon, j'aurai le cœur plus joyeux.

Ah ! peu s'en fallut qu'elle ne lui avouât la vérité ! Mais elle songeait au chagrin qu'il aurait quand il apprendrait la mort de Galehaut, et son cœur se serra si fort qu'il s'en fallut de peu qu'elle ne pâmât.

– Beau doux ami, dit-elle seulement, que Notre Sire vous conduise !

Et, le lundi, Lancelot s'arma au sortir de la messe et partit si secrètement que personne ne le vit, hors sa dame qui avait monté sur la plus haute tour et le suivit longtemps des yeux.

Il chevaucha tant qu'il parvint dans une forêt haute, grande et agréable à y errer ; là, bien qu'il fît grand chaud, sous les arbres feuillus, l'ombre était agréable. Il était fort en peine de son chemin, lorsqu'il découvrit des traces de chevaux : il les suivit à bonne allure et ne tarda pas à joindre une demoiselle qui chevauchait noblement sur un beau palefroi, suivie de ses gens ; elle était toute vieille et chenue, pourtant elle avait ses cheveux déliés sur les épaules à la façon des pucelles, et sur la tête une couronne de roses, ainsi qu'il convient environ la Saint-Jean.

– Demoiselle, lui dit-il après l'avoir saluée, me sauriez-vous enseigner le chemin qui mène à la terre de Galehaut ?

– En nom Dieu, je puis bien vous l'enseigner, mais pourvu que vous m'accordiez un don : c'est que vous me suivrez dès que je vous en requerrai.

Lancelot octroya le don. Hélas ! il s'en repentit et chagrina assez quand le moment fut venu !

II

Suivant le chemin que la vieille lui avait montré, il arriva, au soir devant une abbaye de moines blancs. Les frères, qui venaient de chanter complies, jouissaient du serein devant la porte, où ils lui souhaitèrent la bienvenue. Ils le désarmèrent, puis ils mirent sur la table une nappe et le pain et le vin. Mais il ne voulut pas manger avant que d'avoir fait oraison, car il n'était pas entré dans une église depuis le matin.

Il fut donc s'agenouiller dans la chapelle, et, quand il eut prié, il remarqua une grille d'or et d'argent, ornée de fleurettes et de figures de bêtes et d'oiseaux. Elle entourait une tombe, la plus grande et la plus riche du monde, toute en or fin et pierres précieuses, et qui valait bien le prix d'un royaume. Des lettres y étaient gravées, qui disaient :

Ci-gît Galehaut, le fils à la belle géante,
sire des Iles lointaines,
qui pour l'amour de Lancelot du Lac mourut.

D'abord qu'il eut lu cela, car il savait de lettres, Lancelot tomba pâmé ; puis, revenu à lui, il se mit à frapper ses poings l'un contre l'autre, à égratigner son visage au point d'en faire jaillir le sang, à s'arracher les cheveux, à se frapper la face à grands coups, et à pleurer amèrement, maudissant l'heure où il était né, puisqu'un si prud'homme était mort pour lui ; enfin il courut chercher son épée, décidé à s'occire.

Mais, comme il sortait de l'église, il vit une pucelle qui arrivait au galop d'une mule fauve qu'elle fouettait à grands coups.

– Qu'est-ce ? et où allez-vous ainsi ? cria-t-elle.

Et comme Lancelot ne répondit mot :

– Par ce que vous avez de plus cher au monde, arrêtez ! reprit-elle en écartant son voile. Ne voyez-vous pas qui je suis ? Écoutez ce que madame vous mande.

Alors Lancelot reconnut Saraide, la pucelle de la Dame du Lac.

– Madame a été huit jours malade, car elle avait trouvé dans ses sorts que, sitôt que vous auriez découvert la tombe de Galehaut, vous seriez en grand danger de vous tuer si vous n'en étiez détourné : aussi m'envoya-t-elle en grande hâte. Sachez que vous devez faire porter le corps au château de la Joyeuse Garde, pour qu'il soit mis dans le tombeau où vous avez vu votre nom écrit, et où vous serez vous-même enterré. De par madame, retournez dans l'église maintenant et dites aux moines votre volonté.

Lancelot revint à la grille, et d'abord il prit la tombe à deux mains et la leva d'un si grand effort que le corps lui sua, que le sang lui sortit du nez et que pour un peu plus il se fût tout rompu. Pourtant, la douleur qu'il avait eue à cela n'était rien auprès de celle qu'il sentit quand il aperçut le corps de son ami. En pleurant, il prit Galehaut dans ses bras et le coucha dans une bière qu'il recouvrit de la plus riche étoffe qu'on pût trouver dans l'abbaye ; puis il fit placer le cercueil sur une litière portée par deux palefrois. Et il demanda aux moines d'escorter le bon seigneur, à quoi ils y consentirent, bien qu'ils fussent très dolents de se voir enlever le corps.

Lorsqu'ils furent partis, Lancelot revint à Saraide.

– Demoiselle, lui dit-il, je vous demande de porter à Bohor cette épée qui fut à monseigneur Galehaut ; vous lui direz qu'il la ceigne de par moi, car elle est bonne et belle, et aussi qu'un chevalier n'accroît point sa gloire à demeurer trop longtemps en un lieu.

La pucelle répondit qu'elle ferait volontiers le message, et Lancelot, après l'avoir recommandée à Dieu, rejoignit le cortège qui accompagnait le corps de son ami. Et il le convoya, plaignant et pleurant sans cesse, jusqu'à la Joyeuse Garde.

Là, une très vieille dame lui dit qu'il y avait, enfouie dans la chapelle, la plus belle bière qu'on eût jamais connue ; elle avait contenu les restes d'un roi des païens et sarrasins qui tenaient le château avant que Joseph d'Arimathie y fût venu. Lancelot la fit déterrer et l'admira beaucoup quand il la vit : ce n'est pas étonnant, car elle n'était ni d'or ni d'argent, mais toute de pierreries. On y coucha le corps de Galehaut armé de toutes armes, comme était en ce temps la coutume. Et Lancelot baisa trois fois son ami mort sur la bouche, le cœur prêt à crever d'angoisse, puis il le couvrit d'une riche étoffe ouvrée d'or et de gemmes, et, après l'avoir fait placer dans son propre tombeau menant le plus grand deuil dont on ait ouï parler, il se mit en devoir de regagner Camaaloth.

Mais le conte se tait maintenant de lui et devise de Bohor de Gannes.

III

Quand la pucelle de la Dame du Lac fut arrivée à Camaaloth, elle se mit en quête de son logis, et tous deux eurent grande joie à se retrouver. Ensuite Saraide fit le message de Lancelot. Et Bohor reçut l'épée volontiers, mais, lorsqu'il entendit les paroles, il devint tout honteux et morne.

– Vous dites vrai, fit-il : à trop demeurer céans, je ne conquerrai jamais ni prix, ni louange !

Et le lendemain, sitôt que l'alouette chanta et que le jour eut vie, il se fit armer ; puis il alla prendre congé du roi et de la reine, qui le recommandèrent à Dieu, et il s'éloigna par la forêt de la Sapinoie.

C'était en mai, quand la rose est fleurie et que sous les hauts arbres feuillus les oiselets font : "Oci ! oci !" : alors les tourterelles se répondent. Bohor et son écuyer chevauchaient, chacun tenant une fleur à la main, sans se soucier de rien, tant qu'enfin, à la nuit tombée, ils s'égarèrent et qu'il leur fallut coucher sous un arbre. Et certes, s'ils manquèrent des viandes qui conviennent à des corps d'hommes, leurs chevaux purent paître à leur aise, ce soir-là. Mais le lendemain, quand le soleil abattit la rosée, ils se remirent en route, aussi enjoués que la veille. Et le valet chantait :

Une donzelle
Légère et belle,
Gente pucelle Bouchette riant,
Qui me rappelle :
"Viens çà ! me dit-elle.
Dessus ta vielle
Ma joue en chantant
Tant mignotement !"
J'allai la voir dans le bosquet
Avec la vielle, avec l'archet,
Et je lui chantai un muset
Par grand amour !

Et Bohor répondait :

L'on connaît à son regard
Femme qui sait de barat ;
Elle a tôt un fol trouvé
Et lorsqu'il est dans ses lacs,

Il n'en échappera pas ;
S'il a deniers apporté,
L'une sur ses reins le trousse,
L'autre lui vide la bourse.
N'est-ce là déloyauté ?
De par tous les saints du monde
On devrait leur faire honte
Et hors d'ici les jeter !

En nom Dieu, a dit Gobin,
La femme, plus que le vin,
Commet de déloyauté.
Pour un pâté de lapin
Ou pour l'aile d'un poussin
On en fait sa volonté.
Ce n'est marchandise vile :
Or, pour un pâté d'anguilles
On peut faire le marché.
Bien fou qui met là vingt livres !
Il faut le tenir pour ivre !
Il mérite d'en porter !

Car Bohor fut l'un des chevaliers du monde qui aimèrent le moins les femmes. Si parfois, en chevauchant par les rues d'une ville, un de ses compagnons lui disait :

– Regardez, sire, regardez ! Par sainte Marie, la belle dame !

– La belle bête que mon cheval ! répondait-il. Je ne connais point de destrier qu'on lui puisse comparer.

Ainsi fait, il demeura longtemps pur de cœur et vierge de corps, et s'il tomba une fois dans le péché, il s'en repentit tant par la suite que Notre Sire lui pardonna ; le conte parlera de cela quand le moment sera venu, mais il faut laisser venir chaque chose en son temps.

IV

Bohor et son écuyer chevauchaient ainsi, et ils allèrent tant qu'ils parvinrent dans une grande prairie auprès du château de la Marche, où le roi Brangore d'Estrangore donnait un tournoi pour fêter l'anniversaire de son couronnement ; de l'une et de l'autre part, il y avait bien là cent chevaliers.

Il faisait aussi chaud qu'à la Saint-Jean aussi Bohor avait-il ôté son heaume et l'avait baillé à son écuyer. Or, il était tout jeune adolescent, et le rayon de sa beauté luisait comme celui du soleil au matin. En arrivant, il s'arrêta et descendit de son palefroi, afin de s'atourner mieux qu'il n'était ; puis il monta sur son destrier et se mit à regarder les joutes. Mais, durant qu'il était nu-tête, la fille du roi l'avait vu de la loge des dames où elle était assise.

– Regardez ce chevalier, dit-elle à l'une de ses pucelles, comme il est bel et avenant ! Il se tient aussi droit sur son cheval que s'il y était planté ! Certes, Notre Sire fut très débonnaire qui lui fit ainsi largesse de beauté ; s'il a autant de valeur, il mérite d'être fort prisé. Allez, et invitez-le à jouter.

Aussitôt la pucelle vint à Bohor et lui dit de par la fille du roi :

– Sire chevalier, baillez-moi votre écu.

– Pourquoi ? fit-il.

– Parce qu'il me servirait assez : je l'attacherais à la queue de mon cheval pour l'amour des bons chevaliers qui regardent les tournois sans rien faire.

De ces mots, Bohor fut tout d'abord interdit ; puis il baissa la tête et, brochant des éperons, il s'élança, lance sur feutre. En le voyant approcher ainsi, plusieurs chevaliers lui vinrent à l'encontre ; mais il renversa le premier en même temps que le cheval, fit voler le second à terre par-dessus la croupe du destrier, brisa sa lance en abattant le troisième, tira son épée et plongea dans la presse où il fit tant d'armes, qu'au bout d'une heure nul, pour fier qu'il fût, n'osait plus l'attendre. Et la fille du roi dit à ses dames :

– Que vous semble de ce nouveau chevalier ?

– Demoiselle, il peut bien dire que Dieu lui a donné la prouesse avec la beauté.

– Dames, nous devons élire un chevalier pour qu'il s'asseye à grand bonheur dans la chaire d'or, à la table des douze pairs, au milieu de cette prairie ; et auprès de lui doivent prendre place les douze meilleurs du tournoi. Choisissons ceux à qui nous accorderons cet honneur, car c'est pour cela que nous sommes ici.

Elles répondirent que le nouveau chevalier avait tout vaincu, puis elles se mirent d'accord pour désigner les douze champions qui avaient le mieux fait après lui ; après quoi, le roi Brangore arrêta le tournoi et appela Bohor en lui faisant tant de joie que l'enfant en avait honte. Les demoiselles le désarmèrent et lui lavèrent le corps et le visage ; enfin la fille du roi le revêtit presque de force, tant il s'en défendait, d'une riche robe de soie vermeille fourrée d'hermine.

Pendant ce temps, le roi faisait tendre un pavillon, car la chaleur était grande ; et l'on apportait la chaire d'or et la table des douze pairs. Or, quand Bohor fut assis dans la chaire, il devint tout rouge de confusion, ce qui le rendit encore plus beau. Les douze chevaliers lui servirent le premier mets à genoux ; puis ils se mirent à table. Le second mets fut présenté par les dames, le troisième par le roi et ses barons, et tous les autres par les demoiselles, mais la fille du roi apporta le dernier qui était d'épices.

Ensuite les caroles et les rondes commencèrent dans la prairie ; et les dames et les pucelles, qui étaient plus de cent, dansaient en chantant :

Prenez-y garde :
Si l'on regarde,
Si l'on regarde,
Dites-le-moi !
(Prenez-y garde,
Si l'on regarde)
La pastourette
Y gardait vaches.
"Belle brunette,
À vous m'octroie !"
Prenez-y garde :
Si l'on regarde,
Si l'on regarde,
Dites-le-moi !

Et, certes, toutes étaient avenantes et atournées très richement, mais ceux qui regardaient la fille du roi pensaient que jamais plus belle créature n'était née, depuis la Vierge Marie. Et sachez qu'elle s'entendait merveilleusement à faire des aumônières, ouvrer des draps de soie et d'or, lire, écrire, parler latin, jouer de la harpe, chanter toutes les romances sarrasinoises et les chansons gasconnes, françaises, lorraines, et les lais bretons : c'était la fleur et l'émeraude des belles.

– Sire chevalier, dit le roi son père à Bohor, votre valeur vous a fait élire comme le meilleur de notre tournoi, et vous y gagnez de pouvoir prendre la plus avenante de ces demoiselles, à votre choix, avec tous ses honneurs et richesses. Et il vous faut aussi donner à ces douze champions les douze pucelles que vous voudrez.

– Sire, demanda Bohor, s'il arrivait que le chevalier que vous dites le meilleur ne voulut prendre femme, qu'en serait-il ?

– Par ma foi, à sa guise ! Néanmoins, il faut qu'il s'acquitte envers les douze autres.

– Et s'il ne marie pas les douze demoiselles, chacune selon son rang, la honte sera pour lui et le dommage pour celles qui ne lui ont méfait en rien.

– Vous pouvez prendre conseil des plus sages et plus prud'hommes de ma cour ; de cela vous ne serez point blâmé. Mais pour vous-même : choisissez celle que vous voudrez.

– Beau sire, dit Bohor, j'ai entrepris une quête, et je ne me puis marier avant que de l'avoir achevée.

– Celle que vous choisirez attendra bien que votre quête soit menée à fin.

– Sire, pour Dieu, ne croyez pas que ce soit par dédain, mais je ne puis prendre femme, et je vous prie de ne point vous en chagriner.

Là-dessus, Bohor appela à parlement les prud'hommes du roi, puis, selon leurs conseils, il attribua une pucelle à chacun des douze champions, disant toutefois qu'il n'octroierait à personne celle qui lui avait donné sa robe. Et quand la fille du roi vit qu'elle n'avait point celui qu'elle espérait, elle fut toute dolente, dont, quoiqu'elle n'en fît pas semblant, toutes les autres s'aperçurent : si bien qu'elles surnommèrent Bohor le Beau mauvais.

V

La fille du roi cependant s'approchait de la table des douze pairs :

– Seigneurs, dit-elle, je vous ai servi du dernier mets : quel guerredon m'en rendrez-vous ?

– Demoiselle, dit le premier chevalier qui avait nom Callas le petit, pour vous je ferai tant que durant un an, je ne jouterai pas sans avoir ma jambe droite posée sur le cou de mon cheval, et je vous enverrai les armes de tous ceux que j'aurai ainsi conquis.

– Je ferai tendre mon pavillon à l'orée de la première forêt que je verrai, dit Talibor aux dures mains, et j'y demeurerai jusques à temps que j'aie pris dix chevaliers, dont je vous enverrai les destriers.

Alfarsar, le troisième, promit qu'il n'entrerait point dans un château qu'il n'eût outré dix champions. Et Sarduc le blanc dit qu'il ne coucherait jamais nu à nu avec une demoiselle avant d'avoir vaincu quatre chevaliers ou de l'avoir été lui-même. Le cinquième jura que, durant un an, il combattrait tous les chevaliers conduisant des pucelles, et que, s'il les amenait à merci, il enverrait leurs amies servir la fille du roi ; il avait nom Mélior de l'Épine.

– Je trancherai le chef à tous ceux que je combattrai cette année, déclara Angoire le félon, et, si je ne suis pas tué ou occis, je vous ferai parvenir leurs têtes.

– Je baiserai de force toutes les demoiselles que je trouverai en compagnie d'un chevalier, dit Patride au cercle d'or, ou bien je serai vaincu.

Meldon l'enjoué parla ensuite :

– Je chevaucherai durant un mois en chemise, le heaume en tête, l'écu au col, la lance au poing, l'épée au côté, et, ainsi fait, je jouterai contre tous.

– Demoiselle, promit Garaingant le fort, j'irai au gué du Bois, et nul chevalier n'y abreuvera son cheval que je ne le combatte, et je vous enverrai les écus de tous ceux que je vaincrai.

Malquin le Gallois jura qu'il ne cesserait d'errer jusqu'à ce qu'il eût découvert la plus belle du monde, et qu'il s'emparerait d'elle où qu'elle fût et l'enverrait servir la fille du roi. Mais Agricol le beau parleur s'exprima plus courtoisement.

– Demoiselle, je n'aurai d'autre robe que la chemise de ma mie et je porterai son voile autour de ma tête, et, sans plus d'armes que ma lance et mon écu, j'abattrai dix chevaliers, ou je serai outré.

– Demoiselle, dit le douzième, qu'on surnommait le Laid hardi, durant un an je chevaucherai sans frein ni bride et ma monture ira à sa guise ; et je combattrai à outrance ceux que je rencontrerai, et je vous enverrai les ceintures et les aumônières des vaincus.

– Et vous, sire, demanda la fille du roi à Bohor, quel guerredon puis-je attendre de vous ?

– Demoiselle, en quelque lieu que je sois, mais libre de tout serment, vous pourrez me prendre pour votre chevalier. Et mieux : pour l'amour de vous, je m'emparerai de la reine Guenièvre, fût-elle sous la conduite de quatre compagnons de la Table ronde, pourvu toutefois que messire Lancelot du Lac n'en soit pas.

– Seigneurs, grand merci !

Et la fille du roi retourna auprès de ces dames et demoiselles, et elles carolèrent ensemble jusqu'au soir.

VI

Lorsque tout le monde fut couché, elle appela sa nourrice qui était vieille dame et savait mille charmes et enchantements. Et, dès qu'elle la vit, elle se mit a pleurer et à crier qu'il ne lui restait qu'à mourir.

– Mourir ! fit la vieille. À Dieu ne plaise que vous mouriez tant que je serai en vie ! Dites-moi ce qui vous tourmente et j'y aviserai selon mon pouvoir.

– Las ! de tous les maux le mien diffère. J'en souffre et pourtant il me plaît : c'est qu'il me vient de ma seule volonté, mais j'ai tant d'aise en mon vouloir que ma douleur m'est douce. Et je n'ose le nommer.

– Belle fille, vous m'avez toujours trouvée dévouée à vos désirs. Parlez sûrement : si c'est peine d'amour, je vous puis aider plus que toutes les femmes.

– Oui, j'aime d'amour, et jamais pucelle n'aima si fort ! Il y paraîtra assez, car, si celui que j'aime me repousse, je me tuerai de ces deux mains. C'est le plus beau chevalier du monde, celui qui remporta le prix du tournoi : il est mon corps et mon cœur, ma joie et ma douleur, toute ma richesse et toute ma pauvreté, ma mort et ma vie. Fussé-je sur une tour haute de cent toises, je sauterais vers lui, s'il était au pied, car je sais bien qu'amour, qui est seigneur de tous les seigneurs, me protégerait et que je n'aurais aucun mal. Prenez pitié de moi, ou il ne me reste qu'à périr.

– Allez vous mettre au lit, dit la vieille ; je vous l'amènerai. Et je n'en sonnerai mot : croyez que le vent parlerait plutôt que moi.

Elle prit un manteau et s'en fut dans la chambre de Bohor. Quatre cierges y brûlaient, si bien qu'on y voyait très clair, et il ne dormait pas encore, tant il était las de sa journée.

– Beau sire, lui dit la nourrice après l'avoir salué, ma demoiselle m'envoie pour se plaindre de vous à vous-même : vous lui avez méfait de deux façons. Tout d'abord parce qu'il avait été convenu que le vainqueur du tournoi la prendrait pour femme : en ne le faisant pas, vous lui avez causé honte et tort. Puis, parce qu'elle est bien bonne à marier : si vous étiez courtois, vous ne l'eussiez pas oubliée quand vous avez désigné des époux aux autres. Aussi vous envoie-t-elle cet anneau, qu'elle vous requiert de porter en souvenir de votre méfait.

Bohor passa l'anneau à son doigt. Aussitôt son cœur changea : jusque-là il avait été chaste et de froide nature ; sur-le-champ il sentit ce qu'il n'avait jamais éprouvé : tel était le sortilège de cet anneau.

– Pour Dieu, dame, qu'elle prenne de moi une aussi haute vengeance qu'elle voudra ! Il n'est rien que je ne fasse pour être pardonné.

– Par ma foi, le mieux est que vous alliez lui crier merci !

Bohor passa un manteau sur sa chemise et ses braies, et la vieille le conduisit près du lit de la fille du roi, qui en le voyant se mit sur son séant.

– Sire chevalier, dit la nourrice, pour amende vous demeurerez en ce lit toute la nuit. Et vous, demoiselle, ne le refusez point comme vôtre.

Là-dessus, la vieille s'en alla et ferma la porte. Et ainsi furent unis un fils et une fille de roi, car Nature leur apprit ce dont ils n'avaient jamais rien vu ; et les fleurs de virginité furent cueillies. Mais Dieu ne voulut pas que leur pureté fût corrompue sans résultat ; et comme le tâcheron ne peut donner à sa vigne que la façon, eux, de même, ils ne purent fournir que cela : c'est Notre Sire qui mit le fruit, et rarement on en vit un plus haut sortir de deux si jeunes gens, car, par la grâce et la volonté divines, la fille du roi conçut cette nuit-là Hélain le Blanc, qui fut plus tard empereur de Constantinople et passa les bornes d'Alexandre, comme en témoigne l'histoire de sa vie.

Mais le diable mena grande joie, qui pensait bien les avoir désormais en son pouvoir ; en quoi il fut déçu. Quant à la Dame du Lac, elle fut très dolente lorsqu'elle apprit la chose, car elle avait cru que Bohor demeurerait vierge durant tout son âge, comme il le lui avait promis, et qu'ainsi pourrait-il achever la haute quête et savoir la vérité du Saint Graal.

Lorsqu'au matin il fut revenu dans son lit, il commença de se frotter les mains par joie, tant que l'anneau, qui était trop grand, lui tomba du doigt. Et, son illusion l'ayant quitté avec la bague, il eut horreur de ce qu'il avait fait. Il se leva sur-le-champ et fut entendre la messe. Comme il sortait de l'église, sa mie, la fille du roi, l'appela.

– Sire, dit-elle, vous savez ce qu'il en a été de nous deux : en mémoire de notre nuit, je veux que vous preniez ce fermail, que je vous donne, et le portiez pour l'amour de moi. Et je vous prie de retourner dans une demi-année, car, s'il advenait par la volonté de Dieu que je fusse grosse, je voudrais que mon père apprît de vous ce qui est arrivé et que vous témoignassiez que cet enfant est vôtre.

Bohor mit le fermail à son col et promit de revenir au terme fixé, s'il pouvait. Puis, laissant la demoiselle très chagrine, il alla prendre congé du roi et s'en alla.

Mais le conte, pour l'instant, ne parle plus de lui et devise du roi Arthur.

VII

Aux octaves de la Pentecôte, le roi fut à la chasse dans la forêt de Camaaloth, qui était si haute et si belle qu'on disait que les déesses d'amour y habitaient et que c'était leur paradis. Il avait avec lui quatre rois couronnés et tant de ducs, de comtes et de barons que je n'en sais le nombre : car il n'avait pas encore donné congé aux gentilshommes qui s'étaient rendus à sa cour. Derrière les chasseurs suivaient à petit train la reine Guenièvre et une grande compagnie de dames et demoiselles, toutes en robes plissées, sans manteaux car l'été était bon, gantées de blanc et coiffées de chapeaux ornés de fleurettes et d'oiseaux : c'était merveille de les voir. Elles étaient gardées par quatre chevaliers seulement, dont l'un était Keu le sénéchal, l'autre Sagremor le desréé, le troisième Dodinel le sauvage et le quatrième Lancelot du Lac.

À côté de la reine, un écuyer portait un petit chien braque, qu'elle aimait tendrement parce que c'était la Dame du Lac qui le lui avait donné. Et les pucelles chantaient des chansons joyeuses comme :

Je sens le doux mal sous ma ceinturette.
Maudit soit de Dieu qui me fit nonette !

Ô Ciel ! qui m'a mise en cette abbaye ?
Qui nonne me fit, Jésus le maudie !
Ah ! j'en sortirai, par sainte Marie !
Je n'y vêtirai cotte ni gonnette.

Je sens le doux mal sous ma ceinturette.
Maudit soit de Dieu qui me fit nonnette !

Je dis malgré moi vêpres et complies.
J'aimerais bien mieux mener bonne vie
Avec celui-là dont je fus l'amie,
Car il est joli et je suis jeunette !

Je sens le doux mal sous ma ceinturette.
Maudit soit de Dieu qui me fit nonnette !

Et ainsi allait le cortège, menant grande joie à cause de la gaieté des cœurs et de la douceur de la saison.

Soudain un chevalier monté sur un destrier noir sortit d'un chemin de traverse. Il était armé de toutes armes, le heaume en tête, l'écu au col et la lance au poing. Il salua. La reine lui dit : "Dieu vous garde, sire chevalier !" et voulut passer outre. Mais il saisit son palefroi par le frein et, ce faisant, se prit à pleurer amèrement.

– Dame, gémit-il, je vous fais prisonnière. Hélas ! Dieu sait que c'est malgré moi !

– Par ma foi, sire, dit Keu en tirant son épée, ôtez votre main ou je la couperai !

– Voire ! en sommes-nous déjà là ? En nom Dieu, Keu, vous vous en repentirez, car nous jouterons.

Ils prennent du champ et se jettent l'un sur l'autre : voilà Keu durement abattu. Sagremor veut le venger : il est renversé au premier coup de lance et l'inconnu lui passe à cheval sur le corps, au risque de lui rompre la tête et de lui crever le ventre. À son tour, Dodinel vole à terre, et si roidement qu'il pense se briser le dos. Lancelot, enfin, allait s'élancer, lorsque des appels retentirent sur le chemin, et en se retournant il vit une vieille pucelle qui accourait, pressant son palefroi tant qu'elle pouvait ; un cercle d'or serrait ses cheveux gris, déliés et épars sur ses épaules : elle semblait bien avoir soixante ou soixante-dix ans.

– Sire chevalier, cria-t-elle à Lancelot du plus loin qu'elle put, sire chevalier, acquittez votre foi !

– Quelle foi ? Avez-vous donc ma foi ?

– Oui, en nom Dieu ! Vous me la donnâtes quand vous cherchiez la terre de Galehaut.

– Dame, vous me feriez honnir à jamais si vous me forciez à m'éloigner maintenant de ce chevalier qui m'attend. Pour Dieu, accordez moi répit jusqu'à ce que je l'aie abattu !

– Voire ! et s'il vous conquiert, vous serez son prisonnier ! Venez avec moi.

– Je vous suivrai donc, dit Lancelot ; mais sachez que nous n'aurons pas marché deux traits d'arc que vous me trouverez mort et tué de ma propre main.

– Si je vous laisse jouter, jurez-vous de me suivre ensuite ?

– Je le jure, sauf que mon corps ne le puisse.

Là-dessus, les deux chevaliers se heurtent de si grande force qu'ils se percent l'écu et le haubert et se mettent la chair à nu, qui était blanche et tendre. Lancelot traversa l'épaule de l'inconnu et le culbuta ; lui-même, il demeura en selle, mais le fer de l'autre lui resta au côté.

– Maintenant, sire chevalier, acquittez votre foi ! crie la vieille en lançant sa monture à toute bride.

Et, sans regarder à sa blessure, Lancelot s'éloigne au galop derrière elle, pendant que la reine s'écrie :

– Ha, il a dans le corps un tronçon de lance ! Il lui faudra mourir, s'il va longtemps ainsi !

Néanmoins, elle fit transporter les blessés au bord d'une source qui coulait non loin de là, et qu'on nommait la Fontaine aux Fées parce on y avait vu souvent de très belles dames dont personne jamais n'avait rien su. Elle mit là pied à terre avec sa suite, et, d'abord qu'on eut ôté son heaume au chevalier inconnu, elle reconnut Bohor. Elle s'empressait à le panser, car il était durement navré, lorsqu'un chevalier parut à l'orée de la clairière, vêtu des armes de Lancelot, pour qui tout le monde le prit. Hélas ! il passa près de la reine et disparut sous les arbres sans sonner mot, de sorte qu'elle vit assez que ce n'était pas son ami. Et aussitôt l'idée lui vint que Lancelot avait été vaincu par trahison, peut-être tué par celui qu'elle venait de voir, si bien qu'elle tomba évanouie ; puis elle commença de gémir, disant que la fleur de toute chevalerie était morte, arrachant ses beaux cheveux, meurtrissant son tendre visage et menant le plus grand deuil du monde.

Cependant Bohor avait repris ses sens. Quelle douleur il sentit quand il apprit la perte de Lancelot ! Sa plaie se remit à saigner et il pâma de nouveau. Alors on l'étendit dans une litière bien tapissée d'herbe fraîche, et la reine le ramena tristement à Camaaloth.

Peu après, le roi rentra de la chasse avec ses hauts barons, jovial comme celui qui n'a trouvé de tout le jour chose qui lui ait déplu. Mais la reine conta le malheur qui était arrivé, dont toute la cour fut consternée. Messire Gauvain, Lionel et dix compagnons des plus vaillants de la Table ronde annoncèrent qu'ils partiraient le lendemain en quête du bon chevalier. Les saints furent apportés et ils firent serment de le chercher durant un an et un jour si auparavant il n'était trouvé : telle était la coutume.

Le lendemain, au sortir de la messe, ils montèrent à cheval et allèrent tant qu'ils arrivèrent à la Croix Noire. Pourquoi on la nommait ainsi, le conte le dira tout à l'heure.

VIII

Au temps où l'évêque Josephé vint au pays de Camaaloth, on n'y voyait que des païens. Mais, par la volonté de Notre Seigneur, les habitants se convertirent si rapidement que leur roi Agreste crut prudent de feindre qu'il se soumettait lui-même à la loi de Jésus-Christ, et reçut le baptême au grand détriment de son âme. Pourtant, à peine Josephé fut-il parti, il réunit tous ceux de ses barons qui n'étaient que des faux chrétiens comme lui, et ils firent périr les autres et tournèrent le menu peuple à sa première foi.

Or Josephé avait laissé dans le royaume douze de ses parents les plus sages, afin de défendre chaque jour la fragilité des nouveaux fidèles contre l'Ennemi. Le roi Agreste fit prendre les douze compagnons et, quand ils eurent refusé de renier Dieu, il commanda de les traîner par la ville à la queue des chevaux, puis de les mener devant une croix que Joséphé avait élevée : l'un après l'autre, ils y furent attachés et ils eurent la tête écrasée à coups de maillets, de manière que, du sang et de la cervelle qui jaillit, la croix devint toute vermeille.

Ensuite, le roi ordonna de brûler une autre croix de bois qui se dressait à l'entrée d'un cimetière. Mais, à peine eut-il dit cela, il parut hors de lui-même et se mit à se dévorer les mains. Ayant rencontré l'un de ses enfants, il l'étrangla de ses poings à demi rongés. Enfin il courut comme un forcené par la maîtresse rue de la cité et se jeta dans un grand four qu'il vit ouvert, où il brûla tout entier.

Ceux du pays furent épouvantés de cette aventure, et tellement qu'ils rappelèrent Josephé. Il fit enterrer les corps des douze martyrs et laver la croix, qui était devenue toute noire, car le sang rouge s'obscurcit à la longue. Mais Notre Sire voulut que ce bois ne changeât plus de couleur. Et c'est en souvenir de ce miracle qu'on nomma cette croix la Croix Noire.

IX

Comme ils y arrivaient, les douze compagnons de la Table ronde rencontrèrent un chevalier qui portait deux épées, et cela les étonna.

– Beau sire, lui dit messire Gauvain, si je pensais que cela ne vous déplût point, je vous demanderais pourquoi vous avez deux épées.

– Par ma foi, je ne saurais vous répondre avant que de connaître votre nom.

– Je suis Gauvain, le neveu du roi Arthur.

– Ha, messire Gauvain, je vous répondrai bien !

Ce disant, l'inconnu mit pied à terre et posa une de ses épées bien doucement sur le gazon et après en avoir baisé le pommeau. Puis il la tira du fourreau ; mais la lame était brisée par le milieu et, pour faire sortir l'autre moitié, il fallut secouer la gaine : quand ce fut fait, messire Gauvain et ses compagnons, émerveillés, purent voir que de la pointe suintaient des gouttes de sang.

– Seigneurs, il vous faut essayer de joindre ces deux morceaux dit l'inconnu. Mais enveloppez-vous les mains de cette pièce de soie, car, si vous touchiez l'acier à nu et que vous ne réussissiez à réunir les fragments, il pourrait vous en venir grand mal.

Messire Gauvain se mit à genoux et le premier tenta l'aventure, mais sans succès ; et ni ses frères, ni messire Yvain, ni Lionel, ni Hector, ni Sagremor, ni Keu, ni Lucan le bouteiller, ni Giflet, aucun de ses compagnons ne put l'achever mieux que lui. Ce que voyant, le chevalier aux deux épées se mit à pleurer.

– Vous pouvez apercevoir, lui dit Hector des Mares, qu'ils ont bien tort ceux qui nous tiennent pour prud'hommes !

– Prud'hommes, répliqua l'étranger, vous l'êtes ; mais il paraît que vous ne vous êtes pas si bien gardés qu'il eût fallu du péché de la chair. Vous avez entendu conter que Joseph, le gentil chevalier d'Arimathie qui descendit Jésus-Christ de la Sainte Croix, vint jadis en ce pays. Un jour qu'il errait par la forêt de Brocéliande, il rencontra un Sarrasin nommé Matagran. Quand tous deux se furent salués, ils se demandèrent l'un à l'autre de quels pays ils étaient.

"– Je suis d'Arimathie, dit Joseph.

"– D'Arimathie ? Et qui t'a conduit ici ?

"– Celui qui connaît la bonne route.

"– Quel est donc ton métier ?

"– Je suis médecin.

"– En ce cas, viens avec moi : tu guériras mon frère, qui est malade depuis plus de six mois.

"– Je le guérirai bien, avec l'aide de Dieu.

"Ils chevauchèrent jusqu'au château et le Sarrasin mena Joseph à son frère qui avait une blessure à la tête.

"– Sire, dit le blessé, si vous me guérissez, je vous ferai riche.

"Mais Joseph se mit à rire.

"– Comment le pourrais-tu, dit-il, toi qui ne possèdes que de l'or et de l'argent. Ce ne sont pas là de grandes richesses : ne donnerais-tu pas tous les trésors pour avoir santé ? Je te guérirai, si tu veux croire en Dieu.

"– Ainsi fais-je, et non pas en un dieu, mais en quatre : Mahomet, Apollon, Tervagan et Jupiter.

"– Tu en es d'autant plus honni et déchu ! Crois-tu donc que de telles idoles, que des hommes ont faites de leurs propres mains, soient divines ? Je te ferai voir qu'elles ne valent rien.

"Or, un Sarrasin qui était là, entendant Joseph parler de la sorte, tira son épée et l'en frappa si rudement à la cuisse qu'il brisa la lame par le milieu et qu'une moitié en demeura dans la plaie. Joseph se reprit à rire.

"– Puisqu'il en est ainsi, dit-il, menez le frère de Matagran devant vos dieux : s'ils le guérissent, je croirai qu'ils sont puissants.

"Les païens portèrent le blessé dans leur mahomerie ; mais ils eurent beau prier Mahomet, il demeura navré comme devant. Alors Joseph se mit à genoux et fit oraison de très grand cœur ; puis il baisa la terre : et aussitôt les cieux parurent se fendre, les airs noircir, la terre trembler, et la foudre tomba sur les idoles et les détruisit ; il en sortit une fumée si puante que tous les Sarrasins churent en pâmoison. Et quand ils furent revenus à eux :

"– Voyez comme vos dieux sont puissants ! leur dit Joseph. Sachez que Celui qui les anéantit vous anéantira tout de même, si vous ne vous amendez !

"– Je vois bien, dit Matagran, que votre Dieu est plus fort que je ne croyais. S'il guérissait mon frère, je croirais en lui.

"Joseph pria de nouveau et bientôt le blessé se leva et dit qu'il était aussi sain que s'il n'eût jamais été navré. Alors les Sarrasins se prosternèrent et requirent chrétienté.

"Joseph les baptisa ; après quoi il retira de sa propre cuisse le tronçon de l'épée qui y était resté et, dès qu'il eut fait le signe de la croix sur la plaie, elle se trouva guérie. Quant à la lame, sachez qu'elle était aussi blanche et claire que si elle ne fut point entrée dans sa chair. Il la prit, demanda l'autre moitié au Sarrasin qui l'avait frappé et dit :

"– Épée, celui qui te ressoudra sera le meilleur chevalier du monde, celui qui mettra les aventures du Saint Graal à fin.

"J'avais pensé, continua le chevalier aux deux épées, que messire Gauvain serait celui-là, car il est de grand renom. Puisqu'il y a failli, qui devrai-je maintenant chercher ?

Ce disant, il replaça avec soin les deux tronçons dans le fourreau.

– Comment vous appelle-t-on ? lui demanda Hector des Mares.

– J'ai nom Héliézer, fils du roi Pellès.

Là-dessus, il se remit à cheval et s'éloigna, après avoir recommandé à Dieu monseigneur Gauvain et ses compagnons, lesquels résolurent de se séparer afin d'augmenter leurs chances de trouver celui qu'ils cherchaient. Ayant ôté leurs heaumes, ils s'entre-baisèrent ; puis chacun tira de son côté.

X

Durant vingt jours, dit le conte, messire Gauvain chevaucha seul et à vive allure, de manière qu'il parvint jusque dans la marche des Saines. Cependant il accomplit maintes prouesses ; mais il songeait toujours qu'il n'avait pu réunir les deux tronçons de l'épée, et vainement il demandait partout des nouvelles de Lancelot.

Un soir, il s'hébergea dans un château dont la dame lui fit grand accueil lorsqu'elle sut qui il était.

– La maison du roi Arthur comprend tous les plus prud'hommes du monde, lui dit-elle ; il ne leur manquerait rien s'ils étaient de notre loi.

– Comment, dame, n'êtes-vous pas chrétienne, vous et votre gent ?

Elle répondit qu'elle était païenne, et messire Gauvain devint tout soucieux : dont elle se chagrina, car tant plus elle le regardait, tant plus elle l'admirait ; et elle était très avenante, mais il avait un si vigoureux cœur que cela ne lui était de rien. Quand l'heure du manger fut venue, elle le fit asseoir auprès d'elle et servir de toutes les choses qu'elle pensa qui lui seraient belles et bonnes ; puis, après avoir causé quelque temps, elle le fit conduire à un haut et riche lit.

Or, lorsque tout le monde fut endormi, elle vint s'appuyer à son chevet et, mettant sa joue contre la sienne, elle le pria de se souvenir d'elle. Messire Gauvain la prit dans ses bras et l'attira doucement, et, comme elle pleurait, il la baisa au visage, mais en se gardant de la bouche. La dame en fut toute courroucée : c'est que le feu d'amour, qui a fait faire maintes folies aux plus prud'hommes, l'avait saisie et l'embrasait si durement que messire Gauvain en sentait la chaleur à travers sa robe. Il s'efforça de la consoler :

– Ma douce dame, lui dit-il, ne vous déconfortez pas : il n'est rien au monde que je ne fisse pour vous.

À ces mots, elle voulut le baiser aux lèvres, mais il tourna la joue, si bien qu'elle n'y put réussir ; néanmoins elle en prit ce qu'elle pouvait, et enfin, n'y pouvant plus tenir, elle se glissa dans le lit toute nue. Mais messire Gauvain se recula un peu.

– Ha, sire, s'écria-t-elle, les gens disent que la fille du roi de Norgalles est grosse d'enfant et que le roi vous hait tant à cause de cela, que jamais il ne vous aimera !

– Belle amie, les gens disent ce qu'ils veulent, et le roi me haïra, à tort, tant qu'il lui plaira. Mais, Dieu m'aide ! je tiens cette demoiselle pour preuse, courtoise, sage et bien élevée, et c'est péché que de calomnier moi et autrui.

– Taisez-vous, sire ! Elle est enceinte de vif enfant ! Son père et sa mère le savent et disent ouvertement que c'est de vous.

– Laissez cela. Si elle est grosse, elle aura un enfant, s'il plaît à Dieu. Mais je vous prie de ne point me faire manquer à Notre Seigneur : vous me honniriez.

– Sire, je meurs, et je ne reverrai jamais le jour, si vous ne m'aimez. Et si vous me méprisez parce que je n'ai point votre croyance, je me ferai chrétienne. D'ailleurs, pour que vous en soyez mieux assuré, je vais me baptiser sur-le-champ.

Là-dessus, elle court chercher un plein hanap d'eau, fait le signe de la croix sur le vase, et le renverse par trois fois sur elle-même, en disant :

– Moi, Florie, je me baptise au nom du Père, du Fils, du Saint-Esprit et de la sainte foi en Jésus-Christ.

À voir cela, messire Gauvain se mit à rire aux éclats :

– Par mon chef, vous voilà dame bénite sans faute ! Mais il y faudrait encore le sel et le chrême.

– Ha, sire, ne me tuez pas ! J'ai en moi la foi et la ferme volonté de faire ce qu'il faudra dès que ce sera possible. La plus grande part de ma terre est en chrétienté ; l'autre partie se convertira aisément quand elle saura que je suis moi-même chrétienne.

– Dame, dit messire Gauvain, puisqu'il en est ainsi, me voilà maintenant tout à votre volonté. Faites comme il vous plaira.

Alors la dame le serra contre elle, en le baisant aux yeux et aux lèvres, et elle l'aima de si grand amour qu'elle ne s'en put refroidir et que plus il s'abandonnait à elle, plus elle le désirait. Ainsi menèrent-ils toute la nuit leur joie et leur déduit : tant qu'ils s'endormirent bras à bras et bouche à bouche ; et parce qu'ils étaient tous deux de grande beauté, belle aussi fut leur union. Quand vint le jour, ils s'éveillèrent et la dame retourna dans son lit. Certes il fut heureux pour son renom que personne, ni homme ni femme, ne couchât de ce côté de la maison !

Au matin, elle se rendit à un couvent de moines qui se trouvait non loin de là, où elle fut baptisée. Puis elle fit crier dans toute sa terre que ceux qui ne voudraient recevoir la sainte foi de Notre Seigneur Jésus-Christ eussent à déguerpir. Cela fait, messire Gauvain voulut partir pour continuer sa quête ; aussitôt elle fit seller ses palefrois et charger ses sommiers, car elle voulait l'accompagner. Ainsi vécurent-ils ensemble durant deux jours encore : elle ne pouvait se passer de lui à nulle heure.

Enfin messire Gauvain prit congé, la laissant si dolente que jamais femme ne le fut autant.

XI

Le lendemain, comme il sortait d'une gorge étroite entre deux montagnes, il se trouva soudain dans une vallée où s'élevait un château très bien fortifié et tout entouré d'eau. Il franchit le pont et la porte, suivit la maîtresse rue et, au moment qu'il arrivait au pied du palais, il entendit des cris de femme. C'était une demoiselle plongée dans une cuve jusqu'à mi-corps, comme il s'en aperçut en approchant de la loge où elle était.

– Sainte Marie ! criait-elle, qui donc me jettera hors de ceci où j'endure toute la souffrance qu'une femme puisse supporter ?

Messire Gauvain la prit sous les aisselles et tenta par trois fois de la soulever ; mais il ne put.

– Demoiselle, dit-il, j'ai grand deuil de ne vous avoir point délivrée, mais j'ai fait tout mon pouvoir. Souffrez-vous si fort ?

– Vous le saurez si vous tâtez cette eau où je suis.

Messire Gauvain mit la main dans la cuve, mais il ne l'ôta point si tôt qu'il ne pensât la trouver réduite en charbon, tant l'eau était bouillante.

– Sire chevalier, fit la demoiselle, vous devinez maintenant ce que je sens ; si je pouvais mourir de douleur, j'aurais déjà trépassé ; mais Dieu ne le veut point, car il ne s'est pas encore assez vengé d'un péché que jadis je commis. Seul, le meilleur chevalier du monde me tirera de cette cuve. Mais vous, puisque vous n'avez point accompli cette aventure, vous ne partirez pas d'ici sans honte.

Messire Gauvain, pourtant, continua son chemin et s'en alla droit au palais où il fut très bien accueilli. Son cheval à l'étable et ses armes ôtées, on le revêtit d'une robe d'écarlate, richement fourrée de martres zibelines ; puis on le mena dans la salle, où des chevaliers, tous beaux et bien faits de corps, qui s'y trouvaient, se levèrent pour lui souhaiter la bienvenue ; et il se mit à causer et à s'enjouer avec eux.

À ce moment advint la plus grande merveille que jamais homme ait ouï raconter.

Messire Gauvain les vit tout à coup s'agenouiller : un pigeon blanc volait par la salle, portant dans son bec un encensoir d'or qui emplit le palais entier d'une odeur plus douce que baume. Puis, à peine l'oiseau se fut-il envolé par une fenêtre, les garçons dressèrent les tables et tous les chevaliers s'assirent sans sonner mot, priant à voix basse. Cependant, la plus belle, la plus gente, la plus plaisante demoiselle du monde entrait, qui élevait à deux mains au-dessus de sa tête un très riche vase en semblance de calice ; mais nul n'eût su dire de quoi ce vase était fait, car il n'était de bois, ni d'aucune sorte de métal, ni de pierre, ni de corne, ni d'os, et un très beau linge le voilait. Et quel était ce vase, le conte ne le dit pas à cet endroit ; il en sera devisé à loisir plus avant et, le moment venu, on n'en célera rien, car c'est une chose très digne d'être racontée ; mais il faut laisser courre cette histoire comme elle doit aller.

La belle pucelle fit le tour des tables, portant son vase très précieux, puis elle sortit ; et quand messire Gauvain, qui l'avait suivie de l'œil, se retourna ébahi de sa grande beauté, il vit que devant chacun des chevaliers se trouvaient les meilleures choses du monde à manger, qui semblaient être sorties de la table ; mais devant lui il n'y avait rien du tout. Dont il fut fort surpris et dolent ; pourtant il résolut d'attendre, pour en demander la raison, que le repas fut fini et les tables levées ; et il alla cependant s'appuyer à une fenêtre.

Il demeura là quelque temps, rêvant à ce qu'il avait vu, puis il se retourna : il n'y avait plus dans la salle qu'un nain très laid, armé d'un bâton, qui s'écria :

– Quel est ce mauvais chevalier de malheur, appuyé à notre fenêtre ! Allez vous cacher, qu'on ne vous voie ! Mais gardez de vous coucher, cette nuit : les lits qu'on trouve ici sont trop riches pour vous !

Ce disant, le nain haussait son bâton sur monseigneur Gauvain, mais celui-ci, étendant le bras, le lui ôta des mains ; après quoi, il se dirigea vers une chambre voisine où il apercevait un haut lit, et il se mettait en devoir de s'y étendre, lorsque l'affreux petit homme, qui l'avait suivi, reprit :

– Ha, vilain que tu es, tout souillé de péchés, si tu oses te coucher dans ce lit, tu ne risques rien de moins que ta tête !

– En nom Dieu, dit messire Gauvain, tu verras si je ne l'ose !

Là-dessus, il revient dans la salle, prend une épée qui s'y trouvait, la place sous le chevet du lit, puis il se déchausse et se glisse entre les draps, où il s'endort sans tarder, car il avait beaucoup chevauché tout le jour.

Or, environ la minuit, un cri le réveilla plus hideux que la voix de l'Ennemi ; puis les fenêtres s'ouvrirent toutes seules, poussées par le vent qui souleva jusqu'au plafond les courtines du lit et fit tourbillonner l'herbe dont la chambre était jonchée ; enfin tout s'illumina d'une clarté si grande qu'on eût cru la maison embrasée ; et soudain une lance au fer violet et vermeil comme la flamme passa par la fenêtre et vola vers le lit, plus bruyante que la foudre. Messire Gauvain sauta sur ses pieds à temps, non si tôt, toutefois, qu'il ne fût durement blessé à l'épaule ; mais, saisissant l'épée sous son chevet, il coupa en deux l'arme qui, après avoir percé le lit d'outre en outre, s'était fichée en terre de plus d'un demi-pied. Après quoi il arracha le fer du sol, le lança au milieu de la chambre et, jetant un manteau sur ses épaules, il courut à la fenêtre ; mais il ne vit personne et vint se recoucher, en grommelant :

– Honni soit, comme couard, qui frappe sans oser se montrer !

La clarté s'était éteinte, mais, à la lueur de la lune qui s'épanchait maintenant par les fenêtres ouvertes, il vit entrer un homme aussi maigre et décoloré qu'un cadavre ; à son cou étaient entrelacées deux couleuvres qui le mordaient, et il portait une harpe tout incrustée d'or et de pierreries. Il prit son plectron et, après avoir accordé son instrument, il commença de chanter un lai en gémissant de douleur ; et messire Gauvain entendit que c'était un lai de pleurs, dont les paroles disaient la dispute de Joseph d'Arimathie et de l'enchanteur Orpheus, qui fonda, dans la marche d'Écosse, le château des Enchanteurs. Quand il eut fini, le harpeur s'écria :

– Ha, sire Dieu, ne viendra-t-il jamais, celui qui me doit ôter de cette peine où je suis ?

Plaignant de la sorte, il s'en fut, et messire Gauvain allait le suivre, lorsqu'il aperçut à ses pieds un serpent si grand et si épouvantable que nul ne l'aurait vu sans peur. Il n'était pas de couleur que la bête n'eût sur le dos ; ses yeux rouges luisaient comme des charbons ardents, et elle allait au petit pas, jetant feu et flamme et jouant de sa queue comme un enfant de son hochet, si bien que messire Gauvain put voir qu'elle portait sur le front, en lettres rouges, le nom du roi Arthur. Tout à coup, le serpent se mit à gémir et à se tordre comme une bête qui va enfanter ; puis il ouvrit la bouche d'où sortirent des serpenteaux jusques à cent, qui sur-le-champ l'attaquèrent, mais il se défendit, et si bien qu'il les tua tous ; après quoi il mourut à son tour de ses blessures.

Et messire Gauvain comprit que ce devait être là une prophétie, mais il ne sut de quoi.

Soudain, un coup de foudre retentit et les bêtes disparurent. Le palais se mit à trembler, les fenêtres à battre le mur, les éclairs à luire et l'orage le plus félon dont on ait jamais ouï parler éclata, sauf qu'il ne pleuvait point ; sachez que des roulements de tonnerre qu'il entendait, messire Gauvain avait la cervelle retournée au point de ne plus savoir s'il était mort ou vif !

En cet état il vit venir douze pucelles, pauvrement vêtues, qui marchaient bellement l'une derrière l'autre, pleurant si fort qu'il n'était cœur au monde qui n'en dût avoir pitié ; il voulut se lever du lit pour les interroger, mais il ne le put, car il avait perdu toutes les forces de ses membres et de son corps. Elles passèrent dans la chambre voisine ; et voici tout aussitôt que l'orage cessa, qu'un vent merveilleusement doux traversa la pièce et qu'un concert commença, de voix suaves comme il n'en fut jamais en ce monde ; on ne comprenait pas bien ce qu'elles disaient, mais on sentait qu'elles chantaient la louange et la gloire de Dieu.

Et à ce moment reparut le pigeon blanc, portant au bec son encensoir d'or, et toutes les bonnes odeurs du monde se répandirent dans la chambre. Derrière l'oiseau venaient quatre petits enfants d'une beauté céleste, qui tenaient des cierges ardents, puis la belle demoiselle de la veille, élevant son vase précieux, voilé de soie vermeille ; et autour d'elle douze encensoirs se balançaient tenus par d'invisibles mains ; et cependant les voix chantaient toujours, plus doucement qu'un cœur d'homme ne le pourrait endurer, ni sa langue le dire.

Le cortège traversa la chambre et, dès qu'il en fut sorti, les chants cessèrent, les encensoirs disparurent, les parfums se dissipèrent, et messire Gauvain sentit que la plaie de son épaule était guérie. Des gens entrèrent, qui le prirent par les bras, les pieds et les épaules et le portèrent dans la cour. Une rosse dont on avait rogné la queue et les oreilles attendait là, si maigre et chétive qu'on n'en aurait pas donné quatre deniers. Messire Gauvain, plus faible qu'un enfant, fut hissé et attaché sur son échine, le visage tourné vers la croupe ; puis une vieille mégère, armée d'une verge, commença de chasser le cheval par les rues, où les artisans se mirent à huer le chevalier et à lui jeter de la fiente, de vieilles savates, de la boue et toutes les ordures qu'ils purent ramasser : il en fut bientôt si couvert qu'on ne lui voyait plus que les yeux et les dents. Enfin, au delà du pont-levis, la vieille le délia et lui montra ses armes et son bon destrier qui l'attendait, et qui hennit, gratta du pied et chauvit des oreilles en le voyant, car il connaissait son maître mieux qu'une femme son baron : si messire Gauvain n'en eût pleuré, le cœur lui en eût crevé !

– Te souvienne du Château aventureux ! lui disait cependant la vieille. Tu fus bien osé de tenter, le cœur aussi souillé de péchés que ton corps l'est à présent d'ordures, la plus haute des aventures, celle que le fils de la reine aux grandes douleurs lui-même n'accomplira pas, puisqu'il en a perdu l'honneur par la faiblesse de ses reins !

Là-dessus, elle s'éloigna, et, sitôt qu'elle eut disparu, messire Gauvain sentit ses forces revenir. Il revêtit ses armes, enfourcha son bon cheval et voulut retourner au Château aventureux pour prendre vengeance du traitement qu'on lui avait fait subir. Mais vainement il le chercha de tous cotés : la forteresse s'était évanouie comme une fumée, de sorte qu'il lui fut impossible d'en retrouver la moindre trace ; alors il partit, maudissant le jour de sa naissance et songeant qu'il était le plus vil chevalier du monde.

Mais ici le conte cesse de parler de lui et devise de ses frères.

XII

Ils étaient quatre. L'aîné après monseigneur Gauvain fut Agravain, plus grand que lui de corps, carré de tous membres et blanc comme laine, assez bon chevalier avec cela, mais envieux, orgueilleux comme un Ennemi, sans amour ni pitié, et abondant en mauvaises paroles.

Le suivant s'appelait Guerrehès. C'était le plus gracieux, hardi d'ailleurs, et beau, et gent, bien qu'il eût le bras droit plus long que le gauche. Il fit d'assez hautes prouesses, mais n'en dit jamais rien que contraint. Des quatre frères, ce fut lui le plus mesuré ordinairement, mais le plus déchaîné quand il était en colère. Le conte parle moins de Guerrehès que des trois autres.

Gaheriet fut bon jouteur, preux et entreprenant, beau de tous ses membres, mais surtout de visage, si endurant qu'il supportait les plus longues fatigues, plus élégant que tous ses frères avec cela, et plein de largesse, en sorte qu'il fut fort aimé des dames. Les jours de chasse, quand le mari de sa mie était occupé à suivre les limiers au bois, lui, tout riant, il revenait par la vieille route ; et sa dame courait au-devant de lui, les bras tendus : alors ils ne pensaient point à leurs âmes, et ils n'avaient pas besoin de cloches ni d'église, ni d'autres chapelains que les oiseaux. Dieu ! que de beaux chants et de belles histoires il conta sur de riches lits avant l'heure de none ! Pourtant, il ne cessa jamais d'acquérir chevalerie en cherchant les aventures, et il vécut très bien toute sa vie. Ce fut lui que messire Gauvain préféra.

Le quatrième, et le pire de tous, avait nom Mordret. Il était grand, blond, les cheveux crêpelés, et il eût été agréable à voir s'il n'eût eu le regard traître. Envieux, félon, il n'aima jamais les bons chevaliers, depuis le jour qu'il prit les armes. Durant sa vie, il fit plus de mal que tous ses frères ensemble ne firent de bien durant les leurs. Il était fils du roi Arthur qui l'avait engendré en sa sœur sans savoir qu'elle l'était, comme il est dit dans l'histoire de Merlin l'enchanteur. Et il sera plus tard parlé de Mordret ; mais il n'en est pas encore temps : à présent le conte devise de Gaheriet.

XIII

Lorsqu'il eut quitté ses compagnons après l'essai de l'épée brisée que portait Héliézer, il chevaucha jusqu'à none, qu'il rencontra un vilain menant un âne chargé de bûches. Il l'appela pour lui demander son chemin ; mais, en le voyant armé, l'homme s'enfuit aussi vite qu'il put, abandonnant son baudet. Gaheriet haussa les épaules et continua sa route.

Un peu plus loin, il parvint dans un beau pré où murmurait une fontaine. Le soleil avait été chaud tout le jour, si bien que, quand il vit l'eau belle, claire et froide, il lui prit grand désir d'en boire, et il poussa son cheval à toute allure. Mais, comme il arrivait à la source, il entendit une voix de femme lui crier, tout en riant :

– Mesure, sire chevalier, mesure ! Allez bellement ! Vous gâterez les ambles de votre cheval. Il ne fait pas que sage, celui qui pour un rien s'emploie.

Et il découvrit trois dames assises à l'abri des arbres, au bord de la source, dont l'aînée avait bien soixante ans, la plus jeune moins de vingt et la troisième, celle qui lui avait parlé, quarante. Elles avaient étendu une nappe sur l'herbe fraîche et faisaient collation d'un pâté de chevreuil, sans autre compagnie que d'un valet qui les servait dans une coupe d'argent. Elles se levèrent pour saluer Gaheriet et le prièrent de manger avec elles. À quoi il consentit volontiers.

Cependant, il ne pouvait s'empêcher de regarder la jeune dame qui lui semblait fort belle, et qui l'était, mais tellement dolente aussi, qu'il s'en étonna.

– Ha, dame, lui dit-il, à quoi pensez-vous tant ? Certes je ne vis jamais une belle personne moins enjouée. Êtes-vous courroucée de me voir manger avec vous ?

– Nenni, sire, mais je songe à une chose qui me pèse lourdement au cœur.

– Un étranger la pourrait-il changer ?

– Oui, s'il y voulait mettre sa peine. Il y a deux ans que mourut mon père, le sire de la Bretèche. Orpheline et faite comme je suis, ma mère pensa que, si elle ne me mariait tôt, on me prendrait de force, et elle demanda conseil à notre sénéchal. Celui-ci était né de vilains ; mon père l'avait armé chevalier pour sa grande richesse : hélas ! qui de son serf fait un seigneur, il a mauvais loyer ! Le sénéchal pria si fort ma mère qu'elle me donna à lui, malgré que j'en eusse. Or, quand il m'eut épousée, il me fit tout d'abord belle chère ; mais il commença bientôt de me chercher pouille. Si quelque chevalier venait en notre logis, il n'était de vilaines paroles qu'il ne me dît ; et il finit par se prendre d'une telle jalousie qu'il m'injuriait à tout propos.

"Il y a un an, messire Lancelot du Lac s'hébergea chez nous, et messire lui fit le plus bel accueil qu'il put, car il avait entendu parler de sa grande prouesse. Moi, je ne pus m'empêcher de le regarder durant le souper, tant à cause de sa beauté que du bien qu'on m'avait appris de lui.

"– Dame, me dit mon mari quand il se fut retiré, vous avez beaucoup regardé monseigneur Lancelot ce soir. Qu'en pensez-vous ?

"– Sire, si je vous l'apprenais, vous m'en sauriez mauvais gré.

"Mais il jura que nul mal ne m'adviendrait quoi que je lui disse, et il insista tant, qu'à la fin je m'écriai, agacée :

"– Puisque vous voulez le savoir, il me semble qu'il y a autant de bien en ce seigneur, qu'en vous de mal. En lui, prouesse, hardiesse, hautesse, gentillesse, débonnaireté, courtoisie et largesse. En vous, justement les vices contraires à ces vertus, et vous devriez avoir autant de honte qu'il a d'honneur. Voilà pourquoi je le regardais si volontiers !

"À ces mots mon mari entra dans un courroux tel qu'il faillit perdre le sens. Et sachez qu'il ne me fit rien cette nuit-là ; mais, sitôt que messire Lancelot s'en fut allé, il me dit qu'il ne me traiterait plus à l'avenir comme sa femme épousée, mais comme une serve et une chambrière. En effet, il m'a ôté tous mes beaux habits et ne me laisse rien qui vaille seulement un denier ; puis il me force à manger avec les garçons et les servantes de sa maison. C'est pourquoi j'étais songeuse en vous voyant souper avec moi. Hélas ! il y a grand temps qu'un chevalier ne mangea à mon écuelle !

– Dieu m'aide ! s'écria Gaheriet, votre sire vous a mal tenu son serment, puisqu'il vous avait juré sur sa foi de ne vous savoir mauvais gré de rien que vous lui diriez ! Il faudra qu'il s'en avoue déloyal et foi-mentie !

Comme il parlait ainsi, un enfant de dix ans arriva tout courant qui, du plus loin qu'il put, cria à la dame âgée :

– Dame, venez vite à la maison ! Un chevalier veut emmener mademoiselle !

À ces mots, la vieille dame commença de faire paraître le plus grand deuil du monde, disant qu'elle aimerait mieux voir sa fille tirée à deux chevaux qu'épousée par ce brutal, à qui elle l'avait promise avant que de savoir qu'il avait pendu sa première femme pour un très petit méfait. Gaheriet laçait déjà son heaume.

– Dame, j'irai avec vous et je ferai selon mon pouvoir. Et sachez bien, dit-il à la plus jeune, que je ne partirai point de ce pays sans être allé vous secourir.

– Venez, sire chevalier, reprit la vieille, car j'ai peur que ce truand n'emporte ma fille de force, avant que nous soyons arrivés. Hélas ! qui a mauvais voisin a mauvais matin !

Et tous deux montèrent sur leurs chevaux et parvinrent en peu de temps à un manoir qui se dressait au milieu d'un lac.

XIV

Dans la cour, ils virent un grand destrier qui attendait, attaché à un anneau.

– Ha, sire, voilà le cheval de ce déloyal ! Que ferai je ?

– Acquittez votre promesse, dame. Mais il n'aura pas fait une demi-lieue qu'il me trouvera sur son chemin et, s'il ne veut rendre votre fille, je le combattrai jusqu'à ce que l'un de nous deux soit outré.

Ainsi en advint-il, et la bataille fut dure ; mais, quand ils en furent aux épées, ayant brisé leurs lances, Gaheriet jeta au chevalier un entre-deux qui lui coupa le poing ; puis, comme l'autre s'enfuyait, il le rattrapa et lui fendit la tête jusqu'au menton.

Après quoi il ramassa les armes du vaincu et se mit en devoir de raccompagner la pucelle au manoir.

Or elle était gente, fine et très belle, si bien que, tout en cheminant, il la requit d'amour et la pria de devenir son amie.

– Mais qui êtes-vous ? demanda-t-elle.

Il répondit qu'il était compagnon de la Table ronde et qu'il avait nom Gaheriet, frère de monseigneur Gauvain.

– En nom Dieu, répondit-elle, j'ai assez ouï parler de vous ! Et je sais que vous avez une amie en ce pays : c'est la demoiselle de la Blanche Lande. Je vois bien que vous parlez comme vous faites pour m'éprouver.

– Demoiselle, je l'aimais ; je ne l'aime plus.

– Mais quelle sûreté aurai-je que vous ne m'abandonnerez pas à mon tour pour une autre, quand vous laissez ainsi votre amie qui est plus belle et gentille femme que moi ? Je ferais folie en vous donnant mon amour, car sitôt que vous m'auriez eue à votre plaisir, vous me quitteriez comme elle.

– Tout ce que vous dites ne sert de rien. Nous sommes loin de tous et seul à seule : il vous faut faire ce que je veux.

– Comment ? Me voulez-vous prendre de force ?

– Nenni ; mais je vous prie de vous donner de bonne grâce.

– Ce sera donc à ma volonté ?

– Oui, sur ma foi !

– Dites-moi : y a-t-il pucelle au monde que vous aimeriez si vous pensiez qu'elle vous haït et déprisât ?

– Certes non !

– Par mon chef, vous ne m'aurez donc pas, car je vous déteste pour avoir faussé vos amours et trahi celle qui vous chérit plus qu'elle-même ! C'est moi que vous requérez aujourd'hui, mais demain ce sera quelque autre. Et il n'est de pire trahison que de séduire les femmes par de belles paroles, car on les vainc sans peine. M'est avis, sire, qu'à travailler ainsi, vous récolterez plus de honte que d'honneur !

– Demoiselle, j'étais plus enflammé pour vous que je ne fus jamais pour nulle autre. Mais vous avez la langue si bien pendue que jamais je ne vous demanderai plus rien qui vous doive contrarier.

À ces mots, la demoiselle de rire ; puis elle se mit à chanter la pastourelle de la belle Aielot, tout en regardant Gaheriet :

Quand l'automne s'achemine,
Quand l'hiver félon revient,
Quand fleurs et feuilles déclinent,
Quand l'oiseau ne dit plus rien,
Tout seul, je vais par le bois
Plus heureux qu'un fils de roi !
Lors, j'entends à grande joie
Chanter la belle Aielot :

– Dorenlot, j'aim' bien Guyot,
Tout mon cœur à lui s'octroie.

De plaisir rit la méchine,
Quand de Guyot lui souvient.
Je lui dis : "Pucelle fine,
Dieu vous sauve, qui tout tient !
Votre amour, donnez-le moi ;
Si voulez que vôtre sois,
Vous aurez ceinture en soie.
Or, laissez ce vilain sot,

– Dorenlot, le sot Guyot
Qui ne sait vous faire joie !

"Sire, m'avez attaquée,
Mais vous avez peu conquis.
Mainte en avez-vous priée :
Vous n'y avez guère appris.
Passez, sire chevalier !
Le cœur n'est pas si léger
Qu'on le perde à la parole.
Tel baise femme et accole
Qui ne l'aime tant ni quand.

– Dorenlot. allez-vous-en.
Jà ne me trouverez folle !

Ils atteignirent de la sorte le manoir, ou la dame se mit à pleurer de bonheur et de pitié en voyant sa fille et la baisa plus de cent fois.

– Dame, c'est à ce franc chevalier qu'il faut faire bel accueil, dit la pucelle, car il a mis pour moi sa vie en danger, bien qu'il ne m'eût jamais vue avant ce jourd'hui.

Et, se laissant glisser de son palefroi, elle courut tenir l'étrier à Gaheriet. Il l'assura qu'il ne pouvait demeurer ; mais elle prit en riant son cheval par le frein, menaçant de le retenir de force, bref elle fit tant qu'il consentit à manger avec elles. Et il ne manqua pas de conter à la vieille dame comme sa fille lui avait bien répondu.

– Étant sage, elle ne trahit pas son lignage ! dit la mère tout heureuse. Son père était le plus prud'homme de tout le pays.

Longtemps Gaheriet causa ainsi avec la mère et la fille ; puis il demanda son cheval et, après les avoir recommandées à Dieu, il partit pour le château de la plus jeune des trois dames, dont il s'était fait enseigner le chemin.

XV

Au soir tombant, il arriva dans une petite vallée, où s'élevait un castel très fort et clos de bons murs bastillés. La jeune dame, qui l'attendait sur le pont, courut à sa rencontre et lui dit gaiement, en arrêtant son cheval par la bride :

– Sire, vous êtes pris ! Il vous faut demeurer aujourd'hui en ma prison.

Elle appela deux valets dont l'un débarrassa Gaheriet de son écu et l'autre conduisit son cheval à l'étable. Cependant elle le menait par la main au logis, où elle le fit désarmer ; après quoi elle le baigna, puis lui passa une robe légère, car il faisait chaud, et tous deux s'assirent sur la jonchée pour se rafraîchir. Mais, sur ces entrefaites, le sire du château entra dans la salle, revenant de la chasse où il avait été tout le jour, et il fut très courroucé de trouver là ce bel étranger : il l'eût bien mis à la porte, mais, faute de prétexte, il n'osa. Sa femme se leva et lui souhaita timidement la bienvenue. Il lui rendit son salut lourdement et passa dans sa chambre.

Là-dessus, un valet vint dire qu'un second chevalier errant était à la porte, qui demandait d'être hébergé.

– Amène-le, dit la dame, mais garde que messire ne le sache, car il ne voudrait recevoir deux étrangers.

Et bientôt l'inconnu, qu'on avait désarmé entra dans la salle : c'était Sagremor le desréé. Comme Gaheriet et lui se faisaient amitié, le sire bourru sortit de sa chambre. Il fronça les sourcils en les voyant.

– Quand le deuxième est-il venu ? demanda-t-il à un garçon.

– Sire, un peu après que vous vous êtes retiré dans votre chambre. J'ai entendu qu'ils sont tous deux de la maison du roi Arthur.

Alors, le bourru douta que sa femme ne les eût mandés pour l'occire durant son sommeil. Il quitta la salle et appela dix sergents bien armés, qu'il fit cacher dans un réduit voisin.

– Ces deux chevaliers sont venus céans pour m'outrager, leur dit-il. S'ils bougent, jetez-vous sur eux et tuez-les : désarmés comme ils sont, ils ne pourront durer contre vous.

– Sire, soyez tranquille : nous leur ferons passer le goût du pain.

Mais un valet, qui aimait fort la dame, courut l'avertir.

– Savez-vous ce que nous ferons ? dit Gaheriet à Sagremor. Il y a peu de temps que j'ai mangé : je ne souperai pas ce soir. Je vais feindre d'être malade et j'irai me coucher dans la chambre où sont nos armes : sitôt que vous serez assis à table, je revêtirai les miennes. Au premier bruit, j'accours et je tiendrai bien tout seul jusqu'à ce que vous ayez pris les vôtres.

Ainsi fut fait. Quand le sire demanda où était Gaheriet, on lui répondit qu'il était un peu souffrant. Peu lui souciait, à ce discourtois, que son hôte soupât ou non ! Pourtant, les tables mises, comme il ne voulait pas être tenu pour un vilain, il ne permit point que sa femme mangeât avec les garçons et lui ordonna de s'asseoir auprès de Sagremor.

Or, au moment qu'on apportait le troisième service, une pucelle entra, tenant deux couronnes de roses qu'elle avait faites au jardin, et elle les offrit à la dame qui posa l'une sur son chef et donna l'autre à son voisin. Aussitôt le sire bourru leva la main et la frappa d'un tel soufflet qu'elle en tomba à la renverse, et que son sang clair lui coula du nez.

– Pute ! s'écria-t-il, voilà le paiement de la honte que vous me faites en mon hôtel. Vous êtes bien osée de vous livrer à vos courtisaneries devant mes yeux !

– Sire, dit Sagremor, vous avez trop mépris de moi, de frapper ainsi cette dame en ma présence ! Et je serais bien mauvais, si je ne la vengeais du soufflet qu'elle a reçu à cause de moi.

À ces mots, haussant le poing qu'il avait gros et carré, il heurte si rudement le seigneur du château au visage, qu'il l'abat près de la table. Les dix sergents, au bruit, se précipitent dans la salle ; mais Gaheriet déjà leur faisait front, tout armé, la hache à la main. Bientôt Sagremor, ayant revêtu en hâte son haubert et son heaume, accourut à la rescousse, et du premier coup il fit voler la tête du seigneur bourru qui se relevait, tout étourdi. Alors les sergents s'enfuirent déconcertés, la plupart blessés, et le château demeura à la dame, que tous les valets chérissaient, au reste, pour sa débonnaireté et sa courtoisie.

Ainsi fut-elle vengée des injures que son baron lui avait faites. Le corps fut couché dans un coffre, sous une riche étoffe, au milieu de la salle, et le cercueil veillé toute la nuit par elle et par ses gens. Mais elle ne voulut souffrir que Gaheriet et Sagremor veillassent avec elle et elle les envoya coucher, pensant qu'ils devaient être bien las.

Au matin, ils prirent congé et se remirent en chemin.

Mais le conte se tait d'eux à présent et en vient à parler de Lancelot du Lac dont il n'a rien dit depuis fort longtemps.

XVI

Quand il partit au galop derrière la vieille au cercle d'or qui l'avait requis de tenir sa promesse, il souffrait beaucoup du tronçon de lance qui lui était demeuré dans le flanc ; pourtant il ne laissait pas de chevaucher. Il advint toutefois que la douleur se trouva si forte qu'il fut au point de se pâmer. La vieille, qui s'en aperçut, arrêta, le fit descendre de son cheval et lui ôta son heaume et son haubert pour le panser ; alors elle vit qu'il était tout sanglant devant et derrière, et elle se mit en devoir d'ôter le tronçon aussi doucement qu'elle put ; néanmoins il s'évanouit.

Durant qu'elle était occupée à étancher la plaie, un chevalier larron vint à passer, qui avait nom Griffon de Maupas. Les armes de Lancelot étaient appuyées contre un arbre : il s'en empara et s'éloigna sans être remarqué. C'est lui que la reine vit peu après traverser la clairière, à la Fontaine aux Fées, et qu'elle prit d'abord pour Lancelot dont il portait les armes, puis pour le meurtrier de Lancelot, comme le conte en a devisé plus haut.

Hélas ! lorsque Lancelot revint à lui et qu'il apprit par la vieille demoiselle que sa lance, son écu, son heaume et son haubert avaient été volés tandis qu'elle le pansait, pour un peu il se fût pâmé de nouveau. Pourtant il remonta sur son cheval et reprit sa route, sans autre défense que son épée qui lui était restée. Le soir, ils arrivèrent chez un forestier que sa compagne connaissait, où il fut soigné durant six semaines par de bons mires. Au bout de ce temps, il se sentit sain et fort, et il se remit en chemin en compagnie de la vieille au cercle d'or, bien muni de belles et bonnes armes et d'un écu tout neuf qu'elle lui avait apprêtés.

XVII

Vers midi, ils parvinrent dans une prairie. Là, au bord d'une belle fontaine, à l'ombre d'un bouquet d'arbres, un chevalier et deux pucelles assis autour d'une blanche nappe mangeaient en tenant de gais propos. Ils se levèrent et invitèrent la vieille et son compagnon à se rafraîchir, qui tous deux acceptèrent volontiers.

Il faisait grand chaud et Lancelot était tout rouge sous son heaume : aussi, quand il l'eut ôté, se trouva-t-il plus beau que jamais. L'une des demoiselles, qui était sœur du chevalier, et si avenante elle-même qu'elle n'avait pas sa rivale dans tout le pays, se mit à le considérer durant qu'il mangeait, et, à voir sa bouche vermeille comme une cerise, elle en eut soudain une telle envie qu'elle ne savait que faire. Elle regardait ses yeux qui lui semblaient deux claires émeraudes ; son front lisse, sa chevelure blonde et ondulée qui paraissait d'or foncé ; et cependant amour la blessait si rudement qu'elle frémissait de tout son corps. Le chevalier son frère, la voyant tout à coup pâle et morne, lui demanda ce qu'elle avait. Elle lui répondit qu'elle se sentait malade, mais qu'elle guérirait bientôt, s'il plaisait à Dieu.

Cependant, Lancelot, qui avait grand soif, trouvant l'eau de la source bonne et froide, en puisait dans une coupe d'or et il en buvait tout son content. Et voilà que, tout à coup, les yeux lui tournèrent dans la tête et qu'il sentit une grande douleur au cœur : il tomba gisant comme mort.

– Sainte Marie ! s'écria la vieille en pleurant, laisserez-vous trépasser ainsi monseigneur Lancelot du Lac, le meilleur chevalier du monde ?

Comme elle parlait, deux longues et hideuses couleuvres sortirent de l'eau, puis y rentrèrent.

– Douce amie, dit le chevalier à sa sœur, la fontaine est envenimée ! Vous qui savez les vertus des herbes mieux que personne au monde, ne secourrez-vous pas monseigneur Lancelot ?

Déjà, les jambes du malade étaient aussi grosses que le corps d'un homme. Mais la pucelle cueillait de bonnes herbes. Elle les pila avec le pommeau de l'épée de Lancelot dans la coupe même où il avait bu, et, joignant de la thériaque, elle lui ouvrit la bouche et lui fit avaler du mélange ce qu'elle put. Aussitôt le corps enfla comme un tonneau. Ce que voyant, la demoiselle craignit que le venin ne montât sur le cœur : elle fit couvrir Lancelot de toutes les couvertures, de toutes les robes qu'on put trouver et qu'elle envoya chercher dans une maison voisine. Et ainsi demeura-t-il jusqu'au lendemain, souffrant plus encore de la chaleur que du venin, suant à force, incapable de remuer et de parler, et pensant à sa dame et au chagrin qu'elle aurait de sa mort, plus qu'à lui-même.

On avait dressé un pavillon pour l'abriter, et la vieille, les demoiselles, le chevalier et ses gens le veillèrent toute la nuit. Le lendemain, environ midi, on l'entendit enfin murmurer :

– Dieu ! cette chaleur me tue !

– Béni soit Notre Sire qui vous donne le pouvoir de vous en plaindre, répondit la sœur du chevalier, car, par mon chef ! il y a peu de temps, je craignais encore de ne plus jamais ouïr parole de votre bouche !

Elle ôta plusieurs des courtepointes grises, et l'on vit que le corps et le visage étaient désenflés ; mais Lancelot ne pouvait remuer un doigt et tous ses cheveux étaient tombés. Il recommanda qu'on les conservât dans une boîte d'ivoire : c'est qu'il voulait les envoyer à la reine. Puis la demoiselle le fit un peu manger ; et cependant elle se disait : "Hélas ! chétive que je suis, que devrait m'importer sa beauté, puisqu'il ne m'appartient pas ! Mais si fait ! elle m'apporte au cœur une grande douceur et tant d'espérance que j'en serais riche si je ne craignais que mon espoir ne fût trompé : car nous ne sommes que trop déçus dans nos désirs !"

Ainsi songeait-elle en regardant Lancelot manger. Et quand il eut fini, elle commanda qu'on le couchât dans un lit qu'on avait dressé là, et dont elle fit écarter tout le monde pour qu'il pût sommeiller en paix.

Alors elle s'assit à ses pieds à le regarder dormir, et cependant elle se disait encore : "Sire, je vous ai guéri ; mais quelles herbes, quelles gemmes me guériront moi-même de votre beauté dont je languis ? Jamais encore je n'avais aimé d'amour. À présent, j'aime tant et tant qu'il m'en faudra mourir si vous ne me secourez... Je l'ai si bien servi que je ne crois pas qu'il puisse me refuser son cœur... Mais non, il ne saurait aimer une pauvre demoiselle comme je suis !"

Or, tandis qu'elle disputait de la sorte en elle-même, faisant selon ses pensées tantôt triste figure, tantôt gaie, Lancelot s'éveilla et la vit qui pleurait amèrement : il en fut tout dolent.

– Qui est si hardi, demoiselle, que de vous donner quelque chagrin devant moi ?

– Sire, personne, hors mon cœur qui n'a point tout ce qu'il voudrait.

Là-dessus, elle essuya ses yeux et s'efforça de montrer plus joyeuse mine, mais sans y réussir trop bien.

XVIII

Le conte dit qu'amour la tourmenta si fort qu'elle tomba malade à son tour, et qu'il lui fallut prendre le lit, de manière qu'elle ne put continuer de soigner Lancelot. Celui-ci, d'ailleurs, fut si peiné de la maladie de celle qui l'avait sauvé, que son propre état empira. Et ainsi durant trois jours.

Le troisième, sur l'heure de tierce, le frère de la pucelle entra dans le pavillon et annonça qu'un chevalier de la maison du roi Arthur, nommé Lionel, demandait l'hospitalité.

– Bel ami, dit Lancelot, faites-le entrer céans : c'est l'homme au monde que j'aime le mieux.

Grande fut la joie de Lionel, quand il trouva celui qu'il allait quérant et qu'il aimait plus que rien au monde ; mais il fut très soucieux de voir son seigneur malade, et il se signa en entendant l'aventure des couleuvres, car il n'avait jamais ouï la semblable. À son tour, il conta comment la reine avait cru à la mort de Lancelot et comment lui-même et messire Gauvain et dix compagnons de la Table ronde s'étaient mis en quête. Que Lancelot fut dolent en apprenant l'angoisse de sa dame !

– Beau doux cousin, dit-il, il conviendra que vous alliez à la cour pour rassurer madame la reine et lui donner des nouvelles. Et afin qu'elle soit plus certaine de ce qui m'est advenu, vous lui porterez les cheveux de ma tête qui sont dans cette boîte.

Puis il lui apprit la maladie de la pucelle. Lionel fut la voir dans le pavillon qu'on avait dressé pour elle ; mais, d'abord qu'elle l'aperçut, blond et beau comme Lancelot à qui il ressemblait, elle se mit à pleurer de toutes ses forces.

– Comment allez-vous, demoiselle ?

– Sire, je me meurs, et j'en ai plus de regret pour un autre que pour moi : car je ne pourrai achever la guérison du meilleur chevalier du monde.

– Mais, demoiselle, comment vous vint cette maladie ?

– Ha ! dites à votre seigneur qu'il tue autrui et lui-même par sa beauté ! C'est malheur qu'il soit si beau...

Et plus bas, elle ajouta :

– Hélas ! c'est par malheur que je vis sa beauté !

Lionel fit semblant de n'avoir pas entendu ; mais quand il fut revenu auprès de Lancelot :

– Sire, lui dit-il, m'est avis que la sœur du chevalier vous aime et que c'est à cause de vous qu'elle est malade. Sauvez-la, et vous-même, de la mort.

– Il n'est rien, selon mon pouvoir, que je n'accomplisse afin de la sauver, car elle est bonne et sage, et elle a fait plus pour moi que jamais femme pour homme. Mais pour mal qui puisse advenir à mon corps je ne fausserais l'amour que j'ai promis à ma dame. Et jamais je ne lui mentirai, s'il plaît à Dieu.

– Mais dites-moi : il n'est rien que vous ne fissiez pour garantir de la mort madame la reine ?

– Certes !

– Si vous mourez, que pensez-vous donc qu'il adviendra d'elle ? Elle expirera de douleur. Et, de la sorte, cette pucelle qui seule peut vous guérir, en lui refusant votre amour vous la tuerez, et vous-même, et madame la reine. Et certes l'on pourra bien parler de votre déloyauté, car, à celle qui vous conserva la vie, en récompense vous lui aurez rendu la mort.

Ainsi Lionel sermonnait son seigneur par droit et par raison, et Lancelot ne savait que penser.

– Beau doux ami, dit-il les larmes aux yeux, conseillez-moi.

– Le conseil est tout pris : il vous faut faire la volonté de cette demoiselle.

Lancelot ne répondit mot ; il pleurait amèrement, maudissant l'heure et le jour de sa naissance.

– Beau doux ami, dit-il enfin, ni pour mort ni pour vie, je ne ferai rien sans le congé de ma dame. Allez à la cour ; portez-lui cette boîte où sont mes cheveux ; dites-lui que, s'il lui plaît, je mourrai ; que je vivrai s'il lui plaît.

– Par ma foi ! il convient de vous décider tôt, car je ne ne sais si vous seriez en vie à mon retour !

Là-dessus, Lionel retourna auprès de la pucelle et lui déclara que, si elle guérissait Lancelot, sans doute il deviendrait son chevalier et son ami. Dont la pauvrette fut aussi contente que si on lui eût mis Dieu dans les mains ; elle se mit à trembler comme la petite feuille sur le haut arbre.

Sur-le-champ, elle se leva et s'habilla. Déjà Lionel était parti à toute allure sur son cheval, sans autre arme que son épée pour être moins lourd. Elle vint au lit de Lancelot, qui lui fit aussi belle chère qu'il put, et elle lui prépara un électuaire très bon, dont elle lui oignit les tempes et les bras : grâce à cela il sommeilla toute la nuit et se trouva, au matin, plus léger que le jour précédent. Alors elle le fit un peu manger, car il avait la tête vide ; après quoi il se rendormit et ne se réveilla que le lendemain soir, pour voir Lionel arriver au grand galop, qui avait tant éperonné qu'il était couvert de sang jusqu'au mollet.

– Sire, madame vous mande cent mille saluts et elle vous ordonne de faire la volonté de la pucelle pour vous délivrer de la mort et pour l'en délivrer avec vous. Sinon, elle ne vous aimera plus de sa vie.

Puis il conta qu'il avait trouvé le roi et tous les barons menant grand deuil, et la cour si chagrine qu'on n'y entendait plus rire ; et comment la reine se lamentait tout le jour, ne dormait point, mangeait et buvait si peu qu'elle en était malade ; et la joie que tout le monde avait eue en apprenant que Lancelot vivait encore ; et le bonheur de la reine en trouvant les cheveux de son ami dans la boîte d'ivoire.

– Voici son anneau qu'elle m'a baillé pour vous après l'avoir baisé comme une chose sainte, ajouta-t-il.

Lancelot reconnut un anneau que lui avait jadis donné la Dame du Lac, et dont il avait fait cadeau à la reine. Alors il éprouva un si grand bonheur qu'il fut presque guéri. Et comme la sœur du chevalier entrait à ce moment, il fit sortir Lionel et lui dit :

– Ha, demoiselle, vous avez tant fait pour moi, qu'il n'y a pucelle au monde que je chérisse autant que vous !

– Sire, je vous aime de bon amour depuis le jour que je vous vis, et plus que pucelle jamais n'aima chevalier. Jurez-moi que vous serez mon loyal ami à toujours et que vous n'en aimerez nulle autre, tant que vous trouverez en moi loyauté.

– Demoiselle, je vous dirai ce que jamais je n'ai dit à personne : j'aime en un haut lieu, et jamais je ne fausserai mes amours. Le voudrais-je que je ne le pourrais : car mon cœur et mon penser sont à ma dame, que je veille ou dorme ; et mon esprit ne rêve que d'elle, mes yeux ne regardent que de son côté, mes oreilles n'entendent que ses paroles ; et mon âme, mon corps, ma vue, mon ouïe, mon mouvement, ma voix, mon rire, tout de moi lui appartient comme le serf à son seigneur.

– Sire, dit la pucelle en pleurant, vous parlez en loyal chevalier et prud'homme. Vous aimez en haut et vaillant lieu, je le sais bien, et vous feriez mal si vous donniez votre amour à une autre dame ; mais vous pouvez le donner à une pucelle sans en fausser la droiture. Je vous aime d'une manière qui le permet, car par nous la chasteté ne sera jamais corrompue. Jurez-moi qu'en quelque lieu que vous vous trouviez désormais vous me tiendrez pour votre amie, sauf l'honneur de votre dame, et moi je vous jurerai que jamais je n'aurai d'autre ami que vous, et que pour l'amour de vous je garderai ma virginité à tous les jours de ma vie : ainsi pourrez-vous m'aimer comme pucelle, et elle comme dame... Las ! je ne sais quand je vous reverrai : octroyez-moi l'un de vos joyaux que je puisse garder en souvenir de vous.

– Belle douce amie, volontiers !

Et lui offrant une ceinture d'or que la reine lui avait donnée :

– Il n'est dame ni demoiselle, dit-il, à qui j'en ferais présent, hors vous.

Joyeuse, la pucelle lui remit, à son tour, un fermail d'or qu'il lui promit de porter à son cou pour l'amour d'elle.

Et, le lendemain, il prit congé de la demoiselle et du chevalier son frère, en les remerciant fort de ce qu'ils avaient fait pour lui ; puis il s'éloigna, en compagnie de Lionel et de la vieille au cercle d'or.

XIX

Ils allèrent tant qu'ils arrivèrent au bord d'une vallée perdue, au fond de laquelle ils aperçurent un fort château, bien entouré de fossés profonds et de bons murs hauts et épais. La vieille s'arrêta là.

– Sire chevalier, dit-elle, il vous faut entrer dans ce château pour y tenter la plus grande aventure du monde.

– Demoiselle, m'acquitterai-je ainsi envers vous ?

– Oui, sire.

– Je m'y essayerai donc.

Elle s'en fut, après l'avoir recommandé à Dieu. Et Lancelot embrassa Lionel et prit tendrement congé de lui ; puis il se dirigea vers la forteresse.

Dès qu'il en eut passé la porte, il entendit les gens murmurer autour de lui :

– Sire chevalier, la honte vous attend.

Il continua son chemin sans répondre, et parvint au pied de la maîtresse tour.

Là, des cris de femme l'arrêtèrent : c'était cette même demoiselle que messire Gauvain n'avait pu tirer hors de sa cuve, qui le suppliait de la secourir. Il s'approche, la prend sous les aisselles et l'en ôte aussi aisément que si elle n'eût pesé plus qu'un fétu. Aussitôt elle tombe à ses pieds, lui baisant la jambe et le soulier ; et ceux de la ville commencent de s'assembler.

On le conduit à un cimetière, on lui montre une tombe sur laquelle des lettres disaient :

Cette tombe ne sera pas levée avant la venue du léopard
dont le grand lion naîtra.

Lancelot y met la main et la soulève sans effort. Un serpent hideux, qui était mussé là-dessous et dont l'haleine flamboyait comme un feu ardent, se lance hors de la fosse et rampe par le cimetière, dont bientôt les arbrisseaux sont en flammes. Mais Lancelot lui court sus, et, quoique le dragon lui ait brûlé de son souffle tout le bois de son écu, il lui fait voler la tête en un instant.

Alors des chevaliers beaux et hauts à merveille vinrent le chercher à grand honneur et le menèrent au palais, où de très avenantes pucelles le désarmèrent, le baignèrent et lui passèrent un manteau digne d'un roi. Puis il fut conduit dans la salle où des seigneurs lui firent grand accueil, et, tandis qu'il causait et s'enjouait avec eux, un prud'homme entra, en si noble arroi que nul ne saurait décrire ses habits, tant ils étaient riches. Il portait au doigt un bel anneau et sur la tête une couronne d'or dont les pierres valaient un bon royaume ; son fermail et sa ceinture étaient non pareils ; mais pourquoi le ferais-je plus long ? En un mot, on n'eût su voir un plus gentil homme, ni qui parût plus haut prince.

– Sire, le roi ! dirent à Lancelot les chevaliers en se levant.

Lancelot se mit debout et souhaita la bienvenue au roi qui vint l'accoler et lui dit :

– Doux sire, nous vous avons longuement attendu ! Enfin nous vous avons. Voulez-vous m'apprendre qui vous êtes ?

– Je suis de la maison du roi Arthur, compagnon de la Table ronde, et j'ai nom Lancelot du Lac.

– Dieu m'aide ! N'êtes-vous pas le fils du roi Ban qui mourut de deuil et de la reine aux grandes douleurs ?

Mais, à ce moment, la grande merveille advint : le pigeon blanc que messire Gauvain avait vu vola par la salle, portant au bec son encensoir d'or, et toutes les bonnes odeurs du monde se répandirent dans le château ; puis, les tables mises, chacun prit place sans mot dire, faisant prière et oraison : alors la plus gente des demoiselles entra, élevant son vase précieux, voilé d'un linge ; chacun s'agenouilla, et Lancelot comme les autres ; et quand elle fut sortie, vous eussiez vu les tables couvertes de tous les beaux mangers que l'on puisse imaginer ; toutefois, non plus que naguère devant monseigneur Gauvain, il n'y eut rien devant Lancelot.

Mais le roi, qui s'en aperçut, lui fit porter de très bonnes viandes.

XX

Lorsque tout le monde eut mangé à loisir, on leva les tables et les chevaliers se mirent à jouer aux tables et aux échecs, et à se divertir.

– Que vous semble de ce riche vase que portait la demoiselle ? demanda le roi à Lancelot.

– Assurément, sire, c'est une merveilleuse chose. Et jamais je n'avais vu encore une demoiselle aussi belle... Je dis demoiselle, non dame.

Entendant cela, le roi pensa à ce qu'il avait ouï-dire de Lancelot et de la reine Guenièvre : "Certes, il aime tant la reine qu'il n'en voudrait nulle autre, songea-t-il. Comment ferons-nous pour qu'il accepte ma fille ? Il conviendra d'agir si sagement qu'il ne s'aperçoive de rien, afin que le commandement soit exécuté."

Il alla trouver une très vieille et prudente dame, nommée Brisane, qui était la gouvernante de la pucelle au précieux vase, et à qui il raconta les paroles de Lancelot. Mais la vieille lui recommanda de la laisser faire sans s'entremettre, et lui assura qu'elle saurait bien mener la chose à bonne fin.

Elle vint trouver Lancelot et le mit en paroles, en lui demandant des nouvelles du roi Arthur et de la cour ; puis elle l'entretint longuement de la reine Guenièvre, et quand elle le vit rêveur, elle lui dit :

– Maintenant, sire, il est temps d'aller vous coucher, car vous avez beaucoup fatigué aujourd'hui.

Et Lancelot, qui était tout pensif, la suivit en une chambre où se trouvait un beau lit. Là, elle annonça qu'elle allait chercher le vin du coucher, et, peu après, elle lui apporta un boire qu'elle avait préparé, qui était plus clair que fontaine et couleur de vin. La coupe n'était pas grande, de manière que Lancelot la vida tout entière, et, trouvant la boisson bonne et douce, il en redemanda, que la vieille lui versa et qu'il but jusqu'à la dernière goutte.

Or, dès qu'il eut avalé ce philtre, il se trouva tout enivré et affolé, et Brisane s'aperçut qu'il ne savait plus où il était ni comment il était venu là : car il croyait être en la cité de Camaaloth, et il la prenait elle-même pour la dame de Malehaut depuis longtemps morte. Alors elle lui dit :

– Sire, madame la reine pourrait bien être endormie. Qu'attendez-vous pour aller à elle ?

– Si je savais qu'elle me mandât, j'irais volontiers, fit-il.

La vieille feignit d'aller voir, et, au bout d'un moment, elle revint lui dire que la reine l'attendait. Aussitôt Lancelot se déchaussa, et, en chemise et braies, il suivit Brisane, qui le mena dans la chambre de la fille du roi, auprès de laquelle il se coucha, cuidant que ce fût la reine, sa dame. Et la pucelle, qui ne désirait rien plus que celui qu'elle savait être l'émeraude de toute chevalerie terrienne, le reçut, heureuse et joyeuse.

Ainsi furent unis le meilleur et le plus loyal des chevaliers de ce temps et la fille du roi Pellès, le riche Pêcheur. Et celle-ci, la plus belle pucelle qui fût alors, ne l'accueillit point à cause de sa beauté ni par échauffement de chair, mais pour recevoir le fruit par lequel les aventures de Bretagne devaient être achevées, ainsi que Merlin l'enchanteur l'avait prédit. Et Lancelot, qui la prenait pour sa dame, la connut comme Adam fit de sa femme, toutefois non pas aussi loyalement, car il la connut en péché. Mais celui en qui toute pitié habite ne juge pas les pécheurs selon leurs seuls méfaits, et il tient compte de leurs intentions : aussi ne voulut-il regarder dans cette union que le profit de ceux de Bretagne, et il voulut qu'en place de la fleur de chasteté qui fut corrompue cette nuit-là, fût restaurée une autre fleur dont grand bien vînt au pays. Car la terre fut tout emplie par la douceur de cette fleur qui de là sortit, comme l'histoire du Saint Graal en devisera : ce fut Galaad, le chevalier vierge, qui mit à fin les aventures et s'assit au Siège périlleux de la Table ronde. Tout ainsi que le nom de Galaad avait été perdu en Lancelot par échauffement de luxure, il fut retrouvé en Galaad par abstinence de chair. Et en lui le méfait de sa naissance fut amendé par la virginité qu'il garda et rendit saine et entière à son Sauveur en trépassant du siècle.

Mais le conte laisse pour le moment de parler de cela dont il devisera tout à loisir quand le temps en sera venu, et retourne à monseigneur Lancelot du Lac.

XXI

Au matin, il s'éveilla et regarda autour de lui ; mais les fenêtres étaient si bien closes que le jour ne pouvait entrer. La force du poison s'était évaporée : il tâta autour de lui et sentit la demoiselle.

– Sire, lui dit-elle, je suis la fille de Pellès, le riche roi Pêcheur.

Lancelot sauta du lit, passa sa chemise et ses braies, courut ouvrir toutes grandes les fenêtres de la chambre où il avait couché et, voyant celle par qui il avait été déçu, il saisit son épée, plus dolent et irrité qu'on ne saurait dire. Mais elle s'agenouilla devant lui en sa pure chemise, les mains jointes, et lui cria merci au nom de la pitié qu'eut Jésus-Christ de Marie-Madeleine.

Alors Lancelot s'arrêta ; il tremblait si fort de colère et de deuil qu'à peine pouvait-il tenir son arme.

– Demoiselle, dit-il enfin, je serais trop cruel et déloyal si je détruisais tant de beauté. Pardonnez-moi d'avoir haussé l'épée sur une femme, car c'est la fureur et le chagrin qui m'y ont poussé.

– Sire, je vous le pardonne pourvu qu'à votre tour vous me pardonniez d'avoir causé votre courroux.

Ce qu'il fit ; après quoi il s'habilla, revêtit ses armes qu'on lui avait préparées sur une table, et courut aux chambres où il avait passé la veille, pensant qu'il y trouverait quelqu'un ; mais elles étaient fermées à double tour : il eut beau heurter, et si rudement qu'un sourd endormi l'eût entendu, il ne sut tant faire qu'il obtînt aucune réponse. La salle était ouverte, mais vide : il la traversa, descendit les degrés, arriva dans la cour, vint à l'étable : son cheval y était tout sellé, bien nourri, les flancs remplis, si soigneusement étrillé et pansé que pas un poil ne dépassait l'autre ; alors il saisit son écu et sa lance qu'il vit appuyés au mur, tira le destrier dehors, l'enfourcha, s'approcha du pont-levis et, le trouvant baissé, se mit en devoir de le franchir. Il n'en était pas sorti qu'il sentit qu'on commençait de le relever : aussitôt, brochant son bon cheval, il lui fit faire un tel saut que l'animal atteignit le bord du fossé ; mais certes il s'en fallut de peu qu'il ne plongeât dans l'eau. Lancelot le poussa en avant et, quand il se retourna, il ne découvrit plus la moindre trace du Château aventureux d'où il sortait. Alors il s'éloigna, si dolent d'avoir faussé ses amours et si pensif, qu'il ne voyait pas seulement où son destrier le menait.

XXII

À vêpres, il s'engagea ainsi sur une très longue et étroite chaussée qui courait à travers des marécages jusqu'à la porte d'un fort château. Un chevalier sortit en le voyant et lui cria qu'il ne passerait pas sans jouter. Mais Lancelot rêvait si fort qu'il n'entendit rien, et l'autre, d'un seul coup de lance, le fit voler dans le marais.

– Sire chevalier, baignez-vous tout à votre aise ! lui crièrent en s'éloignant les écuyers du vainqueur.

Cependant Lancelot sortait de l'eau à grand-peine et remontait, tout mortifié, sur son cheval que le chevalier n'avait pas daigné emmener. Il arriva ainsi devant la porte du château et héla. Le sire parut sur la muraille et, en riant, lui demanda qui il était. Lancelot répondit qu'il était compagnon de la Table ronde.

– En nom Dieu, s'écria l'autre, vous en avez menti ! Vous n'êtes qu'un ribaud, un failli de cœur, un abat-quatre, qui allez en guise de champion. Mais vous êtes trop osé de vous dire chevalier de la Table ronde, et je vous le ferai voir !

Là-dessus, il sortit à nouveau tout armé et piqua des deux vers Lancelot. Mais, du premier coup, celui-ci l'envoya rouler dans l'eau à son tour ; après quoi il attendit tranquillement qu'il en fût sorti et lui demanda s'il voulait continuer.

– Sire, pour Dieu, merci ! répondit le chevalier. Voici mon épée ; je me rends à vous.

Et il le conduisit à grand honneur au palais, où sa sœur, qui était prude femme, fit bel accueil à Lancelot. Quand elle l'eut désarmé et rafraîchi, elle s'assit auprès de lui dans la salle, sur la jonchée, et elle lui demanda s'il connaissait un chevalier nommé Hector qui, lui aussi, était compagnon de la Table ronde.

– Par la Sainte Croix, répondit Lancelot, je ne sais pas un homme au monde que je redouterais autant, s'il nous fallait combattre à outrance, tant il est vite, preux, adroit et endurant ! Je le crois meilleur chevalier que monseigneur Gauvain.

– Ainsi doit-il être, car son père, le roi Ban de Benoïc, fut des preux de ce monde : bon chien chasse de race.

– Demoiselle, vous vous trompez : je suis Lancelot du Lac et le roi Ban de Benoïc n'a d'autre fils que moi.

À ces mots, la demoiselle se mit à pleurer de joie et de pitié et, après avoir tendrement baisé Lancelot sur la bouche, elle lui apprit comment elle avait connu le roi Ban en ce même château des Mares où ils étaient présentement, et comment elle avait mis Hector au monde, et tout ainsi que l'a rapporté l'histoire de Merlin. Puis elle courut chercher un écrin, d'où elle tira un anneau d'or, orné d'un saphir entre deux petits serpents, celui-là même dont le roi Ban lui avait fait présent.

C'est de la sorte que Lancelot apprit qu'Hector des Mares était son frère. Il en conta tout en soupant les prouesses à la demoiselle qui n'avait vu son fils depuis plusieurs années. Et lorsque vint l'heure du coucher, elle le mena au plus riche et magnifique lit qui ait jamais été. Puis le lendemain, quand il partit, elle voulut le convoyer quelque temps ; enfin il prit congé d'elle, et elle s'en revint, toute chagrine de le quitter.

XXIII

Il alla longtemps, rêvant à sa dame ; mais à midi la chaleur devint accablante et ses armes étaient si échauffées par le soleil, qu'il résolut de descendre et de s'arrêter à l'ombre d'un pommier. Il ôta la selle et la bride de son cheval qu'il laissa paître en liberté, posa son heaume, abattit sa ventaille pour avoir un peu d'air, et, à peine fut-il étendu sur l'herbe fraîche, il s'endormit dans la douceur du vent.

Trois dames vinrent à passer, escortées de six chevaliers. Elles chevauchaient sous un dais que soutenaient des valets ; et l'une d'elles était la reine de Sorestan, l'autre la reine Sybille l'enchanteresse et la troisième Morgane la fée. En apercevant Lancelot, elles s'arrêtèrent et la reine de Sorestan s'écria :

– Par Dieu, vit-on jamais un si bel homme ? Elle se pourrait bien priser, la dame qui l'aurait en sa seigneurie ! S'il m'aimait, je me croirais plus riche que si j'avais le monde en ma baillie.

– Dame, dit Morgane qui ne reconnaissait pas Lancelot dont les cheveux étaient tombés comme l'histoire l'a conté, dame, encore que vous soyez reine, je suis de plus haut lignage et plus belle que vous, et certes il m'aimerait davantage.

– En nom Dieu, fit la reine Sybille, c'est moi la plus jeune, la plus gaie et la plus charmante : je saurais sans doute mieux lui plaire.

– Eh bien, reprit Morgane, faisons faire une litière et emportons-le dans mon manoir qui est proche. Là, nous nous offrirons à son service : on verra celle qu'il choisira.

Elles s'accordèrent à cela : Lancelot, enchanté, fut transporté dans une chambre du château, claire et grande, mais dont les fenêtres étaient grillées. Et là, quand le charme fut dissipé, il s'éveilla, et voyant autour de lui tant de chandelles, car la nuit était tombée, il se signa d'abord. “Sainte Marie Dame, où suis-je ? se demanda-t-il. Je m'étais couché à l'ombre d'un pommier et maintenant me voilà dans je ne sais quel château ! Suis-je devenu fantôme, ou si les Ennemis m'ont ravi ?” À ce moment la porte s'ouvrit et les trois dames entrèrent, vêtues et atournées aussi richement qu'elles avaient pu.

– Sire chevalier, dit la reine de Sorestan, vous voilà en notre prison ; mais la rançon sera légère.

– Dame, si je puis, je me rachèterai.

– Pour rançon, prenez celle de nous que vous préférez.

– Il me faudra donc faire amie nouvelle, ou rester en cette prison ?

– Oui vraiment.

– Dieu ne m'aide, reprit Lancelot courroucé, si je n'aimerais mieux demeurer dans cette chambre jusqu'à ma mort, que de faire ma mie de l'une de vous ! J'en serais trop rabaissé !

À ces mots, les trois dames se mirent en colère ; mais il pensait qu'il lui serait moins cruel de mourir que de laisser la reine sa dame, fontaine de toute beauté, pour prendre une de ces étrangères ; et elles sortirent en le menaçant.

XXIV

Le soir, Morgane ordonna à la pucelle qui lui apportait à manger de lui faire boire à souper un philtre qu'elle avait préparé, et, quand il en eut pris, il s'endormit profondément. Alors on le transporta dans son lit ; puis Morgane vint, tenant une boîte pleine d'une poudre dont elle lui souffla, par un tuyau d'argent qu'elle lui enfonça dans le nez, une bonne partie dans la cervelle. Si bien qu'au matin, en s'éveillant, il se sentit très malade ; et ainsi demeura-t-il depuis le mois de septembre jusqu'à la Noël.

Après ce temps, il commença de se rétablir, et, quand l'hiver fut passé, il advint un jour qu'il aperçut par la fenêtre un homme qui peignait une ancienne histoire sur les murs d'une chambre, dans le corps de logis qui faisait face à sa prison. Dessous chaque image, il y avait des lettres qui en disaient le sens : et il reconnut ainsi que c'était l'histoire d'Enéas, comment il partit de Troie et s'en fut en exil. Alors Lancelot songea que, si sa chambre était ainsi enluminée de ses propres faits et dits et des belles actions de sa dame, ses maux seraient allégés. Il pria l'homme de lui donner des couleurs et des pinceaux, et il commença de tracer son arrivée à Camaaloth : comment il s'était trouvé ébahi en voyant la reine, puis comment il était allé secourir la dame de Nohant. Et tout était si bien et subtilement représenté qu'on aurait cru qu'il eût fait toute sa vie ce métier.

Or, chaque nuit, Morgane venait le voir dormir, car elle l'aimait autant que femme peut aimer homme à cause de sa grande beauté. Ce soir-là, elle comprit bien ce que signifiaient les images qu'il avait tracées sur les murs. "Amour rendrait subtil et ingénieux le plus sot homme du monde ! se dit-elle. Laissons-le : quand il aura tout peint, je ferai tant que le roi Arthur viendra céans, et je lui montrerai la vérité de Lancelot et de la reine." Là-dessus, elle sortit sans bruit et ordonna qu'on fournît à son prisonnier tous les pinceaux et couleurs qu'il demanderait.

Le lendemain, dès qu'il fut levé, Lancelot courut ouvrir les fenêtres et se remit à l'ouvrage. Peu à peu, il représenta comment il avait conquis la Douloureuse Garde, puis ce qu'il avait fait à l'assemblée de Galore, et ce qui s'était passé dans la prairie aux arbrisseaux, et tout ce qui lui était arrivé ensuite, comme le conte l'a récité. Et à cela il employa deux hivers et un été.

Cependant, il se tourmentait fort de sa longue prison, et il s'en fût tourmenté davantage, n'eussent été ses peintures. Car tous les matins il venait saluer l'une après l'autre les images qu'il avait tracées de la reine, puis il les baisait sur la bouche plus tendrement qu'il n'avait jamais baisé nulle autre que sa dame, et il pleurait devant chacune d'elles et lamentait de tout son cœur ; après quoi il regardait ses propres chevaleries qu'il avait toutes figurées, et il se réconfortait un peu.

XXV

Pour qu'il fût plus aise, Morgane avait fait planter sous ses fenêtres un beau verger. Lorsque Pâques furent passées pour la seconde fois, les arbres se couvrirent de feuilles et se chargèrent de fleurs, et à voir la rose qui chaque jour fleurissait, fraîche et nouvelle, Lancelot sentait son cœur se réjouir, car il pensait au visage de sa dame, qu'elle avait si clair et vermeil qu'il ne savait lequel l'était davantage, de la rose ou de lui.

Un dimanche qu'il s'était levé au chant des oisillons, il s'assit au bord de sa fenêtre grillée et demeura là jusqu'à ce que le soleil fût répandu sur le jardin. Au rosier s'épanouissait une fleur cent fois plus belle que les autres, et il lui ressouvint plus que jamais de la reine qui, de même, l'était cent fois plus que toutes les femmes.

– Puisque je ne puis avoir ma dame s'écria-t-il, au moins me faut-il cette rose !

Ce disant, il allongeait le bras, mais sans pouvoir atteindre la fleur. À la fin, courroucé, il secoua les barreaux avec tant de rage, qu'il les arracha et les jeta au milieu de sa chambre, non sans se blesser les mains, certes, et si profondément que son sang coulait jusqu'à terre ; mais peu lui souciait. Il saute dans le verger, cueille la rose vermeille, la baise pour l'amour de sa dame, en touche ses yeux et sa bouche, la place dans son sein, sur sa propre chair ; puis, voyant une porte ouverte, il entre dans le logis, revêt des armes qu'il trouve dans un coffre et, ne craignant plus rien, il gagne l'écurie, selle et bride le meilleur destrier, et l'enfourche sans être vu, car il était encore si matin que nul n'était levé, hormis le portier qui gardait l'entrée. Et certes celui-ci s'étonna bien quand il vit venir un chevalier qu'il ne connaissait point. Mais, par crainte d'être occis, il ouvrit, et Lancelot s'éloigna, non sans avoir hésité à retourner au logis pour tuer Morgane la déloyale ; mais il se résolut à la laisser pour l'amour du roi Arthur dont elle était la sœur, et aussi parce qu'elle était femme.

XXVI

Vers l'heure de tierce, il arriva dans une forêt épaisse et ancienne qui avait nom la forêt Perdue, et il se vit bientôt au bord d'une clairière où s'élevait un petit château. Au milieu de la prairie, sous quatre pins, se trouvait un trône d'ivoire recouvert d'une soie vermeille, qui portait une lourde couronne de fin or ; et, tout autour, des dames et des chevaliers, les uns armés, les autres en cottes et manteaux, dansaient en se tenant par les mains, de si gaie façon que c'était plaisir de les regarder.

Or, à peine Lancelot eut-il mis le pied dans cette prairie, il sentit son cœur changer, et oubliant tout, sa dame, ses compagnons et lui-même, il ne souhaita plus que de caroler : il descendit de son cheval, laissa tomber sa lance et son écu, courut se joindre à la ronde, tout armé, heaume en tête, et, prenant la main de la première demoiselle qu'il rencontra, le voilà qui chante, frappe ses pieds l'un contre l'autre et s'enjoue plus qu'il n'avait fait de sa vie. Les danseurs chantaient une chanson sur la reine Guenièvre, mais en écossais, de manière qu'on ne comprenait guère leurs paroles, si ce n'est qu'ils disaient : "Vraiment, nous avons la plus belle de toutes les reines", et "Vraiment il fait bon maintenir amours", ou quelque chose d'approchant.

Ainsi dura la fête jusqu'au soir. Quand vint l'heure du souper, une demoiselle s'approcha de Lancelot et l'invita à s'asseoir sur le trône d'ivoire et à essayer la couronne d'or. Il répondit d'abord qu'il préférait danser. Mais elle le prit par le doigt et il se laissa mener par elle : tout riant, il prit place sur la chaire et posa la couronne sur sa tête. Aussitôt les chevaliers, les dames et les demoiselles furent délivrés de leur folie, tandis que lui-même, revenant à son droit sens, s'empressait d'ôter l'insigne royal et de se lever du trône par modestie. Mais tous vinrent l'accoler et le remercier, et un vieil homme lui dit, après lui avoir demandé son nom :

– Lancelot, beau fils, j'avais bien prédit que l'enchantement de céans ne tomberait que par vous ! Sachez qu'un jour où le roi Ban chevauchait par cette forêt avec ses chevaliers, il aperçut six pucelles qui carolaient ici en chantant une chanson qu'on avait faite de la reine Guenièvre nouvellement mariée, et sur cette chaire d'ivoire était assise une belle demoiselle qui les écoutait. Bien qu'il fût de grand âge, le roi Ban était très gai.

"– Il serait mieux séant que chacune de ces demoiselles eût un chevalier ! s'écria-t-il.

"Et il fit mettre pied à terre à six de ses compagnons et les envoya danser.

"Or Guinebaut, son frère, qui était bien fait de corps, gentil d'esprit et l'homme qui sût le plus d'enchantements et de nigromance après Merlin, ne pouvait s'empêcher d'admirer la demoiselle et de songer qu'heureux serait celui qui pourrait l'avoir. Aussi, comme il l'entendit soupirer qu'elle souhaiterait bien de voir toujours de telles caroles, il s'empressa de lui dire :

"– Certes, demoiselle, vous les auriez, et plus belles encore, et à jamais, si vous me vouliez donner votre amour et me jurer devant mon frère, le roi Ban, qui est ici, que de mon vivant vous ne ferez jamais d'autre ami que moi. Jurez, et je vous retiendrai tous les amoureux qui passeront par ce pré, de telle façon qu'ils n'aient d'autre désir que de caroler et festoyer à toutes les heures de beau temps, soit l'été ou l'hiver. Ils n'entreront au château que pour manger, se reposer la nuit ou s'abriter de la pluie. Et cela durera jusqu'à ce que vienne le plus beau chevalier du monde : ainsi la fête finira par beauté après avoir commencé de même, puisque vous êtes la plus belle qui soit.

"La demoiselle fit le serment. Alors le roi Ban posa sa couronne sur la chaire d'ivoire et dit qu'il la laissait pour le plus beau chevalier du monde ; puis il partit, et son frère demeura en compagnie de la pucelle.

"Durant quatorze ans, elle se plut à regarder les caroles, et plus de cent cinquante chevaliers amoureux et un peu moins de dames furent retenus ici. Mais (tant femme varie), au bout de ce temps, elle pria Guinebaut d'inventer quelque autre jeu pour la divertir. Alors il fit un échiquier d'ivoire et de pierres précieuses, et des échecs d'or et d'argent, et un jour, après dîner, il lui apporta le tout, en la priant de s'asseoir et de jouer.

"– Mais avec qui ? demanda-t-elle. Vous n'êtes pas de force contre moi.

"– Jouez de votre mieux, répondit-il.

"Elle poussa un pion : un autre aussitôt s'avança de lui-même ; et, malgré qu'elle en eût, elle se vit bientôt battue par l'échiquier merveilleux. Longtemps elle s'en amusa, jusqu'à ce qu'enfin elle et Guinebaut mourussent.

– Puisque j'ai mis fin à l'aventure de la carole, dit Lancelot, il faut maintenant que j'essaye celle de l'échiquier.

On le lui apporte ; il range les pions d'argent en face des pions d'or, et le voilà qui manœuvre si habilement ses paonnets, son chevalier, son roc, qu'il mate en l'angle le roi adverse ; certes, ceux qui virent cela s'en ébahirent ! Il appela un chevalier, qui était du royaume de Logres, et le pria d'aller à Camaaloth saluer de sa part le roi Arthur et remettre à la reine l'échiquier magique.

Mais maintenant le conte se tait de lui pour un temps et devise d'Hector des Mares, son propre frère.

XXVII

Lorsqu'il eut quitté monseigneur Gauvain et ses compagnons, Hector chevaucha longtemps, fort chagrin de n'avoir pu joindre les tronçons de l'épée brisée et demandant partout des nouvelles de Lancelot. Un lundi matin, il rencontra une vieille demoiselle montée sur un maigre roussin, qui tenait un nain par ses longs cheveux et le forçait à courir à côté de son cheval. Et chaque fois que le petit homme criait à l'aide, la vieille le frappait cruellement.

– Dame, s'écria Hector, laissez-le !

– J'y consens pourvu que vous me donniez un baiser.

Mais il la vit si laide et si ridée que le cœur lui manqua.

– Ha, dame, demandez-moi autre chose !

– Certes, dit-elle, il faut que vous soyez un larron de grand chemin, car jamais un chevalier ne me refusa un tel don !

Et elle reprit son chemin, battant son nain de plus belle. Alors Hector se dit qu'il valait mieux lui accorder ce qu'elle voulait que de laisser souffrir le petit homme. Il la rappela : elle revint aussitôt, feignant d'être joyeuse ; mais, comme il se penchait vers elle, elle lui dit d'attendre un peu, ce qu'il fit très volontiers.

– Je vois bien que vous ne désirez guère ce baiser, reprit-elle. Eh bien, allez chercher l'écu pendu là-bas, à cet arbre, et je délivrerai mon nain.

Aussitôt dit, aussitôt fait : Hector court s'emparer de l'écu qui était d'argent goutté de sable ; mais, comme il l'emportait, voici sortir dix demoiselles d'un pavillon voisin, pleurant, frappant leurs visages de leurs mains, arrachant leurs cheveux et criant :

– Ha, sire chevalier, vous avez pris l'écu ! Vous nous avez toutes honnies et déshéritées ! Allez à votre malheur !

Or, en revenant au lieu où il avait laissé la vieille et le nain, Hector ne les y trouva plus. En revanche, deux pucelles qui passaient furent si effrayées en voyant l'écu pendu à son cou, que l'une d'elles laissa tomber un petit chien braque qu'elle portait : toutes deux s'enfuirent aussi vite que leurs palefrois purent aller. Un peu plus loin, il rencontra un chevalier suivi de ses écuyers lequel, à peine eut-il aperçu l'écu blanc à gouttes noires, s'empressa de lacer son heaume et de monter sur son destrier.

– Ah ! larron, cria-t-il, vous avez donc délivré le diable qui nous laissait en paix ! Il n'est que temps que vous en soyez châtié.

Et il courut sus à Hector ; mais du premier coup de lance il fut abattu si rudement qu'il demeura tout étourdi, et, quand il reprit ses sens, il n'eut plus qu'à crier merci. Alors Hector le requit de lui dire comment il avait méfait en prenant l'écu du pavillon.

– Sire, sachez qu'au temps d'Uter Pendragon, toute cette contrée était peuplée de géants qui vivaient dans les forêts et les montagnes et tuaient tous ceux qu'ils attrapaient. Le roi Arthur, ayant ouï parler de ces grands diables, vint avec son armée et les détruisit. Un soir, il découvrit une géante qui dormait sous un arbre, tenant dans ses bras deux petits enfants. Il allait la tuer, quand l'un de ses chevaliers, la voyant jeune et belle, bien que grande, la lui demanda en récompense de ses services.

“Le roi la lui accorda et lui remit en outre tout le pays.

“Lorsque les deux enfants de la géante eurent quinze ou seize ans, ils étaient plus hauts et plus forts que tous les hommes. Leur beau-père les arma chevaliers ; mais bientôt ils le tuèrent, et, comme leur mère pleurait, ils lui coupèrent la tête. Après quoi ils se séparèrent : l'un d'eux, Karadoc, s'en fut conquérir la Tour Douloureuse ; on dit qu'il a été occis naguère par Lancelot du Lac. Mais le second, Mauduit, demeura dans ce pays où il réduisit tous les chevaliers en servage et viola toutes les demoiselles, qu'il emportait dans son château du Tertre.

"Il y a un an, pourtant, il s'éprit de l'une d'elles et la requit d'amour courtoisement ; mais elle lui répondit qu'il était trop cruel.

"– Je vous aimerai, dit-elle, si vous me jurez que jamais vous ne sortirez de ce château, sinon pour venger votre honneur.

"Mauduit fit le serment ; mais il eut soin d'envoyer pendre son écu à cet arbre où vous l'avez trouvé, pensant que si cet écu était abattu ou pris, il pourrait bien sortir sans se parjurer. Hélas ! nous avions chargé dix demoiselles d'avertir les chevaliers errants qu'ils n'y devaient pas toucher...

"Mais, par votre faute, voilà ce diable déchaîné. Voyez quel mal vous avez fait au pays !

– Eh bien, je te dirai ce que je veux que tu fasses. Tu iras au château du Tertre, et tu avertiras Mauduit que c'est Hector des Mares qui a emporté son écu et qu'il agirait comme un vilain en s'en vengeant sur les gens de cette contrée.

– Je n'irais pas au Tertre pour toute la terre du roi Arthur !

– Par ma foi, tu iras ou je te tuerai !

Et Hector feignit de vouloir lui couper la tête ; ce que voyant, le vaincu, qui avait nom Triadan du Plessis, promit et se mit en chemin sur son destrier.

Il marcha au petit pas, car il était fort blessé, en sorte qu'il ne parvint au château du Tertre qu'à vêpres.

Personne n'avait encore osé apprendre au géant l'insulte faite à son écu. Triadan lui répéta les paroles d'Hector et Mauduit demeura longtemps muet de courroux ; enfin, lorsqu'il put parler :

– Triadan, dit-il, où as-tu laissé celui qui m'a tant outragé ?

– À la Basse Fontaine.

– Je ne te tuerai point ; mais tu vivras désormais de telle manière que celui qui t'envoie en aura reproche : choisis de perdre le poing ou le pied.

Vainement, Triadan pria et supplia : son bourreau répondit qu'à défaut d'un membre, il lui trancherait la tête. Alors le chevalier posa son poing sur un tronc d'arbre et Mauduit le lui coupa sans pitié ; après quoi il demanda ses armes, sauta sur un grand destrier, plus noir que mûre, et dévala le coteau dans la nuit comme un diable.

Apercevant une tente sur le bord du chemin, il s'y rua en tempête, découvrit en l'abattant un chevalier et une demoiselle qui s'étaient couchés dans un lit, les décapita d'un seul coup tous les deux, et, après avoir attaché par les cheveux les deux têtes à l'arçon de sa selle, il reprit sa route et ne tarda pas à arriver devant l'arbre où son écu était naguère pendu. Ah ! si vous l'eussiez vu alors rouler des yeux, grincer des dents et hocher la tête, il vous eût fallu grand cœur pour ne pas trembler ! Il se jeta sur le pavillon voisin, trancha, cogna, abattit, piétina tout ; mais les demoiselles s'étaient sauvées, et il n'y trouva personne à occire, de sorte qu'il s'arrêta après avoir tout détruit, comme un lion qui, ayant tué les biches, ne sait plus quoi égorger. Puis il recommença sa chevauchée, assommant comme des chiens tous ceux qu'il rencontrait, jusqu'à ce qu'il aperçût deux jeunes chevaliers qui soupaient sur l'herbe fraîche avec leurs amies, auprès d'un grand feu.

Quand ils virent arriver Mauduit le géant, galopant comme la chasse au diable, ils crurent leur dernière heure venue. Pourtant le cruel descendit, débrida son destrier et se mit à manger, sans mot dire. Mais, lorsqu'il fut rassasié, il se jeta sur ses hôtes, les occit à coups d'épée ainsi que les demoiselles, et se mit à rire du mal qu'il avait fait. Après quoi il se coucha auprès de leurs corps et s'endormit jusqu'au matin.

XXVIII

Cependant Hector avait erré tout le jour. Vers le soir, son cheval recru de fatigue allait au petit pas, tendant le cou, la tête basse ; il arriva ainsi devant un petit château. Il héla le portier, et le pont, qui était levé, s'abaissa ; mais un chevalier sortit tout armé, criant :

– Ha, déloyal, vous voulez être hébergé ? Vous le serez sous terre, à jamais, en récompense du mal que vous avez fait en décrochant l'écu !

Le destrier d'Hector était si fatigué qu'on l'eût écorché plutôt que de lui faire prendre le trot : il ne valait pas mieux qu'un ânon ; aussi fut-il abattu à la rencontre. Mais Hector se releva aussitôt, et, comme le chevalier du château revenait à lui au galop, il l'évita et plongea son épée dans le ventre du cheval, si bien que l'autre tomba lourdement et demeura étourdi. Et Hector s'éloigna sans plus s'occuper de lui, tout las et dolent, tirant sa monture par la bride. Il parvint de la sorte au bord d'une fontaine : là, il dessella et débrida son destrier, lui coupa de l'herbe avec son épée, le pansa en le frottant de sa cotte d'armes, le fit boire lorsqu'il l'eut fait manger ; après quoi il ôta son haubert et ses armes et s'endormit au pied d'un petit cerisier.

Au matin, il fut réveillé par un grand fracas dans les halliers : c'était Mauduit qui avançait, au pas de son grand cheval pour ne pas faire de bruit (mais sachez qu'il en faisait plus que dix chevaliers armés), maugréant et jurant parce qu'il ne trouvait point celui qui lui avait pris son écu. Hector le reconnut bien à sa grandeur. Il sauta sur ses armes et s'élança derrière lui.

– Sire chevalier géant, arrêtez-vous, je suis celui que vous cherchez !

Mauduit se retourna, et, lorsqu'il vit l'écu que portait Hector, il poussa une clameur si haute qu'on l'entendit à trois lieues écossaises ; il baissa sa lance et lui courut sus. Or, Hector était, après Lancelot du Lac et Bohor de Gannes, l'homme du siècle le plus roide à la joute : il fit voler le géant à terre, mais dans le même temps son cheval, qui était encore las, cédait au choc et s'abattait ; et Mauduit relevé le saisit par les épaules, le jeta si rudement sur son cou qu'il faillit lui briser les reins, l'emporta jusqu'à sa monture troussé comme un chevreuil, et, l'ayant lancé, tout pâmé, en travers de l'arçon, tête de-ci, jambes de-là, se remit en selle et piqua des deux.

Mais le conte se tait à présent d'Hector des Mares et de Mauduit le géant ; quand il sera temps, il saura bien en reparler ; pour l'instant, il raconte ce qui se passait à la cour du roi Arthur, d'où toute bonne gaieté s'était enfuie depuis la disparition de monseigneur Lancelot.

XXIX

Lionel parti, la reine demeura plus triste que jamais, car elle craignait que Lancelot ne succombât au venin des couleuvres ; et sachez qu'il n'y avait pas une âme à la cour à qui elle osait dire ses pensées. Elle menait sa vie accoutumée, usant ses jours à broder d'or et de soie, à écouter des contes, à jouer aux échecs et aux tables, à faire manger son faucon au poing ; mais, chaque fois qu'elle était seule, elle ouvrait la boîte d'ivoire que Lionel lui avait apportée, et elle regardait les cheveux de son ami, puis les baisait aussi pieusement qu'une relique. Parfois aussi elle se faisait chanter par ses pucelles les chansons et les complaintes les plus tristes qu'elles connussent, comme celle de la dame du Faiel dont le sire partit pour la croisade et ne revint jamais.

Je chante pour mon courage
Que je veux réconforter,
Car j'ai eu si grand dommage
Que je crains de m'affoler.
Las ! de la terre sauvage
Mon seigneur n'est pas rentré !
Mais je sens mon cœur plus sage
Quand de lui je peux parler.
Quand ils crieront : "Outrée !"

Dieu, aidez au pèlerin
Pour qui je suis épouvantée :
Car félons sont Sarrasins !

Je souffrirai mon dommage
Et les ans pourront passer.
Il est en pèlerinage :
Dieu l'en laisse retourner !
Ah ! malgré tout mon lignage
Je ne veux chance trouver
De faire autre mariage.
Fol, qui m'en ose parler !

Quand ils crieront : "Outrée !"
Dieu, aidez au pèlerin
Pour qui je suis épouvantée :
Car félons sont Sarrasins !
J'ai l'âme toute dolente
Qu'il ne soit en ce pays,
Celui qui mon cœur tourmente
Je n'ai plus ni jeux ni ris.
Il est bel et je suis gente...
Dieu, dis pourquoi tu le fis ?
Si bonne était notre entente !
Pourquoi nous as départis ?

Quand ils crieront : "Outrée !"
Dieu, aidez au pèlerin
Pour qui je suis épouvantée :
Car félons sont Sarrasins !

Je veux rester en attente
Car j'ai son hommage pris.
Quand la douce brise vente,
Qui vient du lointain pays

Où est celui qui me hante,
J'y tourne aussitôt mon vis.

Lors, me semble que le sente
Par-dessous mon manteau gris.

Quand ils crieront : "Outrée !"
Dieu, aidez au pèlerin
Pour qui je suis épouvantée :
Car félons sont Sarrasins !

Hélas ! que je fus déçue
De ne point l'accompagner !
Sa chemise dévêtue
M'envoya pour l'embrasser.
La nuit, quand l'amour me tue,
La mets contre moi coucher,
La serrant sur ma chair nue
Pour mes durs maux apaiser.

Quand ils crieront : "Outrée !"
Dieu, aidez au pèlerin
Pour qui je suis épouvantée :
Car félons sont Sarrasins !

Cependant la reine mangeait, buvait, dormait si peu que c'était merveille qu'elle ne rendît l'âme et que ce ne l'est point si, à la fin, elle tomba malade : dont le roi se tourmenta beaucoup, car il ne soupçonnait pas que ce fût à cause de Lancelot du Lac, tant elle s'était toujours prudemment conduite. Et tous, pauvres et riches, s'inquiétaient de la maladie de leur dame, comme de l'absence de Lancelot et des chevaliers qui étaient partis en quête de lui, de manière que la cour était toute troublée.

Un soir que la reine s'était endormie, affaiblie de pleurer et jeûner comme elle faisait, elle rêva qu'elle entrait dans une chambre et qu'elle y trouvait Lancelot couché à côté de la plus belle demoiselle du monde. La douleur qu'elle eut de ce songe l'éveilla : elle sortit de son lit et, après avoir fait le signe de la croix, elle se mit à sangloter aussi fort que si elle eût vu finir le monde entier :

– Ha, disait-elle, beau doux ami, plût à Dieu que je vous visse couché avec une demoiselle, pourvu que vous fussiez sain et sauf.

À l'entendre gémir ainsi, une pucelle qui dormait dans la chambre eut grand'peur qu'elle ne tombât en frénésie, et elle lui aspergea le visage d'eau bénite en criant :

– Dame, voici le roi : sauvez-vous dans votre lit !

À ces mots, la reine, qui avait toujours beaucoup redouté son seigneur, se recoucha, et elle s'endormit de fatigue jusqu'au matin.

À son réveil, elle se trouva mieux et appela la pucelle :

– Belle cousine, lui dit-elle, me feriez-vous bien un message ? Mais, si vous n'étiez sage et discrète, j'en mourrais de chagrin.

– Dame, je suis de votre lignage et votre plus proche parente : si vous me manquiez, tout me manquerait, car je n'attends nul bien en ce monde que de vous.

– Il vous faut donc aller en Gaule et chercher là le château de Trèbe. Tout auprès s'élève une abbaye jadis bâtie en mémoire du roi Ban : on la nomme le Moutier royal ; elle se dresse sur une colline, auprès d'un lac. Pénétrez hardiment dans cette eau, car ce n'est qu'enchantement ; ou, si vous n'avez le cœur de le faire, attendez d'y voir entrer quelqu'un et suivez-le. Vous y trouverez de belles maisons et de sages et courtoises gens à qui vous demanderez de vous conduire à la Dame du Lac, qui a nom Viviane. Et, quand vous serez devant elle, vous la supplierez de venir à moi et vous lui remettrez ce message.

Comme elle achevait ces mots, le roi entra dans la chambre, qui fut tout joyeux de la voir assise sur son lit.

– Dame, demanda-t-il, comment vous sentez-vous ?

– Sire, non plus si malade qu'hier, Dieu merci.

– Avez-vous mangé ? fit-il.

– Sire, oui, un peu.

– Je voudrais bien que vous pussiez vous lever et venir causer avec mes chevaliers : peut-être en apprendriez-vous des nouvelles qui vous réconfortassent.

– Sire, je suis encore trop faible.

– Je m'en vais donc, car il est temps de dîner.

Là-dessus, il sortit et annonça à tout le monde qu'elle se trouvait mieux. Aussitôt les dames et demoiselles accoururent dans la chambre de la reine, et elles s'efforcèrent de l'égayer ; mais comment aurait-elle eu quelque joie au cœur, quand elle avait perdu celui dont toute joie lui venait ?

Le lendemain, elle remit à sa cousine une robe de soie, avec la cotte et le manteau pareils, pour chevaucher, et un autre manteau, très beau, à vêtir dans les hautes cours. Puis elle fit amener le meilleur de ses palefrois qui fut garni aussi richement que possible. Enfin elle donna à la demoiselle un nain bien emparlé, qui connaissait une foule de langages, et un écuyer preux et hardi pour l'escorter. Et, les coffres chargés sur les sommiers, la demoiselle s'en fut droit vers la Gaule, avec ses gens.

La reine avait monté sur la plus haute tour pour la voir s'éloigner. Quand sa cousine eut disparu dans la forêt, le cœur lui manqua. Mais, en baissant les yeux, elle vit à son doigt un anneau que Lancelot lui avait donné, et cela la réconforta un peu. Puis elle descendit dans sa chambre et pria Notre Seigneur de lui envoyer des nouvelles de celui qu'elle désirait, telles qu'elle pût être joyeuse.

Et ce fut peu après que Lionel revint à Camaaloth : il conta comment il avait quitté Lancelot sain et sauf devant le château où l'avait conduit la vieille, et la reine s'en réjouit fort, et le roi Arthur et toute la cour comme elle. Mais le conte dit maintenant ce qu'il advint de sa cousine, qui chevauchait vers la Dame du Lac.

XXX

La demoiselle allait aussi vite qu'elle pouvait, mais il faisait si chaud qu'elle tomba malade et qu'elle dut rester quinze jours alitée dans un couvent de nonnains. Enfin elle passa la mer et parvint, la veille de la Saint-Rémy, à la cité de Gannes, où le roi Claudas de la Terre Déserte tenait sa cour. Il était alors le plus puissant des rois après Arthur, et si avisé que l'empereur de Rome prenait son conseil en toutes choses et qu'il avait la confiance de ceux de l'Aquitaine et du Berry.

Lorsqu'il apprit qu'une demoiselle traversait la ville en très riche équipage, il pensa qu'elle pourrait avoir des nouvelles des pays étrangers, et il commanda à deux de ses chevaliers de la lui amener. Elle était déjà sortie de la cité, lorsque les envoyés la joignirent et lui firent leur message.

– Seigneurs, dit-elle, bonne aventure ait le roi Claudas ! Je retournerais volontiers sur mes pas, mais j'ai tant à faire que je ne le puis. Je vous prie de ne pas vous en chagriner.

– Demoiselle, répondit l'un des messagers, vous n'irez pas plus loin, car le roi veut vous voir.

– Je reviendrai donc, mais ce n'est pas courtoisie, que de me contraindre de la sorte !

Lorsqu'elle entra dans la salle, suivie de son écuyer et de son nain, le roi Claudas se leva pour lui souhaiter la bienvenue ; puis il la fit asseoir à côté de lui et lui demanda qui elle était.

– Sire, dit-elle, je suis du royaume de Logres, pucelle de madame la reine Guenièvre, la femme du roi Arthur.

– Alors, vous pourrez sans doute me donner des nouvelles d'un compagnon de la Table ronde, qui a nom Lancelot du Lac ?

– En nom Dieu, je le connais bien ! C'est le meilleur chevalier du monde.

– Son père fut l'un des prud'hommes de son temps ; ce serait merveille s'il n'était preux. Et ses deux cousins lui ressemblent-ils ?

– Sire, Lionel est un des plus vaillants hommes et nul ne passe Bohor en chevalerie, sauf Lancelot. Malheureusement, ils sont tous trois en quête, et l'on ne sait où ils se trouvent à présent.

Le roi Claudas fut fort troublé d'apprendre que la pucelle appartenait à la reine Guenièvre. Il lui vint à l'esprit qu'elle avait été envoyée par les enfants des rois Ban et Bohor, par lui déshérités, pour connaître ses forces, et qu'elle apportait des lettres d'eux aux peuples du royaume de Gannes. Après l'avoir priée d'attendre un moment, il sortit de la pièce et manda son sénéchal.

– Faites-la fouiller ainsi que ses gens, lui dit-il, puis tenez-les tous en prison, de manière que ceux qui les envoient en perdent à jamais voies et vents.

Mais la demoiselle connaissait par ouï-dire la traîtrise de Claudas : aussi avait-elle remis à son nain le message dont la reine l'avait chargée, en lui recommandant de le faire disparaître à son premier signe.

Quand il vit le sénéchal entrer avec deux sergents et arrêter sa dame, le nain, qui était allé s'appuyer à une fenêtre, précipita les lettres dans la rivière, où elles s'enfoncèrent, car elles étaient dans une boîte de buis qui par nature coule tout droit.

– Larron ! lui dit le sénéchal qui l'avait vu, je vous ferai mourir !

Et il le mit en prison, ainsi que la demoiselle et ses gens.

XXXI

Or le conte dit que le roi Claudas fut encore plus inquiet quand il eut appris comment le nain avait détruit le message. Il manda deux valets, et les envoya à la cour du roi Arthur pour voir quels étaient sa puissance et son gouvernement.

– Demeurez-y tout l'hiver et l'été, leur dit-il ; puis vous reviendrez m'apprendre ce qui s'y passe.

Ainsi partirent les deux espions, mais ils durent attendre quelque temps au port avant que de franchir la mer, car le mauvais temps arrêtait les nefs, et ils n'arrivèrent qu'à la Noël à Carduel en Galles, où le roi tenait sa cour, belle et plénière à l'ordinaire.

– Le roi a-t-il jamais tenu une si riche cour ? demanda l'un d'eux à un bourgeois qui passait.

– Riche, bel ami ? Certes, non pas tant que de coutume ! On est trop dolent de l'absence de monseigneur Lancelot et de ceux qui sont en quête de lui.

De cela les deux valets restèrent tout ébahis, et l'un d'eux, nommé Tarquin, dit à l'autre :

– Par mon chef, on trouve ici toute prouesse terrienne et toute bonne chevalerie : qui veut voir le fils de Largesse, qu'il regarde le roi Arthur ! Va-t'en si tu veux : je demeure en sa maison.

Ce qu'il fit ; et il servit si bien parmi les écuyers de la reine, durant un an, qu'elle s'intéressa à lui et lui demanda d'où il était. Alors il lui conta tout : comment le roi Claudas avait emprisonné sa cousine, et comment il avait été lui-même envoyé pour épier. La reine, courroucée, se fit apporter sur-le-champ de l'encre et du parchemin, et elle écrivit de sa main des lettres, qu'elle fit sceller de son sceau ; après quoi elle chargea l'un de ses valets, qui était de confiance, de les porter au roi Claudas. Et monté sur un bon roussin, l'homme se mit en route pour Gannes le jour même.

– Sire, dit-il au roi, madame la reine, la femme du roi Arthur, vous mande de lui rendre par amour et courtoisie sa pucelle que vous détenez. Si vous ne voulez le faire, sachez que de tels maux vous en adviendront, qu'il vaudrait mieux pour vous que madame ne fût jamais née. Et vous trouverez cela écrit sur ces lettres.

Le roi les prit sans mot dire et les fit lire par un de ses clercs ; mais, quand il connut les menaces que la reine lui faisait, il fut si irrité, que pour un peu le cœur lui eût crevé au ventre. Il saisit les lettres, les foula aux pieds.

– Va dire à ta dame, s'écria-t-il, que je ferai à sa pucelle plus de honte que jamais ! Dis-lui que je ne l'aime ni ne la crains, et que je la prise, elle et son bouffon, autant qu'un éperon de fer ! Elle mériterait d'être brûlée, pour coucher comme elle fait avec celui que je sais, qui est si preux et si vaillant qu'il ne possède pas seulement un pied de terre ! Certes, il sait moins bien jouter contre un chevalier que contre un mouton quand il en a fait cuire l'échine ; après qu'il en a mangé la moitié et qu'il s'est bien lesté de trois hanaps de vin, alors il a outré ses ennemis et il s'entend à blâmer les prud'hommes ! Va-t'en dire à la reine Guenièvre ce que je lui mande.

Le valet retourna à Londres aussi vite qu'il put et, quand la reine connut les paroles de Claudas, elle se dit dans son cœur : "Ha, beau doux ami Lancelot, si Claudas croyait que vous fussiez vivant, il ne serait pas si hardi que de nous faire un tel outrage, à moi et à vous ! Mais, s'il plaît à Dieu, je vous reverrai sain et sauf." Et, songeant ainsi, elle baisait l'anneau qu'elle tenait de lui.

Après souper et les tables levées, elle dit au roi :

– Sire, il y a très longtemps que vous n'avez donné de tournoi en ce pays : annoncez-en un pour les octaves de la Madeleine, qui ait lieu dans les prairies de Camaaloth. Si Lancelot en entend parler, il y viendra peut-être, ainsi que tous ceux qui sont encore en quête de lui.

Le roi consentit et fit crier par tout le pays le lieu et la date du tournoi. Mais le conte laisse à présent le roi Arthur et la reine Guenièvre et retourne à Lancelot, qui chevauche vers la cour à travers la forêt Perdue, après avoir délivré les chevaliers et les demoiselles enchantés.

XXXII

Comme il traversait une clairière, il rencontra un chevalier très grand et très fort, qui portait sur le cou de son destrier le corps d'un homme tout armé, tête de-ci, jambes de-là. Et dès qu'il aperçut Lancelot, le géant posa sur le sol sa charge humaine, baissa sa lance et piqua des deux sans sonner mot. À son tour, Lancelot laissa courre, et tous deux se frappèrent si rudement que leurs lances volèrent en pièces, qu'ils s'entre-heurtèrent de leurs chevaux et de leurs corps et qu'ils s'abattirent l'un l'autre à terre : et sachez qu'on eût bien fait une lieue à pied avant que sens et mémoire leur fussent revenus. Lancelot pourtant se leva le premier, car il avait été moins froissé de sa chute, étant moins lourd ; l'épée à la main, il courut au géant qui se redressait, encore tout chancelant : d'un premier coup sur la tête, il le jeta à genoux ; d'un second, il le précipita sur les mains ; puis il lui arracha son heaume et le lança au loin.

Mais, quand il sentit son chef découvert, le géant eut grand'peur de la mort : il fit un tel effort qu'il se remit debout et riposta d'un si rude coup d'épée que sa lame entra de deux doigts dans le heaume de Lancelot. Heureusement, dans le même temps, celui-ci lui assenait un entre-deux à découvert qui lui fendait le visage et la tête. Et le géant tomba, gigotant, tricotant des jambes comme une grenouille, jusqu'à ce qu'enfin son corps reposât en paix. Ainsi mourut Mauduit, le plus méchant diable que la terre ait jamais porté.

Après avoir essuyé son épée, Lancelot alla au chevalier qui gisait inanimé, et, dès qu'il lui eut ôté son heaume, il reconnut Hector des Mares, son frère ; alors il le plaça à grande pitié sur son propre cheval et le soutint jusqu'à une abbaye de moines blancs qu'on voyait non loin de là. Hector y fut couché dans un bon lit, où les religieux l'oignirent d'un jus d'herbes salutaires, si bien qu'il ne tarda pas à reprendre ses sens. Et, quand il se sentit mieux, Lancelot lui dit en l'accolant joyeusement :

– En nom Dieu, Hector, j'ai bien lieu de me plaindre de vous comme d'un mauvais frère, qui avez si longtemps caché notre parenté !

– Beau sire, répondit Hector en rougissant, vous êtes un haut et gentil homme, extrait de rois et de comtes ; et moi je ne suis qu'un pauvre chevalier en comparaison de vous, car ma mère est de petit lignage.

– Par mon chef, ce n'est point cela ! reprit Lancelot en riant : si vous ne vouliez point me reconnaître, c'est que je ne possède pas seulement un pied de terre ! Mais, s'il plaît à Dieu, le roi Claudas qui tient mon héritage s'en repentira.

Ainsi les deux frères se faisaient joie. Et Lancelot demeura deux jours avec Hector ; mais, la seconde nuit, il crut voir au chevet de son lit un vieil homme qui lui disait :

– Beau neveu, avant de gagner Camaaloth, va-t'en dans la forêt Périlleuse, où tu trouveras une grande aventure. Je suis ton aïeul, le roi Lancelot.

Aussi, le lendemain, dès que la messe eut été chantée, il demanda ses armes et s'en fut par la forêt, non sans avoir recommandé son frère aux moines, qui lui promirent qu'Hector serait guéri en peu de temps.

XXXIII

À peine eut-il cheminé quelque temps, il entendit un cri hideux à ouïr, et si épouvantable que nul homme ni femme n'en aurait su pousser de tel. Il éperonna son cheval et parvint bientôt dans un vallon profond : là, sous un chêne dont les branches et les feuilles la couvraient, se trouvait une maison basse et ancienne, et, non loin, une source coulait par un tuyau d'argent dans un bassin, au pied d'une tombe de marbre vermeil que gardaient deux lions couchés ; c'était l'un d'eux qui avait si horriblement crié.

Dès qu'elles virent Lancelot, les bêtes se levèrent, battant leurs flancs de leur queue pour se mettre en colère : car c'est l'usage des lions de n'attaquer ni homme ni femme avant que d'être courroucés. Mais Lancelot sauta vivement de son destrier, craignant qu'il ne fût occis, puis il courut au premier lion et lui trancha la tête. Le second, cependant, lui arrachait son écu : dont le chevalier eut si grande honte qu'il lui fendit le chef jusqu'aux épaules. Après quoi il s'approcha de la tombe.

Elle était dégouttante de sang, et au fond de la fontaine, dont l'eau bouillait comme si tout le feu du monde l'eût échauffée, on apercevait une tête coupée, toute blanche et chenue. Lancelot y plongea la main et, non sans se brûler au point qu'il pensa trouver sa chair et ses os en cendres, il en tira la tête. Puis il leva la tombe et découvrit ainsi un corps sans chef. Et comme il le regardait, tout ébahi, un ermite sortit de la maison et lui dit, après lui avoir demandé son nom :

– Sire, sur la terre de votre aïeul le roi Lancelot, il était un château nommé la Belle Garde, dont le sire avait une femme de qui la beauté ne se pouvait cacher plus que la clarté du cierge sur le chandelier. Le roi Lancelot et elle s'aimèrent, mais d'amour pur, comme ceux qui veulent conquérir le ciel. Toutefois de mauvaises gens racontèrent que le roi aimait la dame de fol amour, et tant que le sire de Belle Garde finit par l'entendre dire : il fit serment de s'en venger.

“C'était le temps du carême. Le jour de l'Adoration de la Croix, le roi entra dans la forêt Périlleuse, nu-pieds et en chemise, suivi de deux écuyers seulement, et se rendit à cet ermitage-ci pour se confesser au prud'homme qui y demeurait. Après avoir entendu le service du jour, il eut soif et vint à cette source ; mais, comme il se baissait pour y boire, le sire de Belle Garde, qui l'avait suivi, s'approcha sans être vu et d'un coup d'épée lui fit voler la tête dans la fontaine. Aussitôt l'eau, qui était froide comme glace, se mit à bouillir à grandes ondes. Par quoi le sire comprit qu'il avait mal agi : il fit ensevelir le corps du roi ; mais la tombe se mit à saigner comme vous voyez. Et au moment qu'il rentrait dans son château, il fut lui même écrasé par une grosse pierre qui tomba d'un créneau.

“Un jour, un lion tua un cerf devant la fontaine. Mais, durant qu'il dévorait sa proie, un autre lion survint, qui voulut la lui ravir. Les deux bêtes se battirent et blessèrent jusqu'à ce que, n'en pouvant mais, elles dussent se coucher. Or, l'une d'elles, qui gisait près de la tombe, s'était mise à lécher le sang qui en dégouttait : grâce à quoi elle redevint aussi saine et vigoureuse qu'avant le combat. Ce que voyant, l'autre vint lécher le sang à son tour et ne s'en trouva pas moins bien. Alors, les deux lions firent ensemble une paix si bonne que jamais il n'y eut plus aucune noise entre eux, et ils se couchèrent, l'un au pied, l'autre au chef du tombeau, et le gardèrent si bien que nul chevalier n'en a jamais pu approcher avant vous.

“Vous les avez tués et vous avez retiré la tête et le corps du roi, que j'ensevelirai auprès de celui de sa femme dans la chapelle. Mais sachez que vous n'êtes pas le bon chevalier qui achèvera toutes les aventures, puisque, sans doute à cause du feu de luxure qui flambe en votre corps, vous n'avez pu éteindre le bouillonnement de l'eau.

À ces mots, Lancelot rougit de honte. Il se recommanda aux prières du prud'homme et partit sans tarder.

XXXIV

Or, le conte dit que cette forêt, qu'il devait traverser pour gagner Camaaloth, était nommée Périlleuse en raison des bêtes sauvages dont elle était peuplée, et elle était aussi très épaisse et feuillue, de façon que Lancelot ne tarda pas à s'égarer. Il marchait au hasard, lorsqu'il vit accourir un valet poursuivi par un ours qui mugissait comme un diable.

– Sainte Marie ! À l'aide ! criait le valet.

Lancelot piqua des deux, la lance allongée, courut sus à l'ours qui venait à sa rencontre, la gueule bée, pour le manger, frappa la bête au côté et lui fit passer son froid acier à travers le cœur de manière qu'elle s'abattit au milieu du chemin. Après quoi, appelant le valet, il lui demanda s'il y avait quelque lieu aux environs où l'on pût s'héberger. L'autre lui offrit de le guider vers un ermitage où il se rendait lui-même, et tous deux se mirent en route.

La lune s'était levée, luisante et belle. Et comme ils traversaient une vallée profonde, voici qu'ils virent venir, non plus un ours, mais un cerf plus blanc que fleur naissante en un pré, qui portait au cou une chaîne d'or et marchait entre quatre lions, deux devant, deux derrière, lesquels le gardaient aussi attentivement qu'une mère son enfant. Les cinq bêtes passèrent devant Lancelot et son compagnon sans leur faire aucun mal ; puis elles entrèrent au plus épais de la forêt. Et quand Lancelot fut arrivé à l'ermitage, il ne manqua pas de demander si c'était par enchantement ou par le commandement de Dieu que les lions protégeaient ainsi le cerf.

– Vous avez donc vu le cerf blanc ? dit l'ermite. Sachez, sire, que c'est une des plus grandes merveilles du monde et que ce n'est pas un enchantement ni l'œuvre du diable, mais un miracle qui advint par la volonté de Notre Seigneur. D'ailleurs, le bon chevalier célestiel, qui passera tous les chevaliers terriens, pourra seul achever cette aventure, et fera connaître au monde comment les lions prirent en garde le cerf.

– Sire, dit Lancelot, puisque nous ne pouvons savoir quel est ce chevalier, ce serait peine perdue de vous le demander. Mais n'avez-vous point quelques nouvelles ?

Le prud'homme lui apprit qu'un enfant était né de la fille du roi Pellès le riche Pêcheur, et Lancelot pensa que ce fils devait être de lui. Ainsi causèrent-ils longtemps en mangeant du pain et buvant de l'eau, qui était tout ce que l'ermite possédait ; après quoi le chevalier et le valet se couchèrent sur l'herbe verte que leur hôte leur avait cueillie.

Mais le conte laisse maintenant ce propos et retourne à Camaaloth où se trouvaient le roi Arthur et la reine Guenièvre en grande attente.

XXXV

Un jour, un chevalier étranger mit pied à terre dans la cour du palais, et, après avoir donné son cheval à tenir à un garçon, il se rendit dans la salle. Le roi y était, causant avec ses barons, et auprès de lui la reine assise, si noblement vêtue que nulle n'aurait su l'être mieux. Le chevalier s'agenouilla devant eux et les salua de par Lancelot du Lac. Aussitôt le roi courut l'accoler, plein de joie ; quant à la reine, si grand fut son bonheur que pour un peu le cœur lui eût tourné. Mais le chevalier vint se mettre à genoux devant elle et lui présenta l'échiquier magique dans un fourreau de soie.

– Dame, dit-il, messire Lancelot vous mande qu'il reviendra bientôt et vous envoie ces échecs. Peut-être en avez-vous déjà vu d'aussi riches, mais jamais d'aussi merveilleux.

Et après avoir rangé les pions ainsi qu'ils doivent l'être, il pria le roi de désigner le plus habile de ses barons pour faire la partie.

– Je jouerai moi-même, dit Arthur.

Toutefois, ses prud'hommes lui conseillèrent de laisser ce soin à la reine, qui était plus experte que lui. Et certes elle s'appliqua autant qu'elle put, car maint haut homme regardait le jeu ; pourtant elle fut bientôt matée en l'angle, et chacun de rire. Mais, lorsqu'on sut que Lancelot avait gagné la partie, tout le monde pensa que nul ne l'égalait en chevalerie ; quant à la reine, elle sentit qu'elle ne pourrait plus longtemps encore se passer de lui. Désormais, chaque jour, elle monta sur sa tour, d'où l'on découvrait à la ronde plus de dix lieues de pays, pour guetter sa venue.

Un matin, elle vit un chevalier sortir de la forêt, tout seul, sans écuyers ni sergents ; il avançait au petit pas sur un cheval recru de fatigue et qui ne semblait plus bon qu'à livrer aux mâtins, mais si fièrement qu'on sentait bien qu'il était homme de grande défense, et elle crut reconnaître Lancelot ; mais c'était messire Gauvain. Bientôt, Agravain, Guerrehès, Gaheriet et Mordret arrivèrent à leur tour. Et le lendemain revint messire Yvain le grand ; puis ce fut Sagremor, puis Keu le sénéchal, Lucan le bouteiller, Giflet fils de Do. Leurs chevaux étaient étiques et las, leurs heaumes décerclés, bossués, leurs écus dépecés et décolorés, leurs cottes d'armes en loques, leurs hauberts tout rouillés et recoquillés, parce qu'ils n'avaient pas été fourbis et roulés depuis longtemps ; plusieurs avaient des lances faites d'une grosse branche non écorcée et des étrivières de corde, tant ils avaient erré en quête de Lancelot.

Et leur première question à tous, dès qu'ils mettaient pied à terre dans la cour, était pour s'informer de lui ; mais le roi leur répondait tristement qu'il ne l'avait pas encore vu.

Il fit apporter de riches robes qu'il voulait leur donner, et, parce qu'il y en avait de plus belles les unes que les autres, il les pria de désigner les meilleurs d'entre eux. Tous s'accordèrent à reconnaître qu'après Lancelot le plus vaillant était Bohor, et après lui Hector, puis Lionel, puis monseigneur Gauvain, puis Gaheriet, puis Sagremor. Le roi mit à part les robes de Lancelot et de ceux de son lignage, qui étaient absents ; après quoi les autres en reçurent d'assez magnifiques pour honorer des empereurs, car nul n'égala jamais le roi Arthur en largesse.

Cependant, il s'inquiétait hautement, craignant que, le jour du tournoi, ses chevaliers ne fussent déconfits, faute du secours de Lancelot.

– Que dites-vous, sire ! s'écria Agravain. Par Dieu ! il y a céans assez de bons jouteurs pour que la Table ronde ne soit pas vaincue, dût Lancelot lui-même se ranger contre elle.

– Agravain, Agravain, dit la reine, ne comparez pas Lancelot aux autres chevaliers : s'il était du parti contraire au vôtre, vous seriez tous défaits.

– Dame, je sais bien qu'il est le meilleur du monde. Mais nous sommes ici cent trente au moins, et contre trois ou quatre seulement d'entre nous, que pourrait-il faire, lui tout seul ?

Or, en écoutant les propos de la reine, les compagnons de la Table ronde, hormis messire Gauvain, avaient tous pensé avec amertume :

"Si même nous vainquions tout sans que Lancelot eût frappé un seul coup, on dirait encore que c'est lui qui a le mieux fait et on lui donnerait le prix, comme toujours !"

C'est pourquoi plus de cent d'entre eux convinrent que, si Lancelot arrivait à temps pour le tournoi, ils prendraient des armes déguisées et passeraient dans l'autre camp. Mais la reine, qui connut leur cabale le soir même, résolut d'en avertir son ami. Elle lui écrivit de sa main un bref qu'elle confia à son écuyer Tarquin, dont elle était sûre ; et le messager battit les routes à franc étrier devers la forêt Périlleuse, tant qu'enfin il joignit Lancelot près du château de Montiguet, sur le chemin de la Croix au Géant.

– Allez, répondit celui-ci après avoir baisé secrètement la lettre, et dites à madame que je ferai ce qu'elle m'a mandé.

Puis il fut trouver le roi Baudemagu de Gorre qui était venu pour le tournoi, et il lui demanda de combattre, dans les rangs de ses chevaliers, les gens du roi Arthur. Ce que le roi Baudemagu lui octroya très volontiers.

XXXVI

Le jour venu, de grand matin, la reine se rendit aux prairies de Camaaloth sur un petit palefroi pie ; elle était vêtue d'une robe de soie pourpre, brodée d'or et fourrée d'hermine, et ainsi faite, elle semblait bien la fleur de toutes les femmes. Or, en arrivant dans la loge des dames, elle vit qu'une demoiselle portait la ceinture qu'elle avait jadis donnée par grand amour à Lancelot : dont elle fut d'abord courroucée à perdre le sens ; puis elle pensa que c'était là sans doute cette pucelle qui avait guéri Lancelot du venin des couleuvres à la fontaine. Elle la fit appeler, et quand l'autre, toute tremblante, fut venue s'agenouiller devant elle, elle lui dit, après avoir éloigné tout le monde :

– Demoiselle, une haute dame qui est fort de mes amies s'est venue plaindre aujourd'hui de vous à moi. Savez-vous pourquoi ? Elle a longuement aimé un chevalier et, bien qu'elle soit cent fois plus prisée que vous pour sa naissance, sa beauté et sa richesse, vous le lui avez pris, comme en témoigne cette ceinture qu'elle-même donna jadis à son ami, m'a-t-elle dit. Et c'est pourquoi vous serez tuée avant que de quitter ce pays.

À ces mots, la pucelle eut grand'peur de la mort : elle se mit à sangloter, et si fort que la reine en eut pitié.

– Si vous jurez que vous m'avouerez la vérité, dit-elle, je ferai votre paix avec la dame qui se plaint de vous.

La demoiselle s'empressa de jurer ; puis elle conta tout ce qui s'était passé entre elle et Lancelot.

– Sachez bien, dame, ajouta-t-elle, que pour l'amour de lui je garderai mon pucelage jusqu'à la mort.

– En nom Dieu, dit la reine, jamais demoiselle n'aima si loyalement que vous faites et si mon amie vous haïssait, elle commettrait une grande vilenie. Je ferai votre paix avec elle.

– Dame, grand merci.

XXXVII

Dans le champ, cependant, les rois, les ducs, les comtes, les chevaliers se pressaient en si grand nombre, qu'il semblait que tous les prud'hommes de l'univers y fussent assemblés. Les hérauts avaient déjà crié : "À vos heaumes !" lorsqu'arrivèrent ceux de la Table ronde, qui portaient tous une rouelle de cordouan sur l'épaule en guise d'enseigne. D'abord qu'ils chargèrent, ils abattirent bien cent chevaliers et les gens de l'empereur d'Allemagne durent reculer de deux traits d'arc ; beaucoup d'entre eux apprirent ce jour-là comment prison fait bourse plate, car ils durent se racheter comme est la coutume en tournoi. Messire Gauvain, pour sa part, faisait de telles prouesses, qu'en reconnaissant ses armes, on criait : "Le voici ! Fuyez, fuyez !" Et les dames et les demoiselles parlaient déjà de lui donner le prix, qui était un cerf à bois et sabots dorés.

Lancelot se tenait à l'écart avec le roi Baudemagu et ceux de Gorre. Quand il vit cela, il dit :

– Sire, maintenant, allons aider !

Et il s'élança, bruyant comme la foudre, suivi du roi et de ses gens.

Du premier coup, il perce l'écu et le haubert d'Agravain qu'il jette entre les pieds des chevaux ; du tronçon de sa lance brisée, il renverse Calogrenant, un des compagnons de la Table ronde ; puis il dégaine, et son épée de voler plus vite qu'un faucon sur sa proie, démaillant, coupant, tranchant chevaliers et chevaux, têtes, bras, hampes, écus. Quel fut le premier, quel fut le dernier qu'il navra ? Tel un loup à jeun dans le parc aux moutons, qui tue à droite, à gauche, devant, derrière, jusqu'à ce qu'il n'y ait plus rien, il abattit comme brebis monseigneur Gauvain, et Sagremor, et le roi Ydier, et Blioberis, et Lucan, et Agloval, et Mordret, et Keu, et Ganor d'Écosse, et Giflet, et le Laid Hardi, et les autres. Partout il présentait son écu, offrait son heaume, jetait son épée, et ceux de Gorre ne voyaient que lui en tous lieux, comme un étendard : sa seule vue relevait les gisants !

À la fin, les compagnons de la Table ronde s'enfuirent devant celui qui les détruisait ainsi que la flamme un taillis : et, monté sur le meilleur destrier du roi Baudemagu, il les pourchassa, suivi des siens, bien au delà de leur camp, jusque dans les rues de Camaaloth.

Le roi cependant doutait que celui qui faisait de telles merveilles et finissait le tournoi en si peu de temps, ne fût Lancelot lui-même.

– Sire chevalier, cria-t-il quand le vainqueur revint de la poursuite, vous êtes l'homme au monde que je souhaite le plus de connaître. Par amour, je vous prie de m'apprendre votre nom.

Sans mot dire, Lancelot délaça son heaume et le roi, en le voyant, poussa un cri de joie. Il descendit en toute hâte et courut l'accoler, tout armé comme il était.

À ce moment, on apportait monseigneur Gauvain sur une litière : le roi s'empressa de mander son meilleur mire qui pansa la blessure de l'épaule et y mit tel emplâtre qu'il jugea bon. Et quand messire Gauvain fut couché au palais et qu'il aperçut Lancelot à son chevet il lui dit :

– Sire, soyez le bienvenu. Vous êtes le plus preux chevalier du monde et vous l'avez fait paraître aujourd'hui d'une manière telle qu'il m'en faudra souvenir à tous les jours de ma vie. Mais vous avez bien abattu l'orgueil de ceux de la Table ronde.

Or, quand ils connurent cette parole de monseigneur Gauvain, les compagnons s'en irritèrent, et plusieurs en conçurent contre Lancelot une haine mortelle ; mais le conte parlera de cela quand il sera temps.

XXVIII

Comme on mettait les nappes pour le dîner, Bohor arriva, puis Lionel, puis Hector, qui tous trois se chagrinèrent fort d'avoir manqué le tournoi.

Le repas achevé, le roi manda les clercs chargés de mettre en écrit les aventures des chevaliers errants, et il invita Lancelot à dire ce qui lui était advenu depuis qu'il était parti en compagnie de la vieille au cercle d'or. Lancelot conta tout ; pourtant il ne rapporta point comment il avait été trompé par la fille du roi Pellès, non qu'il en eût honte, mais parce qu'il craignait de perdre l'amour de sa dame. Quand il eut fini, messire Gauvain narra à son tour ce qui lui était arrivé au Château aventureux avant Lancelot ; et comment la vieille lui avait dit en le laissant que le fils de la reine aux grandes douleurs avait perdu par la faiblesse de ses reins l'honneur de mener à bien la plus belle des aventures et de connaître la vérité du Saint Graal ; et comment en se retournant il n'avait plus trouvé traces du château. Tous les chevaliers qui étaient partis en quête de Lancelot firent ainsi le récit de leurs aventures. Après quoi chacun s'en fut dormir en son hôtel.

Le roi Arthur était un peu souffrant : il coucha seul dans une chambre du côté de l'eau ; grâce à quoi la reine put faire dresser son lit dans une pièce qui donnait sur le jardin ; puis, ayant écarté ses pucelles afin d'éviter le bruit, dit-elle, et de mieux reposer, elle reçut Lancelot. Mais, lorsque tous deux se furent fait joie comme ceux qui s'aimaient plus que tout au monde, elle se prit à pleurer.

– Ha ! beau doux ami, vous avez entendu ce qu'a dit mon neveu Gauvain : que le fils de la reine aux grandes douleurs a perdu par son péché l'honneur de découvrir la vérité du Saint Graal. C'est vous. Il vaudrait mieux que je ne fusse jamais née !

– Dame, vous dites mal. Sachez que je ne serais jamais parvenu sans vous à la hautesse où je suis, car je savais bien que je ne vous gagnerais qu'à force de prouesse. C'est votre amour qui mit toute force en mon cœur.

Mais la reine hocha la tête en soupirant. Puis elle dit encore :

– Beau doux ami, bien des gens vous ont cru mort, et quelqu'un m'a fait outrage, qui ne l'eût osé s'il eût pensé que vous fussiez en vie. C'est le roi Claudas de la Terre Déserte, qui déshérita votre père et força votre mère à se faire nonne voilée pour lui échapper.

Et elle lui conta comment Claudas détenait sa cousine en prison et les insultes qu'il lui avait mandées.

– Dame, dit Lancelot, sachez que vous serez vengée et je ne serai jamais en paix tant qu'il lui restera un pied de terre.

Dès le lendemain, il appela à parlement son frère Hector, Lionel et Bohor, avec soixante compagnons de la Table ronde, ceux qui l'aimaient le plus ; et quand ils surent qu'il voulait reprendre son héritage, ceux-ci lui offrirent leurs corps, leurs biens et leurs hommes pour soutenir cette guerre. De même, le roi Arthur lui promit de l'aider de tout son pouvoir. À son tour, le roi Baudemagu de Gorre dit qu'il viendrait avec ceux de son royaume. Tous prirent rendez-vous pour le jour de la Madeleine à Londres, où de grandes nefs bien munies devaient les attendre afin de passer la mer lorsque Dieu leur donnerait un temps favorable. Et bientôt on ne parla dans toute la ville que de la guerre entreprise par monseigneur Lancelot du Lac.

XXXIX

C'est ainsi, dit le conte, que le jour de la Madeleine l'armée du roi Arthur monta sur les nefs et, comme elle eut bon vent, elle parvint en Flandre assez aisément. Pendant qu'on débarquait leurs harnais et leurs chevaux, les chevaliers campèrent sur la plage ; puis ils se mirent en marche derrière ceux du royaume de Gorre qui faisaient l'avant-garde, en bel arroi, lance sur feutre et tout couverts de fer.

Le comte de Flandre voulût s'opposer à eux, mais il fut défait et tué par le neveu du roi Baudemagu, Patride, à qui l'on donna la couronne de lauriers qui était le signe de la victoire en ce temps-là, et toute la comté de Flandre.

Ensuite, l'armée entra en Gaule et, comme le roi de cette terre venait de mourir, les peuples dirent qu'ils ne feraient point d'opposition : de sorte que le roi Arthur manda à ses chevaliers de se désarmer, hormis l'avant-garde, et passa sans commettre aucun dégât ni dommage.

Il apprit, cependant, que les barons du pays ne pouvaient s'accorder pour élire leur seigneur, et qu'un comte d'Allemagne, nommé Matabron, les menaçait de s'emparer par force de la terre de Gaule s'ils ne la lui octroyaient par amour, car il avait grande abondance de biens et d'amis. Cela fit songer au roi qu'il avait de meilleurs droits que tout autre sur ce royaume, pour ce que Faramond avait jadis dû rendre hommage à son père Uter Pendragon. Il résolut de les faire valoir ; néanmoins il envoya son armée contre le roi Claudas, jugeant qu'il lui suffisait d'un petit nombre de gens, du moment qu'il gardait Lancelot avec lui.

Les barons de Gaule, qui étaient alors assemblés dans la ville de Paris, eussent volontiers reconnu Arthur pour leur seigneur, mais Matabron s'écria :

– Ce roi est fou, qui veut avoir la terre à moi donnée. S'il en fait tant que je pende mon écu à mon cou, il n'échappera pas sans avoir la tête coupée !

Et lorsqu'il sut que le roi approchait de Paris, il lui envoya un messager pour lui dire que ce serait mal fait que leurs gens s'entretuassent, et qu'il le défiait seul à seul, corps à corps. Lancelot pria son seigneur de lui céder la bataille ; mais celui-ci n'en voulut rien faire.

Le lendemain donc, quand le soleil fut levé, le roi Arthur entendit la messe, puis il s'arma richement et se fit passer dans l'île Roland, dessous Paris, qu'on avait choisie pour le combat. À le voir si petit au prix de lui, Matabron, qui était très fort et très haut, pensa qu'il l'outrerait aisément. Pourtant le combat dura de prime jusqu'à midi sans que l'un d'eux pût prendre à l'autre un plein pied de terre.

Mais, à ce moment, Matabron commença de se lasser parce qu'il avait trop attaqué au début, pensant vaincre en peu de temps ; alors le roi se mit à le frapper sur le heaume de sa bonne épée Excalibur comme un bûcheron sur un chêne, et si rudement qu'à la fin l'Allemand tomba tout étourdi. Aussitôt le roi Arthur lui coupa la tête.

XL

Pendant ce temps, l'armée de Logres arrivait sur la terre de Gannes, devant Pinegon, qui était un château assez fort et bien muni pour soutenir un siège de dix ans. Bohor l'assaillit en vain ; mais le roi Baudemagu s'avisa de grimper avec ses gens par un côté qui passait pour inexpugnable et qu'on avait laissé sans garnison. Et, lorsqu'ils entendirent crier derrière eux : “Trahison !”, ceux du château se fussent rendus volontiers ; néanmoins, les chevaliers de Gorre en firent un tel massacre, qu'il n'en échappa guère de vivants.

Le roi Claudas eut grand deuil de cette nouvelle. Sur le conseil de Xerxès, son sénéchal, il donna cinquante chevaliers à son fils Claudin, et, la nuit venue, celui-ci se mit en route par des chemins qu'il connaissait, menant sa compagnie renforcée d'une troupe de jeunes gens, nouveaux adoubés, légers bacheliers, qui avaient grand désir de combattre et qui partirent sans le congé de Claudas.

Or le roi Baudemagu avait fait coucher sa gent dedans le château ; mais tout le reste de l'armée avait dressé ses tentes et ses pavillons dans la plaine, et, si Keu avait été chargé de faire le guet du côté de l'ennemi, l'autre ligne n'était point gardée. Claudin, qui savait cela, divisa ses forces en deux parts. Avec la première, il laissa courre sur Keu, lequel tint si bien la mêlée avec les siens, que ceux de Logres n'eussent guère perdu ; mais, dans le même temps, l'autre corps des gens de Claudin chargeait à revers, coupant les cordes des tentes, criant : “Trahis ! trahis !” et tuant tout.

Grâces à Dieu, messire Gauvain, sage et éprouvé comme il était, s'était couché tout armé et avait fait coucher de même ses frères et les siens. Mais Bohor, Lionel, Aguisant, le Laid Hardi, Brandelis, Breoberis et beaucoup d'autres jeunes hommes dormaient tout dévêtus, et ainsi un grand nombre furent pris. Toutefois, quand Claudin aperçut que le roi Baudemagu et ses chevaliers commençaient à sortir du château et que beaucoup de ceux de Bretagne étaient enfin armés, il se mit en retraite après avoir placé ses prisonniers en tête, faisant lui-même l'arrière-garde avec ceux de son lignage et revenant sur ses poursuivants comme le sanglier sur les chiens. Messire Gauvain, ses frères, le roi Ydier, Keu le sénéchal lui firent la chasse tant qu'ils purent ; mais, lorsque la lune se fut couchée et le ciel tant obscurci qu'ils ne se reconnaissaient plus les uns les autres, il leur fallut bien s'arrêter. Et comme ils revenaient, ils entendirent les grands cris et les pleurs que faisaient ceux des tentes à cause de leurs parents qui gisaient : car il y avait bien quarante tués, davantage de blessés, et quinze chevaliers prisonniers, dont Brandelis, et trente sergents.

Au matin, les barons résolurent de rester à Pinegon un jour et une nuit pour faire droit aux morts, et pour panser et soigner leurs blessés le mieux possible. Mais, le jour suivant, l'armée se mit en marche, divisée en dix échelles de cent hommes, tant chevaliers que sergents.

XLI

Claudas les attendait devant le château du Cor.

Dès qu'ils aperçurent les enseignes de la Déserte, le roi Baudemagu et les siens, qui faisaient l'avant-garde, mirent lance sur feutre et laissèrent courre, en si bel arroi que c'était plaisir de les voir. Et la première échelle du roi Claudas s'élança à leur rencontre. Alors les lances peintes aux fers tranchants percèrent les écus et les blancs hauberts ; d'autres se brisèrent en éclats au ras des poings ; les chevaliers se heurtèrent des chevaux et des corps et beaucoup volèrent par-dessus les croupes de leurs montures ; les heaumes retentirent ; les destriers sans cavaliers galopèrent effrayés, la tête haute ; la terre ruissela de sang et il s'éleva un bruit tel qu'on n'eût pas entendu Dieu tonner. Et bientôt la première ligne de Claudas céda, de sorte que la seconde dut venir à la rescousse.

Xerxès la conduisait : comme il vit que le roi Baudemagu faisait grand dommage, tuant tout ce qu'il atteignait, il lui courut sus et lui assena un tel coup sur le heaume qu'il le fit choir de son destrier, non pas blessé, mais tout étourdi ; puis il continua sa course, frappant à dextre et à senestre, tranchant les lances et les bras, et faisant tant d'armes que nul n'osait l'attendre. Patride galopa vers lui, l'épée haute ; mais Xerxès leva son écu, dont le coup sépara un grand morceau, et il riposta si rudement que Patride dut s'incliner sur le cou de son destrier.

Alors le roi Baudemagu, qu'on avait remonté, vint aider à Patride : il haussa son arme et, l'abattant sur Xerxès, fendit le heaume, la coiffe de mailles et l'os du crâne, en sorte que le sénéchal tomba mort. Et, ses gens lâchèrent pied.

Les chevaliers de Gorre les poursuivirent ; mais ils se heurtèrent à la troisième échelle : aussitôt le corps du roi Brangore accourut pour les soutenir, et la troisième ligne des ennemis fut déconfite à son tour. Ce que voyant, le roi Claudas envoya en grande hâte deux de ses chevaliers à Gannes et les chargea d'en ramener tout ce qui pouvait porter les armes, hors une petite garnison qui devait rester dans la cité.

À midi, cependant, son armée tout entière se trouvait engagée contre les huit premiers corps de ceux de Logres. Messire Gauvain et Hector combattaient de compagnie et leurs épées frappaient si vite et si fort, qu'elles brillaient comme la foudre et faisaient plier les reins. Voyant cela, Claudin prend une lance courte et roide, s'adresse à monseigneur Gauvain, l'atteint par le travers et culbute ensemble l'homme et le cheval. Aussitôt ses gens d'accourir pour s'emparer du chevalier démonté. Hector protège son compagnon, mais son destrier aussi est bientôt tué. Il jette son écu sur sa tête, et dos à dos, messire Gauvain et lui font belle défense. Hélas ! ils sont bien aventurés, tout seuls, au milieu des ennemis !

Au loin, messire Yvain les aperçut.

– Francs chevaliers, cria-t-il à ses hommes, ores paraîtra qui aime le roi Arthur et moi ! Pensons de secourir monseigneur Gauvain et Hector des Mares qui sont entourés par la gent de Claudas. Ha ! je crains fort qu'il ne leur advienne mal avant notre arrivée !

Ce disant, il s'élance le premier, droit comme carreau d'arbalète, écrasant les cadavres et les armes, et s'adresse à Chanart, le cousin de Claudin, qu'il fait voler à terre. Mais Claudin, prenant son épée à deux mains, frappe monseigneur Yvain d'un tel coup qu'il le jette à bas de son destrier. Et, saisissant le cheval par la bride, il l'amène à son cousin qui s'empresse de l'enfourcher.

Dans le même moment, Hector arrêtait le destrier de Chanart, mettait le pied à l'étrier, malgré ceux qui l'entouraient, et sautait en selle, puis courait sus au roi Claudas. Celui-ci ne l'évita pas, car il avait été de grande prouesse durant sa jeunesse : même, il lui déchargea un si pesant coup d'épée, qu'il abattit un morceau de l'écu. Mais Hector riposta et le roi fit du jour la nuit : il chut pâmé sur le sol où ses armes sonnèrent. Et Hector s'empara de son destrier : il le conduisit à monseigneur Gauvain, qui était encore à pied.

Ainsi dura la mêlée, et vous eussiez vu le champ jonché de chevaux morts, éventrés, renversés sur le dos et agitant les jambes, d'homme tués ou navrés, la bouche bée, gisant comme brebis égorgées, criant :

– Pour Dieu, à boire !

La cervelle et le sang tombaient en pluie : certes, de cette bataille mainte dame demeura sans mari !

Enfin, sur l'heure de none, comme l'armée du roi Claudas commençait de plier, parurent au loin les chevaliers de Gannes, qui venaient au pas afin que leurs destriers ne fussent pas trop las au moment où ils en auraient besoin.

– Beaux seigneurs, voici le secours ! se hâta de crier Claudas. Ores paraîtra qui preux sera. Que chacun pense à se venger du mal qu'on lui a fait !

Sitôt qu'ils débouchèrent dans la plaine, les gens de Gannes brochèrent des éperons à qui mieux mieux. Toutefois ceux de Bretagne les reçurent en prud'hommes, et de telle sorte qu'ils les ramenèrent. Dont Claudin étonné dit à Esclamor :

– Par Dieu, ces gens sont aussi assurés que s'ils n'avaient rien fait aujourd'hui !

Néanmoins, les Bretons durent bientôt reculer, qu'ils le voulussent ou non. Ce que voyant, messire Gauvain songea aux deux derniers corps qui n'avaient pas encore donné.

– Va derrière ce bois, fit-il à son écuyer, et dis à mon frère Gaheriet qu'il nous soutienne avec la neuvième échelle, car la réserve de Claudas nous est tombée sur le cou. Et que Bohor attende avec les siens que je l'envoie quérir.

Gaheriet et sa gent fondirent comme une tempête sur la multitude ennemie et la mêlée devint grande et merveilleuse, au point que nul n'eût pu prévoir à qui Dieu donnerait l'honneur et la victoire de cette journée. Claudin prit des mains de son écuyer une lance courte, épaisse et roide, et, s'adressant à Hector, il lui perça la cuisse, puis la selle et le corps de son destrier. Ah ! messire Gauvain pleura tendrement quand il vit son compagnon à terre, qui ne pouvait se relever : il le fit transporter à l'arrière et ordonna de le garder aussi chèrement que le roi Arthur lui-même.

Puis il manda Bohor et les siens à la rescousse. Et d'abord Bohor courut sus à Marien : de sa lance au fer tranchant il lui cloua l'écu au bras, et le bras au corps, et le renversa mort. Puis il tira son épée, et il abattit Esclamor, et Chanart, et Nabin, et fit en peu de temps un si furieux ravage qu'à le voir, la gent du roi Claudas hésita.

– Par mon chef, dit messire Gauvain, il est fou celui qui a pris la terre d'un tel homme !

La nuit descendait : les gens de la Déserte furent heureux de la voir venir. Ils tournèrent bride assez vilainement vers la cité de Gannes, rudement pourchassés par les Bretons, qui tuaient tous ceux qui restaient en arrière.

XLII

À Gannes, le roi Claudas fit bien garnir les murs, tourelles et bretèches de sergents et d'arbalétriers ; puis il s'enquit des hommes qu'il avait perdus et en trouva plus de quatre cents. Alors, par le conseil de ses barons, il résolut d'attendre, abrité dans la ville, le secours de l'empereur de Rome, son seigneur, qui n'était plus qu'à deux lieues.

Au matin, en effet, l'armée romaine sortit tout soudain de la forêt, les enseignes dressées. Heureusement, messire Gauvain avait fait veiller toute la nuit quarante fervêtus, et non pas à cheval pour ne point fatiguer les destriers, mais la bride en main, cependant que dans toute l'armée les écuyers et les valets raccommodaient à la hâte les hauberts et les chausses. Grâce à cela, l'avant-garde des ennemis, qui était conduite par un de leurs sénateurs, jeune bachelier et de grande chevalerie, fut rudement reçue. Néanmoins, les chevaliers de Rome étaient nombreux et très preux, et quand fut engagée leur dernière échelle, où se trouvaient tous les consuls et les hauts hommes, avec les étendards qui pesaient bien la charge de quatre chevaux, étant en forme d'une aigle d'or et d'un dragon fièrement fichés sur des barres de fer, messire Gauvain n'avait plus que le seul corps de Bohor en réserve. À ce moment, les gens de Gannes firent une sortie et se jetèrent dans la bataille. Mais ils étaient las ; puis Bohor accourut avec les siens, dévorant comme le feu dans les brandes, si bien que la victoire balança.

La bataille dura de la sorte jusqu'à la nuit, périlleuse et confuse ; et le lendemain elle reprit, puis le surlendemain : en sorte que la puanteur des morts que leurs amis n'avaient pu enterrer devint affreuse. Alors messire Gauvain et le maître consul de Rome, qui avait nom Pantelion, conclurent une trêve de quinze jours pour ensevelir les cadavres : tous ceux que l'on put reconnaître furent mis en un cimetière bénit, et les autres brûlés.

Durant la trêve, les gens de Gannes et les Romains visitèrent souvent l'armée du roi tandis que les chevaliers de Logres allaient leur guise dans la cité dont ils admirèrent grandes richesses. Or, la veille de la Saint-Michel, un des hommes de Claudas s'étonna de voir qu'on menait grande joie dans les tentes des Bretons ; et, ayant appris d'un valet que c'était à cause de l'arrivée prochaine du roi Arthur et de Lancelot, il s'empressa d'en instruire son seigneur. Dont Claudas, certes, fût très mal à l'aise. Il appela un écuyer qu'il avait élevé et nourri.

– Me puis-je fier à toi ?

– Ha, sire, que dites-vous ? Je vous servirai loyalement à toujours.

– J'ai à parler à un ermite qui habite loin d'ici. Prépare secrètement trois sommiers pour porter les bagages, et deux forts chevaux pour toi, l'autre pour moi. Nous partirons cette nuit.

Ainsi fut fait. Et lorsqu'il fut à douze lieues de la ville, Claudas envoya un valet avertir ceux de Gannes qu'il s'en allait à Rome, auprès de l'empereur, et leur conseiller de faire la meilleure fin qu'ils pourraient. C'est pourquoi à peine le roi Arthur et Lancelot furent-ils au camp, Claudin, Chanart, Esclamor, Pantelion et une foule de chevaliers, vêtus le plus richement qu'ils avaient pu en cette saison et montés sur de grands et beaux chevaux, sortirent de la cité et vinrent en apporter les clés au roi, qui y fit son entrée le jour même.

Dès le lendemain, il commença d'y recevoir les clés des châteaux et forteresses des deux royaumes de Gannes et de Benoïc, que lui envoyaient ceux qui les tenaient ; et, quatre jours plus tard, il se mit en devoir de visiter ses nouveaux vassaux. À Trèbe, où il fut d'abord, on vit arriver la reine Hélène, mère de Lancelot, suivie de ses nonnes, qui courut à son fils les bras tendus et pleurant de joie. Elle demeura quatre jours auprès de lui ; puis elle retourna dans son abbaye où elle mourut la semaine suivante. Son fils la fit enterrer auprès du roi Ban. Dieu ait son âme au paradis, parmi ses saintes fleurs !

Ainsi Lancelot, Lionel et Bohor recouvrèrent leurs héritages. À Pâques, le roi tint encore à Gannes une grande et merveilleuse cour, telle que les gens du pays n'en avaient jamais vu de semblable. Puis il reprit la mer avec ses gens et, les vents étant favorables, il débarqua peu après en Grande Bretagne.

Mais le conte laisse maintenant de parler du roi Arthur, de Lancelot du Lac et de leurs compagnons pour narrer les enfances de Perceval le Gallois.

XLIII

Le conte dit qu'il y eut jadis dans la terre de Galles un roi qui valait beaucoup, prud'homme à merveille et de très haute lignée, fils de Pellehan, le roi Pêcheur, et frère cadet du roi Pellès, enfin si riche d'amis, de châteaux, de fertés, de prés, de bois et de rivières, qu'il n'avait presque son égal dans la Grande Bretagne. Or ses onze fils aînés furent tués dans les joutes et sa femme le supplia de renoncer pour toujours aux tournois. Mais il lui répondit en haussant les épaules :

– Maudit le chevalier qui demande conseil aux dames quand il s'agit de tournoyer ! Allez vous reposer à l'ombre dans vos chambres peintes et dorées ; pensez de boire et de manger, de teindre de la soie, de faire de la tapisserie : c'est votre métier. Le mien est de frapper de mon épée d'acier.

Et il s'en fut à de nouvelles joutes, or il ne manqua pas de se faire tuer comme ses onze fils.

De sa mort, sa femme épousée eut tant de chagrin que nul homme, pour dur que fût son cœur, n'eût pu la voir sans pleurer. Ah ! quelle douleur ! Elle fit dire plus de cent messes à l'église et elle se promit que son dernier-né, qui avait nom Perceval, n'irait jamais à un tournoi, et même qu'il n'entendrait jamais parler de chevalerie.

Elle annonça à ses vassaux qu'elle voulait mener l'enfant en pèlerinage à Saint-Brandan d'Écosse et leur fit jurer d'obéir à son sénéchal, à qui elle remit sa terre en baillie. Puis elle prit son trésor et tout ce qu'elle put de son avoir ; elle fit charger dix charrettes de blé, froment, avoine et deniers, et elle s'éloigna avec son fils, emmenant bœufs, vaches, chevaux, moutons, brebis, accompagnée par une douzaine de vilains qui lui étaient dévoués et de grand service.

Elle alla tant dans cet équipage, qu'elle parvint dans la forêt Gâtée, la plus déserte du monde, où elle chemina bien deux semaines sans voir ni homme ni maison.

Un jour enfin, elle déboucha avec ses gens dans une belle et avenante vallée, arrosée par un cours d'eau assez vif pour faire aller un moulin, et elle résolut de s'arrêter là. Les douze vilains travaillèrent si bien qu'ils firent en quinze jours une maison close d'une bonne palissade ; puis ils labourèrent la terre, et Perceval fut élevé dans ce vallon jusqu'à ce qu'il eût quinze ans.

À cet âge, il savait très bien monter à cheval et lancer le javelot. Il avait les cheveux noirs comme la mûre au mûrier, mais le cou blanc comme la fleur d'églantine ; les yeux pers, la bouche riante, les jambes fortes et longues pour bien seoir sur un destrier ; large d'épaules, étroit de ceinture, c'était un des plus beaux valets qui se soient jamais vus. Chaque matin, vêtu à la mode de Galles d'une chemise et de braies de chanvre d'un seul tenant, couvert de sa cotte en cuir de cerf, il enfourchait son petit cheval de chasse et, ses trois javelots à la main, il s'en allait au bois.

– Beau fils, lui dit un jour sa mère, chassez tant qu'il vous plaira les chevreuils et les cerfs ; mais il y a une chose que je vous défends : si vous rencontrez dans la forêt des gens qui chevauchent à grand fracas, paraissant tout couverts de fer, ne restez pas auprès d'eux, car ce sont diables qui vous dévoreraient tôt. Éloignez-vous aussi vite que vous pourrez, signez-vous et dites votre *Credo* : de la sorte, vous ne risquerez rien.

– Dame, ainsi ferai-je, répondit Perceval.

XLIV

C'était au joli temps que les arbres fleurissent et que les prés verdissent, que les oiseaux chantent doucement en leur latin, et que toute chose flambe de joie. Ce matin-là, en entrant dans la forêt, Perceval sentait son cœur tellement réjoui du soleil et du chant des oiselets qu'il ne savait que devenir : il ôta la bride de son cheval et le laissa paître à sa guise, puis, pour se divertir, il se mit à lancer ses javelots, tantôt haut, tantôt bas, l'un en arrière, l'autre en avant.

Or, durant qu'il s'amusait ainsi, voici venir cinq fer-vêtus chevauchant à grand bruit, car leurs armes heurtaient les branches, leurs hauberts frémissaient, leurs lances frappaient leurs écus. Le valet, qui entendait ce fracas sans rien voir, songea tout d'abord à ce que sa mère lui avait dit des diables qui courent en ce monde, enclins à faire un bruit furieux et des mouvements tempétueux. "Elle m'a enseigné qu'il se faut munir en pareil cas du signe de la croix, se dit-il. Je le ferai et dirai mon *Credo* ; mais je lancerai ensuite un javelot au plus fort de ces démons et je le blesserai si rudement que les autres n'oseront approcher."

Pourtant, quand les cinq chevaliers débouchèrent et lui apparurent, l'écu au col et la lance au poing, leurs hauberts blancs, verts ou vermeils luisant au soleil, tout brillants d'or, d'azur et d'argent, il s'écria, émerveillé :

– Certes, ce ne sont pas là des diables, mais des anges ! Et ma mère ne m'a point menti quand elle m'a dit que les anges sont les plus belles créatures qui soient après Dieu. Le plus reluisant et resplendissant d'entre eux, il faut que ce soit Notre Sauveur en personne. Je vais l'adorer, et honorer ses serviteurs.

Là-dessus, il se prosterne et commence de réciter tout ce que sa mère lui avait enseigné de prières et d'oraisons, tant que le maître chevalier, le voyant ainsi, dit à ses compagnons de s'arrêter pour ne pas l'effrayer à mort et s'avança seul auprès de lui.

– N'aie pas peur, valet.

– Je n'ai point peur, par le Sauveur ! Mais n'êtes-vous point Dieu ?

– Non, par ma foi ! Je ne suis qu'un chevalier. Mais dis-moi : n'as-tu pas vu passer par ici cinq hommes et trois pucelles ?

– Un chevalier ? Je n'ai jamais entendu parler de chevalier. Mais vous êtes plus beau que Dieu, luisant de la sorte… Qu'est-ce que vous tenez à la main ?

– C'est une lance, valet.

– Voulez-vous dire que vous lancez cela comme je fais mes javelots ?

– Non, certes ! On en frappe de près ceux contre qui l'on bataille.

– Mes javelots valent donc mieux, car j'en atteins bêtes et oiseaux d'aussi loin qu'on pourrait tirer une flèche.

– Je n'ai que faire de tout cela. Réponds à ma question.

Mais le jouvenceau touchait le bas de l'écu.

– À quoi vous sert ceci ?

– Voilà merveille ! Beau doux ami, je pensais apprendre quelque chose de toi, et c'est moi qui t'enseigne. Ce que je porte se nomme écu : quand on veut me blesser, l'écu me protège.

Cependant les quatre chevaliers, voyant leur seigneur parler si longuement, s'étaient approchés au pas.

– Sire, dirent-ils, les Gallois sont par nature plus sots que des bêtes. C'est muser à la muse et perdre le temps à des folies, que d'interroger celui-ci.

Mais Perceval tirait le chevalier par le pan de son haubert.

– Qu'est ceci, beau sire, reprit-il.

– Valet, c'est mon haubert d'acier qui est aussi pesant que fer. Grâce à lui, si tu me jetais tous tes javelots, ils ne pourraient me faire aucun mal.

– En ce cas, Dieu garde les cerfs et les biches d'avoir des hauberts ! Mais êtes-vous né ainsi fait ?

– Nenni, valet. Tu es trop sot.

– Et qui vous donna donc ces beaux habits ?

– Il n'y a pas quinze jours entiers que je reçus tout ce harnais du roi Arthur, quand il me revêtit de l'ordre de chevalerie, qui est le plus noble et le plus triomphant que Dieu ait créé. Mais apprends-moi, si tu le sais, ce que sont devenus les cinq hommes et les trois pucelles que je poursuis. Vont-ils au pas, ou s'enfuient-ils ?

– Sire, au delà des grands bois qui environnent cette colline, il y a une vallée où les métayers et les laboureurs de ma mère sèment et hersent. Ils vous diront si ceux que vous suivez ont passé là.

À ces mots, les chevaliers piquèrent des deux et s'en furent au galop, laissant Perceval tout rêveur.

XLV

Il retourna lentement au manoir où sa mère, qui avait le cœur dolent et noir à cause de son retard, le serra contre elle en l'appelant "beau fils, beau fils" plus de cent fois.

– Dame, lui dit-il, j'ai eu une grande joie aujourd'hui. Ne m'avez-vous pas dit bien souvent que les anges de Notre Seigneur Dieu sont si beaux que la nature jamais ne fit de plus avenantes créatures ? J'en ai rencontré dans la forêt Gâtée. Ils m'ont dit qu'on les nomme chevaliers et que l'ordre de chevalerie est le plus noble que Dieu ait institué en ce monde.

– Hélas ! dit la mère en pleurant, je suis maudite ! Voilà donc advenu ce que je craignais le plus ! Beau doux fils, ces mauvais anges que vous avez rencontrés tuent tout ce qu'ils atteignent. Dieu vous garde de leur chevalerie !

Et elle lui conta ce qui était arrivé à ses frères et à son père, comme le conte en a devisé. Mais Perceval lui répondit seulement :

– Ma mère, je vous prie de me donner à manger, car j'ai grand'faim. Je n'entends guère ce que vous m'expliquez. Mais j'irai volontiers vers celui qui fait les chevaliers.

Alors la dame comprit bien qu'elle ne pourrait le retenir : si elle en fut dolente, il est inutile de le dire ! Perceval, en effet, pensait nuit et jour aux anges qu'il avait rencontrés, et cependant il dépérissait de telle sorte que, peu avant la Pentecôte, sa mère lui dit en soupirant :

– Beau fils, puisque vous le désirez tant, il faut donc vous laisser partir ! Allez à la cour du roi Arthur et demandez-lui de vous faire chevalier : il ne le refusera point quand il connaîtra votre lignage. Hélas ! comment vous aiderez-vous des armes qu'il vous octroiera sans avoir jamais appris à vous en servir ?... Au moins, retenez les enseignements que je vais vous donner. Premièrement, quand vous trouverez quelque dame ou pucelle qui ait besoin d'aide et qui vous requière de lui donner la vôtre, accordez-la-lui : car celui qui ne porte honneur aux dames, il perd le sien. Mais, sur toutes choses, demeurez chaste et gardez-vous de luxure : si une pucelle vous donne l'anneau de son doigt ou l'aumônière de sa ceinture, acceptez-les en le remerciant ; même, si elle vous refuse le baiser, vous pouvez le prendre ; mais, quant au reste, je vous le défends. Beau fils, fréquentez les prud'hommes et recherchez-les où qu'ils soient ; mais avant tout, pensez à Celui qui mourut en croix, et ne manquez pas d'entrer pour prier dans toutes les églises ou abbayes que vous rencontrerez, car ce sont les maisons de Notre Seigneur.

Perceval promit ; puis il sella son petit bidet de chasse et saisit ses trois javelots ; mais sa mère lui en fit laisser deux, afin qu'il n'eût pas trop l'air d'un Gallois, et elle lui dit de porter un fouet dans sa main droite. Ainsi fait, il prit congé d'elle et se mit en selle. Hélas ! quand il se fut éloigné d'un jet de pierre, il se retourna et vit qu'elle gisait pâmée sur le sol. Pourtant, il fouetta sa monture et s'en fut à grande allure par la haute forêt.

XLVI

La première nuit, il coucha dans les bois. Mais le lendemain, éveillé au chant des oisillons, il reprit sa route et ne tarda point à parvenir dans une clairière où s'élevait une très belle tente, mi-partie de vert et de rouge, et rayée de bandes d'orfroi sur lesquelles des aigles d'or brodées luisaient de manière à égayer toute la prairie.

– Dieu éternel, s'écria le damoisel émerveillé, m'est avis que voici l'une de vos maisons ! Ma mère m'a dit de ne jamais passer devant une église sans y adorer Notre Seigneur. Je le prierai de me donner à manger, car j'ai grand'faim.

Ce disant, il attache son cheval à un poteau et entre dans le pavillon qui était ouvert. Il ne s'y trouvait qu'une pucelle endormie sur un lit, toute seule, car ses demoiselles, la voyant sommeiller, étaient allées cueillir des fleurettes nouvelles pour la jonchée. Et au bruit que fit le valet elle s'éveilla en sursaut.

– Pucelle, lui dit Perceval, je vous salue comme ma mère me l'a enseigné, car elle m'a dit de ne jamais manquer de saluer les pucelles.

– Valet, fit-elle en riant de sa naïveté, sauve-toi, que mon ami ne te voie !

– Par ma foi, je ne partirai point sans avoir eu un baiser de vous comme ma mère me l'a appris.

Ici la demoiselle cessa de rire ; mais, quoiqu'elle se défendît du mieux qu'elle pût, il la serra dans ses bras qui étaient très forts, et l'embrassa plus de vingt fois, dit le conte, malgré qu'elle en eût. Puis, avisant l'anneau qu'elle avait au doigt, orné d'une claire émeraude :

– Pucelle, dit-il encore, ma mère m'a enseigné que je devais recevoir l'anneau, mais que je ne devais rien faire de plus. Or çà, donnez-le-moi !

Et, comme elle résistait, il lui étendit la main de force et lui ôta l'annelet qu'il passa à son doigt.

– Pucelle, grand merci ! Je m'en irai bien payé, car votre baiser est beaucoup meilleur que celui des chambrières de ma mère. Vous n'avez pas la bouche amère !

Cependant la demoiselle s'était mise à pleurer.

– Ha ! valet, disait-elle, n'emporte pas mon anneau ! J'en serai trop blâmée !

Mais Perceval ne mettait rien en son cœur de tout cela. Il mourait de faim et venait d'aviser un bocal plein d'un vin qui n'était pas laid, puis, sous une serviette blanche, trois pâtés froids de chevreuil frais. Il en prit un en main dont il mangea de bon appétit, non sans se verser de bonnes rasades dans une coupe d'argent.

– Pucelle, disait-il la bouche pleine, ces pâtés, je ne les userai pas tous trois aujourd'hui. Venez donc y goûter : ils sont très bons ; il y en aura un pour chacun de nous, et il en demeurera un tout entier pour ceux qui surviendront.

Enfin, quand il eut assez mangé et bu, il recouvrit soigneusement de la serviette ce qui restait, et s'en fut après avoir recommandé la demoiselle à Dieu.

XLVII

Or, lorsque revint le chevalier du pavillon, qui avait nom l'Orgueilleux de la Lande, il aperçut les traces du cheval de Perceval, puis il trouva sa mie pleurant.

– Demoiselle, demanda-t-il, un chevalier est venu ici. Quel est-il ? Dites-le-moi, sans rien cacher.

– Un chevalier ? Non, sire, sur ma foi ! mais un valet gallois, lourd, malgracieux et sot, qui a bu de votre vin et mangé de vos pâtés ce qui lui a plu.

– Et c'est pour cela, belle, que vous menez si grand deuil ? Eût-il tout bu et tout mangé, il n'y aurait point là de quoi pleurer !

– Il a fait pis ! Il m'a pris mon anneau et l'a emporté. J'aimerais tout autant qu'il m'eût tuée !

– Ha ! je crains bien qu'il n'ait fait pis encore ! Dites la vérité.

– Sire, il est vrai qu'il me prit un baiser.

– Un baiser ?

– Oui, je dis bien, mais ce fut de force et contre mon gré.

Là-dessus, l'Orgueilleux se mit en colère.

– Croyez-vous que l'on ne vous connaît pas ? Je ne suis pas si borgne que je n'aperçoive votre fausseté. Sachez que votre cheval ne mangera pas d'avoine, et qu'il n'aura pas de fer nouveau tant que je ne me serai pas vengé ; s'il meurt, vous suivrez à pied ! Et jamais ne seront renouvelés les habits dont vous êtes vêtue avant que j'aie coupé la tête de ce larron.

Ayant dit, tandis que la demoiselle pleurait plus fort, il s'assit et mangea ce que Perceval avait laissé ; puis il partit sur les traces du valet, avec son amie.

Mais le conte cesse maintenant de parler d'eux et de Perceval pour deviser du roi Arthur.

XLVIII

Quand il débarqua en Grande Bretagne, après avoir vaincu Claudas de la Déserte, le roi manda par toutes ses terres qu'il voulait tenir à la Pentecôte, la semaine suivante, la cour la plus grande et la plus plénière qu'on eût jamais vue. Et la nouvelle courut tant par l'Écosse, l'Irlande et les îles de la mer qu'elle vint au Château aventureux où la fille du roi Pellès demanda à son père la permission de se rendre à cette cour, car elle aimait Lancelot, dont elle avait eu son fils Galaad, autant que femme peut aimer homme. Il la lui accorda volontiers, et elle se mit en route en compagnie de sa gouvernante Brisane et de quarante chevaliers.

Le roi et la reine Guenièvre lui firent aussi grand accueil qu'ils purent, tant à cause de sa beauté que de la hautesse et de la noblesse de son lignage ; et tous, pauvres et riches, mais plus que les autres, les trois cousins, Hector, Lionel et Bohor, se mirent en peine de la servir et honorer. Elle, cependant, n'avait d'yeux que pour Lancelot. Et lui, il songeait qu'il eût commis naguère un trop grand crime, s'il eût occis une femme si belle ; néanmoins, il n'osait pas seulement la regarder, tant il se repentait de ce qu'il avait fait avec elle.

Or, le mardi soir après la Pentecôte, la reine lui manda secrètement qu'elle l'enverrait chercher, la nuit, lorsque tout le monde serait endormi. Mais Brisane, la plus avisée vieille qui ait jamais été, faisait bonne garde autour de Lancelot, de manière qu'elle surprit ce message. Et, sitôt que chacun fut couché, elle se hâta de lui envoyer une pucelle qui lui dit :

– Sire, madame vous mande que vous veniez sur-le-champ.

– J'y vais ! répondit Lancelot qui pensait que ce fût la reine.

Ce disant, il sauta hors de ses draps et suivit la pucelle. Elle le conduisit au lit de la fille du roi, auprès de laquelle il se coucha sans mot dire, par prudence ; et là tous deux firent l'un de l'autre leur joie et leur plaisir, après quoi ils s'endormirent, heureux, l'un d'avoir tenu sa dame (croyait-il), l'autre d'avoir eu celui qu'elle aimait le plus au monde.

La reine, cependant, avait envoyé quérir Lancelot par sa cousine, l'ancienne prisonnière du roi Claudas, à qui elle se fiait autant qu'à elle-même. Mais la pucelle revint dire qu'il n'était pas dans son lit.

Après avoir attendu quelque temps, la reine envoya la demoiselle à nouveau ; mais celle-ci eut beau tâter le lit et chercher, elle ne trouva pas Lancelot davantage. Et la reine alors fut si inquiète et dolente qu'à la minuit, n'y pouvant plus tenir, elle se rendit elle-même chez son ami. Elle n'y vit personne, mais elle entendit quelqu'un se plaindre dans la chambre voisine, comme il arrive qu'on fasse en dormant. Elle écouta, reconnut Lancelot, et, sans réfléchir, elle ouvrit la porte, vint au lit, le saisit par le poing :

– Ha ! larron, traître, déloyal, qui devant moi faites votre ribaudie ! Fuyez d'ici et ne reparaissez jamais à mes yeux !

Ce qu'entendant, Lancelot, éperdu de douleur, quitte la chambre sans oser souffler mot, nu-pieds, en chemise et en braies comme il était, gagne la cour, puis le jardin, sort de la ville par une poterne et s'enfuit dans la campagne.

– Ha ! dame, disait cependant la fille du roi Pellès, vous avez mal agi en chassant si vilainement le plus prud'homme du monde ! Vous vous en repentirez.

– Demoiselle, répondit la reine, c'est à vous que je dois cela ! Sachez que, si j'en trouve l'occasion, je vous en récompenserai comme il faut !

Mais, quand la fille du roi Pellès lui eut expliqué toute l'affaire, elle commença de pleurer et de faire paraître le plus grand chagrin du monde.

XLIX

Au matin, la fille du roi, bien dolente, fit préparer ses gens, prit congé du roi Arthur qui le lui donna à grand regret, et, après avoir conté à Lionel tout ce qui s'était passé, elle repartit pour son pays.

– Dame, disait cependant Lionel à la reine, pourquoi nous avez-vous trahi en chassant si vilainement monseigneur Lancelot ? Il adviendra encore grand mal de cela, et vous verrez commencer une quête où maints prud'hommes mourront, qui ne l'auront pas mérité. Certes, votre lignage est plus rabaissé par vous, en un jour, qu'il ne sera jamais élevé durant toute votre vie !

– Ha ! Lionel, je sais bien que je me suis méprise, et je vous en crie grâce, à vous, comme je ferais à Lancelot s'il était ici ! J'étais si hors de sens quand je le trouvai avec la demoiselle, que je ne savais ce que je faisais… Je m'en repens durement !

– Le repentir vaut peu quand le mal est sans remède !

Là-dessus, Lionel fut dire à son frère Bohor et à son cousin Hector comment Lancelot avait disparu ; et tous trois battirent la forêt tout le jour ; mais ils ne trouvèrent rien. Alors ils se mirent en quête chacun de son côté.

Bientôt l'absence de Lancelot et la leur furent remarquées à la cour, de façon que messire Gauvain, Sagremor, messire Yvain, Agloval, Gaheriet, Guerrehès et plus de trente autres compagnons partirent à leur recherche. Et vainement ils cherchèrent Lancelot durant trois ans et plus.

Mais le conte ne parle de nul d'entre eux, et retourne maintenant à Perceval le Gallois.

L

Lorsqu'il eut quitté la demoiselle dont il avait ravi l'anneau, il chevaucha aussi vite que son bidet put le porter, jusqu'à ce qu'il rencontrât un charbonnier menant son âne.

– Or ça, vilain, lui dit-il, enseigne-moi par où l'on va au roi qui fait les chevaliers.

Le charbonnier, qui avait entendu parler de la grande cour que tenait le roi Arthur, le mit dans la bonne voie. Et, à force de demander son chemin de la sorte, Perceval parvint à Carduel, au palais, peu après le départ des trente compagnons.

Le roi était à son haut manger, tout pensif, lorsque le valet entra dans la salle, vêtu de ses habits de chanvre et de sa cotte de cuir de cerf, sans bottes ni éperons, car il ne savait même pas ce que c'était, son fouet et son javelot à la main. Il fut droit à un sergent qui tranchait la viande.

– Valet qui tiens le couteau, montre-moi lequel de ceux-là est le roi Arthur.

– Ami, le voici.

Aussitôt Perceval s'approche et salue lourdement, à sa façon ; mais le roi songeait si profondément à Lancelot et à ceux qui le cherchaient, dont il n'avait point de nouvelles, qu'il ne le vit même pas.

– Par ma foi, s'écria le valet en tournant le dos, ce roi n'a jamais su faire les chevaliers ! On n'en peut tirer ni un geste, ni un mot !

En l'entendant, Arthur avait relevé la tête et, le voyant si bel et si gent, il lui dit :

– Beau frère, je ne vous avais point aperçu. Soyez le bienvenu et dites-moi ce que vous souhaitez.

– Faites-moi chevalier, sire roi, donnez-moi des armes, et que je m'en aille !

Là-dessus, les barons se mirent à rire.

– Ami, dit Keu en plaisantant, prenez celles du premier chevalier que vous rencontrerez. Le roi vous les donne.

– Keu, tenez votre langue ! s'écria le roi. Ce valet est simple, mais il est sans doute bon gentilhomme. C'est vilenie que de railler autrui, et ce n'est pas d'un prud'homme que de donner ce qu'on ne possède point.

Mais Perceval était sorti de la salle et, remonté sur son bidet, il quittait la ville tout joyeux.

Or, comme il venait de passer la porte, il aperçut une pucelle chevauchant un palefroi maigre, rendu, les oreilles pendantes, qui n'avait plus que le cuir sur les os : à le voir, on l'eût bien pris pour un cheval prêté ! Il n'avait d'autre frein qu'un licol et, en guise de selle, un peu de paille cousue dans une vieille toile ; et là-dessus se tenait une pucelle qui n'était pas en meilleur point que sa monture, pâle, chétive, décharnée comme si elle sortait de maladie, couverte d'un bliaut en lambeaux, si déchiqueté que ses seins sortaient par les déchirures, la peau toute hâlée et crevassée par le chaud et le froid, les cheveux épars, la tête couverte d'un mauvais linge et le visage tracé par les larmes qui sans cesse lui coulaient des yeux.

En voyant Perceval, elle serra ses loques autour d'elle, mais les fentes ailleurs s'en élargissaient, de manière qu'elle ne cachait rien qu'en laissant paraître autre chose.

– Pucelle, dit Perceval, vous voilà en bien mauvais point. Ne puis-je rien pour vous ? Ma mère m'a dit que je devais en tous lieux secourir les dames.

– Ha ! valet qui ravis mon anneau, répondit-elle, fuis-t'en d'ici ! Je te dois assez d'infortune !

À ces mots, un chevalier, vêtu d'armes vermeilles comme braise, qui chevauchait à quelque distance de la demoiselle, se retourna.

– Malheur à toi, cria-t-il à Perceval, si tu es ce valet gallois qui lui donna un baiser ! Elle dit que ce fut malgré elle et que tu n'en fis pas davantage. Mais une femme qui abandonne sa bouche cède aisément le surplus. On sait bien qu'elles veulent triompher toujours, sauf en cette mêlée où, quoiqu'elles égratignent, ruent et mordent, il leur tarde d'être vaincues. Si tu étais chevalier, tu serais promptement châtié !

Ce disant, l'Orgueilleux de la Lande lève sa lance à deux mains et en assène à Perceval un tel coup par le travers des épaules qu'il le couche sur son cheval. Furieux, le valet se redresse sans mot dire, saisit son javelot et, visant l'œil, il le lance. Et l'arme pénètre sous le heaume, fait jaillir la cervelle et le sang, en sorte que le chevalier tombe mort. Ce que voyant, Perceval saute joyeusement de son roussin gallois, et, sans s'occuper de la pucelle, il s'empare de la lance du mort, lui ôte l'écu ; toutefois, il ne sait comment lui délacer son heaume, encore moins lui enlever son haubert. Pensant réussir, il prend l'épée par le bourreau, tire tant qu'il peut…

Mais le conte devise maintenant de la demoiselle en guenilles.

LI

En voyant tomber son ami, elle s'était enfuie vers la cité et le palais aussi vite que son palefroi minable pouvait aller. Et lorsqu'ils la virent entrer dans la salle, couverte de ses loques, le roi et ses barons furent tout ébahis. Mais elle leur conta ce qui lui était advenu : comment le Gallois lui avait pris un baiser et ravi son anneau, puis comment il avait occis son ami ; et tous, à entendre la demoiselle, admirèrent qu'il fut si vaillant ; et Keu le sénéchal dit qu'il voulait aller voir ce qu'il advenait du valet sauvage.

Quand il arriva, Perceval venait d'allumer un grand feu où il se préparait à jeter le corps le l'Orgueilleux.

– Que faites-vous, bel ami ? demanda le sénéchal surpris.

– Je voudrais prendre les armes que le roi m'a données. Mais elles tiennent si bien au corps qu'elles en font partie, ce me semble. Aussi veux-je brûler la chair pour avoir la carapace.

– Je les détacherai bien, si vous voulez.

– Faites donc vite.

Keu dévêtit le mort sans lui laisser rien. Mais le valet ne voulut prendre ni la cotte de soie que l'Orgueilleux portait sous son haubert, ni les bottes qu'il avait aux pieds, pour prière que le sénéchal lui en fit.

– Croyez-vous que je changerai ma bonne chemise de chanvre que ma mère me fit l'autre jour pour cette soie, comme vous l'appelez, toute molle, toute fragile, et que je laisserai pour celle-ci ma cotte de cuir que l'eau ne peut traverser ? Honni soit qui échange ses bons draps contre de mauvais !

Le sénéchal lui laça donc les chausses de fer et les éperons, puis il lui passa le haubert, le coiffa du heaume, lui ceignit l'épée, et, après l'avoir fait monter sur le grand destrier, il lui bailla la lance et l'écu. Et Perceval s'émerveilla des étriers, lui qui n'en avait jamais vu, et des éperons, n'ayant jamais usé que d'un fouet.

– Beau sire, dit-il à Keu, prenez mon petit bidet de Galles si vous voulez. Il est très bon et je n'en ai plus besoin.

– Grand merci, fit le sénéchal en riant.

Là-dessus, il le recommanda à Dieu et retourna à la cour conter ce qu'il avait vu.

– Ha ! Keu, dit le roi, votre envieuse langue m'a fait perdre aujourd'hui un chevalier qui certes eût été bon ! Il se fera tuer par quelque vavasseur qui voudra lui prendre ses armes. Comment se défendrait-il ? Sans doute ne sait-il pas seulement tirer l'épée !

Mais le conte, à présent, revient à Perceval.

LII

Il alla tant sur son destrier qu'il arriva dans une vallée où coulait un fleuve plus courant que la Loire ; et là, sur un rocher, au bord de l'eau, s'élevait un fort château. Un prud'homme, vêtu d'une robe d'hermine s'ébattait sur le pont-levis avec deux damoiseaux, tenant par contenance un bâtonnet à la main. Perceval vint à lui et le salua de son mieux.

– Sire, dit-il ensuite, ainsi m'enseigna ma mère.

– Dieu te bénisse, beau frère ! répondit le prud'homme qui vit bien sa simplicité. D'où viens-tu ?

– De la cour du roi Arthur, qui m'a fait nouveau chevalier.

– Chevalier ? Mais ces armes, qui t'en fit don ?

– Le roi.

Et Perceval conta comment il les avait eues.

– Ha ! Et que sais-tu faire de ton destrier ? continua le prud'homme.

– Tout ! Je sais le faire courir aussi bien que mon petit cheval de chasse, que ma mère m'avait donné à la maison.

– Et vos armes, bel ami, savez-vous vous en servir ?

– Certes ! Je sais les mettre et les ôter ; et je les porte si aisément qu'elles ne me gênent pas du tout.

– Mais quel soin vous amène par ici ?

– Sire, ma mère m'a enseigné d'aller vers les prud'hommes où qu'ils fussent, et de croire tout ce qu'ils me diraient : quand je vous ai vu, je suis venu.

– Eh bien, bel ami, descendez !

L'un des deux valets prit le destrier, et l'autre désarma Perceval, de manière qu'il demeura vêtu de ses grossiers habits à la mode de Galles. Alors le prud'homme se fit chausser les éperons tranchants, monta sur le cheval, empoigna la lance. Puis il montra au damoisel comment on doit tenir l'écu par les poignées et s'en couvrir jusqu'au cou du destrier, déployer l'enseigne, mettre la lance sur le feutre, et, brochant des éperons, il fit un galop d'essai, puis revint l'arme basse. Et Perceval émerveillé s'écria qu'il ne désirait pas tant de vivre un jour de plus ou d'avoir tous les trésors du monde, que de savoir faire cela.

– Ce qu'on ignore, on peut s'en instruire, beau doux ami, dit le prud'homme. Et vous n'êtes pas à blâmer, car à tout métier il faut apprentissage. Je vous enseignerai, si vous voulez.

Le valet consentit avec joie, et chaque jour, durant six mois, le prud'homme lui fit porter l'écu, pointer la lance, frapper de l'épée : et comme tout cela lui venait de Nature, Perceval en sut bientôt autant que s'il eût passé sa vie à tournoyer et guerroyer. En même temps, son maître lui montra beaucoup des belles manières de cour. Mais, après ce temps, Perceval demanda son congé. Et voyant qu'il ne pouvait le retenir, le prud'homme lui fit cadeau d'une chemise, de braies, de chausses très riches et d'une cotte dont le drap venait de l'Inde ; puis il lui dit :

– Beau frère, il convient maintenant que vous alliez à la cour du roi Arthur et que vous le priez de vous armer chevalier. Et souvenez-vous de ce que je vais vous dire.

Quand vous aurez vaincu un chevalier, s'il s'avoue outré, accordez-lui toujours merci. Et ne soyez pas trop bavard, car celui qui parle beaucoup, il lâche souvent des mots qu'on lui tourne à vilenie : qui jacasse commet péché, dit le sage ; mieux vaut bon silence que folle parole. Secourez toujours les dames et les demoiselles, mais, sur toutes choses, gardez de corrompre votre chasteté. Enfin, allez souvent dans les églises pour prier Dieu qu'il vous garde en ce siècle et vous protège.

– Soyez béni, beau sire ; vous me répétez ce que ma mère m'a enseigné.

– Beau doux frère, ne dites plus jamais : "Ma mère m'a appris ceci ou enseigné cela." Vous n'êtes pas à blâmer de l'avoir dit jusqu'à présent ; mais, désormais, gardez-vous-en. Maintenant, allez à Dieu ! Qu'il vous conduise !

Et Perceval se mit en chemin, suivi d'un écuyer qui portait ses armes et menait en main son destrier.

LIII

Lorsqu'il arriva, chevauchant un palefroi amblant si bien taillé qu'on ne vit jamais une plus belle bête, monté sur une selle dorée, vêtu magnifiquement, muni de bottes si justes qu'il semblait qu'il en fût né chaussé, le roi s'émerveilla de le voir si beau et bien appris, et consentit volontiers à le faire chevalier, disant que le neveu du roi Pellès était prud'homme par héritage.

– Sire, dès demain, je vous prie, s'écria Perceval. C'est dimanche !

L'enfant veilla donc, cette nuit-là, à l'église, et, le lendemain, il retourna au service de Dieu habillé d'une très riche robe de chevalier, en soie, que la reine lui avait donnée, marchant devant tous ceux que le roi, pour l'honorer, comptait adouber en même temps que lui. Néanmoins, quand il eut reçu ses armes et que vint l'heure du manger, il voulut s'asseoir aux plus basses tables où étaient les chevaliers pauvres et peu renommés. À ce moment une des pucelles de la reine s'approcha de lui : c'était la plus habile ouvrière en soie qui fût au monde, mais elle était muette et n'avait jamais parlé : aussi l'appelait-on *la demoiselle qui jamais ne mentit.* Elle regarda longuement Perceval en pleurant de tendresse, et ce qui advint alors, on le tint à bon droit pour un miracle : car, soudain, la muette s'écria à si haute voix que chacun put l'ouïr dans la salle.

– Chevalier de Jésus-Christ, viens t'asseoir à la Table ronde !

Et prenant Perceval par le doigt, elle le conduisit au Siège périlleux.

– Ce siège sera celui du meilleur des meilleurs, dit-elle encore, assieds-toi à sa droite ; Bohor aura place à sa gauche. Et te souvienne de moi quand tu seras devant le Saint Graal ! Cependant prie pour moi, bel ami, car je trépasserai tristement.

Elle le fit asseoir ; puis elle retourna dans les chambres de la reine, et ce fut la dernière fois qu'on entendit sa voix à la cour. Et tous restèrent émerveillés de cette aventure, que le roi fit mettre en écrit par ses clercs.

LIV

Ainsi Perceval fut admis à la Table ronde. Or, il demeura longtemps à l'hôtel du roi pour diverses raisons que le conte ne dit pas ; et sans doute y fût-il resté davantage, sans une parole malheureuse qu'il entendit.

Un jour, à l'entrée de l'hiver, au château de Cardigan, comme le roi était assis à son haut manger, Mordret dit à Keu :

– Que vous semble de notre nouveau chevalier ? On croirait qu'il aime mieux paix que guerre.

– Cela paraît assez à son écu ! Il n'a jamais coup féru, depuis son adoubement.

Un fou de la cour, qui entendit cela, vint le répéter à Perceval en se moquant de lui. Et celui-ci, qui en eut grande honte, résolut de se mettre sur-le-champ en quête de Lancelot, et de ne point revenir avant d'en avoir eu des nouvelles.

Le soir, quand tout le monde fut couché, il prit ses armes, sella son cheval et partit.

Il chemina durant quelques jours sans rien faire qui mérite d'être conté. Enfin il aperçut une grosse pierre, à laquelle un chevalier sans heaume, ni écu, ni lance, se trouvait attaché par une chaîne qui lui entourait le corps.

– Si tu es chevalier, dit le prisonnier, viens me délivrer, car je le suis comme toi. Mais sache qu'il te faut pour cela rompre cette chaîne d'un seul coup d'épée.

– Je couperai le dernier anneau au ras de votre haubert, répondit Perceval, afin que vous ne demeuriez point enchaîné.

Et, après avoir fait coucher le chevalier sur la borne, il hausse son épée et, d'un seul coup, tranche la chaîne et les doubles mailles du haubert sans seulement toucher la chair, et aussi la borne comme une motte de terre.

– Sire, dit le chevalier délivré en se signant, il semble, à vous voir frapper de taille, que vous soyez moins homme que diable !

Mais Perceval était déjà parti.

Et à présent le conte se tait de lui pour parler de Lancelot du Lac dont il n'a rien dit depuis longtemps.

LV

Quand il fut hors de Camaaloth, à demi nu, tel qu'il était sorti du lit de la fille au roi Pellès, il commença de s'arracher les cheveux et de s'égratigner le visage.

– Ha ! Camaaloth ! criait-il, bonne cité, si bien garnie de seigneurs, de dames, de toute belle chevalerie, par toi j'ai commencé à vivre quand j'ai connu ma dame, et par toi je commence à mourir ! Mort, hâte-toi !

Durant une semaine, il erra dans les lieux sauvages de la forêt, marchant au hasard, gémissant jour et nuit, et sans boire ni manger de façon qu'à la fin sa tête se vida et qu'il perdit le sens. Il fut bientôt tout hérissé, le visage charbonneux, comme celui qui ne connaît d'autres bains que ceux de l'eau tombée du ciel, bref, si noir, si hâlé, si maigre, qu'au bout d'un mois personne n'eût su le reconnaître. Et il passa tout l'hiver nu-pieds, sans autres vêtements que sa chemise et ses braies.

Un jour de grand froid, il arriva devant un pavillon dressé dans une clairière ; à la porte, on avait planté un poteau où l'on avait accroché une lance, une épée et un écu. Aussitôt Lancelot de dégainer l'épée et de frapper à grands coups sur la lance qu'il tranche et sur l'écu qu'il dépèce, faisant autant de fracas que dix gens d'armes au combat.

Au bruit, un chevalier sortit, chaudement botté et vêtu d'une robe d'écarlate bien fourrée, qui, à le voir à demi nu et en si mauvais point, comprit qu'il était en frénésie. "Celui qui le recueillerait et le ramènerait en son droit sens ferait une grande aumône", pensa ce bon seigneur, qui avait nom Bliant, et il courut prendre ses armes pour désarmer le fou sans danger.

Mais, quand il s'approcha :

– Sire, laissez-moi faire ma bataille ! lui cria Lancelot.

Et comme Bliant avançait toujours, il lui assena un tel coup sur le heaume que la lame vola en pièces et que le chevalier s'écroula assommé. Là-dessus, Lancelot jette l'épée, entre dans le pavillon d'où une demoiselle s'échappe en pure chemise et criant d'effroi, saute dans le lit qu'il trouve tout chaud et s'y endort de bien-être aussitôt.

La demoiselle, cependant, délaçait le heaume de son ami.

– Par ma foi, s'écria Bliant en rouvrant les yeux, je ne croyais pas qu'un homme né de femme pût frapper si fort ! S'il plaît à Dieu, je nourrirai et garderai celui-ci jusqu'à ce qu'il revienne en son droit sens, car c'est assurément un bon chevalier.

Et, aidé de son écuyer, il lia Lancelot tout endormi dans le lit par des charmes et des cordes, et le fit ainsi transporter dans son château.

Il le retint là le reste de l'hiver, puis tout l'été ; mais il ne put le guérir, quoi qu'il fît. Lancelot, bien nourri, vêtu de riches robes, avait retrouvé sa grande beauté, et il semblait maintenant si paisible qu'on finit par le laisser aller à sa guise sans autre entrave qu'une petite chaîne aux pieds pour qu'il ne s'éloignât point.

Ainsi demeura-t-il chez son hôte près de deux ans.

Un jour qu'il était assis sur le mur du château, il vit passer un sanglier chassé par Bliant et ses veneurs, et il lui vint grand désir d'aller avec eux. Il voulut courir, mais, se trouvant gêné par sa chaîne, il s'en irrita et la tordit si rudement qu'il la rompit ; puis il descendit l'escalier, les chevilles sanglantes, sauta sur un cheval tout sellé qu'un sergent avait laissé à l'attache dans la cour, fit force d'éperons derrière la chasse qu'il rejoignit ; et le voilà qui crie à la meute et l'excite, comme celui qui s'entendait merveilleusement à cela, tant qu'enfin le porc s'arrête et commence de faire tête aux chiens dont il occit plusieurs en peu de temps. Tous les veneurs avaient été distancés, sauf Bliant.

Celui-ci avança l'épieu à la main, mais manqua son coup ; et la bête furieuse fendit le ventre de son cheval qui s'abattit de telle façon que la tête du chevalier porta rudement sur le sol, où il demeura évanoui. À ce moment, Lancelot arrivait : sentant bien que Bliant dont il avait eu maints bons traitements était en grand danger, il saute à terre sans autre arme qu'une épée qu'il avait trouvée pendue à l'arçon de la selle, et, comme le sanglier fonçait sur lui, il lui abat son arme sur la tête d'une telle force qu'il lui fend le crâne jusqu'à la cervelle. Puis il jette l'épée et s'éloigne à pied sans plus savoir ce qu'il faisait, laissant son hôte pâmé auprès de la bête morte.

LVI

À nouveau il erra par les bois et, comme il ne trouvait plus guère à manger, il redevint maigre et noir, et en aussi mauvais point que devant.

Un jour, Dieu voulut qu'il arrivât devant le Château aventureux. Il y entra ; mais les enfants, qui ne tardèrent point à s'apercevoir de sa folie, lui jetèrent de la boue et des torchons ; et, chassé par eux de rue en rue, il alla jusqu'au palais où il pénétra.

Là, on lui donna par pitié à manger et il se rassasia, ce qui lui fit grand bien au corps, car il y avait longtemps que cela ne lui était arrivé ; après quoi le pauvre fol fut se coucher dans une étable, sur un peu de foin, et s'endormit.

Il séjourna ainsi au château tout l'été, l'hiver et encore un été. Les chevaliers du roi Pellès, qui étaient très débonnaires, s'amusaient et riaient des folies qu'ils lui voyaient faire, et souvent, le trouvant si paisible, ils lui donnaient de vieilles robes de sergents et d'écuyers ; mais nul d'entre eux ne se le remît jamais, tant il était changé.

Une fois pourtant qu'il sommeillait dans le verger, la fille du roi, qui jouait avec ses demoiselles, vint se cacher justement au lieu où il était, et, voyant un homme endormi, elle eut peur tout d'abord ; mais elle se prit ensuite à le regarder, et de plus en plus attentivement, tant qu'enfin elle le reconnut. Aussitôt elle dit à ses pucelles qu'elle se sentait souffrante et courut trouver son père, plus dolente que femme ne le fut jamais.

– Sire, voulez-vous voir une merveille ?

– Laquelle, ma belle fille ?

– Messire Lancelot du Lac est ici.

– Ici ? Cela ne se peut : Lancelot est mort.

– Venez avec moi : je vous le montrerai.

Le roi considéra longtemps l'homme endormi.

– Dieu ! fit-il enfin, quel dommage ! Mais nous essayerons de le guérir.

Et, après avoir recommandé à sa fille de ne rien dire, il fit lier par des écuyers et transporter le fou au palais du Graal, où il le laissa seul. Et là, quand l'heure de la merveille fut venue et que la colombe eut volé, tenant au bec son encensoir d'or, et lorsque le saint vase passa comme il faisait chaque jour, soutenu par des mains invisibles (car la fille du roi avait perdu avec sa virginité le pouvoir de le porter), Lancelot se sentit soudain guéri : il retrouva sa mémoire, reprit son droit sens et reconnut le palais aventureux où il était déjà venu. Il rompit les cordes dont on l'avait attaché et courut ouvrir la fenêtre qui donnait sur un verger. Le roi Pellès était là, qui attendait.

– Sire, fit-il, Dieu vous donne bonjour !

– Sire, répondit Lancelot, que Notre Sire vous bénisse !

Il descendit et le roi lui conta la vérité de ce qui s'était passé.

– Sire, murmura Lancelot en baissant la tête, je vous prie pour Dieu de me dire si quelqu'un m'a reconnu.

– Certes non, hormis moi et ma fille.

– En ce cas, conseillez-moi au nom du Sauveur. Hélas ! j'ai tant forfait au royaume de Logres que je n'y pourrai jamais retourner sans commandement. Je voudrais demeurer en un lieu où nul ne me connût.

– J'ai près d'ici une île sans habitants.

– Sire, grand merci. J'irai sitôt qu'il fera nuit.

Ainsi Lancelot se retira dans l'île du roi Pellès le riche Pêcheur, accompagné de quelques écuyers pour le servir. Il s'était fait indiquer l'endroit du rivage qui était le plus proche du royaume de Logres, et chaque matin il venait s'y asseoir et regarder vers le pays ou son cœur l'attirait. Certes, nul autre que lui n'eût pu souffrir tant de peine sans mourir ; mais lui, de cette douleur même, qu'il endurait par amour, son âme était si haute qu'elle tirait quelque douceur.

Ici, le conte se tait de lui pour un moment et retourne à Perceval le Gallois.

LVII

Maint hiver et maint été il chevaucha sans trouver d'aventure qui vaille d'être contée en un livre ; et ainsi durant cinq ans. Cependant il vit beaucoup de gens et de pays et il fut à beaucoup de cours, de manière qu'il devint de plus en plus avisé et courtois ; néanmoins il resta toujours naïf et simple de cœur.

Un jour, sur l'heure de none, il se trouva au bord d'une rivière large et profonde ; au milieu de l'eau était une île très riante où s'élevait un pavillon. Il se demandait comment il y pourrait passer, lorsqu'il vit venir le long de la rive un très bel enfant de dix ans, en compagnie d'une dame d'une beauté merveilleuse et d'une troupe joyeuse de chevaliers et demoiselles qui tenaient tous, qui un épervier au poing, qui des lévriers en laisse, qui un petit braque dans ses bras ; et c'était la fille du roi Pellès : elle chassait souvent sur cette rivière, avec le fils qu'elle avait eu de Lancelot et qu'on nommait Galaad, parce qu'elle y pouvait parfois, de loin, apercevoir son ami.

Dès qu'elle fut proche, Perceval connut bien qu'elle était la dame de tous ceux qui étaient avec elle, et, après l'avoir saluée, il lui demanda si elle n'avait point ouï parler de monseigneur Lancelot du Lac. À ce nom, la fille du roi tressaillit, puis elle commença de pleurer amèrement, comme celle qui prévoyait bien que l'homme qu'elle aimait plus que rien au monde allait s'éloigner d'elle ; pourtant elle montra à Perceval une nacelle qui était cachée sous les roseaux et lui dit que Lancelot était dans l'île ; après quoi elle s'en fut tristement.

Lorsqu'il eut débarqué, Perceval s'approcha doucement du pavillon, et, arrivé devant la porte, il jeta son écu, ôta son heaume, déceignit son épée qu'il posa devant lui, se mit à genoux, et, comme Lancelot sortait tout étonné :

– Sire, lui dit-il, monseigneur le roi et madame la reine vous mandent ; il convient que vous retourniez à la cour.

– Ce ne peut être, fit Lancelot en baissant la tête : madame me l'a défendu.

– Je vous le dis loyalement : elle vous mande, reprit Perceval.

Et il lui apprit qui il était, et de quelle façon il était devenu compagnon de la Table ronde, puis comment il s'était mis en quête de lui après tous les autres qui voulaient lui porter le message du roi et de la reine, et comment il avait erré pendant cinq ans sans le trouver. Alors Lancelot dit, en pleurant, qu'il ferait la volonté de sa dame. Sur-le-champ, il fut prendre congé du roi Pellès et se mit en chemin avec Perceval.

Quelque temps après, ils arrivèrent à Kerléon, où la reine, qui avait failli plusieurs fois expirer de chagrin durant l'absence de Lancelot, fut si heureuse de revoir son ami qu'on n'eût point pensé qu'un cœur mortel pût contenir tant de joie qu'elle en fit paraître. Et le roi et toute la cour les festoyèrent à grand amour et contentement. Mais que vous dirais-je de plus ? Il n'y eut personne dans tout le royaume de Logres qui ne fût en liesse du retour de Lancelot et qui ne s'en réjouît hautement, tant il était preux et bien aimé.

LVIII

Quand Galaad eut dix ans accomplis, le roi Pellès résolut de l'envoyer dans un couvent de nonnains en la forêt de Camaaloth. Sa mère l'aimait si fort qu'elle pensa mourir de deuil lorsqu'elle le vit prêt à s'éloigner. Les bras levés pleurant si tendrement qu'on ne pouvait l'entendre sans souffrir, elle fut baiser son enfant et chacun des chevaliers et des écuyers qu'on avait donnés à Galaad pour l'accompagner ; et sachez que pour rien au monde nul d'entre eux n'eût alors dit mot. Quant à elle, elle ne se fût jamais retenue de suivre son fils, si le roi Pellès ne le lui eût défendu.

L'enfant demeura dans l'abbaye jusqu'à ce qu'il fût devenu un bel et gent damoisel d'un peu plus de quinze ans. À cet âge, personne ne valut jamais autant que lui : il était non pareil pour nourrir le gerfaut, l'autour, l'épervier, le faucon gentil ou lanier, pour mener les chiens, pour monter les chevaux ; il savait tirer de l'arc et fabriquer avec son couteau tous les traits, flèches et carreaux ; il jouait aux tables mieux qu'homme au monde ; et quant à la chevalerie, nul ne s'entendit jamais mieux que lui à manier un destrier, s'escrimer de l'épée et s'aider de la lance et de l'écu. Mais il savait aussi lire, écrire, parler latin ; surtout il avait le plus franc cœur et le plus loyal du monde ; de tout cela le conte devisera quand il sera temps.

Or, cette année-là, qui fut la quatre cent cinquante-quatrième après la Passion de Notre Seigneur, la veille de la Pentecôte, il arriva que Lancelot et Bohor s'attardèrent si fort à poursuivre un cerf dans la forêt qu'ils furent surpris par la nuit et qu'ils vinrent justement s'héberger dans la maison de religion où était Galaad. Ils s'émerveillèrent de le trouver si beau valet, de sorte que Lancelot consentit volontiers à l'armer chevalier, quand l'abbesse le lui eut demandé. L'enfant passa la nuit dans la chapelle à prier son Créateur ; puis, le lendemain, à l'heure de prime, son père lui chaussa l'éperon droit, tandis que Bohor lui bouclait le gauche ; et Lancelot lui ceignit l'épée et lui donna la colée en disant :

– Que Dieu te fasse prud'homme !... Dame, ajouta-t-il en s'adressant à l'abbesse, souffrez maintenant que notre nouveau chevalier vienne avec moi à la cour du roi Arthur, car il s'y perfectionnera mieux qu'ici.

– Beau sire, nous l'y enverrons dès qu'il sera temps.

Là-dessus, Lancelot prit congé, ainsi que Bohor, et tous deux retournèrent à Camaaloth.

Mais ici finit ce conte, et prochainement vous aurez celui du Graal qui est de très grand sens et bien doux à écouter. Vous y verrez comment les compagnons de la Table ronde entreprirent la haute quête, et leurs épreuves, et comment Galaad s'assit au Siège périlleux et acheva les temps aventureux : de tout cela le conte devisera selon la vérité, et il n'en célera rien, car ce sont choses bien dignes d'être racontées à d'honorables seigneurs et dames, assurément.

Explicit.

LE SAINT GRAAL

À Joseph Bédier

I

Il y a longtemps que j'ai pris connaissance des merveilleuses aventures et faits étranges dont devise la haute histoire du Saint Graal. J'ai mis à les entendre et rapporter le sens que Nature m'a donné, car ces contes sont plaisants et de grande signifiance, et je pense que les bonnes gens (pourvu qu'ils aient pouvoir et loisir de les lire) s'en réconforteront et, grâce à eux, ôteront de leur cœur divers soucis et lourdes pensées. Certes, si ces récits sont peu prisés, ce sera de ceux qui ne savent pas ce qui a du prix en ce monde, et peu me chaut du blâme de telles gens ! En terre aride le bon grain ne peut pousser.

Aujourd'hui, je veux parler des grandes merveilles que plusieurs prud'hommes, chevaliers célestiels, les meilleurs qui furent jamais, accomplirent dans l'ancien temps. Des bons, on ne saurait jamais trop écrire ; mais, si peu de mal qu'on dise des mauvais, c'est toujours pénible à entendre ; aussi ai-je laissé les mauvais de côté : qu'ils soient loin de moi toujours ! Que Dieu ne permette jamais qu'ils s'en approchent ! Or, écoutez : car pour ce que je vois que le temps est beau et clair, l'air pur, que la grande froidure de l'hiver est partie, et que nous sommes au commencement de la douce saison qu'on nomme printemps, je veux commencer mon livre, au nom de Dieu et de la Sainte Trinité, de la manière que voici :

II

Le jour de la Pentecôte, le roi Arthur et la reine Guenièvre vêtirent leurs robes royales et posèrent leurs couronnes d'or sur leurs têtes ; et certes le roi était très beau ainsi et il avait bien l'air d'un prud'homme. Comme il sortait de la messe, passée l'heure de tierce, il trouva Lancelot qui revenait, en compagnie de Bohor, de l'abbaye de la forêt où il avait adoubé son fils Galaad, ainsi que le conte l'a rapporté. À tous trois, le roi fit joie, puis il commanda de mettre les tables, car à son avis il était grand temps de manger.

– Sire, dit Keu le sénéchal, nous avons toujours vu qu'aux grandes fêtes vous ne vous asseyiez point à votre haut manger avant qu'une aventure fût advenue en votre maison : à faire autrement, aujourd'hui, vous enfreindriez la coutume.

– Vous dites vrai, Keu. J'ai tant de joie de l'arrivée de Lancelot et de ses cousins qu'il ne me souvenait plus de cette coutume.

Or, tandis qu'ils parlaient ainsi, les chevaliers s'étaient approchés de la Table ronde. Sur chaque siège se trouvait écrit le nom de celui à qui la place appartenait. Mais, sur celui qu'on nommait le Siège périlleux parce qu'aucun homme jamais ne s'y était assis sans être puni par Dieu, on s'aperçut que des lettres d'or nouvellement tracées (on ne sut jamais par qui) disaient ceci :

Quatre cent cinquante-quatre ans
après la Passion de Jésus-Christ,
le jour de la Pentecôte,
ce siège aura sonmaître.

– En nom Dieu, s'écria Lancelot après avoir répété ces mots à haute voix, qui voudra faire le compte trouvera que c'est aujourd'hui même !

Tous les pairs et les compagnons de la Table ronde demeurèrent ébahis de cette grande merveille et Keu s'écria :

– Par mon chef, sire, vous pouvez maintenant dîner, car l'aventure ne vous a point failli !

– Allons ! dit le roi.

Les nappes mises et l'eau cornée, les chevaliers lavèrent leurs mains dans les bassins d'or, puis le roi s'assit sur son estrade et chacun à sa place ; et, comme les compagnons de la Table ronde étaient tous venus, tous les sièges furent occupés, hormis le Siège périlleux. Mais, au moment qu'on allait servir le premier mets, soudain les portes et les fenêtres se fermèrent d'elles-mêmes ; puis, au milieu de la salle, apparut un vieillard en robe blanche, que nul n'avait vu entrer, et qui tenait par la main un chevalier vêtu d'une armure couleur de feu, mais sans écu.

– La paix soit avec vous ! dit le prud'homme à si haute voix que chacun l'entendit. Roi Arthur, voici le vrai chevalier, le désiré, le promis, sorti du haut lignage du roi Salomon et de Joseph d'Arimathie, celui qui mènera à bien la quête du Saint Graal et achèvera les temps aventureux !

– Bienvenu soit-il, dit le roi en se levant, car nous l'avons longtemps attendu ! Jamais il n'y eut si grande joie que celle que nous lui ferons.

Alors le chevalier ôta son heaume et l'on vit qu'il était tout jeune ; et comme le gerfaut est plus beau que la pie, la rose que l'ortie et l'argent que le plomb, il était plus beau que tous ceux qui étaient là. Le vieillard le désarma et le conduisit par la main au Siège périlleux, où il s'assit sans hésiter, en toute sûreté. Et quand les barons virent ce jouvenceau en cotte rouge et surcot vermeil fourré d'hermine prendre place si simplement au lieu que tant de bons et de vaillants avaient redouté et où étaient advenues déjà de si hautes aventures, il n'est aucun d'eux qui ne le tint pour son maître, car ils pensèrent que cette grâce lui était accordée par la volonté de Notre Sauveur. Mais quelle fut la joie de Lancelot, lorsqu'il reconnut que ce damoisel n'était autre que son fils Galaad !

– Roi, disait le vieillard, aujourd'hui tu obtiendras le plus grand honneur qui ait jamais été accordé à aucun roi de Bretagne : et sais-tu lequel ? Le Saint Graal entrera dans ta maison et rassasiera les compagnons de la Table ronde.

Là-dessus, il sortit par la grande porte qui pourtant était close, et sachez que jamais personne ne le revit plus. Mais, à peine eut-il disparu, un coup de tonnerre éclata, puis un rayon de soleil traversa les verrières, qui fit tout paraître deux fois plus clair dans la salle : ceux qui étaient là en furent illuminés comme de la grâce du Saint Esprit ; toutefois ils sentirent en même temps qu'ils étaient devenus aussi muets que les bêtes. Et voici qu'un vase en forme de calice apparut, caché sous un linge blanc, et qui semblait flotter dans l'air, car nul ne pouvait apercevoir qui le portait. Et aussitôt que ce très saint vase fut entré, le palais s'emplit de parfums, comme si l'on y eût répandu toutes les bonnes épices du monde. Et à mesure qu'il passait devant les tables, celles-ci se trouvaient chargées des viandes les plus exquises ; chacun eut devant soi justement celles qu'il désirait. Puis, quand tout le monde fut servi de la sorte, le vase s'en alla comme il était venu, on n'aurait su dire comment ; alors tous, grands et petits, retrouvèrent la parole et rendirent grâces à Dieu qui avait permis qu'ils eussent la visite du Saint Graal.

– Seigneurs, dit le roi, Notre Sire nous donne certes une haute marque d'amour en venant nous rassasier de Sa grâce en un si haut jour que celui de la Pentecôte !

– Encore y a-t-il autre chose que vous ne savez point, lui répondit messire Gauvain : c'est que chacun a été servi des viandes qu'il souhaitait et désirait ; et cela n'était jamais advenu ailleurs qu'à la cour du roi Pellès, au Château aventureux. Néanmoins il n'a été permis à aucun de nous d'apercevoir le Saint Graal sous l'étoffe qui le cachait. C'est pourquoi je fais vœu d'entrer en quête demain matin et d'y rester un an et un jour, ou davantage s'il le faut ; et, quoi qu'il m'arrive, je ne reviendrai qu'après avoir découvert la vérité du vase très précieux, à moins qu'il ne puisse ou qu'il ne doive pas m'être donné de la connaître : auquel cas je m'en retournerai.

Tous les compagnons de la Table ronde se levèrent et firent le même vœu que messire Gauvain, jurant qu'ils ne cesseraient jamais d'errer avant de s'être assis à la haute table où la douce nourriture était tous les jours servie, si toutefois cela pouvait leur être permis. Mais, à les écouter, le roi sentait un si grand chagrin que l'eau du cœur lui vint aux yeux.

– Gauvain, Gauvain, dit-il, vous m'avez trahi ! Car vous m'avez ôté mes amis, la plus belle compagnie et la plus loyale qui soit. Je sais bien que les compagnons de la Table ronde ne reviendront pas tous de cette quête et qu'il en manquera beaucoup : certes cela ne me peine pas peu ! Je les ai élevés aussi haut que j'ai pu et je les aime comme des fils et des frères... Ha, je doute beaucoup de les revoir jamais !

– Pour Dieu, sire, que dites-vous ? s'écria Lancelot. Un roi ne doit pas nourrir la crainte en son cœur, mais la hardiesse et l'espoir. Et si nous mourons en cette quête, ce sera la plus belle et la plus honorable des morts.

– Lancelot, Lancelot, c'est le grand amour que j'ai pour vous tous qui me fait parler ainsi ! Et ce qui me chagrine, c'est que je sais bien que vous ne serez pas rassemblés à la table du Graal comme vous l'êtes à celle-ci et que bien peu y seront admis !

À cela Lancelot ni messire Gauvain ne répondirent rien, car ils sentaient que le roi disait vrai et qu'eux-mêmes, peut-être, n'auraient pas place à la haute table du Graal. De façon que messire Gauvain se serait repenti du vœu qu'il avait fait, s'il l'eût osé.

III

Cependant, tout le monde s'était levé et l'on vit que le Siège périlleux portait maintenant le nom de Galaad, lequel vola de bouche en bouche, et tant qu'il parvint aux tables où la reine mangeait avec ses dames. Ah ! quand elle sut comment Lancelot avait juré, ainsi que ses compagnons, de partir en quête de la vérité du Graal, elle eut tant de chagrin qu'elle en pensa pâmer !

– Hélas ! disait-elle en pleurant, c'est grand dommage, car cette quête ne se terminera pas sans que maint prud'homme y trouve sa mort ! Je m'étonne que messire le roi l'ait permise.

Presque toutes les dames s'étaient mises à pleurer avec elle et ce n'était pas merveille, car la plupart étaient les femmes épousées ou les amies de ceux de la Table ronde. Aussi, quand les tables furent ôtées et qu'elles furent assemblées dans la salle avec les chevaliers, chacune dit à celui qu'elle aimait qu'elle voulait aller avec lui à la quête du Graal. Mais aucun ne consentit, car ils sentaient tous qu'une quête si haute des secrets mêmes de Notre Seigneur ne pouvait être entreprise comme les autres quêtes terriennes qu'ils avaient menées jusqu'à ce jour.

La reine, cependant, était venue s'asseoir auprès de Galaad et elle lui demandait dans quel pays il était né, et de qui. Il lui apprit ce qu'il en savait, mais non qu'il était fils de Lancelot. Pourtant elle le devina à leur ressemblance et pour ce qu'elle avait souvent entendu parler de l'enfant issu de la fille du roi Pellès.

– Ha, sire, lui dit-elle, pourquoi me celez-vous le nom de votre père ? À votre place, je n'aurais pas honte de le nommer, car il est le meilleur et le plus beau chevalier du monde. Et vous lui ressemblez si fort que le plus niais s'en apercevrait.

– Dame, répondit Galaad en rougissant, puisque vous le connaissez si bien, nommez-le.

– En nom Dieu, c'est Lancelot du Lac, le plus gentil et le mieux aimé chevalier qui vive en ce temps.

– Dame, si c'est vrai, on le saura bientôt céans.

Longtemps ils parlèrent ainsi, jusqu'à ce que vînt l'heure du souper. Et, après qu'ils eurent mangé, le roi mena Galaad dans sa propre chambre et le fit coucher, par honneur, dans le lit où il avait coutume de dormir lui-même.

IV

Or, la reine pleura toute la nuit. Mais le lendemain, dès qu'il plut à Dieu que les ténèbres disparussent, elle vint avertir son seigneur que les chevaliers l'attendaient pour entendre la messe. Le roi Arthur essuya ses yeux, afin qu'on ne s'aperçût pas du grand deuil qu'il avait mené, lui aussi, à cause du départ de ses amis ; puis il se rendit à l'église avec ceux de la Table ronde, tout armés, hors la tête et les mains.

La messe chantée, les compagnons de la quête se réunirent dans la salle du palais pour prêter serment. Comme maître et seigneur de la Table ronde, Galaad s'agenouilla le premier devant les reliques et jura de ne jamais revenir avant que de savoir la vérité du Graal, s'il pouvait lui être donné de la connaître en aucune manière. Après lui jurèrent Lancelot, messire Gauvain, messire Yvain le grand, Perceval le Gallois, Lionel, Bohor, Hector des Mares, tous les compagnons, au nombre de cent cinquante, dont pas un n'était couard. Ensuite ils déjeunèrent ; puis ils laçèrent leurs heaumes et ceignirent leurs épées.

Cependant la reine s'était retirée dans sa chambre, où elle se laissa choir sur son lit, pleurant si fort, que le plus dur cœur eût eu pitié d'elle. Lancelot vint la voir, mais quand elle l'aperçut tout armé comme il était et prêt à partir, les larmes coulèrent sur son clair visage.

– Ha, dame, dit-il, donnez-moi votre congé !

– Non, vous ne partirez pas avec mon congé. Mais, puisqu'il le faut, allez en la garde de Celui qui se laissa mettre en croix pour nous ! Qu'Il vous conduise où vous irez !

– Dame, Dieu le veuille en Sa sainte miséricorde !

Là-dessus Lancelot quitta la reine et s'en vint dans la cour, où il trouva ses compagnons dont beaucoup étaient déjà à cheval. Le roi, qui arrivait, s'étonna de voir que Galaad ne portait point d'écu.

– Sire, je ferais mal si j'en prenais un ici.

– Que Dieu vous conseille donc ! dit le roi.

Et il monta lui-même sur un palefroi pour faire compagnie aux chevaliers, qu'il escorta, menant grand deuil, jusqu'au château Vagan. Mais là Galaad, messire Gauvain, Lancelot, tous les compagnons ôtèrent leurs heaumes et ils vinrent, l'un après l'autre, lui donner le baiser d'adieu ; après quoi chacun d'eux partit à son aventure, tandis que le roi, plus dolent qu'on ne saurait dire, regagnait Camaaloth.

V

Galaad chevaucha quatre jours sans rien voir qui mérite d'être narré dans un conte. Le cinquième, à vêpres, il parvint à une blanche abbaye où les moines lui firent bel accueil quand ils surent qu'il était chevalier errant, et, après l'avoir désarmé, ils le conduisirent dans une chambre où deux prud'hommes se trouvaient déjà, dont l'un était blessé et couché dans un lit : c'étaient le roi Ydier et messire Yvain. Il courut à eux les bras tendus et s'informa de ce qui était arrivé au roi Ydier.

– Sire, répondit le blessé, il y a dans cette abbaye un écu dont les moines disent que seul pourra le porter sans être tué, ou navré, ou vaincu, le meilleur chevalier du monde. Quand il sut cela, messire Yvain déclara qu'il ne le prendrait jamais ; mais moi, ce matin, je l'ai pendu à mon cou et je suis sorti avec un écuyer que les rendus m'avaient donné. Je n'avais pas fait deux lieues que je vis un chevalier aux armes couleur de neige qui me courait sus aussi vite que son cheval pouvait aller. Je m'élançai à mon tour, mais ma lance se brisa sur son écu, tandis qu'il m'enfonçait la sienne dans l'épaule et me jetait à bas de mon destrier. “Sire chevalier, me dit-il, vous êtes bien fou de vous être servi de cet écu, tout souillé de péchés comme vous êtes ! Notre

Sire m'a envoyé pour tirer vengeance de ce méfait. Retournez à l'abbaye, et quand Galaad, le sergent de Jésus-Christ, y sera venu, dites-lui qu'il prenne hardiment le bouclier et qu'il vienne ici : je lui en dirai la signifiance."

Le lendemain donc, après la messe, un des moines mena Galaad derrière le maître autel et lui montra un bel écu blanc à croix vermeille, qui fleurait une odeur plus douce que celle des roses. Et Galaad le prit, et quand il fut parvenu au lieu où le roi Ydier avait été blessé la veille, il vit accourir le blanc chevalier, qui lui dit :

– Sache que, trente-deux ans après la Passion de Jésus-Christ, Joseph d'Arimathie, le gentil chevalier qui décloua le Sauveur de la croix, vint à Sarras où il convertit un roi sarrasin et mécréant qu'on appelait Evalac le méconnu et qui reçut à son baptême le nom de Mordrain. En partant pour la Bretagne, il lui laissa un écu blanc sur lequel il avait fait peindre une croix en mémoire de Notre Seigneur. Or, il arriva que Joseph et son fils l'évêque Josephé furent emprisonnés par un roi breton nommé Crudel. Mais Mordrain, à son tour, s'embarqua par le commandement de Dieu et vint dans la Bretagne bleue où, avec l'aide de son beau-frère Nascien, il vainquit Crudel et délivra les prisonniers. Après la bataille, ils virent passer un homme qui avait le poing coupé ; l'évêque Josephé l'appela et lui dit de toucher l'écu du roi Mordrain ; et aussitôt que l'homme eut fait cela, il se trouva guéri ; mais la croix disparut de l'écu et demeura marquée sur son bras.

"Peu après, le roi Mordrain commit une grande faute : une nuit, il souhaita si fort de connaître la vérité du Graal qu'il se rendit dans la chambre où le saint vase était gardé, et il venait de soulever la patène, lorsque Dieu lui envoya un ange qui lui perça les deux cuisses d'un coup de lance : depuis lors, il vit quelque part en ce monde, aveugle et paralytique, et ainsi sera-t-il jusqu'à la venue du chevalier qui le délivrera. Quand Josephé fut au point de trépasser du siècle, Mordrain, le roi méhaigné, le supplia de lui laisser quelque souvenir de lui. Alors l'évêque traça de son propre sang une croix sur l'écu et promit au roi méhaigné qu'elle demeurerait fraîche et vermeille tant que l'écu durerait. "Et il ne disparaîtra point de si tôt, ajouta-t-il, car nul ne le pendra à son cou qui ne s'en repentisse, avant celui à qui Dieu le destine. Faites garder cet écu au lieu même où Nascien, votre beau-frère, mourra : le bon chevalier désiré y viendra cinq jours après avoir reçu l'ordre de chevalerie".

Ainsi parla celui qui portait des armes blanches comme neige neigée ; puis il s'évanouit. Et Galaad reçut de la sorte son écu.

VI

Quelques jours plus tard, il parvint au sommet d'un coteau. C'était par un matin d'été, quand l'alouette s'amuse à crier à voix pure. Le temps était beau et clair, le jour resplendissait : le chevalier s'arrêta à écouter le merle et la pie, et, comme il regardait la plaine alentour, il aperçut, au pied de la colline, un fort château entouré d'une rivière grosse et rapide. Il se mit en devoir de s'y rendre ; mais, lorsqu'il en approcha, sept demoiselles très bien voilées vinrent à sa rencontre.

– Sire chevalier, dit l'une d'elles, ignorez-vous que cette rivière est l'Averne et cette forteresse le châtel aux Pucelles ? Sachez que toute pitié en est absente. Vous feriez mieux de retourner sur vos pas, car ici vous ne récolteriez que honte.

À cela Galaad ne répondit mot ; mais il s'assura que rien ne manquait à ses armes, et continua d'avancer à grande allure. Alors sept chevaliers sortirent du château.

– Gardez-vous de nous, lui cria l'un d'eux, car mes frères et moi, nous ne vous assurons que de la mort.

– Comment ? Voulez-vous jouter contre moi tous les sept à la fois ?

Déjà ils s'élançaient, et leurs sept lances heurtèrent ensemble son écu sans l'ébranler sur sa selle, mais si rudement qu'ils arrêtèrent net son cheval. Pour lui, il abattit celui auquel il s'était adressé ; puis il fit briller son épée et courut sus aux autres, frappant de telle force qu'il n'était d'armure qui pût garantir de ses coups. Ainsi dura la mêlée, et tant que les sept frères, qui étaient pourtant d'une grande prouesse, se trouvèrent si las et mal en point qu'ils ne pouvaient presque plus se défendre. Galaad, au contraire, était aussi frais qu'en commençant, car l'histoire du Graal témoigne qu'on ne le vit jamais fatigué pour travail de chevalerie qu'il eût fait. En sorte que les sept chevaliers, voyant qu'ils ne pouvaient plus durer contre lui, s'enfuirent.

Et sachez qu'il ne les poursuivit point.

Quand il fut entré dans le château, il y vit errer des pucelles en si grand nombre qu'il n'aurait su les compter. Et, toutes, elles étaient pareillement vêtues de camelot noir et voilées de lin blanc.

– Sire, disaient-elles, soyez le bienvenu, car nous vous avons longtemps attendu ! Dieu soit béni, qui vous a conduit ici ! On doit comparer votre venue à celle de Jésus-Christ, car les prophètes avaient annoncé celle du Sauveur, mais les moines prédisent la vôtre depuis plus de vingt ans.

Cependant, l'une d'elles lui présentait un cor d'ivoire à bandes d'or richement ouvrées, et le priait d'en sonner. Il dit qu'il ne le ferait point avant que de savoir d'où venait la mauvaise coutume du lieu.

– Il y a sept ans, lui répondit-on, les sept frères que vous avez vaincus vinrent s'héberger dans ce château, en compagnie du duc Linor qui en était seigneur. La nuit, ils voulurent prendre de force la fille de leur hôte et, parce qu'il s'y opposait, ils le tuèrent. Puis ils obligèrent tous ceux du pays à leur rendre hommage. "Seigneurs, leur prédit un jour la fille du duc, vous avez gagné cette forteresse à l'occasion d'une femme, mais vous la perdrez de même. Et vous serez vaincus tous sept par le corps d'un seul chevalier." Dont ils eurent grand dépit : ils jurèrent qu'il ne passerait point une pucelle qu'ils ne retinssent, et cela jusqu'à ce qu'un chevalier les eût menés tous les sept à merci. C'est depuis ce temps qu'on a nommé cette forteresse le châtel aux Pucelles.

Alors Galaad prit le cor d'ivoire et il en sonna si haut qu'on l'entendit bien à dix lieues à la ronde, en sorte que, peu après, les vassaux du château commencèrent d'arriver. Il leur fit rendre hommage à la fille du duc Linor et jurer sur les reliques qu'ils renonceraient à la mauvaise coutume établie par les sept frères. Après quoi les pucelles prisonnières partirent, chacune pour son pays.

Le lendemain, quand il eut entendu la messe, Galaad s'éloigna à son tour. Et bientôt, dans la forêt, il remarqua un chêne, le plus haut, le plus ancien, le plus feuillu qu'il eût jamais vu : à sa cime, l'arbre portait une croix, et sous ses feuilles des oiseaux chantaient si mélodieusement que c'était merveille, tandis que deux petits enfants tout nus, on ne peut plus beaux, âgés de sept ans ou environ, jouaient et couraient de branche en branche. Galaad les conjura au nom du Père, du Fils et du Saint Esprit, de lui dire s'ils étaient de Dieu.

– Doux ami, répondirent-ils, nous sommes de par Dieu ; nous venons de ce Paradis terrestre d'où Adam fut chassé, afin de t'enseigner la signifiance de ce qui t'est advenu. Sache que par le château des Pucelles tu dois entendre l'enfer. Ces pucelles, ce sont les bonnes âmes qui y étaient enfermées à tort avant la venue du Sauveur, et les sept chevaliers sont les sept péchés capitaux qui, alors, régnaient sans droit sur le monde. Tout de même que le Père des cieux envoya son Fils sur terre pour délivrer les bonnes âmes, ainsi il te manda comme son chevalier et sergent pour mettre en liberté ces pucelles, qui sont pures et nettes autant que fleurs de lys qui n'ont senti la chaleur du jour. Maintenant, prends cette route, à droite, devant toi.

Là-dessus, les enfants disparurent, et avec eux le chêne et la croix. Et Galaad se demandait s'il n'avait pas été trompé par l'Ennemi, lorsqu'une grande ombre passa et repassa devant lui plus de sept fois : il se signa, sentant son cheval trembler de peur sous lui, et tout aussitôt une Voix sortit de l'ombre et lui enjoignit de croire les enfants. Alors il prit la route qui lui était assignée.

Mais le conte laisse pour un moment de parler de lui, voulant dire ce qui advint à Perceval le Gallois, après qu'il se fut séparé de ses compagnons à la Croix Vagan.

VII

Un jour, son cheval, qui marchait depuis le matin, mit le pied dans un trou et tomba si malheureusement, tant il était recru, qu'il se rompit le cou. Perceval se releva meurtri, mais sans grand mal, et reprit son chemin à pied. Il alla ainsi jusqu'à la nuit, et comme il se sentait très las, et qu'il ne voyait ni abri ni maison, il s'étendit sous un arbre et s'endormit.

Or, à minuit, il s'éveilla : devant lui se tenait une femme, on ne peut plus belle et avenante, qui lui demanda ce qu'il faisait là.

– Ni bien ni mal, répondit-il, mais, si j'avais un cheval, je m'en irai volontiers.

– Qu'à cela ne tienne ! Je vais t'amener le plus beau destrier qui soit.

Perceval accepta, car il était simple de cœur et ne songeait pas à malice : et la femme rentra dans l'ombre, puis en ressortit presque aussitôt, menant en main un grand cheval, le mieux fait et le plus richement harnaché qu'on ait jamais vu ; sachez en effet que le frein et les étriers en étaient de fin or et les arçons d'ivoire tout gemmé de pierreries et émaillé de fleurettes ; mais l'œil luisait comme un charbon ardent et la robe était si finement noire que c'était merveille de la voir.

D'abord qu'il aperçut ce destrier, Perceval éprouva une sorte d'horreur : mais, preux comme il était, il sauta en selle hardiment, piqua des deux et le cheval partit comme un carreau d'arbalète, de manière qu'en peu de temps il fut bien loin de la forêt. La lune luisait claire et Perceval s'ébahissait à voir passer si vite les bois et les champs ; mais, quand il se trouva à l'entrée d'une obscure vallée au fond de laquelle miroitait un lac noir, et qu'il aperçut que le destrier volait droit vers cette eau sur quoi n'était ni pont ni planche, il eut si grand'peur qu'il leva la main et se signa. Aussitôt l'Ennemi, chargé du poids de la Croix qui était trop lourd pour lui, poussa un hurlement épouvantable et jeta son cavalier à terre, puis il sauta dans le lac qui brasilla et d'où jaillirent flammes et étincelles : tel un bûcher ardent où tombe une pierre. Par quoi Perceval le Gallois comprit que c'était le diable qui l'avait emporté.

Il s'écarta de l'eau le plus qu'il put, afin d'échapper aux assauts des démons, s'agenouilla et, tendant les mains vers le ciel, remercia Dieu de bon cœur. Jusqu'à l'aube, il pria de la sorte ; mais, quand le soleil eut fait son tour au firmament et que le jour clair et beau eut abattu la rosée, il se remit en marche vers l'Orient.

VIII

Il chemina tant qu'à vêpres, il arriva près d'une maison forte où il fut très bien hébergé. Le lendemain, il fut entendre la messe, et comme il sortait de la chapelle, il s'entendit appeler par son nom. Il s'approcha d'une petite fenêtre d'où venait la voix et aperçut une recluse : à peine l'eût-on crue vivante, tant elle était maigre et desséchée.

– Perceval, Perceval, lui dit-elle, je sais bien qui vous êtes ! Ne me reconnaissez-vous pas ?

– Non, dame, par ma foi !

– Sachez que je suis votre tante. Jadis j'étais une des riches dames de ce monde, et pourtant cette richesse ne me plaisait point autant que la pauvreté où vous me voyez à cette heure.

Perceval alors lui demanda des nouvelles de sa mère dont il ignorait si elle était morte ou vive, car il ne l'avait pas vue depuis très longtemps.

– Beau neveu, dit la recluse, jamais plus vous ne la rencontrerez, si ce n'est en songe, car elle mourut de chagrin après votre départ pour la cour du roi Arthur.

– Notre Sire ait pitié de son âme ! répondit Perceval. Certes la perte que j'en ai faite me chagrine cruellement. Mais, puisque Dieu l'a voulu, il me la faut souffrir ; ma mère est à présent où il nous faudra tous venir.

Ce disant, des larmes lui tombaient des yeux, très grosses. Au bout d'un moment il ajouta :

– Dame, je suis en quête du Saint Graal qui est chose si célestielle que je voudrais bien le conseil de Dieu : ne m'en pourriez-vous dire quelque chose ?

– Beau neveu, c'est la plus haute quête qui ait jamais été entreprise, et il y aura tant d'honneur pour celui qui la mènera à bonne fin que nul cœur d'homme ne le saurait concevoir. Sachez qu'il y a eu en ce monde trois tables principales. La première fut celle où le Sauveur fit la sainte Cène avec les apôtres, celle qui porta la nourriture du ciel, propre aux âmes comme aux corps, et qui fut établie par l'Agneau sans tache, sacrifié pour notre rédemption.

"La deuxième fut fondée par Joseph d'Arimathie à l'image de la première : ce fut la table du Saint Graal ; et il s'y trouvait un siège qui avait été fait en mémoire de celui où Jésus-Christ s'assit le jour de la Cène et où jamais nul ne prit place depuis Moïse l'impudent, qui fut englouti dans la terre.

"La troisième fut établie par le conseil de Merlin en l'honneur de la sainte Trinité et elle eut nom la Table ronde pour signifier la rondeur du monde ; aussi voit-on que les chevaliers de la Table ronde sont venus de toutes les contrées où fleurit la chevalerie, soit en chrétienté, soit en payennerie ; et tous ceux qui y sont admis y siègent égaux, sans nulle préséance. Mais, comme l'a prédit Merlin, personne ne pourra s'asseoir au Siège périlleux sans risquer le sort de Moïse, hormis le vrai chevalier, le promis, le désiré, qui conquerra la vérité du Saint Graal.

"Notre Sire a voulu que Galaad fût celui-là. Et je vous dirai pour quelle raison les portes et les fenêtres du palais se fermèrent d'elles-mêmes avant qu'il apparût à la cour et pourquoi ses armes étaient vermeilles. Le Sauveur promit à ses apôtres durant sa Passion qu'il les viendrait visiter : c'est pourquoi, le jour de la Pentecôte, comme ils étaient réunis dans une maison dont tous les huis étaient clos, le Saint Esprit descendit sous la semblance d'une flamme pour les réconforter, et il les envoya par les terres étrangères prêcher le nom de Dieu et enseigner les saints Évangiles. De même, le vrai chevalier vint sous des armes couleur de feu, et il entra dans la salle bien que toutes les portes en fussent closes, et ce même jour fut entreprise la quête du Graal.

"Sachez que Galaad la mènera à bien, accompagné de deux chevaliers, dont l'un sera vierge et l'autre chaste. Bohor de Gannes sera celui-ci. Vous serez l'autre si vous vous gardez de l'Ennemi et maintenez votre corps net de toute tache de luxure, comme il est à cette heure. Sinon vous perdrez, comme Lancelot, l'honneur d'être compagnon de la Table du Saint Graal."

Perceval répondit qu'ainsi ferait-il s'il plaisait à Dieu ; et il demeura tout le jour avec sa tante. Mais le lendemain, après la messe, il prit congé et, monté sur un bon destrier qu'on lui avait donné, il s'en fut par la haute forêt.

IX

Vers le soir, il parvint au rivage de la mer. Là, au bord des flots, s'élevait un riche pavillon, de forme ronde comme est le monde, d'où sortit, sitôt qu'il en fut proche, une des plus belles demoiselles qui se soient jamais vues en septentrion : car sachez que ses cheveux semblaient d'or fin plutôt que de poil tant ils étaient luisants et bien colorés ; son front était haut, plein, lisse comme s'il eût été fait d'ivoire ou de cristal ; ses sourcils brunets et menus ; ses yeux verts, riants, non point trop ouverts ni trop peu ; son nez droit, ses joues blanches et rouges aux endroits qu'il faut ; enfin, que vous dirais-je de plus ? Elle était si belle qu'il n'y eut jamais sa pareille, rapporte le conte.

Ainsi faite, elle appela Perceval à grande joie, et, après l'avoir désarmé, elle lui passa au col un riche manteau d'écarlate, tout fourré de martres zibelines ; et lui qui s'était fort lassé à cheminer tout le jour, avisant un lit, il s'y étendit et se prit à dormir.

À son réveil, il eut grand'faim et demanda à manger. Sur-le-champ la pucelle le conduisit à une table couverte de mets et de vins si délectables que jamais devant roi ni empereur il n'y en eut d'aussi précieux. Perceval en mangea et but tout son soûl, et, comme il avait des épices à volonté et que la pucelle lui versait sans cesse du vin, soit blanc, soit rouge, claret, vieux, nouveau, cuit ou rosé, il s'échauffa plus qu'il n'eût dû. Or, tant plus il buvait, tant plus la demoiselle lui semblait belle ; en même temps elle lui disait de très douces paroles, si bien qu'à la fin il la requit d'amour. Elle refusa d'abord et se détendit quelque peu, afin qu'il fût plus ardent et désirant ; mais, quand elle le jugea à point, elle sourit et se coucha.

Perceval venait de s'étendre auprès d'elle lorsqu'il vit son épée à terre. Il allongea la main pour la relever et l'appuyer au lit ; mais, ce faisant, il remarqua la croix vermeille qui était gravée sur le pommeau, et cela lui rappela de se signer : il fit le signe de la croix sur son front. Dans le même moment, le pavillon et la femme s'évanouirent : il ne resta plus autour de lui qu'une fumée noire et une puanteur d'enfer.

– Beau doux Père Jésus-Christ, qui naquîtes de la Vierge Marie, cria-t-il tout effrayé, secourez-moi de Votre grâce ou je suis perdu !

À ces mots, la fumée disparut ; mais il demeura si dolent qu'il eût préféré d'être mort. Il tira du fourreau l'épée qui l'avait sauvé et s'en frappa la cuisse gauche, de façon que le sang jaillit. Puis, se voyant presque nu, ses habits d'une part, ses armes de l'autre, il se mit à pleurer.

– Hélas ! chétif, gémissait-il, mauvais que je suis, qui me suis trouvé si vite au point de perdre cette virginité qu'on ne peut jamais recouvrer !

Cependant, il essuyait son épée et reprenait ses chausses et sa robe ; puis, quand ce fut fait, il pria Notre Seigneur de lui envoyer Son conseil et Sa miséricorde ; enfin il s'étendit sur le rivage, car sa blessure l'empêchait de marcher, et mena toute la nuit grand deuil, suppliant Dieu de lui accorder sa pitié afin que le diable ne l'induisît plus en tentation.

Au jour levant, il découvrit sur la mer une nef qui cinglait vers lui, vent arrière, et qui semblait voler comme l'oiseau, tant elle allait vite. Quand elle fut proche, il vit qu'elle avait des voiles de soie blanche comme fleur naissante ; et sur le bordage on pouvait lire en lettres d'or :

Ô homme qui veux entrer en moi,
garde-toi de le faire si tu n'es plein de foi,
et sache que je ne te soutiendrai plus
et que je t'abandonnerai si tu tombes jamais en mécréance.

À l'avant se tenait un vieillard vêtu comme un prêtre de l'aube et du surplis ; mais il portait sur la tête, en guise de couronne, un bandeau de soie blanche, large de deux doigts, où étaient tracés des mots par lesquels Dieu était sanctifié.

– Perceval, dit ce prud'homme, seras-tu donc toujours simple d'esprit ? Monte en cette nef et va où ton aventure te mènera. Notre Sire te conduira si tu as foi en Lui.

Là-dessus, il disparut, et Perceval se traîna dans cette nef, et dès qu'il y fut entré, il sentit que sa jambe était guérie.

Mais le conte laisse maintenant ce propos pour parler de Lancelot du Lac.

X

Après avoir erré longuement par la haute forêt, il parvint vers l'heure de none à un carrefour de deux routes ; une croix s'y dressait, sur laquelle des lettres gravées disaient :

Chevalier errant qui vas cherchant
des aventures, voici deux chemins.
Tous deux sont périlleux.
Mais celui de gauche, n'y entre pas,
car il te faudrait être trop prud'homme.

Lancelot savait tant de lettres qu'il pouvait très aisément entendre un écrit. Sans hésiter il tourna à gauche, et il ne tarda guère à voir sur une table, au milieu d'une clairière, une couronne d'or merveilleusement riche, qu'il prit aussitôt et mit sous son bras, pensant qu'il serait beau de la porter devant le peuple. Mais il n'avait pas fait une demi-lieue qu'il entendit le bois frémir derrière lui comme si une tempête se fût levée : c'était un chevalier couvert d'armes blanches qui lui courait sus à toute bride. Il pique des deux à son tour ; mais à la rencontre sa lance se brise comme une branche morte, tandis que l'autre le fait voler par-dessus la croupe de son destrier aussi aisément qu'un enfant ; et il demeure à terre tout meurtri et étourdi pendant que son vainqueur descend, prend la couronne et s'éloigne sans plus le regarder.

Tout dolent, Lancelot remonta comme il put sur son destrier et erra jusqu'à la nuit sans trouver ni maison, ni logis. Alors il dessella son cheval et le débrida ; avec son épée il lui coupa de l'herbe belle et drue au lieu de foin, lui frotta la tête et l'échine de sa cotte d'armes de soie ; après quoi il suspendit son écu à un arbre, ôta son heaume, déceignit son épée et s'endormit tout armé, dessous un chêne.

Or, voici qu'il vit venir en songe une litière où se trouvait un chevalier malade, laquelle s'arrêtait auprès d'une chapelle très antique et ruineuse. On en descendait le malade qui gémissait à cœur fendre, implorant Dieu de lui envoyer le précieux vase qui le guérirait, et si tendrement qu'il était impossible qu'on n'en fût point touché. Alors, au fond de la chapelle, apparut un grand chandelier d'argent où brûlaient six cierges, et derrière le chevalier, sur une table d'argent aussi, le Saint Graal voilé d'un linge blanc. À la force des bras, comme il put, le malade se traîna et fit tant qu'il baisa la table et la toucha de ses paupières.

– Beau Sire Dieu, s'écria-t-il, loué soyez-Vous ! Je suis maintenant aussi net et sain que si je n'eusse jamais souffert !

Tandis que le très précieux vase s'éloignait, précédé du candélabre, sans qu'on pût voir qui les portait, l'inconnu se leva guéri, et se tournant vers Lancelot endormi :

– Il faut que ce chevalier soit bien souillé de péchés, s'écria-t-il, pour que Dieu ne lui ait pas permis de s'éveiller et de saluer le Saint Graal ! Quelle honte pour lui !

Là-dessus, il s'empara de la lance, de l'épée, de l'écu et du heaume de Lancelot, comme on fait à un excommunié, sella le cheval, l'enfourcha et piqua des deux.

Quand le dormeur s'éveilla et se mit sur son séant, il ne vit pas trace de la chapelle, ni du chevalier, mais non plus de ses armes et de son destrier, et il entendit une Voix qui lui criait :

– Lancelot, plus dur que pierre, plus amer que bois, plus nu que figuier, comment es-tu si hardi que d'approcher des lieux où se trouve le Graal ? Va-t'en : ici, tout est empuanti par ta présence !

Ce qu'entendant, Lancelot se mit debout et s'en fut à pied par la forêt, la tête basse sans heaume, sans écu, sans lance, sans épée. En vain le soleil commençait de luire : la douceur du temps et le chant des oisillons, bien loin de le réjouir, accroissaient son deuil, et, songeant que son Créateur le haïssait :

– Ha, Sire Dieu, se disait-il, c'est l'Ennemi qui m'a empêché de saluer le Saint Graal, et ce n'est point merveille, car, depuis que j'ai reçu la chevalerie, il n'est d'heure où je n'aie été couvert de ténèbres et de péché mortel : n'ai-je pas vécu dans la luxure ?

XI

Songeant ainsi, il parvint auprès d'une chapelle où il entra pour crier merci à Dieu. Un prêtre vêtu des armes de Notre Seigneur y chantait la messe, servi par son clerc. Quand il eut achevé, Lancelot l'appela et lui dit qu'il voulait se confesser. Tout d'abord le prud'homme lui demanda son nom, puis :

– Sire, dit-il, vous devez beaucoup de reconnaissance à Dieu de ce qu'il vous a fait si bel et si vaillant. Servez-Le au moyen des grands dons qu'Il vous a octroyés et ne ressemblez pas à ce mauvais sergent dont parle l'Évangile. Un baron distribua à ses écuyers une partie de son or : à l'un il bailla un besant, deux à l'autre, cinq au troisième. Celui-ci revint bientôt auprès de lui : "Sire, voici cinq besants que j'ai gagnés au moyen de ceux que tu m'avais donnés.

"– Viens, bon et loyal sergent, répondit le baron, je te prends dans ma maison.

"À son tour, le second montra deux besants qu'il avait gagnés grâce aux deux qu'il avait reçus, et le chevalier l'accueillit très bien. Mais le troisième avait enfoui sa pièce d'or dans la terre et jamais il n'osa plus reparaître devant son seigneur. Ainsi, vous que Dieu a orné de plus grandes prouesses et vaillance que nul autre, vous Lui devez d'autant meilleur service.

– Sire, cette histoire des trois sergents me chagrine, car je sais bien que Jésus-Christ m'avait doué en mon enfance de toutes les bonnes grâces qu'un enfant peut avoir, mais je Lui ai mal rendu ce qu'Il m'avait prêté, car j'ai toute ma vie servi Son ennemi, et je Lui ai fait la guerre par mes péchés.

Le prud'homme soupira, mais montrant à Lancelot un crucifix :

– Voyez cette croix, sire : Celui-ci a étendu ses bras comme pour recevoir chaque pécheur qui s'adressera à lui. Sachez qu'Il ne vous repoussera pas si vous vous confessez par mon audience. Car nul ne peut être propre et net en ce monde sinon par la confession : c'est par elle qu'on chasse l'Ennemi de soi-même, et, même après dix ans, vingt ans, qu'on se nettoie du péché. Tous ceux qui sont entrés en cette haute quête du Graal devront passer par la porte appelée confession ; ainsi deviendront-ils chevaliers de Jésus-Christ et porteront Son écu, qui est fait de patience et humilité. Quant à ceux qui y sont entrés par une autre porte, non seulement ils ne trouveront pas ce qu'ils cherchent, mais ils tomberont dans le mal pour avoir voulu faire la besogne des chevaliers célestiels sans l'être. Ha ! ils auront honte et déshonneur à suffisance devant qu'ils reviennent !... Dites-moi donc vos péchés et je vous conseillerai selon mon pouvoir.

Lancelot hésitait : c'est qu'il ne voulait confier à personne ses amours avec la reine. Il soupirait du tréfonds de son cœur, incapable de parler, ne l'osant, quoiqu'il le désirât : tel celui qui est plus couard que hardi. Mais le prêtre l'exhortait si bien à se débarrasser du poids de son erreur, lui promettant la vie éternelle s'il l'avouait et les peines de l'enfer s'il la cachait, qu'enfin Lancelot commença de confesser la vérité.

– Sire, mon péché, c'est d'avoir aimé une dame toute ma vie : la reine Guenièvre, femme de monseigneur le roi Arthur. C'est par elle que j'ai eu en abondance l'or, l'argent, tous les riches dons que j'ai souvent faits aux chevaliers pauvres : c'est elle qui m'a mis en la hautesse où je suis ; c'est pour l'amour d'elle que j'ai accompli ces prouesses d'armes dont on parle. Hélas ! je sais bien que c'est en raison de cela que Dieu s'est courroucé contre moi, comme Il ne l'a assez montré !

Et il conta comment un chevalier l'avait abattu sans peine, puis comment le Saint Graal lui était apparu en rêve sans que Notre Sire permît qu'il s'éveillât.

– Je vous dirai la signifiance de ce qui vous est advenu, reprit le prud'homme. La voie de droite, que vous avez dédaignée au carrefour, était celle de la chevalerie terrienne, où vous avez longtemps triomphé ; celle de gauche était la voie de la chevalerie célestielle, et il ne s'agit plus là de tuer des hommes et d'abattre des champions par force d'armes : il s'agit des choses spirituelles. Et vous y prîtes la couronne d'orgueil : c'est pourquoi le chevalier vous renversa si facilement, car il représentait justement le péché que vous veniez de commettre ainsi.

– Las ! sire, dites-moi maintenant pourquoi la Voix cria que j'étais plus dur que pierre, plus amer que bois et plus nu que figuier.

– C'est que la pierre est dure par nature : elle ne peut être amollie ni par feu ni par eau ; et ce feu c'est celui du Saint Esprit qui ne peut pénétrer votre cœur, et cette eau, c'est la douce pluie de Sa parole qui ne peut l'attendrir. Mais ce que vous a dit la Voix peut encore s'entendre autrement. C'est d'une pierre que jadis le peuple d'Israël vit l'eau sortir dans le désert si abondamment que les gens eurent tous à boire : et ainsi de la pierre vient quelquefois la douceur. Mais toi, tu es plus dur et moins doux que la pierre. Et autant il devrait y avoir de douceur en toi, autant il s'y trouve d'amertume : tu es amer comme un bois pourri et mort.

“Et quant au figuier, souviens-toi que, lorsque Notre Sire vint à Jérusalem sur Son âne et que les enfants des Hébreux chantèrent le doux chant dont Sainte Église fait mention chaque année, le jour qu'on appelle Pâque fleurie, le Haut Maître prêcha parmi ceux en qui résidait toute dureté ; mais quand Il se fut fatigué à cela tout le jour, Il ne trouva personne pour l'héberger, si bien qu'Il sortit de la ville. Alors Il aperçut un beau figuier garni de feuilles et de branches, mais dépouillé de ses fruits, et Il maudit cet arbre qui ne fructifiait point. Toi de même, quand le Saint Graal vint, il te trouva dénué de bonnes pensées et de bonnes œuvres. Et c'est pourquoi la Voix t'a dit : “Lancelot, plus dur que pierre, plus amer que bois et plus nu que figuier, va-t'en d'ici !”

– Sire, dit Lancelot en pleurant, je jure à Dieu et à vous que je ne retournerai pas à la vie que j'ai menée, et que je garderai désormais ma chasteté, et que je ne pécherai plus avec la reine Guenièvre ni aucune autre.

Le prud'homme, joyeux, lui donna l'absolution et le bénit. Mais il le retint deux jours auprès de lui pour l'exhorter encore. Et le premier jour, il lui dit :

– Dans ton enfance, de bonnes vertus étaient en toi. Car, toutes les fois que tu songeais au mauvais désir de la chair, tu pensais qu'il n'est pas de plus haute chevalerie que de garder net et vierge son corps. Et tu étais humble : tu portais la tête inclinée. Et en toi tu avais la souffrance, telle une émeraude : rien ne vainc l'Ennemi comme la souffrance. Et tu avais la droiture, qui est vertu si puissante que par elle toutes choses sont estimées à leur valeur juste. Et tu avais la charité, car eusses-tu possédé toutes les richesses du monde, tu les eusses bien données pour l'amour de ton Créateur. Et le feu du Saint Esprit était alors chaud et ardent en toi, de façon que tu avais la volonté de maintenir ce que ces vertus t'avaient procuré.

"Ainsi fait, tu reçus le haut ordre de la chevalerie. Mais, quand l'Ennemi te vit ainsi armé et protégé de toutes parts, il se demanda comment il pourrait te tromper, et il pensa que ce serait par une femme plutôt que par aucun autre moyen : car c'est par une femme que notre premier père l'a été, et mêmement Salomon, le plus sage des hommes, et Samson, le plus fort, et Absalon, le plus beau. Alors l'Ennemi entra en la reine Guenièvre, qui ne s'était pas bien confessée au moment de son mariage, de manière qu'elle te regarda volontiers. Et toi, quand tu t'en aperçus, tu songeas à elle : et à ce moment l'Ennemi te frappa d'un de ses dards, à découvert, si rudement qu'il te fit chanceler et quitter la droite voie. C'est de la sorte que tu as pris la route de la luxure où, à peine y eus-tu mis le pied, tu perdis ton humilité et dressas la tête comme un lion, jurant en toi-même d'avoir à ta volonté celle que tu voyais si belle.

"Ainsi te perdit Notre Sire, qui t'avait garni de tant de bonnes grâces ; et toi qui devais être le sergent de Jésus-Christ, tu devins l'homme lige du diable. Du reste de vertu qui te demeura tu fis les grandes prouesses dont on parle ; cependant tu avais perdu l'honneur d'achever les aventures du Saint Graal, car ce n'est pas là une quête de choses terriennes que l'on mène à fin par la bravoure du corps, mais célestielles, où ne vaut que la force de l'âme.

Là-dessus le prud'homme se tut, et apercevant que Lancelot menait trop grand deuil :

– Lancelot, reprit-il, ne te trouble pas : si Notre Sire Dieu, qui est tant doux et débonnaire, voit que tu requiers de bon cœur Son pardon, Il t'enverra Sa grâce et tu Lui seras temple et logis : Il s'hébergera en toi.

Ils passèrent la journée à de tels discours, et le soir ils mangèrent un peu de pain sec et burent seulement de la cervoise ; puis ils se couchèrent, mais dormirent peu, car ils pensaient aux choses du ciel plutôt qu'à celles de la terre. Et le lendemain matin, le prud'homme donna une haire à Lancelot.

– Je vous recommande de prendre cette haire, lui dit-il, et tant que vous serez en quête du Saint Graal, vous ne mangerez pas de chair et ne boirez pas de vin : car c'est de pain et d'eau que les chevaliers célestiels doivent repaître leur corps, et non de ces nourritures fortes qui mènent l'homme à la luxure et au péché mortel.

Lancelot reçut la discipline de bon cœur. Puis il vêtit la haire qui était âpre et piquante, et par-dessus il passa sa robe et se couvrit des armes que le prud'homme lui donna. Après quoi, il prit humblement congé et s'en fut par la forêt profonde.

XII

Il n'avait pas beaucoup cheminé, lorsqu'il rencontra deux partis de chevaliers, les uns vêtus d'armes noires, les autres d'armes blanches, qui combattaient. Il courut à la rescousse du parti noir qui était le plus faible et commença de faire des merveilles d'armes contre les chevaliers blancs, en sorte que tout le monde lui eût donné le prix du tournoi. Et pourtant il ne pouvait abattre aucun de ceux auxquels il s'adressait ; vainement frappait-il sur eux comme dessus une pièce de bois, ils ne semblaient pas même sentir ses coups : si bien qu'à la fin, il se trouva las au point qu'il ne pouvait plus supporter le poids de ses armes, ni tenir son épée. Alors les chevaliers blancs s'emparèrent de lui et ils le gardèrent toute la nuit ; puis, quand le jour fut clair et beau, ils le laissèrent aller.

Il s'éloigna, songeant tristement qu'il avait perdu jusqu'au pouvoir de son corps, puisqu'il s'était vu prisonnier, lui qui n'était jamais venu à un tournoi sans en remporter l'honneur. Et il chevaucha de la sorte, si dolent qu'il ne savait plus qu'à peine ce qu'il faisait, jusqu'à l'heure de none qu'il sentit son cheval s'arrêter : à ses pieds coulait une large et tumultueuse rivière. Il regarda : il était dans un profond vallon, encaissé entre deux roches à pic. Il se préparait à retourner sur ses pas, lorsqu'un noir chevalier sortit soudain de l'onde et vint tuer son destrier. Alors Lancelot s'avança jusqu'au bord du fleuve, et là il s'arrêta : devant lui, l'eau infranchissable ; à sa droite et à sa gauche, des roches inaccessibles ; derrière, la forêt déserte où il devait cent fois mourir de faim. Il ôta ses armes, s'étendit sur le sol, les bras en croix, la tête tournée vers l'orient, et il se mit en prières, résolu d'attendre là que Notre Sire lui envoyât secours.

Mais le conte le laisse à présent et devise de monseigneur Gauvain, le neveu du roi Arthur, dont il n'a point parlé depuis longtemps.

XIII

Après qu'il eut quitté ses compagnons, il chevaucha plusieurs jours sans trouver d'aventure qui vaille d'être contée. Un soir, il arriva près d'un ermitage où il requit l'hospitalité au nom de la sainte charité. L'ermite, qui était vieux et ancien, la lui accorda, et, après lui avoir donné à manger, le mit en paroles et l'exhorta à se confesser, en lui alléguant de beaux exemples tirés des Évangiles, et en lui disant de songer au grand jour du Jugement où les saints eux-mêmes trembleront comme la feuille du figuier, quand Jésus-Christ montrera ses plaies et les fera saigner. Messire Gauvain regarda celui qui le conseillait ainsi, et, le voyant si prud'homme, il lui avoua tout ce dont il se sentait coupable envers Notre Seigneur, et d'abord qu'il ne s'était pas confessé depuis quatorze ans.

– Sire, lui dit le prêtre, quand vous reçûtes l'ordre de chevalerie, ce ne fut point pour devenir le serviteur de l'Ennemi, mais pour que vous fussiez le champion de Dieu et rendissiez à votre Créateur le trésor qu'Il vous avait donné à garder : c'est votre âme. Et voilà que votre vie a été la plus mauvaise et la plus souillée qu'un chevalier ait jamais menée ! Pourtant, si vous vouliez vous amender, vous pourriez encore faire votre paix avec Notre Seigneur, à condition de vous repentir de vos péchés.

Mais messire Gauvain répondit qu'il ne pourrait souffrir de pénitence, et le prud'homme cessa de lui en parler, voyant que ce serait peine perdue.

Le lendemain, messire Gauvain repartit ; puis il chevaucha sans aventure jusqu'à la Madeleine, qu'il rencontra Hector des Mares. Et, certes, tous deux eurent grande joie de se revoir sains et saufs !

– Par ma foi, dit Hector, j'ai vainement parcouru des terres lointaines, des pays étrangers, des forêts sauvages, et j'ai crevé plus de dix chevaux, dont le pire était de grand prix, mais je n'ai trouvé aucune aventure. Cependant j'ai rencontré quinze ou vingt de nos compagnons : nul n'en a eu plus que moi.

Car tel fut le sort des chevaliers de la Table ronde quand ils furent en quête du Saint Graal : hormis Galaad, Perceval, Bohor et Lancelot, il ne leur arriva rien qui mérite d'être rapporté dans un livre ; et ils s'en ébahirent beaucoup, car ils avaient pensé qu'en une si haute quête ils pourraient faire maintes chevaleries.

Messire Gauvain et Hector résolurent de cheminer ensemble quelque temps. Un jour qu'ils traversaient une prairie verdoyante, ils aperçurent un chevalier armé de toutes armes qui leur cria du plus loin qu'il les vit :

– Joute ! Joute !

– En nom Dieu, dit messire Gauvain, c'est la première occasion de jouter que je trouve depuis mon départ de Camaaloth. Puisque celui-ci requiert bataille, il l'aura.

– Beau sire, laissez-moi faire, s'il vous plaît, demanda Hector.

– Non, par ma foi !

Ce disant, messire Gauvain mit lance sur feutre et s'élança, bruyant comme alérion, tandis que l'inconnu s'adressait à sa rencontre. Tous deux poussèrent leurs lances et les appuyèrent de telle force que les sursangles, les sangles, les bricoles, les arçons rompirent et qu'ils se portèrent à terre, la selle entre les cuisses, si rudement que le cœur leur en pensa éclater. Mais, aussitôt qu'ils purent, ils se relevèrent et se coururent sus, l'épée nue. De son premier coup, le chevalier fendit l'écu jusqu'à la boucle et atteignit le heaume dont il fit sauter les fleurons et les pierreries. Gauvain sentit le choc, mais son courage s'en accrut : il haussa son arme et l'abattit de telle sorte, à son tour, qu'il trancha l'écu en deux parties, coupa le heaume, la coiffe de mailles et la peau du crâne. Dans le même temps, son adversaire, d'un revers, lui cassait deux dents et lui faisait cracher son sang rouge. Mais le milieu du jour approchait, et tel était le don qu'avait reçu messire Gauvain qu'à tierce sa valeur doublait, à midi elle quadruplait : furieux, il saisit le chevalier dans ses bras, où il le serra si fort que l'autre fut au point de pâmer de douleur, et, quand il le vit ainsi, il le laissa choir et lui bouta son épée dans la poitrine ; puis, sans la retirer, d'un coup il lui arracha son heaume, en en brisant les lacs. Et il reconnut à ce moment monseigneur Yvain le grand, fils du roi Urien.

Alors il sentit son âme se serrer et l'eau du cœur lui monta aux yeux. Il souleva doucement son compagnon très ancien ; il le plaça sur son propre cheval, et, le soutenant par les flancs, suivi d'Hector qui portait en pleurant le heaume du blessé, il le conduisit à une blanche abbaye qui s'élevait non loin de là.

– Beau sire, lui dit en arrivant messire Yvain, c'est par la volonté du Sauveur et pour mes péchés que vous m'avez occis, et je vous le pardonne de bon cœur. En nom Dieu, si vous retournez à la cour du roi Arthur, saluez ceux de la Table ronde qui reviendront vivants de cette haute quête et demandez-leur qu'ils prient Notre Seigneur d'avoir pitié de moi.

Puis il confessa ses péchés à un moine et reçut le *Corpus Domini* ; après quoi il dit encore :

– Doux ami, je vous requiers maintenant d'ôter votre épée de mon corps.

En pleurant, messire Gauvain mit la main à la poignée et doucement retira la lame qu'il avait plongée dans la poitrine de son ami. Mais le blessé s'étendit d'angoisse entre les bras d'Hector, et son âme abandonna son corps.

Alors les deux chevaliers songèrent à tant de prouesses qu'ils lui avaient vu faire, et ils commencèrent de mener le plus grand deuil dont on ait jamais entendu parler : sachez que messire Gauvain pâma de douleur plus de trois fois, coup sur coup. Puis ils ensevelirent leur compagnon dans un très riche drap de soie, que les moines apportèrent quand ils surent que le mort était fils de roi. Et sachez que messire Yvain fut enterré devant le maître-autel, sous une belle tombe où l'on écrivit son nom et le nom de celui qui l'avait occis.

Mais le conte laisse maintenant ce propos pour dire ce qui advint à Bohor de Gannes.

XIV

Dans la forêt, il rencontra un religieux qui cheminait humblement sur son âne, sans nulle compagnie de sergents ni de valets, et, après avoir demandé au prud'-homme s'il était prêtre, il lui requit confession : car Bohor n'était pas si fou que de se mettre en quête du Saint Graal tout sale et noir de péchés.

– En nom Dieu, répondit le religieux, si je refusais et que vous mourussiez en péché mortel par faute d'aide, vous me pourriez appeler au grand jour du Jugement devant la face de Jésus-Christ. Aussi vous conseillerai-je du mieux que je pourrai. Qui êtes-vous ?

– Bohor de Gannes, fils du roi Bohor et cousin de Lancelot du Lac.

– Certes, Bohor, vous devez être bon, si, comme dit Notre Sire, le bon arbre fait le bon fruit, car votre père fut un très prud'homme, et la reine Évaine, votre mère, une des meilleures dames du monde. Le fils du chat doit bien prendre souris.

– Sire, un homme extrait de mauvaise souche est changé d'amertume en douceur sitôt qu'il a reçu le baptême : c'est pourquoi il m'est avis que sa bonté ou sa méchanceté ne dépend pas de son père et de sa mère, mais de son cœur. Le cœur de l'homme est semblable aux avirons qui conduisent la nef soit au port ou au péril.

Tout en causant ainsi, ils étaient arrivés à la maison de l'ermite, où Bohor se confessa des offenses qu'il avait faites à son Créateur ; mais, bien qu'il eût vécu dans les folies du monde, il n'était souillé d'aucun autre péché de chair que celui qu'il avait commis jadis avec la fille du roi Brangore d'Estrangore, de qui était né son fils Hélain le blanc, et le prêtre s'en émerveilla ; pourtant il lui enjoignit de ne manger que pain et eau et de porter, en guise de chemise, une rude bure blanche sous un manteau vermeil jusqu'à la fin de la quête du Graal. Et Bohor reçut le *Corpus Domini* ; puis il reprit sa route, armé comme doit l'être un chevalier célestiel et bien défendu contre l'Ennemi.

XV

Vers l'heure de none, il vit un oiseau blanc comme laine qui arrivait à tire d'ailes et se perchait sur un arbre. Là, l'oiseau, trouvant ses petits tout froids morts dans leur nid, commença de mener grand deuil ; puis il se frappa la poitrine du bec, qu'il avait aigu et tranchant, si rudement que son sang jaillit. Et les oiselets, baignés de sang chaud, reprirent vie, tandis que leur père expirait entre eux.

Bohor continua son chemin, méditant sur la signifiance de cette aventure ; mais il n'avait pas fait une lieue galloise, qu'il vit passer deux fer-vêtus qui emmenaient son frère Lionel, habillé de ses seules braies, les mains liées, sur un roussin ; et ils le battaient au sang, mais sans lui arracher un cri, tant il était de grand cœur. Et Bohor allait s'élancer au secours de son frère, lorsqu'il aperçut d'autre part un chevalier tout armé, qui emportait une pucelle au plus épais de la forêt.

– Sainte Marie Dame, criait-elle, secourez-moi ! À l'aide !

Alors Bohor fit passer l'amour de Jésus-Christ avant son sentiment naturel, et, sans se soucier de son frère, il se jeta à la poursuite du chevalier qui enlevait la pucelle ; sachez que ce fut là une des choses dont Notre Sire lui sut le plus de gré.

Il vainquit sans peine le ravisseur ; mais, quand il voulut rejoindre ceux qui emmenaient Lionel il ne put les découvrir. Longtemps, il erra sous les arbres ; enfin il rencontra un homme vêtu comme un religieux et monté sur un grand cheval plus noir que mûre, qui lui demanda ce qu'il cherchait.

– Ha, sire, mon frère !

– Venez avec moi et vous le verrez.

Et le rendu le mena à quelque distance de là, où il lui montra dans un fourré le corps de Lionel, qui gisait, percé de coups, tout sanglant.

À cette vue, quelle angoisse poignit Bohor au cœur ! Il chut à terre tout pâmé.

– Las ! doux frère, s'écria-t-il en revenant à lui, qui donc vous a traité si durement ? Jamais plus je ne connaîtrai la joie !

Ce disant, il prenait le mort dans ses bras et le serrait sur sa poitrine, menant si grand deuil que c'était merveille de le voir. Enfin, il demanda s'il n'était alentour quelque chapelle où l'on pût enterrer Lionel.

– Suis-moi, lui répondit l'homme vêtu d'une robe de religion. Mais tout d'abord sache que cette douleur t'est venue en punition de ton orgueil sans frein. Car tu es semblable à ce Pharisien qui disait en entrant au temple : "Beau Sire Dieu, je te rends grâce de ce que je ne suis pas aussi mauvais que mes voisins." Et sache que cet oiseau que tu as vu et qui venait à toi à tire d'ailes signifie une demoiselle riche, belle et de bon lignage, qui t'aimera d'amour et te priera d'être son ami : si tu l'éconduis, elle en mourra de chagrin. Et les oiselets qui ont repris vie lorsqu'ils ont été baignés du sang de leur père, signifient les péchés que sa mort ferait naître : en effet, ce ne serait point par crainte de Dieu que tu l'éconduirais, mais pour être loué dans le siècle et pour avoir la vaine gloire du monde. Et ainsi tu serais plein de vanité et doublement homicide, car tu l'es déjà de ton frère que tu n'as pas secouru quand tu as préféré délivrer cette pucelle qui n'est pas de ta parenté. Regarde s'il valait mieux qu'elle fût forcée, ou qu'un des meilleurs chevaliers du monde fût occis !

À écouter de telles paroles, Bohor se sentait tout troublé. Et son guide ne tarda guère à lui montrer une sorte de chapelle toute vieille et ruineuse, au milieu de laquelle s'étendait une lame de marbre : il posa là-dessus le corps de Lionel et se mit en quête d'eau bénite ; mais il n'en trouva goutte.

– Bohor, lui dit l'homme vêtu des draps de religion, je reviendrai demain faire le service de ton frère. En attendant, nous nous hébergerons dans la maison voisine.

Le chevalier craignit, en refusant obéissance au prud'homme, de tomber encore dans le péché d'orgueil, et il l'accompagna à un manoir qui s'élevait non loin et où une dame, qui avait en elle toute la beauté terrienne leur fit grand accueil.

XVI

Or, quand les lumières furent éteintes et que Bohor se fut endormi dans son lit, il advint qu'il fut réveillé par une main qui se posait sur son épaule, et il vit la dame du logis, en sa pure chemise, qui lui dit :

– Sire chevalier, faites-moi place, afin que je me couche auprès de vous.

Il repartit qu'il lui laisserait le lit ; et, ce disant, il se leva en chemise et en braies.

– Beau sire, reprit-elle, recouchez-vous : je vous promets que je ne vous toucherai que si vous le voulez. Mais faites-moi droit comme il sied à un chevalier.

– Je ne fis jamais tort ni vilenie à dame ou demoiselle et je ne commencerai point par vous.

– Grand merci. Vous savez bien que, selon, la coutume du royaume de Logres, un chevalier doit secourir toute demoiselle qui requiert son aide, sous peine de perdre son honneur. Secourez-moi donc.

– Et comment ?

– En couchant avec moi.

– Êtes-vous demoiselle ? On croirait que non, tant vous semblez ribaude. Aimassiez-vous un chevalier plus que tout, vous ne devriez pas lui dire de semblables paroles, ni à plus forte raison le requérir ainsi la première ! D'ailleurs je ne puis vous croire si folle : vous voulez sans doute m'éprouver ?

– Ha, Bohor, si je ne vous aimais pas plus que jamais femme n'aima, vous ferais-je une telle requête ? Je vous prie de me secourir comme je vous l'ai demandé. Si vous y manquez, je vous tiendrai pour failli et vaincu.

– Je me tiendrais pour vaincu bien davantage, dit Bohor, si je faisais ce que vous voulez !

– Remettez-vous donc au lit, sire chevalier ; je ne voudrais pas faire mon ami d'un honni, d'un recréant.

Bohor s'étendit entre les draps : aussitôt la félonne s'élança à ses côtés, et, le tirant par sa chemise, elle feignait d'être bien désireuse de l'embrasser. Mais lui, il la prit et la posa à terre où il la maintint quelque temps si rudement qu'elle ne pouvait bouger. Alors elle se mit à se plaindre, disant qu'elle se sentait malade, et à l'implorer.

– Pour Dieu, accordez-moi ce que je vais vous demander ! Ce ne sera pas contre votre honneur ! Mais il faut que je vous le dise à l'oreille.

Bohor se baisse : elle prend son temps et le baise sur la bouche. Irrité, il saute sur son épée, jurant qu'il lui couperait la tête si elle n'était femme. “C'est ce qu'on verra !” dit-elle en courant encore à lui, les bras tendus. Il s'enfuit de la chambre, essuyant, frottant ses lèvres, et gravit jusqu'au faite de la tour. Mais la demoiselle l'y suit bientôt, accompagnée de douze pucelles, et s'écrie :

– Voyez donc comme je mourrai pour l'amour de vous !

À quoi l'une des pucelles ajoute en pleurant :

– Ha, sire, faites ce que veut madame ou bien nous nous laisserons toutes tomber d'ici, car nous ne pourrions souffrir sa mort ! Jamais chevalier ne fit si grande déloyauté que de laisser mourir des femmes pour si peu de chose !

Bohor les prenait en grande pitié ; pourtant il aimait mieux qu'elles perdissent leurs âmes que lui la sienne, et il répondit qu'il ne ferait pas ce que voulait la dame, ni pour leur mort ni pour leur vie. Aussitôt la femme et les douze pucelles se laissèrent choir, l'une après l'autre, du sommet de la tour : dont il fut si émerveillé, qu'il leva la main pour se signer. Et dans le même instant le château et la fausse chapelle et le prétendu corps de son frère, tout disparut au milieu d'un si grand bruit qu'on eût cru que tous les diables de l'enfer hurlaient autour de lui ; et sans faute il y en avait plusieurs.

XVII

Alors il tendit ses mains vers le ciel et remercia Dieu. Et quand il eut prié, il comprit le vrai sens de ce qu'il avait vu le matin : et que l'oiseau blanc signifiait Notre

Seigneur, et ses petits les hommes, qui furent comme morts jusqu'à ce que le Fils de Dieu fût monté sur l'arbre, c'est-à-dire sur la Croix, et eût été blessé au côté droit par la lance, couvrant de Son sang Ses créatures et leur rendant la vie.

Comme il chevauchait en roulant ces pensées, il rencontra six valets qui chantaient joyeusement ; ils portaient des écus à leur cou, menaient des chevaux en main et faisaient conduire devant eux une charrette pleine de lances. Bohor leur demanda où ils allaient avec tout ce harnais.

– Sire, nous sommes à Mélian du Lys et nous rendons au tournoi qui aura lieu demain au château de Cybèle. Sachez qu'on y verra les plus hauts hommes de Bretagne !

Bohor songea qu'il pourrait trouver à Cybèle quelques compagnons de la Table ronde ou tel qui lui donnât des nouvelles de son frère, et il suivit les traces des valets. Pourtant, sur l'heure de none, comme il passait devant une maison forte, il décida d'y demander à coucher parce que son cheval était fort las. Justement le vavasseur était devant sa porte, causant avec quelques sergents.

– Beau sire, dit-il à Bohor, s'il vous plaît de vous héberger ici, vous serez demain avant prime à Cybèle : c'est tout proche. Jamais je n'ai vu passer tant de belle chevalerie ni de si riches harnais !

Bohor entra dans la maison où des valets vinrent prendre son cheval et le désarmèrent sous l'orme de la cour ; puis, après qu'il eut été lavé et baigné par des pucelles, et qu'on lui eut mis un riche manteau d'écarlate sur les épaules, il fut conduit dans la salle où l'on servit le souper. Et certes rien n'y manqua de ce qui convient à corps d'homme : toutes les chairs les plus fines, oisons, chapons rôtis, poules, cygnes, paons, perdrix, faisans, hérons, butors ; toutes les sortes de venaison, cerfs, daims, sangliers, chevreuils, lapins ; poisson à foison, esturgeons, saumons, plies, congres, rougets, morues, barbues, mulets, bars, soles, brêmes, maquereaux gras, merlans replets, harengs frais ; toutes les sauces les mieux épicées, au poivre, à la cameline, au verjus de grain et en beaucoup d'autres guises ; brochets et lamproies en galantine ; anguilles et tourterelles en pâtés ; mille espèces de pâtisseries, tartes renversées, gaufres, oublies, gougères, flans, pommes d'épices, crépines, darioles, beignets, rissoles ; les vins les plus précieux, vin au piment, vin au gingembre, vin aux fleurs, vin rosé, moré, hysopé, claré, vin de Gascogne, de Montpellier, de La Rochelle, de Beaune, de Saint-Poursain, d'Auxerre, d'Orléanais, de Gâtinais, de Léonais, tant de vin qu'il y en eût eu assez pour emplir un vivier et que les garçons et bouviers en laissèrent dans les pots. Mais Bohor se contenta de couper trois tranches de pain, qu'il mangea après les avoir trempées dans un hanap d'argent plein d'eau.

– Beau sire, disait son hôte, ces mets ne vous plaisent-ils point ?

– Si fait, beau sire. Pourtant je ne mangerai aujourd'hui autre chose que ce que vous voyez.

Quand l'heure de dormir fut venue, le vavasseur conduisit Bohor dans une chambre tout illuminée, où il lui avait fait dresser un lit digne d'un roi : couvertures de vair, de petit gris, d'hermine, riches courtepointes, blancs oreillers, coussins, couettes, larges tapis bien ouvrés, rien n'y manquait. Mais Bohor n'accepta pas qu'on fît coucher aucun sergent auprès de lui, dans la chambre, et, quand tout le monde fut sorti, il éteignit les cierges, s'étendit sur le sol, à la dure, mit un coffre sous sa tête, et s'endormit dans la paix de Notre Seigneur après avoir fait ses prières et oraisons.

Et le lendemain, quand l'aube naquit et que le guetteur eut corné, il défit le lit de manière qu'on ne pût soupçonner qu'il n'y avait point couché ; ensuite il alla dans la chapelle entendre matines et le service du jour, et il se remit en route, après avoir recommandé son hôte à Dieu.

XVIII

Comme il débouchait dans la prairie de Cybèle, il aperçut une chapelle et s'y rendit tout aussitôt : car jamais il ne passa auprès d'une des maisons de Dieu sans y entrer, par révérence. Et, en approchant, il aperçut Lionel tout désarmé, assis devant la porte : aussitôt il sauta de son cheval et courut à lui joyeusement.

– Doux ami, depuis quand êtes-vous là ?

Lionel reconnut bien son frère ; pourtant il ne bougea point.

– Ce ne fut pas votre faute, dit-il en lui lançant un regard irrité, si je n'ai pas été occis, hier, par les deux chevaliers qui m'avaient pris en trahison ! Vous préférâtes secourir la demoiselle et me laisser en péril de mort : jamais un frère ne fit à son frère une telle déloyauté ! C'est pourquoi sachez que vous n'avez à attendre de moi que la mort.

À entendre Lionel parler ainsi, Bohor fut si dolent qu'il ne put que se jeter à genoux et le prier à mains jointes de pardonner.

Mais l'autre courait déjà prendre ses armes et bientôt revint sur son destrier.

– Cœur failli, dit-il, je vous traiterai comme on doit faire un félon, car vous êtes bien le plus déloyal chevalier qui jamais soit né d'un prud'homme ! Montez sur votre cheval, sinon je vous occirai à pied comme vous voilà, et la honte en sera pour moi, mais le dommage pour vous !

Bohor ne savait que décider, car il ne voulait pas combattre son aîné à qui il devait révérence, ni blesser son frère. À nouveau, il s'agenouilla devant les pieds du cheval, en pleurant et criant merci. Mais le furieux poussa son destrier, qui abattit Bohor et le foula de telle sorte qu'il pensa bien mourir sans confession. Et quand Lionel vit son frère pâmé, il sauta à terre et il allait lui couper la tête, lorsqu'un vieux prêtre sortit de la chapelle et courut se jeter entre eux.

– Pour Dieu, franc chevalier, s'écria-t-il, aie pitié de toi et de ton frère ! Si tu l'occis, tu feras un trop grand et mortel péché !

– Sire prêtre, dit Lionel, ôtez-vous de là, ou bien je vous tuerai et il ne sera point quitte pour autant.

– J'aime mieux que tu m'ôtes la vie qu'à lui : ce ne sera pas si grand dommage.

Il n'avait pas achevé que Lionel, fou de colère, tirait son épée et lui défonçait la tête ; après quoi il se mettait en devoir de délacer le heaume de Bohor pour lui trancher le cou, lorsque Dieu voulut qu'un des compagnons de la Table ronde, qui avait nom Calogrenant, vînt à passer par là. Et voyant que Lionel se préparait à tuer son frère, il sauta à terre, le saisit par le bras et le tira si rudement en arrière qu'il le fit tomber.

– Cœur sans frein, êtes-vous hors de sens ? Voulez-vous occire votre frère germain ?

– Et vous, le voulez-vous secourir ? Si vous vous entremettez, je m'en prendrai à vous !

Ce disant, Lionel se relevait et retournait à Bohor.

– Ne soyez point si hardi que d'approcher de lui ! s'écria Calogrenant.

Déjà le furieux lui courait sus, l'écu levé, l'épée au poing. Mais Calogrenant était bon chevalier et de grande force, en sorte que la bataille dura assez longtemps pour que Bohor revînt à lui. Ah ! quel deuil il eut quand il rouvrit les yeux ! Si Calogrenant tuait Lionel, il sentait qu'il ne connaîtrait plus jamais la joie ; si Lionel tuait Calogrenant, qui combattait pour lui, il serait honni à jamais ; et comment les séparer, quand il était lui-même en si mauvais point ? À ce moment, Lionel commençait de prendre le dessus, et l'autre, son écu dépecé, son heaume décerclé, blessé en dix endroits, n'attendait plus que la mort, lorsqu'il aperçut que Bohor regardait la bataille, assis sur son séant.

– À l'aide, Bohor ! cria-t-il. Jetez-moi hors de ce péril où je me suis aventuré pour vous qui êtes plus preux que je ne suis !

À grand-peine Bohor se remit debout, se signa et rajusta son heaume, gémissant de pitié à voir le cadavre du prêtre qu'il venait de découvrir. Mais Lionel à cet instant, d'un dernier coup d'épée, jetait mort Calogrenant, et aussitôt courant à son frère qui encore une fois le priait humblement de pardonner, il lui assena un tel revers sur le heaume qu'il lui fit plier les genoux. En pleurant, Bohor tira alors son épée, et il allait frapper pour se défendre, lorsqu'un brandon de feu tomba du ciel entre les deux frères, fulgurant comme la foudre et si flamboyant que leurs écus en furent brûlés et qu'ils churent tous deux sur le sol, où ils demeurèrent pâmés durant un aussi long temps qu'il en faut pour faire une lieue à pied.

Quand il reprit son haleine, Bohor reconnut que Lionel n'avait point de mal et remercia Dieu. Puis il s'approcha de son frère, qui était encore tout étourdi :

– Vous avez mal agi, lui dit-il, en tuant ce prêtre et ce chevalier qui était notre compagnon à la Table ronde et le cousin germain de monseigneur Yvain, fils du roi Urien. En nom Dieu, veillez que leurs corps soient mis en terre et qu'on leur rende les honneurs qui leur sont dus.

– Et vous, murmura Lionel, ne resterez-vous ici jusqu'à ce qu'ils soient ensevelis ?

– Non. Je vais au rivage de la mer, où je sais que quelqu'un m'attend.

Là-dessus, Bohor enfourcha son destrier et s'en fut. Et il chevaucha tant qu'il arriva au bord de la mer. Et là il vit une nef, la plus haute et la plus riche qui ait jamais été, sur laquelle Perceval le Gallois lui faisait signe de monter. Il y entra après s'être recommandé à Jésus-Christ ; mais, à son grand regret, il n'eut pas le loisir d'y faire passer son cheval : à peine y eut-il mis le pied, le vent frappa les voiles et la nef cingla vers la haute mer, légère comme l'émerillon volant sur sa proie.

Mais le conte laisse maintenant cette nef et retourne à Galaad, le bon chevalier.

XIX

Après avoir quitté le châtel aux Pucelles, il mit à fin maintes aventures dont le conte ne dit mot ; mais c'est qu'il y aurait trop à faire si l'on voulait les narrer l'une après l'autre. Un jour, dans un tournoi, il rencontra monseigneur Gauvain et Hector, et il ne les reconnut point, car ils avaient changé leurs armes, mais eux, sitôt qu'ils eurent aperçu l'écu blanc à la croix vermeille, ils se dirent l'un à l'autre :

– Voilà l'écu dont le roi Ydier nous a parlé : c'est Galaad ! Celui qui l'attendrait serait fou, car rien ne peut durer contre lui.

Or, dans le même instant, le bon chevalier arrivait, fracassant comme la foudre, et au passage, d'un seul coup d'épée, il fendit le heaume et la coiffe de fer de monseigneur Gauvain, lui trancha le cuir et la chair jusqu'à l'os et lui fit vider les arçons. Ce que voyant, Hector s'éloigna un peu, tant parce qu'il songea que c'eût été sottise que de se mesurer contre l'homme capable de donner de tels coups, que parce qu'il devait aimer et protéger son neveu Galaad plutôt que le combattre.

Et tous les chevaliers du tournoi furent dolents quand ils surent que c'était monseigneur Gauvain qui avait été navré de ce grand coup, car il était l'homme du siècle le plus connu et le plus aimé de toutes gens. Ils le portèrent au château où il fut désarmé et couché dans une chambre, loin du bruit ; puis ils mandèrent un médecin et lui promirent qu'ils le feraient riche s'il guérissait le blessé. À quoi le mire s'engagea.

Galaad cependant continuait son chemin. Et bientôt il vit venir à sa rencontre une demoiselle tout enveloppée de voiles de lin, qui lui dit :

– Galaad, suivez-moi, en nom Dieu ! Je vous mènerai à la plus haute aventure qu'un chevalier ait jamais connue.

Elle le conduisit droit au rivage de la mer. Là se trouvait la nef qui portait Perceval et Bohor.

– Sire, soyez le bienvenu, s'écrièrent les deux chevaliers, car nous vous avons longuement attendu !

Alors le bon chevalier et la pucelle ôtèrent à leurs chevaux le frein et la selle et leur donnèrent la liberté pour qu'ils trouvassent leur pâture ; puis, après avoir fait le signe de la croix, ils entrèrent dans la nef qui cingla vers le large aussitôt.

XX

Or, lorsqu'elle vogua en pleine mer et que les trois chevaliers se furent conté leurs aventures, Perceval regarda la demoiselle, qui s'était dévoilée, et il reconnut la muette qui s'était mise à parler le jour qu'il avait été armé chevalier par le roi Arthur et qui l'avait fait asseoir à la Table ronde, celle qu'on nommait la Pucelle-qui-jamais-ne-mentit.

– Seigneurs, dit-elle aux trois chevaliers, je vous annonce premièrement, comme à ceux que j'aime le plus au monde, que, si vous n'aviez pas une foi parfaite en Jésus-Christ, vous péririez sur cette nef. Et maintenant regardez de part et d'autre.

Ils visitèrent le navire et, en examinant toutes choses, ils découvrirent sous des courtines de soie le plus beau et riche lit qui ait jamais été. Au pied, quelqu'un avait posé une couronne d'or. Sur le chevet gisait une épée à demi tirée de son fourreau, qui était de très riche façon. Le pommeau était d'une seule pierre qui avait toutes les couleurs de la terre, et chacune de ces couleurs avait sa vertu. La poignée était faite de deux côtes : l'une du serpent nommé *papaguste* qui vit en Célidoine et qui a ce don que l'on ne sent jamais une trop grande chaleur lorsqu'on en serre un des os dans sa main, quelle que soit l'ardeur du soleil ou du feu ; la seconde côte était d'un petit poisson nommé *ottonax* qui habite dans le fleuve Euphrate et dont la vertu est telle : qui tient un de ses os oublie toute joie ou douleur passée, et se souvient seulement de la raison qu'il a eue de le prendre. Ainsi était la poignée de l'épée, et l'on y lisait :

Je suis merveilleuse à voir, plus merveilleuse à connaître,
car nul ne me peut empoigner, pour grande que soit sa main,
hormis celui à qui je suis destinée.

– En nom Dieu, dit Perceval, je verrai si c'est moi !

Mais vainement il essaya de prendre l'arme par le pommeau, et Bohor après lui ; quant à Galaad, il déclara qu'il ne tenterait l'aventure que lorsqu'il aurait vu toutes les merveilles de l'épée. En effet, sur la lame à demi dégainée, des lettres vermeilles comme du sang disaient :

Que nul ne soit si hardi que de me tirer du fourreau
s'il ne sait mieux frapper et plus hardiment que tout autre,
ou bien il en mourra.

– Par ma foi, dit Galaad, je n'y mettrai pas la main !

– Attendez, sire, répondit la pucelle, d'avoir tout regardé.

Le fourreau était de la couleur d'une rose sèche et fait d'une peau de serpent. Mais les renges par lesquelles on devait le suspendre au ceinturon ne convenaient nullement à une si belle épée, car elles étaient d'étoupe de chanvre ou de quelque autre vile matière, et si faibles en outre qu'elles n'auraient pu supporter le poids de l'arme sans rompre.

Et ceci était inscrit en lettres d'azur et d'or sur le fourreau couleur de rose :

Malheur à qui voudrait changer ces renges,
car elles ne doivent être ôtées que par une fille de roi
et de reine, et qui demeure pucelle toute sa vie : en leur place elle
mettra la chose d'elle-même qui lui sera le plus chère,
et elle appellera cette épée par son droit nom
et moi par le mien.

Lorsque la pucelle leur eut lu cette inscription, les trois chevaliers se mirent à rire, disant que c'étaient là merveilles. Et ils remarquèrent alors le lit qui était de bois et muni de trois fuseaux : le premier, planté au chevet, était plus blanc que neige neigée ; le second s'élevait en face du premier, et il était plus rouge que sang naturel ; le troisième s'étendait au sommet de ces deux-là, qu'il réunissait, et il était aussi vert qu'une émeraude. Telles étaient les couleurs des trois fuseaux, sans nulle peinture, car ils provenaient tous trois de l'arbre de science dont Ève avait emporté un rameau pour cacher sa nudité quand elle fut chassée du Paradis terrestre ainsi qu'Adam ; et comment cela arriva, puis comment le roi Salomon, par le conseil de sa femme, fit bâtir la nef incorruptible et planta les fuseaux autour du lit sur lequel il plaça l'épée merveilleuse qu'il avait faite ; comment enfin la nef s'en alla toute seule sur la mer, où Nascien y monta et où personne ensuite ne la rencontra plus avant Galaad et ses compagnons, le livre de Merlin l'Enchanteur a suffisamment devisé de tout cela, en sorte qu'il n'y a pas d'utilité à le répéter : cela alourdirait ce conte-ci, qui est très bon. Il faut seulement dire ce qui ne l'a pas encore été : c'est que, lorsque la nef fut prête et que toutes choses y eurent été disposées, Salomon la fit amarrer au rivage ; et la même nuit il eut un songe : il vit un Homme qui descendait du ciel en compagnie de beaucoup d'anges et qui arrosait tout le navire d'eau bénite, disant : "Cette nef signifiera ma nouvelle maison" ; ensuite l'Homme faisait écrire des lettres sur le bordage par un ange de sa compagnie ; après quoi Il s'évanouissait de telle manière, avec les siens, qu'on n'aurait su dire ce qu'Il était devenu. Le lendemain, sitôt que Salomon fut éveillé, il alla voir la nef et trouva que les lettres tracées par les anges disaient ceci :

Ô homme qui veux entrer en moi,
garde-toi de le faire si tu n'es plein de foi,
et sache que je ne te soutiendrai plus
et que je t'abandonnerai
si tu tombes jamais en mécréance.

Et à peine eut-il lu cela, les voiles de la nef se gonflèrent et le vent l'emporta sur la mer, où elle disparut en peu de temps. Et ce songe est de grand sens, car il montre que la nef incorruptible de Salomon signifie Sainte Église : c'est pourquoi il méritait d'être rapporté dans cette histoire.

XXI

Le conte dit ici que les trois compagnons de la pucelle regardèrent longuement le lit, les fuseaux et l'épée, et tant qu'ils découvrirent sous le chevet une riche aumonière. Perceval qui n'hésitait jamais, étant simple d'esprit, l'ouvrit aussitôt et il y trouva un bref où était donnée la signifiance de la nef et de tout le reste.

– Il nous faut aller en quête de la demoiselle qui changera ces renges, dit Galaad, car nul ne doit tirer cette épée ni l'ôter d'ici avant que ce soit fait.

– Beau sire, dit alors la Pucelle-qui-jamais-ne-mentit, s'il plaît à Dieu, l'épée aura ce qui lui manque.

Et elle tira d'un écrin qu'elle avait apporté des renges bien ouvrées, ornées de pierreries, munies de deux boucles d'or, et toutes faites de cheveux blonds, si beaux qu'on les eût pris pour des fils d'or.

– Sire, reprit-elle, voici les renges qui conviennent. Je les ai faites de la chose de moi que j'aimais le plus : mes cheveux. Et s'ils m'étaient chers, ce n'est pas merveille, car j'avais l'une des plus belles chevelures du monde : mais le jour de la Pentecôte que vous fûtes armé chevalier, je la fis tondre et la tressai pour former ces renges que vous voyez.

– En nom Dieu, demoiselle, fit Bohor, vous nous mettez hors de peine ! Et maintenant, sire, dit-il à Galaad, nous vous prions de ceindre cette épée aux étranges renges.

– Laissez-moi auparavant tenter de l'empoigner, répondit Galaad, car, si je n'y réussis, c'est qu'elle n'est pas pour moi.

Ce disant, il saisit l'épée aux étranges renges et la serra si aisément que ses doigts se croisaient ; puis il la tira et elle parut, belle et claire au point qu'on s'y fût aisément miré. Alors la demoiselle la lui ceignit, après lui avoir ôté celle qu'il portait, qui valait bien un comté et qu'elle donna à Perceval.

– Peu me chaut maintenant de mourir, dit-elle, car j'ai fait chevalier le plus prud'homme du siècle !

– Demoiselle, répondit Galaad, je suis vôtre à toujours.

XXII

Cependant, la nef vogua toute la nuit et au matin aborda dans la marche d'Écosse non loin d'un château fort qui avait nom Cartelois. Les trois compagnons et la Pucelle-qui-jamais-ne-mentit descendirent et, voyant au loin les tours de la forteresse, ils résolurent de s'y rendre à pied à travers bois. Mais la forêt était épaisse, en sorte qu'ils s'y perdirent peu après qu'ils y furent entrés.

– Savez-vous ce que nous ferons ? dit la pucelle. Prions le Haut Maître de nous indiquer notre voie.

Ils se mirent à genoux et demeurèrent en prières et oraisons depuis l'heure de prime jusqu'à celle de tierce : et, après ce temps, ils virent sortir d'un fourré un cerf plus blanc que fleur naissante au pré, qui portait au cou une chaîne d'or ; autour de lui marchaient quatre lions, deux en avant, deux en arrière, qui le gardaient avec autant de soin qu'une mère son enfant ; mais ils passèrent devant la pucelle et les chevaliers sans leur faire aucun mal.

– Suivons-les, dit-elle, car cette aventure est de par Dieu.

Ainsi firent-ils, et ils arrivèrent bientôt à une chapelle où ils entrèrent derrière les animaux. Un prêtre revêtu des armes de Notre Seigneur se préparait à y dire la messe du Saint-Esprit. Mais, à peine avait-il commencé, Galaad et ses compagnons virent le cerf se changer en un Homme qui s'assit dans une riche chaire dessus l'autel, tandis que les quatre lions se muaient l'un en homme, le second en aigle, le troisième en lion ailé, le quatrième en bœuf ; puis tous quatre soulevèrent la chaire où siégeait l'Homme et s'envolèrent par une verrière sans briser un seul carreau. Et Galaad, Perceval, Bohor et la Pucelle-qui-jamais-ne-mentit connurent ainsi que les cinq bêtes qui les avaient conduits signifiaient Jésus-Christ et les quatre Évangélistes.

XXIII

Ils passèrent la nuit chez le prud'homme ; mais le lendemain, la messe ouïe, ils reprirent leur chemin vers le château. Et, comme ils y arrivaient, ils en virent sortir une dame qui portait à la main une écuelle d'argent, escortée de onze chevaliers armés.

– Seigneurs, demanda-t-elle, cette demoiselle est-elle pucelle ?

– Par ma foi, répondit Perceval, elle est telle que le jour qu'elle naquit !

– Il lui faut donc se soumettre à la coutume du château.

Et là dessus l'un des chevaliers prit par le frein le palefroi de la demoiselle.

– Sire, s'écria Perceval courroucé, vous n'êtes guère sage ! Sachez qu'en quelque lieu qu'elle soit, une pucelle est libre et franche de toute coutume.

Mais la dame à l'écuelle reprit :

– Chaque pucelle qui passe ici doit emplir cette écuelle du sang de son bras droit.

– Dieu m'aide ! j'aimerais mieux être mort de vilenie que de laisser faire cela !

Et, sans plus de paroles, Perceval rendit la main, piqua des deux et laissa courre sur les gens du château, suivi de ses deux compagnons. Telle fut leur attaque, que sans doute les dix chevaliers eussent été occis, si quarante autres fer-vêtus n'étaient accourus à la rescousse. Mais Galaad frappait si fort de l'épée aux étranges renges qu'il navrait tous ceux qu'il touchait ; quant à Perceval et Bohor, ils ne faisaient pas moins d'armes : si bien qu'à la nuit noire ils combattaient encore. Et voyant cela, l'un des chevaliers proposa de remettre la bataille au lendemain et offrit aux trois compagnons de s'héberger au château.

– Seigneurs, dit aux trois compagnons la Pucelle-qui-jamais-ne-mentit, allez-y puisqu'il vous en prie !

Et elle entra avec eux dans la forteresse, où tous quatre furent très bien accueillis. Après le souper l'un des chevaliers leur dit :

– Sachez, seigneurs, qu'il y a un an, la dame de ce château devint lépreuse par la volonté de Notre Seigneur. Nous mandâmes vainement tous les médecins et maîtres de physique, jusqu'à ce que l'un d'eux nous dît enfin que, si nous pouvions avoir une pleine écuelle de sang de pucelle, vierge par volonté et par actions, pour en oindre notre dame, celle-ci guérirait rapidement. C'est pourquoi nous résolûmes de prendre la première qui passerait.

– Seigneurs, dit la pucelle, je puis donc guérir cette dame : ne dois-je donner mon sang ?

– Par ma foi, vous n'en sauriez réchapper sans mourir : vous êtes trop faible et trop tendre, répondit Perceval.

– Mais, si je mourais pour la guérir, ce serait honneur pour moi et ma parenté. Et si je n'essaye, il vous faudra vous battre encore demain : dont viendront des pertes plus graves que celle de mon corps. Je vous prie de permettre que je donne mon sang.

Alors Galaad, Bohor et Perceval le lui octroyèrent doucement.

Le lendemain, après la messe, on amena la dame du château : elle avait le visage si défait et si mangé qu'on s'émerveillait de la voir vivre encore.

– Dame, lui dit la pucelle, je vais mourir pour votre guérison ; priez Dieu pour mon âme.

Elle se fit ouvrir la veine du bras au moyen d'une lamelle tranchante comme un rasoir, et son sang coula jusqu'à emplir l'écuelle. Alors son cœur s'évanouit : elle pâma dans les bras de ses compagnons.

– Beaux doux seigneurs, dit-elle en reprenant son haleine, je vous prie de ne pas enterrer mon corps dans ce pays : quand je serai morte, mettez-moi dans une nacelle sans voiles ni avirons, et j'irai où mon aventure me mènera. Demain, vous vous séparerez : chacun de vous suivra sa voie ; mais sachez qu'un jour vous vous retrouverez, car ainsi le veut le Haut Maître.

Et quand ils lui eurent promis de faire sa volonté, elle reçut le *Corpus Domini*, puis trépassa du siècle. Cependant on lavait dans son sang la dame du château qui fut ainsi nettoyée de sa lèpre et dont la chair redevint aussi belle et fraîche qu'elle était auparavant noire, obscure et laide à voir. Galaad, Perceval et Bohor firent embaumer le corps de la morte non moins richement que si c'eût été celui d'un empereur ; après quoi ils le placèrent sur une nacelle sans voiles ni avirons, avec un bref où était relaté tout ce que la pucelle avait fait ; enfin ils poussèrent la nacelle à la mer, et le vent l'emporta, gaillarde et légère.

Tant qu'ils purent la voir, ils demeurèrent sur le rivage, pleurant si amèrement qu'on n'aurait su les entendre sans s'émouvoir, et ils ne voulurent pas rentrer dans le château où était morte celle-qui-jamais-ne-mentit : ils firent apporter leurs armes et amener au dehors les chevaux qu'on leur donna.

Mais le conte laisse ici de parler d'eux pour un moment, voulant reprendre le propos de Lancelot.

XXIV

Désarmé, étendu en croix au bord du fleuve qu'il ne pouvait franchir, il pria Notre Seigneur jusqu'à ce que la nuit se fût mêlée au jour, puis jusqu'à ce que le soleil abattît la rosée. À ce moment une nacelle qui voguait sans voiles ni avirons vint aborder devant lui : alors, il reprit ses armes et il y monta en faisant le signe de la croix.

À peine y eut-il mis le pied, il sentit toutes les meilleures odeurs du monde, sa faim fut rassasiée, son cœur baigné de la plus douce joie : dont il rendit grâces à Dieu d'abord. Ensuite il se retourna et découvrit, sur un lit très riche, une pucelle morte dont venaient les parfums. Auprès du corps était un bref qui disait comment elle avait changé les renges de l'épée que portait présentement Galaad, et tout ce qui lui était arrivé, ainsi qu'à ses trois compagnons, et comment elle était morte pour guérir une étrangère : car c'était la Pucelle-qui-jamais-ne-mentit. Et, quand il connut tout cela, Lancelot fut encore plus joyeux que devant.

Un mois et plus, il navigua sur la nacelle, et si quelqu'un demande de quoi il vécut durant tout ce temps, le conte répondra que Celui qui fit jaillir l'eau de la roche pour abreuver le peuple d'Israël y veilla : chaque matin, en finissant son oraison, quand Lancelot avait prié Dieu de lui envoyer son pain comme le père à son fils, soudain il se sentait plein de la grâce de Notre Seigneur et il lui semblait qu'il était empli de toutes les bonnes viandes du monde.

Une fois que la nef côtoyait une forêt, il entendit un grand bruit de branches rompues et de feuilles froissées, et il vit un chevalier qui galopait sous les arbres aussi vite que son cheval pouvait aller. D'elle-même la nacelle aborda, et le chevalier y entra après avoir dessellé, débridé et chassé son destrier. Et quand il ôta son heaume pour se signer, Lancelot reconnut Galaad. Il courut à son fils, les bras tendus, et tous deux s'accolèrent et l'eau du cœur leur monta aux yeux. Ils voguèrent de compagnie plus d'une demi-année, accostèrent des îles étrangères et menèrent ensemble de merveilleuses aventures à bonne fin par la grâce du Saint Esprit. Mais ce conte du Graal n'en dit rien : aussi bien, s'il voulait rapporter toutes choses comme elles advinrent, il n'en finirait point.

Après Pâques, il arriva que la nacelle s'approcha d'une pointe de terre sur laquelle attendait un chevalier couvert de blanches armes, qui tenait par le frein un destrier plus blanc que la fleurette d'avril.

– Galaad, cria-t-il, vous avez été assez longtemps en compagnie de votre père. Allez maintenant à votre aventure.

Alors Galaad baisa Lancelot en pleurant.

– Beau doux sire, lui dit-il, je ne sais si je vous reverrai jamais. Je vous recommande à Notre Seigneur : qu'il vous maintienne à Son service !

Il sortit de la nacelle, monta sur le destrier blanc, et, piquant des deux, s'en fut à toute bride, droit comme carreau d'arbalète.

XXV

Et la nacelle vogua un mois encore. La trentième nuit, elle aborda près d'un château beau et très fort, et Lancelot entendit une Voix.

– De par Dieu, disait-elle, descends et entre dans ce château : tu y trouveras partie de ce que tu cherches.

Le temps était gracieux et serein, et la lune luisait, belle et claire, de façon que Lancelot vit bien que la porte de la forteresse était ouverte ; mais il aperçut qu'elle était gardée par deux lions et il dégaina son épée pour les combattre. Aussitôt une main flamboyante apparut, qui le frappa rudement au bras, et de nouveau la Voix dit :

– Homme de peu de foi, pourquoi te fies-tu si peu à ton Créateur ? Crois-tu t'aider mieux de tes armes que de Lui ?

Du coup qu'il avait reçu, Lancelot demeura quelque temps étourdi, tellement qu'il ne savait plus s'il était jour ou nuit. Mais, en revenant à lui, il remercia Notre Seigneur d'avoir daigné le réprimander ; puis il remit son épée au fourreau, se signa et fut droit aux lions qui s'assirent et ne firent pas seulement mine de le toucher.

La porte franchie de la sorte, il reconnut le Château aventureux. Il suivit la grande rue sans voir personne, entra dans le palais qui semblait vide, traversa la salle silencieuse où le clair de lune coulait sans bruit par les verrières et fut arrêté par une porte close, derrière laquelle une voix chantait la gloire de Dieu avec tant de douceur qu'on sentait bien qu'elle n'était pas d'un homme mortel. Là, il s'agenouilla, suppliant Jésus-Christ de lui montrer l'objet de sa quête, comme la Voix le lui avait promis. Alors, d'elle-même, la porte s'ouvrit.

Il en sortit une grande clarté, si grande qu'on eût cru que le soleil tout entier était dans cette chambre et dardait ses rayons. Et quand il fut remis de son premier éblouissement, Lancelot aperçut le Saint Graal sur une table d'argent, recouvert d'une soie vermeille, tout entouré d'anges qui portaient les uns des encensoirs, les autres des cierges, d'autres la croix ou des ornements d'autel, et qui servaient un homme vêtu comme un prêtre, semblant dire la messe et élever l'hostie. À cette vue, Lancelot se mit debout et voulut passer le seuil, mais aussitôt un coup de vent lui vint à l'encontre, brûlant autant qu'un brasier ardent : tout disparut à ses yeux et il tomba comme mort.

Le lendemain, les gens du château le trouvèrent devant la porte, aussi inerte et muet qu'une motte de terre. Ils le portèrent dans un lit très riche où il demeura vingt-quatre jours en transes, sans manger, sans boire, sans remuer, sans sonner mot, car sachez que Notre Sire voulut qu'il perdît le pouvoir de son corps et de ses membres durant autant de jours qu'il avait été d'années au service de l'Ennemi. Enfin il se réveilla, environ midi, vit sa haire qui pendait à une perche et voulut la reprendre, faisant paraître un grand chagrin de l'avoir quittée. Mais le roi Pellès le riche Pêcheur, qui était là, lui dit :

– Beau sire, vous pouvez bien laisser votre haire, car votre quête est achevée. Vous ne saurez pas plus de la vérité du Saint Graal que ce que vous avez vu.

Toutefois Lancelot revêtit la haire, et par-dessus il passa une robe de lin et une d'écarlate, qu'on lui apporta ; puis il demanda des nouvelles de la fille du roi Pellès dont il avait eu son fils Galaad. Quand il apprit qu'elle était morte, il en sentit une très grande douleur en son cœur. Pourtant, l'heure du manger venue, lorsqu'il vit la colombe blanche voler par la salle, portant au bec son encensoir d'or ; puis le Saint Graal paraître, suspendu dans l'air sous son voile de lin, et passer devant les tables, d'où les mets les plus délicieux semblaient sortir ; et qu'il trouva devant lui tout autant de bonnes viandes qu'il y en avait devant les chevaliers du château : alors il connut que Dieu l'avait favorisé de Sa grâce et son deuil s'apaisa.

XXVI

Cependant qu'il mangeait à côté du roi Pellès, un chevalier armé de toutes armes et monté sur un grand destrier entrait dans le Château aventureux et suivait la maîtresse rue ; mais, à l'instant qu'il arrivait devant le palais, toutes les portes s'en fermèrent d'elles-mêmes. Le fer-vêtu s'approcha de la grand'porte et cria qu'on lui ouvrît ; puis, voyant qu'on n'en faisait rien, il commença de supplier qu'on le laissât entrer, tout en pleurant et lamentant si fort qu'enfin le riche roi Pêcheur alla à une fenêtre et lui dit :

– Sire chevalier, retournez dans votre pays, car vous n'entrerez point ici tant que le Saint Graal y sera. Sans doute êtes-vous de ceux qui ont laissé le service de Jésus-Christ et pris celui de l'Ennemi ? Je vous prie de me dire votre nom.

– Sire, j'ai nom Hector des Mares, frère de monseigneur Lancelot du Lac, compagnon de la Table ronde.

– En nom Dieu, reprit le roi, je suis dolent de ce qui vous advient, car votre frère est céans.

– Ha, Dieu, ma honte s'accroît de plus en plus ! dit Hector en baissant la tête.

Là-dessus, il fit tourner son cheval et regagna aussi vite qu'il put la porte de la ville, hué par les habitants. Et sachez qu'il pleurait si fort que ses larmes coulaient jusqu'à terre.

Lorsqu'il apprit du roi Pellès ce qui venait de se passer, Lancelot non plus ne put empêcher que l'eau du cœur ne lui vînt aux yeux. Et, le repas fini, il annonça qu'il lui fallait retourner au royaume de Logres dont il était parti depuis un an. Il revêtit ses armes, prit congé du roi ; puis, monté sur un bon destrier qu'on lui avait donné, il s'éloigna tristement. Et quand il eut cheminé un trait d'arc et qu'il se retourna pour apercevoir une dernière fois le Château aventureux du Graal, il ne vit plus qu'une plaine nue.

Quelques jours plus tard, passant près d'une abbaye, il remarqua dans le cimetière une grande et belle tombe qui lui parut nouvellement faite. Il s'en approcha et lut des lettres écrites qui disaient :

Ci-gît Yvain le grand, fils du roi Urien de Gorre,
que tua Gauvain, neveu du roi Arthur.

Certes, tout autre que monseigneur Gauvain, Lancelot l'eût poursuivi et occis, car il aimait chèrement le fils du roi Urien. Mais il se contenta de prier, puis il reprit son chemin et peu après il parvint à la cour.

XXVII

La plupart des compagnons de la Table ronde étaient de retour, et aucun d'eux n'avait eu d'aventures, car ils étaient tous trop souillés de péchés pour être dignes de la haute quête célestielle du Saint Graal ; mais on disait que beaucoup s'étaient entretués sans se reconnaître, et que messire Gauvain en avait occis plus de vingt à lui tout seul.

– Beau neveu, lui dit un jour le roi Arthur, je vous requiers, de par le serment que vous me fîtes lorsque je vous armai chevalier, de m'enseigner combien de nos compagnons vous avez tués de votre main.

– Hélas, sire, répondit messire Gauvain après avoir un peu pensé, il m'est avis que j'en ai bien tué douze ; non que je fusse meilleur chevalier qu'aucun d'eux, mais telle fut ma malchance.

– Ha, Gauvain, c'est là une grande malchance, et elle vous advint en punition de vos péchés ! Mais n'avez-vous pas occis mon neveu Yvain qui ne revient point ?

– Oui, sire, et aussi Aiglin des Vaux, et Agloval, et Bédoyer, et Keheddin le petit, et Carmaduc le noir, et Marganor, et Keu d'Estraux, et Blioberis, et Banin, et Malquin le Gallois, et Mélior de l'Épine. Je n'ai jamais rien fait qui m'ait causé autant de chagrin.

– En nom Dieu, beau neveu, le cœur m'en saigne ! Je perds plus par leur mort que par celle de mille chevaliers !

Ce disant, le roi se mit à pleurer amèrement ; et durant un mois il eut un tel chagrin que pour un peu plus il fût devenu fou. La reine, de même, voyant la froide mine que lui faisait Lancelot, laissait les larmes couler jour et nuit sur son clair visage. Et tous les prud'hommes aussi menaient grand deuil.

Mais le conte retourne maintenant à Galaad qui chevauche par la forêt sur un destrier couleur de neige, après avoir laissé son père dans la nef de la Pucelle-qui-jamais-ne-mentit.

XXVIII

Durant un an il erra, et il fit si bien qu'il acheva toutes les aventures du royaume de Logres, et, parce qu'en lui ne brûlait pas le mauvais feu de luxure, il éteignit la tombe de Siméon et la fontaine bouillante du roi Lancelot, puis il fit rentrer en terre les douze épées nues qui entouraient le tombeau flamboyant de Chanaan. Ainsi fut délivré Chanaan comme Siméon l'avait été ; et pourquoi ils avaient été châtiés par

Notre Seigneur, le conte l'a rapporté en temps et lieu, de sorte qu'il n'y a pas d'utilité à le répéter.

Enfin Galaad rencontra Perceval et Bohor : l'occasion les rassembla comme elle les avait séparés. Ils chevauchèrent tous trois de compagnie, et, le jour même, Dieu voulut qu'ils découvrissent enfin le Château aventureux, où le roi Pellès le riche Pêcheur les festoya, car il savait bien que par leur venue la haute quête serait mise à fin. Et sachez qu'il ne put s'empêcher de pleurer de tendresse en retrouvant son petit-fils, et comme lui pleurèrent tous ceux de ses chevaliers qui avaient jadis connu Galaad enfant.

Aussitôt que les trois compagnons furent désarmés, Héliézer, le fils du roi Pêcheur, leur apporta l'épée brisée dont Joseph d'Arimathie avait été frappé à la cuisse, comme le conte de Galehaut l'a dit. Et dès que Galaad eut pris en main les deux tronçons, ils se rejoignirent si exactement que nul homme au monde n'eût su voir où la lame avait été rompue : en sorte que chacun jugea que c'était là un bon commencement.

Mais, à l'heure de vêpres, soudain le ciel se couvrit, un grand vent souffla dans le palais, et une chaleur s'y répandit, telle que plusieurs pensèrent brûler et tombèrent de la peur qu'ils eurent, en même temps qu'une Voix criait :

"Que ceux qui ne doivent avoir place à la table de Jésus-Christ s'en aillent !"

Tout le monde sortit à ces mots, et il ne demeura que Galaad, Perceval et Bohor. Au bout d'un instant, ils virent entrer quatre demoiselles pleurant à chaudes larmes, qui portaient un lit de bois très richement muni de draps de soie, où tout était blanc comme neige ; et là-dedans gisait un corps soit d'homme ou de femme, on ne pouvait le savoir, car il avait le visage couvert d'un linge. Les pleureuses déposèrent le lit et s'en allèrent. Et bientôt les quatre compagnons virent les solives du plafond s'écarter de façon que le ciel parut, puis un homme vêtu comme un évêque, crosse en main et mitre en tête, descendit à travers les airs, assis sur une chaire que soutenaient quatre anges ; et sur son front brillaient des lettres qui disaient :

Voyez-ci Josephé, le fils de Joseph d'Arimathie,
le premier évêque des Chrétiens, que Notre Sire sacra
lui-même en la cité de Sarras, au palais spirituel.

L'évêque se leva et fut se prosterner devant le Saint Graal qui venait d'apparaître sur sa table d'argent. Alors les quatre anges qui étaient venus avec lui apportèrent deux cierges ardents, un morceau de soie vermeille et une lance d'où suintaient, par la pointe, de grosses gouttes de sang. L'évêque plaça cette lance dans le Graal et de manière que le sang y tombât ; puis il commença de célébrer la sainte messe. Quand le moment fut venu, il prit dedans le très précieux vase une oublie en forme d'hostie et, comme il l'élevait, on vit un Enfant descendre des cieux, le visage aussi rouge et embrasé que feu, qui se jeta dans le pain ; après quoi Josephé remit l'oublie dans le Saint Graal. Enfin il acheva le service de la messe, donna le baiser de paix à Galaad qui le transmit à ses compagnons, et s'évanouit si parfaitement que nul n'eût su dire ce qu'il était devenu.

À ce moment, les trois chevaliers virent sortir du saint vase un Homme qui saignait des pieds, des mains et du côté, et ils se prosternèrent, le front dans la poussière.

– Mes sergents, mes loyaux fils, leur dit l'Homme, vous qui en ce monde êtes devenus célestiels, asseyez-vous à Ma table. Les chevaliers du Château aventureux et d'autres ont été repus de la grâce du Saint Graal, mais jamais ils n'ont été admis à prendre place ici comme vous.

Pleurant si tendrement que leurs faces étaient toutes mouillées de larmes, les trois compagnons s'approchèrent de la table d'argent, et Galaad s'y assit au milieu, et Perceval à sa droite, et Bohor à sa gauche. Et l'Homme prit le Saint Graal, vint à Galaad qui s'agenouilla, les mains jointes, et lui donna son Sauveur ; puis de même aux autres ; et la suavité qui alors leur entra dans le corps, nulle langue ne saurait la dire.

– Fils, dit l'Homme à Galaad, sais-tu ce que je tiens dans Mes mains ? C'est l'écuelle où Jésus-Christ mangea l'agneau le jour de Pâques avec Ses disciples et où Joseph d'Arimathie recueillit le sang du Sauveur. Maintenant tu as vu la vérité que tu désirais, mais non pas si bien encore que tu la verras au palais spirituel dans la cité de Sarras, où il te faut accompagner le Saint Graal avec Perceval et Bohor. Toutefois, guéris auparavant Mordrain, le roi méhaigné, en l'oignant du sang de cette lance, qui est celle dont Longin frappa ton Sauveur en croix.

Ayant dit, l'Homme bénit les trois chevaliers ; puis Il disparut. Et Galaad, écartant le linge qui couvrait le corps gisant dans le lit qu'avaient apporté les pleureuses, découvrit un homme qui paraissait bien avoir quatre cents ans d'âge et qui portait une couronne d'or sur la tête. Il vint toucher de sa main le sang de Notre Seigneur qui coulait de la lance et en oignit Mordrain, lequel retrouva aussitôt la vue et le pouvoir de son corps, qu'il avait perdus par la volonté de Dieu, comme le conte en a autrefois devisé. Le vieux roi se mit sur son séant, les épaules et la poitrine nus jusqu'au nombril, et levant les mains au ciel :

– Beau doux Père Jésus-Christ, dit-il, maintenant je Te supplie de venir me chercher, car je ne pourrais trépasser en plus grande joie qu'à présent : je ne suis plus que roses et lis.

Il prit Galaad dans ses bras, l'étreignit par les flancs, le serra sur sa poitrine, et dans le même instant Notre Sire prouva qu'il avait entendu sa prière, car l'âme lui partit du corps et il mourut, la tête sur l'épaule du bon chevalier.

XXIX

Environ minuit, les trois compagnons sortirent du palais, et le lendemain ils veillèrent que le roi méhaigné fût enseveli comme il convenait à un roi. Puis ils prirent leurs armes, enfourchèrent leurs destriers et cheminèrent tant que, le quatrième jour, ils parvinrent au rivage de la mer. La nef de Salomon les y attendait, où ils virent le Saint Graal à nouveau couvert d'une soie vermeille, sur sa table d'argent. Dès qu'ils y furent montés, le vent les emporta. Et c'est de la sorte, sachez-le, que ceux du royaume de Logres perdirent pour leurs péchés le très précieux vase : tout de même que Notre Sire le leur avait envoyé, il le leur retira.

Longtemps la nef vogua et nulle terre n'était en vue. Un jour, Perceval et Bohor dirent à Galaad :

– Sire, vous ne vous êtes jamais couché dans le lit aux trois fuseaux, quoique le bref dise que vous devez y reposer.

Galaad s'y coucha et s'endormit, la couronne d'or sur la tête. Et, quand il se réveilla, la nef était devant la cité de Sarras. Alors il prit la table d'argent, sur laquelle se trouvait le Saint Graal, pour la transporter au palais spirituel avec l'aide de Perceval et de Bohor. Mais, comme ils allaient entrer dans la ville, ils virent un homme impotent qui mendiait à la porte, et Galaad qui était las, car la table était lourde, l'appela et lui demanda de l'aider.

– Ha, sire, que dites-vous ? répondit le mendiant. Il y a bien dix ans que je ne me traîne plus qu'à l'aide de ces deux bâtons.

– Essaye, fais de ton mieux.

Aussitôt l'homme se leva, sain comme s'il n'avait jamais été malade, et, courant à la table, il aida Galaad à la soutenir. Ainsi arrivèrent-ils devant le roi.

C'était un mécréant, extrait de lignage sarrasinois. Quand il vit que les trois compagnons étaient désarmés, il s'écria qu'ils étaient larrons et enchanteurs, et les fit prendre et enfermer dans une chartre obscure. Mais Notre Sire ne les oublia pas : il leur envoya le Saint Graal pour les réconforter, les repaître et leur tenir compagnie. Et, le dernier jour de l'année, le roi tomba malade et mourut. Comme il n'avait ni enfants ni parents, les habitants s'assemblèrent en parlement pour désigner son successeur. Or, tandis qu'ils étaient réunis, ils entendirent une Voix :

“Prenez, disait-Elle, le plus jeune des trois chevaliers que le roi a fait emprisonner à tort : il vous défendra et tiendra le royaume en paix.”

Ainsi fut fait : les gens de Sarras vinrent délivrer Galaad et lui posèrent la couronne sur la tête, malgré qu'il en eût. Et son premier soin fut de bâtir une arche d'or et de pierres précieuses pour recevoir le Graal et la table d'argent dans le palais spirituel.

XXX

Chaque matin, il venait avec ses compagnons pour faire ses prières et oraisons devant le saint vase, et ainsi durant une année. Le premier jour de l'an, ils y trouvèrent l'évêque Josephé qui battait sa coulpe, à genoux, tout entouré d'anges. Au bout d'un moment, il se leva et commença de dire la messe de la glorieuse Mère de Dieu ; puis, quand il eut ôté la patène du Saint Graal, il appela Galaad et lui enjoignit de regarder ce qu'il avait tant désiré de voir. Le roi avança et, sitôt qu'il eut jeté les yeux à l'intérieur du très précieux vaisseau et considéré les choses spirituelles, il se mit à trembler et levant les mains au ciel :

– Sire, je te crie merci d'avoir ainsi accompli mon désir. Et maintenant je te supplie de permettre que je trépasse de cette vie terrestre à la célestielle.

Il reçut humblement le *Corpus Domini*, que Josephé vint lui offrir ; puis il vint baiser Perceval et Bohor et les recommanda à Jésus-Christ.

– Beaux doux amis, leur dit-il, vous garderez cette cité quand je n'y serai plus.

Ayant dit, il se coucha en croix et son âme laissa son corps et fut emportée par les anges à grande joie.

Or, dès qu'il eut expiré, une main sans corps, qui répandait une merveilleuse clarté, descendit et ravit au ciel le vase très saint. Depuis lors il n'y a jamais eu aucun homme, si hardi fût-il, qui ait osé prétendre qu'il l'avait vu.

C'est pourquoi le conte s'en tait à présent. Et ici finit le livre des aventures du Saint Graal.

Explicit

LA MORT D'ARTHUR

À Madame la princesse Bibesco

I

Sachez qu'à la cour du roi Arthur, Lancelot tint longtemps le serment de chasteté qu'il avait fait au prud'homme qui l'avait confessé durant la quête du Saint Graal. Mais l'Ennemi l'attaquait chaque jour par les yeux et les douces paroles de la reine au corps gent et le frappait si fort qu'un jour il chancela et quitta la droite voie : aussi bien, quoiqu'elle eût alors plus de soixante-dix ans, la reine Guenièvre était encore si belle qu'on n'eût pas trouvé sa pareille au monde. Et Lancelot s'était jusque-là conduit avec assez de prudence pour que personne ne s'aperçut de son fol amour ; mais, quand il se fut renflammé pour elle, il brûla si fort qu'il ne sut plus s'en cacher aussi bien que naguère : de façon qu'Agravain, le frère de monseigneur Gauvain, surprit le secret. Dont il fut très content, ce félon, non point qu'il espérât de venger la honte du roi son oncle, mais parce qu'il comptait causer quelque dommage à Lancelot, qu'il n'avait jamais aimé clairement.

Or, les aventures merveilleuses de la Bretagne étaient achevées ; pourtant le roi Arthur ne voulait point que ses chevaliers s'amollissent et laissassent de porter les armes : aussi fit-il crier par ses hérauts qu'un tournoi aurait lieu dans la plaine le Winchester. Lancelot souhaita de s'y rendre sans qu'on le sût : feignant d'être malade, il laissa Hector, Lionel et sa parenté partir sans lui. Si bien qu'Agravain crut qu'il demeurait afin de voir la reine en toute liberté.

– Sire, vint-il dire au roi, si je pensais ne vous chagriner point, je vous apprendrais quelque chose qui vous sauverait de la honte.

– La honte ? C'est donc une chose telle que ma honte y puisse être ?

– Sire, sachez que madame la reine et Lancelot s'aiment de fol amour. Et comme ils ne peuvent se rencontrer à leur volonté quand vous êtes là, Lancelot annonce qu'il n'ira pas au tournoi et y envoie ceux de sa maison : de la sorte, cette nuit même ou demain, il pourra voir madame tout à loisir.

– Beau neveu, ne dites pas de telles paroles, car je ne vous crois point : Lancelot ne pense pas à cela.

– Comment, sire, c'est là tout ? Au moins, faites-les épier : ainsi connaîtrez-vous la vérité.

– Agissez à votre guise ; je ne vous empêcherai pas.

– Sire, je n'en demande pas davantage.

Malgré qu'il en eût, le roi songea, cette nuit-là, à ce que lui avait dit Agravain ; et certes il ne s'en tourmenta guère dans son cœur, car il ne croyait pas que ce fût vrai ; pourtant, au matin, quand la reine vint lui déclarer qu'elle irait volontiers avec lui à Winchester parce qu'elle avait ouï-dire qu'on y verrait de grandes chevaleries, il ne le voulut point et lui commanda de rester : car ainsi comptait-il vérifier les propos d'Agravain.

Or, dès qu'il connut le départ du roi, Lancelot fut prendre congé de sa dame ; puis il fit tout préparer par son écuyer, et il se mit en route secrètement, à la tombée du jour.

II

Il chevaucha toute la nuit à grande hâte, parce qu'il craignait d'arriver en retard aux joutes, si bien qu'au matin il atteignit au village où le roi Arthur avait couché et où il se trouvait encore. Lancelot portait des armes déguisées, mais son écuyer menait en main un très beau destrier, taché comme une pie, blanc comme fleur des prés d'un côté, plus rouge que braise de l'autre. Et le roi, qui était justement à la fenêtre en compagnie de Giflet fils de Do, reconnut le cheval d'abord : c'était lui-même, en effet, qui en avait fait don à Lancelot.

– Giflet, dit-il, voyez donc Lancelot qui nous mandait hier qu'il était malade ! Sans doute se propose-t-il d'aller au tournoi secrètement : c'est pourquoi il ne chemine que de nuit. Puisqu'il se veut cacher, gardons de dire à personne que nous l'avons reconnu.

Lancelot s'hébergea chez un riche vavasseur, nommé le sire d'Escalot, dont les deux fils étaient chevaliers depuis peu. Et, en entrant dans la salle, il avisa leurs écus qui étaient vermeils et sans emblèmes, car telle était la coutume en ce temps : tout nouveau chevalier portait durant une année un écu peint d'une seule couleur ; s'il faisait autrement, c'était contre l'ordre de chevalerie.

– Sire, dit Lancelot à son hôte, je vous prie par amour et courtoisie de me prêter un de ces écus avec le haubert et l'armure du cheval. Car, si je portais les miens au tournoi de Winchester, il se pourrait que je fusse plus tôt reconnu que je ne voudrais.

– Sire chevalier, répondit le vavasseur, justement mon fils aîné est malade et ne pourra se rendre à l'assemblée. Prenez ses armes en échange des vôtres si le cœur vous en dit.

Or le vavasseur avait une fille, nommée Passerose, qui était la demoiselle la plus curieuse du monde, et sachez que tant plus elle regardait Lancelot, tant plus elle le trouvait beau et le jugeait prud'homme. Durant qu'il causait avec son père, elle s'approcha de l'écuyer et lui demanda le nom de son seigneur. Le valet ne l'éconduisit pas tout à fait : elle était si avenante que toute dureté envers elle eût semblé une vilenie.

– Demoiselle, lui répondit-il, sachez que messire est le meilleur chevalier du siècle : c'est tout ce que je puis vous apprendre sans lui désobéir.

– C'est assez, valet : me voilà satisfaite.

Et aussitôt elle fut s'agenouiller devant Lancelot.

– Gentilhomme, par ce que vous aimez le plus au monde, octroyez-moi un don !

– Ha, demoiselle, levez-vous ! Il n'est rien que je ne fasse pour vous.

– Cent mille mercis, sire ! Je vous requiers donc de porter ma manche à votre heaume ou à votre lance en guise de pennon, et de faire beaucoup d'armes pour l'amour de moi. Et sachez que vous êtes le premier chevalier à qui j'aie réclamé un don ; je ne l'eûsse pas fait, ne fût la grande valeur qui est en vous.

Lancelot fut dolent de cette demande, car il savait bien que, si jamais la reine apprenait cela, elle lui en saurait mauvais gré. Toutefois, il lui fallait tenir sa promesse, quoi qu'il advînt : il dit à la pucelle qu'il porterait sa manche. Et elle lui fit, ainsi que son père et son frère, très belle chère tout le jour.

À la nuit tombante, il partit en compagnie du fils cadet du vavasseur, qui lui avait demandé d'aller avec lui, et tous deux chevauchèrent jusqu'à l'aube. Comme il ne voulait point s'héberger à Winchester où il eût risqué d'être reconnu, le nouveau chevalier d'Escalot le mena chez sa tante dont le manoir était à une lieue de la ville. Et là ils se reposèrent et rafraîchirent très bien. Vers le soir, les écuyers examinèrent les armes de leurs seigneurs et veillèrent que rien n'y manquât. Puis tout le monde se coucha dans de bons et riches lits et dormit jusqu'au matin.

III

Sitôt que Dieu eut fait lever le soleil et que le jour prit vie, Lancelot et son compagnon furent entendre la messe dans une chapelle voisine ; après quoi ils déjeunèrent très bien, car le manger du matin apporte grande santé. Et sur ces entrefaites un écuyer, qu'ils avaient envoyé à Winchester pour avoir des nouvelles, rentra au logis.

– Seigneurs, il y a grande abondance de chevaliers des deux parts, dit le valet. Mais ceux de la Table ronde se sont rangés du côté des défenseurs de la ville. En face, il y a les rois d'Écosse, de Cornouailles et de Norgalles et beaucoup de hauts hommes ; mais ils ne semblent pas aussi preux que ceux de l'autre part.

– Nous combattrons donc pour les gens du dehors, dit Lancelot au chevalier d'Escalot, car il ne serait pas à notre honneur de nous ranger parmi les plus forts.

Il vêtit ses armes et attacha la manche de Passerose à son heaume ; mais, craignant que son écuyer ne le fît reconnaître, il lui défendit de le suivre (dont le valet eut grand deuil), et il partit en compagnie du fils du vavasseur.

Lorsqu'ils arrivèrent, la prairie de Winchester était déjà toute couverte de fer-vêtus qui joutaient : Lancelot s'affermit sur ses étriers, se couvrit de son écu vermeil, baissa sa lance peinte et laissa courre son destrier pie. Le premier qu'il heurta, il le porta à terre ; puis, poussant sa pointe, car sa lance n'était point brisée, il en culbuta un second, homme et cheval à la fois, et, à voir cela, beaucoup de barons arrêtèrent de combattre pour demander quel était cet étranger portant une manche de dame à son heaume, qui venait de faire le plus beau coup de la journée. Cependant le fils du vavasseur, de son côté, s'adressait à Hector des Mares dont il fendit l'écu ; mais Hector le fit passer par-dessus la croupe de son destrier, après quoi il changea de bouclier. Et Lancelot, qui, à cause de cela, ne reconnaissait pas son frère, lui courut sus et l'abattit. Ah ! Lionel au cœur sans frein fut bien marri de ce coup-là ! Il voulut venger son cousin : et de fendre la presse, frappant comme dix hommes, arrachant les écus des bras et les heaumes des têtes ; puis, quand il fut proche du chevalier à la manche, il prit de son écuyer une lance courte, roide et grosse, et fondit sur lui comme un émerillon. Si rude fut le choc que les deux destriers plièrent, et sachez que l'acier de Lionel traversa l'écu et le haubert, et perça la chair tendre, mais dans le même temps les sangles et le poitrail de son cheval rompaient, tant Lancelot avait appuyé son coup, si bien qu'il vola à terre, la selle entre les cuisses.

Telle fut la prouesse du chevalier à la manche et messire Gauvain la vit de la grande tour de la ville où il était auprès du roi, car son oncle lui avait défendu de prendre les armes ce jour-là : il savait bien, en effet, que Lancelot viendrait au tournoi et il craignait, si tous deux joutaient, que le vaincu ne gardât rancune au vainqueur.

– Par mon chef, s'écria messire Gauvain, ce nouveau chevalier aux armes vermeilles, qui porte une manche de dame sur son heaume, n'est pas un des frères d'Escalot : jamais aucun d'eux ne frappa de tels coups ! Dieu m'aide ! si nous n'avions laissé Lancelot malade à Camaaloth, je jurerais que c'est lui !

Cependant le chevalier à la manche, dont le sang luisait sur le haubert, continuait de faire tant d'armes, en dépit de sa blessure, que ceux de la cité furent bientôt repoussés et battus. Et quand Lancelot vit qu'ils avaient tout perdu, il dit à son compagnon :

– Beau sire, allons-nous-en d'ici : nous n'y avons plus rien à gagner.

Car il pensait bien que plusieurs barons de la maison du roi Arthur tâcheraient de le reconnaître. Il se jeta dans les bois avec son compagnon et tous deux, suivis d'un seul écuyer, car l'autre avait été tué par un maladroit, retournèrent chez la tante du chevalier d'Escalot. Là, Lancelot demeura plus de six semaines couché, tant sa blessure était grande et dangereuse. Mais le conte suivra ce propos quand il en sera temps ; maintenant il va deviser du roi Arthur et de monseigneur Gauvain.

IV

Le tournoi terminé, messire Gauvain s'était fait amené son cheval et il était allé à la recherche de l'étranger ; mais il ne put le trouver.

Et, cette nuit-là, les compagnons de la Table ronde parlèrent beaucoup du nouveau chevalier qui avait tout vaincu.

– Par ma foi, j'ignore son nom ! s'écria Galegantin le Gallois. Mais ce que je sais, c'est qu'il partit du tournoi si mal en point et si sanglant de la blessure que lui avait faite Lionel, qu'on eût bien pu le suivre à la trace.

Le lendemain, le roi Arthur quitta Winchester avec ses barons, et il alla coucher au lieu où il avait naguère reconnu Lancelot. Il s'hébergea au château ; mais messire Gauvain avec ses frères et ses gens descendit chez le vavasseur d'Escalot. Et, comme il y resta pour souper au lieu d'aller manger avec le roi, il fut servi par Passerose : car sachez qu'en ce temps-là les chevaliers errants étaient toujours servis par quelque gentille femme, s'il en était au logis, et qui jamais ne s'asseyait à table devant qu'ils eussent achevé de manger ; telle était la coutume au royaume de Logres. Or la demoiselle d'Escalot était l'une des plus belles pucelles et des mieux faites du siècle : les cheveux plus luisants qu'un hanap d'or, tressés avec des galons d'or et de soie, la chair aussi blanche et tendre que la neige qui tombe, les yeux brillants comme ceux d'un faucon de montagne, mais riants ; de sa beauté, la salle était tout illuminée ! Et messire Gauvain la regardait avec tant de plaisir qu'il oubliait presque de souper.

– Sire, lui demanda-t-elle, le tournoi a-t-il été bon ? Qui en a mérité le prix ?

– Demoiselle, c'est un chevalier nouveau dont je souhaiterais d'avoir la prouesse, le plus prud'homme que j'aie vu depuis longtemps. Mais tant y a que je ne sais comment il se nomme.

– Quelles armes portait il ?

– Rouges, et sur son heaume une manche de dame ou de demoiselle. Si j'étais femme, je voudrais que cette manche eût été mienne, et que celui qui la porte m'aimât d'amour ; jamais on ne vit de manche mieux employée !

Après souper, le sire d'Escalot mena ses hôtes s'ébattre au verger qui était derrière la maison. Là, messire Gauvain le fit asseoir à sa droite, entre lui et Gaheriet, et Passerose à sa gauche ; et Gaheriet, qui voyait bien que son frère souhaitait de parler seul à seule à la pucelle, prit le vavasseur à part, de manière que messire Gauvain mit en paroles la belle et ne tarda guère à la requérir d'amour.

– Ha, messire Gauvain, ne vous moquez pas de moi ! répondit-elle ; vous êtes un trop haut et riche homme pour aimer une pauvre demoiselle comme je suis. Et, d'ailleurs, m'aimassiez-vous au point que le cœur vous en crevât, ce serait peine perdue, car j'ai donné le mien à un chevalier ; dès que je le vis, mon âme s'enfuit vers lui, et, par Dieu ! il n'est pas moins vaillant ni moins prisé que vous : c'est l'un des plus prud'hommes du monde !

Messire Gauvain fut très chagriné de se voir si fermement éconduit.

– Par courtoisie, demoiselle, faites que l'on puisse savoir s'il est meilleur que moi aux armes. Et, du moins, dites-moi son nom.

– Sire, pensez-vous que je risquerai de faire mourir l'un des deux meilleurs chevaliers du siècle en vous laissant combattre corps à corps ? Quant à son nom, je ne le sais point, mais vous pourrez voir son écu, car il est pendu dans la chambre où vous coucherez.

Aussitôt messire Gauvain se leva et, prenant Passerose par la main, il rentra au logis, suivi des autres, qui s'étaient mis debout en même temps que lui, par déférence. Et, dès qu'il eut jeté les yeux sur l'écu pendu à la muraille de sa chambre, il reconnut que c'était celui de Lancelot. Aussi dormit-il peu, tant il pensait aux amours de son ami.

"J'aurais cru, se disait-il, que Lancelot eût mis son cœur en quelque lieu plus haut. Mais on ne peut le blâmer d'aimer cette demoiselle, car elle est si belle et avenante que le cœur le plus noble est avec elle bien employé." Au matin, quand le roi lui eut mandé qu'il était temps de partir, il alla prendre congé du vavasseur, puis il vint trouver la pucelle.

– Demoiselle, ne vous souciez de rien que je vous aie dit hier. Celui que vous aimez est meilleur chevalier que moi et beaucoup plus beau et avenant, et, si j'avais pensé que ce fût lui, certes je n'eusse point entrepris de vous parler d'amour, quoique vous soyez la demoiselle dont je préférerais d'être aimé. Pour Dieu, si j'ai dit quelque chose qui vous déplaise, je vous prie de me le pardonner et de ne parler de rien à votre ami ! D'être aimée de lui, vous valez davantage. Il s'est toujours si bien celé à tout le monde que nul n'a jamais pu connaître le nom de sa dame.

– Cela vaut mieux, sire : amour découvert ne peut monter à grand prix.

– Demoiselle, je vous recommande à Dieu. Saluez de par moi votre ami, car je pense que vous le verrez avant longtemps.

Là-dessus, il descendit dans la rue avec ses gens et rejoignit le roi son oncle.

V

Tout en cheminant, il lui demanda s'il savait le nom du prud'homme qui avait vaincu à Winchester.

– Gauvain, beau neveu, répondit le roi, je l'ai deviné, et vous auriez bien dû le reconnaître aux merveilles d'armes qu'il fit, car nul, hors lui, n'aurait pu tant faire. Nommez-le : je verrai si vous dites vrai.

– C'est Lancelot du Lac.

– Oui, et sachez qu'il est venu secrètement parce qu'il ne voulait pas que personne refusât de jouter avec lui, le connaissant. Et si j'en eusse cru Agravain, je l'aurais fait tuer. Votre frère vint me demander, l'autre jour, comment j'avais le cœur de tenir Lancelot auprès de moi, qui aimait ma femme de fol amour et l'avait connue charnellement. Il voulait me faire accroire que Lancelot refusait d'aller au tournoi afin de voir la reine seul à seule tandis que je serais à Winchester. Et en effet, si Lancelot aimait la reine, il n'aurait pas quitté Camaaloth ! D'ailleurs, fût-il épris d'elle, je ne puis croire qu'il me ferait une si grande déloyauté que de me honnir : dans un cœur où gît tant de prouesse la trahison ne peut entrer, ou bien c'est la plus grande diablerie du monde !

– Certes, sire, jamais Lancelot n'aima la reine de fol amour ! Personne n'ignore qu'il a eu pour amie la fille du roi Pellès, dont est né Galaad, le bon chevalier qui a mis fin aux aventures du Saint Graal. Et je sais qu'à cette heure il est épris de l'une des plus belles demoiselles du royaume de Logres, et elle de lui.

À ces mots le roi Arthur se mit à rire et il requit plusieurs fois son neveu de lui apprendre le nom de cette demoiselle. Messire Gauvain s'en défendit quelque temps, mais enfin il confessa que c'était Passerose, la fille du vavasseur d'Escalot.

– Hier, ajouta-t-il, à cause de sa grande beauté, je la priai d'amour ; mais elle m'éconduisit très bien, disant que son cœur était à Lancelot.

Et il conta ce qui s'était passé chez le vavasseur. Ainsi causant de ces choses et de beaucoup d'autres, le roi et messire Gauvain arrivèrent à Camaaloth.

VI

Après le souper, la reine Guenièvre les tira tous les deux dans l'embrasure d'une fenêtre et leur demanda s'ils savaient le nom du chevalier qui avait vaincu au tournoi.

– Dame, répondit messire Gauvain, c'est peut-être un étranger. Il avait un écu vermeil comme un nouveau chevalier et sur son heaume une manche de dame ou de demoiselle.

– Lancelot n'était donc pas au tournoi ? Je sais pourtant qu'il y est allé en secret.

– Dame, s'il y est venu, il faut qu'il ait vaincu. Et le chevalier à la manche, c'était donc lui.

– Que dites-vous, beau neveu ! Lancelot n'est pas si attaché à aucune dame ou demoiselle qu'il en porte l'enseigne à son heaume !

Là-dessus, le roi commença de mener grande joie.

– Dame, s'écria-t-il, sachez que le vainqueur du tournoi, c'est Lancelot ! À cette heure, sans doute séjourne-t-il à Escalot auprès d'une demoiselle qu'il aime d'amour et qui est des plus belles du monde. Beau neveu, répétez ce que vous m'avez dit.

– Mais de quelle façon était l'écu que vous vîtes dans la chambre ? demanda la reine quand messire Gauvain eut achevé.

– Dame, il était blanc à deux lions d'azur couronnés.

– C'est bien l'écu que Lancelot emporta !

Elle causa quelques moments encore avec le roi et monseigneur Gauvain, puis elle se leva et se retira dans sa chambre où, dolente comme jamais femme ne le fut davantage, elle se mit à pleurer. "Dieu, pensait-elle, comme il m'a trompée vilainement, celui en qui je croyais que fut toute loyauté ! Ha, je me vengerai de lui et de la demoiselle si je puis !" Toute la nuit les larmes coulèrent sur son clair visage ; enfin, au matin, elle manda Lionel et l'interrogea.

– Lionel, êtes-vous allé au tournoi ?

– Oui, dame.

– Et y avez-vous vu votre cousin ?

– Nenni, car il n'y est pas venu. Il nous aurait parlé !

– Sachez pourtant qu'il y est allé. C'est lui qui a vaincu : il avait des armes rouges et sur son heaume une manche de dame ou de demoiselle.

– Sauve votre grâce, je ne le voudrais pour rien au monde, car celui que vous dites quitta le tournoi navré d'une blessure que je lui fis au côté.

– Maudite soit l'heure où vous avez failli à l'occire ! Ha, jamais je n'aurais pensé qu'il fît ce qu'il a fait ! À cette heure, il est à Escalot auprès d'une demoiselle qu'il aime d'amour et qui sans doute l'aura surpris par quelque philtre ou charme. Nous pouvons bien dire que nous l'avons perdu, moi et vous, car elle l'a si bien arrangé qu'il ne pourrait s'éloigner d'elle si même il le voulait !

Et elle lui dit ce qu'elle savait.

– Dame, fit Lionel, ne croyez pas tout cela. Dieu m'aide ! Je ne puis penser que Lancelot ait ainsi faussé envers vous !

– Celui qui m'a conté ces choses est le chevalier du monde le plus vrai. Et si Lancelot venait demain à la cour, je lui défendrais de mettre le pied chez moi.

– Je vous dis, dame, que jamais messire ne fit ce dont vous l'accusez.

– Ha, la preuve de son méfait est trop sûre ! Sachez que jamais, tant que je vivrai, je ne laisserai Lancelot du Lac en paix !

– Dame, puis donc que vous vous êtes si fort éprise de haine et de félonie envers notre seigneur et cousin, nous, les siens, nous n'avons plus rien à faire ici. Et c'est pourquoi je prends congé de vous. Demain matin, nous partirons en quête de monseigneur Lancelot, et, quand nous l'aurons trouvé, nous nous en irons avec lui dans la Petite Bretagne, notre pays, auprès de nos hommes que nous n'avons pas vus depuis longtemps. Là, s'il plaît à Dieu, nous nous tiendrons en joie, car sachez-le, dame : nous n'eussions pas demeuré ici comme nous avons fait, si ce n'eût été pour l'amour de notre seigneur ; et lui-même, depuis la quête du Saint Graal, n'y est resté que pour vous, qu'il a plus loyalement aimée que jamais chevalier n'aima son amie.

À ces mots, les larmes montèrent aux yeux de la reine. Mais Lionel était déjà sorti. Il alla conter à Hector des Mares ce qu'elle lui avait dit, et tous deux maudirent l'heure où Lancelot avait connu la reine Guenièvre. Puis ils furent prendre congé du roi, qui le leur donna à regret, et dès le lendemain tout le lignage du roi Ban de Benoïc et du roi Bohor de Gannes quitta la cour.

Mais le conte laisse à cet endroit de parler d'eux et retourne à Lancelot qui gisait, blessé, chez la tante du chevalier d'Escalot.

VII

Aussitôt après le départ de messire Gauvain, Passerose s'était rendue auprès de lui, au manoir de sa tante, et, quand elle vit sa plaie si profonde et dangereuse, elle ne sut que devenir. Un mois, Lancelot demeura entre la vie et la mort. Enfin il commença de se sentir mieux et bientôt il retrouva toute sa beauté : tant que la pucelle, qui le veillait jour et nuit, n'y put bientôt plus durer.

Un jour, elle vint à lui, aussi bien atournée qu'elle avait pu.

– Sire, dit-elle, ne serait-il pas bien vilain le chevalier que je prierais d'amour et qui me refuserait ?

– Demoiselle, il le serait s'il avait le cœur libre ; mais, sinon, nul ne devrait le blâmer de vous éconduire. Et je vous dis cela pour moi, car, si vous étiez telle que vous fussiez éprise de moi et que je fusse mon maître comme le sont d'eux-mêmes maints chevaliers, certes je me tiendrais pour heureux : je n'ai jamais vu une demoiselle plus aimable que vous.

– Comment, sire ? Ne pouvez-vous disposer de votre cœur à votre volonté ?

– J'en fais bien mon vouloir, demoiselle, puisqu'il est où je veux qu'il soit. Et en nul lieu il ne pourrait être mieux placé qu'en celui où je l'ai mis. À Dieu ne plaise qu'il s'en échappe : je ne saurais plus vivre un seul jour !

– Las, sire, c'est assez ! Que ne m'avez-vous parlé moins ouvertement ! Vous m'eussiez mise en une langueur douce encore, et l'espérance m'eût laissé quelque joie. Sachez que, du jour que je vous vis, je vous aimai plus que femme ne fit jamais. Je ne puis plus boire, ni manger, ni dormir, ni reposer ; je ne sais plus que souffrir nuit et jour. C'est par la mort seulement que mon cœur s'arrachera de vous !

Là-dessus, elle fut trouver son frère et lui confia qu'elle aimait le blessé à en trépasser.

– Sœur, lui dit-il tout dolent, encore que vous soyez une des pucelles les plus belles du monde, il faut que vous mettiez votre cœur plus bas, car vous ne pourriez cueillir le fruit d'un si haut arbre.

Mais elle fut se coucher dans son lit, dont elle ne sortit que morte, comme le conte en devisera plus loin.

VIII

Or, il est dit en cette partie qu'en quittant Camaaloth, Hector et Lionel allèrent droit à Escalot où ils pensaient avoir des nouvelles de leur seigneur. Le vavasseur les hébergea et, quand ils entrèrent dans la chambre où était pendu l'écu de Lancelot, ils le reconnurent très bien : c'était le dernier qu'on lui eût fait faire.

– Bel hôte, dit Lionel, je vous conjure par ce que vous aimez le mieux de nous apprendre où se trouve présentement le chevalier qui laissa céans cet écu. Et si vous ne voulez nous le dire pour nos prières, assurez-vous que nous vous combattrons et nuirons autant que nous pourrons.

– Si c'est pour son bien que vous le cherchez, je vous enseignerai où il est. Autrement, nulle menace ne m'y contraindra.

– Par tout ce que je tiens de Dieu, je vous jure que nous sommes ceux qui l'aiment le plus au monde !

Alors le vavasseur leur apprit qu'il était chez sa sœur, non loin de Winchester. Et le lendemain il leur donna pour les conduire son fils aîné, de manière que le soir même ils arrivèrent au manoir de la dame.

Quand il les vit entrer dans la cour, ne demandez pas si Lancelot fut joyeux ! Il courut les accoler, car il pouvait marcher assez bien, mais non pas encore chevaucher. Et ils lui demandèrent s'il serait bientôt rétabli.

– Prochainement, répondit-il, s'il plaît à Dieu. Mais la plaie était si profonde que j'ai été longtemps en péril de mort ; et si je puis connaître le chevalier qui me la fit et le retrouver en quelque tournoi, il sentira que mon épée est capable de trancher un haubert d'acier !

À ces mots, Hector se mit à rire et à battre des mains, et il dit à Lionel :

– On verra donc comment vous vous comporterez, car celui à qui vous aurez affaire n'est pas le plus couard du monde !

– Hélas ! beau sire, dit à son cousin Lionel tout dolent, vous étiez déguisé en nouveau chevalier, vous qui avez porté les armes durant plus de vingt-cinq ans, de sorte que je ne vous avais pas reconnu !

Lancelot répondit à Lionel que, du moment qu'il en était ainsi, il ne lui savait pas mauvais gré de la blessure qu'il avait reçue.

– Beau sire, fit alors Hector, sachez que vous m'avez fait éprouver l'acier de votre lance à un moment où je ne le désirais nullement !

Ainsi causant à grande joie du tournoi de Winchester et d'autres choses, ils demeurèrent chez la tante des deux chevaliers d'Escalot toute la semaine, tant qu'enfin Lancelot se trouva guéri. Alors il voulut regagner la cour, car Lionel n'avait pas osé lui répéter les cruelles paroles que la reine avait dites de lui.

Mais le conte retourne maintenant au roi Arthur.

IX

En revenant de Tannebourg où il était allé visiter le duc de Cambenic, il s'égara avec ses chevaliers dans la forêt Perdue. La nuit tombait : on commençait de dresser les tentes et pavillons, lorsqu'on entendit, au loin, sonner du cor. Sagremor le desréé avait déjà sauté à cheval ; et, au bout de peu de temps, il revint dire qu'un petit château très bien crénelé et clos de bons murs, hauts et épais, se dressait à quelque distance. En effet, le roi et ses gens furent émerveillés de la beauté de la forteresse.

Le pont était baissé, la porte grande ouverte ; dans la cour brillaient mille torches et cierges, et il n'y avait pas un mur qui ne fût tendu de soie : jamais aucune église ne fut pareillement encourtinée. La dame du château attendait dans la salle, entourée de ses chevaliers et de ses demoiselles qui étaient vêtus à merveille. Et au moment que le roi entra, tous et toutes crièrent d'une seule voix :

– Sire, soyez le bienvenu céans ! Bénite la route qui vous amena !

Or la dame était Morgane la déloyale, et c'est dans ce manoir qu'elle avait tenu Lancelot en prison durant deux hivers et un été, alors qu'il sortait du Château aventureux, comme le conte l'a dit en temps et lieu. Le roi lui fit la plus grande joie du monde, car elle était sa sœur, fille d'Ygerne et du duc de Tintagel, et il l'avait crue morte et trépassée du siècle. Elle le conduisit dans une chambre où un bain l'attendait, chaud, coulé deux fois, parfumé de bonnes herbes. Et quand les pucelles eurent bien frotté le roi, elles lui passèrent une robe d'écarlate et le ramenèrent dans la salle tendue de draps de soie et jonchée de menthe et de glaïeuls, où elles le firent asseoir dans une très belle et riche chaire devant la table mise. Chacun y prit place, puis on donna à laver et deux belles dames vinrent tenir les manches du roi ; après quoi les demoiselles commencèrent d'apporter les mets, dont il y avait une telle abondance qu'on eût cru que tout avait été prévu depuis un mois ; et aussi bien cela se peut-il, car Morgane était savante en nigromance. Quant à la vaisselle d'or et d'argent, tout le trésor de Logres n'en eût pas fourni davantage. Et, à la fin, on apporta un grand pâté d'où, sitôt qu'un écuyer y eut mis le couteau, s'échappèrent une multitude d'oiselets sur lesquels on lâcha des émerillons. Si bien que le roi ne cessait de se demander d'où tant de richesses pouvaient être venues à sa sœur.

Quand il eut bu et mangé autant qu'il lui plut, des instruments se firent entendre dans une chambre voisine, sonnant tous ensemble et avec tant de douceur qu'il n'avait jamais ouï une mélodie plaisante à ce point. Enfin deux belles demoiselles entrèrent, qui portaient dans des chandeliers d'or des cierges allumés ; et elles vinrent s'agenouiller devant le roi et dirent :

– Sire, si tel était votre plaisir, il serait grand temps de vous reposer, car il est déjà tard dans la nuit et vous avez tellement chevauché aujourd'hui que vous êtes bien fatigué, à ce que nous croyons.

Il se leva et elles le conduisirent dans la chambre même où Lancelot avait été emprisonné longuement et où il avait peint pour se distraire toutes ses chevaleries et ses amours avec la reine Guenièvre. Et, après qu'elles l'eurent dévêtu, il se coucha et s'endormit.

Le matin, à la pointe de l'aube, Morgane entra et ouvrit la fenestrelle. Il sauta de son lit et courut l'accoler en braies et en chemise. Alors elle lui demanda en don de rester plusieurs jours chez elle, où elle veillerait qu'il fût aussi aise que dans la meilleure cité de son royaume. Ce qu'il lui accorda.

– Douce sœur, puisqu'il plaît à Dieu que je vous aie retrouvée, ajouta-t-il, je vous emmènerai avec moi. Vous ferez compagnie à la reine Guenièvre, ma femme, et elle en sera joyeuse.

– Beau doux frère, jamais je n'irai à votre cour, car il s'y passe ce que je ne voudrais voir. Je me retirerai plutôt dans l'île d'Avalon, où vont les dames qui savent les enchantements.

Ainsi parlait Morgane parce qu'elle haïssait à mort la reine au corps gent.

Et à cet instant, justement, le soleil frappait de toutes parts dans la chambre, si bien que le roi commença de remarquer les images que jadis Lancelot avait peintes sur les murs. Et l'on y voyait sa première entrevue avec la reine à Camaaloth, et comme il avait été ébahi de sa beauté ; puis tout ce qu'il avait fait pour l'amour de sa dame, et comment elle lui avait donné un baiser dans la prairie des arbrisseaux, et pourquoi les deux parties de l'écu fendu s'étaient rejointes à la Roche aux Saines, et comment un mot d'elle l'avait mis en frénésie, et toutes leurs amours, et toutes ses prouesses : de façon que le roi connut en un instant ce qu'il n'avait jamais su.

– Par mon chef, dit-il à mi-voix, si ces images sont vraies, Lancelot m'a honni avec ma femme ! Douce sœur, je vous requiers par la foi que vous me devez de me dire ce que ces peintures représentent.

– Ha, sire, répondit Morgane la déloyale, que me demandez-vous ! Ne savez-vous pas que Lancelot aime la reine Guenièvre et que c'est pour elle qu'il accomplit toutes ces chevaleries que vous voyez peintes ? Longtemps il languit, comme celui qui n'ose découvrir son cœur. Mais, après l'assemblée de Galore, il se lia avec Galehaut, le fils de la belle géante, dont il fit la paix avec vous, comme le montre l'image que voici. Galehaut s'aperçut qu'il avait perdu le boire et le manger tant il aimait sa dame, et il pria tant la reine qu'elle se donna à Lancelot : elle fut saisie d'amour par un baiser ; cette peinture-ci fait voir comment.

– Assez ! Je n'en demande pas plus. J'aperçois ma honte et la trahison de Lancelot. Qui a fait ces images ?

– Lancelot lui-même, de sa main, dit Morgane.

Et elle conta comment elle l'avait retenu en prison durant un an et demi, et qu'il s'était enfui en brisant les barreaux avec la force d'un diable, dit-elle, plus que d'un homme.

Le roi cependant regardait les peintures.

– Mon neveu Agravain, murmura-t-il enfin, m'a dit cela l'autre jour, mais je ne l'en ai point cru. Si Lancelot me honnit avec ma femme, je ferai tant que je les prendrai sur le fait, et alors je tirerai d'eux une telle vengeance qu'à toujours on en parlera, ou bien je ne porterai plus jamais couronne.

– Si vous ne vengiez votre honte, Dieu et le monde devraient vous mépriser, répondit Morgane.

Durant les sept jours que le roi demeura chez elle, elle ne cessa de l'exhorter ainsi, car elle haïssait Lancelot parce qu'elle savait que la reine l'aimait. Et, afin que nul n'entrât plus dans la chambre aux images, le roi en fit murer la porte.

Mais le conte, à présent, laisse ce propos et revient à Lancelot qui chemine en compagnie des siens vers la cité de Camaaloth.

X

La reine, qui était à l'une des fenêtres du palais, les vit descendre dans la cour, et sitôt qu'ils gravirent les degrés de la salle, elle en sortit et se jeta dans une chambre où Lionel la suivit tandis que chacun faisait joie à Lancelot. Il la trouva, assise sur un lit, qui avait bien la mine d'une femme irritée. Et quand il l'eut saluée et qu'elle lui eut souhaité la bienvenue :

– Dame, lui dit-il, nous vous amenons mon seigneur Lancelot, qui était depuis longtemps éloigné d'ici.

– Je ne le puis voir.

– Ha, dame, pourquoi ?

– Je n'ai point d'yeux qui consentent à regarder Lancelot, ni de cœur qui consente à lui parler.

– Le haïssez-vous donc si fort ?

– Jamais je ne l'aimai autant que je le hais aujourd'hui.

– Dame, il n'est qu'une chose au monde que craigne messire mon cousin : c'est votre courroux, et, s'il savait les paroles que vous m'avez dites, je n'arriverais pas à temps pour l'empêcher de se tuer de chagrin. Aussi bien, un prud'homme qui aime longuement d'amour finit toujours par être honni : la vraie histoire des anciens Juifs et Sarrasins le fait assez voir. Regardez celle du roi David : son fils, la plus belle créature que Dieu ait jamais formée, lui fit la guerre pour complaire à une femme et en mourut vilainement ; ainsi trépassa le plus beau des Juifs. Et voyez Salomon même ; Dieu lui donna plus de science et de vertu qu'un cœur d'homme n'en a jamais eu : il renia Dieu pour une femme, par laquelle il fut honni et trompé. Samson le fort, le plus vigoureux homme né de mère pécheresse, reçut la mort par une femme. Hector et Achille, qui eurent la louange et le prix des armes et de la prouesse sur tous les chevaliers de l'ancien temps, ils furent occis, et plus de cent mille hommes avec eux, pour une femme que Pâris le berger enleva de force en Grèce. Et de notre temps même, il n'y a pas cinq ans, Tristan, le neveu du roi Mark, qui aima si loyalement Yseult la blonde et jamais de son vivant ne lui manqua en rien, mourut par elle. Vous ferez pis que toutes ces dames, car vous pouvez bien voir que messire Lancelot est le plus beau chevalier du monde, le plus preux, le plus hardi, le plus noble ; vous ferez périr avec son corps toutes les grâces par lesquelles on gagne de l'honneur dans le siècle ; ha, vous ôterez le soleil d'entre les étoiles et de cette terre la fleur de toute chevalerie ! Et tel est le grand bien que notre lignage tirera de vos amours.

– Lionel, répondit la reine, si ce que vous dites advenait, nul n'y perdrait autant que moi, car j'y perdrais mon corps et mon âme. Pourtant laissez-moi, car vous n'aurez d'autre réponse.

Alors Lionel la quitta et revint à Lancelot.

– Sire, lui dit-il après l'avoir tiré à l'écart, il m'est avis que nous quittions cette cité. Madame la reine vous défend son hôtel, et à tous ceux qui viendraient de par vous.

Puis il lui conta comment la reine Guenièvre s'était offensée en apprenant qu'il avait porté la manche d'une dame au tournoi de Winchester, et comment elle avait dit que jamais il ne trouverait plus d'amour en elle. Dont Lancelot fut si accablé, qu'il demeura très longtemps sans sonner mot.

– Amour, s'écria-t-il enfin, telle est la récompense qu'on a de t'avoir servi ! Dussé-je ne plus jamais parler à ma dame, si elle m'avait pardonné, je m'en irais moins tristement ; mais sachant son courroux et sa haine, hélas, je ne pourrai longtemps durer ! Beau cousin, conseillez-moi, car je ne sais que faire de moi !

– Sire, si vous pouviez vous tenir loin d'elle, un mois ne serait point passé qu'elle vous ferait quérir. Promenez-vous par ce pays, suivez les tournois, ébattez-vous du mieux possible. Vous avez autour de vous une grande partie de votre parenté, qui vous fera belle et noble compagnie où que vous alliez.

– Ha, je n'ai cure de compagnie ! J'emmènerai un seul écuyer.

– Mais, s'il vous arrivait malheur, comment le saurions-nous ?

– Celui qui m'a protégé jusqu'ici ne souffrirait pas que vous l'ignorassiez.

Et sans plus de paroles, Lancelot fut dire à ses gens qu'il lui fallait partir pour aller à une affaire et qu'il ne voulait emmener qu'un seul valet appelé Anguys.

– Sire, lui dirent-ils, ne manquez pas de vous trouver la semaine prochaine au tournoi de Camaaloth.

Toutefois il ne voulut pas le leur promettre et, après les avoir recommandés à Dieu, il se sépara de ses amis charnels. Et eux-mêmes ils quittèrent la cour dès le lendemain.

Mais le conte parle à présent du roi Arthur.

XI

En rentrant à Camaaloth, quand il sut que Lancelot n'était resté qu'un seul jour dans la ville, son cœur fut plus aise. "Si Lancelot aimait la reine de fol amour, songea-t-il, il ne se serait pas éloigné si tôt." Cela le fit douter de ce que Morgane la déloyale lui avait dit et il pensa que peut-être les peintures ne représentaient pas la vérité ; néanmoins il ne retrouva pas toute sa confiance passée.

Et peu après, il advint que messire Gauvain dîna à la table de la reine, avec d'autres prud'hommes, dans une chambre proche de la grande salle. Un chevalier nommé Averlan, qui, le haïssait mortellement, avait fait secrètement placer devant la reine un fruit empoisonné, pensant qu'elle le donnerait tout d'abord à goûter à son neveu, puisqu'il était assis à côté d'elle et qu'il était le plus haut baron. Mais elle offrit du fruit à son autre voisin, un compagnon de la Table ronde appelé Gaheris de Kareheu, lequel en mangea aussitôt pour l'amour d'elle et tomba mort dès que le morceau lui eut passé le cou. Ce que voyant, tous les chevaliers se levèrent de table, ébahis.

L'un d'eux se hâta d'aller conter la nouvelle au roi, qui se signa de surprise, et vint tout courant voir ce qu'il en était, suivi de ceux qui mangeaient en sa compagnie.

– C'est trop de méchanceté, s'écria-t-il d'abord, tandis que plusieurs de ses barons murmuraient :

– La reine a vraiment servi la mort !

Or la reine était tellement étonnée, qu'elle ne savait que penser.

– Dieu m'aide ! fit-elle. Si j'eusse su que le fruit était envenimé, je ne le lui eusse pas offert pour la moitié du monde ! Je ne lui demandai d'en manger avant moi que par débonnaireté.

– Dame, reprit le roi, de quelque façon que vous le lui ayez donné, vous avez fait une vilaine et mauvaise action.

Et il commanda qu'on enterrât Gaheris à grand honneur, comme il convenait à un si prud'homme : en sorte que le corps fut enseveli dans l'église de monseigneur Saint Étienne, qui était la principale de la cité de Camaaloth. Le roi Arthur et tous ceux qui étaient à la cour eurent tant de chagrin d'une mort si laide et si vilaine, qu'ils n'en parlèrent qu'à peine entre eux ; toutefois les compagnons de la Table ronde firent graver sur la tombe des lettres qui disaient :

Ci-gît Gaheris le blanc de Kareheu,
frère de Mador de la Porte, qui trépassa
d'un fruit empoisonné que la reine lui donna.

Car telle était la coutume de la Table ronde, qu'on inscrivait sur la tombe des compagnons leur nom et comment ils étaient morts.

XII

Trois jours plus tard, Mador de la Porte arriva à la cour. On le savait de grand cœur, et il n'y eut personne assez hardie pour lui donner des nouvelles de Gaheris, qu'il aimait de bon amour et comme un frère doit aimer son frère. Un matin, cependant, qu'il était allé à Saint-Étienne entendre la messe, il aperçut une tombe nouvelle et s'en approcha ; ah ! quand il eut lu les lettres qui y étaient inscrites, c'est alors que vous eussiez pu voir un homme ébahi et éperdu ! Il ne pouvait croire que ce fût vrai ! En se retournant, il avisa un chevalier d'Écosse qui le regardait et le conjura de répondre à ce qu'il lui demanderait.

– Mador, fit l'autre, je sais bien ce que vous voulez me demander. Il est vrai que la reine a occis votre frère, comme l'écrit le raconte.

– Je le vengerai selon mon pouvoir ! s'écria Mador.

Et il se rendit sur-le-champ dans la salle où le roi Arthur était à son haut manger, et là il dit à si haute voix que tout le monde l'entendit :

– Roi Arthur, si tu es loyal comme un roi doit l'être, fais-moi droit en ta cour !

– Dites ce qu'il vous plaira : je vous ferai droit selon mon pouvoir et le jugement de mes barons.

– Sire, reprit Mador en laissant tomber son manteau, j'ai été durant quarante-cinq ans votre homme : je reprends mon hommage et me dévêts de votre terre, car il ne me plaît plus de rien tenir de vous. La reine Guenièvre a occis par trahison mon frère Gaheris ; si elle veut le nier, je suis prêt à le prouver par mes armes et mon corps contre tel chevalier qu'elle choisira. Et je vous requiers de me faire justice.

Bien dolent, car il craignait fort pour la reine, le roi la fit appeler devant la cour. Et elle entra dans la salle, dont on avait ôté les tables, le front baissé et faisant bien mine de femme inquiète, escortée à sa droite par monseigneur Gauvain, à sa gauche par Gaheriet, les deux chevaliers les plus prisés de la parenté du roi Arthur. Mais, quand le roi lui eut dit que Mador l'accusait d'avoir occis par trahison son frère Gaheris, elle releva la tête et demanda :

– Où est ce chevalier ?

– Me voici ! fit Mador en s'avançant.

– Comment, Mador, vous prétendez que j'ai tué votre frère volontairement ?

– Je dis que vous l'avez fait mourir déloyalement, en trahison, et s'il y a ici un chevalier qui vous en ose défendre, je suis prêt à le rendre mort ou recréant ce soir même, ou demain, ou tel jour que la cour désignera.

La reine regarda tout autour d'elle, cherchant quelqu'un qui s'offrît à la soutenir ; mais elle ne vit que des yeux baissés et des chefs inclinés, car tous savaient bien qu'elle avait tort et Mador droit, et que, si même ils vainquaient, on dirait que c'était contre justice et loyauté. Elle en fut tout éperdue ; pourtant elle répondit au roi malgré son angoisse :

– Sire, je vous prie en nom Dieu de me faire connaître la décision de votre cour.

– Dame, ma cour dit que, si vous niez le méfait dont on vous accuse, vous avez quarante jours de répit pour prendre conseil et chercher quelque prud'homme qui soutienne votre cause par ses armes et son corps.

– Sire, ne trouverai-je en vous quelque autre conseil ?

– Nenni, car, ni pour vous ni pour autrui, je ne sortirai du droit et du jugement des prud'hommes qui sont céans.

– Sire, je vous demande donc le répit de quarante jours. D'ici là, s'il plaît à Dieu, je trouverai un chevalier pour me défendre ; sinon, vous pourrez faire de moi ce que la cour décidera.

Le roi accorda le délai, qui devait expirer le lendemain du tournoi de Camaaloth.

– Sire, dit Mador, est-ce me faire droit que d'octroyer un si long répit ?

– En vérité, oui, sachez-le.

– Je me présenterai donc au jour dit, à moins que la mort ne me détienne.

Là-dessus, il quitta la salle, menant si grand deuil du trépas de son frère, qu'il n'était personne qui le vît sans en avoir pitié. Et la reine demeura toute dolente et angoissée, car elle craignait de ne trouver aucun chevalier pour faire sa bataille en dehors des parents du roi Ban. Ceux-là, sans doute, ne lui eussent pas manqué s'ils eussent été à la cour ; mais elle les avait éloignés en chassant Lancelot et ils avaient disparu sans laisser ni voie ni vent, aussi parfaitement que s'ils se fussent jetés en quelque abîme. Ah ! sachez qu'elle se repentait durement !

XIII

Le lendemain, dit le conte, quand le roi eut fini de manger avec ses chevaliers, il se mit à l'une des fenêtres du palais, qui donnait sur la rivière, et demeura là longtemps, la tête basse, à songer que la reine n'aurait point de champion, puisque tous l'avaient bien vue donner du fruit à Gaheris. Soudain il aperçut une nacelle qui dérivait au fil du courant, couverte d'un grand et riche drap de soie dont les pans traînaient dans l'eau. Elle vint d'elle-même s'arrêter au pied de la tour ; alors le roi appela son neveu et tous deux descendirent pour la voir.

– Par ma foi, dit messire Gauvain, les aventures recommencent !

Il sauta dans la nacelle, souleva le drap et découvrit un lit sur lequel gisait le corps d'une demoiselle jeune et d'une grande beauté.

– Sire, s'écria-t-il, voici la pucelle que Lancelot aimait d'amour !

Ce disant, il tirait une lettre de l'aumônière qui pendait à la ceinture de la morte. Le roi remonta dans la salle pour se la faire lire : grâce à quoi la reine, ses dames, les prud'hommes qui étaient là, tout le monde l'entendit.

> *À tous les chevaliers de la Table ronde, salut !*
>
> *Je, Passerose, la demoiselle d'Escalot, vous fais assavoir que je mourus d'amour, et, si vous demandez pour qui, je vous dirai que c'est pour le plus vaillant, mais aussi le plus cruel chevalier du monde, qui a nom Lancelot du Lac, car vainement je l'ai prié à pleurs et sanglots d'avoir merci de moi.*

– Ha, demoiselle, fit seulement le roi, vous pouvez bien dire qu'il était cruel, celui pour qui vous expirâtes !

Et il commanda qu'on enterrât la pucelle à Saint-Étienne et qu'on gravât sur sa tombe en lettres d'azur et d'or qu'elle était morte pour Lancelot. Puis il demeura tout songeur.

“Malheureuse, se disait cependant la reine, comment ai-je osé penser que le plus loyal des chevaliers m'avait trahie ? Jamais homme mortel n'aima comme il m'a aimée et m'aime encore ! Et je sais bien que, s'il était ici, il me délivrerait une fois de plus de la mort. Mais il ne saura pas à temps la grande détresse où je suis et il me faudra vilainement périr. Hélas ! il mourra de deuil sitôt qu'il apprendra que j'ai trépassée du siècle !”

XIV

Quand le jour du tournoi fut arrivé, vous eussiez pu voir dans la prairie de Camaaloth jusqu'à cent vingt chevaliers, tant d'un parti que de l'autre, dont il n'y avait pas un qui ne fût vaillant et prud'homme.

Et lorsqu'elle apprit que Lionel au cœur sans frein était là avec toute la parenté de Lancelot, la reine dit joyeusement à l'une de ses demoiselles :

– Ceux-là mettraient leur âme et leur corps en aventure plutôt que de me laisser recevoir un affront ! Je suis bien sûre maintenant de ne pas mourir. Béni soit Dieu qui les a amenés !

Lionel fit tant d'armes qu'il remporta le prix, et le roi Arthur, qui l'avait bien reconnu, s'avança à sa rencontre et lui demanda de rester à la cour.

– Sire, répondit Lionel, je n'y demeurerai en aucune manière tant que messire Lancelot, mon cousin, n'y sera point. Sachez que je ne serais pas venu à ce tournoi, si je n'eusse espéré de l'y trouver. Ha, je crains fort que vous ne le voyiez de longtemps !

– Pourquoi ? Est-il donc courroucé contre nous ?

– Sire, si vous voulez en savoir davantage, interrogez quelque autre.

Là-dessus, il s'en fut trouver la reine qui l'avait mandé ; et jamais, certes, elle ne fit plus joyeux accueil à personne ! Elle lui conta qu'elle ne trouvait nul prud'homme pour défendre son droit ; mais il lui répondit rudement que ce n'était pas merveille si les chevaliers lui manquaient, quand elle avait elle-même failli sans raison au meilleur du monde.

– Lionel, quoi que j'aie fait, vous me protégerez, vous, je le sais bien !

– Dame, vous m'avez fait perdre celui que j'aimais plus que tous, mon seigneur et mon cousin ; je ne sais ce qu'il est devenu. Non, je ne vous aiderai point !

À ces mots, la reine se prit à pleurer. Mais Lionel sortit sans plus l'écouter.

Le roi, de son côté, s'était fort mis en peine de lui avoir un champion ; mais chacun lui répondait qu'elle avait tort et Mador droit.

– Sire, lui dit messire Gauvain lui-même, vous savez bien que madame a occis Gaheris et que Gaheris a été tué par trahison : je l'ai vu, ainsi que beaucoup d'autres. Puis-je soutenir sa cause loyalement ? Si vous me jurez, comme roi, que je le puis, je suis prêt à faire la bataille. Sinon, fût-elle ma mère, je ne commettrais pas une déloyauté pour elle.

Le roi ne put rien tirer de plus de son neveu ni des autres prud'hommes. Tout dolent et angoissé, il vint dire à la reine :

– Dame, je ne sais que penser de vous, car tous les chevaliers de ma cour vous abandonnent. Ha, j'aimerais mieux d'avoir perdu mon royaume que de voir de telles choses arriver de mon vivant ! Car je n'ai rien aimé en ce monde comme vous, et je veux que vous sachiez que je vous aime encore.

À ces mots la reine se mit à pleurer et lamenter plus fort qu'auparavant.

XV

Le lendemain, dès l'aube, le palais s'emplit de barons et de seigneurs qui attendaient l'arrivée du chevalier appelant ; et beaucoup avaient grand'peur pour leur dame. Un peu après l'heure de prime, Mador de la Porte mit pied à terre dans la cour, escorté de toute sa parenté, et il monta dans la salle, armé de toutes armes, hormis son heaume, sa lance et son écu. Il était haut et carré de corps, bien fait de ses membres et blanc comme laine ; il n'y avait guère de plus forts et preux chevaliers que lui.

– Mador, lui dit le roi quand il eut offert son gage, restez céans jusqu'à vêpres ; si, avant ce soir, la reine ne trouve pas quelqu'un pour la défendre, on fera de son corps ce que ma cour décidera.

Alors Mador s'assit dans la salle et autour de lui ses parents ; et ils restèrent ainsi, sans mot dire jusqu'à tierce.

À cette heure, un chevalier entra dans la ville, tout seul, sans écuyer. Il était couvert d'armes blanches, sauf l'écu qui était peint de trois bandes de gueules. Il attacha son cheval à un orme dans la cour du palais, suspendit son écu à une branche, appuya sa lance au tronc et entra dans la salle, heaume en tête. Et à chaque pas qu'il faisait, chantaient les mailles de son haubert.

– Roi Arthur, dit-il, j'ai entendu conter une grande merveille : c'est qu'aujourd'hui un chevalier appelle la reine Guenièvre de trahison. Jamais on n'avait ouï parler d'une telle folie, quand le monde entier la connaît pour la plus vaillante dame qui ait jamais existé ! Je viens pour la défendre s'il en est besoin.

– Sire chevalier, dit Mador, je suis prêt à montrer qu'elle a déloyalement et traîtreusement occis mon frère Gaheris.

– Et moi, je suis prêt à soutenir que jamais la reine n'a vu là déloyauté, ni trahison.

Mador, qui ne prit pas garde à cette parole, tendit son gage et le chevalier aux blanches armes pareillement. Et quand le roi les eut pris, messire Gauvain lui dit tout bas :

– Sire, je crois bien qu'à cette heure Mador a mauvaise querelle, car, pour ma part, quelle qu'ait été la mort de Gaheris, je jurerais volontiers sur les reliques que la reine n'y a point vu de trahison ni de déloyauté !

Là-dessus, le palais se vida et tous, grands et petits, s'en furent dans la plaine, hors de la ville, où se faisaient ordinairement les combats de justice. Messire Gauvain voulut porter la lance du blanc chevalier et Hector son écu. Et quand les deux champions eurent prêté serment sur les saints, le roi fit approcher la reine et lui dit :

– Dame, voici un chevalier qui pour vous se met en aventure de mort.

– Sire, répliqua-t-elle, Dieu protégera le droit, car il est vrai que je n'ai vu déloyauté ni trahison.

Alors le roi Arthur prit l'inconnu par la main et le mena à sa place en lui souhaitant l'aide de Notre Seigneur ; puis il donna le signal, et les deux champions volèrent l'un à l'autre droit comme sagettes.

Ils se heurtèrent d'une telle force qu'ils se percèrent leurs écus et brisèrent leurs lances ; mais Mador fut arraché des arçons et tomba lourdement, non sans se meurtrir pour ce qu'il était grand et pesant. Il se releva tôt, étonné d'avoir trouvé son ennemi si roide à la joute ; mais le chevalier aux blanches armes laissa là son destrier, comme celui qui craindrait d'être blâmé s'il attaquait à cheval un homme à pied : tirant son épée et jetant son écu sur sa tête, il courut sus à Mador et lui donna d'abord un merveilleux coup sur le heaume, après quoi il le mena si durement qu'en peu de temps, blessé dix fois, l'autre n'attendait plus que la mort.

– Mador, lui dit-il, tu vois bien que je te tuerai si cette bataille dure encore. Avoue-toi outré avant que pis ne t'advienne : je ferai tant pour toi que madame la reine te pardonnera et que le roi te rendra ta terre.

À cette franchise et cette débonnaireté, Mador reconnut Lancelot.

– Beau sire, prenez mon épée, dit-il en s'agenouillant. Je me rends à merci et ne m'en tiens pas pour honni, car nul ne saurait durer contre le meilleur chevalier du monde.

Puis il cria au roi :

– Sire, vous m'avez trompé en envoyant contre moi monseigneur Lancelot du Lac.

À ces mots, le roi courut accoler Lancelot tout armé, messire Gauvain vint lui délacer son heaume, et vous eussiez pu voir tous les barons l'entourer et lui faire grande joie, ainsi qu'à la reine : car tant vaut prouesse qu'elle efface tout.

XVI

Lorsque Lancelot et sa dame se furent retrouvés de la sorte, ils s'entr'aimèrent plus qu'ils n'avaient jamais fait ; même ils en vinrent à se conduire si follement que plusieurs découvrirent leur secret, et parmi eux messire Gauvain et ses frères.

Un jour qu'ils en causaient tous les cinq dans l'embrasure d'une fenêtre, le roi Arthur vint à passer près d'eux.

– Voici messire ; taisez-vous ! dit tout bas Gauvain.

Mais le roi entendit Agravain répondre qu'il ne se tairait point et demanda de quoi il s'agissait.

– Ha, sire, ne vous souciez pas de cela ! répondit messire Gauvain. Vous n'en tireriez nul profit, ni autrui.

– Par mon chef, je veux le savoir !

– Sire, ce n'est pas possible ; ce ne sont que fables et contes rapportés par Agravain. Je vous conseille comme à mon seigneur lige de laisser là ce propos.

– En nom Dieu, je vous requiers, de par la foi que vous m'avez jurée, de me dire pourquoi vous étiez ainsi en conseil tous les cinq !

– C'est merveille que de vous voir à ce point curieux de nouvelles ! Dussiez-vous me jeter hors du royaume, je ne vous dirais pas de quoi nous parlions. D'ailleurs, c'est le plus grand mensonge du monde.

Là-dessus, messire Gauvain quitta la chambre en compagnie de Gaheriet et de Guerrehès, et vainement le roi les rappela.

Quand il vit qu'ils ne revenaient point, il emmena Agravain et Mordret dans une chambre et les conjura de lui apprendre ce qu'il avait si grand désir de savoir. Et comme ils répondaient encore qu'ils ne le feraient point, il courut à une épée qui gisait là, sur un lit, la tira du fourreau et en menaça Agravain, criant qu'il le tuerait s'il ne parlait, tant qu'enfin, le voyant échauffé à ce point, l'autre se décida :

– Sire, je disais à mes frères que c'est déloyal à nous, de souffrir si longuement la honte et le déshonneur que Lancelot vous fait : car il connaît charnellement votre femme, nous en sommes certains et assurés.

À ces mots, le roi changea de couleur ; mais se contint et resta silencieux.

– Sire, fit Mordret, nous vous avons caché cela tant que nous avons pu ; mais il convient qu'enfin votre honte soit vengée.

– Si vous m'aimez, répondit enfin le roi, aidez-moi à prendre Lancelot sur le fait, et alors, si je ne le punis comme un traître qu'il est, que jamais plus je ne porte couronne !

– C'est une dure entreprise que de faire mourir Lancelot, sire : il est fort et hardi et sa parenté puissante ; ils vous feront une rude guerre.

– Beaux neveux, ne vous souciez point de cela ! Mettez-vous au guet et surprenez-les ensemble, je vous en requiers sur le serment que vous me fîtes en devenant compagnons de la Table ronde.

Alors ils lui conseillèrent d'emmener, le lendemain, tous ses gens à la chasse ; Lancelot en profiterait sans doute pour se rendre chez la reine. Et ainsi fut-il convenu.

XVII

Tout le jour, dit le conte, le roi Arthur fit morne visage et, quand messire Gauvain revint au palais en compagnie de Gaheriet et de Guerrehès, il devina d'abord, à la mine de son oncle, que ses frères avaient parlé. Lancelot, Hector et Lionel arrivèrent à l'heure du souper : le roi leur tourna le dos. Les tables ôtées, il invita les chevaliers à se rendre avec lui à la chasse le lendemain ; mais, comme Lancelot lui proposait de l'accompagner, il lui dit qu'il se passerait bien de lui pour une fois. Et le soir, quand Lancelot fut rentré à son hôtel, il demanda à Lionel :

– Avez-vous vu quelle mauvaise chère le roi m'a faite ? Je ne sais de quoi il est ainsi courroucé contre moi.

– Sire, ne doutez pas qu'il n'ait appris quelque chose de vous et de la reine. Et mon cœur me dit qu'il adviendra grand mal de cela.

Or, le lendemain, sitôt que le roi fut parti pour la forêt, la reine envoya prévenir Lancelot qui se mit en devoir d'aller la trouver, non toutefois sans se munir de son épée. Et il eut soin de suivre un petit sentier couvert qui traversait le jardin ; mais Agravain et Mordret avaient placé des espions partout, de sorte qu'un garçon vint les avertir. Cependant, Lancelot entrait au palais secrètement et, passant de chambre en chambre, gagnait celle où la reine l'attendait. S'il eut l'idée d'en verrouiller la porte, c'est que Dieu ne voulait pas qu'il fût occis : en effet, à peine était-il couché avec sa dame, les gens d'Agravain et de Mordret arrivèrent et, trouvant l'huis clos, ils tentèrent de le briser.

– Beau doux ami, s'écria la reine quand elle entendit le bruit qu'ils faisaient, nous sommes trahis ! Bientôt le roi saura tout. C'est Agravain et Mordret qui ont tout fait !

– Par Dieu, ils ont donc pourchassé leur mort ! Avez-vous céans quelque armure ?

– Nenni, beau doux ami ! Las ! notre malchance est si grande qu'il nous faudra mourir, moi et vous ! Et pourtant, si vous pouviez vous échapper, il n'est pas né, celui qui me ferait périr tant que vous seriez en vie ! Partez, si vous pouvez.

Alors Lancelot, qui s'était vêtu en grande hâte, prit son épée et vint crier à la porte.

– Mauvais couards, chevaliers faillis, je vais déclore l'huis : on verra qui osera passer le seuil !

Ce disant, il ouvre et attend, l'épée haute. Un chevalier du nom de Tanneguy entre hardiment ; mais, dans le même temps, il reçoit un coup qui lui fend le heaume et la tête comme une pomme, de sorte qu'il tombe mort dans la chambre. Voyant cela, ses compagnons reculent et dégagent le seuil ; et Lancelot, tirant vivement le corps à lui, referme la porte ; puis il revêt les armes de Tanneguy.

– Maintenant, dame, dit-il, je passerai s'il plaît à Dieu et si vous me donnez mon congé.

Elle le recommanda à Jésus-Christ Notre Sauveur. Et aussitôt il sortit, se rua sur les assaillants comme une tempête, abattit le premier qu'il frappa, coupa d'un entre-deux le poing au deuxième, fendit en se retournant les narines et le visage du troisième jusqu'aux oreilles, si bien que les autres s'enfuirent en désordre. Ainsi s'échappa-t-il du palais et regagna son hôtel, où Lionel et Hector l'attendaient en grande inquiétude. Et deux heures plus tard, les malles troussées sur les sommiers, il quittait la ville avec toute sa gent qui ne comptait pas moins de vingt-huit chevaliers preux et hardis.

Mais le conte se tait maintenant de lui, voulant traiter de ce qui advint lorsque Agravain et Mordret, les deux frères de monseigneur Gauvain, se furent emparés de la reine.

XVIII

Ils lui firent grand'honte et l'humilièrent plus qu'ils n'eussent dû, car elle pleurait si fort que d'autres que ces félons en eussent eu pitié. À none, le roi revint du bois et, au moment qu'il mettait pied à terre dans la cour, on lui apprit que la reine avait été surprise avec Lancelot ; ah ! il en fut plus dolent qu'on ne saurait dire ! Il demanda si Lancelot était captif ; mais on lui répondit qu'il avait quitté la ville.

– Beau sire, que comptez-vous faire ? lui demanda le roi Carados Biébras.

– Telle justice de la reine que les dames qui en entendront parler en soient amendées ! Et je vous commande, à vous premièrement parce que vous êtes roi, et aux autres barons qui sont céans, de par les serments que vous m'avez faits, de décider par droit jugement si elle n'a point mérité la mort.

– Sire, la coutume n'est pas de faire un jugement après l'heure de none, et surtout d'une si haute femme que madame la reine. Mais demain matin nous nous assemblerons.

Le soir, le roi ne but ni ne mangea, mais il ne voulut pas que sa femme fût amenée devant lui. Et à prime, lorsque ses barons furent réunis, il leur commanda à nouveau de juger la reine Guenièvre ; puis il se retira. Alors Agravain et Mordret contèrent les choses comme elles étaient arrivées, ajoutant qu'à leur avis la reine avait bien mérité la mort pour avoir commis une si grande félonie que de honnir son seigneur, qui tant était prud'homme, avec un chevalier. À quoi les autres, hormis messire Gauvain, s'accordèrent, mais à regret. Et dès qu'il connut le jugement de sa cour, le roi fit faire un grand bûcher dans la prairie de Camaaloth pour brûler sa femme, car il lui était avis qu'une reine ointe et sacrée devait mourir par le feu.

– Sire, lui dit messire Gauvain, je vous rends tout ce que je tiens de vous et de ma vie je ne vous servirai plus, si vous souffrez une telle chose. À Dieu ne plaise que je voie mourir madame de la sorte !

Mais le roi ne lui répondit même pas, car il avait l'esprit ailleurs. Et messire Gauvain fut s'enfermer dans son logis ; certes, si le monde entier eût péri sous ses yeux, il n'eût pas fait paraître plus de chagrin !

Cependant, le roi mandait à ses neveux Agravain, Guerrehès, Gaheriet et Mordret de prendre quarante chevaliers et d'aller garder le champ où était le bûcher. Guerrehès et Gaheriet refusèrent d'abord, mais il les fit venir et les menaça tant qu'enfin ils consentirent. Et, pendant qu'ils allaient s'armer en leur logis, il fit comparaître la reine devant lui. Hélas ! quand il la vit pleurant, vêtue de soie rouge, et si belle et avenante qu'on n'en eût pas trouvé la pareille au monde, il pensa pâmer tant son cœur se serra ! Pourtant, il ordonna de la conduire au bûcher dont la flamme déjà se voyait du palais. Et sachez que, dans toute la cité, les bourgeois et le menu peuple lamentaient à cette heure si hautement qu'on n'eût pas entendu Dieu tonner : il n'était homme ni femme qui ne pleurât comme si c'eût été sa propre mère qu'on dût brûler.

Or, au moment que la reine approchait du bûcher ardent, l'on vit soudain s'émietter les derniers rangs de la foule du côté de la forêt ; les gens couraient à toutes jambes, criant : "Fuyez ! fuyez ! voici messire Lancelot qui vient au secours de madame !" Et, en effet, une troupe de chevaliers arrivaient à toute bride par la plaine, heaumes lacés, lances sur feutre ; et Lancelot galopait en tête, sur un haut destrier pie, plus allant que cerf de lande.

– Ha, traître cœur, cria-t-il à Agravain du plus loin qu'il put, voici votre mort !

Ce disant, il lui courut sus, la lance allongée, et il appuya si rudement son coup que le fer traversa l'écu, le bras, le haubert, le corps et parut outre l'échine, en sorte que le félon tomba mort. Dans le même temps, Hector heurtait Guerrehès ; il lui mit sa lance roide dans la poitrine et l'autre n'eut que faire d'un médecin. Voyant ainsi périr ses frères, Gaheriet, de courroux, abattit deux chevaliers ; mais Lionel l'abordant par le travers, lui fit voler son heaume du chef, et Lancelot qui passait, fracassant tout, échauffé de colère au point qu'il ne reconnaissait personne, lui fendit d'un seul coup la tête jusques aux dents. Bref, le lignage du roi Ban et du roi Bohor fit ce jour-là tant d'armes qu'au bout de peu d'instants il ne demeura plus en vie, de leurs ennemis, que Mordret et dix chevaliers, lesquels tournèrent bride. Et sitôt qu'il les vit fuir, Lancelot arrêta de frapper comme la flamme cesse de brûler quand tout est consumé : il fit monter la reine sur un palefroi et, avec ce qui restait des siens, il fut se jeter dans un fort château qu'il avait conquis au temps qu'il était encore chevalier nouveau, et qui avait nom la Joyeuse Garde, comme il est dit au livre qui devise de ses premières amours.

Mais le conte revient maintenant au roi Arthur.

XIX

Le roi se tenait dans la salle, assis auprès d'une fenêtre, la tête basse, lorsque Mordret entra tout essoufflé, suivi de quelques chevaliers, et s'écria :

– Sire, nos affaires vont mal. Sachez que, de tous ceux qui menèrent madame au bûcher, il ne reste que moi et ceux-ci. Lancelot a ravi la reine et il s'est jeté dans la forêt de Camaaloth après nous avoir déconfits.

Sur-le-champ, le roi cria à ceux qui étaient là de prendre leurs armes et se fit apporter les siennes. Mais le roi Carados Biébras, qui était vieux et sage, le conseilla.

– Sire, Lancelot et sa parenté sont à présent trop loin pour que nous puissions les atteindre, et ils sont si forts et hardis que peut-être ne les pourrions-nous vaincre, peu nombreux comme nous voilà. Envoyez plutôt des messagers dans tous les ports du royaume de Logres, qui défendront aux mariniers de passer Lancelot outre la mer ; après quoi vous marcherez contre lui avec de grandes forces et vous pourrez vous venger.

Le roi approuva et fit partir les messagers, puis il se rendit au champ où s'était élevé le bûcher et faite la bataille.

Or, d'abord qu'il y entra, il aperçut son neveu Agravain qui gisait, le corps troué, et à cette vue il tomba de son cheval à terre, tout pâmé.

– Ha, beau neveu, s'écria-t-il quand il eut retrouvé son haleine, comme il vous haïssait celui qui de sa lance vous a ainsi féru !

Il commanda à ses gens d'emporter Agravain ; puis, tout pleurant, il se reprit à chercher les corps de ses amis charnels. Lorsqu'il découvrit celui de Guerrehès, il frappa ses paumes l'une contre l'autre, criant qu'il avait assez vécu puisqu'il voyait ainsi occis les meilleurs de son lignage. Il ôta au mort son heaume, et, après l'avoir longtemps regardé, il lui baisa les yeux et la bouche, qui était glacée. Et, comme il se relevait, il aperçut Gaheriet.

De ses neveux, c'était celui-là qu'il avait toujours le mieux aimé hormis monseigneur Gauvain, et il le vit gisant tout froid. Il courut à lui, le prit dans ses bras, le serra si étroitement qu'il l'eût tué, s'il eût été encore en vie : certes, il n'est douleur qu'on puisse éprouver d'autrui qu'à ce moment le roi ne sentit ! Si bien qu'il pâma de nouveau et demeura plus de temps évanoui qu'il n'en faut pour faire une demi-lieue à pied.

– Ha, mort, dit-il enfin, si vous tardez encore à m'emporter, je vous tiendrai pour trop lente et vilaine ! Ha, Gaheriet, beau neveu, c'est pour mon malheur que fut forgée la bonne épée qui vous a navré ! Périsse celui qui vous en a féru, honnissant moi et mon lignage !

Ce disant, il accolait et baisait le corps sanglant ; et sachez qu'il n'était personne qui ne s'émerveillât de son deuil, bien que chacun eût grand chagrin, car tout le monde aimait Gaheriet de bon amour.

Cependant, messire Gauvain était sorti de son logis. Les premiers qu'il rencontra dans la rue lui dirent en pleurant :

– Ha, messire Gauvain, si vous voulez connaître votre grande douleur, allez au champ, là-bas !

Il crut qu'ils plaignaient la mort de la reine, et, sans leur répondre, il continua de marcher, la tête basse. Mais chacun répétait autour de lui :

– Allez, messire Gauvain, allez voir votre grande douleur !

Et il était de plus en plus troublé, mais il n'en faisait pas semblant. Enfin il entra dans le champ et d'abord aperçut le roi qui serrait sur sa poitrine le corps ensanglanté de Gaheriet et qui lui cria :

– Gauvain, Gauvain, voyez votre deuil et le mien !

Ainsi reconnut-il son frère, et ses jambes fléchirent, le cœur lui manqua, il tomba comme mort, tandis que les compagnons du roi s'assemblaient autour de lui en déplorant le jour qui amenait de toutes parts de si grands dommages. Longtemps il demeura de la sorte ; enfin il se releva, courut à Gaheriet, l'étreignit, et du baiser qu'il lui donna sentit tant de douleur, qu'il retomba, évanoui, sur le mort.

Et, quand il revint de pâmoison, il s'assit à côté du corps et dit :

– Ha, beau doux frère, comme il fallait qu'il vous haït, celui qui vous a si rudement navré ! Maudit soit le bras qui vous frappa, honnissant moi et ma parenté ! Bel ami, si doux et débonnaire, pilier de tout notre lignage, qui passiez en chevalerie tous vos pairs, comment la fortune a-t-elle pu souffrir votre chute si laide et si vilaine ? Certes, je ne souhaite pas tant de vivre que de vous venger du déloyal, du félon qui vous a fait une telle cruauté !

Messire Gauvain avait le cœur serré au point qu'il n'en put dire davantage ; mais quand, en levant les yeux, il reconnut Guerrehès et Agravain qu'on apportait sur leurs écus :

– Hélas ! j'ai trop vécu, s'écria-t-il encore, puisqu'il me faut voir mes frères occis à si grand martyre !

Ce disant, il alla à eux et, en les embrassant, il pâma menu et souvent, tellement qu'enfin les barons eurent grand'peur de le voir expirer sous leurs yeux.

– Sire, dirent-ils au roi Arthur, nous sommes d'avis qu'on l'emporte d'ici et qu'on le couche dans quelque chambre, loin de toutes gens, jusqu'à ce que ses frères soient enterrés, car il mourra de douleur sans faute, s'il demeure auprès d'eux.

Ainsi fut fait ; et, de toute la nuit, messire Gauvain ne sonna mot : à peine avait-il encore son haleine. Cependant, on faisait des cercueils et l'on préparait des tombes telles qu'il convient qu'en aient des fils de roi ; et au matin Agravain, Guerrehès et Gaheriet furent ensevelis à Saint-Étienne, qui était l'église maîtresse de Camaaloth.

XX

Après l'enterrement, le roi retourna au palais et s'assit dans la salle au milieu des barons. Tous les archevêques, les évêques et les hauts hommes étaient venus, mais, à voir le roi Arthur morne et pensif comme il était, chacun se tenait coi, si bien qu'on eût pu croire que le palais était vide.

– Quand un homme a perdu sa terre par force et trahison, dit enfin le roi, il peut souvent la recouvrer ; mais la perte d'un ami charnel est sans recours. Beaux seigneurs, le dommage qui m'est advenu ne peut être réparé en aucune manière, et je ne le dois pas à la justice de Notre Seigneur, mais au grand orgueil de celui que j'avais élevé aussi haut que s'il eût été de mon sang. Vous qui êtes mes hommes et qui tenez vos terres de moi, conseillez-moi quelque moyen de venger ma honte.

Les barons se regardèrent, s'encourageant l'un l'autre à parler. Enfin le roi Yon se leva.

– Sire, notre honneur aussi veut que votre honte soit vengée. Mais qui regarderait au bien du royaume, je ne crois pas qu'il ferait la guerre au lignage du roi Ban de Benoïc et du roi Bohor de Gannes, tant Lancelot et les siens sont puissants à cette heure par leurs terres et leurs hommes. C'est pourquoi je vous prie au nom de Dieu, sire roi, de ne point les attaquer si vous n'êtes tout à fait sûr de les vaincre, ce qui sera très difficile.

Il se fit des rumeurs : beaucoup blâmaient le roi Yon et disaient qu'il avait parlé par couardise.

– Sire, lui dit Mordret, jamais nous n'entendîmes un prud'homme donner un aussi mauvais conseil que le vôtre. Si le roi m'en croit, il vous emmènera guerroyer contre Lancelot avec lui, que vous le veuillez ou non.

– Mordret, Mordret, répondit le roi Yon, j'irai plus volontiers que vous n'irez vous-même ! Mais sachez tous, seigneurs, que si Lancelot et sa gent peuvent regagner leur pays, ils vous redouteront moins que vous ne croyez.

Mador de la Porte prit la parole.

– Si vous voulez commencer la guerre, sire, vous n'aurez pas à chercher Lancelot bien loin, car j'ai appris qu'il s'est retiré à la Joyeuse Garde. La reine s'y trouve avec lui. Mais le château est si fort et si bien garni qu'il ne craint nul siège.

– Par ma foi ! répondit le roi, vous avez raison de dire que le château est de grand orgueil, et je le connais bien. Mais, depuis que je porte couronne, jamais je n'ai entrepris une guerre sans en venir à bonne fin avec l'aide de Dieu et de mon lignage. Dans quinze jours je partirai donc de Camaaloth, et je veux que vous tous, qui êtes ici, me juriez sur les saints de m'aider selon votre pouvoir jusqu'à temps que notre honte soit vengée pour l'honneur du royaume.

Les reliques apportées, chacun fit serment, les pauvres comme les riches. Et le roi envoya des messagers par toute la Bretagne pour avertir ceux qui n'étaient pas là de se rendre à Camaaloth au jour désigné. De son côté Lancelot manda aux chevaliers des royaumes de Gannes et de Benoïc de se tenir prêts dans leurs châteaux, afin qu'il y pût trouver asile s'il quittait la Grande Bretagne et passait en Gaule ; puis il demanda aide à Galehaudin, le neveu de Galehaut, et il lui vint tant de barons de Sorelois et des Iles lointaines, qu'eût-il été roi couronné, il n'eût point eu plus de chevalerie à la Joyeuse Garde. Et ainsi fut entreprise la guerre qui tourna si mal.

XXI

La veille du jour choisi pour le départ, quand les barons furent assemblés à Camaaloth, le roi, sur le conseil de monseigneur Gauvain, manda ses plus hauts hommes et leur dit de nommer soixante-douze chevaliers pour remplacer les compagnons de la Table ronde qui avaient été tués durant la quête du Graal et le jour de la délivrance de la reine, ou qui étaient partis en compagnie de Lancelot. Et nul des nouveaux élus n'osa s'asseoir au siège de Galaad ; mais sur celui de Lancelot prit place Hélian d'Irlande, qui était l'un des chevaliers les plus renommés de son pays ; à celui de Lionel, Bellinor, fils du roi de la Terre foraine ; enfin, à celui d'Hector, un chevalier écossais, puissant d'armes et d'amis, fort de corps à merveille et extrait d'un haut lignage, mais cruel, félon et querelleur, nommé Vadahan le noir. Ce jour-là même, les soixante-douze compagnons nouveaux mangèrent avec le roi Arthur à la Table ronde. Et le lendemain, après avoir ouï la messe à Saint-Étienne, le roi et son armée partirent de Camaaloth et vinrent dresser leurs pavillons, leurs tentes et leurs cabanes au bord de la rivière de l'Ombre, à quelques traits d'arc de la Joyeuse Garde.

XXII

Or, ceux du château avaient envoyé, dès la nuit précédente, partie de leurs gens se cacher dans un bois, sous la conduite de Lionel et d'Hector, afin de surprendre à revers l'armée du roi ; et le signal devait être une enseigne vermeille dressée sur la muraille ; mais les chevaliers embusqués l'attendirent vainement tout le jour, car Lancelot ne pouvait se résoudre à le donner.

Quand il vit son château assiégé par l'homme du monde qu'il avait le plus aimé, qui lui avait fait le plus d'honneur, et qui était à présent son mortel ennemi, il se sentit plus dolent qu'on ne saurait croire. Il appela une pucelle.

– Demoiselle, allez au roi Arthur et dites-lui que je m'étonne qu'il ait commencé une telle guerre contre moi. Si d'aucuns lui ont rapporté que je lui ai fait honte avec madame la reine, je suis prêt à prouver par mon corps et mes armes contre deux de ses meilleurs chevaliers que je ne suis pas coupable. Et si c'est à cause de la mort de ses neveux qu'il me guerroie, dites-lui que ceux-là qui furent occis ont eux-mêmes causé leur trépas. Qu'il sache que je suis plus affligé de notre discorde qu'on ne le pourrait penser, et que certes j'aiderai les miens et combattrai les siens de tout mon pouvoir, mais que je le tiens lui-même pour mon seigneur et mon ami, encore qu'il me traite en ennemi mortel.

La demoiselle sortit du château et vint faire au roi son message. Mais, à peine eut-elle redit les paroles de Lancelot, messire Gauvain s'écria :

– Sire, sire, vous seriez honni et votre lignage rabaissé, si vous accordiez la paix à Lancelot après le grand dommage qu'il vous a causé !

– Gauvain, quoi qu'il fasse, Lancelot n'aura jamais la paix de moi ! Dites-lui, demoiselle, que je lui ferai la guerre tant que je vivrai.

– Sire, reprit la pucelle, les sages devins qu'on a connus de notre temps ont prédit que la parenté du roi Ban vaincrait tous ses ennemis. Mais, puisque je ne reçois de vous que des paroles de guerre et de haine, il me faut revenir vers mon seigneur et lui apprendre ce que vous lui mandez.

Et la pucelle retourna à la Joyeuse Garde, où elle conta à Lancelot ce qu'elle avait entendu. C'est pourquoi, le lendemain, au matin, l'enseigne vermeille flotta sur la maîtresse tour du château.

XXIII

Sitôt qu'ils l'aperçurent, Lionel, Hector et leurs gens sortirent du bois aussi doucement qu'ils purent. Mais leurs chevaux toutefois firent quelque bruit, et plusieurs chevaliers du roi Arthur de crier : "Aux armes !" Se voyant ainsi découverts, ils brochèrent des éperons et commencèrent d'abattre les tentes et les pavillons et de tuer tout ce qu'ils rencontraient.

Quand il entendit les cris et la huée, le roi demanda ses armes en toute hâte ; certes il fit bien, car, à peine avait-il monté à cheval, on vit choir son pavillon et le dragon qui en surmontait le mât mordit la poussière. Bientôt les tentes voisines furent également renversées ; c'était Hector qui faisait ce dégât, espérant de surprendre le roi. Mais messire Gauvain lui vint à l'encontre par le travers : il le heurta en plein heaume, et si rudement que l'autre dut embrasser le cou de son destrier pour ne pas tomber, puis s'incliner jusqu'à l'arçon quand messire Gauvain l'eut à nouveau frappé ; et peut-être eût-il péri, si Lionel, qui aimait son cousin de grand amour, n'eût couru sus au neveu du roi ; il lui assena un coup très pesant : son épée entra dans le heaume de deux doigts, et messire Gauvain, tout étourdi, fut emporté par son cheval.

Merveilleuse fut la bataille devant la tente du roi Arthur : vous eussiez pu voir ceux de Logres trébucher comme des moutons à l'abattoir ! Pourtant les gens de Lionel et d'Hector, peu nombreux et qui s'étaient trop hardiment jetés au milieu du camp, eussent été détruits, si Lancelot ne fût sorti du château avec les siens. Bientôt il y eut tant d'hommes occis de part et d'autre que le cœur le plus dur s'en fût ému de pitié : la terre était rouge de sang. Et Bellinor fut tué par Lionel et Vadahan le noir par Hector. Mais celui qui fit le plus d'armes, ce jour-là, ce fut messire Gauvain : il était si dolent de la mort de ses frères, qu'il occit trente chevaliers de sa main. Jusqu'au soir son épée vola plus vite que le faucon sur sa proie et devant lui les rangs fondaient comme cire. Mais, quand la nuit tomba, les gens de Lancelot rentrèrent au château et les hommes du roi Arthur dans leur camp ; toutefois, une partie de ceux-ci durent faire le guet toute la nuit, car on craignait une sortie des chevaliers de la Joyeuse Garde.

XXIV

Après le souper, Lancelot parla à ses compagnons.

– Seigneurs, ceux de Logres ne peuvent guère se réjouir, car, bien qu'ils soient plus nombreux, ils n'ont, Dieu merci, rien gagné sur nous. Je souhaite que nous sortions demain encore et les attaquions. Mais, s'il vous est avis que mieux vaut rester dans le château, je ferai votre volonté.

Tous s'accordèrent à dire qu'ils préféraient le travail au repos. C'est pourquoi, avant même que le soleil eût pris vie, ils s'armèrent et descendirent dans la plaine en bon ordre, où les gens du roi avancèrent à leur rencontre.

Hector d'une part et de l'autre messire Gauvain conduisaient les deux premières échelles. Dès qu'ils s'entr'aperçurent, ils ne perdirent pas leur temps à se faire des menaces : vous les eussiez vus mettre leurs écus peints et vernis devant leur poitrine, brocher rudement des éperons et laisser courre, leurs grosses lances allongées ; et chacun d'eux appuya si bien son coup qu'ils n'eurent ni poitrail, ni sangle, ni arçon d'arrière assez fort pour ne pas rompre : ils volèrent à terre où ils demeurèrent gisants, faisant la nuit du jour. Aussitôt les chevaliers du château d'accourir : sans doute eussent-ils enlevé monseigneur Gauvain, si ceux de Logres ne fussent venus à la rescousse. Et la mêlée dura dans les prés, au bord de la rivière de l'Ombre, depuis l'aube jusqu'à la nuit : sachez qu'au soir il n'était plus une seule armure entière.

Ce jour-là, le roi Arthur porta les armes, et certes aucun homme de son âge n'eût fait les prouesses qu'il accomplit, car il avait bien alors soixante et quinze ans. Vers l'heure de none, il rencontra Lancelot et lui courut sus aussitôt, l'épée haute. Lancelot ne voulut pas frapper : il se contenta de se couvrir de son écu, de façon que le coup glissa et tomba sur l'échine de son cheval qui en fut occis. Mais Hector, courroucé de voir son frère à terre, s'élança et, d'un premier coup de taille sur le heaume, il étourdit le roi, puis d'un second le fit choir de son destrier ; après quoi il cria à Lancelot :

– Sire, coupez-lui la tête. Voilà notre guerre finie !

– Que dites-vous, Hector ? Il m'a fait si souvent bien et honneur que je le protégerai de tout mon pouvoir.

Et comme son écuyer lui amenait un destrier, il le présenta au roi.

– Sire, dit-il, vous m'avez souvent donné de beaux chevaux. Montez, s'il vous plaît, celui-ci, et gardez-vous mieux une autre fois.

Grâce à quoi le roi s'en fut sain et sauf, songeant en son cœur que Lancelot venait de passer en courtoisie tous les chevaliers présents et à venir. Néanmoins la bataille recommença le lendemain.

Et ainsi dura le siège de la Joyeuse Garde pendant deux mois et plus.

XXV

Au bout de ce temps, l'apostole de Rome apprit que le roi Arthur avait quitté sa femme et qu'il se proposait de la faire mourir, bien qu'il ne l'eût pas prise sur le fait. Aussi manda-t-il aux évêques et archevêques d'interdire et excommunier la terre de Logres jusqu'à temps que le roi eût repris la reine Guenièvre et se fût résolu à la traiter comme un mari doit faire avec sa prude femme et épouse. Et quand il sut ce mandement, le roi fut d'autant plus dolent qu'il aimait encore la reine : c'est pourquoi il déclara devant tous ses barons qu'il ferait très volontiers sa paix avec elle pour obéir au pape. Et sur-le-champ l'évêque de Rochester monta sur son palefroi et s'en fut parlementer.

– Dame, dame, dit-il à la reine Guenièvre lorsqu'on l'eut conduit devant elle, il faut que vous retourniez à votre seigneur : notre père le pape le commande. Le roi jurera devant sa cour de vous traiter comme sa prude femme.

Mais la reine lui demanda un délai pour répondre ; et, ayant appelé Lancelot, Hector et Lionel, elle leur répéta ce que l'évêque avait dit. C'est alors que vous auriez pu voir Lancelot du Lac baisser la tête !

– Dame, dit-il enfin, si je faisais ce que mon cœur désire, je vous supplierais de rester céans. Mais, pour ce que je préfère votre honneur à mon amour, je vous conseille de mander au roi que vous retournerez auprès de lui demain. Hélas ! si vous n'acceptiez l'offre qu'il vous a faite, tout le monde parlerait de votre honte et de ma déloyauté !

Là-dessus, il se mit à pleurer, et sa dame de même, et aussi Hector et Lionel. Enfin la reine s'essuya les yeux et vint dire à l'évêque qu'elle consentirait à retourner auprès du roi son Seigneur, pourvu qu'il promît de laisser Lancelot gagner la Gaule sans lui faire tort d'un denier. Ce que le roi octroya de bonne grâce, dès que l'évêque le lui eut demandé.

"Par Dieu, songeait-il, si Lancelot aimait la reine de fol amour comme on a voulu me le faire accroire, il ne la laisserait point partir de la sorte, car je vois bien qu'il pourrait continuer la guerre pendant des mois encore et que son château ne craint guère l'assaut !"

Cette nuit-là, à la Joyeuse Garde, il n'y eut cœur si dur qui ne se fût ému à voir le merveilleux deuil que menèrent Lancelot du Lac et sa parenté. Et quand l'aube parut par la volonté de Dieu, Lancelot rendit à la reine qu'il ne devait plus voir, comme ce conte le dira, l'anneau qu'elle lui avait donné lorsqu'il s'était pour la première fois accordé avec elle, et il la pria de le porter pour l'amour de lui. Après quoi, suivi des siens, tous aussi richement vêtus qu'ils avaient pu et montés sur des chevaux couverts de soie, il reconduisit sa dame au roi.

XXVI

Or, dit le conte, le roi Arthur attendait hors de sa tente. En voyant son seigneur, Lancelot mit pied à terre, prit le palefroi de sa dame par le frein et dit :

– Sire, voici madame la reine. Ne l'eussé-je pas secourue, elle serait morte, à cette heure. Et sachez que, si je l'aimais de fol amour comme certains déloyaux vous l'ont fait entendre, je ne vous la rendrais point, car ce château est si fort qu'il ne redoute rien, et nous y avons des vivres pour deux ans.

– De ce que vous faites, je vous sais gré, répondit le roi tout pensif.

Mais messire Gauvain avança d'un pas.

– Lancelot, le roi vous sait gré de ce que vous avez fait pour lui. Mais il vous requiert de vider la terre de Logres et de n'y plus rentrer de son vivant.

– Sire, est-ce là votre commandement ?

– Allez-vous-en dans votre terre, Lancelot : quand vous avez occis Agravain, Guerrehès et Gaheriet, qui étaient mes charnels amis, vous m'avez fait payer vos services à trop haut prix.

– Et quand je serai outre mer, sire, que me faudra-t-il attendre de vous : paix ou guerre ?

– Assurez-vous, dit encore messire Gauvain, que le roi vous fera la guerre, et de tout son pouvoir, jusqu'à temps que mon frère Gaheriet soit vengé par votre mort. Et sachez que je gagerais le monde que vous perdrez sous peu la tête et la vie !

– Messire Gauvain, s'écria Hector, laissez là les menaces : Lancelot du Lac ne vous craint guère ! Si vous mettez les pieds dans la Petite Bretagne, vous serez plus en danger que lui de perdre la tête. Prétendez-vous que vos frères ont été occis déloyalement ? Je suis prêt à prouver que ce n'est pas la vérité : qu'on nous mette en champ clos corps à corps ! Ainsi la guerre sera évitée et beaucoup de chevaliers garderont la vie, qui l'auraient perdue.

Messire Gauvain tendit son gage aussitôt, et Hector d'offrir le sien ; mais le roi ne voulut point les recevoir, disant qu'on aurait bientôt l'occasion de voir quel était le plus preux, lorsqu'il ferait la guerre à Lancelot. Ce qu'entendant, celui-ci s'écria :

– Certes, vous ne seriez pas en état de me la faire, cette guerre, si je vous avais nui autant que je vous ai aidé le jour que Galehaut, sire des Iles lointaines, devint votre homme lige ! Et sachez que je ne dis pas cela par crainte que j'aie de vous, car, lorsque nous aurons mandé nos hommes et nos amis et garni nos forts châteaux, vous ne gagnerez contre nous ni peu ni prou.

"Quant à vous, messire Gauvain, vous devriez vous souvenir du jour où je vous délivrai de la Tour Douloureuse : vous y étiez en grand péril de mort, prisonnier de Karadoc le grand !

– Lancelot, répondit messire Gauvain, ce que vous fîtes jadis pour le roi et pour moi, vous nous l'avez vendu trop cher quand vous nous avez privés de ceux que nous aimions le plus. Et sachez qu'à cause de cela il n'y aura pas de paix entre vous et moi, tant que je vivrai.

Alors Lancelot remonta sur son cheval et, suivi des siens, il regagna son château.

Dès qu'il y fut de retour, il appela un sien écuyer.

– Beau doux ami, lui dit-il tristement, prends mon écu et va-t'en à Camaaloth : tu le suspendras dans l'église de monseigneur Saint Étienne le Martyr, afin que ceux qui le verront se souviennent de moi. Car c'est dans cette cité que j'ai reçu l'ordre de chevalerie, et je ne sais pourtant si j'y reviendrai jamais.

Toute la nuit, il mena grand deuil. Mais, le lendemain, il partit avec sa maison, et ils chevauchèrent tant qu'ils arrivèrent au rivage de la mer. Et quand la nef qui les emportait s'éloigna, vous l'eussiez vu changer de couleur et pousser de grands et merveilleux soupirs, tandis que l'eau du cœur lui coulait des yeux.

– Ha, murmurait-il, douce terre, délectable, débonnaire, joyeuse, plantureuse, bénie sois-tu de la bouche de Jésus-Christ, car mon âme et ma vie demeurent sur toi !

Poussée par le vent, la nef parvint heureusement dans la Petite Bretagne. Et là, le jour de la Toussaint, Lionel fut couronné roi de Gannes et Hector, le même jour, roi de Benoïc par le commandement de Lancelot qui lui céda son héritage. Tous trois employèrent l'hiver à mettre en état les forts châteaux et à les garnir de vivres.

Mais le conte maintenant retourne au roi Arthur.

XXVII

Chaque jour, messire Gauvain l'excitait contre Lancelot, si bien qu'il jura de détruire les forteresses de Benoïc et de Gannes, de manière qu'il n'en restât pierre sur pierre. Après Pâques, lorsque la froidure fut passée, il remit à Mordret le royaume de Logres en baillie : ah ! quelle folie il fit là ! Sachez qu'il fit jurer à tous ses hommes d'obéir à Mordret comme à lui-même et de faire ce qu'il leur commanderait ; puis il chargea son neveu de lui envoyer l'or et l'argent dont il aurait besoin quand il serait en Gaule, et il lui remit les clés de son trésor, à ce déloyal !

Enfin il lui confia sa femme épousée en lui recommandant de la garder comme son propre corps. Et certes la reine Guenièvre fut bien dolente de cela.

– Sire, dit-elle à son seigneur quand elle le vit au point de monter dans sa nef, Dieu vous conduise et vous ramène ! Mais mon cœur me dit que nous ne nous reverrons plus.

– Dame, répliqua le roi, il en sera ce qu'il plaira à Notre Seigneur. À vous chagriner, vous ne pourriez rien gagner.

Là-dessus, les maîtres mariniers firent tendre les voiles, que la brise frappa, et les nefs gaillardes gagnèrent la haute mer. Or, les vents furent si bons, si forts et si favorables qu'elles atteignirent saines et sauves le rivage de la Gaule, où les chevaliers débarquèrent après avoir remercié Dieu.

Puis, tandis que les valets mettaient à terre les harnais et les chevaux et dressaient les tentes, le roi tint conseil avec ses barons.

– Sire, dit messire Gauvain, allons droit à la cité de Gannes où le roi Hector et le roi Lionel demeurent avec Lancelot.

– Par Dieu, messire Gauvain, c'est folie ! fit le roi Carados Biébras. Il nous faut auparavant détruire les forts châteaux de ce pays, que Lancelot a fait nouvellement réparer et qui sont très bien garnis.

– Lancelot et ses hommes n'oseront pas sortir de leurs forteresses, répondit messire Gauvain.

– Allons donc assiéger Gannes, puisque vous le voulez, dit le roi.

XXVIII

Or, quand Lancelot et ses gens apprirent que le roi Arthur approchait de la cité avec son armée, ils résolurent de l'attaquer avant qu'il se fût retranché. Et le lendemain, à l'heure de prime, les chevaliers s'assemblèrent devant le palais, dans la rue, où Lionel et Hector, les deux rois cousins, ordonnèrent les batailles. Cela fait, ceux de la ville sortirent, et l'armée du roi Arthur fondit sur eux : et ainsi la mêlée commença, dure et plénière.

D'abord qu'il aperçut Lancelot, messire Gauvain s'assura en selle, et sachez qu'il appuyait de telle sorte sur ses étriers qu'il en pensa rompre les étrivières. Tous deux se heurtèrent avec le fracas du tonnerre de Dieu et ils se portèrent l'un l'autre à terre ; mais messire Gauvain tomba si lourdement qu'il pensa se briser le bras. Quant à Lancelot, remonté sur son destrier, il plongea dans la mêlée, où il se mit à frapper à grands coups, si vivement, que son épée battait comme une aile d'oiseau, et il occit d'abord Hélian d'Irlande qui avait pris sa place à la Table ronde. Lionel, Hector et lui semblaient être partout, leurs épées brillaient comme le flambeau du ciel et à les voir leurs gens se trouvaient aussi réconfortés que leurs ennemis confondus ; bref, ceux du dehors eussent beaucoup perdu ce jour-là, n'eût été le roi Arthur qui faisait merveille à défendre sa gent et pourfendait ceux qui voulaient l'arrêter comme s'ils n'eussent eu d'autre armure que leur faible peau. Et, la nuit venue, les chevaliers de Gannes, qui étaient moins nombreux, rompirent la mêlée et se retirèrent dans la cité.

Toutefois, la grande et merveilleuse bataille recommença le lendemain, et, durant deux mois et plus, les deux armées combattirent quatre fois par semaine : ainsi périrent maints prud'hommes et bons chevaliers. Mais, au bout de ce temps, le roi demanda une trêve de huit jours, car il commençait à penser qu'il ne tirerait pas de ce siège grand honneur.

– Gauvain, Gauvain, dit-il à son neveu, je crains que vous ne m'ayez fait entreprendre une chose où nous avons plus à perdre qu'à gagner, tant Lancelot et ses parents sont preux aux armes !

Messire Gauvain s'agenouilla et répondit seulement :

– Sire, pour Dieu, octroyez-moi un don !

Le roi le lui accorda volontiers et le fit lever en le prenant par la main.

– Sire, vous m'avez donné que j'appellerai Lancelot de trahison : s'il ose soutenir qu'il n'a pas occis mes frères par traîtrise, je prouverai contre son corps qu'il l'a fait et, si je le puis outrer, je n'en demanderai pas davantage, ni vous ; mais, si je suis vaincu, vous lui ferez une bonne paix à toujours, ainsi qu'à son lignage.

À ces mots, le roi sentit ses larmes couler : il eût donné de grand cœur ses meilleures cités pour que son neveu n'entreprît pas une telle bataille ! Mais déjà messire Gauvain avait mandé l'un de ses écuyers et le chargeait du message pour Lancelot.

– Sire, dit le valet en pleurant, je ne ferai point ce message, s'il plaît à Dieu ! Désirez-vous si fort d'aller à la mort ? Ayez pitié de vous-même : vous n'êtes pas jeune et vous avez fait assez d'armes durant votre vie !

Mais messire Gauvain lui répondit que de telles paroles ne servaient de rien et le valet dut obéir à son seigneur. Au matin, il se présenta donc devant la ville et il fut conduit à Lancelot qui, l'ayant écouté, commença de mener grand deuil à son tour.

– Ha, bel ami, dit-il au valet, je n'aurais pas voulu combattre monseigneur Gauvain que je tiens pour très prud'homme et qui m'a toujours fait si bonne compagnie depuis que je suis chevalier ! Mais comment ne pas répondre, quand il m'appelle de trahison qui est la plus vile chose du monde ? Plutôt que lui, je choisirais de rencontrer les deux plus preux compagnons de la Table ronde !... Allez, et dites à monseigneur le roi que je voudrais lui parler.

Le valet fit diligence, et, dès que le roi connut la réponse de Lancelot, il manda monseigneur Gauvain, le roi Carados et le roi Yon ; tous quatre s'avancèrent désarmés vers la porte de la cité. Lancelot s'empressa de sortir à leur rencontre avec les deux cousins rois, et il mit pied à terre le premier et salua le roi Arthur ; mais celui-ci ne lui rendit pas son salut, pensant que, s'il le faisait, son neveu s'en chagrinerait. Et en effet messire Gauvain se hâta de parler pour lui :

– Lancelot, messire le roi, mon oncle, est venu vous garantir que, si vous m'outrez dans notre combat, il laissera le siège et regagnera le royaume de Logres.

– Messire Gauvain, dit Lancelot, si vous vouliez, nous renoncerions à cette bataille, quoique, après votre appel de trahison, je ne puisse la laisser sans honte. Et sachez bien que je ne parle point par couardise, car, armé et monté sur mon destrier, je saurais, s'il plaisait à Dieu, défendre mon corps contre le vôtre. Mais je souhaite si fort d'avoir la paix avec vous que, pour cela, je vous ferais volontiers hommage avec toute ma parenté, hormis seulement mon frère et mon cousin, qui sont rois ; je partirais demain de Gannes, nu-pieds, en chemise, et je resterais en exil dix ans au besoin, tout seul ; et je vous pardonnerais ma mort, si elle advenait durant ce temps, pourvu seulement qu'à mon retour j'eusse votre compagnie et celle de monseigneur le roi comme je les avais naguère. Et je vous jure par tous les saints que je n'ai pas occis de sang-froid Gaheriet, votre frère, et que sa mort m'a fait grand deuil.

Lorsqu'ils entendirent Lancelot parler ainsi, tous ceux qui étaient là sentirent l'eau du cœur leur monter aux yeux.

– Gauvain, dit le roi, beau neveu, faites ce dont Lancelot vous prie, car jamais un prud'homme n'en offrit autant à un autre pour se racheter !

– Les prières n'ont ici que faire, répondit messire Gauvain : j'aimerais mieux d'avoir le cœur arraché de la poitrine que de renoncer à ma bataille. Soit ma mort, soit ma vie ! J'ai si grande douleur du trépas de Gaheriet, qu'il m'est plus doux de mourir que de vivre sans l'avoir vengé. Et il tendit son gage.

Mais le conte laisse maintenant ce propos pour deviser de Mordret.

XXIX

Aussitôt que le roi Arthur fut parti et qu'il se vit sire de la terre de Logres, il commença de tenir de grandes cours et de faire de riches dons, si bien qu'il conquit en peu de temps les cœurs des plus hauts hommes. Alors il fit écrire de fausses lettres, scellées d'un sceau semblable à celui du roi Arthur, qui furent portées par son ordre à la reine ; et celle-ci les bailla à un évêque d'Écosse qui était assis auprès d'elle, pour qu'il en donnât lecture devant toute la cour. Or, les lettres contenaient ce qui suit :

Je, Arthur, roi de Logres, à tous mes hommes, salut !

Comme j'ai été blessé à mort par Lancelot du Lac et mes gens occis et défaits, il me prend pitié de vous à cause de l'amour et de la loyauté que vous m'avez toujours montrés. C'est pourquoi je vous prie, pour votre bien et pour la paix de mes royaumes et terres, d'élire roi Mordret que je tenais pour mon neveu, mais qui ne l'était pas. Et je vous requiers aussi, par les serments que vous m'avez faits, de lui donner la reine pour femme : sinon un grand dommage vous arrivera, car, si elle n'est pas mariée, Lancelot viendra vous la prendre de force, et c'est la chose sur toutes dont mon âme serait dolente.

Quand l'évêque eut achevé, Mordret fit semblant de pâmer de douleur et se laissa tomber dans les bras d'un chevalier. Mais la reine, qui croyait que la lettre était vraie, se mit à pleurer et à pousser des plaintes si merveilleuses qu'il ne fut personne qui n'eût pitié d'elle. Et lorsque la nouvelle courut par le palais et la cité, tous, pauvres et riches, commencèrent de mener grand deuil ; jour et nuit, durant une semaine, il n'y eut personne qui ne pleurât : car le roi Arthur avait toujours été doux et débonnaire, et c'était le prince du monde le plus aimé du menu peuple.

Cependant, les barons tinrent conseil et ils trouvèrent que le mieux était de faire Mordret roi et de lui donner la reine Guenièvre pour femme. Aussi les envoyèrent-ils quérir tous deux ; et sachez que, quand elle entra dans la salle, ils se levèrent devant elle et la reçurent à grand amour ; puis celui qui était le mieux emparlé lui dit :

– Dame, notre sire le roi, qui était si prud'homme, est mort et trépassé du siècle et, comme ce royaume ne peut demeurer sans gouverneur, il nous faut élire un bon chevalier qui soit digne de le tenir et qui vous ait pour femme. Mais nous voulons savoir ce que vous pensez de cela.

La reine protesta qu'elle ne se souciait pas de prendre un baron et qu'elle quitterait plutôt le pays. À quoi ils répondirent que le royaume ne pouvait demeurer sans un seigneur qui fût capable de le défendre et qu'elle devait à toute force faire leur volonté et épouser Mordret qu'ils avaient choisi. Ah ! quand elle entendit ce nom, elle crut que son cœur allait la quitter ! Mais elle n'osa en faire semblant.

– Beaux seigneurs, dit-elle, accordez-moi quelque répit : dans huit jours, je vous donnerai ma réponse.

Et elle se retira dans ses chambres.

XXX

Là, elle commença par pleurer, s'égratigner le visage, se tordre les mains et gémir de tout son cœur. Puis elle réfléchit et envoya une de ses pucelles chercher Tarquin : c'était un valet que jadis le roi Claudas avait chargé de l'épier, comme le conte l'a rapporté en temps et lieu ; mais il était devenu son écuyer, puis le roi l'avait armé chevalier, et c'était maintenant l'un des hommes à qui elle se fiait le plus, avec raison. Lorsqu'il fut entré, elle fit sortir la pucelle et ferma la porte ; puis elle dit :

– Beau doux ami, les barons de ce royaume veulent me marier à Mordret, qui est, je vous le dis en vérité, le fils du roi Arthur, mon seigneur, et de la femme du roi Lot ; et, ne le fût-il pas, j'aimerais mieux d'être brûlée que d'épouser ce traître déloyal ! Aussi veux-je faire garnir la tour de Logres de chevaliers, de sergents, d'arbalétriers et de toutes sortes de vivres et d'armes ; et, si l'on me demande pourquoi, je dirai que c'est pour la fête prochaine. Puis je m'y enfermerai. Que pensez-vous de cela ?

– Dame, je vous trouverai la garnison. Toutefois, si vous m'en croyez, vous enverrez un messager en Gaule pour savoir si le roi est mort, car le cœur me dit qu'il ne l'est pas. Et si messire est trépassé, vous manderez à Lancelot qu'il vous vienne secourir : jamais Mordret n'osera l'attendre en bataille rangée.

Ainsi fut fait : la tour très bien garnie de vivres et d'hommes, tous preux et dévoués, la reine s'y retira ; et quand Mordret vint avec les barons, au jour dit, chercher sa réponse, elle fit lever le pont et lui cria par un créneau :

– Mordret, Mordret, c'est pour votre malheur que vous avez voulu m'avoir pour femme de bon gré ou non. Cette déloyauté vous mènera à la mort !

Aussitôt Mordret courroucé fit assaillir la tour de toutes parts par échelles et engins ; mais ceux du dedans se défendirent si roidement qu'il y eut bientôt plus de vingt morts dans les fossés, de façon que l'assaut cessa. Et ainsi en fut-il souvent durant deux mois.

Mais le conte laisse maintenant ce propos pour dire ce qui advint du combat de Lancelot du Lac et de monseigneur Gauvain.

XXXI

Au matin, Lancelot ne manqua pas de hauts hommes pour l'armer, et, quand il fut prêt, il monta sur un destrier fort et vif. couvert de fer jusqu'aux sabots. Tous les autres se mirent à cheval pour l'accompagner au pré, sous les murs, où devait avoir lieu la bataille ; après quoi ils se retirèrent dans les barbacanes de la cité : car il avait été convenu entre le roi Arthur et le roi Lionel que nul n'approcherait, quoi qu'il advînt.

À son tour, messire Gauvain arriva, convoyé par une foule de comtes et de barons ; mais autant la compagnie de Lancelot semblait joyeuse, autant la sienne paraissait morne. Le roi Arthur, tout dolent, le prit par la main et le mena dans le champ ; le roi Lionel, de même, conduisit Lancelot. Puis les deux rois s'en furent et, après s'être signés, les champions brochèrent des éperons et s'élancèrent de toute la vitesse de leurs destriers.

Le jour était beau et clair, et le soleil luisait sur leurs armes ; mais, quand ils se rencontrèrent, on crut ouïr le tonnerre : leurs lances éclatèrent au ras des poings, sautèrent en morceaux jusques au ciel, et ils se heurtèrent si rudement de leurs corps qu'ils manquèrent de se crever : vous les eussiez vus voler en l'air ! Alors les chevaux, déchargés de leurs seigneurs, s'enfuirent chacun de son côté, sans que personne songeât seulement à les arrêter.

Le premier relevé fut Lancelot ; mais il était encore étourdi de sa chute et il ne savait où il était. Et messire Gauvain, après avoir ramassé son écu qui lui avait sauté du cou, fit resplendir sa bonne épée Marmiadoise, dont il lui assena un tel un coup sur le chef que le heaume en fut bossué. Mais sachez que le choc remit Lancelot dans son droit sens : il riposta sans s'étonner et les lames claires et tranchantes commencèrent de voler plus vite que le vent, allant, venant, montant, descendant. Ainsi, durant longtemps, l'acier mordit l'acier : les écus tombèrent par pièces, les heaumes perdirent leurs pierreries qui étaient de grande vertu, les mailles des hauberts sautèrent et souvent les épées touchèrent la chair nue, faisant ruisseler le sang : de sorte qu'à tierce, si les deux champions eussent été d'aussi grande force qu'au début, ils ne fussent pas demeurés longtemps en vie, tant leurs armures étaient dépecées ; mais ils étaient las au point que leurs épées leur tournaient dans la main quand ils se frappaient. Alors messire Gauvain, le premier, recula et s'appuya sur les restes de son écu pour reprendre haleine. Lancelot l'imita. Ce que voyant, Lionel dit tout bas à Hector :

– Beau cousin, voici que j'ai peur et doutance pour Lancelot ! Car c'est la première fois que je le vois se reposer durant une bataille.

– Sire, répondit Hector, c'est pour l'amour de monseigneur Gauvain qu'il le fait ; je sais bien qu'il n'en a pas besoin !

Cependant, les deux chevaliers demeuraient immobiles, appuyés sur leurs écus. Et messire Gauvain, certes, avait raison d'attendre de la sorte, car il était ainsi fait qu'à mesure que l'heure de midi approchait ses forces augmentaient, pour décroître ensuite peu à peu, jusqu'à ce qu'il revînt à sa vigueur ordinaire. Mais, parce que d'aucuns pourraient tenir cela pour une fable, je dirai comment il avait reçu ce don : ce conte-ci, en effet, ne laisse rien qu'il n'explique, tant il est bien renseigné.

Quand il naquit, le roi Lot d'Orcanie, son père, le fit porter chez un ermite qui menait une vie si sainte, que Notre Sire faisait souvent des miracles par lui. Le prud'-homme le baptisa volontiers et l'appela Gauvain.

– Beau sire, dit un des chevaliers qui avaient apporté l'enfant, faites que le royaume d'Orcanie se loue de vous et que cet enfançon, lorsqu'il sera en âge de porter les armes, y soit plus habile que nul autre.

– Sire, ce n'est pas de moi que viennent de telles grâces, mais de Notre Seigneur. Je prierai Dieu pour lui. Demeurez céans jusqu'à demain matin.

Et le lendemain, sitôt qu'il eut chanté sa messe, le prud'homme vint dire au chevalier :

– Sachez, beau sire, que cet enfant sera plus preux que tous ses compagnons, et qu'à midi, qui est l'heure même où il a reçu le saint baptême, sa vigueur et vertu se trouveront si grandes que, pour peine et travail qu'il ait soufferts depuis le matin, il se sentira aussi frais, aussi léger que s'il n'avait rien fait.

C'est pourquoi, quand messire Gauvain combattait quelque chevalier de grande prouesse, il le pressait et harcelait autant qu'il pouvait jusqu'à midi : à ce moment, il devenait lui-même plus puissant et dispos qu'il n'était au début de la bataille et n'avait pas de peine à outrer son ennemi lassé.

Or, il parut assez qu'il avait ce don le jour qu'il combattit le fils du roi Ban de Benoïc, car à midi il lui courut sus tout soudain et se mit à frapper sur son écu, son haubert et son heaume comme sur une enclume, tant qu'il le blessa en plus de dix endroits. Lancelot se couvrait de son mieux, mais il souffrait beaucoup, et le roi Hector ne put s'empêcher de dire à haute voix :

– Dieu ! Qu'est-ce que je vois ! Prouesse, qu'êtes-vous devenue ? Ha, beau sire, êtes-vous enchanté, pour avoir le dessous contre un seul chevalier ?

Ainsi en fut-il jusqu'à l'heure de sixte. Mais, à ce moment, Lancelot qui avait repris son haleine courut sus à son tour à monseigneur Gauvain et commença de le frapper à si grands coups, qu'il le fit chanceler et lui reconquit beaucoup de terrain. Ainsi l'autre se vit bientôt en grand péril de mort : telle était sa détresse que le sang lui coulait de la bouche et du nez.

À vêpres, les deux chevaliers étaient navrés en tant de lieux, que d'autres à leur place fussent déjà morts. Lancelot frappait encore, mais messire Gauvain, pour durs qu'il eût les os et solides les nerfs, à peine lui restait-il la force de soulever son écu. Voyant cela, le fils du roi Ban recula de quelques pas.

– Sire, dit-il, il serait bien juste que vous me tinssiez quitte, car celui qui appelle de trahison, s'il n'a vaincu avant vêpres, il a perdu sa querelle. Ayez pitié de vous-même !

– Soyez assuré, répondit messire Gauvain, que l'un de nous doit mourir en ce champ.

Ce disant, il saisit Lancelot à bras le corps, mais celui-ci, qui savait très bien lutter, lui fit un tour de genou et l'abattit rudement sur le ventre ; puis il alla devant le roi.

– Sire, dit-il, je vous prie de demander à monseigneur Gauvain qu'il cesse cette bataille, car, si nous continuons, il lui arrivera malheur.

– Lancelot, répondit le roi touché de cette débonnaireté, Gauvain fera comme il voudra ; mais vous pouvez bien laisser le combat, car l'heure de vêpres est passée.

– Sire, si je ne craignais que vous me le reprochassiez, je quitterais ce champ.

– Vous ne sauriez rien faire dont je vous susse aussi bon gré.

– Je m'en vais donc avec votre congé.

– Soyez recommandé à Dieu comme le meilleur des chevaliers et le plus courtois.

Là-dessus, Lancelot sortit du champ et revint vers les siens.

– Que faites-vous, beau sire ? lui cria Hector quand il approcha. Laisserez-vous échapper votre ennemi mortel qui vous appela de trahison ? Il vous eût bien fait mourir, s'il l'avait pu ! Retournez, beau sire, et coupez-lui le cou : ainsi notre guerre sera finie.

– Dieu m'aide ! j'aimerais mieux d'avoir reçu un coup de lance par la poitrine que d'occire un si prud'homme !

– Tant pis ! dit le roi Lionel. Je crois que vous vous repentirez de votre débonnaireté.

XXXII

Quand Lancelot fut revenu au palais de Gannes et que les médecins eurent regardé ses plaies, ils s'émerveillèrent qu'il ne fût pas mort.

Cependant ceux de Logres couraient relever monseigneur Gauvain qui ne pouvait plus se soutenir et ils le ramenaient dans la tente du roi, qui lui dit en pleurant de pitié :

– Beau neveu, votre folie vous a tué, et c'est grand dommage, car il ne sortira jamais de notre lignage un aussi bon chevalier que vous.

Messire Gauvain était si mal en point qu'il ne put répondre mot, et, à le voir, chacun se prit à pleurer et à admirer qu'il eût fait, navré de la sorte, une si belle défense contre le meilleur chevalier du monde et qui était dans toute la vigueur de l'âge : car Lancelot n'avait guère plus de cinquante ans en ce temps-là, tandis que messire Gauvain en avait près de soixante-dix.

Toute la nuit, le blessé se plaignit ; on craignait qu'il n'allât pas jusqu'au lendemain. Les mires disaient que les plaies qu'il avait sur le corps étaient tellement horribles qu'ils en étaient tout troublés, qu'ils les soigneraient bien toutefois en y mettant ce qui serait bon pour cela, mais qu'ils craignaient de ne pouvoir guérir la blessure profonde qu'il avait à la tête. En sorte qu'à les entendre, les larmes du roi et de tous ceux qui étaient là coulaient à grosses gouttes jusqu'à terre.

Au matin, un valet entra dans le pavillon : c'était le messager de la reine Guenièvre. Après avoir salué le roi et les prud'hommes, il conta tout ce qui était advenu en Bretagne la grande : comment Mordret s'était fait couronner roi subtilement et avait reçu les hommages de tous, et comme il tenait la reine assiégée dans la tour de Logres.

– Ha, Mordret, dit alors le roi, jamais nul père ne traita son fils comme je ferai, car je t'occirai de mes propres mains !

Plusieurs hauts hommes entendirent ces paroles : ainsi connurent-ils que Mordret était le fils du roi Arthur. Cependant le roi faisait crier par toute l'armée qu'on se préparât à partir dès le lendemain, et aussitôt l'on commença de détendre et démonter les tentes et pavillons. Puis il fit accommoder une très bonne litière pour monseigneur Gauvain, car il ne voulait l'abandonner en aucune manière, disant que, si son neveu mourait, il souhaitait d'être auprès de lui, et que, s'il vivait, il en serait d'autant plus heureux et joyeux. Et, dès que le jour devint clair, l'armée se mit en marche.

Elle chevaucha tant qu'elle parvint au bord de la mer. Le roi fit coucher monseigneur Gauvain dans sa propre nef ; puis les barons embarquèrent avec leurs chevaux et leurs hommes, et, comme le vent était bon, fort et portait bien, les mariniers mirent à la voile.

Peu après, messire Gauvain, qui était tout faible, ouvrit les yeux et murmura :

– Dieu ! où suis-je ?

– Sire, nous sommes sur la mer, répondit un chevalier ; nous regagnons le royaume de Logres.

– Béni soit Notre Sire, puisqu'il lui plaît que je meure en Bretagne la bleue !

– Ha, beau doux sire, pensez-vous donc si tôt mourir ?

– Oui ; sachez que je ne vivrai pas deux jours. Et je suis moins dolent de ma mort que d'expirer sans revoir Lancelot : si j'avais pu lui crier merci de l'avoir si follement traité, il m'est avis que mon âme eût été plus aise après mon trépas.

– Beau neveu, dit le roi qui était survenu, votre folie m'a fait grand dommage, car elle vous enlève à moi, vous que j'aimais sur tous les hommes, et en même temps

Lancelot. Ha, jamais Mordret n'eût été si hardi que de commettre une telle félonie, si le meilleur chevalier du monde fut resté auprès de moi !

– Quoi ! mon frère Mordret a-t-il donc été déloyal envers vous ?

Le roi conta ce qui était advenu. Dont messire Gauvain fut plus ébahi et plus dolent qu'on ne saurait dire.

– Hélas ! j'ai donc trop vécu ! murmura-t-il. Si je pouvais encore combattre, je serais le plus mortel ennemi de mon frère, mais personne ne me verra plus jamais porter les armes.

À ces mots, il pâma et le roi commença de mener si grand deuil que nul homme n'aurait pu le voir sans avoir pitié de lui. Toutefois messire Gauvain reprit son haleine et, faisant signe au roi de s'approcher, il lui murmura tout bas :

– Bel oncle, je me meurs. Je vous prie en nom Dieu de ne pas vous battre de votre corps contre Mordret, car, si vous êtes tué par la main d'un homme, ce sera la sienne. Saluez de par moi madame la reine et vos prud'hommes, dont aucun ne reverra Lancelot. Que Dieu le garde : avec lui le pilier de la chevalerie s'écroulerait ! Mandez-lui que je le salue et que je le prie de venir visiter ma tombe quand je serai trépassé, car il n'a point tant de dureté au cœur qu'il ne prenne pitié de moi. Sire, je vous requiers de me faire enterrer en l'église Saint- Étienne de Camaaloth, auprès de mes frères et dans le même tombeau que Gaheriet ; et vous ferez écrire sur la lame :

Ci-gisent Gaheriet et Gauvain
que Lancelot du Lac occit par leur faute.

"Car je veux être blâmé de ma mort comme je l'ai mérité. Ha, Jésus-Christ, Père, ne me juge pas selon mes méfaits !

Il dit, et jamais plus il ne souffla mot par la suite. Ayant reçu le *Corpus Domini*, il trépassa du siècle, les mains croisées sur la poitrine.

Le roi pâma plusieurs fois sur son corps coup sur coup, puis il commença d'arracher ses cheveux et sa barbe qui étaient blancs comme neige neigée, criant :

– Ha, roi chétif et malheureux ! Ha, Arthur, tu peux bien dire que te voilà aussi dépouillé d'amis charnels que l'arbre l'est de ses feuilles quand la gelée est venue ! Ha, Fortune, chose contraire et diverse, tu fus jadis ma mère et maintenant te voilà ma marâtre ; toi qui m'avais placé au haut de ta roue, comme en peu d'heures tu la fais tourner et me mets au plus bas ! Ha, Mort cruelle et félonne, tu n'aurais pas dû assaillir mon neveu : si je savais que tu eusses quelque champion, je t'appellerais de trahison !

Ce disant, il se frappait la poitrine et s'égratignait le visage de façon que le sang coulait à flots, et tant que les barons, craignant de le voir mourir, l'éloignèrent afin qu'il n'aperçût plus le corps. Cependant, il n'était personne sur les nefs qui ne pleurât et lamentât comme si messire Gauvain eût été son cousin germain, car il était le chevalier le plus aimé de toutes gens ; en vérité, si grande était la plainte dans les nefs, qu'on eût cru que Notre Sire faisait gronder sa foudre sur la mer.

Mais le conte laisse à présent ce propos, voulant parler de la reine Guenièvre et de Mordret.

XXXIII

Certes, les assiégés n'eussent point résisté longtemps, tant à cause des perrières et des mangonneaux qui battaient la tour que des assauts de Mordret et de ses gens, s'ils n'eussent point été si preux et vaillants. Cependant, Mordret mandait à lui les hauts hommes d'Écosse, d'Irlande, de Galles et de beaucoup de pays étrangers qui tenaient leurs terres de la couronne de Logres ; et, d'abord qu'il les voyait, il leur faisait de si riches dons et de si grands honneurs qu'ils en restaient tout ébahis : grâce à quoi il se les attachait très bien et ils disaient qu'ils ne l'abandonneraient pas et le défendraient contre tous, voire contre le roi Arthur en personne, s'il revenait au monde. C'est ainsi que Mordret dépensait les trésors que le roi lui avait donnés à garder.

Un jour qu'il revenait d'assaillir la tour, on lui dit que le roi Arthur s'était embarqué pour reconquérir le royaume de Logres, et il en fut tout éperdu, car il craignait que sa déloyauté ne lui nuisît s'il y avait une bataille. Il requit ceux à qui il se fiait davantage de le conseiller.

– Sire, lui dirent-ils, nous n'avons d'autre avis à vous donner que celui de rassembler vos forces et de marcher contre Arthur en lui mandant de vider cette terre dont les prud'hommes vous ont saisi. Ses gens sont las et blessés : ils ne sauront durer contre les vôtres qui sont beaucoup plus nombreux et très dispos, car il y a longtemps qu'il n'ont porté les armes.

De ces mots, Mordret eut un grand réconfort. Il manda tous ses barons et ses hauts hommes, et, quand ils furent à Londres, il leur promit de les récompenser selon son pouvoir si Dieu lui donnait l'honneur de la bataille, de manière que tous résolurent de se mettre en marche le lendemain pour aller à la rencontre du roi Arthur.

XXXIV

Cependant la reine Guenièvre et ceux de la tour s'étonnaient de voir le siège levé ; mais ils connurent vite les nouvelles. Et la reine, quand elle les apprit, fut ensemble joyeuse et dolente, joyeuse de sa délivrance, dolente parce qu'elle craignait pour sa vie. Si Mordret est vainqueur, songeait-elle, il reviendra et me tuera ; mais si messire a le dessus, jamais il ne pourra croire que Mordret ne m'a point possédée charnellement, et il m'occira sitôt qu'il me verra. Je prierai néanmoins Notre Seigneur de lui donner la victoire et l'honneur de cette bataille, mais de faire qu'il m'épargne s'il est courroucé contre moi. Elle passa la nuit à prier de tout son cœur, et le Sauveur l'écouta.

Le lendemain, dès que l'aube eut crevé et que le jour fut né, elle partit de la tour avec ses deux pucelles les plus dévouées et deux écuyers très sûrs qui menaient chacun un sommier chargé d'or et d'argent. Et elle chevaucha tant en leur compagnie qu'elle atteignit une abbaye de nonnains que ses ancêtres avaient fondée. On lui fit là l'accueil qu'on devait à une si haute dame qu'elle était ; mais, après avoir fait décharger ses sommiers, elle manda les deux pucelles et leur dit :

– Demoiselles, vous partirez si vous voulez ; si vous voulez, vous resterez. Quant à moi, je demeure, car je me veux rendre à Dieu comme les nonnains qui sont céans. Ainsi fit ma mère, qu'on tint pour bonne dame et qui usa dans cette abbaye la fin de sa vie.

Les pucelles répondirent en pleurant qu'elles ne voulaient point la quitter, et, ensemble, toutes trois furent trouver l'abbesse à qui la reine demanda l'habit pour elles.

– Ha, dame, répondit l'abbesse, si messire le roi était trépassé du siècle, nous vous recevrions bien volontiers et vous ferions dame de nous toutes ! Mais il est en vie, et nous n'osons vous garder, car sans faute il nous tuerait et détruirait. D'ailleurs vous ne pourriez sans doute souffrir notre ordre, vous qui avez eu toutes les aises du monde : il est de trop grande peine.

Mais la reine la tira à part et lui remontra que, si l'on refusait de la recevoir et qu'il lui arrivât malheur hors de l'abbaye, le roi ne manquerait pas de s'en prendre aux nonnes ; puis elle lui avoua l'angoisse et la peur qu'elle avait et pourquoi elle désirait se rendre à Dieu : tant qu'à la fin l'abbesse consentit à la garder, disant qu'elle lui donnerait les draps de religion si le roi était tué par Mordret.

Mais le conte laisse ce propos maintenant, voulant deviser du roi Arthur qui vogue sur la mer avec son armée.

XXXV

Ils eurent si bon vent, qu'ils parvinrent en peu de temps devant le château de Douvres, où le roi manda à ceux de la ville de lui ouvrir la porte. Ils répondirent d'abord qu'ils le croyaient mort, mais, quand ils le virent, ils le reconnurent très bien et l'accueillirent comme leur seigneur lige.

Alors le roi fit ensevelir monseigneur Gauvain dans des draps de soie tout ouvrés d'or et de pierreries, puis mettre dans un cercueil très riche ; après quoi il commanda à dix de ses chevaliers de mener le corps à Saint-Étienne de Camaaloth et de le placer dans la tombe de Gaheriet. Et ainsi s'en fut le bon chevalier, convoyé par le roi et une multitude de seigneurs, de bourgeois et de menu peuple, qui tous pleuraient et criaient :

– Prud'homme, chevalier sûr, courtois, débonnaire, maudite soit la mort qui nous prive de vous ! Que ferons-nous maintenant que nous avons perdu celui qui était notre écu ?

Ainsi allèrent-ils jusqu'à trois lieues de la ville ; puis le roi et ses gens s'en revinrent avec le peuple, tandis que les dix chevaliers continuaient leur chemin.

Ils chevauchèrent tout le jour, et le soir leur aventure les mena dans un château qui avait nom Beloc. Comme ils entraient avec le cercueil dans la salle du palais, la dame du château leur demanda quel était ce corps et, quand elle le sut, elle courut se jeter sur la bière, criant :

– Ha, messire Gauvain, quel dommage fait votre mort à toutes les dames et demoiselles que vous aidiez et protégiez mieux que tout autre ! Et moi, j'ai perdu le chevalier du siècle que j'aimais davantage, le seul que j'aie jamais aimé !

À ces mots, le sire de Beloc, son mari, fut si irrité qu'il courut prendre une épée et l'en frappa de telle sorte qu'il lui trancha l'épaule et fit entrer la lame d'un demi-pied dans le cercueil.

– Messire Gauvain, mon doux ami, me voilà morte pour vous ! dit-elle avant d'expirer. En non Dieu, mettez mon corps en terre auprès du sien !

Cependant, les chevaliers qui convoyaient la bière avaient désarmé le brutal et l'un d'eux lui criait en colère :

– C'est grande honte que vous nous faites, sire chevalier, d'occire devant nous cette dame ! Dieu m'aide ! Vous vous en souviendrez !

Ce disant, il haussa l'épée et abattit mort le seigneur de Beloc. Et le lendemain, il repartit avec ses compagnons, emportant le corps de la dame avec celui de monseigneur Gauvain. Et ils chevauchèrent tant qu'ils arrivèrent enfin à Camaaloth, où les deux morts furent enterrés comme ils l'avaient souhaité de leur vivant.

Mais le conte à présent retourne au roi Arthur.

XXXVI

Le soir, à Douvres, comme il dormait dans son lit, il crut voir son neveu Gauvain venir à lui, plus beau qu'il ne l'avait jamais connu et suivi d'une foule de pauvres gens qui tous criaient :

– Roi Arthur, nous avons conquis l'entrée de la maison de Dieu pour ton neveu, à cause du bien qu'il nous a fait de son vivant ! Agis comme lui et tu feras que sage !

Cependant messire Gauvain approchait du roi et lui disait, après l'avoir accolé :

– Sire, gardez-vous de combattre Mordret de votre corps, car vous seriez par lui blessé à mort !

– Dussé-je en périr, beau neveu, je le combattrai, répondait le roi, car je serais recréant si je ne défendais ma terre contre un traître. Par l'âme de mon père Uter Pendragon, je jure que je ne reculerai pas !

À ces mots, messire Gauvain s'éloignait en menant le plus grand deuil du monde.

Et, peu après, le roi sommeillant toujours crut voir une très belle dame qui le prenait par les flancs et l'asseyait sur un siège au sommet d'une roue immense.

– Arthur, lui disait la dame, sache que tu es présentement sur la roue de Fortune. Que vois-tu ?

– Dame, il me semble que je découvre le monde entier.

– Tu le vois. Et tu as été l'un des plus puissants de ce monde. Mais il n'est nul, pour haut placé qu'il soit, qui ne doive un jour tomber.

Là-dessus, la belle dame faisait tourner sa roue et choir le roi si traîtreusement qu'il lui semblait être tout brisé.

Au matin, quand il se fut éveillé, il fit le signe de la croix sur son visage et s'écria :

– Beau Père Jésus-Christ qui avez permis que j'eusse tant d'honneurs en ce siècle, ne souffrez pas, doux Sire, que je perde cette bataille, mais donnez-moi la victoire sur mes parjures et déloyaux ennemis !

Puis il alla ouïr la messe et se confesser à un archevêque de tous ses péchés. Après quoi il se mit en marche avec ses gens.

Deux jours plus tard, il parvint dans la plaine de Salisbury ; c'était la plus belle place et la plus grande qu'on pût trouver pour une bataille et il voulait attendre là Mordret. Après souper, tandis que ses hommes dressaient les tentes, il fut se promener dans la lande et, en passant près d'un grand et dur rocher, il vit que des lettres, qui semblaient vieilles, y étaient gravées :

En cette plaine aura lieu la mortelle bataille
qui laissera le royaume de Logres orphelin.

Ainsi parlaient les lettres et c'était Merlin qui jadis les avait écrites. Quand le roi les eut lues, il baissa la tête, car il connut bien qu'elles prédisaient ouvertement sa mort ; pourtant il se jura qu'il ne retournerait pas en arrière.

XXXVII

Or, le conte dit que les Saines, qui haïssaient mortellement le roi Arthur, étaient venus aider Mordret ; et il avait aussi avec lui une foule de chevaliers d'Écosse, d'Irlande et de Galles : tant que son armée était deux fois plus nombreuse que celle du roi.

Lorsque ses gens débuchèrent dans la plaine de Salisbury, ils y trouvèrent leurs ennemis qui les attendaient rangés en dix échelles dont les pennons flottaient au vent. Alors vous eussiez vu toutes les lances s'abaisser ensemble, et les deux avant-gardes s'élancer l'une contre l'autre, et maints prud'hommes mourir, qui ne l'avaient pas mérité, car en peu d'instants la terre fut couverte de chevaliers tués, blessés ou abattus, et beaucoup de bons chevaux galopèrent en liberté. Ah ! la dure rencontre ! Et quand les lances furent rompues, les épées resplendirent, lumières de la guerre, et les chevaliers commencèrent de se couper épaules, jambes et bras, et de baigner leurs lames dans les cervelles, à travers les heaumes. Et ce fut le début de la grande bataille où le royaume de Logres fut détruit, car il n'y restait plus autant de prud'hommes qu'il s'y en était trouvé jadis, et presque tous ceux qui demeuraient périrent ce jour-là.

En tête des Saines galopait Arcaut, leur roi, qui voulait avoir la première joute. Sagremor le desréé vola contre lui de toute la vitesse qu'il put tirer de son destrier, et le heurta si rudement qu'il lui troua l'écu et le haubert, et lui mit son fer aigu dans la poitrine, et le renversa mort. Ce que voyant, ceux de la première échelle se jetèrent sur les Saines d'un tel cœur qu'ils les déconfirent en peu de temps.

Mais ceux d'Irlande ne purent souffrir de voir leurs compagnons si vilainement traités : ils brochèrent leurs chevaux et fondirent comme une tempête. Leur roi s'adressa à Sagremor dont la lance était brisée, et le blessa au côté ; mais, au moment que le roi le croisait, le desréé d'un seul coup d'épée lui fit voler la tête avec le heaume. Néanmoins ceux d'Irlande étaient beaucoup plus nombreux, et tout frais et dispos, comme ceux qui n'ont pas encore donné, en sorte qu'ils tuèrent presque tous les chevaliers de la première échelle ; et dans la mêlée Sagremor fut occis de deux coups de lance par le corps.

Quand Dodinel le sauvage vit cela, certes grand fut son deuil !

– Francs chevaliers, crie-t-il aux siens, ores paraîtra qui preux sera !

Et il s'élance droit comme carreau d'arbalète, suivi de ses gens, écrasant les blessés et les morts, et la terre commence de rougir de sang. Il fendait la presse, tranchant à droite et à gauche si rapidement que trois hommes n'auraient pu mieux faire, lorsqu'il aperçut le corps de Sagremor qu'emportaient des chevaliers irois : aussitôt il fond sur eux et les éparpille à grands coups ; et, ce faisant, il pleurait de douleur, disant :

– Hélas ! je les tue, mais Sagremor ne retrouve pas la vie pour autant !

Et, tandis qu'il gémissait ainsi, un chevalier lui vint par le travers, la lance basse, et le frappa si durement que le fer parut de l'autre côté et qu'il ne fut pas besoin de médecin : Dodinel tomba mort sur le corps de son compagnon très ancien.

Alors ses gens, qui donnaient la chasse à ceux d'Irlande, abandonnèrent la poursuite et, l'un après l'autre, ils vinrent s'assembler autour de leur seigneur trépassé, tout pleurants et gémissants, de façon que leurs ennemis se remirent et, revenant à eux, les tuèrent pour la plupart. Et sans doute les auraient-ils tous occis, si le vieux roi Carados Biébras n'était accouru à la rescousse avec la troisième échelle.

Tel fut le choc que ceux d'Irlande ne le purent soutenir : ils tournèrent bride à nouveau et vous en eussiez vu plus d'un verser et choir. Mais les barons d'Écosse brochèrent des éperons pour les secourir, et leur sire, qui avait nom Héliade, s'adressa au vieux roi, qu'il reconnaissait à ses armes pour un haut homme. Or, sachez que le roi Carados avait plus de quatre-vingt-dix ans ; mais personne ne le tint jamais pour couard et ses coups d'épée faisaient plier les reins : il ne refusa pas Héliade ; tous deux se heurtèrent de leurs lances aux fers tranchants, et si rudement qu'ils tombèrent navrés à mort ; ainsi ni l'un ni l'autre n'eut l'occasion de railler son ennemi. Des deux parts, leurs hommes s'empressèrent de les secourir, mais ceux de Carados firent tant qu'ils restèrent maîtres du terrain.

– Beaux seigneurs, leur dit le vieux roi lorsqu'ils l'eurent relevé, je suis mort : pensez seulement à me venger et ne faites pas semblant de me plaindre et regretter, car les nôtres en pourraient être déconfortés et les ennemis enhardis. Couchez-moi sur mon écu et portez-moi sur ce tertre : je mourrai plus aise en regardant la bataille.

Ainsi firent-ils en pleurant ; puis ils prirent congé de lui et retournèrent au combat où ils se mirent à frapper comme charpentiers sur poutres et tuèrent presque tous les Écossais.

Mais alors les Gallois laissèrent courre, puis ceux de Northumberland, puis, l'une après l'autre, toutes les échelles de Mordret, criant leurs enseignes en divers langages ; et le roi Arthur lança tour à tour les siennes à la rescousse. Des deux parts, les prud'hommes appuyaient si bien leurs coups qu'à chaque rencontre plus de la moitié étaient occis ; puis ceux qui demeuraient en selle faisaient briller leurs épées et s'entre-tuaient, foulant aux pieds des chevaux les blessés et les morts : certes, il n'y avait pas dans tout le reste du monde autant de bons chevaliers qu'on en vit là gisants comme brebis égorgées ! Et le claquement des lances, le heurt des écus, le tintement des heaumes, le cliquetis des hauberts, le froissis des épées, les cris, les plaintes, tel était le bruit qu'on n'eût pas entendu Dieu tonnant. Ah ! bien des dames perdirent leurs barons, ce jour-là ! La poussière montait jusques au ciel : le soleil en était obscurci. Chacun se hâtait de venger la mort de son compagnon ; ils se haïssaient si fort qu'il n'en était pas un qui ne souhaitât d'arracher à son ennemi le cœur sous la mamelle. Non, depuis que la chrétienté était venue au royaume de Logres, jamais il n'y avait eu une si mortelle bataille, comme la vraie histoire le témoigne !

À tierce, il ne restait guère que deux mille fer-vêtus dans la plaine : toutes les échelles étaient détruites, hors celle du roi Arthur et celle de Mordret qui n'avaient pas encore donné. Le roi fit monter un garçon sur un arbre, et quand il sut que la gent de Mordret était deux fois plus nombreuse que la sienne :

– Ha, beau neveu, s'écria-t-il, Gauvain, plût à Dieu qu'à cette heure vous fussiez à mon côté, avec Lancelot !

Il vint aux compagnons de la Table ronde, dont il lui demeurait une vingtaine, et les pria de ne pas se séparer, mais de combattre ensemble et de garantir l'honneur du royaume du mieux qu'ils pourraient.

– Sire, répondirent-ils, il n'y a personne parmi nous qui ne vous aide jusqu'à la mort.

Alors le roi fit lever son étendard par Keu le sénéchal ; puis, voyant que Mordret approchait à grand bruit de ses cors, tambours et buccines, il fit le signe de la croix, prit son écu et sa lance, et commanda aux siens d'avancer.

XXXVIII

Les deux échelles s'entrechoquèrent à si grand fracas que vous eussiez cru ouïr toute la terre crouler. Le roi s'adressa à Mordret dès qu'il le vit et l'autre ne le refusa pas ; même, il frappa le premier et perça l'écu. Mais le haubert était bon et le roi si solide qu'il ne fut pas ébranlé : au contraire, il heurta le traître d'une telle force qu'il culbuta ensemble l'homme et le cheval ; pourtant ses gens ne purent empêcher que Mordret fût remonté par les siens.

Les lances brisées, les épées brillèrent, et bientôt vous eussiez vu les chevaliers verser comme épis mûrs, en sorte qu'il n'en restait pas plus de quarante vers l'heure de none. Tous les compagnons de la Table ronde étaient occis, hormis le roi Arthur, Lucan le bouteiller, Keu le sénéchal, Giflet fils de Do et le roi Ydier, et tous ceux-là avaient quelque plaie grande ou petite ; le roi Ydier surtout était si fort navré qu'il pouvait à peine se tenir en selle. Mais chacun aimait mieux de mourir que de laisser à l'autre la victoire : une fois encore, des deux parts, les prud'hommes rendirent la main et brochèrent des éperons.

Lucan, quoiqu'il fût très affaibli par ses plaies, s'adressa à Mordret ; mais l'autre, qui était tout sain et dispos, jeta son écu à la rencontre et d'un coup lui fit voler la tête à plus d'une longueur de lance : certes, ce fut grand dommage ! Et dans le même temps un chevalier de Northumberland prenait le roi Arthur à la traverse et le frappait à découvert au côté gauche : il l'eût grièvement navré, mais Notre Sire voulut qu'aucune maille du haubert ne rompît et que le roi roulât à terre sans mal. Tandis que ses hommes le remontaient, le roi Ydier, malgré ses plaies, s'élança à la poursuite du chevalier et lui fendit le visage jusqu'aux oreilles. Mais Mordret irrité courut sus au roi Ydier et, haussant son épée à deux mains, il lui fit boire l'acier par la cervelle.

– Ha ! glorieux Dieu, dit le roi voyant cela, pourquoi souffres-tu que l'un des plus prud'hommes du monde soit occis par le plus traître ?

Il prit une lance grosse et roide, et à nouveau, de toute la vitesse de son cheval, il s'adressa à Mordret. Or, sachez que cette fois il perça d'outre en outre le déloyal : tout le fer de sa lance et un bon pied du bois sortit par l'échine ; mais l'autre, dans le même temps, lui mettait son froid acier dans le côté, en sorte que le roi tomba à côté de son fils qu'il avait navré à mort. Et, quelques minutes après, Mordret expira.

XXXIX

Quand les compagnons du roi Arthur le virent choir et son sang jaillir, ils le crurent mort et ils sentirent alors la plus grande douleur qu'un cœur mortel puisse éprouver. De nouveau, ils se ruèrent sur les gens de Mordret et la mêlée cruelle et félonne dura jusqu'à temps qu'il ne restât plus, outre le roi, que deux hommes vivants dans la lande : Keu le sénéchal et Giflet le fils de Do.

Ils revinrent à l'endroit où ils avaient vu tomber leur seigneur. Et ils le trouvèrent assis sur son séant !

– Sire, dirent-ils tout ébahis, comment vous sentez-vous ?

– Las ! je ne veux pas mourir au milieu de mes ennemis ! Allons vers la mer prochaine.

Ils le hissèrent sur un cheval, et, le soutenant du mieux possible, ils parvinrent à vêpres devant une chapelle qui avait nom la chapelle de Verre. Le roi fut se prosterner devant l'autel où il commença de réciter toutes les oraisons qu'il savait ; et sachez que, toute la nuit, il pria Notre Seigneur d'avoir pitié de ses hommes qui avaient été tués.

Au matin, Keu le sénéchal et Giflet entrèrent, désarmés, et voyant son seigneur étendu sans mouvement, les bras en croix, Keu le crut trépassé du siècle. Il se jeta à genoux.

– Ha, roi Arthur, s'écria-t-il, c'est grand dommage que tu sois mort !

Mais le roi se souleva et embrassa son sénéchal ; et non point par courroux, mais par angoisse et amour, il le serra si fort sur sa poitrine, qu'il le froissa tout et lui creva le cœur. Ainsi l'âme de Keu lui partit du corps ; quand le roi le laissa, il tomba mort.

– Sire, s'écria Giflet, vous avez mal fait !

À ces mots, le roi regarda alentour de lui et, quand il vit Keu gisant, il se mit à pleurer.

– Hélas ! soupira-t-il, la Fortune, qui m'avait été bonne mère et amie jusqu'ici, veut que je passe dans la douleur les dernières heures de ma vie ! Giflet, sellez les chevaux et partons d'ici.

À midi enfin, ils atteignirent le rivage de la mer. Et là le roi Arthur descendit, puis il déceignit son épée, la tira du fourreau et, après l'avoir longtemps regardée, il dit tristement :

– Excalibur, bonne épée, la meilleure qui ait jamais été, hormis celle aux étranges renges, tu vas perdre ton maître et droit seigneur ! Seul, Lancelot serait digne de te porter. Ha ! plût à Jésus-Christ qu'il pût t'avoir : mon âme en serait plus aise !... Giflet, derrière cette colline vous trouverez un lac : allez y jeter mon épée.

– Sire, je ferai votre commandement. Mais il vaudrait mieux, si tel était votre plaisir, que vous m'en fissiez don.

– Non, répondit le roi.

Giflet prit l'épée ; mais, quand il fut au bord du lac, il tira la lame pour la regarder, et, à la voir si claire et si belle, il pensa que ce serait trop grand dommage que de la perdre. “Mieux vaut que je jette la mienne et garde celle-ci”, se dit-il et, posant Excalibur sur l'herbe, il lança sa propre épée dans l'eau ; après quoi il revint auprès du roi.

– Sire, j'ai fait ce que vous m'aviez commandé.

– Et qu'as-tu vu ?

– Rien que de bon.

– Giflet, tu me peines et chagrines sans raison. Retourne au lac et jettes-y mon épée.

Giflet revint sur ses pas, pensant qu'il noierait le fourreau, mais non la lame. Et ainsi fit-il ; mais, quand il fut à nouveau devant son seigneur :

– Qu'as-tu vu ? lui demanda le roi.

– Sire, rien que de naturel.

– C'est donc que tu ne l'as pas encore jetée ! Va-t'en, et fais ce que je t'ai commandé : c'est péché que de me tourmenter de la sorte !

Alors le fils de Do, tout honteux, s'en fut au bord du lac pour la troisième fois et il se mit à pleurer quand tint la bonne lame dans sa main, brillante comme une escarboucle ; pourtant il la jeta aussi loin qu'il put. Or, au moment qu'elle allait toucher l'eau, il vit surgir une main qui la saisit par le pommeau et qui la brandit par trois fois, puis tout disparut sous l'onde. Longtemps il attendit, mais il n'aperçut plus rien que l'eau frissonnante.

– C'est bien, dit le roi quand il connut ce qui s'était passé. Maintenant, beau doux ami, il vous faut partir et me laisser. Et sachez que jamais plus vous ne me verrez.

À ces mots, Giflet eut grand deuil.

– Ha, sire, comment serait-il possible que je vous abandonnasse de la sorte et ne vous visse plus ! Mon cœur ne le pourrait souffrir ! Il me faut vivre ou mourir avec vous.

– Je vous en prie, dit le roi, de par l'amour qui a toujours été entre nous !

Alors, les larmes aux yeux, Giflet le fils de Do s'en fut sur son destrier. Et sachez que, lorsqu'il fut à un quart de lieue, il commença de pleuvoir si merveilleusement qu'il dut s'abriter sous un arbre. Mais, l'orage passé, regardant vers la mer, il vit approcher une belle nef, toute pleine de dames avenantes, qui aborda non loin du lieu où il avait laissé le roi, son seigneur ; l'une d'elles, qui était Morgane la fée, appela et le roi se leva, puis, tout armé, suivi de son cheval, il monta dans la nef qui tendit ses voiles au vent et s'enfuit comme un oiseau. Le conte dit qu'elle s'en fut droit à l'île d'Avalon où le roi Arthur vit encore, couché sur un lit d'or : les Bretons attendent son retour.

Et ainsi s'accomplit la parole du prophète Merlin, qui avait prédit que sa fin serait douteuse.

Durant deux jours et deux nuits, Giflet pleura sans boire ni manger. Puis, le troisième jour, au matin, sitôt que les oiseaux chantèrent, il brida son destrier et s'en retourna à la chapelle de Verre. Et, d'abord qu'il y entra, il aperçut une riche tombe devant l'autel, sur laquelle étaient des lettres qui disaient :

Ci-gît Keu le sénéchal,
que le roi Arthur étreignit à mort contre sa poitrine.

D'abord qu'il lut cela, le fils de Do tomba pâmé ; puis il alla trouver les moines qui desservaient la chapelle, disant qu'il ne voulait plus demeurer dans le siècle puisque le roi ni aucun de ses compagnons n'y était plus, et les requit de le vêtir des draps de religion. Mais il ne les garda guère, car il ne vécut plus, ensuite, que dix-sept jours.

Et le conte, à présent, laisse ce propos pour deviser de monseigneur Lancelot du Lac, d'Hector des Mares et du roi Lionel qui étaient restés dans la Petite Bretagne et dont il n'a dit mot depuis très longtemps.

XL

Sitôt qu'ils apprirent la mort du roi et ce qui était advenu au royaume de Logres, ils se hâtèrent de mander leurs hommes et se mirent en chemin pour gagner la mer et passer en Grande Bretagne.

Mais, le jour même qu'il débarqua, Lancelot apprit que la reine était morte et trépassée depuis trois jours dans son abbaye. Ah, sachez, seigneurs, que jamais si haute dame ne fit une plus belle fin, ni ne cria plus doucement et tendrement merci à Jésus-Christ ! Mais Lancelot fut tellement dolent que nulle langue ne saurait dire son chagrin : c'est qu'il avait plus aimé sa dame qu'aucun homme mortel n'aima jamais la sienne.

Il marcha avec son armée sur Winchester où les deux fils de Mordret s'étaient réfugiés. Et, quand ils surent qu'il approchait, ils se dirent qu'il valait mieux risquer contre lui une bataille dont Dieu leur donnerait l'honneur s'il lui plaisait, que d'aller fuyant par le pays. C'est pourquoi ils sortirent avec leurs gens et attendirent Lancelot et les siens dans la plaine.

La mêlée dura de tierce jusqu'à none, car il y avait beaucoup de fer-vêtus de part et d'autre. Mais à ce moment Melehan, le plus jeune fils de Mordret, prit une lance courte et grosse, à fer tranchant et aiguisé, et s'adressa au roi Lionel : il le heurta par le travers, poussant de toute sa force, et tant qu'il lui mit son froid acier dans le cœur et l'abattit mort. Aussitôt Hector courut sus à Melehan et lui trancha d'un coup le heaume, la coiffe de fer et la tête jusques aux dents. Puis il se jeta au milieu de la presse, tel un loup dans la bergerie, tuant tout ce qu'il atteignait, si bien qu'autour de lui les rangs fondaient comme la glace au soleil et que la terre était couverte de corps gisants. À voir cela, ceux de Winchester pensèrent à garantir leur vie et bientôt ils commencèrent de s'enfuir, rudement pourchassés, vers une forêt qui s'étendait près de là, à moins de deux lieues anglaises.

Cependant, il advint que Lancelot reconnut le fils aîné de Mordret à ses armes, qui étaient semblables à celles que le père accoutumait de porter : alors il eut un rire en son âme. Il lui courut sus, prompt comme la foudre qui descend du ciel, l'épée haute, et vainement l'autre jeta son écu à l'encontre du coup : la lame trancha le bouclier avec le poing qui le tenait. Le fils de Mordret piqua des deux et s'enfuit vers la forêt comme fait le cerf devant les chiens ; et ainsi la longue chasse commença.

Sachez qu'ils galopèrent tout le reste du jour, l'un appelant et menaçant, l'autre brochant si rudement que le sang coulait des flancs de son destrier, et tant qu'ils arrivèrent au cœur de la forêt. Enfin, le cheval du fuyard broncha et tomba, et le fils de Mordret se mit à genoux, criant merci. Mais Lancelot, au passage, d'un seul coup, lui fit voler la tête. Après quoi, sans donner au corps un seul regard, il se mit en devoir de rejoindre ses gens.

Mais il perdit bientôt son chemin et, tandis qu'il croyait se rapprocher de Winchester, il s'en éloignait toujours davantage. Après avoir marché toute la nuit, il se vit, au matin, en face d'une montagne déserte et rocailleuse, et, gravissant un sentier, il parvint à un pauvre ermitage au pied d'une chapelle petite et ancienne. Deux prud'hommes en robes blanches sortirent pour lui faire accueil, dont l'un, l'ayant avisé, courut à lui les bras tendus et l'accola tendrement : c'était l'évêque de Rochester, qui. avait jadis fait la paix de la reine Guenièvre et du roi Arthur.

– Beau sire, lui dit Lancelot, depuis quand êtes-vous ici ? J'ai grande joie de vous avoir retrouvé !

L'évêque conta qu'après la douloureuse journée de Salisbury, dont il n'était resté que le roi Arthur, Keu le sénéchal et Giflet fils de Do, il s'était réfugié dans cet ermitage, où il voulait user le reste de sa vie au service de Notre Seigneur Jésus-Christ, en compagnie du prud'homme qui y logeait.

– Et vous, beau sire, ajouta l'évêque, que ferez-vous désormais ? Ne penserez-vous pas à amender votre vie dont vous avez passé la plus grande partie en péché mortel ? Sachez qu'il en serait grand temps et que Dieu se réjouit moins de cent justes que d'un pécheur qui vient à repentance.

– Sire, répondit Lancelot, vous avez été mon compagnon dans le siècle ; s'il vous plaît je serai le vôtre ici.

À ces mots, l'évêque et son compagnon tendirent les mains au ciel et remercièrent Dieu de bon cœur. Lancelot demeura auprès d'eux à servir son Créateur de tout son pouvoir, et sachez que l'évêque lui en apprit tant qu'il devint prêtre chantant messe.

Mais le conte le laisse pour un instant et retourne à parler de son frère.

XLI

Après la mort et la fuite des fils de Mordret et de leurs gens, le roi Hector entra dans la ville de Winchester et y fit enterrer Lionel, aussi richement qu'il convenait à un roi couronné. Puis vainement il fit chercher Lancelot : il n'en put avoir de nouvelles. Alors il recommanda ses hommes à Dieu, en leur disant de faire roi qui ils voudraient à sa place, car ils ne le verraient plus ; et il se mit en quête de son frère.

Un jour, son aventure le conduisit justement à l'ermitage où vivait Lancelot. Tous deux s'accolèrent à grande joie et Hector ne voulut plus partir : il s'offrit à son tour au service de Notre Seigneur.

Ainsi les deux frères vécurent ensemble durant quatre ans, menant si bonne vie et priant, jeûnant, veillant tant et tant, qu'il n'était pas d'autre homme qui eût pu souffrir une si grande peine.

Au bout de ce temps, Hector mourut et fut enterré dans l'ermitage même. Et peu après, quinze jours avant mai, Lancelot sentit venir sa fin. Il pria l'évêque et l'ermite, ses compagnons, de transporter son corps à la Joyeuse Garde et de le mettre dans la même tombe où était Galehaut, sire des Iles lointaines. Puis il expira.

Alors les deux prud'hommes firent une bière où ils couchèrent le mort, et, la portant à grand-peine sur leurs épaules, ils s'efforcèrent si bien qu'ils arrivèrent au château. Là, ils firent lever la tombe de Galehaut, et Lancelot y fut étendu auprès de son compagnon ancien ; puis des lettres furent gravées sur la lame, qui disaient :

Ci-gît le corps de Galehaut,
seigneur des Iles lointaines,
et auprès de lui repose Lancelot du Lac,
qui fut le meilleur chevalier
qu'on ait jamais connu au royaume de Logres,
hormis seulement son fils Galaad.

Après l'enterrement, vous auriez pu voir les gens du château baiser la tombe comme si c'eût été celle d'un saint. Quant à l'évêque, il s'en retourna à l'ermitage avec son compagnon, où tous deux employèrent leurs derniers jours à glorifier leur Créateur.

XLII

Et le conte se tait à présent, car ici finit l'histoire de Lancelot du Lac et du Saint Graal et du bon roi Arthur, telle qu'elle se trouve dans les anciens écrits ; nul n'en pourrait dire davantage qui ne mentît du tout au tout.

Je rends grâces à Notre Seigneur, comme doit faire un pécheur adonné au siècle, de ce qu'il m'a octroyé pouvoir et loisir de terminer le riche ouvrage que j'ai entrepris : car je me suis travaillé beaucoup et appliqué curieusement pour le mener à fin, et j'ai achevé une longue œuvre. Maintenant qu'elle est faite, je me reposerai un peu, s'il plaît à Dieu, et prendrai quelque divertissement.

DEO GRATIAS

ÉCLAIRCISSEMENTS

Lorsque les barbares germains débarquèrent en Grande-Bretagne au cinquième siècle, ils s'y heurtèrent à la population celte, jadis romanisée d'une façon assez superficielle, et christianisée vers l'an 300, mais dont, au total, la civilisation n'était pas très supérieure à celle des envahisseurs. Après des luttes sanglantes, ceux-ci asservirent les Bretons ou bien les repoussèrent au delà de la mer : il n'en demeura qui fussent indépendants sinon dans la Cornouaille, le pays de Galles, le Lancashire, l'Écosse, et dans l'Armorique de Gaule. Il y eut des luttes longues et acharnées : les populations celtiques, conduites par le "Vortigern, duc des Bretons", puis par un chef légendaire, Arthur, dont parlent les traditions, mais dont on ne saurait assurer qu'il a existé, combattirent pied à pied les Jutes, les Angles et les Saxons païens (les "Saines", comme on disait au Moyen Age), commandés par Hengist, Horsa, Aella et ses trois fils, Port et ses deux enfants. Tout cela nous est connu (fort mal) grâce aux chroniques de Gildas qui écrivait aux environs de 540, de Bède (731) et quelques autres dont celle de "Nennius", composée au neuvième siècle, qui parle d'Arthur.

Les Bretons, imaginatifs comme tous les Celtes, avaient certainement, ainsi que leurs voisins gaulois, une riche littérature orale. En Gaule, les bardes, à la fois auteurs et chanteurs, analogues aux jongleurs du Moyen Age, étaient si abondants qu'il n'était pas de grand seigneur qui n'eût son poète attitré : lorsque le roi Bituit envoya un noble de sa cour aux Romains, il le fit accompagner d'un barde, dont le chant précéda le discours de l'ambassadeur ; cela fit rire les têtes rondes : ces Latins calculateurs et positifs ne se payaient pas de poèmes. Malheureusement les druides qui, dit César, enseignaient à leurs disciples "un grand nombre de vers", ne leur permettaient pas de les coucher par écrit. Avant la conquête, toutefois, les Gaulois connaissaient l'écriture : ils l'avaient apprise des Grecs de Marseille et ils commençaient à en user en dépit de leurs traditions religieuses. Certes, leur culture était en retard de plusieurs siècles sur celle des peuples méditerranéens : elle ressemblait un peu à celle de la Grèce homérique ; mais elle se perfectionnait avec une étonnante rapidité grâce à cette faculté d'assimilation dont ils étaient doués. Qui sait si la brutale conquête romaine n'a pas détruit, comme le pense M. Camille Jullian, toute une civilisation originale et charmante qui eût pu naître de la Gaule fécondée par la Grèce ? La latinité abolit bien des promesses.

Les Normands qui conquirent l'Angleterre, et qui chantaient une chanson sur Roland à la bataille d'Hastings, n'avaient plus aucune ressemblance avec les Danois barbares dont ils étaient issus et dont certaines peuplades, qui avaient envahi la Grande-Bretagne par le Nord, venaient justement d'être défaites par Harold : ils étaient si parfaitement francisés qu'ils maintinrent notre langue durant trois siècles au milieu du pays qu'ils avaient pris et auquel ils imposèrent peu à peu leurs coutumes, leurs mœurs, leur littérature et leur art qui étaient purement français.

Or, depuis longtemps, les jongleurs bretons, héritiers des anciens bardes, étaient fort prisés. Au sixième siècle déjà, le poète Fortunat avait entendu jouer de la rote, la petite harpe dont ils s'accompagnaient, à la cour des rois barbares de Gaule, et nous savons que les conquérants saxons de l'Angleterre aimaient de les écouter. Dès les premières années du douzième siècle, leurs contes étaient répandus jusque dans le nord de l'Italie, où l'on a trouvé qu'un enfant avait été nommé *Arturius* (Arthur), un autre *Walvanus* (Gauvain), et jusqu'en Provence où, en 1137, un troubadour parle du roi Arthur.

Les Normands aussi durent goûter les jongleurs celtes ; en tous cas, ils s'intéressèrent beaucoup aux riches traditions des Bretons, mais nullement à celles des Anglo-Saxons et des Danois qu'ils trouvèrent également installés dans l'île. Un clerc anglo-normand, Gaufrey de Monmouth (mort en 1154), entreprit d'écrire en latin l'*Histoire de la Bretagne.* Il prétendait avoir sous les yeux un livre très ancien que lui avait communiqué son ami Gautier, archidiacre d'Oxford ; on pense aujourd'hui qu'il s'est contenté de rassembler et coordonner certaines légendes celtiques, non sans y ajouter de son cru. Quoi qu'il en soit, l'*Historia regum Britanniæ*, à laquelle Gaufrey joignit une *Vita Merlini*, eut un tel succès que la seule Bibliothèque du British Museum en possède trente quatre manuscrits, et qu'il en fut fait au moins quatre traductions en vers français, — adaptations, plutôt — dont une seule nous est parvenue complète : celle de Wace, écrite en 1135.

C'est dans Gaufrey et dans Wace que nous trouvons la première histoire suivie du roi Arthur. Il semble qu'ils aient beaucoup brodé sur les traditions qu'ils avaient recueillies. Par exemple, les Gallois avaient un prophète et enchanteur nommé Myrddhin ; d'autre part, la chronique dite de Nennius parle d'un enfant né sans père, appelé Ambroise, par lequel elle fait prédire au roi Vortigern les futures invasions des

Saxons : dans Gaufrey, ces deux personnages sont confondus et l'on voit Ambroise Merlin prophétiser tout l'avenir de la Bretagne jusqu'en 1135 environ. Ensuite, on nous dit comment Arthur naît d'Uter Pendragon et d'Ygerne ; puis comment il délivre l'Angleterre des Saxons, conquiert l'Irlande, l'Écosse, la Gaule, etc., défait les Romains et se trouve au point de s'emparer de Rome, lorsqu'il apprend que Mordret, son neveu, à qui il avait confié son royaume et sa femme, s'est fait élire roi, puis a épousé la reine Guanhumara ; à la nouvelle de cette trahison, Arthur revient, vainc et tue Mordret, et, blessé à mort, s'embarque pour l'île d'Avalon. À tout cela, Wace ajoute divers détails : c'est lui qui nous parle de la Table ronde, par exemple, dont Gaufrey ne disait rien. Encore une fois, le folklore celtique paraît dans tout cela accommodé au goût français.

Pouvons-nous nous faire une meilleure idée de ce qu'étaient les véritables chants bretons par les poèmes de Marie de France ? Cette femme entreprit vers 1175 de transporter dans notre langue divers *lais* gallois et armoricains. Elle n'a pas grand talent et paraît aussi dénuée d'invention que possible : ce qui fait le mérite de ses ouvrages, c'est la seule grâce de leurs thèmes ; aussi peut-on penser qu'elle n'a guère déformé ses modèles ; peut-être même, en les mettant en vers français, n'avait-elle d'autre dessein que d'aider la mémoire des jongleurs celtes qui jargonnaient en langue d'oïl aux cours normandes. En ce cas, c'est donc que la littérature orale des Bretons avait beaucoup évolué, car les *lais* de Marie ne ressemblent en rien à ce qui nous en est resté par ailleurs : ce sont d'assez brefs contes d'amour, à la française, sans brutalité, voire fort polis, dont les héros sont des chevaliers preux, mais sensibles, et des dames courtoises.

Arthur y est seulement cité. C'est surtout dans Gaufrey de Monmouth et Wace, sans doute, que les trouvères français cherchèrent son histoire. Pourtant nous ne savons pas ce qu'ils empruntèrent aux conteurs armoricains ou gallois, qui comme eux allaient de cour en cour, comme ce Bledhericus (Bleheris, Bleris, Bleri), *famosus fabulator*, qui vivait au douzième siècle ; ceux-ci devaient être influencés eux-mêmes, selon toute apparence, par le goût de leur public français. Quoi qu'il en soit, nos poètes traitèrent certainement avec une grande liberté cette flottante "matière de Bretagne", la complétèrent, brodèrent d'une floraison d'épisodes nouveaux, civilisèrent, si l'on peut dire, et accommodèrent encore mieux qu'elle ne l'était déjà au goût de leurs compatriotes de France et d'Angleterre. Au total, je crois fermement que, selon le mot de M. Léon Clédat, nos contes "bretons" sont bretons dans la mesure où le *Cid* est une pièce espagnole. Par leur forme, en effet, ils ne diffèrent en rien des œuvres d'inspiration purement française. Quant au fond, si on les compare entre eux, on voit que les héros qui y portent les mêmes noms n'ont ni les mêmes caractères ni les mêmes aventures, ce qui laisse supposer que la part d'invention de chaque trouvère est très grande ; et d'autre part ces héros sont des chevaliers et des dames en tout semblables à ceux des autres romans français du même temps. Tout porte à croire que les trouvères n'ont hérité des traditions proprement celtiques que des noms propres et quelques thèmes. Et lorsque Rabelais nous conte comment la fumée du rôt fut payée par le son de l'argent, dira-t-on que c'est là une œuvre orientale ? ou que les fables de La Fontaine sont de Phèdre ? Il n'y a pas plus de rapports entre le Gauvain des Bretons et le parfait "homme du monde" du dix-huitième siècle qui s'appelle ainsi dans le *Lancelot* en prose, par exemple, qu'entre le Télémaque d'Homère et celui de Fénelon.

Est-ce à dire, toutefois, que la littérature française ne doive rien à l'esprit breton ? Certes, il y a une singulière exagération à écrire, comme on l'a fait, que nos contes "bretons" se déroulent "dans un monde enchanté où, à chaque pas, surgit le prodige" : au juste, je ne vois pas beaucoup plus de merveilleux dans Chrétien de Troyes, même, que dans tel roman du cycle "antique" ; toutefois nos trouvères ont assurément goûté cette atmosphère de féerie qui est propre aux légendes celtiques. Mais ce que les Français ont aimé surtout dans la matière de Bretagne, ce qui les y a enchantés, ce n'est point cela : c'est une nouvelle idée de l'amour.

Dans les chansons de geste, l'amour tient peu de place : les rudes chevaliers n'éprouvent que des désirs brutaux ; ce sont les femmes qui s'éprennent, toujours en coup de foudre ; bien mieux, ce sont elles qui sollicitent, et l'homme accueille leurs propositions avec une condescendance légèrement dédaigneuse. Mais, au douzième siècle, voici que les femmes commencent de jouer un rôle important dans la société (elles héritent même des fiefs) ; et l'idée platonicienne que l'amour est la source de toute vertu se répand en France. Elle arrive de Provence, mais déjà sèche et fanée, car les troubadours en ont abusé de toutes manières. Pour ceux-ci, l'amour n'est plus qu'une passion de la raison et, si l'on peut dire, une passion de convenances. C'est par devoir qu'un honnête homme (comme on parlera plus tard) est amoureux ; c'est pour se perfectionner. Il choisit avec soin l'objet de sa sage flamme, sa "dame", à laquelle il s'engage parfois avec un certain cérémonial et qu'il ne doit pas épouser, puisque toute faveur qu'obtient un mari, étant chose due, ne saurait être le principe ni la récompense d'une belle action. Dans cette froide poésie provençale, la maîtresse est à cent pieds au-dessus de l'amant, qui doit vivre aux yeux de celle qu'il aime "dans un perpétuel tremblement, comme un être inférieur et soumis, humblement soupirant, habile, comme un maître des cérémonies, à exercer à propos les vertus de salon", savant dans cette "étiquette cérémonieuse du cœur", cette "stratégie galante dont les manœuvres sont réglées comme les pas d'armes des tournois", et que les troubadours expliquent et discutent à l'infini en vers prosaïques et plats.

Heureusement, dans le même temps qu'elle reçoit de Provence ce catéchisme de l'amour de tête, cette casuistique du cœur, cet herbier de plantes sèches, la France de langue d'oïl découvre dans la matière de Bretagne la passion pure. Ici, l'amour n'est plus un effet du raisonnement ; on n'aime plus *parce qu'*on admire ou *afin de* se perfectionner : on aime tout simplement, sans raison, presque mystiquement. "Nulle rhétorique de sentiments, nulle théorie ; pas de *règles d'amour*" ; c'est la passion mystérieuse, invincible, plus forte que la mort, plus forte que la crainte de l'enfer, celle de Tristan, de Lancelot. Et dans les cours françaises la mode provençale et la mode bretonne sont toutes deux en honneur. Comment elles se concilient et s'unissent, c'est ce qu'on voit dans l'œuvre de Chrétien de Troyes.

Ce poète mondain avait fait vers 1160 des traductions d'Ovide et un poème sur Tristan qui sont perdus ; puis il composa cinq récits en vers qui se rattachent au "cycle de la Table ronde" : *Erec*, *Cligès*, *Lancelot* ou *la Charrette* (entre 1164 et 1174), dont la comtesse Marie de Champagne, fille de Louis VII et de la reine Aliénor, lui avait fourni le sujet et qui fut terminée par Godefroy de Lagny, puis *Yvain* ou le *Chevalier au lion*, enfin *Perceval* ou le *Conte du Graal* (entre 1168 et 1191) qu'il laissa inachevé. À l'ordinaire tous ces poèmes sont assez incohérents et leurs personnages n'ont aucun caractère ni couleur : ce sont des mannequins dont les froides aventures s'enchaînent à l'infini. Mais ils discourent sur l'amour, ou bien Chrétien en raisonne à leur sujet avec une subtilité et une préciosité qui étaient alors nouvelles et qui marquent le raffinement du poète et de ses lecteurs ; certes, elle était bien aussi "galante" que celle de l'hôtel de Rambouillet, la société qui savait goûter des marivaudages de ce genre :

> *De tous les maux le mien diffère ; il me plaît et pourtant j'en souffre ; je me réjouis de lui ; mon mal est ce que je veux et ma douleur est ma santé. Je ne vois donc pas de quoi je me plains, car mon mal me vient de ma volonté : c'est mon vouloir qui devient mon mal ; mais j'ai tant d'aise à vouloir ainsi que je souffre agréablement, et tant de joie dans ma douleur que je suis malade avec délices... Etc.*

On trouverait dans l'œuvre de Chrétien de Troyes quelques autres morceaux de ce goût-là, fort propres, encore une fois, à montrer que la société française de la fin du douzième siècle était déjà infiniment plus polie qu'on n'a coutume de le croire. Et le poète a eu beaucoup d'imitateurs. Les uns se sont proposés de continuer *Perceval* comme Wolfram d'Eschenbach, chevalier bavarois, et d'autre part Wauchier de

Denain (apparemment vers 1214), lui-même interpolé par un anonyme et continué par Manessier (avant 1227) et Gerbert de Montreuil (travaillant tous deux parallèlement). Les autres ont raconté, en se modelant sur Chrétien, des aventures de Gauvain ou de l'un de ses fils, ou de quelque autre chevalier de la Table ronde par eux inventé ; malheureusement, ils n'ont pas eu son talent, et non seulement leurs récits sont comme les siens d'une cruelle monotonie, mais ils manquent (sauf celui de Wolfram) de ce brillant qui fait tout le mérite de *Cligès* ou de *la Charrette* : on y voit presque toujours un jeune chevalier inconnu, récemment arrivé à la cour du roi Arthur, s'engager dans une aventure qui se présente et que personne n'ose tenter, l'achever heureusement et épouser une fille de roi ; c'est le poncif romanesque du temps. Ainsi sont *le Bel inconnu, Durmart le Gallois, Beaudous, Meraugis de Portlesguez*, etc.

Parmi les compagnons d'Arthur, celui qui devait devenir le plus célèbre, Lancelot est le sujet d'un poème français que l'on connaît seulement par la traduction en haut allemand qu'en donna vers la fin du douzième siècle un ecclésiastique suisse, Ulrich de Zatzikoven ; on y voit "Lanzelet" épouser, après de grandes aventures qui lui valent le premier rang à la cour d'Arthur, la belle Iblis, fille d'Iveret de Behforêt. Mais Lancelot joue également le principal rôle dans la *Charrette* de Chrétien de Troyes, où il va chercher et conquérir la reine Guenièvre ravie par Méléagant qui l'a emmenée au royaume de Gorre, le pays d'où nul Breton ne peut revenir. C'est donc Chrétien qui, le premier à notre connaissance, a rattaché au cycle d'Arthur ce mythe très ancien qui était devenu chez les Grecs la fable de Proserpine ou celle d'Orphée et Eurydice : l'enlèvement d'une femme par le seigneur des morts et sa "quête" par un héros. Mais, surtout, c'est lui qui semble y avoir mêlé le premier la légende du Graal.

Le véritable sens de ce mythe, il l'ignorait certainement, et ses successeurs l'ignorèrent comme lui. Chacun des auteurs français rapporte la légende du Graal sous une forme différente ; toutefois on retrouve généralement dans leurs récits les éléments suivants : un corps mort, entouré de pleureuses ; une épée brisée ; un château qui est celui du "roi Pêcheur", où l'on conserve une lance saignante et un mystérieux vase, le Graal ; le héros doit poser une question, demander ce que signifie tout cela qu'il vient de voir (1) ; mais il ne le fait pas, on ne sait trop pourquoi, et tout disparaît le lendemain : ce n'est qu'après de longues années que le chevalier trouve à nouveau le château du Graal, et qu'il dissipe enfin les enchantements de la Bretagne.

Or, Miss J.-L. Weston a découvert qu'une secte occulte célèbre aujourd'hui encore certaines cérémonies où le Graal, la lance qui saigne, le roi Pêcheur tiennent une grande place. On a reconnu dans ces rites secrets une des formes du culte d'Adonis, dont les mystères plusieurs fois millénaires se perpétuent ainsi jusqu'à nos jours ; et le culte d'Adonis n'est lui-même que l'un des modes de la religion, très ancienne et pratiquée dans tout l'univers, du dieu de la vie et de la végétation, que d'autres peuples ont appelé Tammouz, Attis, Osiris, etc. Or les personnes qui ont révélé à Miss Weston les rites modernes du Graal étaient tout à fait ignorantes de notre littérature du Moyen Age, et pourtant les renseignements qu'elles ont donnés, les descriptions qu'elles ont faites s'accordent avec ce que nous disent Chrétien de Troyes et ses successeurs. Il s'ensuit que la légende du Graal, telle que l'ont rapportée (sans la comprendre probablement) nos auteurs du douzième et du treizième siècles, c'est le récit symbolique d'une initiation, tout d'abord imparfaite et manquée, puis achevée, réussie aux mystères d'Adonis.

Miss Weston nous apprend que le roi Pêcheur représente le principe vital (selon les occultistes modernes, il habite dans l'étoile Alcyon : quand l'heure en est venue, il jette son filet et capture un corps) et il garde le Graal, qui est le vase de la vie. Le château du Graal, dont nous parlent nos conteurs, c'est le symbole du temple où le néophyte reçoit l'initiation qu'à son tour symbolise la question qu'il doit poser. La lance, et le Graal dans lequel la lance est placée, auraient eu à l'origine une signification phallique, qui peu à peu aurait changé, ou, pour mieux dire, se serait compliquée en raison d'un symbolisme mystique pour lequel toute action a trois aspects selon celui des trois mondes d'où on la considère : le monde matériel, celui de l'homme, celui de Dieu. Galaad n'apparaît que dans les textes les plus récents ; dans nos plus anciens récits, le héros unique de la conquête du Graal, c'est Perceval, et il y est donné comme orphelin de son père et souvent appelé "le fils de la veuve dame" : c'est de la sorte que, dans beaucoup de sectes et de sociétés secrètes, de nos jours encore, on nomme l'initié le "fils de la veuve". Si nos poèmes du Moyen Age font porter par des "demoiselles" le corps du roi mort, c'est que, dans le culte d'Adonis, la mort du dieu de la vie était pleurée par des femmes, qui dans tous ces rites jouaient le principal rôle. Enfin, si, après que la question a été posée, après la "conquête" du Graal, on nous apprend que les "temps aventureux" sont révolus, les enchantements terminés, et levée la malédiction qui pesait sur la Bretagne et la rendait "gâtée", stérile, c'est que la résurrection du dieu passait pour rendre à la terre sa fertilité.

Il est fort vraisemblable que Chrétien de Troyes n'était pas instruit du sens païen et secret de ces traits mystérieux qu'il rapportait ; mais on ne saurait l'affirmer absolument, car, en fait, son ouvrage, inachevé, s'arrête peu après la première visite de Perceval au château du Graal, durant laquelle le héros ne songe pas à poser la question mystérieuse, de sorte que le poète n'a pas eu l'occasion de rien expliquer. Son premier continuateur, Wauchier de Denain, ignorait plus certainement encore qu'un mythe occulte se cachait sous ces traits obscurs, car il leur a attribué un curieux sens chrétien : si les vers où il est dit que le Graal est le vase qui reçut le sang de Jésus ne sont apparemment qu'une interpolation dans son poème, du moins il fait de la lance saignante l'arme dont Longin perça le flanc du Christ. Toutefois, c'est Robert de Boron qui, le premier, a donné une interprétation chrétienne à tout le récit et complètement christianisé la légende du Graal.

C'était un laïc natif de Boron, non loin de Delle en Franche-Comté. Il eut l'idée de composer une vaste histoire du Graal à laquelle il lia intimement l'histoire de la cour du roi Arthur. Vers 1215 peut-être, il écrivit un poème qui fut ensuite mis en prose ; il y contait que le Graal était l'écuelle même où Jésus avait fait la Cène, où ensuite Pilate s'était lavé les mains, où enfin Joseph d'Arimathie avait recueilli le sang du Sauveur, puis comment le précieux vase était venu en Bretagne et quelles merveilles il y avait faites. Ensuite, reprenant la légende de l'enchanteur et prophète Merlin et de la jeunesse d'Arthur, Robert en fit un second ouvrage dont nous possédons deux rédactions (de l'une nous n'avons que les 504 premiers vers, soit que l'auteur n'ait pas poussé plus loin, ou que la suite ait été égarée, l'autre est en prose), et qui reçut trois longues fins différentes (en prose également). Enfin, nous possédons un *Perceval* (en prose encore), qu'il y a des raisons de lui attribuer, où il suit à peu près Chrétien de Troyes et Wauchier de Denain, mais où, après avoir montré le Graal conquis par Perceval et enlevé au ciel, il raconte d'après Gaufrey de Monmouth et Wace, dans une sorte d'épilogue, la mort d'Arthur et des compagnons de la Table ronde et la destruction du monde chevaleresque.

Robert de Boron n'a d'autre qualité que sa naïveté (à vrai dire assez touchante) : il est gauche et plat à merveille. Et son principal mérite est d'avoir inspiré à d'autres esprits mieux doués l'idée d'un magnifique sujet. C'est, en effet, de son histoire du Graal, de Merlin, du roi Arthur qu'est né, je pense, et vers 1225 probablement, le grand roman en prose de *Lancelot*.

La vogue de cet ouvrage fut immense : on en compte beaucoup plus de cent manuscrits et il fit oublier en peu de temps les Robert de Boron et les Chrétien de Troyes. Dante le lut ; durant trois siècles, il ravit les imaginations, non seulement en France, mais en Allemagne, en Espagne, en Italie, en Portugal, en Angleterre ; il engendra toute la littérature chevaleresque dont le bon seigneur de la Manche eut la tête tournée ; au quinzième et au seizième siècles, il fut encore réimprimé six fois. Puis, soudain, les *Amadis*, qui en sont le rejeton espagnol, le firent oublier son tour : c'est à peine si *Don Quichotte*, qui pardonne à *Amadis de Gaule*, mentionne le roi Arthur et les amours de Guenièvre et de Lancelot. Chez nous aussi, l'adaptation des

Amadis par Herberay des Essarts, publiée à partir de 1540, relégua le royaume de Logres parmi les vieilles lunes :

> *De Herberay, noble sieur des Essars,*
> *Ton Amadis tous autres romans passe,*
> *Et qui le lit de voir après se passe*
> *Les Lancelotz, les Tristans, les Froissars.*

Antoine Du Verdier, en 1585, cite bien encore *Lancelot* dans sa *Bibliothèque*, parmi soixante-dix romans "vieux et nouveaux", mais déjà l'on n'en peut plus supporter en 1591 qu'un court abrégé. Au dix-septième siècle, il n'y a plus que Chapelain pour le goûter ; le P. Labbe ne l'admet pas seulement dans sa *Bibliotheca manuscriptorum librorum* (1652) ; Huet, qui le mentionne en 1678 dans sa *Lettre à Monsieur de Segrais : De l'origine des romans*, ne le connaît que de nom ; et si Chantereau-Lefèvre et Wilson de la Colombière y prennent quelque intérêt, c'est d'un point de vue historique : le premier parce qu'il y trouve des détails sur les coutumes du Moyen Age, le second parce qu'il y puise des renseignements sur l'héraldique.

En 1718, puis en 1762, le *Dictionnaire de l'Académie* cite *Lancelot du Lac* à côté de *Perceforest*, d'*Amadis*, d'*Astrée* et du *Roman de la rose* parmi les anciens romans célèbres ; mais l'admirable *Histoire littéraire* des Bénédictins ne semble plus guère en connaître que le titre, ainsi que ceux du *Saint Graal*, de *Merlin*, d'*Arthur*, de *Perseval* (t. VI, p.16). La *Bibliothèque des romans* de Paulmy et Tressan déterre les vieilles histoires de la Table ronde : en juillet 1775, elle donne un abrégé de *Merlin* ; en août 1775, un résumé de l'histoire et de la quête du *Saint-Graal* ; en octobre 1775, une analyse de *Lancelot* proprement dit et de la *Mort d'Arthur* ; enfin, en février 1776, un résumé approximatif du roman tel qu'il se présente dans l'édition de 1488 ; mais tout cela en quelques pages, fort inexactes, d'ailleurs. Je trouve encore qu'en 1797, le *Roman de Merlin l'enchanteur* fut "mis en bon français", par un M. S. Boulard (Paris, Boulard).

Mais passons sur ces mascarades.

Faut-il rappeler maintenant les fadaises de la *Gaule poétique* de Marchangy ? Cependant, Roquefort publie en 1808 son *Glossaire de la langue romane* pour lequel, suivant l'exemple de Lacurne de Sainte-Palaye et de ses prédécesseurs, il a dépouillé nos romans bretons ; et surtout voici la grande *Histoire littéraire* des Bénédictins dont l'Académie des Inscriptions reprend la publication (le tome XV, paru en 1820, contient plusieurs notices sur les poèmes et contes du cycle d'Arthur).

Désormais, depuis les Daunou, les Creuzé de Lesser, les Méon jusqu'aux Paris et aux Bédier, les romanistes ne manqueront pas d'étudier la matière de Bretagne.

Néanmoins, nos grands écrivains romantiques, à qui elle aurait pu inspirer de beaux poèmes, l'ignoreront. Il n'y a jamais eu, depuis 1591, qu'un seul essai d'adaptation littéraire des romans de la Table Ronde : c'est celui de Paulin Paris (1868-1877), qui, travaillant sur les manuscrits mêmes, n'a pu achever son ouvrage et n'a rempli, d'ailleurs sans grand talent, il me semble, que la moitié de son dessein. Quel est donc l'auteur de ce roman en prose de *Lancelot*, si vaste qu'il n'emplit pas moins de 2456 pages d'un immense in-quarto et qu'à le réimprimer, il faudrait bien une vingtaine de nos in-12 modernes ? On ne sait. Jusqu'à ces derniers temps, tout le monde admettait qu'ils étaient plusieurs. M. Ferdinand Lot a cherché à démontrer le contraire : "le *Corpus Lancelot-Graal*, déduction faite du *Merlin* et de ses suites, qui sont certainement postiches, est du à un seul auteur", croit-il. Mais, quel que soit le respect qu'inspire l'érudition de M. Ferdinand Lot, on ne saurait admettre ses conclusions ; M. Albert Pauphilet, au reste, qui a fait paraître, il y a quelque temps, la plus intéressante étude sur la "Quête du Saint Graal", les repousse déjà implicitement. Pour démontrer sa thèse, M. Lot remarque :

1 - Que certains épisodes, certaines "entrées" sont préparés de très longue main. Mais un plus grand nombre ne le sont pas du tout ; certaines "amorces" d'autre part n'aboutissent à rien ; et c'est une singulière exagération que de présenter le *Lancelot* comme une histoire dont les ficelles sont aussi habilement agencées que celles d'un drame de Scribe ou de Sardou !

2 - Que la chronologie des faits contés dans le roman est d'un bout à l'autre soigneusement suivie. En fait, elle ne l'est que dans certaines parties.

3 - Que le plan est d'une grande unité. Cela encore, c'est fort exagéré. M. Lot, d'ailleurs, relève lui-même un bon nombre de contradictions vraiment cruciales et l'on en pourrait ajouter d'autres qui sont presque aussi graves : en somme, sur quelques-uns des points les plus essentiels de l'histoire (le Siège périlleux, le gardien et le château du Graal, la Table ronde, les généalogies, les charrettes déshonorantes, etc.), le roman flotte et ses diverses parties se contredisent parfois, s'accordent mal souvent.

4 - Qu'il y a non seulement unité de langue, mais d'esprit et de style. Pour ceci, non ! La qualité littéraire est même tellement inégale dans les différents morceaux, que cela seulement suffirait à nous convaincre que le *Lancelot* a été rédigé par des auteurs divers : certes les charmantes enfances du héros, par exemple, ne sont pas de la même main machinale qui écrivit l'épisode de *la Charrette*, et le psychologue (si l'on peut dire) auquel nous devons la *Mort d'Arthur* n'est pas celui qui composa les trois quarts de l'interminable Histoire du Saint Graal (que j'ai fort resserrée en la mettant dans la bouche de Merlin) ! Bien mieux, certaines habitudes de langage, notamment certaines façons qu'ont les personnages de qualifier leurs interlocuteurs

ou certaines manières qu'a l'auteur de désigner les compagnons du roi changent par endroits : durant des pages et des pages, la Table ronde notamment est comme oubliée... Mais où l'on croit vraiment rêver, c'est quand on voit M. Lot admettre qu'il y a unité d'esprit entre le mystique récit de la Quête du Graal et *la Mort d'Arthur* ou même certaines parties du *Lancelot* proprement dit : il est difficile d'imaginer des inspirations plus opposées, l'une tout ecclésiastique et mystique, l'autre tout mondaine. Cela n'est plus discutable depuis que M. Pauphilet a publié son ouvrage. Mais il était clair que l'auteur qui a conçu les personnages de *Lancelot* ou de la *Mort d'Arthur* n'est pas le même qui les a conçus dans la Quête du Saint Graal ; que l'on examine, par exemple, le caractère de Bohor dans ces divers morceaux !

Au reste, acceptât-on même les arguments de M. Ferdinand Lot, la conclusion qu'il en tire ne s'imposerait pas le moins du monde, et l'on pourrait très bien imaginer que plusieurs auteurs ont travaillé au *Lancelot*, mais d'accord et selon un plan établi d'avance. Afin d'expliquer que nous possédions pour certaines chansons de geste des rédactions doubles, triples, voire quadruples, qui diffèrent entre elles vers par vers, au point qu'on y rencontre rarement deux vers identiques, et qui se ressemblent pourtant, strophe par strophe et presque phrase par phrase, M. Joseph Bédier a été amené à imaginer qu'il existait des confréries de jongleurs rivales. Il est fort possible que le gigantesque *Lancelot* en prose ait été composé dans un de ces ateliers de ménestrels, dans une de ces *ménestrandies*, selon un canevas d'ensemble.

Cette hypothèse a l'avantage d'expliquer les contradictions matérielles de faits, les erreurs d'enchaînement qui sont beaucoup moins concevables si l'on suppose un auteur unique, les inégalités flagrantes de talent que révèlent les différentes parties de l'ouvrage, et enfin comment le sentiment même des caractères des personnages a varié si fort. De toute évidence (pour moi) le récit de la Quête du Saint Graal et la *Mort d'Arthur* sont dus à des auteurs spéciaux. On sent à divers détails de mœurs que la *Mort d'Arthur* a été rédigée à une époque légèrement postérieure au reste du roman. L'Histoire du Graal a dû être composée après la Quête, dont elle a utilisé des fragments. On s'accorde à considérer le *Merlin* comme une interpolation ; la suite de Robert de Boron, dans la *vulgate* (publiée par Sommer au tome II), me semble de deux auteurs distincts. Quant au *Lancelot* proprement dit, une étude attentive permettrait d'y reconnaître plusieurs mains : j'ai signalé combien, à mon avis, les *Enfances* y diffèrent littérairement de la *Charrette*. Peut-être même arriverait-on, dans certains cas, à déterminer plus précisément où se sont faites les reprises. Par exemple, je crois en trouver une entre les dernières lignes du tome III et les premières du tome IV de Sommer ; puis au tome IV, page 301, où l'on nous parle soudain de Lancelot du Lac, plein de prouesse, sur un ton qui n'est plus du tout celui dont on vient d'user à l'instant. Mais ce ne sont là que des nuances fugitives, et il va de soi que tout cela devrait être justifié autrement qu'il ne m'est loisible de le faire ici.

D'ailleurs, il faut reconnaître que, si le *Lancelot* a été rédigé dans une ménestrandie, tel ne saurait être le cas de la Quête du Saint Graal qui s'y trouve incorporée. M. Pauphilet a prouvé sans conteste possible, dans son remarquable ouvrage, que cette partie du *Lancelot* est l'œuvre d'un moine de Cîteaux. C'est un "miroir" de la vie chrétienne : toutes les discussions dogmatiques, morales, politiques qui partageaient l'Église s'y reflètent, et tout y est résolu dans le sens le plus purement cistercien. Faut-il donc admettre que le *Saint Graal* a été composé à part ? Dans quelles conditions ? Je n'en sais rien.

Robert de Boron avait fait de la légende du Graal, dont, comme ses prédécesseurs, il ignorait le sens secret, une légende chrétienne. L'auteur cistercien — il aurait reculé d'horreur, s'il avait pu soupçonner la véritable signification, toute païenne, du mythe — a merveilleusement renchéri sur Robert de Boron et, de la quête du Saint Graal, il a fait un grand symbole mystique : celui de la recherche de Dieu par les âmes. Tel est le sens général de son ouvrage ; mais il n'en est pas un épisode, pas un trait qui ne soit également symbolique, qui n'ait une signification cachée, et chaque héros de la cour d'Arthur y devient une allégorie. Malheureusement, si la conception de l'œuvre et le sentiment dont elle est animée sont admirables, l'exécution artistique en est médiocre : c'est que, pour le mystique auteur de la Quête du Saint Graal dans le *Lancelot,* les apparences, les couleurs sont peu intéressantes : il conte et décrit en lieux communs parce que le sens mystique seul lui paraît digne d'attention et que le concret ne l'intéresse pas, et c'est là un fâcheux état d'esprit pour un romancier. En revanche, quelle belle signification il a donnée à toutes choses !... Sans nous arrêter à examiner même la confession de Lancelot, parfait modèle, voyons seulement, d'après M. Pauphilet, ce qu'il a fait des héros de chair du roman.

Galaad d'abord. Le fils de Lancelot, dans son livre, est devenu presque un ange. C'est le chevalier céleste, descendu sur terre pour réparer toute injure, remettre tout dans l'ordre divin. Il est libéré de toute attache terrestre : il ignore la tentation. "Sire, soyez le bienvenu, car nous vous avons longtemps attendu !" chacun l'accueille par ces mots. Bref, c'est le messie, le promis, le désiré, dont la venue a été annoncée par les prophètes. S'il surgit au milieu de la cour d'Arthur quand toutes les portes en sont fermées, comme l'auteur a soin de nous l'apprendre, c'est que Jésus-Christ surgit ainsi parmi les apôtres, dans l'Évangile de saint Jean. L'auteur a voulu son héros si conforme au Christ qu'on pourrait presque dire que le Saint Graal est un Évangile apocryphe, l'Évangile de Galaad.

Dans Chrétien et ses continuateurs, Perceval était un peu simple d'esprit : c'est pourquoi il ne songeait même pas à poser la mystérieuse question. Le moine cistercien, qui a négligé cette interrogation dont il ignorait la raison et qui devait par conséquent lui paraître absurde, a pourtant conservé cette naïveté traditionnelle du personnage et il en a admirablement tiré parti : chez lui Perceval représente l'âme toute faite d'innocence et de candeur, pure comme celle d'un enfant. Le héros se laisse prendre bonnement à chaque ruse du démon ; mais "sa foi est parfaite et son dévouement à Dieu absolu.

Comme ses erreurs sont sans malice, ses repentirs sont sans arrière-pensée. Peut-il n'être pas pardonné ?" L'auteur en a fait "le type de ceux qui se justifient par la foi, comme Bohor l'est de ceux qui se justifient par les œuvres".

Celui-ci au contraire est l'âme studieuse, vertueuse, ascétique. Il "a commis jadis un grand péché" avec la fille du roi Brangore dont il a un fils : "il le rachète par une vie exemplaire… Il sait que le rôle de l'Église est de diriger les hommes et spontanément il se confie aux prêtres… Il discerne clairement la partie de Dieu au milieu des visions ambiguës et des fantasmagories trompeuses. Les doutes proposés à son esprit, les tentations offertes à sa chair, il les repousse également… Enfin il donne dans l'épreuve la mesure de son parfait détachement des choses terrestres ; il sacrifie à Dieu et à son salut, outre les plaisirs, l'amour fraternel, la pitié, le respect de la vie et jusqu'au culte des morts… Sa vertu appliquée, exacte jusqu'à la dureté, lui mérite enfin de… partager les récompenses suprêmes".

Tels sont les trois élus, si variés, montrant si bien trois types d'âmes, pour ainsi parler. Au-dessous d'eux, voici le pécheur repentant représenté par Lancelot. Il était le meilleur chevalier du monde, le plus renommé, le héros courtois idéal ; et pourtant, à peine est-il entré en quête, les pires humiliations l'accablent : c'est qu'il ne s'agit plus ici d'une quête terrestre, mais d'une quête mystique, où les aventures ne sont plus "du siècle", mais "célestielles", et où la valeur mondaine n'a plus aucun prix. Il s'en aperçoit, se confesse, se convertit, mène une vie ascétique et pieuse. Aussitôt "il reçoit du ciel des encouragements" ; mais il n'est pas arrivé à la perfection : l'auteur "lui a prêté des faiblesses, des erreurs continuelles, comme si une longue existence passée dans le péché laissait l'âme meurtrie et impuissante à s'élever très haut… Il ne comprend pas le langage mystique que parle le monde sensible… Il lui manque la confiance totale en Dieu, l'oubli de la raison terrestre, le sens du miracle… Il ne penserait pas, si Dieu même ne le lui rappelait rudement, qu'un signe de croix suffit à écarter les lions… Parce que Lancelot s'est efforcé vers le bien, il sera récompensé selon son mérite qui n'est pas parfait ; mais, parce qu'il fut pécheur, il sera puni. Il pénètre donc dans le château du Graal, mais sans honneur, comme à la dérobée, et il ne peut dépasser le seuil du sanctuaire. De là il a l'insigne bonheur d'entrevoir un miracle, mais il ne le comprend pas."

Au-dessous encore, les réprouvés, les pécheurs endurcis, à qui il n'arrive à leur grand étonnement aucune aventure, parce qu'ils sont indignes des aventures "célestielles" de cette quête de Dieu : Lionel, le fou de colère, Hector, l'orgueilleux, surtout Gauvain. Il est l'homme le plus auréolé de gloire terrestre après Lancelot, le modèle des chevaliers, preux, loyal, généreux. "Mais à cette existence brillante, Dieu n'a point de part." Les avertissements ne peuvent l'amener à se repentir. La main du justicier Galaad le frappe. Il est damné.

Voilà les acteurs du drame mystique, et comme eux-mêmes les moindres traits de l'action sont symboliques. Si un candélabre brille sur la table du Graal, dans la chapelle au pied de laquelle gît Lancelot endormi, ce candélabre signifie Dieu ; Raban Maur, l'abbé Rupert, l'abbé Guerric ont dit, en effet : *Candelabrum vocatur Christus.* Si la table elle-même est d'argent, si l'arche que fera construire Galaad à Sarras est d'or, c'est que l'or représente "la clarté de la divinité" selon Garnier de Saint-Victor, "la puissance royale du Christ" selon Raban Maur, et l'argent "la sagesse de Dieu incarné" selon Alcuin, "l'humanité du Christ" selon Rupert. Partout, le blanc, la clarté signifient ce qui est de Dieu, et le noir ou la nuit ce qui est du diable, le péché, le mal : ainsi le veut la tradition symbolique. Le tournoi des chevaliers blancs et noirs auquel Lancelot prend part, c'est le combat des vertus et des vices ; partout les envoyés de Dieu sont des chevaliers aux armes blanches ; le destrier noir qu'enfourche Perceval durant la nuit est le démon lui-même. Pourtant Galaad, arrivant à la cour d'Arthur, porte des vêtements rouges fourrés d'hermine ; Bohor après sa confession revêt pour communier une cotte de bure blanche et un manteau vermeil ; Lancelot purifié deux robes, l'une blanche, l'autre rouge : c'est que ce sont là les propres couleurs du Christ dont le blanc représente la sainteté, le rouge le sacrifice (*Cantique des cantiques*, Grégoire le Grand, Adam Scot, etc.). Et si Lancelot sent si rudement sa disgrâce lorsqu'après son aventure de la chapelle il entend les oiselets gazouiller, c'est que les oiseaux sont les symboles du Christ et marquent par leur chant la présence de Dieu dans le monde…

M. Albert Pauphilet nous explique toute cette symbolique du *Saint Graal* qu'il ne saurait être question d'exposer ainsi. Autant que possible nous avons suggéré dans le récit même le sens secret de chaque trait. On comprendra certainement que les nefs, et singulièrement la nef de Salomon dont il est souvent question, représentent l'Église : *Ecclesia navis est.* Mais comment rendre clairs tous ces "dessous" ? On devinera bien que la femme qui tente Perceval est le diable. Mais comment faire comprendre que si elle loge dans une tente ronde, c'est que le démon habite le monde, qui est rond ; que si elle invite Perceval à s'y abriter du soleil, c'est que le soleil signifie Dieu ; que le sommeil, le désir de repos auquel il succombe, le lit où il s'étend symbolisent la négligence de l'âme : *torpor neglientiæ*, dit Raban Maur ; que le péché de luxure, ici comme partout, représente tous les autres péchés, "le mal aux formes innombrables" ; que, si l'on accorde à Perceval l'excuse d'avoir été surpris par l'ivresse, c'est pour faire sentir que sa faute est seulement d'imprudence. La vue de la croix sur le pommeau de son épée lui donne l'idée de se signer : il exorcise ainsi le démon. Il se punit, se repent de tout son cœur, et une nef arrive, sur laquelle il s'embarque : l'Église. Les voiles en sont blanches, signe de la divinité. Un homme en habit de prêtre l'habite : c'est Dieu…

Je ne me suis proposé en écrivant cet ouvrage nul dessein scientifique (est-il utile de le dire ?). J'ai seulement tenté de composer un récit qui s'inspirât de l'esprit de nos vieux auteurs et où l'on retrouvât peut-être un peu de la fraîcheur et de la naïveté qu'ont parfois nos anciens contes "bretons". Il ne pouvait être question ici de transcrire exactement en français moderne les divers récits de la Table ronde, dont les moindres comptent des dizaines de milliers de vers ou de lignes, ni même de les analyser rigoureusement. Outre qu'ils diffèrent du tout au tout par le ton et l'esprit, les événements qu'ils rapportent sont contradictoires et ils attribuent aux personnages qu'ils nomment des mêmes noms des caractères qui souvent ne s'accordent nullement. D'ailleurs, tout donne à penser que les lecteurs d'aujourd'hui seraient tôt rebutés par tant de longueurs et de gaucheries qui ne sont pas toujours touchantes, et qu'ils n'auraient guère la patience de suivre les tours et les détours d'une intrigue aussi emmêlée qu'un peloton de fil, où les exploits chevaleresques, qui se succèdent, se ressemblent trop.

D'une manière générale, j'ai suivi le plus complet et le plus beau des romans de la Table ronde : c'est le *Lancelot* en prose. Toutefois j'y ai retranché des péripéties sans nombre, et en outre j'ai souvent modifié le plan même, voire du tout au tout, soit parce qu'à mon avis le dessin gagnait à être rectifié, soit pour y broder des épisodes étrangers, parfois très importants. Notamment, j'ai à peu près supprimé l'immense prologue, l'Histoire du Saint Graal, qui m'a paru d'un ennui presque insupportable : je n'en ai conservé que les traits essentiels, notamment la belle légende de la Croix, et après les avoir mélangés aux meilleures parties du *Joseph d'Arimathie* de Robert de Boron, je les ai placés dans la bouche du prophète et enchanteur Merlin. De même, j'ai repris la tradition ancienne de Wace et fait fonder la Table ronde par le roi Arthur. Et comment rendre possible que ce même Perceval, dont Chrétien nous conte les rustiques enfances, soit aussi le pur innocent à l'âme transparente que le mystique cistercien donne pour compagnon à Galaad dans la quête du Graal ? On jugera si j'y suis parvenu ; mais, quant à Bohor, j'ai dû le faire mourir à Sarras : la psychologie qu'il fallait qu'il eût dans la *Mort d'Arthur* s'accorde trop mal avec celle qu'il a nécessairement dans le *Saint Graal.* D'ailleurs il serait fastidieux de relever tous les changements que j'ai cru devoir apporter au canevas du *Lancelot.* Je tiens seulement à avertir que la division en huit parties, que j'ai introduite, n'existe nulle part dans les manuscrits ni dans les éditions.

J'avoue volontiers qu'un peu partout j'ai ainsi transposé librement les péripéties, donné à l'un ce que les sources attribuaient à l'autre, confondu les personnages et les scènes qui étaient dédoublés selon la méthode chère aux interminables conteurs de ce temps (à moins, toutefois, qu'il ne me semblât bon de les conserver tels), introduit même quelques chansons et poèmes étrangers au cycle de la Table ronde, emprunté des détails à différents ouvrages contemporains, ravivé de mon mieux les couleurs, souvent changé tout à fait le dessin, voire ça et là un peu ajouté de mon cru, enfin mêlé les matières de tant de récits divers et contradictoires, fondu, et, comme on dit, repensé le tout.

C'est pourquoi l'on m'excusera si je n'indique pas ici mes sources chapitre par chapitre : parfois j'ai traduit d'assez près un morceau qui me semblait agréable, ailleurs c'est une dizaine d'ouvrages qu'il me faudrait citer au bas d'une seule page. Même, en serais-je capable, quand j'ai tout simplement raconté de mémoire (et je n'en ai pas beaucoup) ce qui de mes lectures diverses m'était resté dans l'esprit ? Je me contenterai donc de dire que j'ai utilisé tous les divers auteurs que j'ai cités plus haut, de Gaufrey de Monmouth jusqu'à l'abrégé de 1591, ou plutôt (car cet abrégé est très mauvais) jusqu'à l'édition de 1488 dont celle de 1494 et celle du seizième siècle sont des répliques, et inférieures quant au texte.

En somme, puisque je n'avais d'autre dessein que de créer, selon mes forces, une œuvre d'art, je me suis permis d'interpréter très largement mes sources ; mais La Fontaine, Anatole France, tous les écrivains classiques n'ont pas mieux respecté les leurs, et c'étaient pour moi d'assez grands modèles. Au reste, en prenant ainsi à l'égard de mes prédécesseurs du Moyen Age des libertés à vrai dire extrêmes, je n'ai fait que suivre l'exemple qu'ils m'ont laissé : car chacun d'eux a traité les versions antérieures avec beaucoup moins de scrupule que je n'ai fait les siennes. Que l'on veuille donc bien considérer, encore une fois, que cet ouvrage-ci ne se donne nullement pour un travail digne de nos savants romanistes, mais pour une nouvelle rédaction, à la façon de Maître Gautier Map ou de "Maître Hélie", de l'histoire de la Table ronde et du Saint Graal. Ma seule ambition est que ma version fournisse, au même titre que celle de Robert de Boron, quelques variantes à l'édition critique du *Lancelot* qu'on publiera peut-être en l'an 2923.

TABLE DES MATIÈRES

Imprimé en France sur les presses de Présence Graphique
en décembre 2007 pour le compte des éditions Terre de Brume.
N° d'imprimeur : 010826143
Dépôt légal : janvier 2008